VIS-À-VIS

GRIECHENLAND
ATHEN & FESTLAND

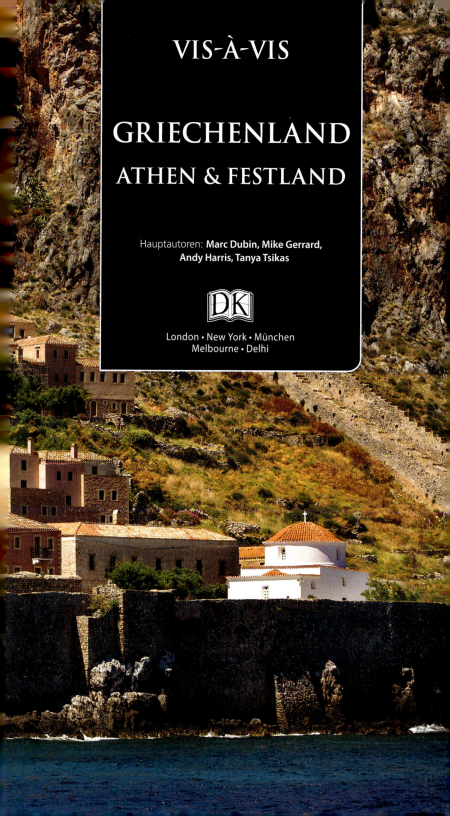

www.dorlingkindersley.de

Texte Rosemary Barron, Marc Dubin, Mike Gerrard, Andy Harris, Lynette Mitchell, Colin Nicholson, Robin Osborne, Barnaby Rogerson, Paul Sterry, Tanya Tsikas

Fotografien Joe Cornish, John Heseltine, Rob Reichenfeld, Peter Wilson, Francesca Yorke

Illustrationen Stephen Conlin, Paul Guest, Steve Gyapay, Maltings Partnership, Chris Orr & Associates, Paul Weston, John Woodcock

Kartografie Gary Bowes, Fiona Casey, Christine Purcell (ERA-Maptec Ltd), Emily Green, Dave Pugh

Redaktion und Gestaltung
Dorling Kindersley, London: Jane Simmonds, Stephen Bere, Isabel Carlisle, Michael Ellis, Simon Farbrother, Claire Folkard, Marianne Petrou, Andrew Szudek, Jo Doran, Paul Jackson, Elly King, Marisa Renzullo, Douglas Amrine, Gillian Allan, Georgina Matthews, Annette Jacobs

© 1997, 2017 Dorling Kindersley Limited, London
Titel der englischen Originalausgabe:
Eyewitness Travel Guide *Greece Athens & The Mainland*
Zuerst erschienen 1997 in Großbritannien
bei Dorling Kindersley Ltd.
A Penguin Random House Company

Für die deutsche Ausgabe:
© 1998, 2017 Dorling Kindersley Verlag GmbH, München
Ein Unternehmen der Penguin Random House Group

Aktualisierte Neuauflage 2017 / 2018

Alle Rechte vorbehalten, Reproduktionen, Speicherung in Datenverarbeitungsanlagen, Wiedergabe auf elektronischen, fotomechanischen oder ähnlichen Wegen, Funk und Vortrag – auch auszugsweise – nur mit schriftlicher Genehmigung des Copyright-Inhabers.

Programmleitung Dr. Jörg Theilacker, DK Verlag
Projektleitung Stefanie Franz, DK Verlag
Projektassistenz Sonja Baldus, DK Verlag
Übersetzung Dr. Eva Dempewolf, Dr. Dagmar Ahrens-Thiele, Andreas Stieber und Werner Geischberger, München
Redaktion Gerhard Bruschke, München
Schlussredaktion Philip Anton, Köln
Umschlaggestaltung Ute Berretz, München
Satz und Produktion DK Verlag
Druck RR Donnelley Asia Printing Solutions Ltd., China

ISBN 978-3-7342-0144-8
9 10 11 12 13   18 17 16

Dieser Reiseführer wird regelmäßig aktualisiert. Angaben wie Telefonnummern, Öffnungszeiten, Adressen, Preise und Fahrpläne können sich jedoch ändern. Der Verlag kann für fehlerhafte oder veraltete Angaben nicht haftbar gemacht werden. Für Hinweise, Verbesserungsvorschläge und Korrekturen ist der Verlag dankbar. Bitte richten Sie Ihr Schreiben an:

Dorling Kindersley Verlag GmbH
Redaktion Reiseführer
Arnulfstraße 124 • 80636 München
travel@dk-germany.de

◄ Unterstadt der einst bedeutenden Festung Monemvasiá *(siehe S. 190–192)*
◄◄ Umschlag: Halle der Karyatiden der Akropolis in Athen *(siehe S. 98)*

Inhalt

Benutzer-
hinweise **6**

Vasendetail mit Dionysos
(siehe S. 56)

Griechenland stellt sich vor

Griechenland
entdecken **10**

Griechenland
auf der Karte **16**

Ein Porträt
Griechenlands **18**

Die Geschichte
Griechenlands **28**

Das Jahr in
Griechenland **48**

Antikes Griechenland

Götter, Göttinnen
und Helden **56**

Trojanischer
Krieg **58**

Schriftsteller und
Philosophen **60**

Tempel-
architektur **62**

Vasen und
Vasenmalerei **64**

Athen

Athen im Überblick **68**

Nördliche Innenstadt **70**

Südliche Innenstadt **86**

Shopping **118**

Unterhaltung **122**

Stadtplan **126**

Eingang von Akrokorinth mit drei Toren *(siehe S. 170)*

Griechisches Festland

Überblick **142**

Attika **144**

Peloponnes **162**

Zentral- und Westgriechenland **206**

Nordgriechenland **236**

Zu Gast in Griechenland

Hotels **264**

Restaurants **274**

Shopping **292**

Themenferien und Aktivurlaub **294**

Grundinformationen

Praktische Hinweise **300**

Reiseinformationen **310**

Register **324**

Sprachführer **344**

Straßenkarte
Hintere Umschlaginnenseiten

Fresko im Kloster Varlaám, Metéora
(siehe S. 220f)

Illustration eines idealtypischen dorischen Tempels
(siehe S. 62f)

Benutzerhinweise

Dieser Reiseführer will Ihren Besuch in Griechenland zum unvergesslichen Erlebnis machen, das durch keinerlei praktische Probleme getrübt wird. Der Abschnitt *Athen und Griechenland stellen sich vor* beschreibt das Land und stellt historische Zusammenhänge dar. Das Kapitel *Antikes Griechenland* liefert Hintergrundinformationen zur griechischen Kunst. Vier Regionalkapitel und das Kapitel über Athen beschreiben alle wichtigen Sehenswürdigkeiten. Hotels, Restaurants und Bars werden in *Zu Gast in Griechenland* empfohlen. Die *Grundinformationen* helfen Ihnen, sich auf dem griechischen Festland zurechtzufinden.

Athen

Die Stadt wurde in zwei Bereiche bzw. Kapitel unterteilt. Am Anfang jedes Kapitels sind alle Sehenswürdigkeiten aufgelistet und nummeriert. Die Nummerierung findet sich auf der *Stadtteilkarte* wieder. Detaillierte Beschreibungen folgen auf den nächsten Seiten.

Alle Seiten des Athen-Kapitels sind an der roten Farbcodierung zu erkennen.

Orientierungskarten zeigen die Lage des vorgestellten Stadtteils.

1 Stadtteilkarte
Alle Sehenswürdigkeiten sind auf dieser Karte eingezeichnet und nummeriert. Man findet sie auch im *Stadtplan (siehe S. 126–139)* und auf der *Extrakarte*.

Sehenswürdigkeiten auf einen Blick
In dieser Liste finden Sie die wichtigsten Sehenswürdigkeiten des Stadtteils – sortiert nach Typen (z. B. Museen, Kirchen, Parks oder Denkmäler).

2 Detailkarte
Die interessantesten Stadtteile werden detailgetreu aus der Vogelperspektive gezeigt.

Routenempfehlungen führen Sie durch die spannendsten Straßen des Viertels.

Stadtplan Athen siehe Seiten 126–139.
Karte Extrakarte zum Herausnehmen.

Kästen vermitteln interessante Hintergrundinformationen zu verschiedensten Themen.

Sterne markieren die Top-Attraktionen, die Sie nicht versäumen sollten.

3 Detaillierte Informationen
Hier werden die Sehenswürdigkeiten einzeln beschrieben. Die Reihenfolge entspricht der Nummerierung auf der *Stadtteilkarte*. Alle Symbole werden auf der hinteren Umschlagklappe erklärt. Im Infoblock finden Sie Kontaktdaten, Öffnungszeiten, Website sowie Verweise auf *Stadtplan* und *Extrakarte*.

BENUTZERHINWEISE | 7

Griechisches Festland

Das Land ist in vier Regionen unterteilt, denen jeweils ein Kapitel gewidmet ist. Eine Übersichtskarte finden Sie auf der vorderen Umschlaginnenseite.

1 Einführung
Hier wird ein Überblick über Geschichte, Charakter und Geografie der einzelnen Regionen geboten. Auch ihre Entwicklung und ihre Sehenswürdigkeiten werden vorgestellt.

Farbige Griffmarken erleichtern Ihnen die Orientierung in allen Kapiteln.

Orientierungskarten zeigen die Lage der besprochenen Region innerhalb des Landes.

2 Regionalkarte
Diese Karte gibt einen Überblick der gesamten Region. Alle im jeweiligen Kapitel behandelten Sehenswürdigkeiten sind hier eingetragen und nummeriert. Die *Regionalkarte* zeigt die Topografie und das regionale Straßennetz. Außerdem finden Sie Tipps zu Fahrten in der Region.

3 Detaillierte Informationen
Alle wichtigen Orte und Sehenswürdigkeiten Griechenlands werden einzeln beschrieben. Die Reihenfolge entspricht der Nummerierung auf der *Regionalkarte*. Jeder Eintrag bietet zudem Infos zu Öffnungszeiten, Eintritt, Telefon etc.

Infoboxen enthalten praktische Informationen, z. B. Telefonnummer, Anfahrt, Öffnungszeiten, Website und besondere Service-Angebote.

Außerdem-Kästen erklären interessante Details der Zeichnung.

4 Hauptsehenswürdigkeiten
Die Highlights Griechenlands werden auf Doppelseiten erläutert. Historische Gebäude sind als Aufrisszeichnung perspektivisch dargestellt. Besonderheiten werden mit einem Foto hervorgehoben.

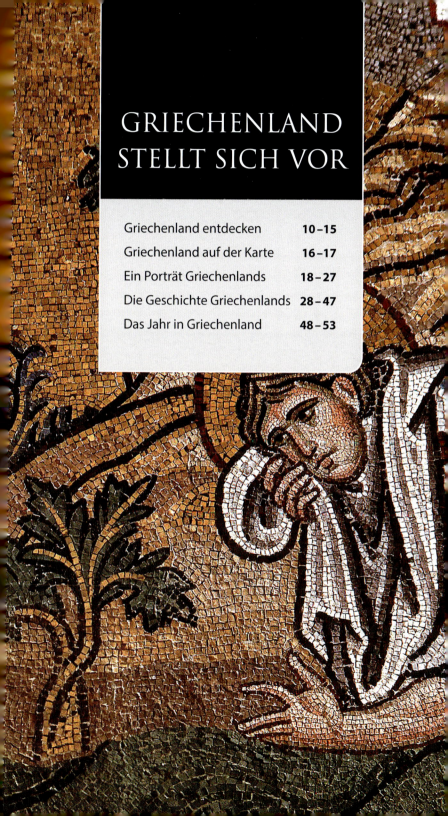

GRIECHENLAND STELLT SICH VOR

Griechenland entdecken	10–15
Griechenland auf der Karte	16–17
Ein Porträt Griechenlands	18–27
Die Geschichte Griechenlands	28–47
Das Jahr in Griechenland	48–53

Griechenland entdecken

Die folgenden Touren sind so konzipiert, dass Sie auf möglichst kurzem Wege möglichst viele Highlights entdecken können. Die erste Reise führt zwei Tage nach Athen, daran schließen sich fünf Tage in Attika und auf dem Peloponnes an. Beide Touren können einzeln unternommen werden, oder man kombiniert sie zu einem Wochenausflug.

Zwei weitere Wochenreisen führen nach Zentral-, West- und Nordgriechenland einschließlich Thrakien und Makedonien. Wer einen längeren Aufenthalt plant, kann die zusätzlich vorgestellten Abstecher unternehmen. Lassen Sie sich inspirieren, stellen Sie Ihre Lieblingstour zusammen und kombinieren Sie nach Belieben.

Eine Woche in Zentral- und Westgriechenland

- Erkunden Sie die schöne, zerklüftete Halbinsel **Pílio** und deren urige Dörfer.
- Bewundern Sie das Mosaik *Fußwaschung der Apostel* im **Kloster Osios Loukás**.
- Begeben Sie sich auf Zeitreise im **Antiken Delphi**, einst Mittelpunkt der Welt.
- Bestaunen Sie die Klöster und Häuser hoch auf dem riesigen **Metéora**-Sandsteinfelsen.
- Spazieren Sie an der Uferfront von **Párga**, die wie ein Theater geformt ist, und erkunden Sie seine venezianische Festung.
- Erleben Sie die atemberaubende **Víkos-Schlucht**, die der Fluss Voïdomátis in Jahrmillionen schuf.

Legende
— Eine Woche in Zentral- und Westgriechenland
— Fünf Tage in Attika und auf dem Peloponnes
— Eine Woche in Nordgriechenland

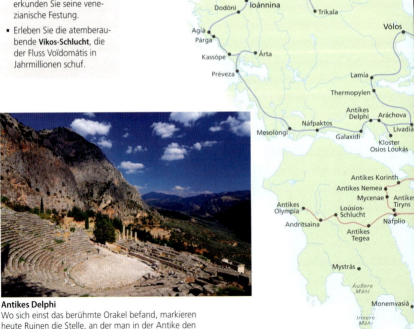

Antikes Delphi
Wo sich einst das berühmte Orakel befand, markieren heute Ruinen die Stelle, an der man in der Antike den Mittelpunkt der Welt vermutete.

◀ Das schöne *Verklärungs*-Mosaik mit den Aposteln Petrus und Johannes im Kloster Dáphni *(siehe S. 156f)*

GRIECHENLAND ENTDECKEN | 11

Thássos
Rund zwölf Kilometer vom Festland entfernt, lockt die wunderschön gelegene Ferieninsel mit Sandstränden und Bergdörfern.

Eine Woche in Nordgriechenland

- Entdecken Sie **Xánthis** charakteristische klassizistische, byzantinische und osmanische Architektur.
- Bewundern Sie kostbarste Goldschätze in **Thessaloníkis** faszinierendem **Archäologischen Museum**.
- Blicken Sie vom **Berg Athos** bis zur Küste und besichtigen Sie die orthodoxen Klöster vor Ort.
- Entspannen Sie in der unberührten Natur des **Olympos-Nationalparks** oder an den hübschen **Préspa-Seen**.
- Erkunden Sie die reiche Vogelwelt rund um den **Kerkíni-See**.
- Unternehmen Sie eine Bootsfahrt zur vorgelagerten Insel **Thássos**.

Xánthi
Die lebhafte Marktstadt Xánthi ist berühmt für ihren Karneval und ihr interessantes Volkskunstmuseum.

Fünf Tage in Attika und auf dem Peloponnes

- Beobachten Sie in **Piräus** das allmorgendliche Spektakel, wie Dutzende Fähren in Kentikó Limáni zur Überfahrt zu den Inseln ablegen.
- Entdecken Sie **Mykene**, **Epídauros**, **Nemea**, **Olympia** und andere antike Stätten auf dem Peloponnes.
- Genießen Sie die eindrucksvolle Architektur im malerischen **Náfplio**.
- Lassen Sie sich von den Mosaiken und Kreuzgängen des **Klosters Dáphni** faszinieren.
- Besuchen Sie den weitläufigen **Attika Zoo** und seine weltweit bedeutende Vogelpopulation.
- Bewundern Sie die traumhaft schönen antiken Städte **Monemvasiá** und **Mystrás** und stellen Sie sich das Leben ihrer einstigen Bewohner vor.

GRIECHENLAND ENTDECKEN

Zwei Tage in Athen

- **Anreise** Flüge aus aller Welt landen täglich am modernen Eleuthérios Venizélos – Athens International Airport 27 Kilometer vom Zentrum entfernt. Vom Flughafen fährt die U-Bahn zur Plateía Sýntagma und nach Monastiráki. Vor dem Terminal fahren Busse und Taxis ab, mit denen man Athen und die Häfen von Piräus und Rafína erreicht. Nach Athen kommt man auch per Auto.
- **Weiterreise** Athens Hauptsehenswürdigkeiten liegen alle in Gehweite voneinander entfernt. Die Innenstadt erschließt zudem ein dichtes Bus- und Tramnetz.
- **Reservierungen** Das Akropolis- und andere Museen sind montags geschlossen.

Erster Tag
Vormittags Beginnen Sie früh an der **Akropolis** (siehe S. 98–105). Auf dem Weg vom Eingang nach oben besichtigen Sie das **Herodes-Atticus-Theater** (siehe S. 101) aus dem Jahr 161 n. Chr. und steigen die Stufen zu den **Propyläen** (siehe S. 100) hinauf. Nach dem **Tempel der Athena Nike** (siehe S. 100) bewundern Sie den imposanten **Parthenon** (siehe S. 102f). Genießen Sie dort den Blick auf Athen und die Küste. Der Rückweg führt zur Fußgängerzone Dionysíou Areopagítou. Dort biegen Sie links ab und essen in einem der vielen Lokale zu Mittag.

Nachmittags Verbringen Sie eine Stunde im topmodernen **Akropolis-Museum** (siehe S. 104), dessen Architektur und antiken Exponate gleichermaßen beeindrucken. Danach bewundern Sie die herausragende Ausstellung in der **Parthenon-Galerie** (siehe S. 102f), deren oberste Etage ein Glasdach bedeckt. Danach besichtigen Sie den Hadriansbogen und den **Tempel des Olympischen Zeus** (siehe S. 115) und lassen sich im malerischen Gassengewirr der quirligen **Pláka** (siehe S. 106f) treiben. Zu Abend essen Sie in einer traditionellen Taverne, von denen es auch in Psyrrí und Pagkráti viele gibt.

Zweiter Tag
Vormittags Vormittags bewundern Sie im exzellenten **Benáki-Museum** (siehe S. 82f) oder im nahen **Museum für Kykladische Kunst** (siehe S. 78f) griechische Schätze. Achten Sie auf die Zeit, sodass Sie nicht den Wachwechsel vor dem Parlamentsgebäude an der **Plateía Sýntagma** (siehe S. 116) verpassen. Das Spektakel beginnt um 11 Uhr und dauert eine halbe Stunde (sonntags länger). Von dort führt ein kurzer Spaziergang in die angenehm stillen **Nationalgärten** (siehe S. 116). Danach schmeckt ein frühes Mittagessen in einem der feinen Restaurants des Viertels.

Nachmittags Vorbei an den Designerboutiquen in der Ermoú-Straße spazieren Sie nach **Monastiráki** (siehe S. 88f). Nach links führt die Fokionos zur lebhaften Plateía Mitropóleos, wo die kleine Kirche **Panagía Gorgoepíkoös** (siehe S. 109) aus dem 12. Jahrhundert steht. Monastiráki ist berühmt für seinen **Flohmarkt** (siehe S. 91) und die Ruinen des antiken Marktplatzes, der **Antiken Agora** (siehe S. 94f), wo die Athener schon um 600 v. Chr. um Waren feilschten.

Eine besonders interessante Ruine ist der achteckige **Turm der Winde** (siehe S. 90f). Beenden Sie den Tag mit einem romantischen Abendessen in Thissío, wo viele Lokale auf die **Akropolis** blicken.

> **Tipp zur Verlängerung**
> Das **Archäologische Nationalmuseum** (siehe S. 72f) im Stadtviertel Exárcheia präsentiert wahre Schätze aus allen Regionen und diversen Stilepochen Griechenlands.

Fünf Tage in Attika und auf dem Peloponnes

- **Anreise** Piräus liegt zehn Kilometer südwestlich von Athen und ist von dort aus mit mehreren Metro-Linien zu erreichen.
- **Weiterreise** Am besten entdeckt man Attika und den Peloponnes mit dem Auto.

Erster Tag:
Von Piräus nach Soúnio
In **Piräus** (siehe S. 158f) entdecken Sie elegante klassizistische Gebäude, Parks und Museen. Am **Mikrolímano-Hafen** essen Sie in einem der vielen Fischlokale zu Mittag und können dabei Fähren an- und ablegen sehen. Anschließend führt Ihr Weg aus der Stadt hinaus an der attischen Küste entlang in das hübsche **Soúnio** (siehe S. 152f), das über einen Strand verfügt.

Das imposante römische Herodes-Atticus-Theater *(siehe S. 101)*

TAGES- UND WOCHENTOUREN | 13

Tempelruinen im Antiken Korinth *(siehe S. 166–169)*

Trípoli und **Antikes Tegea** *(siehe S. 181)*. Wählen Sie die Strecke durch die **Loúsios-Schlucht** *(siehe S. 178–180)* und fahren dann weiter nach **Andrítsaina** *(siehe S. 181)*.

> **Tipp zur Verlängerung**
> Die Städte **Monemvasía** *(siehe S. 190–192)* und **Mystrás** *(siehe S. 196f)* sowie die Ebenen **Äußere Máni** *(siehe S. 198f)* und **Innere Máni** *(siehe S. 202f)* liegen im Süden des Peloponnes.

Eine Woche in Zentral- und Westgriechenland

- **Anreise** Vólos erreicht man mit dem Bus oder per Zug von Athen und Thessaloníki (mit Umsteigen in Lárissa). Auf dem nahe gelegenen Nea Anchialos National Airport werden derzeit nur wenige internationale Flüge abgewickelt.
- **Weiterreise** Zentral- und Westgriechenland entdeckt man am besten per Auto.

Größte Attraktion ist der auf einem Felsen thronende Poseidon-Tempel. Zur Übernachtung stehen mehrere Hotels zur Auswahl.

Zweiter Tag:
Von Soúnio nach Athen
Schon früh fahren Sie von **Soúnio** via **Lávrio** *(siehe S. 152)* und den malerischen Fischerhafen **Pórto Ráfti** *(siehe S. 151)* in das **Antike Brauron** *(siehe S. 150f)*. Achten Sie dort auf die Ruinen antiker Tempel und Grabstätten. Weiter entlang der Küste genießen Sie mittags in **Rafína** *(siehe S. 149)* frischen Fisch. Nachmittags besuchen Sie den **Attika Zoo** *(siehe S. 154)* mit der riesigen Vogelabteilung und genießen die schöne Landschaft, in der im 11. Jahrhundert Mönche das Kloster Moní Kaisarianís gründeten.

Dritter Tag:
Von Athen nach Korinth
Zehn Kilometer außerhalb von Athen fasziniert das **Kloster Dáphni** *(siehe S. 156f)* mit herrlichen Mosaiken und Kreuzgängen. Wenige Kilometer entfernt war das **Antike Eleusis** *(siehe S. 160f)* ein bedeutendes Heiligtum, dessen Geschichte ein Museum vor Ort erzählt. Mit Blick auf den Peloponnes folgen Sie der Küstenstraße zum **Kanal von Korinth** *(siehe S. 171)*. Nachmittags besichtigen Sie das **Antike Korinth** *(siehe S. 166f)*, einst eine wohlhabende römische Stadt. Übernachten Sie in Korinth in einem der vielen Hotels der Stadt.

Vierter Tag:
Von Korinth nach Náfplio
Die Geschichte des Peloponnes lernen Sie im **Antiken Nemea** *(siehe S. 171)* und dem rund 3500 Jahre alten Palast von **Mykene** *(siehe S. 182–184)* kennen. Danach besuchen Sie das **Antike Tiryns** und **Epídauros** *(siehe S. 188f)* mit seinem spektakulären Theater. Abends essen Sie in **Náfplio** *(siehe S. 186f)*.

Fünfter Tag:
Antikes Olympia
Erkunden Sie das **Antike Olympia** *(siehe S. 174–177)*, eines der bedeutendsten religiösen, politischen und sportlichen Zentren der antiken Welt. Von **Náfplio** fahren Sie Richtung

Büste des römischen Kaisers Marcus Aurelius im Antiken Eleusis

Erster Tag:
Von Vólos nach Argalastí
Bevor Sie die Halbinsel **Pílio** *(siehe S. 222f)* erkunden, besuchen Sie in Vólos das **Archäologische Museum** *(siehe S. 224)*. Von Vólos aus fahren Sie gen Südosten und übernachten in Argalastí. Die Route über Miliés führt durch Vyzitsa und andere urige Dörfer sowie durch eine herrliche Landschaft.

Zweiter Tag: Von Argalastí nach Aráchova
Auf der Küstenstraße fahren Sie zurück nach Vólos und auf der Autobahn nach **Lamía** und zu den **Thermopylen** *(siehe S. 228)*, zum Kástro und dem Schlachtfeld von Plataiaí. Die nächsten Etappenziele sind Livadiá mit dem Orakel von Trophonios und das nahe gelegene antike Orchomenos. Auf der Strecke nach **Aráchova** am Südhang des **Bergs Parnass** *(siehe S. 225)* fällt der Blick auf das schöne Pleistos-Tal.

Die schöne Uferfront der historischen Stadt Galaxídi *(siehe S. 228)*

Dritter Tag: Von Aráchova nach Galaxídi

In **Aráchova** decken Sie sich mit dem berühmten Wein, Nudeln und Käse ein, danach folgen Sie den Schildern zum faszinierenden **Kloster Osios Loukás** *(siehe S. 226f)* mit dem herrlichen Mosaik der Fußwaschung. Später besuchen Sie mit dem **Antiken Delphi** *(siehe S. 232–235)* eine Stätte, die Apollon geweiht war und als Mittelpunkt der Erde galt. Übernachten Sie im historischen Galaxídi mit Blick auf den Berg Parnass.

Vierter Tag: Von Galaxídi nach Párga

Von Galaxídi folgen Sie Richtung Westen der Nordküste des **Golfs von Korinth** *(siehe S. 228f)*. Für eine Mittagspause bietet sich eines der Lokale in Náfpaktos an. Am schönsten ist es dort am Hafen. Eine Alternative sind die für ihre Aalgerichte bekannten Restaurants am Fischereihafen **Mesolóngi** *(siehe S. 229)*. Nächstes Etappenziel ist die hübsche Stadt **Préveza** *(siehe S. 216f)*, deren Festungen man schon von Weitem sieht. Auch die Altstadt ist sehr stimmungsvoll. Ein lohnender Abstecher führt nach **Árta** *(siehe S. 217)*. Zwischen **Árta** und **Párga** stehen am Hang die Ruinen der Stadt **Kassópe** *(siehe S. 216)* aus dem 4. Jahrhundert v. Chr.

Fünfter Tag: Von Párga nach Kónitsa

Ein Spaziergang an der Uferfront von **Párga** bringt Sie u. a. zur venezianischen Festung an der Westseite des Hafens. Eine weitere Festungsanlage befindet sich in **Agiá** fünf Kilometer weiter nördlich. Anschließend fahren Sie nach **Dodóna** *(siehe S. 215)* mit seinem bekannten Theater, das zu den größten in Griechenland gehört, und in die Regionshauptstadt **Ioánnina** *(siehe S. 214f)*, wo Sie über Nacht bleiben.

Sechster Tag: In der Víkos-Schlucht

Die **Víkos-Schlucht** *(siehe S. 212)*, die in Jahrmillionen vom Fluss Voïdomátis gegraben wurde, gehört zu den absoluten Highlights der Tour. Auch wenn Sie nicht wandern möchten, sollten Sie möglichst früh aufbrechen. Reizend sind die mehr als 40 von Steinhäusern geprägten Dörfer wie **Zagóri** *(siehe S. 211)*, die Übernachtungsoptionen bieten.

Siebter Tag: Von Ioánnina nach Tríkala

In **Métsovo** *(siehe S. 213)* lebten früher Schäfer und Kaufleute, die von den Steuerprivilegien der Stadt profitierten. Heute zeugen Herrenhäuser und Museen von **Métsovos** historischer Bedeutung. Auf der Weiterfahrt kann man verfolgen, wie sich die Landschaft verändert. Schließlich erreichen Sie die von Klöstern und Häusern bekrönten Sandsteintürme von **Metéora** *(siehe S. 220f)*. Die Tour endet mit einem Ausflug in das 25 Kilometer entfernte **Tríkala** *(siehe S. 217)*.

Die atemberaubend gelegenen Klöster in Metéora *(siehe S. 220f)*

Weitere Informationen zu den Verkehrsmitteln in Griechenland *siehe Seiten 314–323*

WOCHENTOUREN | 15

Tipp zur Verlängerung
Von Tríkala kommt man mit Zügen nach Athen, Vólos und Thessaloníki. Auf der Strecke nach Thessaloníki durchquert man das **Tempe-Tal** *(siehe S. 217)*, wo sich Apollon nach Tötung der Schlange Python einer rituellen Reinigung unterzog.

Eine Woche in Nordgriechenland

- **Anreise** Thessaloníki verfügt über den wichtigsten Flughafen in Nordgriechenland. Er wird von vielen Airlines angeflogen.
- **Weiterreise** Nordgriechenland entdeckt man am besten mit dem Auto.

Erster Tag: Thessaloníki

Thessaloníkis quirliges Zentrum bietet elegante Häuser, byzantinische Kirchen – darunter mit **Agios Dimítrios** *(siehe S. 252)* die größte Griechenlands –, schicke Hotels und Shoppingviertel. Das **Archäologische Museum** *(siehe S. 250f)* präsentiert Kostbarkeiten wie über 2000 Jahre alten Goldschmuck.

Zweiter Tag: Von Thessaloníki nach Edessa

Vormittags erkunden Sie die antiken Stätten westlich von **Thessaloníki**. Das **Antike Pella** *(siehe S. 247)* beeindruckt insbesondere mit fantastisch erhaltenen Kieselmosaiken. Hier wurde 356 v. Chr. Alexander der Große geboren. Ein absolutes Muss ist ein Besuch von **Vergína** *(siehe S. 246)* mit seinen eindrucksvollen Königsgräbern und den Makedonischen Grabstätten. Weitere kunsthistorisch bedeutende Grabstätten befinden sich im nahe gelegenen **Lefkádia** *(siehe S. 246f)*. Die Route führt nun weiter nach **Edessa** *(siehe S. 247)*. Entspannen Sie in idyllischer Landschaft an Wasserfällen und besuchen Sie anschließend Varósi, wo Sie die Nacht verbringen.

Dritter Tag: Von Edessa zu den Préspa-Seen

Westlich von Edessa gelangen Sie nach **Flórina**, wo Sie zu Mittag essen. Danach nehmen Sie die Straße zu den **Préspa-Seen** *(siehe S. 240f)*. Die beiden Seen sind für ihre artenreiche Tierwelt (vor allem Vögel) bekannt. In den Dörfern am Ufer sieht man einige Bauwerke aus byzantinischer Zeit. Übernachten Sie in einem Gasthof oder – komfortabler – in einem Hotel im nahe gelegenen **Kastoriá** *(siehe S. 244)*.

Vierter Tag: Von Kastoriá nach Chalkidikí

Am Vormittag besichtigen Sie einige byzantinische Kirchen in Kastoriá. Danach verläuft die Strecke durch **Siátista** *(siehe S. 244)*, dessen elegante Herrenhäuser wahre Blickfänge sind. In **Véroia** *(siehe S. 246)* locken das Byzantinische Museum und das jüdische Viertel. Fahren Sie nun zur Halbinsel **Sithonía** *(siehe S. 253)*, von der man einen wunderbaren Blick auf den **Berg Athos** *(siehe S. 256–258)* genießt.

Fünfter Tag: Von Chalkidikí nach Thássos

Nächstes Etappenziel ist Amphipoli mit der berühmten Löwensculptur und einem erst vor kurzer Zeit entdeckten Makedonischen Grab. Nach dem Mittagessen in **Kavála** *(siehe S. 259)* bummeln Sie durch dessen Altstadt und nehmen dann die Fähre nach Thássos, wo Sie übernachten.

Sechster Tag: Von Thássos durch das Néstos-Tal

Nach einer Runde Schwimmen an einem von Thássos' schönen Stränden nehmen Sie die Fähre nach Keramoti und fahren von dort weiter nach **Xánthi** *(siehe S. 259)*. Byzantinische Kirchen, Moscheen und klassizistische Herrenhäuser geben dem Städtchen ein ganz besonderes Flair. Nach dem Mittagessen führt der Weg zu den Ruinen der antiken Stadt **Abdera** *(siehe S. 260)*. Nordwestlich befindet sich das **Néstos-Tal** *(siehe S. 259)*, in dem Wanderwege das Flussufer säumen. In Stavroúpoli, dem größten Dorf des Tal, bleiben Sie über Nacht.

Siebter Tag: Vom Néstos-Tal bis Kerkíni

Starten Sie möglichst früh mit der Fahrt zum **Kerkíni-See**, um dort Vögel zu beobachten. Machen Sie sich einen entspannten Tag und übernachten Sie in einem der Gasthöfe am See, bevor Sie nach Thessaloníki zurückfahren.

Tipp zur Verlängerung
Der **Berg Olymp** *(siehe S. 245)* und der weitgehend unberührte Olympos-Nationalpark liegen rund 80 Kilometer von **Thessaloníki** entfernt. Hier wachsen über 1700 Pflanzenarten, leben Wildschweine und Rehe. Wanderkarten und Unterkünfte sind im Park erhältlich.

Blick auf die Mönchsrepublik Heiliger Berg Athos *(siehe S. 256–258)*

Griechenland auf der Karte

Griechenland (Ελλάς; GR), das die Griechen Elláda (Ελλάδα) nennen, liegt an der Südspitze des Balkans. Auf 132 000 Quadratkilometern leben rund elf Millionen Menschen, davon knapp vier Millionen im Großraum der Hauptstadt Athen (Athína). Das Land grenzt im Norden an Albanien, Mazedonien und Bulgarien sowie im Osten an die Türkei.

Legende
- Autobahn
- Hauptstraße
- Eisenbahn
- Fähre
- Staatsgrenze

Weitere Zeichenerklärungen *siehe hintere Umschlagklappe*

Ein Porträt Griechenlands

Griechenland zählt zu den viel besuchten Urlaubsländern Europas. Der moderne griechische Staat, der an der Nahtstelle mehrerer Kulturen liegt, entstand erst im Jahr 1830. Das heutige Griechenland vereint kulturelle Elemente des Balkans, des Nahen Ostens sowie des Mittelmeerraums. Die internationale Finanzkrise seit 2009 hat das Land besonders hart getroffen. Griechenland hat seither enorme Anstrengungen zur Verbesserung der Situation unternommen.

Für einen mit einer Fläche von 132 000 Quadratkilometern relativ kleinen Staat besitzt Griechenland eine ausgesprochen abwechslungsreiche Topografie. Unbewohnte und unbewirtschaftete Gebirgsregionen machen rund drei Viertel der Fläche aus. Auf dem fruchtbaren Ackerland werden vorwiegend Tabak (im Nordosten) sowie Obst und Gemüse (im Süden) angebaut. Ein Drittel der Griechen lebt in der Hauptstadt Athen, dem kulturellen, wirtschaftlichen und politischen Zentrum des Landes.

Jahrelange Besatzung und innere Unruhen – darunter ein blutiger Bürgerkrieg *(siehe S. 46)* – haben das Leben der Menschen kaum verändert. Trotz US-amerikanischer Hilfsprogramme blieb Griechenland bis in die 1960er Jahre hinein deutlich unter dem westeuropäischen Entwicklungsstandard. In den ländlichen Regionen gab es damals nur wenige befestigte Straßen oder sonstige Infrastruktur. Gleichzeitig entstanden in städtischen Randgebieten ausgedehnte, unattraktive Siedlungen, die zu dem Vorurteil führten, in Griechenland gebe es keine Architekten, sondern nur Bauingenieure.

Seit Jahrhunderten sind die Griechen ein Volk von Emigranten, heute leben rund sechs Millionen im Ausland. Die Abwanderung erfolgte in Schüben – gefördert durch die Fremdherrschaft der Osmanen Ende des 17. Jahrhunderts. Nach dem Zweiten Weltkrieg zogen viele Emigranten nach Westeuropa, Amerika und Australien. Auch im Zuge der jüngsten Wirtschaftskrise verließen viele Griechen das Land.

Távli-Spieler auf dem Flohmarkt rund um die Plateía Avissynías in Athen

◀ Bauer mit Maultier an dem alten Wall von Monemvasiá *(siehe S. 190–192)*

Blick auf das Píndos-Gebirge oberhalb des Dorfs Vrysochóri

Religion, Sprache und Kultur

Während der jahrhundertelangen Besatzung durch Venezianer und Türken *(siehe S. 42f)* war es die griechisch-orthodoxe Kirche, die durch ihre Liturgie und Schulen die griechische Sprache und damit die nationale Identität bewahrte. Trotz der Säkularisierungsreformen der PASOK-Regierung in den 1980er Jahren kommt der Kirche noch immer große Bedeutung zu. Die Frage *Eísai Orthódoxos* (»Sind Sie orthodoxen Glaubens?«) ist fast gleichbedeutend mit *Éllinas eísai* (»Sind Sie Grieche?«). Heutzutage ist eine standesamtliche Eheschließung ausreichend, doch junge Paare verzichten nur selten auf die kirchliche Trauung. An der Sonntagsmesse nehmen überwiegend Frauen teil, für die der Gottesdienst eine ähnliche gesellschaftliche Funktion erfüllt wie die *kafeneía* (Cafés) für die Männer.

Viele der an den langen Bärten und der charakteristischen Kopfbedeckung erkennbaren Geistlichen üben einen Nebenberuf aus. Sie dürfen vor der Priesterweihe heiraten. Die klösterliche Lebensform erfreut sich wieder wachsender Beliebtheit – möglicherweise eine Reaktion auf den überhandnehmenden Materialismus und auch auf die wirtschaftliche Schieflage des Landes.

Über die Sprache – das wohlklingende Neugriechisch ist ein weiterer Ausdruck nationaler Identität – war man sich über Jahre hinweg uneins: Die politi-

Votivgaben im Kloster Pantánassas

Griechisch-orthodoxe Geistliche bei einer Prozession in Athen

sche Rechte setzte sich für die Einführung der zur Zeit der Unabhängigkeit entwickelten künstlichen Schriftsprache *katharévousa* ein, während die Linken für das im alltäglichen Sprachgebrauch verwendete und mit diversen Lehnwörtern angereicherte *dimotikí* plädierten. Einige Male kam es deshalb sogar zu blutigen Auseinandersetzungen.

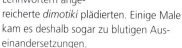
Tavernen in der Altstadt von Náfplio (Nauplia)

Heute ist das weichere, leichter erlernbare *dimotikí* die Sprache der Nation. Angesichts der bedeutenden Rolle, die die mündliche Überlieferung in der griechischen Kultur schon immer spielte, überrascht dies wenig. Die Kunst des Geschichtenerzählens ist heute nicht weniger beliebt als zu Homers Zeiten. In den *kafeneía* pflegt man Konversation und Rede um ihrer selbst willen. Die Tradition der Barden wurde im 20. Jahrhundert durch Dichter-Sänger wie Mános Eleftheríou, Kóstas Vírvos und Níkos Gátsos neu belebt.

Schriftsteller und Sänger, die geborenen Anwälte des *dimotikí*, besaßen von jeher eine besondere gesellschaftliche Funktion. Zu Zeiten der Fremdherrschaft und unter der Militärdiktatur brachten sie verschlüsselte Informationen unter das Volk und gaben diesem moralische Unterstützung.

Wirtschaft und Politik

Griechenland trat im Jahr 1981 der Europäischen Union bei. Seit 2001 ist das Land Mitglied der EU-Währungsunion. Der Euro ersetzte 2002 die Drachme. Nach dem Beitritt zur EU veräußerte der Staat unrentable Betriebe und reduzierte die Inflationsrate. Seit dem Jahr 2009 dominiert jedoch eine Schuldenkrise die griechische Politik. 2010 wurde Griechenland seitens der EU finanzielle Unterstützung zur Verhinderung der Zahlungsunfähigkeit zugesichert. Die Regierungen – ab 2009 ein sozialdemokratisches, ab 2012 ein vom Konservativen Andónis Samarás geführtes Kabinett – versuchten mit wechselndem Erfolg durch ein Maßnahmenpaket, das u. a. Steuerreformen umfasste, für die Refinanzierung der Staatsverschuldung zu sorgen. Die Sparpolitik stieß auf großen Widerstand in der Bevölkerung. Privatinsolvenzen und ein dramatischer Zuwachs an Arbeitslosen waren direkte Folgen dieser rigiden Maßnahmen. Im Januar 2015 kam mit Aléxis Tsípras (SYRIZA) ein entschiedener Kritiker der EU-Maßnahmen zur griechischen Finanzkrise an die Macht.

Restaurierungsarbeiten am Parthenon

Die griechische Wirtschaft prägen kleine und mittelständische Unternehmen. Zwischen Wohnvierteln und Gewerbegebieten sind selten klare Grenzen erkennbar – an fast jedem Wohnblock reihen sich messingfarbene Firmenschilder unter die

Fischverkäufer im Hafen von Vólos, Nordpílio

Alte Holzfässer, Achaïa-Klauss-Weingut in Pátra

und die zunehmende Konkurrenz von Agrarprodukten aus anderen Mittelmeerländern der Europäischen Union.

Die Arbeitslosenquote lag in Griechenland über Jahre auf hohem Niveau. Im Rahmen der Wirtschaftskrise ist auch sie nochmals sprunghaft angestiegen – die aktuelle Quote liegt beträchtlich über dem europäischen Durchschnitt.

Die geografische Lage des Landes, die langen offenen Meeresküsten und die seit je großzügigen Einwanderungsbestimmungen trugen dazu bei, dass Griechenland einen Ansturm aus Afrika, dem Nahen Osten und dem Nachbarland Albanien erlebte. Die Regierung sah sich dadurch veranlasst, die Grenzkontrollen zu verschärfen und Personen ohne gültige Papiere auszuweisen.

Namensschilder. Die Einhaltung der traditionellen überlangen (Nach-)Mittagspause zwingt viele Arbeitnehmer, die Fahrt zum Arbeitsplatz zweimal täglich zu unternehmen.

Der in der *xenomanía*, der Überzeugung von der Überlegenheit ausländischer Waren, wurzelnde hohe Luxusgüterimport resultierte in einer chronisch defizitären Außenhandelsbilanz. Der größte Anteil an dem Bruttosozialprodukt Griechenlands stammt aus dem Dienstleistungssektor. Der Beitrag zur Wirtschaftsleistung Griechenlands durch den Fremdenverkehr entschädigt für die weltweite Schifffahrtskrise

Athene-Statue vor der Akademie von Athen

Der griechische Staat ist noch keine 200 Jahre alt. Angesichts dieser Tatsache und der bis in jüngste Zeit währenden politischen Unruhen wundert es nicht, dass die Griechen den staatlichen Institutionen wenig vertrauen. Sie verlassen sich lieber auf ihr Netzwerk aus persönlichen Freundschaften und Beziehungen als auf staatliche Unterstützung. Rechte wie auch linke politische Fronten bildeten sich erst nach 1930.

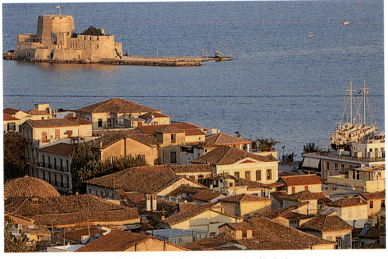

Blick von der Festung Palamídi auf die Dächer von Náfplio und die kleine Insel Boúrtzi

STAATSKRISE UND FAMILIE | 23

Wohnhaus im Dorf Psarádes, unweit der Préspa-Seen

Politische Leitfigur der ersten Hälfte des 20. Jahrhunderts war der antiroyalistische liberale Staatsmann Elefthérios Venizélos. Die Jahrzehnte nach dem Zweiten Weltkrieg wurden vorwiegend von zwei Politikern geprägt: Andréas Papandréou (1919–1996) wurde als Vorsitzender der von ihm gegründeten PASOK (Panhellenische Sozialistische Bewegung) zweimal zum Ministerpräsidenten gewählt. Der 1998 verstorbene Konstantínos Karamanlís, ehemals Vorsitzender der konservativen Néa Dimokratía (ND), bekleidete je zweimal das Amt des griechischen Premierministers und des Staatspräsidenten.

Seit dem Ende des Kalten Krieges nimmt Griechenland im Balkan eine bedeutende Rolle ein. Nach dem Zusammenbruch des kommunistischen Regimes 1990 entspannten sich die Beziehungen zu Albanien. In Bulgarien zählt Griechenland zu den größten Investoren. Das Verhältnis zu Mazedonien indes ist durch den seit 1991 schwelenden Namensstreit getrübt. Thessaloníki, der zweitgrößte Mittelmeerhafen, gilt als Tor zum südlichen Balkan.

Familienleben

Basis der griechischen Gesellschaft ist nach wie vor die Familie. Früher war eine Familie in der Lage, ohne fremde Hilfe ihr Land zu bestellen. Auch in den Städten sind noch heute Familienunternehmen prägend, auch wenn viele davon in der aktuellen Krise in die Insolvenz getrieben wurden. Die Freizeit verbringt man oft im Kreis der Familie. Das zum Teil anachronistische Ehe-, Familien- und Scheidungsrecht wurde erst Ende des 20. Jahrhunderts grundlegend modernisiert.

Außerhalb der Großstädte haben sich aber viele Traditionen halten können. Trotz der großen Kinderliebe liegt Griechenland bezüglich der Geburtenrate in Europa auf Platz 21. Die Stellung der Frau hat sich aufgrund von Reformen deutlich verbessert. Nicht wenige Frauen arbeiten heute als Ärztinnen und Juristinnen, zumal in den griechischen Großstädten. In einer traditionell patriarchalischen Gesellschaft wurde diese Entwicklung lange Zeit nicht gern gesehen. Andererseits sorgt jenes Traditionsbewusstsein bis heute für den Erhalt des typisch griechischen Lebensstils, den Urlauber so schätzen.

Schäfer mit Krummstab im Gebirgsdorf Métsovo in der Region Epirus

Wochenmarkt in Árgos

Byzantinische Architektur

Aus byzantinischer Zeit (527–1460) sind in erster Linie mittelalterliche Kirchen erhalten. Die byzantinische Sakralarchitektur konzentrierte sich ganz auf die glanzvolle Innenausstattung. Ziel war die Schaffung eines heiligen Raums, welcher die Gemeinde frei von allen weltlichen Zerstreuungen mit der wahren Natur des Kosmos konfrontieren sollte. Mosaiken und Fresken kam dabei die doppelte Funktion zu, die Gläubigen zu erleuchten und gleichzeitig Einblick in das geistliche Leben zu geben. Diesem Gedanken folgend, unterscheiden sich Bergkapellen und städtische Gotteshäuser aus dieser Epoche häufig nur durch ihre Größe.

Byzantinische Architektur
① Thessaloníki *S. 252*
② Kloster am Berg Athos *S. 256–258*
③ Árta *S. 217*
④ Kloster Osios Loukás *S. 226f*
⑤ Metéora *S. 220f*
⑥ Kloster Kaisarianí *S. 154f*
⑦ Kloster Dáphni *S. 156f*
⑧ Athen *S. 84, S. 109, S. 112*
⑨ Mystrás *S. 196f*
⑩ Geráki *S. 193*

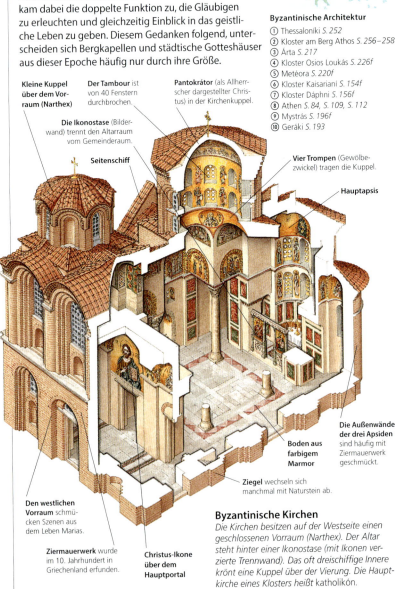

Kleine Kuppel über dem Vorraum (Narthex)

Der Tambour ist von 40 Fenstern durchbrochen.

Pantokrátor (als Allherrscher dargestellter Christus) in der Kirchenkuppel.

Die Ikonostase (Bilderwand) trennt den Altarraum vom Gemeinderaum.

Seitenschiff

Vier Trompen (Gewölbezwickel) tragen die Kuppel.

Hauptapsis

Die Außenwände der drei Apsiden sind häufig mit Ziermauerwerk geschmückt.

Boden aus farbigem Marmor

Ziegel wechseln sich manchmal mit Naturstein ab.

Den westlichen Vorraum schmücken Szenen aus dem Leben Marias.

Ziermauerwerk wurde im 10. Jahrhundert in Griechenland erfunden.

Christus-Ikone über dem Hauptportal

Byzantinische Kirchen

Die Kirchen besitzen auf der Westseite einen geschlossenen Vorraum (Narthex). Der Altar steht hinter einer Ikonostase (mit Ikonen verzierte Trennwand). Das oft dreischiffige Innere krönt eine Kuppel über der Vierung. Die Hauptkirche eines Klosters heißt katholikón.

Fresken der byzantinischen Kirchen

Fresken und Mosaiken des Kircheninneren folgen einer strengen Rangordnung: vom Himmel (Christus Pantokrátor in der Kuppel) hinab zur Erde (mit den Heiligen auf der untersten Stufe). In der Halbkuppel der Apsis sieht man die Muttergottes und unter ihr die Kirchenväter.

Muttergottes

Marien-Ikonen zieren jede griechisch-orthodoxe Kirche, in der die Madonna den Namen *Panagía* (die Allerheiligste) trägt. Im Jahr 431 verlieh man ihr den Titel *Theotókos* (»Mutter Gottes« – im Gegensatz zur bisherigen Bezeichnung »Mutter Christi«).

Chor der Engel

Tambour-Fenster

Pantokrátor

In dem Kuppelgewölbe des Moní Perivléptou in Mystrás *(siehe S. 196)* befindet sich der als Allherrscher dargestellte Christus (Pantokrátor). Er ist von Engeln umgeben, etwas abseits stehen die Propheten des Alten Testaments.

Propheten

Die Madonna mit Kind in der Apsiswölbung steht symbolisch zwischen Himmel (Kuppel) und Erde (Hauptschiff).

Die Erzengel Michael und Gabriel, als byzantinische Höflinge gekleidet, ehren die Jungfrau.

Die anatolischen Kirchenväter, hier im Bischofsgewand, verkörperten lange Zeit den orthodoxen Glauben.

Oberes Heiligen-Register

Die Ikonostase macht die Apsis für die Gemeinde nicht einsehbar. Zutritt zum Altarraum hat nur der Klerus. Diese Apsis gehört zur Kirche Agios Stratigós auf der Halbinsel Máni *(siehe S. 203)*.

Eleoúsa (»Unsere Liebe Frau der Zärtlichkeit«) zeigt Maria Wange an Wange mit dem Jesuskind.

Die thronende Muttergottes zwischen zwei Erzengeln ist eine Darstellung, die man meist in der Ost-Apsis findet.

Unteres Heiligen-Register

Mit Sand gefüllte Schale für Votivkerzen

Die Seitenwände sind mit biblischen Figuren und Szenen geschmückt. In der untersten Reihe stehen lebensgroße Heiligenfiguren, darüber und in den Gewölben findet man Illustrationen zu den Evangelien und dem Jüngsten Gericht. Die Abbildung stammt aus der Kirche Taxiárchis in Miliés *(siehe S. 222–224)*.

Odigítria (»Die Führerin«) zeigt mit der rechten Hand auf das segnende Jesuskind.

Landschaft, Flora und Fauna

Griechenland ist ein Land wilder Schönheit. Hinter dem schmalen Küstenstreifen ragen Klippen auf. An den Gebirgszügen und Schluchten im Landesinneren sieht man noch Adler und Geier. Das Klima mit den langen heiß-trockenen Sommern und den milden, feuchten Wintern bringt eine farbenprächtige Flora hervor. Die ehemaligen, für Nutzholz oder Weidewirtschaft gerodeten Waldflächen bilden heute ein buntes Mosaik aus blumenübersäten Feldern und dichtem Gebüsch, bei dem man die aromatisch duftende Macchie und die *phrygana* mit niedrigerem Pflanzenbewuchs unterscheidet. Die Ziegenpopulation trägt durch ständige Überweidung zwar zur Zerstörung der Vegetation bei, dennoch bieten die durch Olivenhaine getriebenen Herden der friedfertigen Tiere einen idyllischen Anblick.

Aufgegebene Kulturflächen nimmt die Natur rasch wieder in Besitz. Lerchen und Pieper bauen hier ihre Nester. Im Frühling breitet sich ein bunter Blütenteppich über das Land.

Phrygana bedeckt häufig kahle Hänge und Felslandschaften.

Hügellandschaften mit dunkel aufragenden Zypressen bilden oft die Kulisse von archäologischen Stätten. Viele, etwa die abgebildete byzantinische Stadt Mystrás, lohnen allein der Flora und Fauna wegen einen Besuch. Zwischen weißen Margeriten, rotem Mohn und gelben Ringelblumen gedeihen hier auch seltene Orchideenarten.

Olivenbäume mit ihrem silbrig grünen Laub ziehen Vögel und Insekten an.

Mohn und Ringelblumen verwandeln die Landschaft im Frühling in ein rot-gelbes Blumenmeer.

Macchie und Phrygana
Die immergrünen Sträucher der Macchie – vor allem Sonnenröschen und aromatische Kräuter – beherrschen das Landschaftsbild um Mykene. Über die kargere phrygana (im Hintergrund) erstrecken sich ganze Wickenfelder.

Olivenhaine sind in Griechenland allgegenwärtig. Die Abbildung zeigt einen Hain in Argalasti auf der Pilio-Halbinsel. Im Frühling leuchten im Schatten der Bäume farbenprächtige Blüten. Sie locken jede Menge Schmetterlinge und Käfer an. Eidechsen machen auf den knorrigen Stämmen Jagd auf Insekten. In den Baumkronen nisten Vögel.

LANDSCHAFT, FLORA UND FAUNA | **27**

Sumpflandschaften werden oft als Getreidefelder und Weingärten genutzt. Das Feuchtbiotop ist ein Paradies für Vögel, Amphibien und Pflanzen.

Wildpflanzen

In Griechenland gedeiht eine Vielzahl wunderschöner Wildpflanzen. Nicht wenige der über 6000 Arten kommen weltweit nur hier vor. Der Blütenreichtum des Landes hängt zum Teil mit den vielfältigen, nicht selten weitgehend unberührten Lebensräumen zusammen, zu denen Sumpfgebiete, Felsküsten, Macchie und schneebedeckte Berggipfel zählen. Hauptblütezeit ist von Januar bis Anfang Juni. Bisweilen gibt es eine zweite Blüte im September/Oktober. Besonders artenreich ist die Flora an den Küsten des Peloponnes.

Die Siegwurz kann im Frühjahr bis zu 20 farbenprächtige Blüten hervorbringen.

Die Schopfige Traubenhyazinthe heißt nach dem Blüten-»Schopf«. Sie wächst auf Grasfluren und blüht im Mai.

Der Gelbe Zistrosenwürger lebt als Schmarotzer auf Zistrosengewächsen *(siehe unten)*.

Die Salbeiblättrige Zistrose ist in der Macchie weitverbreitet. Die duftenden Blüten locken zahlreiche Insekten an.

Der weiße Affodill schmückt mit seinen bis zu 125 Zentimeter hohen Blüten von April bis Juni viele Straßenränder.

Die Macchie bietet wilden Kanarienvögeln, Grasmücken und Wiedehopfen ideale Nistplätze.

An offenen Plätzen gedeihen Orchideen, Tulpen und andere heimische Wildpflanzen.

Orchideen

Botanischer Höhepunkt jedes Griechenland-Urlaubs sind die wilden Orchideen, die zwischen Ende Februar und Mai ihre manchmal seltsam geformten, manchmal farbenprächtigen Blüten zeigen. Sie ziehen eine Vielzahl von Insekten an, die sie bestäuben.

Das Knabenkraut hat eine gepunktete Lippe. Es wächst an Hängen und blüht im April.

Die Puppenorchis bildet einen lockeren Blütenstand in blassem Rosa und bevorzugt lichte Wälder.

Die Hummelragwurz erinnert an ein Insekt. Sie blüht zu Beginn des Frühlings in der Macchie.

Die Geschichte Griechenlands

Die griechische Geschichte ist die eines Volkes, nicht eines Landes: Das Nationalbewusstsein wird weit mehr von Sprache, Glaube, Abstammung und Gebräuchen bestimmt als von der geografischen Zuordnung. Innere Kämpfe kennzeichnen die frühe Geschichte, von den bronzezeitlichen minoischen und mykenischen Kulturen bis hin zur Epoche der im 1. Jahrtausend v. Chr. entstandenen Stadtstaaten. Während die minoische Kultur auf Kreta erblühte, war die mykenische Kultur die erste Hochkultur auf dem europäischen Festland.

Nach dem Sieg Philipps II. von Makedonien bei Chaironeia im Jahr 338 v. Chr. wurde Griechenland Teil des Reichs von Alexander dem Großen. Philipp V. (238–197 v. Chr.) provozierte mit seiner expansiven Politik erstmals eine Einmischung Roms in Griechenland. 63 v. Chr. wurde es römische Provinz. Als Teil des Oströmischen Reiches wurde es von Konstantinopel aus regiert. Im 11. Jahrhundert erhielt Griechenland im christlich-orthodoxen Byzantinischen Reich erneut Bedeutung.

Nach der Eroberung Konstantinopels durch die Osmanen 1453 verschwand Griechenland für drei Jahrhunderte als politische Einheit aus der Weltgeschichte. Erst die Rückbesinnung auf die eigene Vergangenheit – die Athener Demokratie, die viele Völker zum Freiheitskampf bewogen hatte – sowie die Nachwehen der Französischen Revolution ermutigte die Griechen, 1821 gegen die Osmanenherrschaft aufzubegehren. Schließlich erkannten die europäischen Großmächte Griechenland als unabhängige Erbmonarchie an. »Die große Idee« der Wiedererrichtung des Byzantinischen Reiches musste jedoch nach einer vernichtenden Niederlage gegen die Türken 1922 aufgegeben werden.

Auf jahrelange innere Unruhen folgten 1936 die Diktatur Ioánnis Metaxás' und später der Bürgerkrieg. Das heutige Staatsgebiet besteht seit Italiens Rückgabe des Dodekanes (1948). Nach rund 2000 Jahren Fremdherrschaft ist das moderne Griechenland eine gefestigte Demokratie in der Europäischen Union.

Griechenlandkarte aus Abraham Ortelius' Atlas *Theatrum orbis terrarum* (1595)

◀ *Der Aufstand von Salona*, Gemälde (1825) von Louis Dupré (1789–1837)

Frühzeit

Im Griechenland der Bronzezeit entwickelten sich unabhängig voneinander drei blühende Kulturen: die kykladische, die minoische (die von Kreta ausgehend die Ägäischen Inseln mit einschloss) und die mykenische. Letztere hatte ihren Ursprung auf dem Festland, breitete sich aber ab 1450 v. Chr. auf Kreta aus. Die minoische und die mykenische Kultur blühten in den sogenannten Palastzeiten des zweiten vorchristlichen Jahrtausends; beide waren durch eine zentrale Verwaltung gekennzeichnet.

Prähistorie
- Besiedelte Gebiete (Bronzezeit)

Kopf (Jungsteinzeit)
Die Skulptur (3000 v. Chr.) wurde auf der Sporaden-Insel Alónissos entdeckt. Sie stellt vermutlich eine Fruchtbarkeitsgöttin dar, der man für eine gute Ernte opferte. Solche Figuren lassen auf frühe Dorfgemeinschaften schließen.

Fehlende Schutzmauern belegen den Mut der Bewohner.

Mehrstöckige Häuser

Kykladische Figurine
Bronzezeitliche Marmorstatuetten wie diese zwischen 2800 und 2300 v. Chr. gefertigte fand man in Gräbern auf den Kykladen.

Minoischer Badewannensarkophag
Diesen Sargtypus (um 1400 v. Chr.) findet man nur in der minoischen Kunst. Vermutlich war er hochrangigen Personen vorbehalten.

7000 v. Chr. Jungsteinzeitliche Ackerbauern in Nordgriechenland

3200 v. Chr. Anfänge bronzezeitlicher Kulturen auf den Kykladen und auf Kreta

2000 v. Chr. Griechisch sprechende Siedler lassen sich auf dem Peloponnes nieder

200 000 v. Chr. | **5000 v. Chr.** | **4000 v. Chr.** | **3000 v. Chr.** | **2000**

200 000 v. Chr. Spuren altsteinzeitlicher Zivilisationen in Nordgriechenland und Thessalien

»Bratpfannen«-Boot aus Sýros (2500–2000 v. Chr.)

2800–2300 v. Chr. Kéros-Sýros-Kultur auf den Kykladen

2000 v. Chr. Bau der ersten Palastanlagen (Erste Palastzeit)

Mykenische Totenmaske
In Mykene, der Heimatstadt von Agamemnon, wurden kunstvolle Goldschmiedearbeiten entdeckt. Viele waren Grabbeigaben.

Bewaldete Hügel

Die Einwohner gehen freundlich auf Besucher zu.

Zeugnisse der Frühzeit

Das Museum für Kykladische Kunst *(siehe S. 78f)* in Athen besitzt eine herrliche Sammlung von kykladischen Figurinen. Auch Mykene *(S. 182–184)* lohnt den Besuch. Funde aus Náfplio sind im dortigen Museum *(siehe S. 186)* und im Archäologischen Nationalmuseum in Athen *(siehe S. 72–75)* zu sehen. Beim Palast des Nestor *(siehe S. 205)* wurden Tafeln mit der »Linear-B-Schrift« entdeckt. Sie sind die frühesten Zeugnisse griechischer Sprache. Die Tafeln können zusammen mit mykenischen Vasen und Fresken in Chóra besichtigt werden.

Zyklopenmauern
Mykenische Burgen besaßen Mauern aus gewaltigen Steinblöcken. Spätere Generationen hielten sie für Werke der mythischen Zyklopen. Unklar ist, ob sie der Verteidigung dienten oder nur beeindrucken sollten.

Segelschiffe mit Ruderern

Minoisches Fresko
Auf der Insel Santorini wurden Wandbilder entdeckt, die aufgrund eines Vulkanausbruchs Ende des 17. Jahrhunderts v. Chr. perfekt konserviert sind. Dieser Ausschnitt zeigt Schiffe vor einer Hafenstadt. Anders als die mykenische präsentiert die minoische Kunst eine friedliebende Gemeinschaft, deren Macht auf Handel statt Eroberungen beruhte.

Mykenischer Krakenkrug
Das Motiv passt sich der Form des Gefäßes (14. Jh. v. Chr.) an. Die schlichte Symmetrie unterscheidet es von minoischen Darstellungen.

1700 v. Chr. Beginn der Zweiten Palastzeit und Goldenes Zeitalter der minoischen Kultur auf Kreta

1620 v. Chr. Vulkanausbruch auf Santorini mit Verwüstung der ganzen Region

1250–1200 v. Chr. Vermutliche Zerstörung Trojas nach dem Raub der Helena *(siehe S. 58)*

1450 v. Chr. Mykener erobern Knosós; Linear-B-Schrift

Die schöne Helena

| 1800 v. Chr. | 1600 v. Chr. | 1400 v. Chr. | 1200 v. Chr. |

1700 v. Chr. Zerstörung der Paläste durch Erdbeben, Ende der Ersten Palastzeit

1600 v. Chr. Aufstieg der mykenischen Kultur zu Reichtum und Macht

Minoische Schlangengöttin (1500 v. Chr.)

1200 v. Chr. Niedergang der mykenischen Kultur

1370–1350 v. Chr. Palast von Knosós auf Kreta zum zweiten Mal zerstört

»Dunkles Zeitalter« und Archaische Zeit

Um 1200 v. Chr. begann für Griechenland eine Zeit kultureller und wirtschaftlicher Armut, die rund 400 Jahre andauerte. Ab 800 v. Chr. setzte ein Aufschwung ein, der mit der Bildung von Stadtstaaten einherging und Kriegshandwerk, Kunst und Politik zu neuer Blüte verhalf. Es entstanden griechische Kolonien am Schwarzen Meer, im heutigen Syrien, in Nordafrika sowie im westlichen Mittelmeerraum.

Koúros (530 v. Chr.)
Koúroi waren frühe, meist überlebensgroße Statuen (siehe S. 74). In Anlehnung an ägyptische Vorbilder steht der nackte junge Mann in starrer Haltung aufrecht und hat einen Fuß zum Schritt vorgesetzt.

Mittelmeerraum, 479 v. Chr.
▨ Griechischer Einflussbereich

Brustpanzer aus Bronze

Der Doppelflötenspieler gab den Marschtakt vor.

Die Beinschienen waren aus Bronze.

Hopliten
Diese Vase aus Korinth (750 v. Chr.) enthält eine der frühesten Darstellungen der damals neuen Art von Kriegsführung, bei der speziell ausgebildete, schwer bewaffnete Fußsoldaten (Hopliten) in geschlossener Schlachtreihe (Phalanx) in das Gefecht geschickt wurden. Der Aufstieg der Stadtstaaten hing auch mit dem großen Engagement der Hopliten zusammen, die für ihre Gemeinschaft kämpften.

Solon
Als Archon (höchster Beamter) führte Solon (640–558 v. Chr.) in Athen Verfassungs- und Wirtschaftsreformen ein, die der ersten Demokratie den Weg ebneten.

Vasenfragment im zeittypischen geometrischen Stil mit umlaufenden Musterbändern

900 v. Chr.
Auftauchen geometrischer Vasenmuster

1100 v. Chr.

1000 v. Chr.

900 v. Chr.

1100 v. Chr. Völkerwanderungen in der gesamten griechischen Welt

1000–850 v. Chr. Entstehung der homerischen Königreiche

Zeugnisse der Archaischen Zeit

Gut erhaltene *koúroi* sind im Archäologischen Nationalmuseum *(siehe S. 72–75)* und in dem neuen Akropolis-Museum *(siehe S. 104)* in Athen ausgestellt. Ersteres beherbergt auch die bedeutendste Sammlung von Vasen im geometrischen sowie im schwarz- und im rotfigurigen Stil. Bei Marathón *(siehe S. 149)* erinnert ein zwölf Meter hoher Grabhügel an den ersten Sieg über die Perser 490 v. Chr. Das Museum von Spárti *(siehe S. 193)* birgt eine Büste des Spartanerkönigs Leonidas, der 480 v. Chr. an die Perser verraten und zusammen mit seinen 300 Hopliten niedergemetzelt wurde.

Volutenkrater (6. Jh. v. Chr.)
Das Gefäß *(krater)* zum Mischen von Wein und Wasser beim Symposion ist mit mythologischen Bild- und Ornamentfriesen geschmückt.

Bronzehelm als Kopfschutz

Speere dienten als Angriffswaffen.

Die Phalangen (Schlachtreihen des Fußvolks) bildeten eine geschlossene Front – eine neue und erfolgreiche Technik.

Gorgonenhaupt als Schildschmuck

Typischer Rundschild

Heimkehr von der Jagd (500 v. Chr.)
Die Jagd auf Hasen, Hirsche und Wildschweine galt als vornehmer Sport des griechischen Adels. Man jagte zu Fuß und mit Hunden.

Dareios I. (reg. 521–486 v. Chr.)
Das Relief aus Persepolis zeigt den Perserkönig, der das griechische Festland erobern wollte, jedoch 490 v. Chr. bei Marathón endgültig geschlagen wurde.

---

776 v. Chr. Herkömmliche Datierung für die ersten Olympischen Spiele

675 v. Chr. Lykourgos führt in Sparta eine neue Gesetzgebung ein

600 v. Chr. Erste dorische Säulen im Hera-Tempel, Olympia

Dorisches Kapitell

490 v. Chr. Sieg Athens über die Perser bei Marathón

800 v. Chr. — **700 v. Chr.** — **600 v. Chr.** — **500 v. Chr.**

770 v. Chr. Griechische Kolonien in Ägypten und anderen Ländern

750–700 v. Chr. Homers Epen *Ilias* und *Odyssee*

Votivfigur aus Sparta

546 v. Chr. Erste Kämpfe zwischen Griechen und Persern; Athen erblüht unter Peisistratos und dessen Söhnen

630 v. Chr. Sappho schreibt Gedichte auf Lésbos

480 v. Chr. Die Perser zerstören Athen und schlagen die Spartaner; die Griechen siegen bei Salamis

479 v. Chr. Endgültiger Sieg der Griechen über die Perser bei Plataiaí

Klassische Zeit

Die klassische Zeit gilt als Höhepunkt der griechischen Antike. 150 Jahre außergewöhnlicher Kreativität in Philosophie, Literatur, Theater und anderen Künsten brachten Dramatiker wie Aischylos, Sophokles, Euripides und große Denker wie Sokrates und Platon sowie Aristoteles hervor. Aber es war auch eine Zeit blutiger Konflikte: Im Peloponnesischen Krieg (431–404 v. Chr.) kämpfte Athen mit seinen Verbündeten gegen Sparta, Korinth und deren Bündnispartner. 338 v. Chr. setzte Philipp II. von Makedonien dem innergriechischen Kampf um die Vorherrschaft ein Ende und unterwarf Griechenland.

Klassik, 440 v. Chr.
- Sparta und Verbündete
- Athen und Verbündete

Fischhändler
Diese Vase (4. Jh. v. Chr.) ist ein Fund aus Cefalù auf Sizilien. Weite Teile der Insel waren von Griechen besiedelt, die durch Sprache, Kultur und Glauben ihrer Heimat verbunden blieben.

Theater, Schauplatz der Pythischen Spiele

Apollon-Tempel

Schatzhaus der Siphnier

Heiligtum von Delphi
Das Heiligtum (siehe S. 232f) – die Abbildung zeigt eine Rekonstruktion von 1894 – erlangte im 5. und 4. Jahrhundert v. Chr. seine höchste politische Bedeutung. Im Zentrum stand das Apollon-Orakel, dessen Prophezeiungen das Schicksal der Stadtstaaten Athen und Sparta entscheidend prägten. In den Schatzhäusern entlang der Heiligen Straße deponierten die Staaten ihre Gaben.

Perikles
Der große Staatsmann baute die griechische Marine aus und initiierte 450–430 v. Chr. in Athen bedeutende Baumaßnahmen (u. a. die Akropolis).

Detail des Parthenon-Frieses

462 v. Chr. Die Reformen des Ephialtes verstärken Athens demokratische Strukturen

431–404 v. Chr. Peloponnesischer Krieg, nach dem Athen für 33 Jahre seine Vorherrschaft Sparta überlassen muss

um 424 Tod des griechischen Geschichtsschreibers Herodot

475 v. Chr. | **450 v. Chr.** | **425 v. Chr.**

478 v. Chr. Gründung des Attischen Seebunds unter der Führung Athens

451–429 v. Chr. Perikles kommt in Athen an die Macht und initiiert umfassende Bauvorhaben

447 v. Chr. Baubeginn am Parthenon

Büste des Herodot, vermutlich aus hellenistischer Zeit

KLASSISCHE ZEIT | 35

Vergoldeter Eichenkranz aus Vergína
Der Kranz stammt aus dem Grab Philipps II. von Makedonien. Mitte des 4. Jahrhunderts v. Chr. hatte er die griechischen Stadtstaaten unterworfen.

Zeugnisse der klassischen Zeit

Im Zentrum von Athen steht die Akropolis mit ihren Mitte des 5. Jahrhunderts im Rahmen der von Perikles initiierten Baumaßnahmen errichteten Kultstätten, darunter der Parthenon *(siehe S. 98–103)*. Einen Besuch lohnen außerdem die berühmte *thólos* bei dem Heiligtum von Delphi *(siehe S. 234)*, die mauerbewehrte Stadt Messene *(siehe S. 205)*, das Theater von Epídauros *(siehe S. 188f)* und das Grab von Philipp II. in Vergína *(siehe S. 246)*.

Weihegeschenk aus Rhodos

Attische Stoa

Heilige Straße

Schatzhaus der Athener

Athena Lemnia
Diese römische Kopie einer Statue von Phidias (ca. 490–430 v. Chr.), der die bildhauerischen Arbeiten an der Akropolis leitete, zeigt die Schutzgöttin Athens im idealisierenden Stil der Hochklassik.

Junger Sklave (400 v. Chr.)
Sklaven – hier die Darstellung eines Schuhputzers aus Afrika – waren ein wichtiger Wirtschaftsfaktor. Sie kamen oft von anderen Kontinenten.

---

387 v. Chr. Platon gründet die Akademie in Athen

Der Philosoph Platon

359 v. Chr. Philipp II. wird König von Makedonien

337 v. Chr. Die Gründung des Korinthischen Bundes legitimiert die Vorherrschaft Philipps II. über die griechischen Stadtstaaten

400 v. Chr. — **375 v. Chr.** — **350 v. Chr.**

399 v. Chr. Verurteilung und Hinrichtung des Sokrates

371 v. Chr. Thebens Sieg über Sparta in der Schlacht von Leuktra läutet ein Jahrzehnt thebanischer Hegemonie ein

338 v. Chr. Philipp II. schlägt die Griechen bei Chaironeia

336 v. Chr. Ermordung Philipps II. in Aigai; sein Sohn Alexander wird König

Hellenistische Zeit

Alexander der Große von Makedonien setzte die Eroberungspolitik seines Vaters, Philipps II., fort. Er besiegte die Perser und schuf ein Großreich, das sich von Indien bis nach Ägypten erstreckte. Die hellenistische Epoche erlebte die Ausbreitung der griechischen Sprache, Religion und Kultur über die von Alexander eroberten Gebiete. Sie dauerte über seinen Tod 323 v. Chr. hinaus an. Erst die Römer lösten 168 v. Chr. die Makedonier als Herrscher Griechenlands ab.

Heros-Relief (um 200 v. Chr.) Die Verehrung von Helden war ein Teil der griechischen Religion. Alexander der Große wurde schon zu Lebzeiten als Gott verehrt.

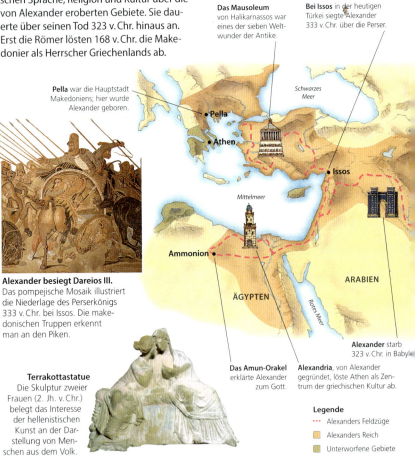

Das Mausoleum von Halikarnassos war eines der sieben Weltwunder der Antike.

Bei Issos in der heutigen Türkei siegte Alexander 333 v. Chr. über die Perser.

Pella war die Hauptstadt Makedoniens; hier wurde Alexander geboren.

Alexander besiegt Dareios III. Das pompejische Mosaik illustriert die Niederlage des Perserkönigs 333 v. Chr. bei Issos. Die makedonischen Truppen erkennt man an den Piken.

Terrakottastatue Die Skulptur zweier Frauen (2. Jh. v. Chr.) belegt das Interesse der hellenistischen Kunst an der Darstellung von Menschen aus dem Volk.

Das Amun-Orakel erklärte Alexander zum Gott.

Alexandria, von Alexander gegründet, löste Athen als Zentrum der griechischen Kultur ab.

Alexander starb 323 v. Chr. in Babylon.

Legende
- - - Alexanders Feldzüge
- Alexanders Reich
- Unterworfene Gebiete

333 v. Chr. Alexander der Große besiegt den persischen Großkönig Dareios III. und nimmt den Titel »König von Asien« an

323 v. Chr. Tod von Alexander und Diogenes

322 v. Chr. Tod von Aristoteles

331 v. Chr. Alexander erobert Ägypten und gründet Alexandria

287–275 v. Chr. Im »Pyrrhussieg« schlägt König Pyrros von Epirus die Römer, erleidet aber hohe Verluste

301 v. Chr. Nach der Schlacht von Ipsos wird Alexanders Reich in unabhängige Monarchien (Diadochenreiche) aufgeteilt

268–261 v. Chr. Im Chremonideischen Krieg unterliegt Athen Makedonien

325 v. Chr. | 300 v. Chr. | 275 v. Chr. | 250 v. Chr.

Der hellenistische Philosoph Diogenes

HELLENISTISCHE ZEIT | 37

Verschmelzung westlicher und östlicher Religion
Auf dieser Plakette aus Afghanistan stehen die griechische Göttin Nike und die asiatische Göttin Kybele nebeneinander in einem Löwenwagen.

Zeugnisse der hellenistischen Zeit

Der Palast von Pella *(siehe S. 247)*, Hauptstadt Makedoniens und Geburtsort Alexanders, und der Palast von Palatítsia *(siehe S. 246)* sind einzigartig. Pella besitzt Mosaiken (eines davon stellt Alexander dar). Goldarbeiten und weitere Funde sind im Museum in Pella und im Archäologischen Museum in Thessaloníki *(siehe S. 250f)* ausgestellt. In Athen stiftete Attalos von Pergamon (reg. 159–138 v. Chr.) die Stoa des Attalos *(siehe S. 95)* auf der Agora. Der Turm der Winde *(siehe S. 90f)* des makedonischen Astronomen Andrónikos Kyrrestes auf der Römischen Agora ist mit einer Wasseruhr ausgestattet.

Susa, die Hauptstadt des Persischen Reiches, wurde 331 v. Chr. eingenommen. 324 v. Chr. fand eine Massenhochzeit zwischen Alexanders Offizieren und Asiatinnen statt.

Alexander heiratete 327 v. Chr. die sogdische Fürstentochter Roxane.

Kriegselefanten wurden 326 v. Chr. gegen den indischen König Poros eingesetzt.

Alexanders Heer kehrte am Fluss Beas um.

Karspisches Meer
Persischer Golf
PERSIEN
• **Susa**
• **Alexandropolis**
SOGDIANI
BAKTRIEN
• **Taxil**
GEDROSIEN
INDIEN
Beas
Arabisches Meer

Persepolis, das altpersische religiöse Zentrum im heutigen Iran, fiel 330 v. Chr. an Alexander.

In der Wüste von Gedrosien erlitt Alexander schwere Verluste.

Reich Alexanders des Großen
Alexander legte bei seinen Feldzügen große Entfernungen zurück. Nachdem er in Asien die Perser geschlagen hatte, zog er nach Ägypten. Zurück in Asien, schaltete er Dareios, alsdann in Baktrien dessen Mörder aus. In Indien verweigerten 326 v. Chr. seine Truppen den Weitermarsch.

Der Tod des Archimedes
Archimedes, der bedeutendste Mathematiker und Physiker der Antike, wurde 212 v. Chr. von einem römischen Soldaten erschlagen.

---

227 v. Chr. Ein Erdbeben zerstört den Koloss von Rhodos

Koloss von Rhodos

197 v. Chr. Die Römer schlagen Philipp V. von Makedonien und erklären Griechenland für befreit

146 v. Chr. Die Römer zerstören Korinth; Griechenland wird römische Provinz

| 225 v. Chr. | 200 v. Chr. | 175 v. Chr. | 150 v. Chr. |

222 v. Chr. Makedonien annektiert Sparta

217 v. Chr. Friede von Náfpaktos: Appell an die Griechen, ihren Zwist beizulegen, ehe sich »die Wolke im Westen« (Rom) über ihnen verdichtet

168 v. Chr. Sieg der Römer über die Makedonier bei Pýdna

Römische Münze zum Gedenken an den Sieg Roms über die Makedonier 196 v. Chr.

Römische Zeit

Mit der Eroberung und Zerstörung von Korinth 146 v. Chr. wurde Griechenland römische Provinz und entwickelte sich rasch zum kulturellen Zentrum des Römischen Reiches. Der römische Adel sandte seine Söhne in die Athener Philosophenschulen *(siehe S. 61)*. Das Ende des Machtkampfs um die Nachfolge Caesars wurde auf griechischem Boden ausgetragen und gipfelte 31 v. Chr. in der Schlacht bei Aktium. Kaiser Konstantin verlegte 323 n. Chr. die Reichshauptstadt nach Byzanz (Konstantinopel). 395 n. Chr. folgte die Teilung des Imperiums in das West- und das Oströmische Reich.

Römische Provinzen, 211 n. Chr.

Mithridates
Der expansionshungrige König von Pontus führte drei Kriege gegen die Römer. Nach dem dritten musste er sich 63 v. Chr. geschlagen geben.

Bouleuterion (Versammlungshalle)

Bema, das Podium, von dem der Apostel Paulus gepredigt haben soll

Römische Basilika

Peirene-Quelle (Brunnenhaus)

Schlacht bei Aktium (31 n. Chr.)
Die Schlacht markierte das Ende der Römischen Republik. Diese Onyxscheibe erinnert an den Triumph Octavians über Marcus Antonius.

Rekonstruktion des römischen Korinth
Korinth (siehe S. 166–170) wurde 46 v. Chr. von Julius Caesar als Hauptstadt der Provinz Achaïa wiederaufgebaut. Die Römer errichteten die Agora, das Theater und Basiliken. 51/52 n. Chr. arbeitete der Apostel Paulus dort als Zeltmacher.

Eurykles-Thermen

Münze mit dem Porträt von Kleopatra, Königin von Ägypten

49–31 v. Chr. Der Krieg um die Nachfolge Caesars endet mit der Niederlage von Marcus Antonius und Kleopatra bei Aktium (Griechenland)

49–54 n. Chr. Apostel Paulus predigt in Griechenland

124–131 n. Chr. Kaiser Hadrian initiiert eine rege Bautätigkeit in Athen

100 v. Chr. — **0** — **100 n. Ch.**

86 v. Chr. Der römische Heerführer Sulla besetzt Athen

46 v. Chr. Wiederaufbau Korinths als römische Kolonie

Der Apostel Paulus

66–67 n. Chr. Kaiser Nero bereist Griechenland

RÖMISCHE ZEIT | 39

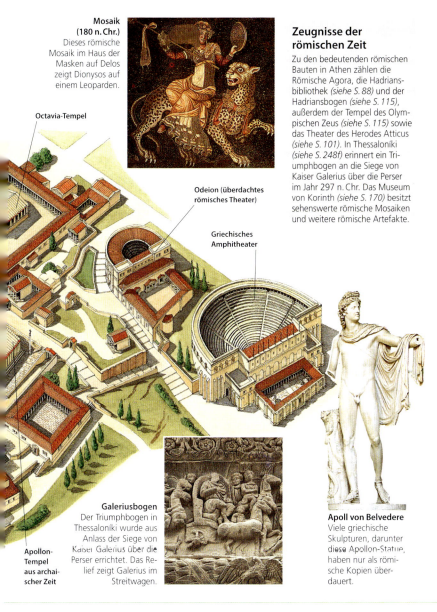

Mosaik (180 n. Chr.)
Dieses römische Mosaik im Haus der Masken auf Delos zeigt Dionysos auf einem Leoparden.

Octavia-Tempel

Odeion (überdachtes römisches Theater)

Griechisches Amphitheater

Galeriusbogen
Der Triumphbogen in Thessaloníki wurde aus Anlass der Siege von Kaiser Galerius über die Perser errichtet. Das Relief zeigt Galerius im Streitwagen.

Apollon-Tempel aus archaischer Zeit

Apoll von Belvedere
Viele griechische Skulpturen, darunter diese Apollon-Statue, haben nur als römische Kopien überdauert.

Zeugnisse der römischen Zeit

Zu den bedeutenden römischen Bauten in Athen zählen die Römische Agora, die Hadriansbibliothek *(siehe S. 88)* und der Hadriansbogen *(siehe S. 115)*, außerdem der Tempel des Olympischen Zeus *(siehe S. 115)* sowie das Theater des Herodes Atticus *(siehe S. 101)*. In Thessaloníki *(siehe S. 248f)* erinnert ein Triumphbogen an die Siege von Kaiser Galerius über die Perser im Jahr 297 n. Chr. Das Museum von Korinth *(siehe S. 170)* besitzt sehenswerte römische Mosaiken und weitere römische Artefakte.

---

170 Pausanias vollendet seine Beschreibung Griechenlands, einen »Reiseführer« für Römer

267 Die Goten plündern Athen

323 Konstantin wird Kaiser des Römischen Reiches und verlegt seine Hauptstadt nach Byzanz (Konstantinopel)

395 Die Goten erobern Athen und den Peloponnes

390 Kaiser Theodosius I. erhebt das Christentum zur Staatsreligion

200 | **300**

Münze mit dem Abbild des römischen Kaisers Galerius

293 Unter Kaiser Galerius wird Thessaloníki die nach Byzanz (Konstantinopel) bedeutendste Stadt

393 Verbot der Olympischen Spiele

395 Theodosius I. stirbt; Teilung des Römischen Reiches in lateinisches West- und byzantinisches Ostrom

Byzanz und Kreuzfahrerzeit

In dem durch die Teilung des Römischen Reiches Ende des 4. Jahrhunderts entstandenen Byzantinischen oder Oströmischen Reich setzte sich das orthodoxe Christentum durch. Griechenland wurde in *themes* (Verwaltungsbezirke) gegliedert. Nach der Einnahme Konstantinopels durch Kreuzfahrer 1204 wurde Griechenland erneut aufgeteilt, hauptsächlich unter Venezianern und fränkischen Herrschern. 1261 fielen Mystrás und Konstantinopel zurück an das Byzantinische Reich, das die Türken 1453 endgültig auslöschten. Relikte jener Ära sind Hunderte von Kirchen und sakrale Kunst.

Byzantinisches Griechenland, 10. Jahrhundert

Kapelle

Tsimiskís-Wachturm

Refektorium

Lávras-Kloster
Megistis Lávras ist das älteste (963 n. Chr.) und größte der Klöster am Berg Athos (siehe S. 256–258) in Nordgriechenland, die sich zu bedeutenden Zentren der Wissenschaft und der sakralen Kunst entwickelten. Trotz Umbauten blieb der byzantinische Gesamteindruck bewahrt.

Doppeladler
Der zweiköpfige Adler auf dem Anhänger spiegelt die Macht des Byzantinischen Reiches wider. Das Symbol war überall präsent.

Verteidigung von Thessaloníki
Die Eroberung Thessaloníkis durch die Sarazenen 904 war ein schwerer Schlag für das Byzantinische Reich. Viele griechische Städte wurden daraufhin befestigt.

578–586 Slawen dringen in Griechenland ein

Solidus (Goldmünze) mit dem Bild der byzantinischen Kaiserin Irene (reg. 797–802)

400 — **600** — **800**

529 Die Dominanz christlich-orientalischer Kultur bewirkt die Schließung der Philosophenschulen von Aristoteles und Platon

680 Bulgaren überqueren die Donau und errichten in Nordgriechenland ein Reich

726 Kaiser Leo III. entfacht den (843 beendeten) Bilderstreit

841 Der Parthenon wird zur Kathedrale

BYZANZ UND KREUZFAHRERZEIT | 41

Konstantin der Große
Konstantin I., hier mit seiner Mutter Helena, gründete 324 n. Chr. Konstantinopel und erkannte als erster oströmischer Kaiser das Christentum an.

Zeugnisse aus Byzanz und der Kreuzfahrerzeit

Im Benáki-Museum und im Byzantinischen Museum *(siehe S. 82f bzw. S. 80)* sind Statuen, Ikonen, Metallarbeiten und Textilien ausgestellt. Im mittelalterlichen Mystrás *(siehe S. 196f)* sind faszinierende Gebäude zu sehen. Die Kirchen Thessalonikís *(siehe S. 252)*, die Klöster Dáphni *(siehe S. 156f)* und Osios Loukás *(siehe S. 226f)* sowie jene auf dem Berg Athos *(siehe S. 256–258)* bergen herrliche Mosaiken und Fresken. Chlemoútsi *(siehe S. 173)* zählt zu den ältesten fränkischen Burgen in Griechenland. Bedeutende Festungen befinden sich in Akrokorinth *(siehe S. 170)* und Monemvasiá *(siehe S. 190–192)*.

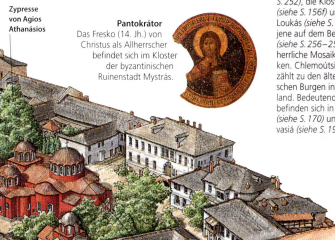

Zypresse von Agios Athanásios

Pantokrátor
Das Fresko (14. Jh.) von Christus als Allherrscher befindet sich im Kloster der byzantinischen Ruinenstadt Mystrás.

Wehrmauern

Kapelle des Klostergründers Agios Athanásios

Schatzkammer und Klosterbibliothek

Das *katholikón* (Hauptkirche) des Lávras-Klosters birgt die prächtigsten postbyzantinischen Fresken auf dem Berg Athos.

1054 Der Patriarch von Konstantinopel und Papst Leo IX. exkommunizieren sich gegenseitig

1081–1149 Normannen fallen in Griechenland ein

Die fränkische Burg Chlemoútsi

1354 Osmanen dringen nach Süditalien und Griechenland vor

1390–1450 Osmanen dominieren große Teile Griechenlands

1000 — **1200** — **1400**

Der »Bulgarentöter« Basilios (956–1025), Herrscher von Byzanz

1204 Kreuzritter plündern Konstantinopel. Das Byzantinische Reich zerfällt; Franken und Venezianer rücken nach

1210 Kreta fällt an Venedig

1261 Beginn der Blütezeit von Mystrás; Rückeroberung von Konstantinopel durch Byzanz

1389 Venedig kontrolliert große Teile des griechischen Festlands und der Inseln

Venezianische und osmanische Zeit

Die osmanische Einnahme Konstantinopels 1453 und fast des gesamten übrigen griechischen Territoriums (1461) war folgenschwer. Sie trug Griechenland 350-jährige Fremdherrschaft ein. Konstantinopel blieb auch als Hauptstadt des Osmanischen Reiches ein Sammelbecken der Griechen und wurde Brennpunkt griechischen Freiheitsstrebens. Im bevölkerungsarmen Griechenland machten sich Stagnation und Verarmung breit. Der Widerstand formierte sich in Rebellengruppen und Milizen. Die Ionischen Inseln, Kreta und einige Küstenenklaven waren in den Händen der Venezianer, die ihren Einfluss stärker geltend machten als die teilweise wesentlich nachgiebigeren Osmanen. Dafür hinterließen jene aber ein reiches kulturelles und architektonisches Erbe.

Griechenland 1493
- Venezianische Gebiete
- Osmanische Gebiete

Seeschlacht von Lepanto
Die christliche Flotte unter Don Juan d'Austria siegte 1571 vor Náfpaktos über die Türken und verhinderte damit deren Vormarsch nach Westen *(siehe S. 228f)*.

Kretische Ikonenmalerei
Die Ikone (15. Jh.) ist ein Beispiel für den Stil der Kretischen Schule, die mit der Eroberung Kretas durch die Osmanen (1669) erlosch.

Ankunft des türkischen Prinzen Cem auf Rhodos
Prinz Cem, osmanischer Rebell und Sohn von Sultan Mehmed II., floh 1481 auf die Insel Rhodos in die Obhut der Ritter des Johanniterordens. Im Jahr 1522 fiel die Insel nach längerer Belagerung an die Osmanen.

1453 Mehmed II. erobert Konstantinopel und macht es als Istanbul zur Hauptstadt des Osmanischen Reiches

1503 Osmanen kontrollieren den Peloponnes mit Ausnahme von Monemvasiá

1571 Seeschlacht von Lepanto; überwältigender Sieg von Venezianern und Spaniern über die Flotte der Osmanen

1500 — 1550 — 1600

1460 Türken erobern Mystrás

1456 Osmanen besetzen Athen

1522 Die Ritter des Johanniterordens müssen Rhodos an die Osmanen abtreten

Kretischer Kettenpanzer aus dem 16. Jahrhundert

VENEZIANISCHE UND OSMANISCHE ZEIT | 43

Seehandel
Griechische Kaufleute trieben regen Handel und unterhielten Kolonien u. a. in Konstantinopel, London und Odessa. Diese Stickerei (19. Jh.) verdeutlicht den türkischen Einfluss auf die griechische Gebrauchskunst.

Zeugnisse der venezianischen und osmanischen Zeit

In Náfplio zeugen mehrere Bauten von der venezianischen Vergangenheit, so etwa das Schifffahrtsmagazin (heute Museum) und die Palamídi-Festung *(siehe S. 187)*. Nach der Unabhängigkeit wurden immense Anstrengungen unternommen, alle osmanischen Bauten abzureißen oder zu verkleiden. In der Pláka, dem Athener Altstadtviertel, sind einige wenige Gebäude der Zerstörung entgangen. Auch die Tsistaráki-Moschee *(siehe S. 90)* – heute das Keramikmuseum Kyriazópoulos – ist osmanisch. Der Weiße Turm in Thessaloníki *(siehe S. 248)* wurde im 16. Jahrhundert wiederaufgebaut. In Kavála *(siehe S. 259)* gibt es einen Aquädukt aus der Zeit Suleimans des Prächtigen, in Ioánnina die Aslan-Pascha-Moschee *(siehe S. 214)*.

Ritter des Johanniterordens leisteten den Türken bis 1522 Widerstand.

Selbst die mächtigen Festungsmauern hielten der türkischen Artillerie auf Dauer nicht stand.

Die Ritter unterstützten den türkischen Rebellen Prinz Cem.

Griechische Abendmahlzeit 1801
Die knapp 400 jährige osmanische Fremdherrschaft beeinflusste maßgeblich Griechenlands Kultur, ethnische Zusammensetzung und den Alltag. Türkische Gerichte stehen bis heute auf der griechischen Speisekarte.

1687 Bei einem venezianischen Artillerieangriff auf ein türkisches Munitionsdepot wird der Parthenon schwer beschädigt

1715 Die Türken erobern den Peloponnes zurück

Ali Pascha (1741–1822), Herrscher des Osmanenreiches

1814 Die Ionischen Inseln fallen an Großbritannien

| 1650 | 1700 | 1750 | 1800 |

Explosion im Parthenon

1684 Rückeroberung des Peloponnes durch die Venezianer

1778 Ali Pascha wird Wesir von Ioánnina und errichtet in Albanien und Nordgriechenland einen mächtigen Staat

1801 Lord Elgin bringt den Parthenon-Fries nach England

1814 Gründung der griechischen Befreiungsbewegung *Filiki Etaireía*

Griechenland als Staat

Der griechische Freiheitskampf beendete die Osmanenherrschaft und begründete das ehrgeizige patriotische Ziel, alle Griechen unter einer Fahne zu einen. Griechenland expandierte zunächst erfolgreich. Im 19. Jahrhundert verdoppelte es sein Staatsgebiet, viele Inseln erhielten ihre Souveränität zurück. Den Versuch, nach dem Ersten Weltkrieg Konstantinopel bzw. Istanbul einzunehmen, bezahlte Griechenland teuer: Rund 1,5 Millionen Griechen wurden 1922 aus Smyrna (Izmir) im türkischen Anatolien vertrieben. Dies bedeutete das Ende von Jahrtausenden griechischer Besiedelung in Kleinasien.

Modernes Griechenland
- Griechenland 1832
- Zugewinne 1832–1923

Das Massaker von Chíos
Dieser Ausschnitt aus einem Gemälde von Delacroix illustriert die 1822 verübte Gewalttat der Türken als Antwort auf den griechischen Befreiungskampf.

Klephten, räuberische Freischärler aus den Bergen, bildeten die Stütze der Unabhängigkeitsbewegung.

Die Waffen waren Familienerbstücke oder Spenden.

Ausrufung der Verfassung in Athen
Die Verfassung wurde 1843 in dem klassizistischen Parlamentsgebäude in Athen ausgerufen. Der Bau war um 1830 als Palast für König Otto, den ersten griechischen Monarchen, errichtet worden.

1824 Der englische Dichter Lord Byron stirbt in Mesolóngi an Fieber

1831 Ermordung von Ioánnis Kapodístrias

1832 Griechenland wird Protektorat; die Großmächte setzen den bayerischen Prinzen Otto als König ein

1834 Athen löst Náfplio als Hauptstadt ab

Der deutsche Archäologe Heinrich Schliemann

1830 — **1840** — **1850** — **1860** — **1870**

1827 Schlacht von Navarino

1828 Ioánnis Kapodístrias wird erster Regent des unabhängigen Griechenland

1821 Die griechische Freiheitsfahne wird am 25. März gehisst; Griechen massakrieren Türken bei Tripolitsá

König Otto (reg. 1832–62)

1862 Vertreibung König Ottos durch Rebellion

1864 Griechenland wird konstitutionelle Monarchie; der griechisch-orthodoxe Glaube wird Staatsreligion

1874 Heinrich Schliemann beginnt in Mykene mit Ausgrabungen

GRIECHENLAND ALS STAAT | 45

Leben in Athen
Eine Kombination von griechischer Tracht und westlicher Mode prägte 1836 den städtischen Kleidungsstil. Auch die osmanische Mode, erkennbar am Fes der Männer, behauptete sich weiterhin.

Zeugnisse des 19. Jahrhunderts

Das Moní Agías Lávras bei Kalávryta *(siehe S. 172)* gilt als Zentrum des Freiheitskampfs. Lord Byron starb in Mesolóngi *(siehe S. 229)*. Ioánnis Kapodístrias wurde in der Kirche Agios Spyrídon in Náfplio *(siehe S. 186)* ermordet. Pýlos war Schauplatz der Schlacht von Navaríno *(siehe S. 204)*.

Hissen der Freiheitsflagge

1821 rief der Geheimbund Filikí Etaireía *die griechischen Offiziere zur Revolte auf, was auf dem ganzen Peloponnes zu Aufständen gegen die Muslime führte. Am 25. März soll Erzbischof Germanós von Pátra in einem Kloster bei Kalávryta* (siehe S. 172) *die Flagge der Rebellen gehisst haben – das Signal zur Erhebung. Der Freiheitskampf hatte begonnen.*

Kanal von Korinth
Der Kanal zwischen Ägäischem und Ionischem Meer wurde 1893 eröffnet *(siehe S. 171)*.

Elefthérios Venizélos
Der liberale kretische Politiker verdoppelte während der Balkankriege (1912/13) das Staatsgebiet. Im Ersten Weltkrieg brachte er Griechenland auf die Seite der Alliierten.

1880	1890	1900	1910	1920
Spyridon Loúis, Marathon-Sieger bei den ersten Olympischen Spielen der Neuzeit 1896	**1893** Eröffnung des Kanals von Korinth	**1896** Erste Olympische Spiele der Neuzeit in Athen	**1908** Anschluss Kretas an Griechenland	**1919** Griechischer Angriff auf Kleinasien	**1922** Türken brennen Smyrna nieder
	1899 Arthur Evans beginnt Ausgrabungen in Knosós		**1912/13** Erweiterung des Staatsgebiets durch die Balkankriege	**1917** König Konstantin I. dankt ab; Griechenland tritt in den Ersten Weltkrieg ein	
				1920 Der Frieden von Sèvres bringt Griechenland Landgewinne	
			1923 Der Friedensvertrag von Lausanne legt einen Bevölkerungsaustausch von Griechen und Türken fest; Griechenland verliert gewonnene Territorien		

Modernes Griechenland

Nach der Niederlage im Griechisch-Türkischen Krieg 1922 erlebte das griechische Volk leidvolle Jahre. Der Zustrom verarmter Flüchtlinge trug zur politischen Instabilität bei. Metaxás' Diktatur folgten Italiens Angriff, die Besatzung durch Italiener, Deutsche und Bulgaren sowie 1946–49 der Bürgerkrieg. Die 1950er Jahre prägte die Zypernfrage. Nach dem Ende der Militärjunta (1967–74) entwickelte sich Griechenland zu einem demokratischen Staat und wurde schließlich im Jahr 1981 Mitglied der Europäischen Union (damals EWG).

Der Friseurladen von Giánnis Tsaroúchis

1938 Tod des Bildhauers Giannoúlis Chalepás; *Die Schlafende* gilt als sein Hauptwerk

1946 Der »Weiße Terror« der Regierung gegen die Kommunisten setzt ein

1947 Erste Ausstellung des international anerkannten griechischen Künstlers Giánnis Tsaroúchis in der Romvoss-Galerie in Athen

1945 Nikos Kazantzákis veröffentlicht den später verfilmten Roman *Alexis Sorbas*

1957 Im Palast Philipps II. in Pella werden Mosaiken (300 v. Chr.) entdeckt

1967 Bildung einer rechten Militärjunta; König Konstantin II. geht ins Exil

1933 Tod des Dichters Konstantínos Kaváfis

1925	1935	1945	1955	1965

1925	1935	1945	1955	1965

1939 Griechenland erklärt bei Beginn des Zweiten Weltkriegs seine Neutralität

1951 Beitritt Griechenlands zur NATO

1955 Griechische Zyprioten revoltieren gegen die britische Besatzung

1932 Aristotélis Onássis legt den Grundstein seines Reederei-Imperiums

1948 Der Dodekanes fällt an Griechenland zurück

1963 Wahl einer Mitte-Links-Regierung unter Geórgios Papandréou

1960 Zypern wird unabhängig

1925 Geburtsjahr von Mános Chatzidákis, der die Filmmusik zu *Sonntags... nie!* (1960) komponierte

1940 Italien besetzt Griechenland; griechische Soldaten verteidigen den Norden; Kriegseintritt Griechenlands

1946–49 Bürgerkrieg zwischen der Regierung und den vom Bergland aus operierenden Kommunisten

1944 Churchill besucht Athen und sichert der griechischen Regierung Unterstützung gegen die kommunistische Widerstandsbewegung zu

MODERNES GRIECHENLAND | 47

1980 Konstantínos Karamanlís wird Präsident und bleibt bis 1995 Staatschef (außer 1985–90)

1993 Andréas Papandréou gewinnt ein zweites Mal die Wahl

1981 Andréas Papandréous linke PASOK-Partei gewinnt absolute Mehrheit im Parlament; Beitritt Griechenlands zur EU

1973 Die Rebellion der Athener Studenten gegen die Diktatur wird vom Militär niedergeschlagen; die Macht der Junta beginnt zu bröckeln

2010 Ministerpräsident Giórgos Papandréou beschließt Maßnahmenpaket gegen die hohe Staatsverschuldung; der griechische Haushalt wird unter EU-Kontrolle gestellt

2015 Aléxis Tsipras von der Partei SYRIZA wird nach vorgezogenen Parlamentswahlen zum Ministerpräsidenten gewählt. Der Regierungschef fordert einen teilweisen Erlass der griechischen Staatsschulden

1994 Athen leidet stark unter Smog *(néfos)* und beschränkt den Verkehr in der Innenstadt

1974 Teilung Zyperns nach der türkischen Invasion

1988 Acht Millionen Urlauber besuchen Griechenland; der Fremdenverkehr nimmt zu

2005 Das griechische Parlament ratifiziert die EU-Verfassung

1975	1985	1995	2005	2015
1975	1985	1995	2005	2015

1975 Tod von Aristotélis Onássis

1990 Die Néa Dimokratía gewinnt die Wahlen, Konstantínos Karamanlís wird Staatspräsident

2002 Einführung des Euro

2014 Hunderttausende Syrer, die vor dem Bürgerkrieg in ihrem Heimatland flüchten, kommen nach Griechenland. Auch der Zustrom von Bürgern anderer Länder des Nahen Ostens und aus Afrika stellt das Land vor große Herausforderungen

1974 Sturz der Junta; Konstantínos Karamanlís wird Ministerpräsident

2003 EU-Ratspräsidentschaft (Jan–Juni)

2004 Olympische Sommerspiele in Athen; Griechenland wird Fußball-Europameister

1981 Melina Merkoúri wird Kulturministerin; Beginn der Kampagne zur Rückführung der von Elgin nach Großbritannien gebrachten Teile des Parthenon-Frieses

2012 Parlamentswahlen; Regierungskoalition unter Ministerpräsident Antónis Samarás (ND)

2009 Giórgos Papandréou (PASOK) wird Ministerpräsident

2007 Bei Waldbränden auf dem Peloponnes sterben mehr als 70 Menschen

1996 Andréas Papandréou stirbt; Nachfolger als Ministerpräsident wird Kóstas Simítis

1973 Griechische Bischöfe segnen die kurzlebige Präsidentschaft des Obristen Papadópoulos ab

Das Jahr in Griechenland

Vor allem auf dem Land sind die Menschen tief in Tradition und Religion verwurzelt. Die Feiertage der orthodoxen Kirche sind Anlass, große Familienzusammenkünfte zu arrangieren, bei denen mit kulinarischen Köstlichkeiten gefeiert wird. Der 25. März, an dem Mariä Verkündigung und der Jahrestag des Aufstands gegen die Osmanenherrschaft (1821) zusammenfallen, besitzt eine besonders große Bedeutung in Griechenland. In vielen Orten werden im Sommer traditionelle Dorffeste veranstaltet, zu denen auch viele aus der großen Gemeinde der Auslandsgriechen anreisen. Die meisten Kunstfestivals entstanden erst durch den Fremdenverkehr. Leider fallen derzeit einige der Festivals und andere Kulturveranstaltungen aufgrund knapper öffentlicher Kassen aus. Informieren Sie sich am besten noch vor Ihrer Reise nach Griechenland.

Frühling

Der Frühling ist in Griechenland eine wunderbare Jahreszeit. Über die Landschaft, die im Sommer großteils vor Hitze heftig flimmert, breitet sich bei vergleichsweise milden Temperaturen ein grüner Teppich mit farbenfrohen Blüten aus. März und April sind häufig noch stürmisch und regnerisch. Im März reifen die Artischocken, im Mai gibt es die ersten Erdbeeren. Die Angelsaison dauert bis Ende Mai. Dann setzt auch der erste Urlauberansturm ein. Ostern wird als wichtigstes Fest der orthodoxen Kirche sehr feierlich begangen.

Kinder in Nationaltracht (25. März)

März
Apókries, Faschingssonntag *(So vor Beginn der Fastenzeit)*. Die dreiwöchigen Karnevalsfeiern der Vorfastenzeit gipfeln um diesem Tag. In vielen Großstädten Griechenlands werden Umzüge und Bälle veranstaltet. Besonders überschwänglich wird in der Hafenstadt Pátra gefeiert *(siehe S. 173)*.
Katharí Deftéra, »Sauberer Montag« *(siebter Montag vor Ostern)*. Wettbewerbe im Drachensteigen.
Unabhängigkeitstag und **Evangelismóu** *(25. März)*. Paraden und Tänze begleiten den Nationalfeiertag zum Gedenken an den Aufstand gegen die Osmanen im Jahr 1821. Evangelismóu (Mariä Verkündigung) ist eines der höchsten orthodoxen Feste und zugleich Namenstag von Evángelos und Evangelía. Der Feiertag erinnert an die Verkündigung des Herrn durch den Erzengel Gabriel.

Osterfeierlichkeiten in Griechenland

Das höchste religiöse Fest der Griechen wird nach orthodoxer Tradition groß gefeiert. In der Karwoche kommt die ganze Familie zusammen. Das orthodoxe Osterfest findet bis zu drei Wochen früher oder später als das unsere statt. Wer um diese Zeit in Griechenland Urlaub macht, kommt in den Genuss feierlicher Prozessionen und leckerer Osterspezialitäten. Die Zeremonien gehen auf die byzantinische Zeit und ältere Bräuche zurück. Den Höhepunkt erreichen die Feierlichkeiten am Ostersamstag um Mitternacht, wenn die Priester verkünden: »Christus ist auferstanden«. Feuerwerke läuten den Sonntag ein, an dem mit Festessen, Musik und Tanz gefeiert wird. Die Messen, die in kleinen Orten wie Andritsaina und Koróni auf dem Peloponnes oder Polýgyros, der Hauptstadt von Chalkidikí, am Karfreitag und Karsamstag gelesen werden, lohnen den Besuch.

Geistliche im reich bestickten österlichen Ornat

Die Bahre Christi, ein mit Blüten geschmücktes Heiligenbild, wird am Abend des Karfreitags in einer Prozession durch die Straßen getragen.

Kerzen der Gläubigen werden am Ende der Ostersamstagsmesse in tiefschwarzer Nacht an einer einzigen Flamme angezündet.

DAS JAHR IN GRIECHENLAND: FRÜHLING

Arbeiterdemonstration am 1. Mai in Athen

April
Megáli Evdomáda, Karwoche *(Apr oder Mai)* mit den Feiertagen *Kyriakí ton Vaíon* (Palmsonntag), *Megáli Pémpti* (Gründonnerstag), *Megáli Paraskeví* (Karfreitag), *Megálo Sávvto* (Ostersamstag) und dem höchsten Festtag des orthodoxen Kirchenjahrs, *Páscha* (Ostersonntag).
Agios Geórgios, Tag des heiligen Georg *(23. Apr)*. Der Feiertag des orthodoxen Kalenders erinnert an den Schutzpatron der Schäfer. Er kennzeichnet den traditionellen Beginn der Weidesaison. Landesweit finden Feierlichkeiten statt, die in Aráchova bei Delphi *(siehe S. 225)* sind besonders festlich.

Mai
Protomagiá, Maifeiertag *(1. Mai)*. Der Tag der Arbeit ist ein gesetzlicher Feiertag, an dem traditionell Familienausflüge auf das Land unternommen werden. Dort bindet man aus Wildblumen und

Am 21. Mai gehen Gläubige durch das Feuer

Knoblauch einen Kranz, der dann an der Haustür, auf dem Balkon, im Boot oder im Auto aufgehängt wird, um das Böse abzuwehren. In größeren Städten werden Umzüge und Arbeiterdemonstrationen veranstaltet, zu denen die Kommunistische Partei aufruft.
Agios Konstantínos kai Agía Eléni *(21. Mai)*. Landesweiter Feiertag zu Ehren des ersten christlichen Kaisers Konstantin und seiner Mutter Helena *(siehe S. 41)*. In einigen Dörfern laufen Wagemutige über glühende Kohlen.
Análipsi, Christi Himmelfahrt *(40 Tage nach Ostern, meist Ende Mai)*. Ein weiterer wichtiger orthodoxer Kirchenfeiertag.

Mit einer Lichterprozession, hier am Lykavittós in Athen, feiert man in den frühen Morgenstunden des Ostersonntags die Auferstehung Christi.

Mit Osterbrötchen wird das Ende der Fastenzeit gefeiert. Eine weitere Osterspezialität, die *Magirítsa*-Suppe, wird aus Lamminnereien zubereitet und am Ostersonntag serviert.

Osterzöpfe aus süßem Teig sind mit rot gefärbten Eiern bestückt, die an das Blut Christi erinnern sollen. Rote Ostereier werden auch verschenkt.

Lämmer, an Spießen gebraten, werden am Ostersonntag zu Mittag gegessen. Dazu gibt es den ersten Retsina der Ernte des vergangenen Jahres. Nach dem Essen reichen sich Jung und Alt die Hände zum traditionellen griechischen Tanz.

Sommer

Warme Tage laden zu einem ersten Bad im Mittelmeer ein. Nach *análipsi* (Himmelfahrt) beginnt in den Ferienregionen Griechenlands die Hochsaison, die sich bis Ende August erstreckt. Ab Mitte Juli kann es schwierig werden, ein Hotelzimmer zu finden, man sollte rechtzeitig reservieren. Im Juni werden Kirschen, Pflaumen und Aprikosen reif, Imker sammeln den ersten Honig. Bald lösen Tomaten, Gurken und Melonen die letzten grünen Blattgemüse ab. Im Juli fegt über die gesamte Ägäis der *meltémi*, ein heftiger Nordwind, der zwar vor allem die Inseln trifft, aber auch auf dem Festland zu spüren ist.

In den Großstädten finden Kulturfestspiele statt, die auf Urlauber ausgerichtet, aber äußerst interessant sind. Auch die Freiluftkinos (siehe S. 123) sind beliebt. Die Griechen selbst ziehen sich um diese Zeit gern in kühle Bergdörfer zurück, in denen musikalisch und kulturell inzwischen ebenfalls einiges geboten wird.

Bienenstöcke am Fuß des Parnass

An kirchlichen Feiertagen gesegnetes Brot

Juni

Pentikostí, Pfingstsonntag *(7 Wochen nach Ostern)*. Das bedeutende Kirchenfest wird in ganz Griechenland begangen.

Agíou Pnévmatos, Pfingstmontag *(am darauffolgenden Tag)*. Landesweiter Feiertag.

Festival Athínon *(Mitte Juni– Mitte Sep)*. Das große Athener Kulturfestival bietet eine Mischung aus modernem und antikem Theater, Ballett, Oper, klassischer Musik und Jazz. Zwei der Hauptschauplätze sind das Theater des Herodes Atticus (siehe S. 101) und das Lykavittós-Theater (siehe S. 76). Im Theater des Herodes Atticus am Hang der Akropolis sind antike Tragödien, Gastkonzerte internationaler Orchester und Ballettaufführungen zu sehen. Das einzigartige Lykavittós-Theater auf dem Lykavittós-Felsen bietet fantastische Aussicht über die Stadt. Die Freilichtbühne wird für Jazz- oder Folklorekonzerte, aber auch für Theater und Tanz genutzt.

Epídauros-Festival *(Juni–Aug)*. Open-Air-Aufführungen klassischer Dramen vornehmlich der großen griechischen Dichter der Antike. Das Festival steht organisatorisch mit den Athener Festspielen in Verbindung, findet aber im 150 Kilometer entfernten Theater von Epídauros (siehe S. 188) auf dem Peloponnes statt.

Agios Ioánnis, Tag des heiligen Johannes *(24. Juni)*. In ganz Griechenland feiert man den Geburtstag Johannes' des Täufers. Am Vorabend werden vielerorts Freudenfeuer entzündet. Man übergibt die Maikränze den Flammen, ältere Kinder springen dabei über das Feuer. Das Fest kommt dem Sonnwendfest gleich.

Agioi Apóstoloi Pétros kai Pávlos, Tag der Heiligen Peter und Paul *(29. Juni)*. Der Namenstag von Pétros und Pávlos wird mit verschiedensten Veranstaltungen gefeiert.

Juli

Sáni Festival *(Juli/Aug)*, Kassándra, Chalkidikí. Buntes Fest mit Künstlern aus dem In- und Ausland.

Agía Marína *(17. Juli)*. Auf dem Land wird die Schutzpatronin der Ernte, die heilige Marína, mit verschiedenen Festlichkeiten geehrt.

Profítis Ilías *(19.–20. Juli)*. An mehreren Orten werden Feiern zu Ehren des Propheten Elias abgehalten. Das bekannteste Heiligtum liegt am Berg Taýgetos unweit von Spárti.

Agía Paraskeví *(26. Juli)*. Viele große Dorffeste. Der Tag wird vor allem in der Epirus-Region gefeiert.

Beeindruckende Kulisse im Lykavittós-Theater

Agios Panteleímon (27. Juli). Der Heilige wird in ganz Griechenland als Schutzpatron der Krankenhäuser verehrt, aber auch von Bauern auf dem Land gefeiert. Namenstag für Pantelís und Panteleímon.

In der Herbstsonne trocknende Tomaten

August
Metamórfosi, Verklärung Christi (6. Aug). Der wichtige Feiertag der griechisch-orthodoxen Kirche wird in allen Landesteilen feierlich begangen. Metamórfosi ist Namenstag für Sotirís und Sotiría.
Koímisis tis Theotókou, Mariä Himmelfahrt (15. Aug). An dem nach Ostern bedeutendsten, landesweit begangenen orthodoxen Feiertag kehren viele Griechen auch von weit her in ihre Heimatdörfer zurück, um dort im Kreis der Dorfgemeinschaft zu feiern. María, Pános und Pangiótis haben Namenstag.
Vlachopanagiá (23. Aug). In zahlreichen Dörfern – vor allem im Píndos-Gebirge – werden an diesem Tag volkstümliche Feste gefeiert.
Apotomí Kefalís Ioánnou Prodrómou, Enthauptung Johannes' des Täufers (29. Aug). In den vielen Kirchen und Kapellen überall in Griechenland, die diesem Heiligen geweiht sind, finden Feste statt.

Herbst
Im September sind die meisten Dorffeste vorbei. Die Zahl der Urlauber nimmt ab, das Meer ist aber noch warm genug zum Baden. Einige Wildblumen blühen. Die schönen, klaren Oktobertage, »kleiner Sommer des heiligen Dimítrios« genannt, werden nur gelegentlich von Herbststürmen getrübt. Als erste Herbstfrüchte reifen Trauben, Pfirsiche und Feigen. An Geländern werden Zwiebel- und Knoblauchzöpfe zum Trocknen aufgehängt – als Vorrat für den Winter. In den Hügeln hallen die Schüsse der Wachteljäger wider, auf dem Meer beginnt die Saison der Schleppnetz-Fischerei.

Mädchen in Nationaltracht am 15. August

Nationaltracht, zu sehen am Óchi-Tag

September
Génnisis tis Theotókou, Mariä Geburt (8. Sep). An dem sehr wichtigen Festtag des griechisch-orthodoxen Kalenders werden in zahlreichen Kirchen Messen gelesen.
Ypsosis tou Timíou Stavroú (14. Sep). Der bedeutende kirchliche Feiertag gilt als letztes großes Freiluft-»Sommerfestival« in Griechenland mit zahlreichen Kultur- und anderen Veranstaltungen.

Oktober
Agios Dimítrios (26. Okt). Der Tag markiert das Ende der Weidesaison in Griechenland: Die Schafherden werden von den Hügeln herabgetrieben. In Thessaloníki, dessen Schutzpatron der Heilige ist, finden besonders farbenprächtige Feierlichkeiten statt. Namenstag haben Dimítris und Dimitra.
Óchi-Tag (28. Okt). Der gesetzliche Feiertag wird mit vielen Tänzen und Paraden in den Städten begangen. Er gedenkt des resoluten »Nein« (óchi), mit dem Metaxás 1940 Mussolinis Ultimatum für die Besetzung Griechenlands zurückwies.

November
Ton Taxiarchón Archangélou Michaïl kai Gavriíl (8. Nov). Festlichkeiten in allen Klöstern und Kirchen, die den Erzengeln Michael und Gabriel geweiht sind. Namenstag feiern Michális und Gavriíl.
Thessaloníki Film Festival (Anfang–Mitte Nov). Europaweit bedeutendes Filmfest.
Eisódia tis Theotókou, Mariä Opferung (21. Nov). Der wichtige orthodoxe Feiertag wird in ganz Griechenland begangen.
Agios Andréas (30. Nov), Pátra. Zu Ehren des Stadtpatrons wird in der Kathedrale von Pátra eine Messe gelesen.

Gottesdienst anlässlich Mariä Himmelfahrt am 15. August

Seltener Anblick: das verschneite Theater des Herodes Atticus in Athen

Feiertage

Agios Vasíleios
Neujahr *(1. Jan)*
Evangelismóu
Unabhängigkeitstag *(25. März)*
Protomagiá
Tag der Arbeit *(1. Mai)*
Megáli Paraskeví
Karfreitag *(Apr oder Mai)*
Páscha
Ostersonntag *(Apr oder Mai)*
Deftéra tou Páscha
Ostermontag *(Apr oder Mai)*
Koímisis tis Theotókou Mariä Himmelfahrt *(15. Aug)*
Christoúgenna
1. Weihnachtstag *(25. Dez)*
Sýnaxis tis Theotókou
2. Weihnachtstag *(26. Dez)*

Winter

Zahlreiche Bergdörfer Griechenlands sind im Winter nahezu ausgestorben, da viele der Bewohner in die Städte zurückkehren. In den Höhenlagen schneit es stark, Skifahrer besuchen diese Regionen. In den tiefer gelegenen Gebieten fällt Regen. Die Fischer haben jetzt Hochsaison. Auf den Straßenmärkten werden exotische Früchte angeboten, zudem locken aromatische Schafs- und Ziegenkäse. Um die Wintersonnenwende finden diverse Feierlichkeiten statt. Neujahr und der Dreikönigstag sind die bedeutendsten Kirchenfeste in dieser Jahreszeit.

Olivenzweig

Dezember

Agios Nikólaos, Nikolaustag *(6. Dez)*. Der Schutzpatron der Seefahrer und Reisenden wird vor allem in Küstenregionen geehrt. Namenstag für Nikólaos und Nikolétta.
Christoúgenna *(25. Dez)*. Weihnachten ist im orthodoxen Griechenland weniger bedeutend als Ostern, dennoch ist der Tag ein wichtiges Kirchenfest und gesetzlicher Feiertag.
Sýnaxis tis Theotókou *(26. Dez)*. Gesetzlicher und kirchlicher Feiertag in ganz Griechenland.

Januar

Agios Vasíleios, auch *Protochroniá*, Neujahr *(1. Jan)*. An dem landesweit begangenen Feiertag tauscht man Geschenke. Der traditionelle Neujahrsgruß lautet *Kalí chroniá*.
Theofánia, Dreikönigstag *(6. Jan)*. Wichtiges Kirchenfest und gesetzlicher Feiertag. An Küsten und Flussufern wird das Wasser gesegnet. Jugendliche tauchen in manchen Gemeinden nach einem Kreuz, das ein Priester in die Fluten geworfen hat.

Gynaikokratía *(8. Jan)*, Sérres. Matriarchatsfeier: Frauen und Männer tauschen einen Tag lang die Rollen. Männer kümmern sich um den Haushalt, Frauen gehen in die Arbeit.

Februar

Yapapantí, Mariä Lichtmess *(2. Feb)*. Besinnliche Erinnerung an Marias Tempelbesuch mit dem Jesuskind.

Am Dreikönigstag tauchen junge Leute nach einem Kreuz *(Jan)*

Frauen beim Kartenspiel am Gynaikokratía-Tag, Thrakien *(Jan)*

Namenstage

Die meisten Griechen feiern nach dem Erreichen des zwölften Lebensjahres statt des Geburtstags den Namenstag, den Festtag des Heiligen, dessen Taufnamen sie tragen. Kinder werden häufig nach den Großeltern benannt, heute sind auch Namen von Figuren aus der griechischen Geschichte und Mythologie sehr beliebt. Wer Namenstag feiert, sagt traditionell: *Giortázo símera* (»Ich feiere heute«), die Antwort der Freunde lautet: *Chrónia pollá* (»Viele Jahre«). An Namenstagen kommen die Freunde mit Geschenken vorbei und werden zu Kuchen und süßem Likör eingeladen.

Klima

Das Klima auf dem griechischen Festland ist sehr unterschiedlich – in den flachen Küstenstreifen ist es deutlich anders als in den gebirgigen Regionen im Landesinneren. Im westgriechischen Bergland und auf dem Peloponnes fällt im Winter Schnee, im Frühling und im Herbst Regen. Die Sommer sind heiß und trocken. Die ionische Küste weist mildere Temperaturen auf, hat aber die höchste Niederschlagsmenge des Landes. In Makedonien und Thrakien verteilt sich der Regen gleichmäßig über das Jahr. Rund um Athen steigt das Thermometer im Sommer auf über 30 °C, im Winter gibt es nur selten Frost.

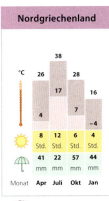

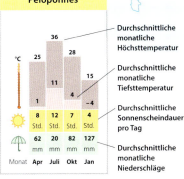

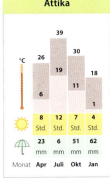

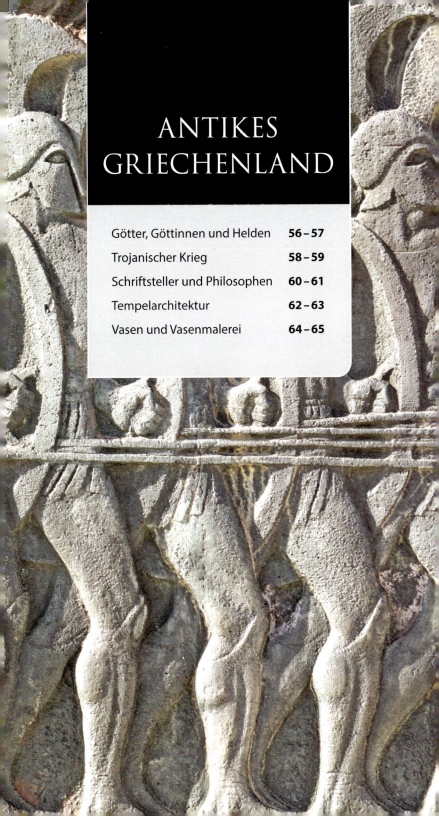

ANTIKES GRIECHENLAND

Götter, Göttinnen und Helden	**56 – 57**
Trojanischer Krieg	**58 – 59**
Schriftsteller und Philosophen	**60 – 61**
Tempelarchitektur	**62 – 63**
Vasen und Vasenmalerei	**64 – 65**

Götter, Göttinnen und Helden

Mündlich wurden die griechischen Mythen und Sagen schon in der Bronzezeit überliefert. Seit der schriftlichen Fixierung im frühen 6. Jahrhundert sind sie fester Bestandteil der abendländischen Literatur. Sie spiegeln frühe religiöse Vorstellungen wider und den Versuch, das Wirken der Natur zu erklären. Sie erzählen die Schöpfungsgeschichte sowie von den Göttern und Sterblichen des »Goldenen Zeitalters«. Sie berichten auch von der Ära der Heroen, den mythischen Helden wie Theseus und Herakles. Die Götter und Göttinnen sind nicht frei von menschlichen Begierden und Schwächen. Sie sind Mitglieder einer Familie mit Zeus als Oberhaupt. Zeus zeugte zahlreiche Kinder, die alle in der mythischen Welt eine Rolle spielten.

Hades und Persephone herrschten als König und Königin über das Totenreich, die Unterwelt. Persephone, die Tochter von Demeter, der Göttin des Ackerbaus, wurde von Hades entführt und musste acht Monate des Jahres von ihrer Mutter getrennt verbringen.

Poseidon, ein Bruder des Zeus, war Herrscher über das Meer. Symbol seiner Macht war der Dreizack. Er heiratete die Meeresnymphe Amphitrite, nahm es aber mit der Treue nicht allzu genau. Diese Statue steht in Athens Archäologischem Nationalmuseum *(siehe S. 72–75)*.

Eris war die Göttin der Zwietracht.

Zeus herrschte vom Olymp aus über alle Götter und Sterblichen.

Klymene, Helios' Tochter, war eine Nymphe. Ihr Sohn Prometheus erschuf den Menschen.

Hera, die Schwester und Gemahlin von Zeus, war wegen ihrer Eifersucht berüchtigt.

Athene, die Göttin der Weisheit, entsprang Zeus' Haupt in voller Rüstung.

Paris sollte der schönsten von drei Göttinnen einen goldenen Apfel überreichen.

Paris' Hund half seinem Herrn, der auf dem Berg Ida aufwuchs, beim Hüten der Herde.

Dionysos, Gott der Fruchtbarkeit und des Weines, entsprang Zeus' Oberschenkel. Auf diesem bemalten Becher (6. Jh. v. Chr.) ruht er in einem Schiff, dessen Mast ein Rebstock ist.

Göttlicher Streit

Die Szene auf dieser Vase spielt am Berg Ida. Als Hera, Athene und Aphrodite darum stritten, welche von ihnen die Schönste sei, ließ Hermes Paris, einen trojanischen Prinzen, entscheiden. Paris wählte Aphrodite. Sein Lohn war die Liebe der Helena. Paris raubte sie ihrem Gemahl, Menelaos von Sparta, und gab damit den Anlass für den Trojanischen Krieg (siehe S. 58f).

◀ Antike Tafel am Denkmal für Alexander den Großen in Thessaloníki *(siehe S. 248–252)*

GÖTTER, GÖTTINNEN UND HELDEN

Artemis, Göttin der Jagd, war eine Tochter des Zeus und Zwillingsschwester des Apollon. Sie wird dargestellt mit Pfeil und Bogen, Jagdhunden und Nymphen, in deren Begleitung sie die Wälder durchstreifte. Obwohl der Keuschheit verschrieben, gilt sie auch als Göttin der Geburt.

Das Glück, hier in Gestalt zweier Göttinnen, begrüßt den Sieger mit goldenen Lorbeerblättern. Lorbeerkränze zeichneten die Gewinner von Musik- und Sportwettbewerben aus.

Helios, der Sonnengott, lenkte täglich seinen mit vier Feuer speienden Rossen bespannten Wagen über den Himmel.

Hermes war der Götterbote.

Aphrodite, die Liebesgöttin, hier abgebildet mit ihrem Sohn Eros, war geboren aus dem Schaum des Meeres.

Apollon, Sohn des Zeus und Zwillingsbruder der Artemis, war Gott der Heilkunst, der Sühne und der Musik. Zugleich verkörperte er das griechische Schönheitsideal.

Die Taten des Herakles

Herakles (lat. Herkules) war ein Sohn des Zeus und der sterblichen Alkmene. Um die Unsterblichkeit zu erlangen, musste er im Dienst des Königs von Mykene, Eurystheus, die »Zwölf Arbeiten« ausführen. Mit übermenschlicher Kraft erledigte Herakles die Aufträge. Zunächst erlegte er den Nemeischen Löwen, dessen Fell er später trug.

Die Tötung der Lernäischen Hydra war die zweite Arbeit des Herakles. Jedem abgeschlagenen Haupt dieser neunköpfigen Riesenschlange wuchsen zwei nach. Herakles bewältigte auch diese Aufgabe mit Athenas Beistand.

Der Erymanthische Eber wütete am Berg Erymanthos. Herakles' vierte Arbeit bestand darin, ihn einzufangen. Er überbrachte ihn lebend König Eurystheus.

Die Stymphaliden, Menschen fressende Ungeheuer mit eisernen Schnäbeln, trieben an dem See Stymphalía ihr Unwesen. Herakles hatte sie in seiner sechsten Arbeit zu vernichten. Er tötete die Stymphaliden mit einer Steinschleuder.

Trojanischer Krieg

Die Entführung der Helena, der Gemahlin von Menelaos, dem König von Sparta, führte zum Zug der Griechen gegen Troja. Homers Epos *Ilias* (8. Jh. v. Chr.) liefert den ältesten Bericht von Teilen der Kämpfe des Trojanischen Krieges. Der römische Dichter Vergil spannte in seiner *Aeneis* den Bogen zwischen dem Brand von Troja und der Gründung Roms. Die auf dem Gebiet der heutigen Türkei freigelegten Ruinen von Troja sprechen dafür, dass der Mythos nicht bloße Legende ist. Viele antike Stätten des Peloponnes wie etwa Mykene und Pýlos werden mit in der *Ilias* genannten Städten gleichgesetzt.

Achilles verbindet die Wunden seines Freundes Patroklos

Versammlung der Helden

König Menelaos ist nicht gewillt, Paris' Entführung seiner Gattin Helena hinzunehmen *(siehe S. 56)*. Für den Feldzug schart er griechische Könige und Helden um sich. Oberster Befehlshaber wird sein Bruder Agamemnon, König von Mykene. In den Krieg zieht auch der junge Achilles. In Aulis verhindert ungünstiger Wind das Auslaufen der Flotte. Als Agamemnon seine Tochter Iphigenie opfert, können die Schiffe ablegen.

Der Kampf um Troja

Die Schilderung der Kämpfe um Troja in der *Ilias* setzt im zehnten Kriegsjahr ein: Die Griechen sind nach neun Jahren Belagerung ermüdet, doch siegesgewiss. Da spaltet der Zorn des Achilles über den Verlust seiner Sklavin Briseis an Agamemnon – als Ausgleich für die Beilegung ihres Zwists – die Truppe in zwei Lager.

Während Achilles in seinem Zelt grollend den Einsatz verweigert, drängen die Trojaner die Griechen zurück. Verzweifelt überredet ihn sein Freund Patroklos, ihm die Rüstung zu leihen. In dieser führt Patroklos, für die Trojaner als Achilles getarnt, dessen Truppen, die Myrmidonen, in die Schlacht. Er wendet das Blatt zugunsten der Griechen, wird jedoch von Hektor, dem Sohn von König Priamos, getötet. Achilles kehrt aufgebracht in den Kampf zurück, um den Tod seines Freundes zu rächen. Er verwundet Hektor tödlich.

Achilles rächt Patroklos

Achilles erhört nicht das Flehen des sterbenden Hektor, ihn von den Schmerzen zu erlösen. Er bindet ihn an den Knöcheln an seinen Wagen, schleift ihn um Trojas Mauern und zurück in das Lager der Griechen. Patroklos widmet er eine pompöse Trauerfeier mit riesigem Scheiterhaufen, Opfern von Tieren und trojanischen Gefangenen sowie Leichenspielen. Zwölf Tage noch schleift er Hektors Leichnam um Patroklos' Grabhügel, bis die Götter seiner Grausamkeit Einhalt gebieten.

Priamos bittet Achilles um Hektors Leichnam

Priamos bei Achilles

Auf Anraten des Zeus macht Priamos sich mit Geschenken zum Lager der Griechen auf, um die Leiche seines Sohnes auszulösen. Mit dem Beistand des Hermes erreicht er Achilles' Zelt. Er bittet Achilles, des eigenen Vaters zu gedenken und sich zu erbarmen. Achilles gestattet schließlich die Rückführung von Hektors Leichnam nach Troja. Mit Hermes' Hilfe kehrt Priamos unversehrt aus dem Lager der Griechen zurück.

Obwohl normalen Sterblichen überlegen, wurden die griechischen Helden nicht als unfehlbar dargestellt, sondern als Wesen mit menschlichen Zügen und Gefühlen.

In Bronzerüstung kämpfende Griechen und Trojaner

Achilles tötet die Amazonenkönigin

Die Amazonen waren ein Volk kriegerischer Frauen. Es heißt, sie verstümmelten ihre rechte Brust, um den Bogen besser spannen zu können. Sie eilen zur Unterstützung Trojas herbei.

Achilles tötet im Zweikampf ihre Königin Penthesilea. Der Sage zufolge verlieben sich beide in dem Augenblick, in dem Achilles der sterbenden Penthesilea den Helm abnimmt, ineinander – eine Allianz von Liebe und Tod, die 2000 Jahre später Freud und Jung psychoanalytisch bewerten sollten.

Frühe Darstellung des Trojanischen Pferdes (Tonvase, 7. Jh. v. Chr.)

Achilles tötet im Zweikampf die Amazonenkönigin

Das Trojanische Pferd

Achilles stirbt in Troja, als Paris einen Pfeil in seine verwundbare Ferse schießt. Diesen Verlust militärischer Schlagkraft versuchen die Griechen durch eine List wettzumachen. Sie bauen ein gewaltiges hölzernes Pferd und verbergen darin ihre besten Krieger. Dann verbreiten sie das Gerücht, das Pferd sei eine Weihgabe für Athena und dürfe nie in Trojas Mauern gelangen, da die Stadt durch den Schutz der Göttin uneinnehmbar würde.

Sie täuschen den Rückzug vor. Nachdem göttliche Fügung Zweifel der Trojaner ausgeräumt hat, ziehen diese das Pferd in die Stadt. In der Nacht entsteigen die Griechen dem Pferd und brandschatzen Troja. Der Trojaner Aeneas entkommt nach Italien. Dort gründen seine Nachfahren mit Rom eine Art zweites Troja. Die abenteuerliche Heimfahrt der griechischen Helden schildert die *Odyssee*.

Agamemnons Tod

Während Agamemnons zehnjähriger Abwesenheit regieren in Mykene seine Gattin Klytämnestra und ihr Geliebter Aigisthos. Klytämnestra, verzehrt von Trauer über den Tod ihrer Tochter Iphigenie, bereitet dem heimkehrenden Gatten einen triumphalen Empfang, um ihn dann im Bade zu ermorden.

Agamemnons Tod war vorbestimmt, hängt doch über dem Geschlecht ein Fluch. Diesen heben die Götter erst auf, als Orestes und Elektra ihre Mutter Klytämnestra und Aigisthos ermordet haben. Dass das Schicksal der gottähnlichen Helden und Sterblichen vom Willen der Götter abhängt, ist allen Mythen gemein.

Griechische Mythen in der Kunst

Seit der Renaissance haben die antiken Mythen und Sagen viele Künstler inspiriert. Könige und Königinnen ließen sich als Götter und Göttinnen – je nach Gusto der Liebe oder des Krieges – verewigen. Maler schöpften aus Themen der griechischen Mythologie, aus Vorbildern der »klassischen Antike«, insbesondere bei Akten und Halbakten. Das klassische Schönheitsideal regte u. a. den englischen Maler Frederic Leighton (19. Jh.) an, dessen Interpretation der Elektra rechts abgebildet ist.

Elektra trauert am Grab ihres Vaters Agamemnon

Schriftsteller und Philosophen

Am Beginn der griechischen Literatur stehen Epen, in Versform gefasste Erzählungen über Kriege und Abenteuer. Bestandteil der abendländischen Literatur wurden die Tragödie, die Komödie sowie die Prosadialoge des 5. und 4. Jahrhunderts v. Chr. Unser Wissen über die Welt der Griechen verdanken wir literarischen Quellen, über die weite Bereiche dieser Kultur erschlossen wurden. Pausanias lieferte in *Beschreibung Griechenlands* wertvolle Hinweise auf erhaltene wie verlorene Schätze.

Hesiod mit den neun Musen, die seine Dichtkunst inspirierten

Epische Dichtung

Schon im 2. Jahrtausend v. Chr., noch vor der Zeit der mykenischen Paläste, trugen Rhapsoden, wandernde Sänger, die griechischen Götter- und Heldensagen vor. Diese Verslieder wurden mündlich tradiert, dabei vielfach variiert und kunstvoll ausgeschmückt. Um 700 v. Chr. wurden sie in der *Ilias* und der *Odyssee* (siehe S. 58f) zu Großepen zusammengefasst. Traditionell schreibt man beide Epen (nach jüngerer Forschung nur die *Ilias*) Homer zu, über dessen Leben nichts Verlässliches bekannt ist. Laut Herodot lebte Homer 400 Jahre vor dessen Zeit. Ebenfalls um 700 v. Chr. lebte Hesiod, der vor allem für die *Theogonie*, eine Dichtung über die Herkunft der Götter, sowie für *Werke und Tage*, ein Lehrgedicht über die rechte Lebensführung, bekannt ist. Im Gegensatz zu Homer soll Hesiod seine Gedichte schriftlich fixiert haben, eine Theorie, die allerdings nicht eindeutig belegt ist.

Elegische Dichtung

Zum Vortrag bei privaten Anlässen, vor allem zur Unterhaltung bei Symposien (kultivierten Trinkgelagen), entstanden kurze Verslieder. Diese hatten einen individualistischen Ansatz. Sie betonten Gefühle wie Liebe und Hass, waren oft aber auch höchst politisch. Zu den Verfassern zählen Archilochos, Alkaios, Alkman, Hipponax und Sappho. Viele der Gedichte sind nur durch Zitate späterer Schriftsteller übermittelt oder als Papyrusfragmente bewahrt, die aus Privatbibliotheken des hellenistischen und römischen Ägypten geborgen wurden. Sie gestatten Einblicke in das Leben einer ehrgeizigen Elite. Frauenfeindlichkeit ist ein häufiges Motiv, nahmen an Symposien doch fast ausschließlich Männer teil. Angesichts der von Männern dominierten Literaturszene beeindruckt es umso mehr, dass sich mit der Dichterin Sappho eine Frau Anerkennung verschaffen konnte. Auf Lesbos schrieb sie ihre – nur bruchstückhaft überlieferten – ausdrucksstarken Gedichte, aus denen tiefe Bewunderung für Frauen spricht.

Geschichtsschreibung

Bis zum 5. Jahrhundert bedienten sich nur wenige griechische Schriftsteller der Prosa – selbst die frühen Philosophen schrieben in Versen. Ende des 5. Jahrhunderts schilderten umfassende Geschichtswerke erstmals in Prosa jüngste oder aktuelle Geschehnisse. Als »Vater der Geschichtsschreibung« gilt Herodot (Heródotos). Er gab seiner die Jahre 490–479 v. Chr. abdeckenden Darstellung der Perserkriege ethnografische Beschreibungen des Persischen Reiches bei und bemühte sich bei der Erklärung des Konflikts zwischen Griechen und Persern um objektive Wiedergabe von Berichten. Thukydides konzentrierte sich in seiner Chronik des Peloponnesischen Krieges (431–404 v. Chr.) auf politische Fakten und deren Analyse, um die »wahren« Kriegsursachen aufzudecken. Ihm eiferten spätere Geschichtsschreiber nach, allerdings besaßen nur wenige sein großes Einfühlungsvermögen in das Wesen der Menschen.

Herodot, Chronist der Perserkriege

Außergewöhnlich: ein Frauen-Symposion, dargestellt auf einer Vase

SCHRIFTSTELLER UND PHILOSOPHEN

Der Redner Demosthenes, Figurine aus Staffordshire von 1790

Rhetorik

Die öffentliche Rede war bereits im archaischen Griechenland ein wichtiger Bestandteil der politischen Kultur. Ab dem späten 5. Jahrhundert entwickelte sich die Rhetorik zur Kunstform. Einige Redner fixierten ihre Vorträge schriftlich, so zum Beispiel Lysias die Ansprache vor Gericht und Demosthenes die Rede vor einem politischen Gremium. Die erhaltenen Texte erhellen Athens öffentliches politisches Leben, aber auch die Schattenseiten des privaten Daseins.

Den Reden des attischen Staatsmannes und Rhetors Demosthenes (4. Jh. n. Chr.) eiferten römische Politiker nach. Im Zuge des europäischen Klassizismus des 18. Jahrhunderts erfuhr Demosthenes erneut Bewunderung. Seine politischen Ideen wurden in dieser Epoche wieder intensiv diskutiert.

Drama

Fast alle überlieferten Tragödien stammen aus den Federn von Aischylos, Sophokles und Euripides. Alle drei wirkten im 5. Jahrhundert v. Chr in Athen. Die Werke von Sophokles und Euripides (z. B. *Medea*) wenden sich der psychologischen Charakterisierung zu. Die Komödie, im 5. Jahrhundert noch derbe Posse und polemische Kritik an Missständen der Zeit, entwickelte sich im 4. Jahrhundert zur »neuen« Komödie, die auf Situationskomik setzte.

Zwei kostümierte Schauspieler, Vasenbild um 370 v. Chr.

Griechische Philosophen

Sokrates wirkte im späten 5. Jahrhundert v. Chr. als Sittenlehrer. Er selbst hinterließ keine Schriften. Überliefert ist seine Auffassung von Gerechtigkeit, Tugend und Mut durch die Sokratischen Dialoge seines Schülers Platon, der am Rande Athens die Platonische Akademie ins Leben rief. Platons Schüler Aristoteles gründete das Peripatos, eine Schule, die Athen zu einer der ersten Universitätsstädte machte. Raffael setzte mit der *Schule von Athen* (1508–11) seine Vorstellung von den griechischen Denkern um.

Aristoteles, Verfasser der *Nikomachischen Ethik*, versuchte, alle Wissenschaften einzubeziehen.

Euklid fixierte um 300 v. Chr. geometrische Regeln.

Platon sah »den Sitz der Ideen« im Himmel.

Epikur sah Freude als Sinn des Lebens.

Sokrates lehrte durch geschicktes Hinterfragen. **Diogenes**, der Kyniker, lebte als Bettler.

Tempelarchitektur

Die bedeutendsten Gebäude des antiken Griechenland waren Tempel, bestimmte doch die Religion wesentlich die Alltagskultur. Allerdings untermauerten Tempel neben göttlicher auch politische Macht. Die frühesten entstanden im 8. Jahrhundert v. Chr. aus Holz und luftgetrockneten Ziegeln. Ab dem 6. Jahrhundert griffen Marmorbauten viele ihrer Merkmale auf.

Phidias bei der Arbeit am Parthenon

Tempelbau
Die Zeichnung illustriert Aufbau und Funktion eines idealtypischen dorischen Tempels.

Die Cella, der heilige Hauptraum, beherbergte das Kultbild.

Der Tympanon (Giebelfeld) enthielt meist Skulpturen.

Das Kultbild war die Statue der Gottheit, welcher der Tempel geweiht war.

Die Kanneluren meißelte man meist an Ort und Stelle.

Eine Rampe führte zum Eingang.

Die Stufenplattform ruhte auf einem Steinfundament.

Die Säulentrommeln wurden bossiert (grob behauen), ehe man sie platzierte.

Detail des Parthenon-Giebelfelds

700 Erster Poseidon-Tempel, Isthmia (archaisch; *siehe S. 171*) und erster Apollon-Tempel, Korinth (archaisch)	**550** Zweiter Apollon-Tempel, Korinth (dorisch; *siehe S. 167*)	**520** Tempel des Olympischen Zeus, Athen (begonnen dorisch, vollendet korinthisch im 2. Jh. n. Chr.; *siehe S. 115*) **6. Jh.** Artemis-Tempel, Brauron (dorisch; *siehe S. 150*)	
700 v. Chr.	**600 v. Chr.**	**500 v. Chr.**	**400 v. Chr.** **300 v. Chr.**
		460 Zeus-Tempel, Olympia (dorisch; *siehe S. 175*)	**4. Jh.** Apollon-Tempel, Delphi (dorisch; *siehe S. 233*); Tempel der Athena Alea, Tegea (dorisch mit erstem korinthischen Kapitell; *siehe S. 181*)
7. Jh. Hera-Tempel, Olympia (dorisch; *siehe S. 175*) **445–425** Apollon-Tempel, Bassae (dorisch u. ionisch; *siehe S. 181*)	**447–405** Tempel der Akropolis, Athen: Athena Nike und Erechtheion (ionisch), Parthenon (dorisch; *siehe S. 98–103*)		**440–430** Poseidon-Tempel, Soúnio (dorisch; *siehe S. 152f*)

TEMPELARCHITEKTUR | 63

Die Stirnseiten waren von Akroterien (Statuen) gekrönt – hier von einer der Nike, der geflügelten Siegesgöttin. Obere Tempelbestandteile sind kaum erhalten geblieben.

Das Dach ruhte auf Holzbalken. Die Deckung bestand aus Reihen von Tonziegeln mit vertikalen Stirnziegeln am First.

Die Steinblöcke fügte man exakt zusammen. Sicheren Halt verschafften Metallklammern und -dübel. Mörtel fand beim Tempelbau keine Verwendung.

Der Grundriss entsprach dem mykenischen Megaron, einem rechteckigen Einraum mit säulengestützter Vorhalle.

Karyatiden, Statuen von Frauen in langen Gewändern, stützten am Erechtheion der Akropolis anstelle von Säulen das Tempeldach. Auf der Athener Agora hatten Tritonen (halb Fisch, halb Mensch) diese Funktion *(siehe S. 94f)*.

Entwicklung der Tempelarchitektur
Die drei Stilrichtungen entstanden in chronologischer Folge. Sie sind am besten an den Säulenkapitellen zu erkennen.

Dorische Tempel waren von kräftigen Säulen mit schlichten Kapitellen ohne Basis umgeben. Die ersten Steinbauten erinnern an die aus Holz errichteten Vorgänger.

Dreieckiges Giebelfeld mit Figurenschmuck

Guttae imitierten die Zapfen zum Befestigen hölzerner Dachbalken.

Triglyphen und **Metopen** wechseln sich beim dorischen Fries ab.

Dorisches Kapitell

Ionische Tempel besaßen meist mehr und anders geformte Säulen als dorische. Typisch für das Kapitell ist das Widderhörnern ähnliche Paar von Voluten.

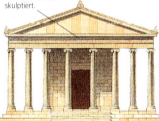

Der Fries ionischer Ordnung war durchlaufend skulptiert.

Die Akroterien an den Ecken des Dachs ähnelten persischer Ornamentik.

Der Architrav war in abgetreppte Reihen unterteilt.

Der ionische Fries ersetzte die dorischen Triglyphen und Metopen.

Ionisches Kapitell

Korinthische Tempel wurden unter den Römern erbaut, und zwar nur in Athen. Schlanke Säulen und hohe Kapitelle mit kunstvollem Akanthusrelief sind ihre Erkennungsmerkmale.

Der Tympanon war mit verschiedenen Formen verziert.

Akroterion in Gestalt eines Greifs

Der Eingang zur Cella lag auf der Ostseite.

Das Gebälk umfasste Architrav, Fries und Kranzgesims.

Korinthisches Kapitell

Vasen und Vasenmalerei

Die Kunst der griechischen Vasenmalerei reicht nahtlos von etwa 1000 v. Chr. bis in die hellenistische Zeit. Hauptzentrum der Produktion war Athen, das im 6. Jahrhundert v. Chr. schwarz- und rotfigurige Keramiken in alle Teile der altgriechischen Welt exportierte. Das Viertel der Athener Töpfer (Kerameikós) kann man heute noch besichtigen *(siehe S. 92f.)*. Die herrlichen Vasen vermitteln eine Vorstellung von den wunderbaren, nicht erhaltenen Wandmalereien in den griechischen Häusern der Antike. Anders als diese sind Vasen in großer Zahl bewahrt, unversehrt oder aus Scherben zusammengesetzt.

Diese schwarzfigurige Vase aus dem 6. Jahrhundert illustriert den täglichen Gebrauch von Keramikgefäßen. Dargestellt sind *hydriai*, mit denen Frauen aus Quellen und öffentlichen Brunnen Wasser schöpften.

Der weißgrundige *lekythos*, ein Salbgefäß mit schlankem Hals, kam im 5. Jahrhundert v. Chr. auf. Lekythen dienten als Grabbeigaben und waren meist mit Trauerszenen verziert. Auf diesem Werk des Achilles-Malers schmückt eine Frau ein Grab mit Blumen.

Die nackte Frauengestalt mit der *kylix* war vermutlich eine Prostituierte.

Symposion
Bei den überwiegend männlichen Ess- und Trinkgelagen wurde gern kottabos gespielt. Auf dieser kylix halten Männer die Becher hoch, um die Neige auf ein Ziel zu schleudern.

Stilentwicklung in der Vasenmalerei

Die Vasenmalerei erreichte ihren Höhepunkt im Athen des 6. und 5. Jahrhunderts v. Chr. Die Töpfer überließen das Verzieren der gebrannten Gefäße meist Malern. Archäologen konnten die Handschriften vieler Meister des rot- und schwarzfigurigen Stils identifizieren.

Trauergäste tragen den Leichnam auf einer Bahre.

Das geometrische Muster ist eine Urform des späteren Mäander-Ornaments.

Krieger und Streitwagen bilden den Trauerzug.

Der geometrische Stil bezeichnet die älteste Periode (ca. 1000–700 v. Chr.) mit Ornamenten aus Streifen geometrischer und figürlicher Muster. Diese über einen Meter hohe Vase (8. Jh. v. Chr.) stand auf einem Grab. Die Bemalung zeigt eine Totenbahre und Bestattungsriten für einen Mann.

VASEN UND VASENMALEREI | 65

Augenbechern sprach man fast magische Kräfte zu. Die spitz zulaufende Basis lässt vermuten, dass sie bei Festen herumgereicht wurden.

Der *rhyton* (hier in Form eines Widderkopfs) war ein trinkhornartiges Gefäß für mit Wasser verdünnten Wein. Die Symposion-Szene illustriert seinen Gebrauch.

Diese *kylix* hält eine Kottabos-Teilnehmerin am Henkel, um auszuholen und mit der Neige das Ziel zu treffen.

Dieser Trinkende hält eine Weinrebe hoch – Symbol für die Anwesenheit des Dionysos.

Auf Kissen konnte man sich bequem zurücklehnen.

Das Trinkhorn diente als Vorbild für den *rhyton*.

Vasenformen

Nahezu alle griechischen Vasen waren Gebrauchsgegenstände, die Formen waren der Funktion angepasst. Attische Töpfer kannten etwa 20 Gefäßformen. Unten sind einige der gebräuchlichsten Vasen und ihre Verwendungszwecke vorgestellt.

Die *amphora*, ein bauchiger Krug mit zwei Henkeln, diente zur Aufbewahrung von Wein, Olivenöl und Lebensmitteln wie Oliven oder Trockenfrüchten.

Im *krater*, einem Krug mit weiter Öffnung und Henkeln (hier als »Voluten« eingerollt), mischte man Wasser und Wein.

Mit der *hydria* holte man Wasser vom Brunnen. Der Krug besaß drei Henkel, von denen einer zum Gießen vertikal, zwei zum Heben horizontal angebracht waren.

Im *lekythos*, zwischen drei Zentimetern und knapp einem Meter hoch, lagerte Speiseöl. Die Kruge wurden aber auch als Salbgefäße in Gräber gelegt.

Die *oinochoe*, der gewöhnliche Weinkrug, hatte einen runden oder dreilappigen Ausguss und einen Henkel.

Die *kylix*, eine flache Trinkschale mit zwei Henkeln, war oft auch innen verziert.

Der schwarzfigurige Stil entstand um 630 v. Chr. in Athen. Figuren wurden mit flüssigem schwarzem Ton auf den eisenhaltigen Ion der Vase aufgetragen, der sich beim Brennen orangerot färbte. Diese Vase trägt die Signatur des Exekias.

Der rotfigurige Stil kam um 530 v. Chr. auf. Die Figuren wurden im roten Ton ausgespart, die Umgebung mit schwarzem Firnis bedeckt. Linien und Schraffuren erhöhen die Lebendigkeit.

ATHEN

Athen im Überblick	68–69
Nördliche Innenstadt	70–85
Südliche Innenstadt	86–117
Shopping	118–121
Unterhaltung	122–125
Stadtplan	126–139

Athen im Überblick

Die Stadt Athen (Athína) wurde vor etwa 5000 Jahren gegründet. Ihre Blüte erlebte sie in der klassischen Zeit des antiken Griechenland, aus der viele Bauwerke und Artefakte stammen. Im »Goldenen Zeitalter« des 5. Jahrhunderts v. Chr. ließ Perikles die Bauten der Akropolis errichten. Unter byzantinischer und osmanischer Herrschaft spielte die Stadt eine untergeordnete Rolle. Bedeutung erlangte sie erst 1834 wieder – als Hauptstadt des modernen Griechenland.

Zur Orientierung

Kerameikós *(siehe S. 92f)* war das Töpferviertel der antiken Stadt Athen. Es beherbergt auch den Zentralfriedhof. Abseits des Urlauberansturms finden Besucher zwischen den erhaltenen Grabmälern Abgeschiedenheit und Ruhe.

Die Antike Agora *(siehe S. 94f)*, der Marktplatz, war Zentrum des wirtschaftlichen und politischen Lebens. Die 1953–56 originalgetreu rekonstruierte Stoa des Attalos (2. Jh. v. Chr.) beherbergt heute das Agora-Museum.

Der Turm der Winde *(siehe S. 90f)* steht auf der Römischen Agora. Der achteckige Bau im hellenistischen Stil diente einst als Wasser- und Sonnenuhr. Auf jeder der acht Turmseiten befindet sich ein Relief, das einen der Windgötter zeigt – daher der Name des Turms.

◀ Theater des Herodes Atticus auf der Akropolis *(siehe S. 101)*

Die Akropolis *(siehe S. 98–105)* überragt Athen seit mehr als 2000 Jahren. Ob man den Parthenon oder das Erechtheion betrachtet – die Akropolis ist ein außergewöhnliches Ensemble.

ATHEN IM ÜBERBLICK | 69

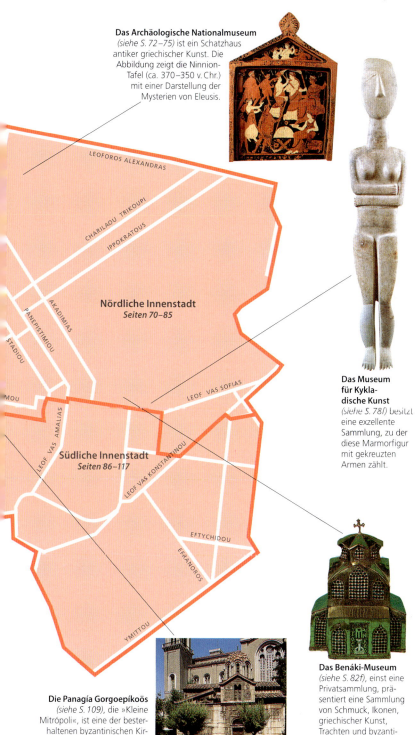

Das Archäologische Nationalmuseum *(siehe S. 72–75)* ist ein Schatzhaus antiker griechischer Kunst. Die Abbildung zeigt die Ninnion-Tafel (ca. 370–350 v. Chr.) mit einer Darstellung der Mysterien von Eleusis.

Nördliche Innenstadt
Seiten 70–85

Südliche Innenstadt
Seiten 86–117

Das Museum für Kykladische Kunst *(siehe S. 78f)* besitzt eine exzellente Sammlung, zu der diese Marmorfigur mit gekreuzten Armen zählt.

Die Panagía Gorgoepíkoös *(siehe S. 109)*, die »Kleine Mitrópoli«, ist eine der besterhaltenen byzantinischen Kirchen Athens. Die Außenmauern zieren antike Reliefs.

Das Benáki-Museum *(siehe S. 82f)*, einst eine Privatsammlung, präsentiert eine Sammlung von Schmuck, Ikonen, griechischer Kunst, Trachten und byzantinischen Relikten wie dieses Weihrauchgefäß.

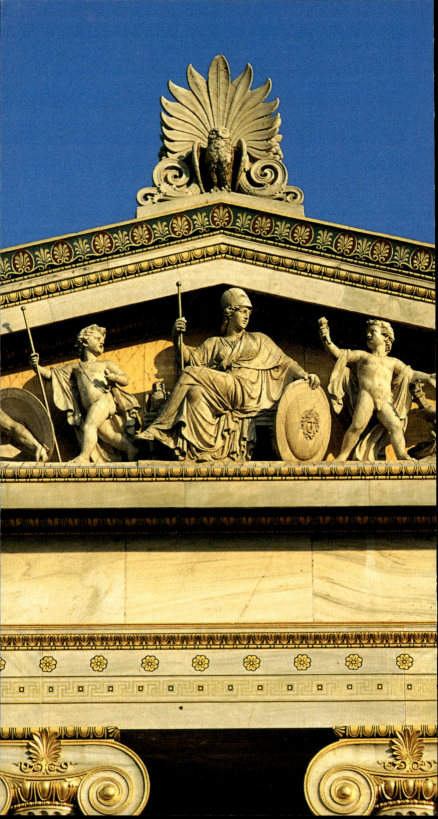

ATHEN | 71

Nördliche Innenstadt

Athen gilt als Wiege der abendländischen Zivilisation. Spuren der Besiedelung reichen 5000 Jahre zurück. Zur Blütezeit der Stadt im 5. Jahrhundert v. Chr. beherrschten die Athener den größten Teil des östlichen Mittelmeerraums. Die Bauwerke aus dieser Zeit, etwa die Gebäude der Agora und der Akropolis, liegen im Süden der Stadt.

Der Norden entwickelte sich erst zu Beginn des 19. Jahrhunderts, als Athen unter König Otto neue griechische Hauptstadt wurde. An den breiten Alleen der modernen europäischen Stadt, an Odos Panepistímio und Akadimías, entstanden bald imposante öffentliche Gebäude und Villen im klassizistischen Stil. Heute sind sie elegante Domizile vieler Großbanken, Botschaften und öffentlicher Institutionen wie etwa der Universität und ihrer Bibliothek.

Nördlich des Stadtzentrums von Athen liegen das elegante Kolonáki und die kosmopolitischen Viertel um die Odos Patriárchou Ioakeím und die Odos Irodótou mit den hervorragenden Shopping- und Unterhaltungsmöglichkeiten. Einige der besten Athener Museen, darunter das Archäologische Nationalmuseum, befinden sich ebenfalls in dieser Gegend. In dem Kapitel *In Athen unterwegs (siehe S. 320 – 323)* erhalten Sie weitere Informationen.

Sehenswürdigkeiten auf einen Blick

Museen und Sammlungen
1. *Archäologisches Nationalmuseum S. 72 – 75*
5. Nationalgalerie
6. Kriegsmuseum
7. Byzantinisches und Christliches Museum
8. *Museum für Kykladische Kunst S. 78f*
10. *Benáki-Museum S. 82f*
11. Pinakothiki Hadjikyriakos-Ghikas
12. Museum der Stadt Athen
13. Historisches Nationalmuseum

Plätze, Parks und Gärten
2. Exárcheia und Stréfi
3. Lykavittós
9. Plateía Kolonáki

Kirche
14. Kapnikaréa

Historisches Gebäude
4. Gennádeion

Restaurants in Athen
siehe S. 282 – 285

Stadtplan 1, 2, 3, 4

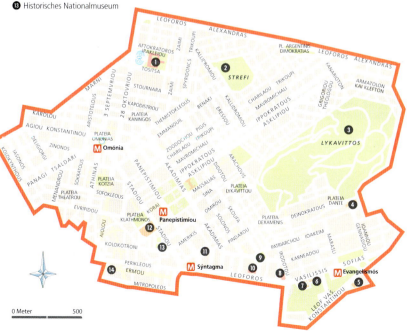

◀ Fassade des Universitätsgebäudes *(siehe S. 85)*   Zeichenerklärung *siehe hintere Umschlagklappe*

❶ Archäologisches Nationalmuseum
Εθνικό Αρχαιολογικό Μουσείο

Das 1889 eröffnete Museum, meist nur Nationalmuseum genannt, vereint Kunstwerke, die einst an verschiedenen Orten der Stadt gezeigt wurden. Im Jahr 1939 wurden weitere Flügel angebaut. Die unschätzbare Sammlung war während des Zweiten Weltkrieges unterirdisch eingelagert worden. 1946 wurde das Haus wiedereröffnet. Um den Exponaten einen angemessenen Rahmen zu bieten, waren jedoch weitere 65 Jahre Renovierungsarbeit nötig. Zu den einzigartigen Exponaten zählen etwa der mykenische Goldschatz. Hinzu kommen zahllose Skulpturen, Keramiken und Schmuckstücke.

Klassizistischer Eingang des Archäologischen Nationalmuseums an der Patission

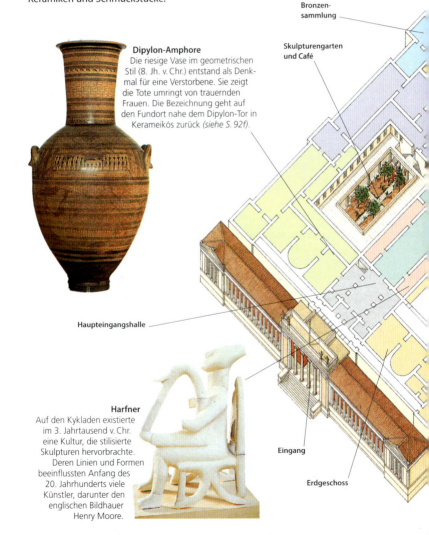

Dipylon-Amphore
Die riesige Vase im geometrischen Stil (8. Jh. v. Chr.) entstand als Denkmal für eine Verstorbene. Sie zeigt die Tote umringt von trauernden Frauen. Die Bezeichnung geht auf den Fundort nahe dem Dipylon-Tor in Kerameikós zurück *(siehe S. 92f)*.

Bronzensammlung

Skulpturengarten und Café

Haupteingangshalle

Harfner
Auf den Kykladen existierte im 3. Jahrtausend v. Chr. eine Kultur, die stilisierte Skulpturen hervorbrachte. Deren Linien und Formen beeinflussten Anfang des 20. Jahrhunderts viele Künstler, darunter den englischen Bildhauer Henry Moore.

Eingang

Erdgeschoss

ARCHÄOLOGISCHES NATIONALMUSEUM | 73

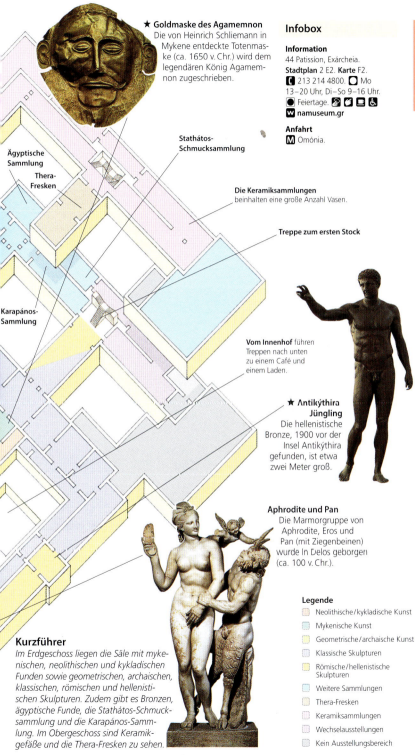

★ **Goldmaske des Agamemnon**
Die von Heinrich Schliemann in Mykene entdeckte Totenmaske (ca. 1650 v. Chr.) wird dem legendären König Agamemnon zugeschrieben.

Infobox

Information
44 Patission, Exárcheia.
Stadtplan 2 E2. **Karte** F2.
213 214 4800. Mo 13–20 Uhr, Di–So 9–16 Uhr.
Feiertage.
w namuseum.gr

Anfahrt
M Omónia.

Stathátos-Schmucksammlung

Ägyptische Sammlung

Thera-Fresken

Die Keramiksammlungen beinhalten eine große Anzahl Vasen.

Treppe zum ersten Stock

Karapános-Sammlung

Vom Innenhof führen Treppen nach unten zu einem Café und einem Laden.

★ **Antikýthira Jüngling**
Die hellenistische Bronze, 1900 vor der Insel Antikýthira gefunden, ist etwa zwei Meter groß.

Aphrodite und Pan
Die Marmorgruppe von Aphrodite, Eros und Pan (mit Ziegenbeinen) wurde in Delos geborgen (ca. 100 v. Chr.).

Legende
- Neolithische/kykladische Kunst
- Mykenische Kunst
- Geometrische/archaische Kunst
- Klassische Skulpturen
- Römische/hellenistische Skulpturen
- Weitere Sammlungen
- Thera-Fresken
- Keramiksammlungen
- Wechselausstellungen
- Kein Ausstellungsbereich

Kurzführer
Im Erdgeschoss liegen die Säle mit mykenischen, neolithischen und kykladischen Funden sowie geometrischen, archaischen, klassischen, römischen und hellenistischen Skulpturen. Zudem gibt es Bronzen, ägyptische Funde, die Stathátos-Schmucksammlung und die Karapános-Sammlung. Im Obergeschoss sind Keramikgefäße und die Thera-Fresken zu sehen.

Stadtplan Athen *siehe Seiten 126–139* **Karte** *Extrakarte zum Herausnehmen*

Archäologisches Nationalmuseum: Sammlungen

Die chronologisch geordneten Exponate des Museums geben einen umfassenden Einblick in viele Jahrhunderte griechischer Kunst. Den Anfang bilden kykladische Figuren, gefolgt von Exponaten des griechischen Bronzezeitalters. Am Ende stehen die Säle mit hellenistischen Bronzen und der Büstensammlung römischer Kaiser. Dazwischen befinden sich weitere Highlights: zahlreiche Goldobjekte aus Mykene, die eleganten archaischen *koúroi* (Jünglingsstatuen) und viele klassische Skulpturen.

Mykenische Kunst

Die Sammlung mykenischer Kunst, die herrliche Goldschätze aus dem 16. Jahrhundert v. Chr. enthält, ist bei Besuchern besonders beliebt. In der Abteilung sind zudem Fresken, Elfenbeinskulpturen und Siegelringe mit Edelsteinen ausgestellt.

Aus den Schachtgräbern von Mykene *(siehe S. 184)* stammen eine Reihe von Bechern, Dolchen, Siegeln und Ringen sowie goldene Totenmasken von Königen, darunter die berühmte *Goldmaske des Agamemnon*. Zu sehen sind auch zwei wunderbare *rhyta* (Weinkrüge). Der eine besitzt die Form eines silbernen Stierkopfs mit goldenen Hörnern, der andere, löwenköpfige, ist aus Gold. Zu den Kunstschätzen, die nicht aus den Gräbern Mykenes stammen, zählen zwei goldene stierkopfförmige Krüge aus dem kretischen Vafeió, eine Goldphiole mit Delfinen und Kraken aus einem Königsgrab in Déntra, Tontafeln mit der Linear-B-Schrift aus dem Palast des Nestor *(siehe S. 205)* und ein Schwert aus dem Stáphylos-Grab auf Skópelos.

Mykenischer Bronzedolch mit Goldintarsien

Neolithische und kykladische Kunst

Zu Beginn der griechischen Zivilisation entstanden schlichte dekorative Vasen und Figuren. Die Sammlung beinhaltet außerdem Terrakotta-Figurinen, Schmuck und Waffen. Die sehr lebendig wirkenden Fruchtbarkeitsgöttinnen mit Kindern (*kourotróphos* = die Nährende) sind besonders gut erhalten. Auch die größte bekannte kykladische Marmorfigur von Amorgós und die frühesten Musiker-Idole, *Flötenspieler* und **Harfner**, die beide von Kéros stammen, sind bemerkenswert. Spätere Funde von Mílos, etwa die mit Fischern bemalte Vase, zeigen den Wandel von Formen und Farben der Gefäße, der sich in der späten kykladischen Bronzezeit vollzog.

Neolithische Tonvasen mit einfachem Dekor

Entwicklung der griechischen Skulptur

Die Skulptur war die ausgereifteste griechische Kunstform. Ihre Entwicklung ist von den frühen *koúroi* bis zu den Werken namentlich bekannter klassischer Künstler, etwa Phidias und Praxiteles, dokumentiert. Porträtkunst in der Skulptur setzte erst im 5. Jahrhundert v. Chr. ein. Dabei wurden meist Götter und Göttinnen, Helden und Athleten sowie männliche und weibliche Idealgestalten dargestellt. Sie waren lange Zeit Vorbilder für die abendländische Kunst.

Der Volomándra-*koúros* stammt aus der Mitte des 6. Jahrhunderts v. Chr. Er wurde in Attika entdeckt. Die stilisierten *koúroi* nach ägyptischen Vorbildern (nackte Jünglingsstatuen, seit Mitte des 7. Jh. v. Chr.) ähneln sich in Haltung und Proportionen. Die weiblichen Pendants, die *kórai*, sind bekleidet.

Der Marathón-Knabe (340 v. Chr.) Wie viele Bronzen wurde die Statue auf dem Meeresgrund gefunden. Verträumtheit und Natürlichkeit weisen die Figur als Werk von Praxiteles aus, dem bekanntesten spätklassischen Bildhauer. Der perfekt proportionierte Knabe gilt als Musterbeispiel »heroischer Nacktheit«.

Hellenistische Bronze
Pferd und Reiterknabe

Geometrische und archaische Kunst

Der geometrische Stil ist wegen der monumentalen Grabamphoren wie der Dipylon-Amphore bekannt. Er entwickelte sich zu einem Ornamentalstil (7. Jh. v. Chr.) mit mythologischen sowie Pflanzen- und Tiermotiven. Um 600 v. Chr. stand die schwarzfigurige Vasenmalerei in Blüte. Seltene Exemplare dieser Epoche sind ein *lekythos* mit Peleus, Achilles und dem Zentauren Cheiron sowie *aryballoi* genannte, plastische Gefäße.

Krieger aus Böotien (frühes 7. Jh. v. Chr.)

Klassische Skulpturen

Die Skulpturensammlung der klassischen Epoche umfasst schöne Standbilder und einige Grabmonumente, die zumeist aus Kerameikós stammen. Dazu gehört die herrliche Stele der Hegeso (ca. 410 v. Chr., siehe S. 92). Im Saal der klassischen Weihreliefs befinden sich Teile der Hera-Statue aus dem Heraion im peloponnesischen Árgos und zahlreiche Bildnisse der Athene, darunter die römische *Varvakeion-Athene*, eine kleine Kopie der Statue aus Gold und Elfenbein aus dem Parthenon (siehe S. 103).

Römische und hellenistische Skulpturen

Obwohl viele griechische Bronzen im Altertum verloren gingen – das Metall wurde in Kriegszeiten für Waffen eingeschmolzen –, besitzt das Museum einige herrliche Stücke. Sehenswert sind die berühmten Bronzen *Poseidon* sowie *Pferd und Reiterknabe*, beide vom Kap Artemision auf Euböa, und der *Antikýthira-Jüngling*, der auf dem Meeresgrund vor der Insel gefunden wurde. Eine andere bekannte Bronze ist der *Marathón-Knabe*.

Weitere Sammlungen

Das Museum beherbergt neben den großen auch kleine, von Privatpersonen gestiftete Sammlungen, etwa die **Stathátos-Schmucksammlung** mit Objekten von der Bronzezeit bis zur byzantinischen Epoche. Zur **Karapános-Sammlung**, die überwiegend auf Funden aus Dodóna (siehe S. 215) basiert, gehören viele schöne Bronzen, darunter die *Statue des Blitze schleudernden Zeus*. Außerdem sind kleine Dekorations- und Votivobjekte sowie Bleitäfelchen mit eingeritzten Fragen für das Dodóna-Orakel zu sehen. Das Haus besitzt auch eine jüngst eröffnete **Ägyptische Sammlung** und eine **Bronzensammlung** mit vielen kleinen plastischen und dekorativen Kunstobjekten von der Akropolis.

Thera-Fresken

Ursprünglich glaubte man, die 1967 in Akrotíri auf Thira (Santoríni) entdeckten Fresken stammten aus dem sagenhaften Atlantis. Die farbenfrohen, restaurierten Werke aus der Zeit um 1500 v. Chr. belegen das hohe Niveau der untergegangenen minoischen Kultur. Auf den Fresken sind boxende Knaben sowie Tiere und Blumen, die den Frühling symbolisieren, dargestellt.

Keramiksammlungen

Die Sammlung beeindruckt durch ihre Größe ebenso wie durch die herausragenden Exponate, die die Blütezeit des griechischen Keramikhandwerks repräsentieren. Vor allem das 5. Jahrhundert v. Chr. brachte exquisite rotfigurige Vasen und weißgrundige *lekythoi* hervor (siehe S. 64f). In dieser Zeit entstanden kunstvolle Malstile und neue Muster. Die eindrucksvollsten Objekte stammen von dem »Bosanquet-Maler« und dem »Achilles-Maler«, die beide junge Männer auf Grab-*lekythoi* abbildeten.

Diese »Abschiedsstele« (Mitte 4. Jh. v. Chr.) zeigt eine ihrer Familie Lebewohl sagende sitzende Frau. Die Trauernden sind voller Würde, wie meist auf griechischen Grabreliefs.

Hellenistischer Goldring, Stathátos-Schmucksammlung

Blick von der Akropolis nach Nordosten auf den Lykavittós

❷ Exárcheia und Stréfi
Εξάρχεια Λόφος Στρέφη

Stadtplan 2 F2 u. 3 A2. **Karte** F3, H2. Ⓜ Omónia.

Bis in jüngere Zeit galt das Viertel um die Plateía Exárcheia (Exarchion-Platz) als Keimzelle anarchistischer Bestrebungen. Wie die klassizistischen Bauten aus dem 19. Jahrhundert bezeugen, war die Gegend vor dem Einzug der Studenten elegant.

Heute befindet sich das Viertel erneut im Umbruch und gilt als Paradebeispiel der Gentrifizierung. Es ist stellenweise noch etwas vernachlässigt, neue schicke Cafés, Bars und *ouzeri* schaffen jedoch eine einladende Atmosphäre. Die von Läden und Boutiquen gesäumte Themistokléous, die direkt zur Plateía Omónia (Omónia-Platz) führt, bietet eine wohltuende Abwechslung von den lauten Bars. An der Plateía Exárcheia locken die Freiluft-Cafés in den zum Stréfi ansteigenden Straßen und die Open-Air-Kinos Riviera und Vox abends viele Besucher an.

Alljährlich am 17. November gedenkt eine Demonstration der Ermordung vieler Studenden durch die Junta *(siehe S. 47)* bei einem Sitzstreik.

Der nahe gelegene, weit verzweigte Park auf dem Stréfi ist tagsüber ruhig. Abends, wenn die Tavernen voll besetzt sind, wird es dort lebendig. Der Stréfi ist eine der grünen Lungen Athens. Er bietet Erholung von dem vor allem in der Sommerhitze unangenehmen Lärm und Staub der Stadt.

Vom Restaurant auf dem Lykavittós überblickt man ganz Athen

❸ Lykavittós
Λόφος Λυκαβηττού

Stadtplan 3 B4. **Karte** JK4. **Standseilbahn**: ab Ploutárchou. ⭕ tägl. 9–14.30 Uhr.

Auf den Lykavittós (auch Lykabettos, »Wolfsberg«, genannt), den mit 277 Metern höchsten Punkt Athens, gelangt man zu Fuß in rund 45 Minuten – ein nicht ganz unanstrengender Aufstieg, zumal im Sommer. Alternativ kann man mit der Standseilbahn von der Ploutárchou aus eine schwindelerregende Fahrt unternehmen. Der Name des Hügels geht vermutlich auf die Kombination der Wörter *lýki* und *vaino*, »Weg zum Licht«, zurück. Die alten Griechen glaubten, dass der Lykavittós-Fels, den die Stadtpatronin Athene angeblich versehentlich fallen ließ, eigentlich als Stätte der Akropolis vorgesehen war. Der Hügel wird in der klassischen Literatur selten erwähnt, abgesehen von Aristophanes' *Wolken* und Platons *Kritiás*. Er ist ein beliebtes Ausflugsziel der Athener, die von den rund um den Gipfel angelegten Plattformen aus den einzigartigen Blick über die Stadt genießen.

Den Gipfel krönt die weiß getünchte Kapelle **Agios Geórgios** aus dem 19. Jahrhundert. Sie steht an der Stelle einer älteren, dem Propheten Elias geweihten byzantinischen Kirche. Die beiden Heiligen werden an ihren Namenstagen geehrt – Elias am 20. Juli, der heilige Georg am 23. April. Die Prozession in der Nacht zum Ostersonntag, die sich im Kerzenlicht die bewaldeten Hänge hinunterbewegt *(siehe S. 49)*, ist sehr beeindruckend.

Auf dem Gipfel des Lykavittós befinden sich ein einladendes Restaurant und das renommierte **Lykavittós-Theater**. In dem Freilichttheater finden alljährlich während des Festival Athínon Jazz-, Pop- und Tanzdarbietungen statt *(siehe S. 50)*.

Hotels und Restaurants in Athen siehe Seiten 268f und 282–285

NÖRDLICHE INNENSTADT | 77

❹ Gennádeion
Γεννάδειον

American School of Classical Studies, Souidías 54, Kolonáki. **Stadtplan** 3 C4. **Karte** K5. 📞 210 723 6313. Ⓜ Evangelismós. 🚌 3, 7, 8, 13. 🕐 Mo–Fr 8.30–21, Sa 9–14 Uhr. ⊘ Aug; Feiertage.

Der griechische Diplomat und Gelehrte Ioánnis Gennádios (1844–1932), ein Sammler seltener Erstausgaben und illustrierter Handschriften, schenkte seinen Buchbestand 1923 der American School of Classical Studies. Das nach ihm benannte Gebäude wurde 1923–25 von dem New Yorker Architektenbüro Van Pelt and Thompson eigens für die Sammlung errichtet. Die Inschrift »Griechen sind alle, die an unserer Kultur teilhaben« am Giebelfeld über den ionischen Säulen ist ein Zitat aus Gennádios' Einweihungsrede 1926.

Für die Einsicht in die über 70 000 Bände und Manuskripte der Präsenzbibliothek ist eine Sondergenehmigung erforderlich, Besucher können jedoch einige ausgewählte Exponate betrachten. In dem Souvenirladen sind Bücher, Poster und Postkarten erhältlich.

Zu den sehenswerten Ausstellungsstücken im Großen Lesesaal gehören u. a. 192 im Jahr 1929 erworbene Skizzen von Edward Lear. Interessant ist auch eine Sammlung von Byron-Erinnerungsstücken, darunter das 1824 entstandene, letzte bekannte Porträt des in Griechenland verstorbenen Dichters *(siehe S. 153).*

Die klassizistische Fassade des Gennádeion

❺ Nationalgalerie
Εθνική Πινακοθήκη

Vasiléos Konstantínou 50, Ilísia. **Stadtplan** 7 C1. **Karte** K6. 📞 210 723 5937. Ⓜ Evangelismós. 🚌 3, 13. ⊘ wegen Renovierung. 🛍 ♿ 🌐 nationalgallery.gr

Die 1976 eröffnete, derzeit wegen Renovierung geschlossene Nationalgalerie beherbergt eine Dauerausstellung europäischer und griechischer Kunst. Das Erdgeschoss mit Zugang zu dem Skulpturengarten ist Wechselausstellungen vorbehalten. Der erste Stock birgt, mit Ausnahme von fünf Gemäden von El Greco (1541–1614), weniger bedeutende Werke nicht griechischer Künstler. Neben Bildern aus der Holländischen, Italienischen und Flämischen Schule sind Skizzen, Stiche und Gemälde von Rembrandt, Dürer, Brueghel, van Dyck, Watteau, Utrillo, Cézanne und Braque zu sehen. Zu den herausragenden Exponaten gehören Caravaggios *Sängerknabe* (1620), Delacroix' *Griechischer Krieger* (1856) und Pablo Picassos kubistisches Gemälde *Frau im weißen Kleid* (1939).

Andere Abteilungen präsentieren moderne griechische Werke (18.–20. Jh.). Das 19. Jahrhundert dominieren Darstellungen des Unabhängigkeitskrieges und Seebilder neben einigen Porträts wie Nikólaos Gyzis' *Wettverlierer* (1878) sowie *Wartender* (1900) und *Der Strohhut* (1925) von Nikifóros Lýtras. Hinzu kommen zahlreiche Werke anderer bedeutender griechischer Künstler, darunter auch Theófilos Chatzimicháïl, Hadjikyriakos-Ghikas, Móralis und Tsaroúchis.

❻ Kriegsmuseum
Πολεμικό Μουσείο

Ecke Vasilíssis Sofías u. Rizári, Ilísia. **Stadtplan** 7 C1. **Karte** J6. 📞 210 725 2975. Ⓜ Evangelismós. 🚌 3, 7, 8, 13. 🕐 Mai–Okt: Mo–Sa 9–19 Uhr; Nov–Apr: Di–Sa 9–17, So 9–15 Uhr. ⊘ Feiertage. ♿ 🌐 warmuseum.gr

Das Kriegsmuseum wurde 1975 nach dem Fall der Militärdiktatur *(siehe S. 47)* eröffnet. In den ersten neun Abteilungen werden chronologisch Kriegsszenen, Rüstungen und Pläne präsentiert, von der mykenischen Epoche bis zur Besetzung durch die Deutschen 1941. In den anderen Bereichen sind verschiedenste Objekte zu sehen, etwa Uniformen und türkische Waffen.

Bronzehelm aus Sparta

Interessant sind auch Bilder und Drucke von den Führern des Unabhängigkeitskrieges *(siehe S. 44f)*, etwa von General Theódoros Kolokotrónis (1770–1843), dessen Totenmaske ebenfalls ausgestellt ist. Eine umfangreiche Sammlung zeigt Skizzen und Ölbilder der Künstler Floras-Karavías und Argyrós, die die Brutalität und Härte der beiden Weltkriege anschaulich darstellen.

Moderne Skulptur im Garten der Nationalgalerie

Stadtplan Athen siehe Seiten 126–139 **Karte** *Extrakarte zum Herausnehmen*

❽ Museum für Kykladische Kunst
Μουσείο Κυκλαδικής Τέχνης

Das 1986 eröffnete Museum besitzt die beste Sammlung kykladischer Kunst weltweit. Die einstige Privatsammlung von Nikólas und Dolly Goulandrí wurde durch Schenkungen erweitert. Das Museum beherbergt außerdem eine bemerkenswerte Sammlung antiker griechischer und zypriotischer Kunst. Die Werke sind bis zu 5000 Jahre alt. Die kykladischen Figurinen aus dem 3. Jahrtausend v. Chr. sind zwar weniger bekannt als die griechischen Skulpturen aus klassischer Zeit, ihre Schlichtheit inspirierte jedoch zahlreiche Maler und Bildhauer des 20. Jahrhunderts.

Zur Orientierung

Legende
- Kein Ausstellungsbereich
- Kykladische Kunst
- Antike griechische Kunst
- Antike zypriotische Kunst
- Alltag in der Antike
- Wechselausstellungen

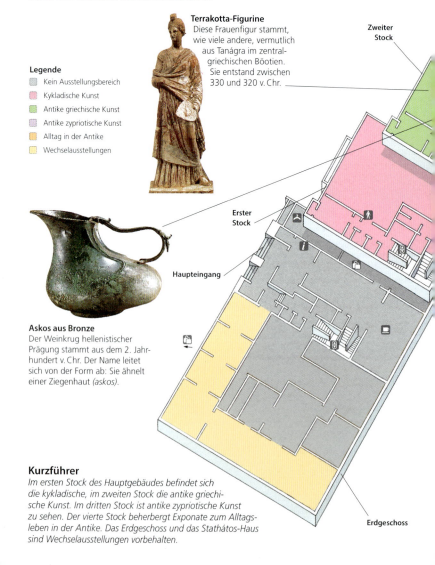

Terrakotta-Figurine
Diese Frauenfigur stammt, wie viele andere, vermutlich aus Tanágra im zentralgriechischen Böotien. Sie entstand zwischen 330 und 320 v. Chr.

Zweiter Stock

Erster Stock

Haupteingang

Askos aus Bronze
Der Weinkrug hellenistischer Prägung stammt aus dem 2. Jahrhundert v. Chr. Der Name leitet sich von der Form ab: Sie ähnelt einer Ziegenhaut *(askos)*.

Erdgeschoss

Kurzführer
Im ersten Stock des Hauptgebäudes befindet sich die kykladische, im zweiten Stock die antike griechische Kunst. Im dritten Stock ist antike zypriotische Kunst zu sehen. Der vierte Stock beherbergt Exponate zum Alltagsleben in der Antike. Das Erdgeschoss und das Stathátos-Haus sind Wechselausstellungen vorbehalten.

MUSEUM FÜR KYKLADISCHE KUNST | 79

Rotfigurige Kylix
Motiv des Trinkbechers (5. Jh. v. Chr.) ist ein Boxkampf zweier junger Athleten, überwacht von ihrem Trainer.

Dritter Stock

Vierter Stock

Infobox

Information
Neofýtou Doúka 4, Kolonáki (Eingang zum Stathátos-Haus an der Irodótou 1). **Stadtplan** 7 B1. **Karte** J6. 210 722 8321. Mo, Mi, Fr, Sa 10–17, Do 10–20, So 11–17 Uhr. Feiertage. teilweise. cycladic.gr

Anfahrt
3, 7.

Treppen und Lifte zu den einzelnen Stockwerken

★ Weißer Lekythos
Die tönerne Grabvase (um 450 v. Chr.) ist ein Beispiel für weißgrundige Vasenmalerei *(siehe S. 64)*. Sie diente als Behältnis für Balsamöl. Dargestellt ist eine Trauernde, die Opfergaben zum Grab trägt.

★ Kykladische Figurine
Die überkreuzten Arme der Figur (39 cm) einer Schwangeren sind typisch für die kykladische Kunst. Die Füße haben jeweils nur vier Zehen.

Fußweg zum Haupteingang

Erdgeschoss und erster Stock dienen Wechselausstellungen.

Stathátos-Haus
Der »neue« Flügel des Museums für Kykladische Kunst wurde im Jahr 1992 eröffnet. Er liegt in dem klassizistischen einstigen Wohnhaus von Otho und Athiná Stathátos, das 1895 von dem Architekten Ernst Ziller entworfen und errichtet wurde.

Durch die Säulenvorhalle gelangt man in das Stathátos-Haus.

Stadtplan Athen *siehe Seiten 126–139* **Karte** *Extrakarte zum Herausnehmen*

80 | ATHEN

Ikone des heiligen Michael (14. Jh.), Byzantinisches Museum

❼ Byzantinisches und Christliches Museum
Βυζαντινό και Χριστιανικό Μουσείο

Vasilíssis Sofías 22, Plateía Rigílis, Kolonáki. **Stadtplan** 7 B1. **Karte** J6.
📞 213 213 9500. Ⓜ Evangelismós.
🚌 3, 8, 7, 13. 🕐 Di–So 9–16 Uhr.
⬤ Feiertage. 🎟 (Jugendliche unter 18 Jahren frei.) ♿ nur Erdgeschoss.
💻 W byzantinemuseum.gr

Die von dem Baumeister Stamátis Kleánthis errichtete toskanische Villa Ilíssia (1840–48) gehörte einst der Herzogin von Plaisance (1785–1854). Die Ehefrau des Sohnes eines napoleonischen Generals und leidenschaftliche Griechenlandliebhaberin war Mitte des 19. Jahrhunderts eine Schlüsselfigur der Gesellschaft der griechischen Kapitale.

In den 1930er Jahren verwandelte der Kunstsammler Geórgios Sotiríou das Haus in ein Museum: Der Architekt Aristotélis Záchos gestaltete den Eingangsbereich als Klostergarten, Vorbild des Brunnens war ein Mosaik aus dem Kloster Dáphni (4. Jh., *siehe* S. 156f). Ein moderner Erweiterungsbau ermöglichte es, die gesamte Sammlung von Ikonen, Mosaiken, Skulpturen und Fresken sowie den silbernen Kirchenschatz als Dauerausstellung zu zeigen.

Nach umfassender Renovierung wurde das Museum im Sommer 2004 wiedereröffnet. Es besitzt seither eine offene, zweigeteilte Ausstellungsfläche in dem Geschoss unter dem Hof. Dies führte zu einer neuen Aufteilung der Exponate in chronologischer Folge auf zwei Bereiche. Die erste Abteilung – *Von der Antike bis Byzanz* – veranschaulicht den Aufstieg des Christentums. Die zweite Abteilung – *Die byzantinische Welt* – widmet sich der Zeit vom 6. Jahrhundert n. Chr. bis zum Fall Konstantinopels und dem Ende des byzantinischen Reichs im Jahr 1453.

Die erste Abteilung zeigt Fragmente ornamentaler Steinmetzarbeiten und aus Basiliken oder von Sarkophagen stammende Mosaike. Frühe sakrale Skulpturen wie der *Schäfer mit Lamm* und *Orpheus mit der Leier* zeigen, wie die christliche Kirche heidnische Motive integrierte.

Die zweite Abteilung birgt Ikonen, Fresken und überaus kostbare Kirchenschätze. Sehenswert sind insbesondere der Schatz von Mytilene (aus einem Schiffswrack geborgene Münzen, Kelche sowie Gold- und Silberschmuck aus dem 7. Jahrhundert), die zweiseitige Ikone des heiligen Georg und die Mosaik-Ikone der Jungfrau Maria, die beide aus dem 13. Jahrhundert datieren. Aus Kirchen gerettete, kunsthistorisch bedeutende Fresken sind so angeordnet, wie sie ursprünglich in den Basiliken prangten.

Im Sommer finden im Hof oft Konzerte statt. Erkundigen Sie sich telefonisch auch nach den ganzjährig angebotenen kostenlosen Führungen.

Orpheus mit der Leier, Grabstele

Die *Episkepsis*, Jungfrau mit Kind, Byzantinisches Museum

Griechisch-orthodoxe Ikone

Das Wort Ikone (griechisch εἰκών) bedeutet schlicht »Bildnis«. Es wird jedoch überwiegend mit den religiösen Darstellungen assoziiert, die in den orthodoxen Kirchen zu finden sind. Ikonen zeigen Abbildungen von Heiligen wie Andreas und Nikolaus, andererseits werden auch weniger bekannte Märtyrer, Propheten und Erzengel dargestellt. Die Jungfrau mit dem Kind ist das häufigste Motiv.

Ikonen haben im griechisch-orthodoxen Glauben eine hohe Bedeutung und sind in Griechenland allgegenwärtig. Sie können in Freskentechnik gemalt sein, es gibt sie als Mosaike, oder sie bestehen aus Knochen oder Metall. Meist handelt es sich um tragbare Gemälde auf einer mit Leinen und Gips überzogenen Holztafel in einem vergleichsweise kleinen Format. Die Augen der Dargestellten sind stets direkt auf den Betrachter gerichtet. Die Arbeiten besitzen oft ein hohes künstlerisches Niveau. Sie sind weder signiert noch datiert. Da die Bilder in einer jahrhundertealten Tradition verwurzelt sind, folgt die Darstellung bezüglich Farbgebung, Gewändern, Gesten und Ausdruck festen Schemata (siehe S. 25).

Hotels und Restaurants in Athen *siehe Seiten 268f und 282–285*

NÖRDLICHE INNENSTADT

Terrasse eines Cafés an der Palteía Kolonáki

❽ Museum für Kykladische Kunst

Siehe S. 78f.

❾ Plateía Kolonáki

Πλατεία Κολωνακίου

Kolonáki. **Stadtplan** 3 B5. **Karte** H6. 🚌 3, 7, 8, 13.

Um den Platz und die angrenzenden Seitenstraßen erstreckt sich das eleganteste Viertel Athens. Besucher, die sich überwiegend für die antiken Stätten in und um Athen sowie die Flohmärkte in Monastiráki interessieren, versäumen es leider allzu oft, dieser reizvollen Gegend einen Besuch abzustatten. Das ganz besondere Flair dieses Platzes sollten Sie sich jedoch nicht entgehen lassen.

Die Bezeichnung des auch Plateía Filikís Etaireías genannten Platzes geht auf die in dem Viertel gefundene antike Säule (kolonáki) zurück. Im 19. Jahrhundert nannte sich auch ein hiesiger Geheimbund Filikís Etaireías. Der Ruf Kolonákis als mondänster Stadtteil rührt von den edlen Designerboutiquen, Bars und Cafés, Antiquitätenläden, Kunstgalerien, Konditoreien (zacharoplasteia) und ouzerí (siehe S. 120).

Die lebhaften Straßencafés sind ideal, um das Treiben auf dem Platz zu beobachten.

❿ Benáki-Museum

Siehe S. 82f.

⓫ Pinakothíki Hadjikyriakos-Ghikas

Πινακοθήκη Χατζηκυριάκου Γκίκας

Kriezótou 3. **Stadtplan** 2 F5. **Karte** G6. 📞 210 361 5702. **M** Sýntagma. 🚌 3, 8, 13. 🕐 Mi–So 10–18 Uhr. ⬤ Aug, 17. Nov, Feiertage. ♿ teilweise.

Die Galerie im früheren Wohnhaus und Atelier von Nikos Hadjikyriakos-Ghikas (1906–1994) präsentiert neben Werken des Malers auch Objekte anderer griechischer Künstler des 20. Jahrhunderts – darunter die Architekten Dimítris Pikiónis und Aris Konstantínidis, die Fotografen Tákis Tloúpas und Spýros Meletzís sowie der Maler Yiánnis Móralis. Besucher erhalten einen Überblick über wichtige künstlerische Einflüsse des vergangenen Jahrhunderts in Griechenland.

⓬ Museum der Stadt Athen

Μουσείο της Πόλεως των Αθηνών

Paparrigopoúlou 7, Plateía Klafthmónos, Sýntagma. **Stadtplan** 2 E5. **Karte** F5. 📞 210 323 1387. **M** Panepistímio. 🚌 1, 2, 4, 5, 9, 11, 12, 15, 18. 🕐 Mo, Mi–Fr 9–19, Sa, So 11–19 Uhr. ⬤ Feiertage.

In dem aus zwei Gebäuden bestehenden Palast lebten König Otto und Königin Amalía (siehe S. 44) 1831–38, bevor sie in den Neuen Palast, das heutige Voulí-Parlament (siehe S. 116) umzogen.

1980 wurde der Alte Palast zum Museum. Memorabilien, Möbel, Porträts, Karten und Dokumente des Königspaars vermitteln einen Einblick in die frühen Regierungsjahre König Ottos.

Zu den Exponaten zählen auch das Manuskript der Verfassung von 1843, Mäntel und Waffen der fränkischen (1205–1311) und katalanischen (1311–80) Herrscher Athens sowie ein von Giánnis Travlós (1908–1985) angefertigtes Modell, das die Stadt Athen im Jahr 1842 präsentiert.

Das Museum besitzt darüber hinaus eine Kunstsammlung, die Nikólaos Gýzis' Ölgemälde Karneval in Athen (1892) und einige Aquarelle der englischen Künstler Edward Dodwell (1767–1832), Edward Lear (1812–1888) und Thomas Hartley Cromek (1809–1873) enthält.

Wohnzimmer im oberen Stockwerk, Museum der Stadt Athen

Stadtplan Athen siehe Seiten 126–139 **Karte** Extrakarte zum Herausnehmen

ⓘ Benáki-Museum
Μουσείο Μπενάκη

Das Museum wurde 1931 von Antónis Benákis (1873–1954), dem Sohn von Emmanouil Benákis, der in Ägypten vermögend wurde, gegründet. Das klassizistische Gebäude, einst Wohnsitz der Familie Benákis, beherbergt griechische Kunstwerke und Kunsthandwerk, Gemälde, Schmuck, Textilien und politische Andenken. Die Exponate umspannen einen Zeitraum von 5000 Jahren – von der Jungsteinzeit bis ins 20. Jahrhundert.

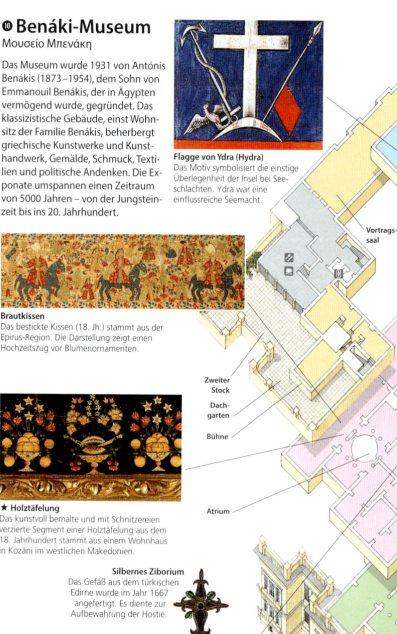

Flagge von Ydra (Hydra)
Das Motiv symbolisiert die einstige Überlegenheit der Insel bei Seeschlachten. Ydra war eine einflussreiche Seemacht.

Brautkissen
Das bestickte Kissen (18. Jh.) stammt aus der Epirus-Region. Die Darstellung zeigt einen Hochzeitszug vor Blumenornamenten.

★ **Holztäfelung**
Das kunstvoll bemalte und mit Schnitzereien verzierte Segment einer Holztäfelung aus dem 18. Jahrhundert stammt aus einem Wohnhaus in Kozáni im westlichen Makedonien.

Silbernes Ziborium
Das Gefäß aus dem türkischen Edirne wurde im Jahr 1667 angefertigt. Es diente zur Aufbewahrung der Hostie.

Vortragssaal
Zweiter Stock
Dachgarten
Bühne
Atrium
Eingang

Legende
- Erdgeschoss
- Erster Stock
- Zweiter Stock
- Dritter Stock
- Kein Ausstellungsbereich

BENÁKI-MUSEUM | **83**

Dritter Stock

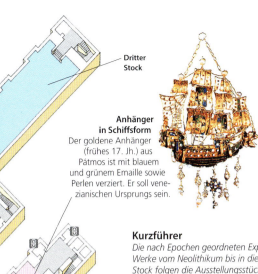

Anhänger in Schiffsform
Der goldene Anhänger (frühes 17. Jh.) aus Pátmos ist mit blauem und grünem Emaille sowie Perlen verziert. Er soll venezianischen Ursprungs sein.

Infobox

Information
Ecke Koumpári u. Vasilíssis Sofías, Sýntagma. **Stadtplan** 7 A1. **Karte** H6. 210 367 1000. Mi, Fr 9–17 Uhr, Do, Sa 9–24 Uhr, So 9–15 Uhr. 1., 6. Jan, 25. März, Ostersonntag, 1. Mai, Pfingstmontag, 15. Aug, 25., 26. Dez. (Do frei). benaki.gr

Anfahrt
Sýntagma. 3, 7, 8, 13.

Erster Stock

Erdgeschoss

Kurzführer

Die nach Epochen geordneten Exponate im Erdgeschoss umfassen Werke vom Neolithikum bis in die späte byzantinische Zeit. Im ersten Stock folgen die Ausstellungsstücke, darunter sakrale Kunst und Schmuck, einer geografischen Ordnung: Kleinasien, griechisches Festland und Inseln. Der zweite Stock dokumentiert geistliche, wirtschaftliche und gesellschaftliche Aspekte Griechenlands, der dritte Stock den Freiheitskrieg und das moderne Leben sowie Wechselausstellungen.

★ Ikone der heiligen Anna
Auf der Ikone aus dem 15. Jahrhundert trägt die heilige Anna die Jungfrau Maria wie ein Kind auf dem Arm. Diese hält eine weiße Lilie, das Symbol der Reinheit, in der Hand.

Trinkschale aus Paphos
Die tanzende Gestalt auf der farbenprächtigen Trinkschale (13. Jh.) aus Zypern trägt Rasseln.

★ Porträt aus Faiyúm
Das auf Leinwand gemalte römische Jünglingsporträt datiert aus dem 3. Jahrhundert.

Stadtplan Athen *siehe Seiten 126–139* **Karte** *Extrakarte zum Herausnehmen*

Klassizistische Fassade des Historischen Nationalmuseums

⓭ Historisches Nationalmuseum
Εθνικό Ιστορικό Μουσείο

Stadíou 13, Sýntagma. **Stadtplan** 2 F5. **Karte** F6. 210 323 7617. Sýntagma. 1, 2, 4, 5, 9, 10, 11, 18. Di–So 8.30–14.30 Uhr. Feiertage. (So frei). nhmuseum.gr

Der von François Boulanger (1807–1875) entworfene Bau war als erstes griechisches Parlamentsgebäude geplant. Die Grundsteinlegung erfolgte im Jahr 1858, das Haus wurde aber erst 13 Jahre später bezogen. Hier residierten bis 1935 Minister und Abgeordnete. Theódoros Deligiánnis wurde 1905 auf den Stufen zum Eingang ermordet. Nach der Renovierung des Voulí-Gebäudes an der Platéia Sýntagma *(siehe S. 116)* bezog das Parlament seinen heutigen Sitz.

1961 wurde in dem Gebäude das Historische Nationalmuseum eröffnet, das sich im Besitz der Historisch-Ethnologischen Gesellschaft Griechenlands befindet. Die 1882 gegründete Gesellschaft sammelt Objekte, die der Dokumentation des modernen Griechenland dienen. Das Museum beleuchtet alle bedeutenden Ereignisse in der griechischen Geschichte von der byzantinischen Zeit bis in das 20. Jahrhundert. Ausgestellt sind venezianische Rüstungen, Schmuck, Trachten und Galionsfiguren von an der Revolution von 1821 beteiligten Kriegsschiffen.

Die Sammlung widmet sich auch bedeutenden Parlamentariern, Philhellenen und Führern des Freiheitskampfs. Sie präsentiert beispielsweise das Schwert von Lord Byron, die Waffen von Theódoros Kolokotrónis (1770–1834), den Thron König Ottos und den Federhalter, den Eleftherios Venizélos bei der Unterzeichnung des Friedensvertrags von Sèvres im Jahr 1920 verwendete. Die Aufzeichnungen von General Makrigiánnis (1797–1864) über die Revolution können eingesehen werden. Unter den ausgestellten Bildern ist auch ein seltener Holzschnitt mit der Darstellung der Schlacht von Lepanto (1571), eine Arbeit von Bonastro.

Reiterstatue von General Theódoros Kolokotrónis

Vor dem Museum steht eine Kopie der von Lázaros Sóchos 1900 angefertigten Statue, die Theódoros Kolokotrónis zu Pferde zeigt. Das originale Standbild befindet sich in Náfplio (Nauplia), Griechenlands früherer Hauptstadt *(siehe S. 186f)*. Auf dem Sockel ist zu lesen: »Theódoros Kolokotrónis, 1821. Reite, edler Führer, durch die Jahrhunderte, zeige den Völkern, wie aus Sklaven freie Menschen werden.«

⓮ Kapnikaréa
Καπνικαρέα

Ecke Ermoú u. Kalamiótou, Monastiráki. **Stadtplan** 6 D1. **Karte** E6. 210 322 4462. Monastiráki. Mo–So 9–14 Uhr. Feiertage.

Die byzantinische Kirche (11. Jh.) wurde durch Intervention des bayerischen Königs Ludwig I. 1834 vor dem Abriss bewahrt. Rund um die auf einem kleinen Platz an der Kreuzung von Ermoú und Kapnikaréa gelegenen Kirche befinden sich moderne Bürobauten und die Läden des Textilviertels.

Das Gotteshaus wird auch Prinzessinnen-Kirche genannt: Die Grundsteinlegung soll auf die byzantinische Kaiserin Irene (reg. 797–802) zurückgehen, die wegen ihrer Bemühungen um die griechischen Ikonen als Heilige verehrt wird.

Der Ursprung des Namens »Kapnikaréa« ist unbekannt. Quellen legen nahe, dass er auf den Gründer der Kirche, einen Steuereintreiber für »Rauchfeuer« *(kapnikaréas)*, zurückgeht. Die Steuer bestand in byzantinischer Zeit.

Die Kuppel der von der Athener Universität in den 1950er Jahren renovierten Kirche wird von vier Säulen getragen. Die Fresken, darunter eine Muttergottes mit Kind von Fótis Kóntoglou (1895–1965), entstanden während der Restaurierung. Weitere Werke des Künstlers zeigt die Nationalgalerie *(siehe S. 77)*.

Kuppel und Haupteingang der byzantinischen Kapnikaréa

Klassizistische Architektur in Athen

Der Klassizismus gelangte im 19. Jahrhundert zur Blüte, als die von König Otto in den 1830er Jahren beauftragten Baumeister den damals in Europa beliebten Stil umsetzten. Zu den Architekten zählten die Gebrüder Hansen sowie Ernst Ziller. Innerhalb von 50 Jahren entstand eine moderne Stadt mit eleganten Verwaltungsgebäuden, Plätzen und Boulevards. Der frühe Klassizismus folgte mit Marmorsäulen, Skulpturen und plastischen Elementen dem Vorbild antiker Bauwerke. Später entstand ein eigenständiger griechischer Klassizismus. Repräsentative klassizistische Gebäude befinden sich an der Panepistimío. Die Häuser in der Pláka zeigen den Stil in der alltäglichen Wohnkultur.

Das Schliemann-Haus (Ilíou Mélathron; Palast von Ilium oder Troja) erbaute Ernst Ziller 1878. Die Fresken und Mosaiken im Inneren zeigen mythologische Motive. Das Haus beherbergt heute das Numismatische Museum *(Stadtplan 2 F5, Karte G5/6).*

Die Nationalbibliothek wurde von dem dänischen Architekten Theophil Hansen 1887 im Stil eines dorischen Tempels mit zwei Flügeln errichtet. Der Bau aus pentelischem Marmor birgt über eine halbe Million Bücher, darunter illustrierte Handschriften und seltene Erstausgaben *(Stadtplan 2 F4, Karte F4).*

Das Nationaltheater entstand 1882–90 nach Plänen von Ernst Ziller. Die Fassade des Königlichen Theaters von Georg I. ist mit Bogen und dorischen Säulen im Stil der Renaissance gehalten. Vorbild für die Innenräume war das Wiener Volkstheater *(Stadtplan 2 D3, Karte D3).*

Die Akademie von Athen wurde von Theophil Hansen entworfen (1859–1887). Die Apollon- und Athene-Statuen und die sitzenden Philosophen Sokrates und Platon sowie die ionischen Kapitele und Säulen geben dem Bau das klassizistische Gepräge. Die herrlichen Fresken in der Halle zeigen Szenen aus der Prometheus-Sage *(Stadtplan 2 F4, Karte F5).*

Die Universität wurde von Christian Hansen (1864) errichtet. Sie besitzt eine ionische Säulenhalle und einen Portikus-Fries, auf dem die Blüte von Kunst und Wissenschaft unter der Herrschaft König Ottos dargestellt ist. Die Sphinx, Symbol der Weisheit, ist durch die Ödipus-Sage *(siehe S. 225)* mit Athen verbunden: Ödipus hatte das Rätsel der Sphinx gelöst und fand in Athen Zuflucht. Eine weitere Statue zeigt den Patriarchen Gregor V., einen Märtyrer des Freiheitskampfs *(Stadtplan 2 F4, Karte F5).*

Südliche Innenstadt

Der Süden Athens wird von der Akropolis beherrscht. Auch andere wichtige antike Stätten befinden sich in diesem Teil der Stadt. Die ältesten Wohnviertel der Stadt, Pláka und Monastiráki, beherbergen viele byzantinische Kirchen und Museen. Zwischen klassizistischen Gebäuden liegen Läden und Tavernen mit Tischen im Freien. In den Straßen des Flohmarkts in Monastiráki sorgen Imbissbuden, Zigeuner und Musiker für das Flair eines orientalischen Basars. Südlich der Plateía Sýntagma liegen die Nationalgärten, eine grüne Oase im Zentrum der Stadt. Informationen für Besichtigungstouren finden Sie in dem Kapitel *In Athen unterwegs* (siehe S. 320–323).

Sehenswürdigkeiten auf einen Blick

Museen und Sammlungen
- ❶ Keramikmuseum Kyriazópoulos
- ❹ Städtische Kunstgalerie
- ❽ Schmuckmuseum Ilías Lalaoúnis
- ❾ Sammlung Kanellópoulos
- ❿ Museum der Athener Universität
- ⓫ Museum für griechische Volksmusikinstrumente
- ⓱ Frissiras Museum
- ⓲ Griechisches Volkskundemuseum
- ⓳ Jüdisches Museum

Antike Stätten
- ❷ *Turm der Winde S. 90f*
- ❺ *Kerameikós S. 92f*
- ❻ *Antike Agora S. 94f*
- ❼ *Akropolis S. 98–105*
- ⓴ *Tempel des Olympischen Zeus*

Kirchen
- ⓬ *Panagía Gorgoepíkoös S. 109*
- ⓭ *Mitrópoli*
- ⓮ *Agios Nikólaos Ragavás*
- ㉑ *Russische Dreifaltigkeitskirche*

Historisches Stadtviertel
- ⓯ *Anafiótika*

Markt
- ❸ *Flohmarkt*

Plätze und Gärten
- ⓰ *Plateía Lysikrátous*
- ㉒ *Plateía Sýntagma*
- ㉓ *Nationalgärten*

Historische Gebäude und Monumente
- ㉔ Präsidentenpalast
- ㉕ Kallimármaro-Stadion

Friedhof
- ㉖ Athener Zentralfriedhof

Restaurants in Athen
siehe S. 282–285

Stadtplan *1, 5, 6, 7, 8*

◀ Säulen des Erechtheions, Akropolis *(siehe S.100f)*   Zeichenerklärung *siehe hintere Umschlagklappe*

Im Detail: Monastiráki

Das historische Viertel war zur Zeit der Osmanen das Zentrum Athens. Der Name geht auf ein nicht erhaltenes Kloster an der Plateía Monastiráki zurück. Den Platz säumen Marktstände, in denen von Nippes bis Schmuck alles erhältlich ist. Die Fethiye- und die Tsistaráki-Moschee, die heute das Keramikmuseum Kyriazópoulos beherbergt, zeugen von der osmanischen Vergangenheit. Das Viertel grenzt an die Römische Agora, auf der die Ruinen der Hadriansbibliothek und der Turm der Winde, eine hellenistische Wasser- und Sonnenuhr, stehen. In Monastiráki verbindet sich die getragene Atmosphäre antiker Stätten mit dem lebendigen Flair eines Basars.

❸ **Flohmarkt**
Die Plateía Avissynías ist das Zentrum des Flohmarkts, der vor allem am Samstag und Sonntag zahlreiche Besucher anzieht.

Ifaístou leitet sich von dem Gott des Feuers und der Schmiedekunst Hephaistos, Areos von dem Kriegsgott Ares ab.

Legende
— Routenempfehlung

0 Meter 50

Metro-Station Monastiráki

Die Hadriansbibliothek
maß 118 mal 78 Meter. Neben der eigentlichen, nach 132 n. Chr. erbauten riesigen Bibliothek beherbergte der Komplex auch kleine Räume sowie einen Garten mit einem Teich.

Antike Agora (siehe S. 94f)

Hotels und Restaurants in Athen siehe Seiten 268f und 282–285

MONASTIRÁKI | 89

Die Pantánassa, »kleines Kloster« oder Kirche Mariä Himmelfahrt, gehörte zu dem nicht mehr erhaltenen Kloster *(monastiráki)*, das dem Platz und Viertel den Namen gab. Sie datiert aus dem 10. Jahrhundert.

Zur Orientierung
Siehe Stadtplan 2, 6

❶ **Keramikmuseum Kyriazópoulos**
Das in der Tsistaráki-Moschee (1759) untergebrachte, 1974 eröffnete Museum ist Teil des Griechischen Volkskundemuseums. Es besitzt rund 800 Keramiken aus allen Teilen Griechenlands.

Pláka *(siehe S. 106f)*

Die Fethiye-Moschee liegt am Rand der Römischen Agora. Die erste Mosche an dieser Stelle wurde 1458 in Erinnerung an den Besuch Mehmeds des Eroberers in Athen errichtet. Das heutige Gebäude stammt aus dem Jahr 1670.

❷ ★ **Turm der Winde**
Der außergewöhnliche, achteckige Turm (1. Jh. v. Chr.) wurde von dem Astronomen Andrónikos Kyrrestes als Wasser- und Sonnenuhr erbaut.

Stadtplan Athen *siehe Seiten 126–139* **Karte** *Extrakarte zum Herausnehmen*

❶ Keramikmuseum Kyriazópoulos
Μουσείο Ελληνικής Λαϊκής Τέχνης, Συλλογή Κεραμικών Β. Κυριαζοπούλου

Tsistaráki-Moschee, Areos 1, Monastiráki. **Stadtplan** 6 D1. **Karte** D6.
📞 210 324 2066. Ⓜ Monastiráki.
🕐 Details der Website entnehmen.
⬤ Feiertage. 🌐 melt.gr

Vasíleios Kyriazópoulos schenkte im Jahr 1974 seine Sammlung von Keramiken dem Griechischen Volkskundemuseum. Das in der Tistaráki-Moschee untergebrachte Keramikmuseum, das die exquisiten Exponate präsentiert, ist Teil des Volkskundemuseums. Unter den Hunderten Ausstellungsstücken – Gefäße, Terrakotta-Wasserkrüge aus Ägina (Aígina), feuerfeste Töpfe aus Sífnos und Vorratsfässer aus Thessalien und von Chíos – finden sich Formen und Gefäße, die heute noch in der griechischen Küche benutzt werden. Die von Minás Avramídis und Dimítrios Mygdalinós gefertigten Figuren und Geschirrwaren sind mit Motiven aus Mythologie und Volkserzählungen verziert. Die Künstler wanderten in den 1920er Jahren aus Kleinasien nach Griechenland ein.

Beeindruckend ist auch die Moschee selbst. Sie wurde 1759 unter dem türkischen Woiwoden Tsistaráki erbaut. Dieser besaß als oberster Zivilbeamter sowohl juristische als auch polizeiliche Gewalt und trieb Steuern für Verwaltung, Harem und Schatzamt des türkischen Sultans ein.
Tsistaráki ließ 1754 die 17. Säule vom Tempel des Olympischen Zeus *(siehe S. 115)* sprengen, um Material für den Stuck der Moschee zu gewinnen. Da die Zerstörung von Altertümern gesetzlich verboten war, wurde Tsistaráki ins Exil verbannt. Nach der Beschädigung durch das Erdbeben von 1981 wurde die Moschee restauriert.

Keramikfigur, Kleinasien

❷ Turm der Winde
Αέρηδες

Ruinen der Römischen Agora, Pláka. **Stadtplan** 6 D1. **Karte** E7. 📞 210 324 5220. Ⓜ Monastiráki. 🕐 Apr–Okt: tägl. 8–20 Uhr; Nov–März: tägl. 8.30–15 Uhr. ⬤ Feiertage. 🌐 ♿

Den markanten Turm der Winde am Rand der Ruinen der Römischen Agora erbaute der syrische Astronom Andrónikos Kyrrestes im 2./1. Jahrhundert v. Chr. als kombinierte Wasser- und Sonnenuhr. Den um die Außenmauern verlaufenden Marmorfries zieren Personifizierungen der acht Winde – daher der Name des Turms. Unter den Reliefs befindet sich jeweils eine Sonnenuhr.

Der gut erhaltene Marmorturm ist über zwölf Meter hoch. Er hat einen Durchmesser von acht Metern. Die Griechen nennen ihn *Aérides* (Winde). Im Mittelalter hielt man den Turm für die Schule oder das Gefängnis des Sokrates bzw. für das Grab Philipps II. von Makedonien *(siehe S. 246)*. Im 17. Jahrhundert wurde er als Andrónikos' Wasseruhr identifiziert. Erkennbar sind heute nur noch die Quelle, aus der in der Antike das verzweigte Leitungssystem gespeist wurde, und eine kreisrund verlaufende, im Turmboden eingelassene Rinne.

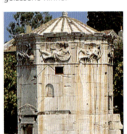

West- und Südwestseite vom Turm der Winde

Öffnungen an Nord- und Westseite des Turms ließen Licht in das ansonsten dunkle Innere einfallen.

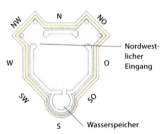

Der Innengrundriss zeigt die Ausrichtung des Turms nach acht Seiten. Der Wasserspeicher lag im Süden. Die Reliefs personifizieren die acht Winde.

Boreas bläst den kalten Nordwind durch eine große Tritonmuschel.

Skiron schüttet glühende Asche aus einem Bronzekessel.

Zephyros, ein leicht bekleideter Jüngling, streut Blumen.

Hotels und Restaurants in Athen siehe Seiten 268f und 282–285

❾ Flohmarkt
Παζάρι

Von der Plateía Monastiráki bis zur Plateía Avyssinías, Pláka. **Stadtplan** 5 C1. **Karte** D6. Ⓜ Monastiráki. 🕒 So 8–14 Uhr.

Der Flohmarkt liegt jenseits der Geschäftsstraßen Adrianoú und Pandrósou mit den vielen Souvenirläden. Eine Fahne kennzeichnet den Beginn. Einheimischen gelten die Plateía Avyssinías, westlich der Plateía Monastiráki, und deren Seitenstraßen als Zentrum des Markts.

Sonntagmorgens, wenn viele andere Läden der Stadt geschlossen haben, belebt sich der Markt. Händler bieten ihre Waren an Ständen oder auf

Kauflustige durchstreifen Athens Flohmarkt

dem Pflaster feil. Auf dem Flohmarkt kann man viele Schnäppchen machen. Neben Bekleidung und Schmuck wird auch jede Menge Nippes wie etwa Telefonkarten feilgeboten. Zu den teuren Produkten zählen Messing-, Leder- und Silberwaren.

Wochentags sind vergleichbare Waren in den Läden rund um den Markt erhältlich. Spezialläden bieten Antiquitäten, alte Bücher, Tavernenstühle, Militaria und vieles mehr. Schauen Sie sich erst um und entscheiden Sie sich dann zum Kauf.

Der Südwestwind, Lips, gilt als Schutzpatron der Seefahrer. Jeder der Winde wurde allegorisch dargestellt. Der sanfte Zephyros und der eisige Boreas sind die aus Literatur und Kunst bekanntesten.

Tanzende Derwische, Angehörige einer asketischen muslimischen Sekte, nutzten den Turm Mitte des 18. Jahrhunderts als Kloster. Die Derwische zogen die Aufmerksamkeit von Reisenden der Grand Tour auf sich, die das wöchentliche Ritual des ekstatischen Tanzes, *sema*, beobachteten.

		Relief mit personifiziertem Wind	Schatten werfender Metallstab	Sonnenuhrlinien am Turm
Südwesten	Süden	Südosten	Osten	Nordosten

Lips hält rudernd die Heckverzierung eines Schiffs in der Hand.

Notos, der Regenbringer, stößt ein gefülltes Wassergefäß um.

Euros, ein bärtiger Alter, hüllt sich in einen warmen Mantel.

Apeliotes, ein Jüngling, bringt reife Früchte und Getreide.

Kaïkias schüttet aus seinem Schild eisige Hagelkörner aus.

Stadtplan Athen *siehe Seiten 126–139* **Karte** *Extrakarte zum Herausnehmen*

Miss T K von Giánnis Mitarákis, Städtische Kunstgalerie

❹ Städtische Kunstgalerie
Δημοτική Πινακοθήκη

Ecke Leonidíou u. Myllérou, Metaxourgeíou. **Stadtplan** 1 B4. **Karte** C4. 210 324 3022. **M** Metaxourgeíou. Di 10–21, Mi–Sa 10–19, So 10–15 Uhr. Feiertage.

Trotz seiner exquisiten Sammlung moderner griechischer Kunst, die zu den renommiertesten des Landes gehört, weist das Museum relativ niedrige Besucherzahlen auf. Das Gebäude wurde vom dänischen Architekten Christian Hansen als Seidenfabrik errichtet, seit 2010 ist hier die Städtische Kunstgalerie untergebracht.

Die Stadt Athen begann 1923 Werke zu erwerben, die einen guten Einblick in das Schaffen moderner griechischer Künstler geben. Zahlreiche Maler ließen sich von der eindrucksvollen Landschaft schier verzaubern. Dies zeigen z. B. die Kykladen-Bilder von Dímos Mpraésas (1878–1967) oder die Gemälde mit Olivenbäumen und Zypressen von Konstantínos Parthénis (1882–1964).

Auch Porträts von Giánnis Mitarákis und Stillleben von Theófrastos Triantafyllídis gehören zur Sammlung. Bei dem *Straßenmarkt* (1939) von Nikólaos Kartsonákis sind die volkstümlichen Wurzeln der modernen griechischen Kunst deutlich erkennbar.

❺ Kerameikós
Κεραμεικός

Der Friedhof besteht seit dem 12. Jahrhundert v. Chr. Der Heilige Weg führte von Eleusis *(siehe S. 160f)* nach Kerameikós (Töpferviertel), der Panathenäische Weg vom Dipylon-Tor zur Akropolis *(siehe S. 98–105)*. Die besterhaltenen Grabstätten liegen an der Straße der Gräber. Die Anfang des 19. Jahrhunderts entdeckten Skulpturen sind im Archäologischen Nationalmuseum *(siehe S. 72–75)* und im Kerameikós-Museum ausgestellt. An den Fundorten stehen Kopien.

Grabstele der Hegeso
Die Stele (spätes 5. Jh. v. Chr.) stammt aus dem Familiengrab des Koroibos von Melite. Sie zeigt dessen Frau Hegeso, wie sie mit ihrer Dienerin Schmuck bewundert.

Aristion-Gräberbezirk

STRASSE DER GRÄBER

Im Lysimachides-Gräberbezirk wurde ein Marmorhund gefunden – einer von einst zweien.

Das Heiligtum der Hekate, der antiken Göttin des Mondes, enthielt einen Altar und Opfergaben.

Kerameikós-Museum

Südterrasse

★ **Grab des Dionysios aus Kollytos**
Die Stierfigur auf dem Grabmal eines Schatzmeisters symbolisiert den Gott Dionysos.

Straße der Gräber
Die meisten Monumente an der Straße der Gräber stammen aus dem 4. Jahrhundert v. Chr. Ob geschmückte Stelen oder schlichte, kleine Säulen (kioniskoi) *– alle Grabmäler verdeutlichen die Erhabenheit der griechischen Begräbniskultur.*

Hotels und Restaurants in Athen *siehe Seiten 268f und 282–285*

KERAMEIKÓS | 93

Zur Orientierung

Dexileos-Stele
Dexileos, Sohn des Lysanias, fiel 394 v. Chr. als Jüngling im Korinthischen Krieg. Das Relief zeigt, wie er einen Feind überwältigt.

Infobox

Information
Ermoú 148, Thissío.
Stadtplan 1 B5. **Karte** B5.
📞 210 346 3552. 🕐 tägl. 8–15 Uhr. **Museum** ⬤ Mo.

Anfahrt
Ⓜ Thissío.

🏛 Kerameikós-Museum
Das 1961 eröffnete Museum war früher nach dem Industriellen Gustav Oberländer benannt, dessen Spenden die Eröffnung des Museums 1937 ermöglichten. In Abteilung 1 sind große Stelenfragmente sowie Teile des Dipylon- und des Heiligen Tors ausgestellt, z. B. eine Marmorsphinx (ca.

Geflügelte Sphinx einer Stele

550 v. Chr.), die einst eine Grabstele krönte. Die Abteilungen 2 und 3 zeigen riesige protogeometrische und geometrische Amphoren sowie schwarzfigurige Grabvasen (lekythoi). Die eindrucksvollsten Objekte, Terrakotta-Puppen und Tonpferde, stammen aus Kindergräbern. Einige der 7000 Wahltafeln (ostraka, siehe S. 95) aus dem Eridanos-Flussbett sind zu sehen, ebenso kunstvoll bemalte Keramiken, z. B. die rotfigurige Wasserkanne (hydria) mit Helena von Troja und ein lekythos mit Dionysos, umgeben von Satyrn.

Dieser Tumulus ist die Begräbnisstätte einer attischen Familie (6. Jh. v. Chr.).

Grab der Hipparete

Zum Fluss Eridanos

Der Heilige Weg führte vom Heiligen Tor nach Eleusis (siehe S. 160f).

Heiliges Tor, Akropolis

Südlicher Hügel

Loutrophoros des Hegetor
Die Vase mit zwei Griffen und der Darstellung einer Abschiedsszene ist charakteristisch für den schlichteren Stil der Grabkunst.

★ **Stele der Demetria und der Pamphile**
Die bewegende Stele, eine der letzten Schmuckstelen des späten 4. Jahrhunderts v. Chr., zeigt die sitzende Pamphile zusammen mit ihrer Schwester Demetria.

Grabamphore im geometrischen Stil, Kerameikós-Museum

Stadtplan Athen siehe Seiten 126–139 Karte Extrakarte zum Herausnehmen

Antike Agora
Αρχαία Αγορά

Die Agora (Marktplatz) war ab 600 v. Chr. das politische Zentrum Athens. Im *bouleutérion* (Ratsversammlung), in den Gerichten und in öffentlichen Sitzungen wurde Demokratie praktiziert. Hier wurde Sokrates angeklagt, in dem Gefängnis auf dem Gelände starb er 399 v. Chr. Die Theater, Schulen und Läden der Stoen machten die Agora auch zum Zentrum von Gesellschaft und Handel. Die Silbermünzen Athens wurden hier geprägt. In den 1930er Jahren begannen die Ausgrabungen der Stätte. Seither wurde eine stattliche Reihe öffentlicher Bauten freigelegt.

Stoa des Attalos
Die Säulenhalle wurde in den 1950er Jahren als Museum für die in der Antiken Agora geborgenen Funde rekonstruiert.

Odeion des Agrippa
Die Statue des Gottes Triton mit dem Unterleib eines Fischs (150 v. Chr.) zierte die Fassade des Theaters des Agrippa. Sie steht im Agora-Museum.

Außerdem

① Hellenistischer Tempel
② Stoa des Zeus Eleutherios
③ Altar der Zwölf Götter
④ Tempel des Apollon Patroös
⑤ Ares-Tempel
⑥ Triton-Statuen
⑦ **Der Panathenäische Weg** wurde nach den alle vier Jahre stattfindenden Panathenäen benannt.
⑧ Monopteros-Tempel
⑨ Pantainos-Bibliothek
⑩ Südöstlicher Tempel
⑪ **In der Mittel-Stoa** gab es Läden.
⑫ Südwestlicher Tempel
⑬ Heliaia
⑭ Südwestliches Brunnenhaus
⑮ Latrinen
⑯ **In der *thólos*** tagte der geschäftsführende Rat.
⑰ Bouleuterion (Ratsversammlung)
⑱ Arsenal
⑲ Metroön
⑳ Denkmal der eponymen Helden
㉑ Altar des Zeus

Rekonstruktion der Antiken Agora
Die Zeichnung zeigt die Agora mit Blick aus Nordwesten im Jahr 200 v. Chr. Der Haupteingang befand sich am Panathenäischen Weg, der sich über die gesamte Stätte von der Akropolis im Südosten bis zum Friedhof Kerameikós im Nordwesten erstreckte.

ANTIKE AGORA | **95**

Blick von Süden über die Antike Agora mit der Stoa des Attalos (rechts)

0 Meter — 50

Hadrian-Statue
Dem römischen Kaiser Hadrian (reg. 117–138 n. Chr.) unterstand auch Athen. Die Statue stammt aus dem 2. Jahrhundert.

Infobox

Information
Haupteingang Adrianoú 24, Monastiráki. **Stadtplan** 5 C1. **Karte** D6. 210 321 0185. tägl. 8–20 Uhr (Nov–März: bis 15 Uhr). 1. Jan, 25. März, Ostern, 1. Mai, 25., 26. Dez. teilweise. **W** odysseus.culture.gr

Anfahrt
Thissío, Monastiráki.

Auf dem *ostrakon* wird ein Mann namens Hippokrates verbannt

Stoa des Attalos

Den Wiederaufbau des imposanten Gebäudes (1953–56) finanzierte John D. Rockefeller Jr. Die zweigeschossige Stoa, ein überdachter Arkadenbau, wurde unter König Attalos von Pergamon (reg. 159–138 v. Chr.) im Osten der Agora errichtet. 267 n. Chr. zerstörten die Heruler das Bauwerk. Bei der Rekonstruktion wurden antike Bauteile verwendet. Die Stoa ist heute ein Museum. Die Exponate verdeutlichen das hohe Niveau der antiken Kultur. Ausgestellt sind u. a. Verfügungen aus der Pantainos-Bibliothek (2. Jh. v. Chr.), ein Gesetzestext gegen Tyrannei (336 v. Chr.), eine Wasseruhr *(klepsýdra)*, die als Messgerät für die Redezeit diente, sowie bronzene und steinerne Wahltafeln. Auf den Tonscherben *(ostraka)* sind so berühmte Namen wie Themistokles und Aristeides eingraviert. Letzterer wurde aufgrund des Scherbengerichts 482 v. Chr. verbannt. Auch die Gebrauchsgegenstände wie Tonspielzeug, tragbare Öfen, Schuhnägel und Sandalen aus einer Schusterwerkstatt sind faszinierend. Außerdem sind einige schwarzfigurige Vasen und eine Ölflasche in Form eines knienden Knaben zu sehen.

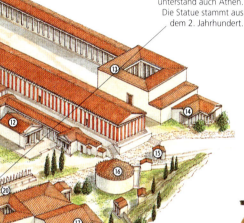

Ölflasche im archaischen Stil

Hephaisteion
Der auch Theseion genannte Tempel (ca. 449–440 v. Chr.) ist der besterhaltene Bau der Antiken Agora.

Stadtplan Athen *siehe Seiten 126–139* **Karte** *Extrakarte zum Herausnehmen*

❼ Akropolis
Ακρόπολη

Zur Orientierung

Mitte des 5. Jahrhunderts v. Chr. gewann Perikles die Athener für ein großartiges Bauprogramm. Für die Nachwelt symbolisieren die Gebäude die politischen und kulturellen Errungenschaften Griechenlands. Der Bau dreier Tempel und einer monumentalen Aufgangsrampe veränderte die Akropolis grundlegend. Das Dionysos-Theater wurde im 4. Jahrhundert v. Chr. unter Lykourgos ausgebaut. Im 2. Jahrhundert v. Chr. wurde das Theater des Herodes Atticus hinzugefügt.

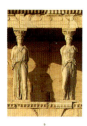

★ Halle der Karyatiden
Frauenstatuen stützten anstelle von Säulen die südliche Vorhalle des Erechtheions. Die Originale – vier davon sind im Akropolis-Museum *(siehe S. 104)* zu sehen – wurden durch Kopien ersetzt.

★ Tempel der Athena Nike
Der Tempel der Athene als Siegesgöttin (426–421 v. Chr.) befindet sich westlich der Propyläen *(siehe S. 100)*.

Außerdem

① **Der Olivenbaum** Athenes wächst am Ort des Wettstreits zwischen Athene und Poseidon.

② **Die Propyläen** wurden 437–432 v. Chr. als neuer Zugang zur Akropolis errichtet *(siehe S. 100)*.

③ **Das Beulé-Tor** war der erste Zugang zur Akropolis *(siehe S. 100)*.

④ **Weg von der Kasse zur Akropolis**

⑤ **Zwei korinthische Säulen** sind Relikte von Choregen-Denkmälern, die von den Mäzenen erfolgreicher Theateraufführungen errichtet wurden *(siehe S. 101)*.

⑥ **Die Panagía i Spiliótissa** ist eine in den Akropolis-Felsen hineingebaute Kapelle *(siehe S. 101)*.

⑦ **Asklepiéion**

⑧ **Der Akropolis-Felsen** war gut zu verteidigen. Er ist seit fast 5000 Jahren bebaut.

⑨ **Stoa des Eumenes**

Theater des Herodes Atticus
Das Theater, auch Odeion des Herodes Atticus genannt, entstand 161 n. Chr. Es wurde 1955 restauriert. Heute dient es als Veranstaltungsort für Freiluftkonzerte *(siehe S. 101)*.

◀ **Kyriatiden am Erechteion** *(siehe S. 100f)*

AKROPOLIS | 99

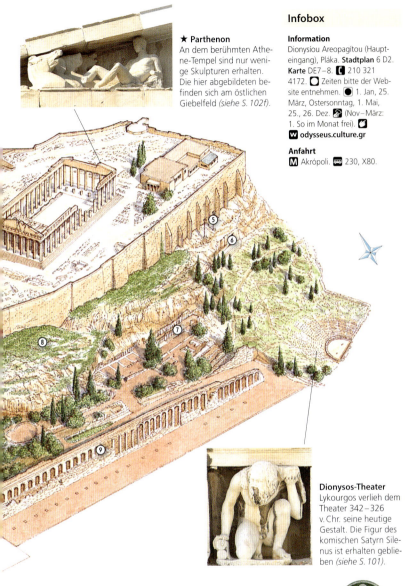

★ Parthenon
An dem berühmten Athene-Tempel sind nur wenige Skulpturen erhalten. Die hier abgebildeten befinden sich am östlichen Giebelfeld *(siehe S. 102f)*.

Infobox

Information
Dionysíou Areopagítou (Haupteingang), Pláka. **Stadtplan** 6 D2. **Karte** DE7–8. 210 321 4172. Zeiten bitte der Website entnehmen. 1. Jan, 25. März, Ostersonntag, 1. Mai, 25., 26. Dez. (Nov–März: 1. So im Monat frei).
w odysseus.culture.gr

Anfahrt
Akrópoli. 230, X80.

Dionysos-Theater
Lykourgos verlieh dem Theater 342–326 v. Chr. seine heutige Gestalt. Die Figur des komischen Satyrn Silenus ist erhalten geblieben *(siehe S. 101)*.

Apostel Paulus

3000 v. Chr.	2000 v. Chr.	1000 v. Chr.	0	1000 n. Chr.

- **3000 v. Chr.** Erste Besiedelung der Akropolis im Neolithikum
- **1200 v. Chr.** Zyklopenmauer anstelle der ursprünglichen Wälle errichtet
- **510 v. Chr.** Das Delphi-Orakel bestimmt die Akropolis zum Sitz der Götter und verbietet menschliche Besiedelung
- **480 v. Chr.** Die Perser zerstören alle archaischen Bauten
- **51** Apostel Paulus predigt auf dem Areopag
- **447–432 v. Chr.** Bau des Parthenon unter Perikles
- **267** Germanische Stämme zerstören die Akropolis
- **1687** Die Venezianer zerstören den Parthenon
- **1987** Die Restaurierung des Erechtheions wird beendet

Perikles (495–429 v. Chr.)

Stadtplan Athen *siehe Seiten 126–139* **Karte** *Extrakarte zum Herausnehmen*

Überblick: Akropolis

Nach Zutritt über den älteren Akropolis-Zugang, das Beulé-Tor, liegen die Propyläen, der majestätische Torbau des Tempelbezirks, vor dem Besucher. Es empfiehlt sich aber, erst den Tempel der Athena Nike rechter Hand zu besichtigen. Hinter den Propyläen, in der Mitte des Plateaus, thronen Erechtheion und Parthenon *(siehe S. 102f.)*. Von der Akropolis bietet sich fantastische Sicht auf Athen. Der Zutritt zu den Tempelbauten ist zum Schutz der Gebäude untersagt. Die beiden Theater am Südhang der Akropolis dienten Festen zu Ehren des Gottes Dionysos. Informationen über das Akropolis-Museum und die westlichen Hügel finden Sie auf den Seiten 104f.

Blick von Südwesten auf die Akropolis

Beulé-Tor

Das Tor ist nach dem französischen Archäologen Ernest Beulé benannt, der es 1852 entdeckte. Es entstand nach einem Angriff des germanischen Stamms der Heruler 267 n. Chr. als Teil der römischen Befestigung der Akropolis. Für den Bau wurden Steine vom nahe gelegenen Stoa des Eumenes gelegenen Choregen-Denkmal *(siehe S. 113)* des Nikias verwendet. Über dem Architrav sind Teile der alten Widmung zu sehen. Eine andere Inschrift weist den Römer Flavius Septimus Marcellinus als Stifter des Tors aus. Die Türken errichteten 1686 nach der Zerstörung des Tempels der Athena Nike aus dessen Marmor eine Artillerie-Mauer über dem Tor.

Tempel der Athena Nike

Der kleine Tempel wurde 426–421 v. Chr. zur Erinnerung an die Siege Athens über die Perser erbaut. Den Fries zieren Szenen aus der Schlacht von Plataiaí (479 v. Chr.). Der von Kallikrates entworfene Tempel befindet sich auf einem 9,5 Meter großen Vorsprung der Befestigungsmauer. Er war sowohl Beobachtungsposten als auch Heiligtum der Siegesgöttin Athene. Ein Standbild der Athene ist an der Balustrade zu sehen. Der Sage nach steht der Tempel an der Stelle, an der König Aigeus die Rückkehr seines Sohnes Theseus von der Reise nach Kreta erwartete, auf der dieser den Minotaurus töten sollte. Theseus ließen die Turbulenzen des siegreichen Kampfs sein Versprechen vergessen, bei der Ankunft die schwarzen Segel durch weiße zu ersetzen. Aigeus hielt angesichts der schwarzen Segel seinen Sohn für tot und stürzte sich ins Meer. Der Tempel aus pentelischem Marmor besitzt an den vier Ecken des Portikus vier Meter hohe ionische Säulen. Nach der Zerstörung 1686 durch die Türken wurde er 1834–38 rekonstruiert. 1935 schlossen Sanierungsarbeiten jüngere Forschungsergebnisse ein.

Propyläen

Die Arbeiten am monumentalen Torbau der Akropolis begannen 437 v. Chr. Der Peloponnesische Krieg (431–404 v. Chr.) verzögerte die Fertigstellung. Der von dem Baumeister Mnesikles errichtete Eingang zum heiligen Bezirk galt in der antiken Welt als Meisterwerk. Der rechteckige Mittelbau wird durch eine Wand in zwei Vorhallen unterteilt. Diese besaßen fünf Eingangstüren, Reihen dorischer und ionischer Säulen sowie einen Vorraum mit einer Kassettendecke mit goldenen Sternen auf blauem Grund. Der nördliche der beiden Flügelbauten barg einst die Pinakothek. Die Propyläen dienten später als Residenz des Erzbischofs und als türkische Festung. Im Lauf der Geschichte wurden Teile des Bauwerks zerstört. Weitere Beschädigungen entstanden 1645 durch Blitzeinschlag und eine Schießpulverexplosion in türkischer Zeit *(siehe S. 102)*.

Erechtheion

Das 421–406 v. Chr. erbaute Erechtheion liegt in dem heiligsten Bereich der Akropolis.

Ostseite des Erechtheions

Die Ruinen des Dionysos-Theaters

Die Mythologie kennzeichnet die Stelle als Ort des Wettstreits um Athen, bei dem Poseidon seinen Dreizack in den Felsen stieß und Athene einen Ölbaum erblühen ließ. Der nach dem mythischen König Athens Erechtheus benannte Tempel war Heiligtum der Athena Polias sowie des Poseidon Erechtheus.

Der für den ionischen Stil und die Karyatiden, die statt Säulen verwendeten Frauenstatuen, berühmte Tempel wurde auf mehreren Ebenen erbaut. Die rechteckige Cella war in drei Räume unterteilt, einer barg das hölzerne Kultbild der Athena Polias. In Norden, Osten und Süden umgaben die Cella Säulenhallen. Die südliche ist die Halle der Karyatiden. Vier Originalstatuen sind im Akropolis-Museum zu sehen.

Das Erechtheion diente unterschiedlichen Zwecken, 1463 z. B. als Harem des türkischen Heerführers *(disdar)*. 1827 wurde es während des Freiheitskampfs *(siehe S. 44f)* fast vollständig zerstört.

Bei der jüngsten Renovierung sorgte das Ersetzen von in das Museum verbrachten Originalstatuen durch Kopien für Kontroversen.

Theater des Herodes Atticus
Das heute wieder genutzte Theater fasst 5000 Zuschauer *(siehe S. 123)*. Die Anlage ließ der römische Konsul Herodes Atticus 161–174 n. Chr. zum Andenken an seine Gattin errichten. Sie wurde in den Südhang des Akropolis-Felsens hineingebaut. In den 1950er Jahren wurde die halbrunde Orchestra mit blauen und weißen Marmorplatten ausgelegt. In dem Säulengang hinter der Bühne standen einst Statuen der neun Musen. Ursprünglich überspannte der besseren Akustik wegen ein Holzdach das Theater. Damit waren bei jedem Wetter Aufführungen möglich.

Dionysos-Theater
D. Areopagítou, Makrigiánni. 210 322 4625. Apr–Okt: tägl. 8–20 Uhr; Nov–März: 8.30–15 Uhr.

Thron aus dem Dionysos-Theater

Das in den Südhang des Akropolis-Felsens gebaute Dionysos-Theater ist die Geburtsstätte der griechischen Tragödie. Es gilt als erstes aus Stein errichtetes Theater. Als bei den jährlichen Dionysien die Werke von Aischylos, Sophokles, Euripides und Aristophanes zur Aufführung kamen, war die Anlage eine einfache Konstruktion aus Holz. Die Umgestaltung durch Lykourgos (342–326 v. Chr.) schuf den steinernen Bau. Die heutigen Ruinen stammen teilweise von der unter den Römern erbauten, viel größeren Anlage mit 17 000 Sitzplätzen. Die Römer nutzten das Theater als Arena für Gladiatorenkämpfe. Die Zuschauer waren durch eine Marmorschranke mit Metallgeländer geschützt. Die Marmorreliefs mit Szenen aus dem Dionysos-Mythos und die Marmorsessel in der ersten Zuschauerreihe stammen aus der Zeit Neros (1. Jh. n. Chr.).

Die beiden korinthischen Säulen oberhalb des Theaters sind Relikte des 320 v. Chr. zu Ehren des siegreichen Chorführers Thrasyllos errichteten Choregen-Denkmals. Die in der Nähe liegende heilige Höhle der Artemis wurde in byzantinischer Zeit zu der Kapelle **Panagía i Spiliótissa** (Heilige Jungfrau der Grotte) geweiht, in die Mütter ihre kranken Kinder brachten. Das im Westen gelegene, 420 v. Chr. erbaute Asklepiéion war dem Gott der Heilkunst geweiht. Heilung Suchende mussten sich vor dem Betreten des Tempelbezirks Reinigungsriten unterziehen.

Innenraum der Panagía i Spiliótissa oberhalb des Dionysos-Theaters

Parthenon
Ο Παρθενώνας

Die Arbeiten an einem der berühmtesten Bauwerke der Welt begannen im Jahr 447 v. Chr. Der Tempel wurde von den Baumeistern Kallikrates und Iktinos für die zwölf Meter hohe Statue der Athena Parthenon, der jungfräulichen Athene, entworfen. Nach neun Jahren Bauzeit wurde der Parthenon 438 v. Chr. geweiht. Über die Jahrhunderte wurde er als Kirche, Moschee und Arsenal genutzt und schwer beschädigt. Der Tempel, das Symbol des ruhmreichen antiken Athen, ist bis heute das Wahrzeichen der Stadt.

Der Parthenon heute, von Westen aus gesehen

Parthenon-Fries
Der von Phidias entworfene Fries lief um die Außenmauern der Cella. Die Reliefplatten (Metopen) zeigen Szenen der Panathenäen, des großen Fests zu Ehren der Athene.

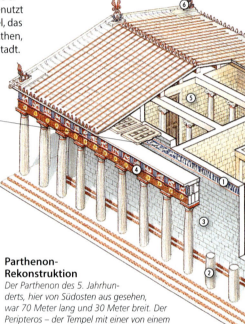

Parthenon-Rekonstruktion
Der Parthenon des 5. Jahrhunderts, hier von Südosten aus gesehen, war 70 Meter lang und 30 Meter breit. Der Peripteros – der Tempel mit einer von einem Säulenkranz umringten Cella – besaß ein in den Farben Blau, Rot und Gold gehaltenes Gesims.

Außerdem

① **Die Elgin Marbles** (siehe S. 104) stammen überwiegend von dem inneren Fries.

② **Die Säulen** wurden erst aus Marmortrommeln zusammengefügt, dann wurde die Kannelierung hinzugefügt.

③ **Marmormauern** umfassen die Cellae (Haupträume).

④ **Der äußere Fries** bestand aus Triglyphen und Metopen.

⑤ **Die westliche Cella** diente als Schatzhaus.

⑥ **Akroterion**

⑦ **Die inneren Säulen**, die zwei Reihen bildeten, waren dorisch.

⑧ **Das Dach** bestand aus pentelischen Marmorkacheln auf hölzernen Sparren.

⑨ **Die Stufen** waren leicht nach oben gebogen, um aus der Ferne gerade zu wirken.

Explosion im Jahr 1687
Während der Belagerung der Akropolis durch die Venezianer beschoss General Francesco Morosini den Parthenon. Da die Türken das Gebäude damals als Munitionsarsenal nutzten, explodierten große Teile. Das Dach, die Innenräume und 14 der äußeren Säulen wurden zerstört.

PARTHENON | 103

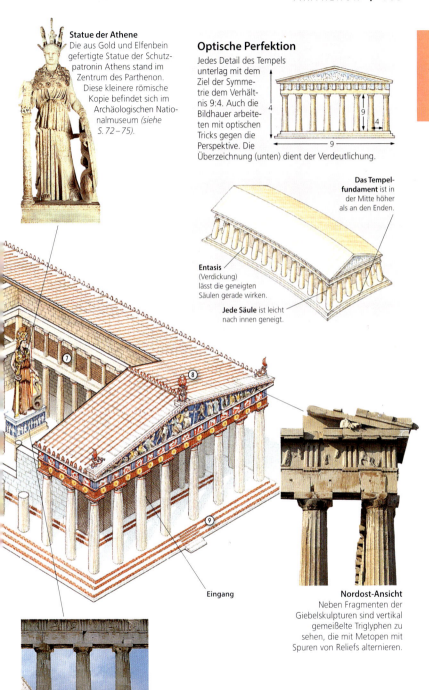

Statue der Athene
Die aus Gold und Elfenbein gefertigte Statue der Schutzpatronin Athens stand im Zentrum des Parthenon. Diese kleinere römische Kopie befindet sich im Archäologischen Nationalmuseum *(siehe S. 72–75)*.

Optische Perfektion

Jedes Detail des Tempels unterlag mit dem Ziel der Symmetrie dem Verhältnis 9:4. Auch die Bildhauer arbeiteten mit optischen Tricks gegen die Perspektive. Die Überzeichnung (unten) dient der Verdeutlichung.

Das Tempelfundament ist in der Mitte höher als an den Enden.

Entasis (Verdickung) lässt die geneigten Säulen gerade wirken.

Jede Säule ist leicht nach innen geneigt.

Eingang

Nordost-Ansicht
Neben Fragmenten der Giebelskulpturen sind vertikal gemeißelte Triglyphen zu sehen, die mit Metopen mit Spuren von Reliefs alternieren.

Ansicht der östlichen Cella
Der Parthenon besaß zwei Cellae (Haupträume), eine östliche und eine westliche. In der östlichen befand sich die riesige Statue der Athene mit den ihr zugedachten Opfergaben. Die westliche Cella war der Priesterschaft vorbehalten.

Rund um die Akropolis

Das Gebiet rund um die Akropolis war das Zentrum des öffentlichen Lebens in Athen. Neben der Antiken Agora im Norden der Stadt *(siehe S. 94f)* waren die beiden Hügel westlich der Akropolis die bedeutendsten politischen Schauplätze: Auf dem Pnyx fanden Versammlungen statt, auf dem Aeropag hielt der Oberste Rat Gerichtsverhandlungen ab. Weitere Relikte und das 2009 eröffnete, eindrucksvolle Akropolis-Museum am Fuß der Akropolis vermitteln einen faszinierenden Eindruck vom alltäglichen Leben in der antiken Stadt Athen.

Ausgrabungsstätte am Akropolis-Museum

Akropolis-Museum
Dionysíou Areopagítou 15, Akrópoli.
210 900 0900. Akrópoli.
Apr–Okt: Mo 8–16, Di–Do, Sa, So 8–20, Fr 8–22 Uhr; Nov–März: Mo–Do 9–17, Fr 9–22, Sa, So 9–20 Uhr.
theacropolismuseum.gr

Nach jahrzehntelanger Vorbereitung und vielen Verzögerungen wurde das Akropolis-Museum in dem historischen Stadtteil Makrigiánni am Fuß der Akropolis im Jahr 2008 eröffnet. Planungen für den Museumsbau bestanden seit den späten 1970er Jahren. Das alte Akropolis-Museum galt von jeher als zu klein und schmucklos, um die auf der Akropolis entdeckten Skulpturen und architektonischen Fragmente angemessen zu präsentieren. Das 130 Millionen Euro teure, von Bernard Tschumi entworfene Museum bietet den Exponaten eine großartige Kulisse.

Tschumi löste die Herausforderung, die Ausgrabungsstätte einer frühchristlichen Siedlung zu integrieren, indem er das Gebäude auf Betonsäulen stellte und mit Glasböden ausstattete. Relikte der Siedlung sind im Eingangsbereich ausgestellt.

Der Rest der Sammlung ist chronologisch geordnet. Am Anfang stehen Funde von den Hängen der Akropolis, darunter Statuen und Reliefs aus dem Asklepiéion.

Die **Archaische Sammlung** ist in beeindruckenden, zwei Stockwerke hohen Räumen untergebracht. Zu den Fragmenten von bemalten Giebelfiguren gehören mythologische Darstellungen des mit verschiedenen Ungeheuern kämpfenden Herkules und die Statue des *Moschophoros*, eines jungen Mannes, der ein Kalb auf seinen Schultern trägt (etwa 570 v. Chr.).

Die von Tageslicht durchflutete **Parthenon-Galerie** bietet Blick auf den Parthenon. Um den in dem Saal angelegten Hof sind die verbliebenen Teile des Parthenon-Frieses in der Reihenfolge angeordnet, in der sie das Gebäude zierten. Für die nach England verbrachten Stücke wurden Leerräume gelassen. Thema der Skulpturen ist der Festumzug der Panathenäen. Sie zeigen den Wagen, *apobates* (Kutschpferde reitende Sklaven) und eine von Jugendlichen geführte Opferkuh.

Die Sammlungen im darunterliegenden Stockwerk enthalten Skulpturen vom Tempel der Athena Nike sowie architektonische Elemente der Propyläen und des Erechtheions, zu denen auch originale Karyatiden von der südlichen Säulenhalle gehören.

Elgin Marbles

Lord Elgin erwarb 1801–12 den heute im British Museum in London ausgestellten Teil des Parthenon-Frieses von der türkischen Besatzungsmacht in Griechenland. Im Jahr 1816 verkaufte er sie für 35 000 Pfund an den Staat. Die Figuren sorgen seit Langem für heftige Kontroversen. Vielfach wurde behauptet, sie wären im British Museum besser aufgehoben. Die griechische Regierung bezweifelt die Rechtmäßigkeit des Erwerbs. Athen verfügt nun auch über eine repräsentative Ausstellungsfläche. Die 1994 verstorbene Schauspielerin und Politikerin Melína Merkoúri trat stark für die Rückführung ein.

Ankunft der Elgin Marbles im British Museum, Gemälde von A. Archer

RUND UM DIE AKROPOLIS | 105

Areopag
Auf dem kleinen Hügel ist abgesehen von den roh behauenen Stufen und einigen Sitzen wenig erhalten. Auf dem Areopag bezogen Perser und Türken bei ihren Angriffen auf die Akropolis Stellung. In klassischer Zeit war der Hügel Tagungsort des Obersten Gerichts. Der Name »Areshügel« geht auf ein in griechischen Mythen geschildertes Tribunal zurück, bei dem der Gott Ares von der Anklage des Mords an Poseidon freigesprochen wurde. Die nahe gelegene **Furienhöhle** inspirierte Aischylos *(siehe S. 61)*, den Schauplatz des Orestes-Tribunals in seinem Werk *Die Eumeniden* (Furien) an diese Stelle zu verlegen. Nach dem Lukas-Evangelium hielt der Apostel Paulus auf dem Areopag 51 n. Chr. die Rede über den »Unbekannten Gott« und bekehrte Dionysios Areopagitis, den späteren Stadtpatron Athens, zum Christentum.

Pnyx
Athen gilt als Wiege der Demokratie, der Pnyx als deren genauer Geburtsort. Im 4. und 5. Jahrhundert v. Chr. trat auf dem Hügel die *ekklesia* (Volksversammlung) zusammen, um über wichtige Staatsangelegenheiten zu diskutieren und abzustimmen. Bis die *ekklesia* unter den Römern an Bedeutung verlor, hörten bis zu 6000 Athener 40-mal im Jahr auf dem Pnyx Reden und trafen politische Entscheidungen. Von dem *bema*, einer aus dem Fels gehauenen Rednerbühne, sprachen Themistokles, Perikles und Demosthenes. Auch die das 110 Meter hoch gelegene Auditorium umfassende Mauer ist noch sichtbar. Der terrassenförmige Halbkreis des Auditoriums lag auf gleicher Höhe wie die Rednertribüne.

Kreuz aus der Kirche Agios Dimítrios

Agios Dimítrios
Dionysiou Areopagitou, Südwesthang der Akropolis. tägl. So frei.
Die byzantinische Kirche wird in Anspielung auf ein Ereignis aus dem Jahr 1656 auch Agios Dimítrios Loumpardiáris genannt. Der türkische Kommandeur der Stadt, Yusuf Aga, plante zu jener Zeit, eine große, Loumpárda genannte Kanone, die bei den Propyläen *(siehe S. 100)* aufgestellt war, auf die Gläubigen in der Kirche abzufeuern, die sich zum Fest des Agios Dimítrios zusammengefunden hatten. In der Nacht vor dem Festtag schlug jedoch ein Blitz in die Propyläen ein und tötete den Kommandeur.

Philopáppos
Von der höchsten Erhebung (147 m) im Süden Athens eröffnet sich ein herrlicher Ausblick auf die Akropolis. In der Geschichte der Stadt besaß die Anhöhe eine bedeutende Funktion als Verteidigungsposten: 294 v. Chr. ließ General Demetrios Poliorketes auf dem Hügel eine Festung errichten, die die strategisch wichtige Straße nach Piräus überwachte. 1687 beschoss Francesco Morosini von dem Hügel aus die Akropolis. In der Antike war die Anhöhe als Museion (Musenhügel) bekannt, da man hier das Grab des Musaeus, eines Schülers des Orpheus, vermutete.

Das Philopáppos-Denkmal wurde von den Athenern 114–116 n. Chr. zu Ehren von Gaius Julius Antiochus Philopappus, einem römischen Konsul und Philhellenen, errichtet. Die zwölf Meter hohe Marmorfassade besitzt eine außergewöhnliche konkave Form. In den Nischen befinden sich Statuen von Philopáppos und dessen Großvater Antiochus IV. Auf dem umlaufenden Fries ist die Ankunft des Wagens von Philopáppos dargestellt, als dieser 100 n. Chr. zu seiner Ernennung zum römischen Konsul in die Stadt reiste.

Nymphenhügel
Der Name des von Bäumen bestandenen, 103 Meter hohen Hügels westlich der Akropolis leitet sich von den Widmungen ab, die in die heute im Garten der Sternwarte liegenden Felsen gemeißelt sind. Der Bau des Observatoriums (Asteroskopeíon) durch Theophil Hansen 1842 wurde von Baron Sína finanziert. Es steht an der Stelle eines mit Geburt assoziierten Heiligtums der Nymphen. Auch die Kirche Agía Marína steht mit Geburten in Verbindung. Einst rutschten schwangere Frauen einen nahen Felsen hinunter – in der Hoffnung auf leichte Wehen und eine glückliche Niederkunft.

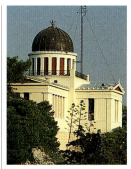

Sternwarte auf dem Nymphenhügel im Westen der Akropolis

Philopáppos-Denkmal (114–116 n. Chr.)

Stadtplan Athen *siehe Seiten 126–139* **Karte** *Extrakarte zum Herausnehmen*

Im Detail: Pláka

Die Pláka ist der historische Kern Athens. Aus der Zeit vor der osmanischen Herrschaft sind wenige Bauten erhalten. Dennoch ist die Pláka das älteste Viertel der Stadt. Der Name leitet sich wohl von dem albanischen *pliaka* (alt) ab, der Bezeichnung für das im 16. Jahrhundert von Albanern bewohnte Viertel, die in der türkischen Armee dienten. Trotz der vielen Urlauber und der zahlreichen Athener, die die Tavernen besuchen oder einkaufen, besitzt die Pláka immer noch den Charakter eines Wohnviertels.

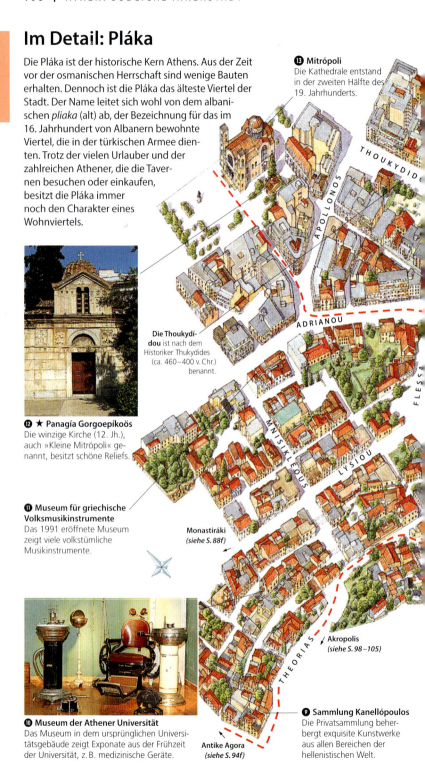

⓭ Mitrópoli
Die Kathedrale entstand in der zweiten Hälfte des 19. Jahrhunderts.

Die Thoukydídou ist nach dem Historiker Thukydides (ca. 460–400 v. Chr.) benannt.

⓬ ★ Panagía Gorgoepíkoös
Die winzige Kirche (12. Jh.), auch »Kleine Mitrópoli« genannt, besitzt schöne Reliefs.

⓫ Museum für griechische Volksmusikinstrumente
Das 1991 eröffnete Museum zeigt viele volkstümliche Musikinstrumente.

Monastiráki *(siehe S. 88f)*

Akropolis *(siehe S. 98–105)*

⓾ Museum der Athener Universität
Das Museum in dem ursprünglichen Universitätsgebäude zeigt Exponate aus der Frühzeit der Universität, z. B. medizinische Geräte.

Antike Agora *(siehe S. 94f)*

⓽ Sammlung Kanellópoulos
Die Privatsammlung beherbergt exquisite Kunstwerke aus allen Bereichen der hellenistischen Welt.

Hotels und Restaurants in Athen *siehe Seiten 268f und 282–285*

8 Schmuckmuseum Ilías Lalaoúnis

Μουσείο Κοσμήματος
Ηλία Λαλαούνη

Karyatídon u. P. Kallispéri 12, Pláka.
Stadtplan 6 D3. **Karte** D8. 210
922 1044. Akrópoli. Di–Sa
9–15, So 11–16 Uhr. Feiertage.
w lalaounis-jewelrymuseum.gr

Das unterhalb des Dionysos-Theaters gelegene Museum zeigt Schaustücke des Kunstgewerbes. Die Dauerausstellung umfasst mehr als 4000 Exponate aus 60 Jahren Werktätigkeit von Ilías Lalaoúnis. Der Designer wird als führende Kraft bei dem Aufschwung der griechischen Juwelierskunst in den 1950er Jahren angesehen.

9 Sammlung Kanellópoulos

Μουσείο Κανελλοπούλου

Ecke Theorías u. Pános 12, Pláka.
Stadtplan 6 D2. **Karte** D7. 210
321 2313. Monastiráki. Juni–Okt: Di–So 9–16 Uhr; Nov–Mai: Di–So 8–15 Uhr. 1. Jan, 25. März, Ostersonntag, 25., 26. Dez.
w pacanellopoulosfoundation.org

Das Museum in einem klassizistischen Gebäude birgt eine Sammlung von Artefakten aus allen Teilen der hellenistischen Welt. Gezeigt werden Rüstungen (6. Jh. v. Chr.), persischer Goldschmuck (5. Jh. v. Chr.) und attische Vasen. Zudem sind kykladische Figurinen, Terrakottastatuen von Masken tragenden Schauspielern und ein Frauenporträt aus Faiyûm (2. Jh. n. Chr.) zu sehen.

Im Erdgeschoss lagert ein riesiger, aus der Akropolis-Mauer herabgefallener Felsblock.

Tritonenskulptur,
Sammlung Kanellópoulos

Rembétiko-Musiker, Museum für griechische Volksmusikinstrumente

10 Museum der Athener Universität

Μουσείο Ιστορίας του Πανεπιστημίου Αθηνών

Thólou 5, Pláka. **Stadtplan** 6 D2.
Karte D7. 210 368 9502.
Monastiráki. Mo–Fr 9.30–14.30 Uhr (Juni–Sep: auch Mo, Mi 18–21 Uhr). Feiertage.
w history-museum.uoa.gr

Der dreistöckige Bau war das Hauptgebäude der Athener Universität, die am 3. Mai 1837 mit 33 Professoren und 52 Studenten den Betrieb aufnahm. 1841 zog sie in ein neues Gebäude. Ab 1922 war der alte Bau Wohnstätte zahlreicher Immigrantenfamilien. In dieser Zeit wurde im Erdgeschoss die Taverne »Alte Universität« betrieben.

Die Universität kaufte das 1963 zum Nationaldenkmal erklärte Haus wieder zurück und eröffnete dort 1974 ein anfänglich kleines Museum. Heute beherbergt die »Alte Universität« eine Memorabiliensammlung. Zu den Exponaten gehören Schaubilder des menschlichen Körpers, anatomische Modelle, technische Instrumente und Arzneigefäße.

11 Museum für griechische Volksmusikinstrumente

Μουσείο Ελληνικών Λαϊκών Μουσικών Οργάνων

Diogénous 1–3, Pláka. **Stadtplan**
6 D1. **Karte** E7. 210 325 0198.
Monastiráki. Di, Do–So 10–14, Mi 12–18 Uhr. 17. Nov, Feiertage. w instruments-museum.gr

Der kretische Musikwissenschaftler Phoebus Anogianákis schenkte dem griechischen Staat 1978 über 1200 Instrumente. Die Sammlung ist Teil des 1992 eröffneten Studienzentrums und Museums zur Erforschung der Geschichte der griechischen Volksmusik. Dokumentiert werden die Entwicklung von Musikstilen der griechischen Inseln und die Anfänge des *rembétiko* in Smyrna 1922.

Die Instrumente stammen aus ganz Griechenland. Mit Kopfhörern kann man Aufnahmen lauschen. Im Erdgeschoss sind Kirchen- und Viehglocken, Wasserpfeifen, Holzklappern und Flöten sowie die *tsampoúna*, ein Dudelsack aus Ziegenleder, ansonsten Saiteninstrumente wie die kretische *lýra* zu sehen.

Hotels und Restaurants in Athen *siehe Seiten 268f und 282–285*

⓬ Panagía Gorgoepíkoös
Παναγία η Γοργοεπήκοος

Die aus pentelischem Marmor erbaute Kreuzkuppelkirche besitzt heute aufgrund von Witterungseinflüssen eine gelbbraune Farbe. Das Gotteshaus aus dem 12. Jahrhundert ist 7,5 Meter lang und zwölf Meter breit. Die Maße waren der damaligen Größe des Dorfs Athen angemessen. Die mit Friesen und Reliefs von älteren Gebäuden versehene Fassade vereint klassische und byzantinische Stilelemente. Die Kirche ist der Panagía Gorgoepíkoös (der rasch erhörenden Jungfrau) und Agios Eleftherios (dem Beschützer der Gebärenden) geweiht. Sie wird auch liebevoll Mikrí (Kleine) Mitrópoli genannt.

Infobox

Information
Plateía Mitropóleos, Pláka. **Stadtplan** 6 E1. **Karte** E6. ⊙ tägl. 7–19 Uhr. 🚻

Anfahrt
Ⓜ Monastiráki.

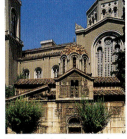
Die Südfassade, überragt von der (großen) Mitrópoli

Vier Backsteinsäulen ersetzten 1834 die originalen Marmorsäulen.

Allegorische Tierdarstellungen
Das Flachrelief (12. Jh.) befindet sich an der Westfassade.

Der Fußboden liegt 30 Zentimeter unter Erdgleiche.

Haupteingang

Marmorfragmente antiker Bauten wurden mit byzantinischen Elementen zu einem Fries klassischen Stils kombiniert.

Türsturz-Fries
Der Fries (4. Jh. v. Chr.) stellt die vier Jahreszeiten dar. Das Kreuz in der Mitte wurde im 12. Jahrhundert hinzugefügt.

Moderne Mosaiken über dem Haupteingang der Mitrópoli

⓭ Mitrópoli (Kathedrale)
Μητρόπολη

Plateía Mitropóleos, Pláka. **Stadtplan 6 E1. Karte E6.** 📞 210 322 1308. Ⓜ Monastiráki. 🕐 tägl. 7–19 Uhr.

Der Bau der imposanten Kathedrale begann im Jahr 1840. Für die Wände wurde der Marmor aus 72 zerstörten Kirchen verwendet. Den Grundstein legten König Otto und Königin Amalía Weihnachten 1842, fertiggestellt wurde die Kirche jedoch erst 20 Jahre später.

Die Tatsache, dass drei verschiedene Architekten – Franz Boulanger, Theophil Hansen und Dimítrios Zézos – mit dem Bau betraut waren, erklärt das etwas unausgewogene Erscheinungsbild. Am 21. Mai 1862 wurde die größte Kirche Athens von dem Königspaar als Kirche Mariä Verkündigung (Evangelismós Theotókou) geweiht.

Die Kathedrale ist Sitz des Athener Bischofs. Das Gotteshaus war und ist Schauplatz bedeutender Ereignisse – von Krönungen bis zu Trauungen und Trauerfeiern einflussreicher Athener.

Die Kathedrale birgt die Gräber zweier von den Türken ermordeter Heiliger: Die Gebeine von Agía Filothéi sind in einem Reliquienschrein zu sehen. Zu ihrem wohltätigen Wirken gehörte der Freikauf griechischer Frauen aus türkischen Harems. Gregor V., Patriarch von Konstantinopel, wurde 1821 erhängt. Seine Leiche wurde in den Bosporus geworfen, wo griechische Seeleute sie bargen und nach Odessa brachten. 50 Jahre später wurde der Leichnam nach Athen überführt.

⓮ Agios Nikólaos Ragavás
Άγιος Νικόλαος ο Ραγαβάς

Ecke Tripodon u. Prytaneíou 1, Pláka. **Stadtplan 6 E2. Karte E7.** 📞 210 322 8193. Ⓜ Monastiráki. 🚌 1, 2, 4, 5, 10, 11. 🕐 tägl. 8–12, 17–20 Uhr. ♿ teilweise.

Die byzantinische Kirche (11. Jh.) wurde im 18. Jahrhundert umgebaut. Bei der Restaurierung in den 1970er Jahren wurde der originale Zustand teilweise wiederhergestellt. In die Mauern sind Marmorsäulen und Relikte antiker Bauten eingefügt. Die Pfarrkirche ist eine der beliebtesten in der Pláka. An Wochenenden finden oft Hochzeiten statt, nach der Trauung wird auf der Straße gefeiert. Die Kirche war eine der ersten, die nach dem Freiheitskampf (1821) eine Glocke erhielt. Am 12. Oktober 1944 läutete diese die Befreiung von den Deutschen ein.

⓯ Anafiótika
Αναφιώτικα

Stadtplan 6 D2. Karte E7. Ⓜ Akrópoli.

Das Viertel am Nordhang der Akropolis zählt zu den ältesten Athens. Die weiß getünchten Häuser, die engen Gassen, die schläfrigen Katzen und die Basilikumtöpfe auf den Fenstersimsen schaffen noch heute die Atmosphäre eines Dorfs

Blick von Anafiótika auf die Agios Nikólaos Ragavás

◀ Blick auf die Akropolis *(siehe S. 98–101)*   Hotels und Restaurants in Athen *siehe Seiten 268f und 282–285*

auf den Kykladen. Anafiótika wurde erstmals nach dem Peloponnesischen Krieg *(siehe S. 34)* von Flüchtlingen besiedelt. Die ab 1841 in Anafiótika ansässigen Handwerker von der Kykladen-Insel Anáfi, die dem Viertel den Namen gaben, halfen beim Wiederaufbau der Gegend nach der Unabhängigkeit. Dabei wurde die Verordnung von 1834, die Anafiótika als archäologisches Gebiet auswies, ignoriert. In die über Nacht gebauten Häuser zogen morgens Familien ein. Nach osmanischem Recht konnten die Behörden die Gebäude nicht wieder abreißen lassen.

Zwei Kirchen (17. Jh.) begrenzen das Viertel: Im Osten steht Agios Geórgios tou Vráchou. Agios Symeón im Westen besitzt die Kopie einer ursprünglich aus Anáfi stammenden Ikone.

Akrokérama (Terrakotta Sphingen) auf einem Dach in Anafiótika

⓰ Plateía Lysikrátous
Πλατεία Λυσικράτους

Lysikrátous, Sélley u. Epimenidou, Pláka. **Stadtplan** 6 E2. **Karte** E8.
🚌 1, 5, 15.

Der Platz östlich der Pláka ist nach dem Lysikrates-Denkmal in der Mitte benannt. Lord Elgin *(siehe S. 104)* gelang es glücklicherweise nicht, das einzige erhaltene Choregen-Denkmal Athens nach England zu verschiffen. Choregen-Monumente wurden zu Ehren der Sieger der alljährlich stattfindenden Wettbewerbe im Dionysos-Theater *(siehe S. 101)* errichtet. Die Bezeichnung verweist auf die reichen Gönner *(choregos)*, die das jeweils siegreiche Ensemble zusammenstellten.

Das 334 v. Chr. erbaute Denkmal ist das älteste bekannte Bauwerk, bei dem korinthische Säulen im Außenbereich verwendet wurden. Den aus sechs Säulen gebildeten Rundbau schließt eine mit Akanthus-Blattwerk verzierte Kuppel ab. Darauf ruhte der Bronze-Dreifuß des Siegers mit der Inschrift: »Lysikrates aus Kikynna, Sohn des Lysitheides, war Chorege; der Stamm Akamantis siegte mit einem Knabenchor; Theon spielte die Flöte; der Athener Lysiades war Chorleiter; Evainetos war Archon.« Die Athener wählten alljährlich neun Archonten (höchste Beamte) und bezeichneten die Jahre nach einem von ihnen, dem »Namen gebenden Archonten«. Der umlaufende Fries zeigt die Gefangennahme des Dionysos durch thyrrenische Piraten – vermutlich das Thema, mit dem Lysikrates siegte. Der von Satyrn umgebene Gott verwandelt die Piraten in Delfine und den Mast ihres Schiffs in eine Seeschlange.

Kapuzinermönche verwandelten das Bauwerk später in eine Bibliothek. Reisende der Grand Tour, z. B. Chateaubriand (1768–1848) und Lord

Das Denkmal für Lysikrates, den siegreichen Choregen beim Theaterwettbewerb

Byron *(siehe S. 153)*, weilten in dem 1669 gegründeten Kloster. Byron schrieb dort auf seiner letzten Athenreise 1810 einen Teil seines Versepos *Childe Harolds Pilgerfahrt*. Chateaubriand schilderte seine Reise in *Itinéraire de Paris à Jérusalem*.

Nahebei liegt die restaurierte byzantinische Kirche Agía Aikateríni (St. Katharina) aus dem 11. Jahrhundert, die 1767 in den Besitz des Klosters St. Katharina vom Berg Sinai überging. 1882 wurde sie Pfarrkirche.

Ikonenmaler in der Pláka

In der Pláka befinden sich zahllose Ateliers, in denen auf traditionelle Art Ikonen gemalt werden. Die besten liegen südlich der Plateía Mitropóleos an den Straßen Agías Filothéis und Apóllonos, zwischen den Läden, in denen liturgische Gewänder und Gegenstände verkauft werden. In einigen Werkstätten wird noch nach byzantinischer Art mit Eitempera auf speziell vorbehandeltes Holz gemalt. Käufer aller Konfessionen können hier Ikonen mit den Heiligen ihrer Wahl anfertigen lassen. Eine Ikone mittlerer Größe mit einem vom Foto kopierten Heiligen kann innerhalb eines Tages gemalt werden.

Ankündigung einer temporären Ausstellung im Frissiras Museum

⓱ Frissiras Museum
Μουσείο Φρυσίρα

Monís Asteríou 3 u. 7. **Stadtplan** 6 E2. **Karte** F7. ☎ 210 331 6027. Ⓜ Sýntagma. 🚌 2, 4, 9, 10, 11, 12, 15. 🕐 Mi–Fr 10–17, Sa, So 11–17 Uhr.
🌐 frissirasmuseum.com

Vlassis Frissiras begann 1978, moderne griechische Kunstwerke zu sammeln. In den 1990er Jahren ergänzte er seinen beachtlichen Bestand um weitere Kunstobjekte aus allen Teilen Europas.

Die Sammlungen verteilen sich auf zwei Gebäude in derselben Straße. In Nr. 7, einem vom deutschen Architekten Ernst Ziller im Stil des Klassizismus gestalteten Haus, ist die Dauerausstellung untergebracht. Sie umfasst ungefähr 3500 Exponate, insbesondere Gemälde und Skulpturen (u. a. von Paula Rego, R.B. Kitaj und David Hockney). In Nr. 3 werden Wechselausstellungen gezeigt, bei denen oft aufstrebende griechische Künstler ein Forum finden.

Dekorplatte aus Rhodos

⓲ Griechisches Volkskundemuseum
Μουσείο Ελληνικής Λαϊκής Τέχνης

Kydathinaíon 17, Pláka. **Stadtplan** 6 E2. **Karte** F7. ☎ 210 321 3018. Ⓜ Akrópoli. 🚌 2, 4, 9, 10, 11, 12, 15. 🚋 1, 5. ⬤ wegen Neugestaltung (siehe Website für aktuelle Informationen). 🌐 melt.gr

Das faszinierende Museum präsentiert zahlreiche Genres griechischer Volkskunst. Zu den Exponaten zählen exquisite Stickarbeiten, Keramik sowie Trachten vom Festland und von den Ägäischen Inseln. Dokumentiert wird auch das Wiederaufleben des Kunsthandwerks im 18. und 19. Jahrhundert. Dabei erleben Besucher das reiche Erbe traditioneller Techniken in Weberei, Holzschnitzerei und Metallbearbeitung.

Bis zur Wiedereröffnung ist mit dem Badehaus der Winde (Abdi Efendi Hammam; Kirrýstou 8; Mi–Mo 8–15 Uhr) nur einer von drei Standorten des Museums für Besucher zugänglich. Das vom 15. bis 17. Jahrhundert errichtete Badehaus war zunächst Männern und Frauen zu unterschiedlichen Zeiten zugänglich. Nach einer Erweiterung in den 1870er Jahren verfügte es über nach Geschlechtern getrennte Bade- und Schwitzräume. Bis 1956 diente das Gebäude als Badehaus, anschließend wurde es umgestaltet.

⓳ Jüdisches Museum
Εβραϊκό Μουσείο της Ελλάδας

Nikis 39, Sýntagma. **Stadtplan** 6 F2. **Karte** F7. ☎ 210 322 5582. Ⓜ Sýntagma. 🚌 1, 2, 4, 5, 10, 11, 15. 🕐 Mo–Fr 9–14.30, So 10–14 Uhr. ⬤ griechische und jüdische Feiertage. ♿
🌐 jewishmuseum.gr

Das kleine, aber sehenswerte Museum dokumentiert die bis in das 3. Jahrhundert v. Chr. zurückreichende Geschichte der Juden in Griechenland. Die Sammlung porträtiert die schon seit je in Griechenland lebenden romaniotischen Juden und die sephardischen Juden, die im 15. Jahrhundert aus Spanien und Portugal flohen und sich in ganz Griechenland niederließen, das unter der Herrschaft der Osmanen von religiöser Toleranz geprägt war.

Unter den ausgewählten Exponaten befinden sich u. a. jüdische Gewänder, zeremonielle Gegenstände und Schmuck. Besonders interessant ist die *Ehal*-Rekonstruktion. Der Schrein birgt die Thora aus der Synagoge von Pátra, die in den 1920er Jahren entstand. Die Thora wurde von dem Gründer des Museums, Nikólaos Stavroulákis, gerettet. Stavroulákis ist auch Verfasser von zahlreichen Büchern über das jüdische Griechenland. Die Werke sind im Museumsladen erhältlich.

Rekonstruierter Schrein aus Pátra

Die Dokumentation über das Schicksal der Juden während der deutschen Besatzung ist bewegend und verstörend: 87 Prozent der Juden wurden getötet. Im Jahr 1943 wurden in Thessaloníki innerhalb von fünf Monaten über 45 000 Juden nach Auschwitz und in andere Lager deportiert.

Zu sehen ist rund ein Drittel des gesamten Bestands. Der Rest wird in Wechselausstellungen gezeigt.

Hotels und Restaurants in Athen *siehe Seiten 268f und 282–285*

SÜDLICHE INNENSTADT | 115

Der Hadriansbogen unweit vom Tempel des Olympischen Zeus

⓴ Tempel des Olympischen Zeus
Ναός του Ολυμπίου Διός

Ecke Amalías u. Vasilíssis Olgas, Pláka. **Stadtplan** 6 F3. **Karte** F8. 210 922 6330. Akrópoli. 2, 4, 11. tägl. 8–20 Uhr (Nov–März: bis 15 Uhr). Feiertage. (Nov–März: So frei). teilweise.

Der größte Tempel Griechenlands übertrifft in seinen Ausmaßen selbst den Parthenon. Mit der Errichtung wurde im 6. Jahrhundert v. Chr. begonnen. Angeblich initiierte der Tyrann Peisistratos den Bau, um sich beim Volk beliebt zu machen. Fertiggestellt wurde der Tempel allerdings erst 650 Jahre später.

Bei seinem zweiten Aufenthalt in Athen anlässlich der Panhellenischen Spiele 132 n. Chr. weihte der römische Kaiser Hadrian den Tempel dem Olympischen Zeus. Hadrian ließ in dem Tempel eine Zeus-Statue mit Gold- und Elfenbeinintarsien aufstellen, eine Kopie der Statue von Phidias in Olympia *(siehe S. 174f)*. Daneben platzierte er sein eigenes Standbild. Beide Statuen gingen verloren.

Von den ursprünglich 104 korinthischen Säulen sind 15 erhalten. Sie vermitteln eine Vorstellung von den Tempelmaßen: Er war vermutlich etwa 96 Meter lang und rund 40 Meter breit. 174 n. Chr. versah ein römischer Baumeister die ursprünglich wesentlich schlichteren dorischen Säulen mit korinthischen Kapitellen.

Der Hadriansbogen wurde 131 n. Chr. in der Nähe des Tempels errichtet, um die Grenze zwischen der antiken Stadt und dem neuen Athen Kaiser Hadrians zu markieren.

Russische Dreifaltigkeitskirche

㉑ Russische Dreifaltigkeitskirche
Ρωσική εκκλησία Αγίας Τριάδας

Fillelínon 21, Pláka. **Stadtplan** 6 F2. **Karte** F7. 210 323 1090. Sýntagma. 1, 2, 4, 5, 9, 10, 11, 12, 15, 18. Mo–Fr 7.30–10, Sa, So 7–11 Uhr. Feiertage. teilweise.

Die noch heute von der russischen Gemeinde genutzte Kirche war einst größtes Gotteshaus der Stadt. Die 1031 mit Unterstützung der Familie Lykodímou (auch Nikodímou) errichtete Kirche wurde 1701 durch ein Erdbeben zerstört. 1780 trug der türkische Woiwode Hadji Ali Haseki die Mauern teilweise ab, um die Steine für die Stadtmauer zu verwenden. Während der Belagerung von 1827 wurde die Kirche durch griechische Granaten stark beschädigt. 20 Jahre später ließ die russische Regierung die Kirche wiederaufbauen und weihte sie der Heiligen Dreifaltigkeit. Ein außergewöhnliches Merkmal des Gebäudes mit dem kreuzförmigen Grundriss ist die Kuppel mit zehn Metern Durchmesser. Das Innere gestaltete der bayrische Kirchenmaler Ludwig Thiersch. Die Glocke in dem separat stehenden Turm (19. Jh.) wurde von Zar Alexander II. gestiftet.

Korinthische Säulen am Tempel des Olympischen Zeus

Grabmal des Unbekannten Soldaten an der Platía Sýntagma

㉒ Plateía Sýntagma
Πλατεία Συντάγματος

Sýntagma. **Stadtplan** 6 F1. **Karte** F6. 🚌 1, 4, 5, 11, 12, 13, 15. Ⓜ Sýntagma.

An der Plateía Sýntagma befinden sich das Voulí (das Gebäude des griechischen Parlaments) und das Grabmal des Unbekannten Soldaten. Das Relief an dem Grabmal zeigt einen sterbenden Hopliten (siehe S. 32). Die Inschriften an den Mauern zu beiden Seiten des am 25. März 1932 (Unabhängigkeitstag) eingeweihten Denkmals sind Zitate aus der Grabrede des Perikles. Auf den Bronzeschildern an den anderen Mauern rund um den Platz sind die griechischen Siege seit 1821 verzeichnet. Vor dem Grabmal patrouillieren Évzonen (Soldaten der Nationalgarde in Faltenrock und Pomponschuhen). Sonntags um 11 Uhr ist Wachwechsel.

㉓ Nationalgärten
Εθνικός Κήπος

Zwischen Vasilissis Sofías, Iródou Attikoú, Vasilissis Olgas u. Vasilissis Amalías, Sýntagma. **Stadtplan** 7 A1. **Karte** G7. Ⓜ Sýntagma. 🚌 1, 3, 5, 7, 8, 10, 13, 18. ⭘ bei Tageslicht. **Botanisches Museum, Zoo, Cafés** ⭘ tägl. 8 Uhr bis Sonnenuntergang (Nov–März: bis 15 Uhr).

Der 16 Hektar große Park erstreckt sich hinter dem Parlamentsgebäude Voulí. Per Dekret wurden die einstigen »Königlichen Gärten« 1923 in Nationalgärten umbenannt. Königin Amalía ordnete um 1840 die Anlage des Parks an. Sie beauftragte die griechische Marine, 15 000 Setzlinge aus aller Welt zu beschaffen. Mit der Gestaltung wurde der Landschaftsgärtner Friedrich Schmidt beauftragt, der die ganze Welt auf der Suche nach seltenen Pflanzen bereiste.

Obwohl die Anlage an Glanz verloren hat, ist sie einer der friedvollsten Orte der Stadt. Schattige Wege führen an Plätzen, Bänken und Teichen vorbei. In dem Park lebt eine große Population wilder Katzen. Relikte römischer Mosaiken, die in dem Park gefunden wurden, und ein alter Aquädukt schaffen Atmosphäre. In dem Park sind einige Statuen moderner Schriftsteller, etwa von Dionýsios Solomós, Aristotélis Valaorítis und Jean Moréas, aufgestellt. Man kann im Park auch ein kleines **Botanisches Museum**, einen Zoo und Cafés besuchen.

Südlich des Parks steht die von den Cousins Evángelos und Konstantínos Záppas gestiftete Ausstellungshalle **Záppeion**, die heute als Konferenzzentrum dient. Das 1874–88 von Theophil Hansen, dem Erbauer der Athener Akademie, errichtete Gebäude besitzt eine eigene Gartenanlage. In dem eleganten Café neben dem Záppeion findet man nach einem Parkspaziergang Entspannung und Erfrischung.

Entspannung in den Nationalgärten

㉔ Präsidentenpalast
Προεδρικό Μέγαρο

Iródou Attikoú, Sýntagma. **Stadtplan** 7 A2. **Karte** H7. Ⓜ Sýntagma. 🚌 3, 7, 8, 13. ⬤ für die Öffentlichkeit.

Der auch unter dem Namen Kronprinzenpalais bekannte Palast war von 1878 bis zu der hastigen Abreise von König Konstantin II. 1967 Residenz der griechischen Königsfamilie. Das Gebäude wurde im Jahr 1878 von dem Architekten Ernst Ziller (siehe S. 85) errichtet. Es wird bis heute von Évzonen bewacht, deren Kasernen am Ende der Straße liegen. Seit Abschaffung der Monarchie ist das Gebäude offizieller Sitz des Staatspräsidenten, in dem Würdenträger aus dem Ausland empfangen werden.

Das von Évzonen bewachte Parlamentsgebäude an der Plateía Sýntagma

Hotels und Restaurants in Athen siehe Seiten 268f und 282–285

㉕ Kallimármaro-Stadion
Καλλιμάρμαρο Στάδιο

Leof. Vasileos Konstantinou. **Stadtplan** 7 B3. **Karte** H9. 210 752 2985. 3, 4, 10, 11. tägl. 8–19 Uhr (Nov–Feb: bis 17 Uhr).

Die aus Marmor errichtete Anlage liegt in einer kleinen Senke bei dem Hügel Ardittós an der Stelle, an der sich das von Lykourgos 330–329 v. Chr. erbaute antike Panathenäen-Stadion befand. Der erste Umbau für die römischen Gladiatorenspiele erfolgte unter Kaiser Hadrian (117–138 n. Chr.). 144 n. Chr. wurde das Stadion durch den Herodes Atticus für die Panathenäen mit weißem Marmor ausgestattet. Lange Zeit verfiel das Stadion, die Marmorblöcke wurden für Neubauten verwendet oder zu Kalk gebrannt.

1895 stiftete Geórgios Avéroff vier Millionen Golddrachmen für die Restaurierung anlässlich der ersten Olympischen Spiele der Neuzeit (1896). Die Gestaltung der Anlage durch Anastásios Metaxás entspricht exakt der Darstellung in Pausanias' *Beschreibung Griechenlands (siehe S. 60)*.

Das 204 Meter lange und 83 Meter breite Stadion fasst bis zu 60 000 Zuschauer. Die von Ernst Ziller bei Ausgrabungen 1869–79 freigelegte doppelköpfige Statue von Apollon und Dionysos – heute im Archäologischen Nationalmuseum *(siehe S. 72–75)* – ist eine von vielen, die einst die Aschenbahn säumten. Bei der Olympiade 2004 war das Stadion Ziel des Marathons.

Reich geschmückte Gräber auf dem Athener Zentralfriedhof

㉖ Athener Zentralfriedhof
Πρώτο Νεκροταφείο Αθηνών

Eingang: Anapáfseos, Méts. **Stadtplan** 7 A4. **Karte** H10. 210 923 6118. 2, 4, 10. tägl. 7 Uhr bis Sonnenuntergang. teilweise.

Auf dem städtischen Friedhof Athens – nicht zu verwechseln mit dem antiken Kerameikós *(siehe S. 92f)* – herrscht unter Pinien und Olivenbäumen beschauliche Ruhe. Die Laternen auf den gepflegten Gräbern verströmen Weihrauchduft.

Zu den kunstvollen Grabmälern aus dem 19. Jahrhundert zählen üppig dekorierte marmorne Mausoleen ebenso wie die schlichte Skulptur *Oraía Koimoméni (Die Schlafende, siehe S. 46)* im Belle Époque-Stil. Das von Giannoúlis Chalepás geschaffene Werk befindet sich rechts neben dem Hauptweg. Dort liegen auch viele Gräber reicher griechischer Familien.

Der Friedhof ist Ruhestätte bedeutender Persönlichkeiten wie des Archäologen Heinrich Schliemann *(siehe S. 184)*, Theódoros Kolokotrónis' *(siehe S. 84)*, des britischen Historikers George Finlay (1799–1875), des Literaturnobelpreisträgers Giórgos Seféris (1900–1971) und der Schauspielerin und Politikerin Melina Merkoúri (1922–1994).

Neben Gräbern von Berühmtheiten birgt der Friedhof ein bewegendes Denkmal zu Ehren von 40 000 Athenern, die während des Zweiten Weltkrieges verhungerten.

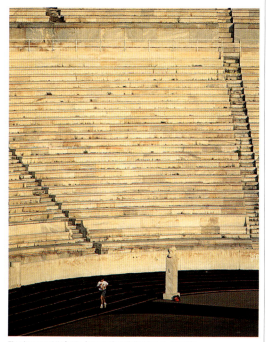

Ein einsamer Läufer in dem großen Kallimármaro-Stadion

Shopping

Shopping in Athen macht viel Spaß: Es gibt Straßenmärkte, Arkaden mit Geschäften, Kunsthandwerksläden sowie Boutiquen mit Mode internationaler Designer. Einheimische kaufen Artikel des täglichen Bedarfs, Kleidung und Schuhe in den Vierteln Omónia, Sýntagma und Monastiráki. Für günstige Lederwaren empfehlen sich die Straßen Mitropóleos, Ermoú und Aiólou. An den eleganten Straßen Stadíou und Panepistímio liegen erstklassige Juweliere und Modeläden. In dem Arkadenlabyrinth im Stadtzentrum sind neben Boutiquen und Souvenirshops auch viele Läden für Lederwaren, Buchhandlungen, Cafés und *ouzerí* angesiedelt. An der Plateía Kolonáki, dem vornehmsten Shopping-Bereich der Stadt, liegen exklusive Galerien, Schmuck- und Antiquitätenläden sowie Boutiquen mit neuester griechischer oder ausländischer Designermode. Die Straße Athinás, Monastiráki und die Pláka bieten eine bunte Mischung an Kräuter- und Gewürzläden, wunderbar altmodischen Geschäften mit Ikonen und Kerzenhaltern, Secondhand-Buchläden, Antiquariaten und Plattenläden. Besucher schätzen in Athen gerade die Verbindung von großstädtischem Flair und volkstümlichem Markttreiben.

Öffnungszeiten
Läden sind in der Regel montags bis samstags von 9 bis 14.30 Uhr sowie dienstag-, donnerstag- und freitagabends von 18 bis 21 Uhr geöffnet. Kaufhäuser, Souvenirläden, Supermärkte, Blumenläden und *zacharoplasteía* (Konditoreien) haben häufig längere Öffnungszeiten. Viele Geschäfte bleiben den ganzen August über geschlossen.

Kaufhäuser und Supermärkte
Die größten Kaufhäuser sind **Attica** und **Notos Galleries**. Sie bieten eine umfangreiche Auswahl an Kosmetik- und Geschenkartikeln, Bekleidung und Haushaltswaren. Attica ist kleiner als Notos Galleries, dafür exklusiver. In Maroúsi liegen mit **The Mall Athens**

Notos Galleries, eines der größten Kaufhäuser Athens

und **Golden Hall** die größten überdachten Shopping-Center der Stadt mit zahlreichen Outlets und Restaurants. The Mall Athens bietet auch ein Multiplexkino. **Carrefour Marinópoulos**, **Sklavenitis** und **AB Vasilópoulos** sind die drei größten Supermarktketten, sie verfügen über mehrere Filialen im Zentrum.

Märkte
Athen ist für seine Märkte bekannt. In **Monastiráki** beginnen die Händler am Samstag frühmorgens ihre Waren auf der Adrianoú und den benachbarten Straßen auszubreiten. Verkäufer und Straßenmusiker mischen sich unter die Menge. An der Pandrósou und Ifaístou liegen Souvenir- und Antiquitätenläden, die sich auch zum Flohmarkt zählen. Den Flohmarkt an der Plateía Avissynías *(siehe S. 91)* besucht man am besten samstag- oder sonntagmorgens.

Marktstände des Flohmarkts auf der Plateía Avyssinías

Der traditionsreiche **Zentralmarkt** (Varvákios Agorá) öffnet täglich außer Sonntag. Er bietet ein exzellentes Angebot an Lebensmitteln. Auch die zwischen 8 und 14 Uhr in verschiedenen Vierteln stattfindenden *laïkés agorés* (Straßenmärkte mit Obst- und Gemüse) sind beliebt, vor allem die Standorte Pagkráti (Di, Fr), Exárcheia (Sa) und Kolonáki (Fr).

Griechen kaufen en gros ein. Es ist fast verpönt, weniger als ein Pfund einer Obst- oder Gemüsesorte zu erwerben. Meist erhalten Sie eine Tüte zur Selbstbedienung. Setzen Sie bei der Auswahl Ihren Tast-, Geruchs- oder Geschmackssinn ein.

Kunst und Antiquitäten
Echte griechische Antiquitäten aus den letzten 200 Jahren sind immer schwerer zu finden. Viele Läden bieten stattdessen importierte Möbel, Glas und Porzellan neueren Datums an. Mit ein wenig Glück kann man jedoch immer noch alten Schmuck, Messing- und Kupferobjekte, Teppiche und Stickereien, Stiche und Drucke zu angemessenen Preisen erwerben. In dem unmittelbar

Mehrwertsteuersätze in Griechenland: *23 %, 13 % und 6,5 %*

hinter der Plateía Sýntagma gelegenen **Antiqua** lassen sich solche Funde machen. In Kolonáki befinden sich in der Sólonos, der Skoufá und in deren Nebenstraßen kleine exklusive Läden. Die **Gallery Skoufa** bietet edles Kunsthandwerk und temporäre Ausstellungen. In Kolonáki verkaufen renommierten Galerien Gemälde und Drucke. **Zoumpouláki Gallery** ist auf Kunst und Antiquitäten spezialisiert.

Auch in Monastiráki gibt es zahlreiche Antiquitätenläden. Soútis verkauft Schmuck und Gewänder aus dem 19. Jahrhundert. Die **Athens Gallery** hat sich auf Malerei und Skulpturen spezialisiert. Bei **Martínos** sind wunderschöne Ikonen und Silberwaren erhältlich.

Antiker Schmuck und Zierrat in einem Laden in Monastiráki

Traditionelle Volkskunst und Kunsthandwerk

Volkskunst und Kunsthandwerk sowie Souvenirs zu erschwinglichen Preisen sind v. a. in Monastiráki und der Pláka zu finden. Hier gibt es zahllose Läden mit religiösen Objekten und kleine Ateliers von Ikonenmalern. Viele Läden verkaufen Holzschnitzereien, bemalte Holztabletts und bunte Flokati-Teppiche *(siehe S. 213)*. **Amorgós** bietet eine große Auswahl an Holzschnitzereien und Puppen des Karagkiózis-Theaters in Maroúsi *(siehe S. 155)*.

Melissinós Art in Psyrrí und **Olgianna Melissinós** in Monastiráki bieten einen besonderen

Pantelis, Sohn des Sandalenmachers und Dichters Stávros Melissinós

Service: Sohn und Tochter des Dichters und Schuhmachers Melissinós fertigten die verschiedensten Sandalen und Lederwaren.

Hellenic Art & Design verkauft eine Vielzahl preiswerter, von regionalen Kunsthandwerkern gestalteter Alltagsgegenstände. In dem faszinierenden **Centre of Hellenic Tradition** werden beschnitzte Hirtenstöcke aus Epirus, aber auch eine große Auswahl kunstvoll gefertigter Keramiken angeboten.

Schmuck

Überall in Monastiráki und der Pláka bieten kleine Juwelierläden Gold- und Silberschmuck an. **Máris** in Pláka bietet eine große Auswahl von zeitgenössischem, bezahlbarem Schmuck. An der Voukourestíou liegen viele renommierte Läden wie etwa **Elle Amber**, die hochwertige Stücke verkaufen. Beeindruckend sind auch die Auslagen des weltbekannten Schmuckdesigners **Zolótas**, zu dessen Kreationen Kopien antiker Museumsschätze gehören. Die Schmuckkollektion des Designers Ilías Lalaoúnis ist bei prominenten Kunden überaus gefragt. Die Kreationen von Lalaoúnis orientieren sich an Objekten aus klassischer Zeit und anderen archäologischen Fun-

den wie dem Goldschatz von Mykene. Im **Schmuckmuseum Ilías Lalaoúnis** *(siehe S. 108)* sind über 3000 Kreationen ausgestellt. In der Werkstatt kann man die Goldschmiede bei der Arbeit beobachten und Schmuckstücke erstehen.

Reproduktionen

In vielen der Museumsshops der griechischen Kapitale kann man hochwertige Produkte erwerben. Sie bieten gut gearbeitete, geschmackvolle Kopien antiker und byzantinischer Kunstwerke in den verschiedensten Formen und Größen. Im **Benáki-Museum** *(siehe S. 82f)* sind Reproduktionen von Silberwaren, Keramiken, Stickereien und Schmuck erhältlich.

Im **Museum für Kykladische Kunst** *(siehe S. 78f)* gibt es einige exzellente Nachbildungen von Tanagran- und kykladischen Figurinen, Gefäßen und Vasen.

Der Laden des **Archäologischen Nationalmuseums** *(siehe S. 72–75)* bietet eine große Auswahl an Reproduktionen von Statuen und Keramiken.

Neben den Museumsshops führt auch **Orpheus** in Pláka qualitativ hochwertige Marmor- und Keramikreproduktionen von griechischen Werken aus klassischer Zeit sowie Kopien byzantinischer Ikonen.

Reproduktionen antiker rotfiguriger und schwarzfiguriger Vasen

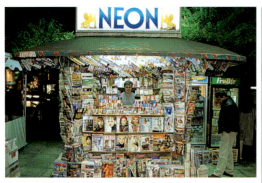

Períptero in Kolonáki mit Zeitungen in allen Sprachen

Bücher und Zeitschriften

Viele Kioske *(periptera)* im Zentrum führen ausländische Zeitschriften und Zeitungen. Die *Griechenland Zeitung* erscheint wöchentlich. Viele Buchläden bieten ausländische Literatur. Die größte Auswahl an internationalen Publikationen findet man in den riesigen und gut sortierten Buchhandlungen **Eleftheroudákis** und **Papasotiriou** in der Panepistimíou. In beiden gibt es ganze Etagen mit Belletristik, Sach- und Kinderbüchern. **Politeia** hat sich auf die Bereiche Geschichte, Archäologie und Klassiker spezialisiert. **Libro** führt sowohl Belletristik als auch Sachbücher sowie Bürobedarf und Papierwaren.

Eine von vielen Designerboutiquen in Kolonáki

Kleidung und Accessoires

Obwohl es durchaus einige international bekannte griechische Modeschöpfer gibt – das Markenzeichen von **Parthénis** beispielsweise ist schwarz-weiße Schlichtheit –, führt die Mehrzahl der Modeboutiquen doch ausländische Marken. In Kolonáki, dem wichtigsten Modeviertel Athens, sind alle Labels vertreten, beispielsweise **Gucci**, **Max Mara** und **Ralph Lauren**. Läden der gehobenen Preisklasse – wie **Sótris**, **Bettina**, **Free Shop**, **Paul & Shark** und **Luisa** – sind tonangebend für den modebewussten Chic in dieser Gegend der Stadt. Auch die spanische Modekette **Zara** betreibt Filialen.

Haushaltswaren

Die Läden mit Haushaltswaren rund um den Zentralmarkt sind auf typisch griechisches Küchengerät und auf Tischzubehör spezialisiert. Hier findet man z. B. die allgegenwärtigen Kupferkännchen zur Zubereitung von griechischem Kaffee und kleine weiße Tassen, Hölzer für das Ausrollen von Pasteten und Teigen sowie Olivenölkännchen aus Metall.

Cook-Shop ist eine griechische Kette, die für qualitativ hochwertige Haushaltswaren bekannt ist. In den beiden Filialen findet man alles für die Küche, vor allem Geschirr und Besteck in großer Auswahl. **Notos Home** in Omónia hat eine breite Auswahl an Küchenutensilien sowie Möbel und andere Einrichtungsgegenstände im Angebot.

Delikatessen

Athen bietet Gourmets zahlreiche Spezialitäten, z. B. *avgotáracho* (geräucherten, in Bienenwachs konservierten Dorschrogen) sowie Kräuter und Gewürze, Käse und Weine. Die Bäckereien und *zacharoplasteía* (Konditoreien) sind unwiderstehlich: Sie bieten Brote, Gebäck, Eis und Joghurtspeisen. Hinter der Plateía Sýntagma verkauft **Aristokratikón** Schokolade und Marzipan. **Karavan** hat eine große Auswahl an *mpaklavás* und kandierten Früchten. **Loumidis** und **Coffeeway** haben erstklassigen frisch gemahlenen Kaffee.

Der Zentralmarkt ist einer der verführerischsten Orte für Feinschmecker. Rundum liegen Läden, die Käse, Pistazien, verschiedene Essig- und Ölsorten oder Trocken- und Hülsenfrüchte anbieten. Bei **Bahar** findet man Kräuter und Gewürze, z. B. Bohnenkraut, Salbei, Zitronenmelisse und Safran. **Miran** verkauft Delikatessen aus Armenien. **Green Farm** ist eine von mehreren in Griechenland expandierenden Biomarkt-Ketten. Die beiden *kavés* (Weinhandlungen) **The Winebox** und **Cellier** führen eine große Auswahl an Weinen und Spirituosen aus griechischen Kellereien und Destillerien. **Vrettós** in der Pláka bietet Schnäpse und Liköre aus eigener Herstellung an.

Typischer Haushaltswarenladen

SHOPPING | 121

Auf einen Blick

Kaufhäuser und Supermärkte

AB Vasilópoulos
Spýrou Merkoúri 38, Pagkráti. **Stadtplan** 7 C2.
📞 210 725 8913.
Eine von mehreren Filialen.

Attica
Panepistimíou 9, Sýntagma.
Stadtplan 2 F5.
📞 211 180 2600.

Carrefour Marinópoulos
Kanári 9, Kolonáki.
Stadtplan 3 A5.
📞 210 362 4907.

Golden Hall
Kifisías 37a, Maroúsi.
📞 210 680 3450.

Notos Galleries
Stadíou und Aiólou, Omónia.
Stadtplan 2 E4.
📞 210 324 5811.

Sklavenitis
Frýnis 48, Pagkráti.
📞 210 751 6991.

The Mall Athens
Andréa Papandréou 35, Maroúsi.
📞 210 630 0000.

Märkte

Monastiráki
Adrianoú u. Pandrósou, Pláka. **Stadtplan** 6 E1.

Zentralmarkt (Varvákios Agorá)
Athinás, Omónoia.
Stadtplan 1 D4.

Kunst und Antiquitäten

Antiqua
Amaliás 2, Sýntagma.
Stadtplan 4 F2.
📞 210 323 2220.

Athens Gallery
Pandrósou 14, Pláka.
Stadtplan 6 D1.
📞 210 324 6942.

Gallery Skoufa
Skoufá 4, Kolonáki.
Stadtplan 3 A5.
📞 210 360 3541.

Martínos
Pandrósou 50, Pláka.
Stadtplan 6 D1.
📞 210 321 2414.

Zoumpouláki Gallery
Plateía Kolonakíou 20 u. Kriezótou 6, Kolonáki.
Stadtplan 3 A5.
📞 210 360 8278.

Traditionelle Volkskunst und Kunsthandwerk

Amorgós
Kódrou 3, Pláka.
Stadtplan 6 E1.
📞 210 324 3836.

Centre of Hellenic Tradition
Mitropóleos 59 (Arkade) – Pandrósou 36, Monastiráki. **Stadtplan** 6 D1.
📞 210 321 3023.

Hellenic Art & Design
Chairefontos 10, Pláka.
Stadtplan 6 E2.
📞 210 322 3064.

Melissinós Art
Ag. Theklas 2, Psyrrí.
Stadtplan 2 D5.
📞 210 321 9247.

Olgianna Melissinós
Normánou 7, Monastiráki. **Stadtplan** 1 D5.
📞 210 331 1925.

Schmuck

Elle Amber
Voukourestíou 6, Kolonáki. **Stadtplan** 2 F5.
📞 210 324 9600.

Máris
Pandrósou 83, Monastiráki. **Stadtplan** 6 D1.
📞 210 321 9082.

Schmuckmuseum Ilías Lalaoúnis
Karyatidon u. P. Kallispéri 12, Akrópoli. **Stadtplan** 6 D3. 📞 210 922 1044.

Zolótas
Stadíou 9, Kolonáki.
Stadtplan 2 F5.
📞 210 322 1222.

Reproduktionen

Orpheus
Pandrósou 28B, Pláka.
Stadtplan 6 D1.
📞 210 324 5034.

Bücher und Zeitschriften

Eleftheroudákis
Panepistimíou 15.
Stadtplan 2 F5.
📞 210 331 7609.

Libro
Pat. Ioakeím 8, Kolonáki.
Stadtplan 3 B5.
📞 210 724 7116.

Papasotiriou
Panepistimíou 37.
Stadtplan 2 E4.
📞 210 325 3232.

Politeia
Asklipiou 1–3 u. Akadimías, zwischen. Kolonáki u. Exárcheia.
Stadtplan 2 F4.
📞 210 360 0235.

Mode

Bettina
Anagnostopoúlou 29, Kolonáki. **Stadtplan** 3 A5.
📞 210 339 2094.

Free Shop
Voukourestíou 50, Kolonáki. **Stadtplan** 3 A5.
📞 210 364 1500.

Gucci
Tsakálof 27, Kolonáki.
Stadtplan 3 A5.
📞 210 360 2519.

Luisa
Skoufá 15, Kolonáki.
Stadtplan 3 A4.
📞 210 363 5600.

Max Mara
Kanári 2, Kolonáki.
Stadtplan 3 A5.
📞 210 360 7300.

Parthénis
Dimokrítou 20, Kolonáki.
Stadtplan 3 A5.
📞 210 363 3158.

Paul & Shark
Anagnostopoulou 6, Kolonáki. **Stadtplan** 3 B5.
📞 210 339 2334.

Ralph Lauren
Voukourestíou 11, Kolonáki. **Stadtplan** 3 A5.
📞 210 361 1831.

Sótris
Anagnostopoúlou 30 & Voukourestíou 41, Kolonáki. **Stadtplan** 3 A4.
📞 210 363 9281.
📞 210 361 0662.

Zara
Skoufá 22, Kolonáki.
Stadtplan 3 A5.
📞 210 363 6340.
Eine von mehreren Filialen.

Haushaltswaren

Cook-Shop
Panepistimíou 41, Kolonáki. **Stadtplan** 2 E4.
📞 210 322 5770.

Notos Home
Kratínou 3–5, Omónia.
Stadtplan 2 D4.
📞 210 374 3000.

Delikatessen

Aristokratikón
Voulis 7, Sýntagma.
Stadtplan 2 E5.
📞 210 322 0546.

Bahar
Evripídou 31, Omónia.
Stadtplan 2 D4.
📞 210 321 7225.

Cellier
Kriezótou 1, Kolonáki.
Stadtplan 3 A5.
📞 210 361 0040.

Coffeeway
Stadíou 3, Sýntagma.
Stadtplan 2 F5.
📞 210 322 2488.

Green Farm
Dimokrítou 13, Kolonáki.
Stadtplan 3 A5.
📞 210 361 4001.

Karavan
Voukourestíou 11, Kolonáki.
Stadtplan 2 F5.
📞 210 364 1540.

Loumidis
Aiólou 106, Omónia.
Stadtplan 2 E4.
📞 210 321 4608.

Miran
Evripídou 45, Psyrrí.
Stadtplan 2 D3.
📞 210 321 7187.

The Winebox
Xenokrátous 25, Kolonáki. **Stadtplan** 3 C5.
📞 210 725 4710.

Vrettós
Kydathinaíon 41, Pláka.
Stadtplan 6 E2.
📞 210 323 2110.

Stadtplan Athen *siehe Seiten 126–139*

Unterhaltung

Athen bietet im Sommer ein unübertroffenes Angebot an Unterhaltung im Freien. Man kann Open-Air-Vorführungen der neuesten Filme (und Filmklassiker) sehen, in von Gärten umgebenen Bars entspannte Abende verbringen oder ein Konzert im Theater des Herodes Atticus unterhalb der Akropolis besuchen. Mit der Mégaron-Mousikís-Konzerthalle verfügt Athen über ein erstklassiges Forum für klassische Musik und Jazz.

Für die meisten Athener bedeutet Unterhaltung ein gutes Essen in einer Taverne am späten Abend und ein Bummel durch die Bars und Clubs bis in die Morgenstunden. Es gibt außerdem über ganz Athen verteilt eine Vielzahl an Diskotheken, Musikbühnen und gemütlichen *Rembétiko*-Clubs, in denen griechische Folklore gespielt wird. Welchen Musikstil Sie auch immer bevorzugen – diese lebendige Metropole bietet alle Richtungen. Darüber hinaus gibt es zahlreiche Möglichkeiten für Sport und Aktivurlaub. Wassersport ist besonders beliebt, da die attische Küste nicht weit entfernt ist.

Information
Das wöchentliche Veranstaltungsmagazin *Athinorama*, das donnerstags erscheint, bietet die ausführlichsten Hinweise. Es informiert über Events und Konzerte und berichtet über Bars und Clubs. Auch die an Kiosken erhältliche wöchentliche Publikation *Griechenland Zeitung* (deutsch) enthält zahlreiche Hinweise zu aktuellen kulturellen Veranstaltungen.

Tickets
Für das renommierte Sommerfestival Athinón *(siehe S. 50)* und Konzerte in der Mégaron-Mousikís-Konzerthalle muss man zwingend Karten im Vorverkauf erwerben. Die meisten Theater und Clubs verkaufen am Tag der Veranstaltung Karten an der Abendkasse. Das zentrale Kartenbüro (Ticket Services, Panepistimiou 39, Tel. 210 723 4567) ist montags bis samstags geöffnet. Für das Festival Athinón gibt es ein eigenes Ticketbüro (Stoá Pesmázoglou, Tel. 210 327 2000).

Theater und Tanz
Die vielen Theater im Zentrum Athens sind meist in umgebauten klassizistischen Gebäuden oder Arkadenhäusern ansässig. Zu den gefragtesten gehören **Pallás**, **Lampéti** und Peiraios 260. Das **Nationaltheater** führt griechische und andere europäische Stücke des 19. Jahrhunderts auf. Das Nationaltheater verfügt neben dem Ziller-Gebäude *(siehe S. 85)* über weitere drei Bühnen.

Viele Theater, z. B. **Athinón**, **Pántheon**, **Alfa** und **Vretánia**, haben Stücke bekannter Dramatiker des 19. und 20. Jahrhunderts, etwa Ibsen und Beckett, auf Griechisch (zum Teil auch in Originalsprache) im Programm.

Fassade des Nationaltheaters, Athen

Die größten traditionellen Häuser, darunter auch das Nationaltheater, verstehen sich gleichermaßen als Bühnen für Ballett, Tanz, Sprechtheater und Oper.

Das **Dóra-Strátou-Tanztheater** auf dem Philopáppos bietet zwischen Mai und September abendliche Aufführungen von Folklore aus den verschiedenen Regionen Griechenlands.

Griechische Folklore, dargeboten vom Dóra-Strátou-Tanztheater

Eingang zum Open-Air-Kino Refresh Dexamení

Kino

Die Athener gehen gern ins Kino, vor allem von Ende Mai bis September, wenn die Open-Air-Kinos geöffnet haben. Alle ausländischen Filme werden in der Originalsprache mit griechischen Untertiteln gezeigt, Kinderfilme sind meist synchronisiert. Die letzte Vorstellung beginnt um 23 Uhr. Vorher kann man also noch gut essen gehen.

Die Breitwandkinos im Zentrum zeigen aktuelle internationale Filme. **Embassy Odeon** und **Village Centre** sind komfortable Lichtspielhäuser mit Dolby-Stereo-Sound. **Asty**, **Elli** und **Petit Palais** gelten als Filmkunst- und Kultfilm-Häuser.

Die Athener suchen gern die Bars und Tavernen in der Nähe von Open-Air-Kinos – die meist von Mai bis September in Betrieb sind – wie **Dexamení** in Kolonáki, dem **Riviéra** und Vox in Exárcheia, Zephyros in Petrálona, **Oasis** in Pagkráti, **Cine Paris** in Pláka oder **Aegli Village Cool** in Záppio auf, bevor sie die Spätvorstellung ansehen. Die Akustik ist zwar nicht immer perfekt, doch die entspannte Atmosphäre, die lauen Temperaturen der Sommerabende und auch das sich mit dem Filmton mischende Gebraus von Autos sowie das Miauen der Katzen sind ein unvergessliches Erlebnis. Mit den Tischen für Getränke und Snacks neben den Sitzen ähnelt die Atmosphäre in den Open-Air-Kinos der in Clubs. Das Freiluftkino **Thiseíon** bietet neben dem Filmerlebnis die besondere Attraktion des Ausblicks auf die abends beleuchtete Akropolis.

Klassische Musik und Oper

Das Sommerfestival Athínon bringt einige der bedeutendsten Orchester, Opern-, Ballett- und Theaterensembles der Welt auf die Freilichtbühne des **Herodes-Atticus-Theaters** und in andere Theater der griechischen Metropole. Die Festspiele gelten als das bedeutendste kulturelle Ereignis in Athen.

Seit der Einweihung der **Mégaron-Mousikís-Konzerthalle** im Jahr 1991 finden dort das ganze Jahr über viel beachtete Ballettaufführungen sowie Jazz- und klassische Konzerte statt. Das majestätische Gebäude aus Marmor beherbergt zwei Konzertsäle mit hervorragender Akustik, Ausstellungsflächen, einen Laden und ein Restaurant. Im Olympia-Theater, dem Stammhaus der **Lyrikí Skiní** (Nationaloper), sind exzellente Ballett- und Operninszenierungen zu sehen.

Griechische Volksmusik

Griechische Volksmusik ist im Zentrum Athens vielerorts zu hören. Die Veranstaltungen in den großen Syngroú-Musikhallen werden mit auffälligen Plakaten beworben. **Vox**, **Gyalino Mousiko Theatro** und **Stavros tou Notou** bringen Stars auf die Bühne. Die traditionellen Bars in Exárcheia wie **Tivoli** und Efimeron bieten einen gemütlichen Rahmen für die *Rembétiko*-Musik, deren Inspiration und Protest in dem Leben der armen Schichten der urbanen Gesellschaft wurzeln. Auch **Makári** ist wegen seiner authentischen Musik bei Einheimischen sehr beliebt. Bei **Rempétiki Istoría** spielt eine Hausband.

Im **Mpoémissa** tanzt ein jüngeres Publikum gern die ganze Nacht hindurch. Die Musik ist allerdings nicht immer ganz authentisch.

Akkordeonspieler, Plateía Kolonáki

Klassisches Konzert im antiken Herodes-Atticus-Theater

Rock, Jazz und Ethno

Auftritte bekannter Gruppen finden meist in Stadien oder, während des Sommerfestivals Athínon, im **Lykavittós-Theater** unter freiem Himmel statt. Auch das **Gagarin 205 Live Music Space**, ein gelungener Umbau eines Kinos, bringt renommierte ausländische und griechische Rockbands auf die Bühne. Griechische Gruppen spielen überwiegend im **An Club**. Gäste sind hier zum Tanz-Diner bei griechischem Rock 'n' Roll eingeladen.

Der **Half Note Jazz Club** in der Nähe des Zentralfriedhofs ist der renommierteste Jazzclub der Stadt. In dem beliebten Club mit angenehmer Atmosphäre spielen ausländische Bands exzellenten modernen Jazz.

Live-Musik in einem der beliebten Clubs in Athen

Clubs und Polýchoroi

In Athen gibt es jede Menge Bars und Clubs. Viele verschwinden jedoch genauso schnell wieder, wie sie gekommen sind. In den aufstrebenden Vierteln Gazi, Kerameikós und Rouf geht dieser Wechsel seit Beginn der Wirtschaftskrise besonders rasch. Zu den hier überlebenden Clubs gehört **B.E.D. (Before Every Dawn) Club** am Strand von Glyfáda.

Ein neuer Trend ist die Umwandlung von ehemaligem Industriegelände *(polýchoroi)* in Ausstellungsflächen, Konzertbühnen und Kinos. Sehr gute Beispiele für diese Entwicklung sind **Technopolis**, **GazARTE** und **Six d.o.g.s**.

Marathonläufer auf den Spuren ihrer antiken Vorfahren

Sport

Die Fußballbegeisterung der Athener kennt fast keine Grenzen. Viele Taxifahrer überfallen ihre Kunden spontan mit Neuigkeiten über ihr Lieblingsteam. Die beiden rivalisierenden Vereine Panathenaïkós und Olympiakós stehen im Mittelpunkt heftiger Debatten. Leider fallen ihre Fans immer wieder auch durch gewalttätige Krawalle auf. Die Clubs werden von Wirtschaftsunternehmen gesponsert. Beide unterhalten gleichnamige Basketballteams. In der Saison von Mai bis September finden mittwochs und sonntags Fußballspiele statt. Basketball, der jüngste griechische Volkssport, wird ebenfalls wöchentlich gespielt.

Jogger sieht man mangels geeigneter Strecken in Athen eher selten. Eine Ausnahme bildet der jährliche Athens Open Marathon im Oktober. Die Strecke verläuft von Marathón bis in das Kallimármaro-Stadion im Zentrum Athens *(siehe S. 117)*. Das 1982 erbaute **Olympiakó-Stadion** in Maroúsi fasst 80 000 Zuschauer. Es ist Spielstätte der Fußballmannschaft Panathenaïkós. Das Glasdach wurde für die Olympischen Spiele 2004 von dem spanischen Architekten Santiago Calatrava gestaltet. Auf dem 100 Hektar großen Stadiongelände gibt es moderne Anlagen für viele Sportarten, darunter eine Halle, Schwimmbäder und Tennisplätze. Die Olympiakós-Fußballmannschaft ist in dem **Karaïskáki-Stadion** in Néo Fáliro beheimatet. Auch dort gibt es Sportanlagen, z. B. für Volley- und Basketball.

Die Akropolis-Rallye im Frühjahr ist ein bedeutendes sportliches Ereignis. An dem Oldtimer-Rennen rund um die Akropolis nehmen 50 bis 100 Wagen teil.

Außerhalb der Stadt liegen das **Bowling Centre of Piraeus** und der **Glyfáda Golf Course**. Der 18-Loch-Platz befindet sich in der Nähe des Flughafens. Öffentlich zugängliche Tennisplätze bietet der **Politia Tennis Club**.

Aufgrund der Nähe zum Meer ist das Wassersportangebot groß. Windsurfen und Wasserski fahren kann man an fast allen Stränden. **Naftikos Omilos Vouliagmenis** bietet Wasserski-Unterricht für jedes Alter. Tauchunterricht für alle Niveaus gibt es bei **Athina Diving**, einem der bekanntesten Tauchclubs.

Basketball ist in Griechenland ein Nationalsport

UNTERHALTUNG | 125

Auf einen Blick

Theater und Tanz

Alfa
Patisíon 37 u. Stournári, Exárcheia.
Stadtplan 2 E2.
210 523 8742.

Athinón
Voukourestíou 10, Kolonáki.
Stadtplan 2 E5.
210 331 2343.

Dóra-Strátou-Tanztheater
Philopáppos-Hügel, Philopáppos.
Stadtplan 5 B4.
210 324 4395.

Lampéti
Leof Alexándras 106, Neápoli.
Stadtplan 4 D2.
210 645 3685.

Nationaltheater
Agíou Konstantínou 22, Omónia.
Stadtplan 1 D3.
210 528 8100.

Pallás
Voukourestíou 5, Sýntagma.
Stadtplan 2 F5.
210 321 3100.

Pántheon
Peiraiós 166, Gázi.
210 347 1111.

Vretánia
Panepistimíou 7, Sýntagma.
Stadtplan 2 E4.
210 322 1579.

Kino

Aegli Village Cool
Záppio-Garten.
Stadtplan 7 A2.
210 336 9369.

Asty
Koraí 4.
Stadtplan 2 E4.
210 322 1925.

Cine Paris
Kydathinaion 22, Pláka.
Stadtplan 6 E2.
210 322 2071.

Dexamení
Plateía Dexamenís, Kolonáki.
Stadtplan 3 B5.
210 362 3942.

Elli
Akadimías 64, Omónia.
Stadtplan 2 E3.
210 363 2789.

Embassy Odeon
Patriárchou Ioakeím 5, Kolonáki.
Stadtplan 3 B5.
210 721 5944.

Oasis
Pratínou 7, Pagkráti.
Stadtplan 8 C3.
210 724 4015.

Petit Palais
Rizári 24.
Stadtplan 8 C2.
210 729 1800.

Riviéra
Valtetsíou 46, Exárcheia.
Stadtplan 2 F3.
210 384 4827.

Thiseíon
Apostólou Pávlou 7, Thissío.
Stadtplan 5 B2.
210 342 0864.

Village Centre
Ymittoú 110, Pagkráti.
Stadtplan 8 D3.
210 757 2440.

Klassische Musik

Herodes-Atticus-Theater
Dionysíou Areopagítou, Akropolis.
Stadtplan 6 C2.
210 324 1807.

Lyrikí Skiní, Olympia-Theater
Akadimías 59, Omónia.
Stadtplan 2 F4.
210 366 2100.
nationalopera.gr

Mégaron-Mousikís-Konzerthalle
V Sofías & Kókkali, Ilísia.
Stadtplan 4 E4.
210 728 2333.
megaron.gr

Griechische Volksmusik

Athinón Arena
Peiraiós 166, Gázi.
Stadtplan 1 A5.
210 347 1111.

Gyalino Mousiko Theatro
Leoforos Andrea Syngrou 143, Nea Smýrni.
210 931 5600.

Makári
Zoödóchou Pigís 125 u. Komninón, Exárcheia.
Stadtplan 2 B2.
210 645 8958.

Mpoémissa
Solomoú 13–15, Exárcheia.
Stadtplan 2 D2.
210 383 8803.

Rempétiki Istoría
Ippokrátous 181, Neápoli.
Stadtplan 3 C2.
210 642 4937.

Stavros tou Notou
Tharýpou 35–37 u. Frantzí, Néos Kósmos.
210 922 6975.

Tivoli
Emmanouíl Mpenáki 34, Exárcheia.
Stadtplan 2 E3.
210 383 0919.

Vox
Ierá Odós 16, Kerameikós.
Stadtplan 1 A5.
210 341 1000.

Rock, Jazz und Ethno

An Club
Solomoú 13–15, Exárcheia.
Stadtplan 2 E2.
210 330 5056.
anclub.gr

Gagarin 205 Live Music Space
Liosíon 205.
Stadtplan 1 C1.
211 411 2500.
gagarin205.gr

Half Note Jazz Club
Trivonianoú 17, Mets.
Stadtplan 6 F4.
210 921 3310.

Lykavittós-Theater
Lykavittós.
Stadtplan 3 B4.
210 722 7209.

Clubs und Polýchoroi

B.E.D. Club
Poseidónos 58, Glyfáda.
210 894 7911.

GazARTE
Voutadon 32–34, Kerameikós.
Stadtplan 1 A5.
210 346 0347.

Six d.o.g.s
Avrammiotou 6–8, Monastiráki.
Stadtplan 2 D5.
210 321 0510.

Technopolis
Peiraiós 100, Gázi.
Stadtplan 1 A5.
210 347 5518.
technopolis-athens.com

Sport

Athina Diving
38 km an der Küstenstraße Athen–Soúnio, Lagoníssi.
22910 25434.
athinadiving.gr

Bowling Centre of Piraeus
Profítis Ilías, Kastélla.
210 412 7077.

Glyfáda Golf Course
Konstantínou Karamanlí, Glyfáda.
210 894 6820.

Karaïskáki-Stadion
Néo Fáliro.
210 480 0900.

Naftikos Omilos Vouliagmenis
Laimós Vouliagménis.
210 896 2416.

Olympiakó-Stadion
Leof Kifisías 37, Maroúsi.
210 683 4777.
oaka.com.gr

Politia Tennis Club
Aristotélous 18, Politia, Kifisiá.
210 620 0003.
politiatennisclub.gr

Stadtplan Athen siehe Seiten 126–139

Stadtplan

Stadtplanverweise bei den Sehenswürdigkeiten beziehen sich auf die Karten der folgenden Seiten. Entsprechende Verweise finden Sie auch bei der Hotelauswahl *(siehe S. 268f)*, der Restaurantauswahl *(siehe S. 282–285)* und bei Kästen in den Grundinformationen *(siehe S. 300–323)*. Die erste Ziffer verweist auf die Karte, die zweite auf das jeweilige Feld in der Karte. Die unten abgebildete Übersicht zeigt die Ausschnitte, die durch die einzelnen Karten des Stadtplans abgedeckt sind. Die Legende der Symbole für Sehenswürdigkeiten etc. steht unten.

Einen Übersichtsplan der Athener Metro finden Sie auf Seite 320, Seite 323 gibt einen Überblick über das Nahverkehrsnetz Athens.

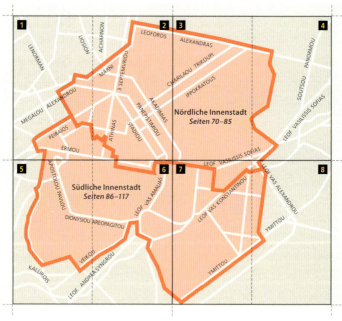

Kartenregister

Abkürzungen

Ag	Agios, Agía (Heilige/r)
Leof	Leofóros (Straße)
Pl	Plateía (Platz)

Achtung: Plätze/Straßen sind nach ihrem Namen eingetragen, gefolgt von Plateía oder Leofóros.

A

Achaiou	3 B5
Acharnon	2 D2
Achilleos	1 A3
Achilleo Paraschou	3 B1
Adanon	8 F2
Adrianou	5 C1
Adrianoupoleos	5 A1
Aetionos	6 F5
Afaias, Plateia	5 A1
Afroditis	6 E2
Aftokratoron Angelon	3 A1
Aftokratoros Irakleiou	2 E1
Aftomedontos	7 B2
Ag Artemiou	7 B5
Ag Paraskevis	7 C5
Agaristis	7 A5
Agatharchou	1 C5
Agathiou	3 B2
Agathokleous	7 A5
Agathonos	2 D5
Agelaou	7 B5
Agias Eirinis	2 D5
Agias Eleousis	2 D5
Agias Filotheis	6 E1
Agias Theklas	2 D5
Agias Varvaras	8 D5
Aginoros	5 A1
Agioi Theodoroi	2 D5
Agion Anargyron	1 C5
Agion Asomaton	1 B5
Agion Panton	4 E2
Agios Dionysios	2 F5
Agios Nikolaos Ragavas	6 E2
Agios Savvas	4 E2
Agiou Dimitriou	2 D5
Agiou Dimitriou	4 F1
Agiou Fanouriou	8 D3
Agiou Georgiou	8 F3
Agiou Isidorou	3 A3
Agiou Konstantinou	1 C3
Agiou Markou	2 D5
Agiou Nikolaou	5 B4
Agiou Nikolaou, Plateia	8 E3
Agiou Orous	1 A4
Agiou Pavlou	1 C2
Agiou Spyridonos	7 B2
Agisilaou	1 B4
Agkylis	6 E5
Aglaonikis	6 E4
Aglavrou	5 C5
Agnaton	5 A4
Agrafon	5 A4
Agras	7 B3
Aidesiou	7 B4
Aidonon	4 D1
Aigeiras	1 B1
Aiginitou	4 E5
Aigyptou	2 E1
Aigyptou	8 D2
Aineiou	8 D4
Ainianos	2 E1
Aioleon	5 A3
Aiolou	6 D1
Aischylou	2 D5
Aischynou	6 E2
Aisopou	1 C5
Aitherias	5 A3
Aixoneon	5 A1
Akademie von Athen	2 F4
Akadimias	2 E3
Akadimou	1 B4
Akakion	2 D1
Akamantos	5 B1
Akarnanos	7 B4
Akominatou	1 C3
Akronos	8 D3
Akropolis	6 D2
Akropolis-Museum	6 D2
Aktaiou	5 B1
Alamanas	1 A1
Alastoros	4 E1
Alchimou	6 D4
Aldou Manoutiou	4 E2
Alektoros	7 C4
Alexandras	4 E4
Alexandras, Leoforos	2 E1
Alexandreias	1 A1
Alexandrou Palli	4 D1
Alexandrou Soutsou	3 A5
Alexandroupoleos	4 F4
Alfeiou	4 E1
Alikarnassou	1 A3
Alitsis	2 D1
Alkaiou	4 F5
Alkamenous	1 C1
Alketou	7 C4
Alkidamantos	5 A2
Alkimachou	0 D1
Alkippou	1 B2
Alkiviadou	2 D2
Alkmaionidon	8 D2
Alkmanos	4 E5
Alkyonis	1 A1
Almeida	5 B4
Almopias	4 F4
Alopekis	3 B5
Alsos	4 E5
Alsos Eleftherias	4 D4
Alsos Pagkratiou	7 C3
Alsos Syngrou	8 E1
Alyos	4 E5
Amaliados	4 F2
Amazonon	1 A4
Amerikis	2 F5
Amfiktyonos	5 B1
Ampati	5 C4
Ampelakion	4 E2
Amvrosiou Frantzi	6 D5
Amynandrou	5 B4
Amynta	7 B2
Anacharsidos	7 B4
Anagnostopoulou	3 A4
Anakreontos	8 E5
Analipseos	8 E5
Anapiron Polemou	4 D4
Anastasiou Gennadiou	3 C1
Anastasiou Tsocha	4 E2
Anaxagora	2 D4
Anaxagora	8 F3
Anaximandrou	8 D4
Andrea Dimitriou	8 E2
Andrea Metaxa	2 F3
Andrea Syngrou, Leoforos	5 C5
Andromachis	1 B2
Andromedas	8 E5
Androutsou, G.	5 B5
Anexartisias	3 A2
Anexartisias, Plateia	2 D2
Angelikara	5 C3
Angelikis Chatzimichali	6 E1
Antaiou	5 A3
Anthidonos	1 A2
Anthippou	7 B4
Antifilou	4 E5
Antifontos	7 B3
Antike Agora	5 C1
Antilochou	1 A3
Antimachidou	6 D4
Antinoros	7 C1
Antiopis	8 E5
Antisthenous	6 D5
Antonio Fratti	5 C3
Apokafkon	3 B3
Apollodorou	6 E4
Apolloniou	5 A3
Apolloniou, Plateia	5 A3
Apollonos	6 E1
Apostoli	1 C5
Apostolou Pavlou	5 B1
Appianou	8 D3
Arachosias	4 F5
Arachovis	2 F3
Arakynthou	5 A4
Aratou	7 B3
Archäologisches Nationalmuseum	2 E2
Archelaou	7 C2
Archilochou	6 D5
Archimidous	7 A4
Archyta	7 B3
Ardittou	6 F3
Areos	6 D1
Aretaielon	4 E5
Aretaiou	4 F1
Argenti	6 D5
Argentis Dimokratias, Pl	3 B1
Argolidos	4 F1
Argous	1 A1
Argyriou	5 C4
Argyroupoleos	4 D2
Arianitou	3 B2
Arionos	1 C5
Aristaiou	6 E5
Aristarchou	8 D3
Aristeidou	2 E5
Aristippou	3 B4
Aristodimou	3 C4
Aristofanous	1 C4
Aristogeitonos	2 D4
Aristogeitonos	5 A5
Aristokleous	8 E4
Aristonikou	7 A4
Aristonos	1 C3
Aristoteli Kouzi	4 E2
Aristotelous	2 D3
Aristotelous	5 A5
Aristoxenou	7 C3
Aritis	8 E4
Arkadon	5 A4
Arkados	3 B2
Arkesilaou	6 E5
Arktinou	7 B2
Armatolon Kai Klefton	4 D2
Armeni-Vraila Petrou	3 A1
Armodiou	2 D4
Arnis	4 E5
Arrianou	7 B2
Arsaki	2 E4
Arsinois	8 E3
Artemonos	6 F5
Artis	7 C5
Artotinis	8 E4
Arvali	5 C4
Aryvvou	8 D5
Asimaki Fotila	2 F1
Asklipiou	2 F4
Asopiou	3 B1
Aspasias	7 C3
Asteroskopeion	5 B2
Astrous	1 A1
Astydamantos	8 D3
Athanasias	7 C3
Athanasiou Diakou	6 E3
Athinaidos	2 D5
Athinas	2 D5
Athinogenous	8 D2
Athinon, Leoforos	1 A3
Augenklinik	2 F5
Avanton	5 A1
Averof	2 D2
Avgerinou	4 E1
Avissynias, Plateia	1 C5
Avlichou	7 A5
Avliton	1 C5
Avrammiotou	2 D5
Axariou	8 F5

B

Benáki-Museum	7 A1
British Archaeological School	3 C5
Byzantinisches Museum	7 B1

C

Chairefontos	6 E2
Chalkidikis	1 A3
Chalkidonos	8 E2
Chalkokondyli	2 D2
Chaonias	1 A1
Charalampl	3 B2
Charidimou	7 C5
Charilaou	2 E4
Charilaou Trikoupi	5 B5
Charissis	1 C1
Charitos	3 B5
Chatzichristou	6 D3
Chatzigianni	4 D5
Chatzikosta	4 F3
Chatzimichali	6 D5
Chatzipetrou	6 E5
Chavriou	2 E4
Cheironos	7 C2
Chersonos	3 A4
Chionidou	7 B5
Chiou	1 C2
Chloridos	5 A1
Choida	3 C4
Chomatianou	1 C1
Chormovitou	1 C1
Chremonidou	8 D4
Christianoupoleos	6 D5
Christokopidou	1 C5
Christou Lada	8 F3
Christou Vournasou	4 E3
Chrysafi	7 B4
Chrysanthou Serron	3 B3
Chrysolora	3 A2
Chrysospiliotissis	2 D5
Chrysostomou	6 E2
Chrysostomou Smyrnis, Leof	8 D5

Chrysostomou Smyrnis	8 E3	Efroniou	7 C2	Feidiou	2 E3	**H**
Chrysoupoleos	8 F5	Efthimou	7 B5	Ferekydou	7 B4	Hadriansbogen	6 E2
		Eftychidou	7 C3	Feron	2 D1	Harilaou Trikoupi	2 F3
D		Eirinis Athinaias	3 A2	Figaleias	5 B2	Hephaisteion	5 C1
		Ekalis	7 B4	Filadelfeias	1 C1	Historisches Nationalmuseum	2 E5
Dafnomili	3 A3	Ekataiou	6 E5	Filasion	5 A2		
Daidalou	6 E2	Ekfantidou	8 D4	Filellinon	6 F2		
Damagitou	7 A5	Ekklision	8 E5	Filetairou	7 B5	**I**	
Damareos	7 B5	Elas Artemisiou	1 A4	Filikis Etairias, Plateia	3 B5	Iakchou	1 A5
Damasippou	4 F4	Elefsinion	1 B2	Filimonos	4 E3	Iasiou	4 D5
Damaskinou	3 C2	Eleftheriou Venizelou	4 E3	Filoktitou	7 C5	Iasonos	1 B3
Dameou	1 A4	Eleftheriou Venizelou	7 A1	Filolaou	7 B5	Iatridou	4 D4
Dania	5 B4	Eleftheriou Venizelou, Pl	8 E5	Filopappou	5 B4	Iera Odos	1 A4
Daponte	3 B2	Ellanikou	7 B2	Filota	5 A3	Ierofanton	1 A5
Daskalogianni	4 D2	Ellinos	7 B4	Flessa	6 E1	Ieronos	8 D3
Defner	6 F4	Ellis	2 E1	Foinikos	7 C5	Ierotheou	1 C3
Deinarchou	5 C4	Emmanouil Benaki	2 E3	Foivou	6 F2	Ifaistou	5 C1
Deinocharous	5 A4	Empedokleous	7 B4	Fokaias	8 E2	Ifikratous	8 D3
Deinokratous	3 B5	Epidavrou	1 A1	Fokaias	8 F5	Igiou	5 A1
Deinostratou	6 E5	Epifanou	5 C3	Fokianou	7 B2	Igisandrou	7 A2
Dekeleias	8 E2	Epikourou	1 C4	Fokionos	6 E1	Ignatiou	7 C5
Delfon	3 A4	Epiktitou	7 C3	Fokou	1 A4	Iktinou	2 D4
Deligianni	1 B2	Epimenidou	6 E2	Fokylidou	3 A4	Iliados	7 B5
Deligianni	2 F2	Epimitheos	7 B4	Formionos	8 D2	Iliodorou	7 B3
Deligiorgi	1 C3	Eptachalkou	1 B5	Fotakou	5 C4	Iliou	1 C2
Dervenion	2 F2	Eratosthenous	7 B2	Fotiadou	7 A3	Ilioupoleos	6 F5
Dexileo	6 F4	Eratyras	1 C1	Fotomara	6 D5	Ilision	4 F5
Dexippou	6 D1	Erechtheion	6 D2	Frantzi Kavasila	3 B2	Inglesi	6 E4
Diagora	7 B4	Erechtheiou	6 D3	Frouda	4 D1	Ioanni Athanasiadi	4 F2
Didotou	3 A4	Erechtheos	6 D2	Frynichou	6 E2	Ioanni Grypari	5 A5
Didymou	2 D1	Eressou	2 F2	Frynis	7 C3	Ioanni Iakovo Mager	2 D2
Digeni Akrita	3 B2	Eretrias	1 A2	Frynonos	7 B5	Ioanninon	1 B1
Dikaiarchou	7 B4	Ergotimou	8 D2	Fthiotidos	4 F1	Ioannou Gennadiou	3 D5
Dikaiou	5 C4	Erifylis	8 D2	Fylis	2 D1	Iofontos	8 D2
Dilou	8 F5	Ermagorou	1 A2	Fyllidos	5 A1	Iolis	6 F4
Dimis	1 C1	Ermionis	7 C2			Ionias, N.	7 C5
Dimitressa	4 E5	Ermou	1 B5	**G**		Ionon	5 A3
Dimitsanas	4 E2	Errikou Traimper	1 C2	Galateias	5 A1	Iosif Dragoumi	7 D1
Dimocharous	4 D4	Erysichthonos	5 A1	Galinou	5 B4	Iosif Momferratou	3 B1
Dimofontos	5 A2	Erythraias	8 E5	Gamvetta	2 E3	Iosif Ton Rogon	6 E3
Dimokratias, Leoforos	8 E3	Erythraias	8 F4	Gargarettas, Plateia	6 D4	Ioulianou	1 C1
Dimokritou	3 A5	Eslin	4 F2	Garibaldi	5 C3	Ioustinianou	2 F1
Dimosthenous	1 A2	Ethnarchou Makariou	8 F3	Garnofsky	5 C3	Ipeirou	2 D1
Dimoulitsa Pargas	4 E1	Evangelismos	3 C5	Gazias	8 F1	Ipitou	6 E1
Diocharous	7 D1	Evangelismos	7 C1	Gedrosias	4 F5	Ipparchou	6 E5
Diofantou	7 B2	Evangelistrias	2 E4	Gelonos	4 E3	Ippodamou	7 B3
Diogenous	6 D1	Evangellou Martaki, Pl	8 D4	Gennadeion	3 C4	Ippokrateio	4 F3
Diomeias	6 E1	Evdoxou	6 E5	Gennaiou Kolokotroni	5 A4	Ippokratous	2 E4
Dionysiou Aiginitou	5 B2	Evelpidos Rogkakou	3 A4	George	2 E3	Ippomedontos	7 C2
Dionysiou Areopagitou	5C2	Evgeniou Voulgareos	7 A4	Georgiou B, Leoforos V.	7 B1	Ipponikou	6 D5
Dionysiou Efesou	4 D1	Evmenous	7 B4	Geraniou	2 D4	Irakleidon	5 A1
Dionysiou Therianou	3 A1	Evmenous	7 C5	Germanikou	1 B4	Irakleitou	3 A5
Dioskoridou	7 B3	Evmolpidon	1 A5	Gerodimou	4 D2	Irakleous	6 D4
Dioskouron	6 D1	Evneidon	1 A5	Geronta	6 E2	Iras	6 E4
Dipylou	1 B5	Evpolidos	2 D4	Gerostathi	4 D3	Iridanou	4 E5
Distomou	1 A1	Evrimedontos	1 A4	Giannetaki	5 C5	Iridos	7 B4
Dodekanisou	8 E5	Evripidou	1 C4	Gianni Statha	3 A4	Irodotou	3 B5
Doras D'istria	3 B4	Evropis	5 B5	Giatrakou	1 B3	Irodou Attikou	7 A2
Dorylaiou	4 E3	Evrostinis	1 B1	Gkika	5 A3	Irofilou	3 C4
Dorou	2 E3	Evrou	4 F4	Gkioni	6D4	Ironda	7 B2
Douridos	7 C3	Evrydikis	8 D2	Gkoufie	5 C4	Ironos	7 B3
Doxapatri	3 B3	Evrynomis	5 A3	Gkoura	6 E2	Iroon, Plateia	2 D5
Doxatou	1 A3	Evzonon	4 D5	Gkyzi	3 C2	Iroon Skopeftiriou	8 E3
Dragatsaniou	2 E5	Exarcheion, Plateia	2 F2	Gladstonos	2 E3	Iros Konstantopoulou	8 F4
Dragoumi	8 E1	Exikiou	1 C1	Glafkou	6 F4	Isaiou	7 C4
Drakontos	8 D2			Glykonos	3 B5	Isavron	3 A2
Drakou	5 C3			Gordiou	1 A1	Isiodou	7 B2
Dyovounioti	5 B4	**F**		Gorgiou	6 F3	Ivykou	7 B3
		Faidonos	8 D3	Grab des Unbekannten Soldaten	6 F1		
E		Faidras	5 B1	Granikou	1 B4	**J**	
Edouardou	2 F5	Faidrou	7 C2	Gravias	2 E3	Jüdisches Museum	6 F2
Efatosthenous	7 B3	Fainaretis	5 C3	Griechisches Volkskundemuseum	6 F2		
Efesiou	1 A5	Faistou	2 D1	Grigoriou	8 D2	**K**	
Efforionos	7 B3	Falirou	5 C5	Grigoriou Labraki	5 A5	Kairi	2 D5
Efmolpou	6 F2	Fanarioton	3 C2	Grigoriou Theologou	3 C3	Kaisareias	4 F3
Efpatorias	4 F2	Farmaki	6 E2	Grivogiorgou	4 D5	Kaisareias	8 E5
Efpatridon	1 A4	Farsalon	1 A2				
		Favierou	1 C2				

KARTENREGISTER | 129

Name	Ref
Kakourgo Dikeiou	2 D5
Kalaischrou	6 E3
Kalamida	2 D5
Kalamiotou	2 E5
Kalchantos	8 F4
Kalkon	6 D5
Kallergi	1 C3
Kallidromiou	2 F1
Kalliga	3 B1
Kallikratous	3 A3
Kallimachou	7 C2
Kallimarmaro-Stadion	7 B3
Kallirois	5 A4
Kallisperi	6 D3
Kallisthenous	5 A3
Kalogrioni	6 D1
Kaltezon	1 A2
Kalvou	3 B1
Kalypsous	1 A4
Kamaterou	2 D2
Kanari	3 A5
Kanari	8 D5
Kanellopoulos-Museum	6 D2
Kaningos	2 E3
Kaningos, Plateia	2 E3
Kapetan Petroutsou	4 F2
Kaplanon	2 F4
Kapnikarea	6 E1
Kapnikareas	6 D1
Kapno	2 D2
Kapodistriou	2 E2
Kapsali	3 B5
Karachristos	4 D4
Karaiskaki	1 C5
Karaiskaki, Plateia	1 C3
Karatza	5 C4
Karea	6 F4
Karer	6 E4
Karitsi, Plateia	2 E5
Karneadou	3 C5
Karodistriou	5 A5
Karoiou	1 C3
Karori	2 D5
Kartali	4 F4
Karyatidon	6 D3
Karydi	5 A1
Kassianis	3 C2
Katsantoni	3 A1
Katsikogianni	1 C5
Kavalotti	6 D3
Kedrinou	4 E1
Kekropos	6 E2
Kelsou	6 F5
Kennenty	8 E3
Kerameikos	1 B5
Kerameikou	1 A4
Kerameon	1 B2
Keramikmuseum Kyriazopoulos	6 D1
Kerasountos	4 F4
Keratsiniou	1 A3
Kerkinis	4 E2
Kiafas	2 E3
Kilkis	1 A1
Kimonos	1 A2
Kiou Petzoglou	8 E2
Kioutacheias	8 E4
Kirras	4 F1
Kisamou	8 E5
Kitsiki Nikolaou, Plateia	3 C4
Klada	6 D5
Kladou	6 D1
Klathmonos, Plateia	2 E4
Kleanthi	7 B2
Kleious	1 A1
Kleisouras	8 E1
Kleisovis	2 E3
Kleisthenous	2 D4
Kleitomachou	7 A3
Kleitou	2 E4
Kleomenous	3 B4
Kleomvrotou	1 A4
Klepsydras	6 D2
Kodratou	1 B2
Kodrika	2 D5
Kodrou	6 E1
Koimiseos Theotokou	8 F3
Kokkali	4 E4
Kokkini	6 E4
Kolchidos	4 F1
Koletti	2 F3
Kolofontos	8 D2
Kolokotroni	2 E5
Kolokynthous	1 B3
Kolonakiou, Pl	3 B5
Kolonou	1 B3
Komninon	3 B2
Koniari	4 D3
Kononos	8 D2
Konstantinou Lourou	4 E4
Konstantinoupoleos, Leof	1 A3
Kontogoni	3 C1
Kontoliou	8 D5
Korai	2 E4
Korai	7 C5
Kordeliou	8 E5
Korinis	1 C4
Korinthou	1 A1
Koromila	5 C5
Koronaiou	4 F5
Koroneias	4 E2
Koronis	3 A3
Korytsas	8 F5
Koryzi	6 E4
Kosma Aitolou	4 D2
Kosma Melodou	3 B3
Kotopouli, M.	2 D3
Kotyaiou	4 E3
Kotzia, Plateia	2 D4
Koukakiou, Plateia	5 C4
Kouma	3 A1
Koumanoudi	3 B1
Koumoundourou	2 D3
Koumpari	7 A1
Kountourioti, Plateia	5 B5
Kountouriotou	2 F2
Koutsikari	4 E1
Kraterou	4 F5
Kraterou	8 F1
Kratinou	2 D4
Kriegsmuseum	7 C1
Kriezi	1 C5
Kriezotou	2 F5
Krinis	8 F5
Krisila	7 B4
Kritis	1 C1
Kritonos	8 D1
Kropias	1 B1
Krousovou	8 E1
Ktisiou	7 C2
Ktisiviou	7 B3
Kydantidon	5 A3
Kydathinaion	6 E2
Kymaion	5 A1
Kynaigeirou	1 B2
Kyniskas	7 A4
Kyprou, Leof	8 D5
Kyrillou Loukareos	4 D2
Kyrinis	3 C2
Kyvellis	2 E1

L

Name	Ref
Lachitos	4 E4
Laertou	8 E4
Lakedaimonos	4 F1
Lamachou	6 F2
Lamias	4 F2
Lampardi	3 C2
Lampelet	1 B1
Lamprou Katsoni	3 C2
Lampsakou	4 E4
Laodikeias	4 F5
Larissa	1 B1
Larissis	1 B1
Larisis, Plateia	1 C1
Laskareos	3 B2
Laspa	3 B2
Lassani	6 D5
Lavragka	1 B2
Lazaion	5 C4
Lefkippou	8 D4
Lefkotheas	8 D4
Lekka	2 E5
Lempesi	6 E3
Lenorman	1 A1
Leocharous	2 E5
Leokoriou	1 C5
Leonida Drossi	3 C1
Leonidou	1 A4
Leonnatou	1 B3
Lepeniotou	1 C5
Leventi	3 B5
Levidou	8 E2
Limpona	2 D5
Liosion	1 C1
Litous	8 F5
Livini	4 D2
Livyis	4 F5
Lofos Ardittou	7 A3
Lofos Finopoulou	3 B1
Lomvardou	3 B1
Longinou	6 F4
Lontou	2 F3
Louizis Riankour	4 F2
Louka	1 C5
Loukianou	3 B5
Lydias	8 F3
Lykavittos	3 B3
Lykavittou	3 A5
Lykavittou, Plateia	3 A4
Lykeiou	7 B1
Lykofronos	7 B5
Lykomidon	5 B1
Lykourgou	2 D4
Lysikrates-Denkmal	6 E2
Lysikratous	6 E2
Lysikratous, Pl	6 E2
Lysimachias	6 D5
Lysimachou	7 C5
Lysippou	7 B3

M

Name	Ref
Madritis, Plateia	7 D1
Maiandrou	4 E5
Maiandroupoleos	4 F1
Mainemenis	4 F1
Makedonias	2 D1
Makedonon	4 E3
Makri	6 E3
Makris	8 F5
Makrygianni	6 E3
Makrynitsas	4 F1
Malamou	6 F4
Mamouri	1 C1
Manis	2 F3
Manoliasis	8 E2
Manou	8 D3
Mantineias	8 F5
Mantzakou	3 A2
Mantzarou	3 A4
Marasli	3 C5
Marathonos	1 B3
Marikas Iliadi	4 E3
Marinekrankenhaus	4 D4
Marinou Charvouri	6 F4
Markidi	4 F2
Markou Evgenikou	3 C2
Markou Mousourou	7 A3
Markou Mpotsari	5 C4
Marni	1 C3
Massalias	2 F4
Matrozou	5 B5
Mavili, Plateia	4 E3
Mavrikiou	3 B2
Mavrokordatou	2 E3
Mavrokordatou, Plateia	2 D2
Mavromataion	2 E1
Mavromichali	2 F3
Megalou Alexandrou	1 A4
Megalou Spilaiou	4 E2
Megaron-Mousikis-Konzerthalle	4 E4
Meintani	5 C5
Melanthiou	2 D5
Meleagrou	7 B2
Melidoni	1 B5
Melissou	7 C4
Menaichmou	6 E4
Menandrou	1 C4
Menedimou	1 B1
Menekratous	6 F5
Menonos	6 F5
Merkourie, M.	4 D4
Merlie Oktaviou	3 A3
Merlin	3 A5
Mesogeion	8 D3
Mesolongiou	2 F3
Mesolongiou	8 E5
Mesolongiou, Plateia	8 D3
Messapiou	5 A4
Metageneous	6 E5
Metaxourgeiou, Plateia	1 B3
Meteoron	7 A5
Methonis	2 F2
Metonos	1 C4
Metsovou	2 F1
Mexi Ventiri	4 D5
Miaouli	2 D5
Michail Karaoli	8 F2
Michail Mela	4 D3
Michail Psellou	3 A1
Michail Voda	2 D1
Michalakopoulou	4 E5
Mikras Asias	4 F4
Mileon	4 F2
Milioni	3 A5
Miltiadou	2 D5
Mimnermou	7 B2
Miniati	7 A3
Mirtsiefsky	5 A4
Misaraliotou	6 D3
Misountos	8 E3
Misthou	8 D2
Mitromara	6 D3
Mitroou	6 D1
Mitropoleos	6 D1
Mitropoleos, Plateia	6 E1
Mitropoli	6 E1
Mitsaion	6 D3
Mnisikleous	6 D1
Momferratou	3 B1
Monastiraki	2 D5
Monastirakiou, Plateia	2 D5
Monastiriou	1 A3
Monemvasias	5 B5
Monis Asteriou	6 E2
Monis Petraki	4 D4
Monis Sekou	8 D2
Moraiti, A.	3 C5
Moreas, Z.	5 C4
Morgkentaou	8 D5
Moschonision	8 F3
Mourouzi	7 B1
Mousaiou	6 D1
Mousikis Megaro	4 E4
Mouson	5 C4
Moustoxydi	3 A1
Mpalanou	7 A3
Mpeles	5 B4
Mpenaki Panagi	3 C2
Mperantzofsky	5 A4
Mpiglistas	8 E2

Mpotasi	2 E2	**O**		Patriarchou Ieremiou	4 D2
Mpoukouvala	4 D2	Oberländer-Museum	1 B5	Patriarchou	
Mpoumpoulinas	2 F2	Odemisiou	8 E4	Ioakeim	3 B5
Mpousgou	3 A1	Odysseos	1 B3	Patriarchou	
Museum der Athener Universität	6 D1	Odysseos Androutsou	5 C5	Sergiou	3 B3
Museum der Stadt Athen	2 E5	Ogygou	1 C5	Patron	1 B1
Museum für griechische Volksmusikinstrumente	6 D1	Oikonomou	2 F2	Patrou	6 E1
Museum für Kykladische Kunst	7 B1	Oitis	3 A4	Pazikotsika	6 F4
Mykalis	1 A4	Oitylou	4 F1	Peiraios	1 A5
Mykinon	1 A4	28 Oktovriou	2 E3	Peloponnisou	1 B1
Mykonos	1 C5	Olympiados	8 D5	Pelopos	1 B2
Myllerou	1 B3	Olympiou	5 C5	Pentapotamias	4 F5
Mylon	1 A1	Omirou	2 F5	Pentelis	6 E1
Myrinousion	1 B2	Omonia	2 D3	Perikleous	2 E5
Myrmidonon	5 A1	Omonia, Plateia	2 D3	Perraivou	6 E4
Myronidou	1 A4	Oreon	4 F2	Pesmatzoglou	2 E4
Mysonos	6 E5	Orestiados	4 E2	Peta	6 F2
Mystra	4 D1	Origenous	3 B3	Petmeza	6 D4
		Orkart	5 A4	Petraki	6 E1
		Orlof	5 C4	Petras	1 A1
N		Orminiou	8 E1	Petrou Dimaki	3 A4
Nafpaktias	8 F4	Othonos	6 F1	Petsovou	3 A2
Nafpliou	1 A2	Otryneon	5 B1	Philopappos-Denkmal	5 C3
Naiadon	7 C1	Oulof Palme	8 F2	Philopappos-Hügel	5 B3
Nakou	6 E4	Oumplianis	8 E1	Pierias	1 A3
Nationalbank	6 F1	Outsika	8 E1	Piga, M.	7 A3
Nationalbibliothek	2 F4	Ozolon	4 F5	Pindarou	3 A5
Nationales Forschungszentrum	7 C1			Pindou	8 F5
Nationalgalerie	8 D1			Pinelopis	1 B3
Nationalgärten	6 F2	**P**		Pinotsi	5 B4
Nationaltheater	2 D3	Padova	5 A1	Pissa Efstratiou	5 C5
Navarchou Apostoli	1 C5	Pafsaniou	7 B2	Pittaki	1 C5
Navarchou Nikodimou	6 E1	Pagkratiou, Plateia	7 C3	Pittakou	6 E2
Navarchou Voulgari	5 A2	Paianieon	1 B3	Pláka	6 E2
Navarinou	2 F3	Palaiologou, K.	1 C2	Plapouta	2 F1
Nazianzou	7 C5	Palaion Patron Germanou	2 E4	Plastira, Plateia	7 B3
Nazliou	8 D5	Palamidiou	1 A2	Plataion	1 A4
Nearchou	7 C5	Palingenesias	4 D2	Platonos	1 A2
Neas Efesou	8 F3	Pallados	2 D5	Platypodi	4 D1
Neofronos	8 E1	Pallinaion	5 A2	Plionis	4 F1
Neofytou Douka	7 B1	Pamfilis	5 A3	Plithonos	3 B2
Neofytou Metaxa	1 C1	Panagi Kyriakou	4 E3	Plotinou	7 B4
Neofytou Vamva	7 B1	Panagi Tsaldari	1 A5	Ploutarchou	3 C5
Neoptolemou	7 C4	Panagi Tsaldari	5 A5	Pnykos	5 B2
Nestou	4 F4	Panagi Tsaldari	8 D5	Pnyx	5 B2
Nezer	6 E4	Panagia Gorgoepikoos	6 E1	Poikilis	6 D1
Nika Louka	1 C5	Panagiotara	4 D1	Polemokratous	7 C2
Nikandrou	7 B2	Panaitoliou	5 B4	Polemonos	7 C2
Nikiforidi Nik	8 E4	Panathinaikou	4 E2	Polydamantos	7 B3
Nikiforou	1 C3	Pandrosou	6 D1	Polydorou	1 B2
Nikiforou Lytra	3 C1	Panepistimiou	2 E3	Polykleitou	2 D5
Nikiforou Ouranou	3 A3	Panionou	8 F3	Polykleous	6 F5
Nikiou	2 D5	Panormou	4 F2	Polytechneiou	2 E2
Nikis	6 F1	Pantazopoulou, Plateia	1 B1	Polytechnische Hochschule	2 E2
Nikitara	2 E3	Panos	6 D1	Polyzoidou	3 C1
Nikolaou Dimitrakopoulou	5 B5	Papadiamantopoulou	4 E5	Polyzoidou	8 F5
Nikolaou-Iosif Maizonos	1 B2	Papadima	4 D4	Pontiou	4 E4
Nikolaou Kosti	1 A1	Papadopoulou	4 E3	Portas	8 E1
Nikomideias	1 C1	Papagianni	4 D4	Potamianou	4 E5
Nikosthenous	7 C3	Papanikoli	2 D5	Poukevil	1 C2
Nikotsara	4 D2	Paparrigopoulou	2 E5	Poulcherias	3 A2
Nileos	5 A1	Paparrigopoulou	3 B1	Pouliou	4 F2
Nimits	4 D5	Papathymiou	4 D2	Poulopoulou	5 B1
Niriidon	8 D1	Papatsori	3 C2	Pramanton	5 A4
Nisyrou	1 B2	Pappa, A.	4 E3	Präsidentenpalast	7 B2
Nonakridos	4 F1	Paradesiou	8 E5	Prassa	3 A4
Notara	2 F2	Paramythias	1 A4	Pratinou	7 C3
Noti Mpotsari	5 C4	Paraskevopoulou	6 E4	Praxitelous	2 E5
Nymfaiou	4 F5	Parmenidou	7 B4	Premetis	8 E1
Nymfaiou	8 E5	Parnassou	2 E4	Priinis	4 E1
Nymphenhügel	5 A2	Parthenon	6 D2	Priinis	8 E2
		Parthenonos	6 D3	Proairesiou	7 B4
		Pasitelous	7 C3	Prodikou	1 A4
		Paster	4 F3	Profiti Ilia, Plateia	7 C4
		Patision	2 E3	Profitou Daniel	1 A3
		Patouxa	2 E3	Proklou	7 B4
		Patriarchou Fotiou	3 A3	Promachou	6 D3
		Patriarchou Grigoriou	2 F4	Propylaia	5 C2
				Propylaion	5 C3
				Protagora	7 B3
				Protesilaou	8 E4
				Protogenous	2 D5
				Prousou	4 E2
				Prytaneiou	6 D2
				Psallida	3 A1
				Psamathis	5 A3
				Psaromiligkou	1 B5
				Psaron	1 C2
				Psiloreiti	1 B1
				Psylla	6 F2
				Ptolemaion	7 C2
				Ptoou	5 A4
				Pylarou	7 B3
				Pyloy	1 A2
				Pyrgotelous	7 C3
				Pyrgou	1 B1
				Pyrronos	7 B4
				Pyrrou	7 C3
				Pyrsou	1 A2
				Pytheou	6 E4
				Pythodorou	1 A3
				R	
				Ragkava	6 E2
				Ragkavi	3 C1
				Ramnes, Plateia	1 A3
				Rathaus	2 D4
				Ratzieri	5 C3
				Ravine	4 D5
				Renti	6 D4
				Rethymnou	2 E1
				Riga Feraiou	2 F4
				Rigillis	7 B1
				Rizari	7 C1
				Roidi	4 D1
				Roikou	6 E5
				Roma	3 A5
				Romanou Melodou	3 B3
				Romvis	2 E5
				Roumelis	5 A4
				Roumelis	8 F1
				Rovertou Galli	5 C3
				Russische Dreifaltigkeitskirche	6 F2
				S	
				Sachini	1 C2
				Sachtouri	1 C4
				Salaminos	1 A3
				Samou	1 C2
				Samouil, K.	1 B4
				Sampsountos	4 F1
				Santaroza	2 E4
				Sapfous	1 C4
				Sarantapichou	3 B3
				Sarantaporou	5 A5
				Saripolou	2 F1
				Saripolou	5 A5
				Sarri	1 C5
				Satomis	8 F1
				Satovriandou	2 D3
				Schina, K.	3 B1
				Schliemann-Haus	2 F5
				Scholis, Ev.	8 E5
				Sechou, A.	6 E4
				Sechou Despos	6 D4
				Seirinon	8 E5
				Seizani	8 E4
				Sekeri	7 A1
				Sellasias	1 C2
				Semelis	4 F5
				Semitelou	4 E4
				Serron	1 A3
				Sevasteias	4 F4
				Sfakion	1 C1
				Sfaktirias	1 A4
				Siatistis	1 A3
				Sidirodromon	1 B2
				Sikelias	5 C5
				Sikyonos	1 A2
				Sina	2 F5
				Sisini	4 D5
				Sismani	6 E4
				Sithonias	4 F1
				Sivrisariou	8 D5
				Skaltsa Dimou	4 E1
				Skaramagka	2 E1

KARTENREGISTER | 131

Skopetea Leonida	4 D3	Stratigou Kontouli	6 D4	Tsokri, Plateia	6 E3	Voreou	2 D5
Skoppa	6 E1	Stratiotikou		Turm der Winde	6 D1	Voreiou Ipeirou	8 D5
Skoufa	3 A4	Syndesmou	3 A4	Tydeos	7 C4	Voukourestiou	2 F5
Skoufou	6 E1	Stratonos	6 E2	Tymfristou	6 E4	Voulgari	1 C3
Skoura	6 E2	Stravonos	8 D3	Tyrnavou	1 A2	Voulgaroktonou	3 A2
Skouze, Plateia	7 B2	Strefi-Hügel	3 A2	Tyrtaiou	6 F4	Vouli	7 A1
Skylitsi	2 F1	Streit	2 D4	Tzavella	2 F3	Vouliagmenis, Leof	6 F4
Smith, J.	5 B2	Syinis	4 E3	Tziraion	6 E3	Voulis	6 E1
Smolensky	3 A3	Synesiou	3 C2			Vourvachi	6 E4
Smyrnis	2 D1	Syngrou	8 D1	**U**		Voutadon	1 A5
Smyrnis	8 F3	Syntagma	6 F1			Voutie	5 A4
Smyrnis, Plateia	8 D5	Syntágma, Plateia	6 F1	Universität Athen	2 F4	Vrasida	8 D1
Sofokleous	1 C4	Syrakou	1 B1			Vrastovou	4 F1
Sokratous	2 D4			**V**		Vrazilias, Plateia	4 E5
Solioti	4 E1	**T**		V Sofias	7 A1	Vryaxidos	7 C4
Solomonidou	8 F3	Tempel des Olympischen Zeus	6 F3	Vaindiriou	8 D5	Vrygou	6 D5
Solomou	2 E2	Theater des Herodes Atticus	5 C2	Vakchou	6 E2	Vryoulon	7 C5
Solonos	2 E3			Vakchylidou	4 F5	Vryoulon	8 F3
Sonierou	1 C2			Valaoritou	2 F5	Vyronos	6 E2
Sorvolou	6 F3	Theatrou, Plateia	1 C4	Valavani	5 A3	Vyssis	2 D5
Sosou	7 B5	Theokritou	6 D4	Valetta	4 F5	Vyzantiou	6 D4
Sostratou	6 E5	Theonos	6 E5	Valsamonos	3 C2	Vyzantiou	8 E3
Sotiri Petroula, Plateia	1 A1	Theopompou	7 B2	Valtetsiou	2 F3		
Sotiros	6 E2	Theorias	5 C2	Varnava, Plateia	7 B4	**W**	
Souidias	3 C5	Theotoki	7 A3	Varoutidi, Plateia	8 E5	Wemster	5 C3
Souliou	2 F3	Thermopylon	1 A3	Varvaki	3 C1		
Souliou, Plateia	8 E4	Thespidos	6 E2	Vasileiou Laskou	8 E4	**X**	
Sourl, G.	6 F1	Thespieon	1 A3	Vasileos Alexandrou, Leof	7 D1	Xanthippou	3 B5
Sourmeli	2 D2	Thesproteos	3 A1	Vasileos Georgiou	6 F1	Xanthis	8 E5
Soutsou	3 B1	Thesprotias	1 B1	Vasileos Konstantinou, Leof	7 B2	Xanthou	3 B5
Spefsippou	3 B5	Thessalonikis	1 A5			Xenias	4 F4
Spyridonos Trikoupi	2 F2	Thetidos	7 D1	Vasiliki	5 B1	Xenofanous	7 A4
Spyrou	7 B4	Thironos	8 D2	Vasilikis	2 D5	Xenofontos	6 F1
Spyrou Donta	6 E4	Thiseio	1 B5	Vasilissis Amalias, Leof	6 F2	Xenokleous	7 C3
Spyrou Merkouri	7 C3	Thiseiou	1 C5			Xenokratous	3 C5
St Laiou	4 F1	Thiseos	2 E5	Vasilissis Olgas, Leof	6 F2	Xifiou	3 C2
Stadiou	2 E4	Thiseos	5 A5			Xouthou	2 D3
Stadiou, Plateia	7 A3	Tholou	6 E2	Vasilissis Sofias, Leof	3 D5	Xydia	6 E5
Städtische Kunstgalerie	1 C4	Thorikion	5 A1			Xyniados	4 E2
Staikou	2 F4	Thoukididou	6 E1	Vassani	5 A3	Xypetis	8 F4
Stasinou	7 B2	Thrakis	1 C1	Vassou Timoleontos	4 E3		
Stathogianni	5 C4	Thrasyllou	6 E2			**Y**	
Stavrou, G.	2 E4	Thrasyvoulou	6 D1	Vatatzi	3 B2	Ydras	5 A5
Steirieon	5 A1	Thriasion	5 A2	Vatheos	4 F2	Ymittou	7 B5
Stenon	8 E1	Thyamidos	1 A1	Vatopediou	4 F2	Ypatias	6 E1
Stentoros	8 E4	Tilemachou	3 A3	Vatsaxi	2 D2	Ypatrou	3 A1
Stilponos	7 B4	Timanthous	6 E5	Vegoritidos	4 E2	Yperionos	5 A3
Stisichorou	7 B1	Timoleontos	6 F4	Veikou	5 B5	Ypsilantou	3 C5
Stisikleous	5 A2	Timotheou	7 C1	Veikou, Plateia	6 D4	Yvriou	6 F5
Stoa Athinon	2 E4	Timotheou	8 E4				
Stoa des Attalos	5 C1	Timoxenou	6 F5	Velestinou	4 F2	**Z**	
Stoa Dimosion Ypallilon	2 E4	Tompazi	1 C5	Velissariou	3 B2	Zacharitsa	5 C4
Stoa Emporiou	2 E4	Tositsa	2 F2	Veranzerou	2 D3	Zaimi	2 F3
Stoa Nikoloudi	2 E4	Tralleon	8 F3	Vergas	1 C1	Zalokosta	3 A5
Stoa Pesmazoglou	2 E4	Trapezountos	3 A3	Vergovitsas	4 D1	Zalongou	2 F3
Stoa Sofokli Venizelou	2 E4	Trapezountos	8 F5	Vernardaki	4 E1	Zappeion	6 F2
Stoa Spyromiliou	2 F5	Trikorfon	2 E1	Versi	7 B3	Zarifi	3 C1
Stoa Vyzantiou	2 F5	Trion Ierarchon	5 A2	Victor Hugo	1 C2	Zefxidos	6 E4
Stournari	2 D2	Tripodon	6 E2	Viktoria	2 E1	Zentralfriedhof	7 A4
Strataion	6 D3	Tritonos	5 A3	Vilara	1 C3	Zentralmarkt	2 D4
Stratigopoulou	3 B2	Trivonianou	6 F4	Vinkelman	7 A5	Zinni Anastasiou	5 C4
Stratigou Dompoli	7 A4	Troados	4 F1	Virginias Benaki	1 B3	Zinodotou	8 D3
Stratigou Ioannou	7 A4	Troon	5 A2	Vissarionos	2 F4	Zinonos	1 C3
		Trouman, Plateia	7 B2	Vitonos	5 A1	Zitrou	6 D3
		Tsakalof	3 A5	Vlachava	2 D5	Zografou	1 A3
		Tsamadou	2 F2	Vladimirou Mpensi	4 D5	Zonara	3 B2
		Tsami Karatasi	5 C4	Vlassopoulou	5 A4	Zoodochou Pigis	2 F3
		Tsangari	6 E2	Vogli	6 E2	Zosimou	3 B2
		Tsavella	8 E5	Voltairou	7 C5	Zossimadon	2 F2
		Tseliou Dimou	4 E1	Vonasera	6 E4		
		Tsiklitira	7 B3				
		Tsimiski	3 B3				

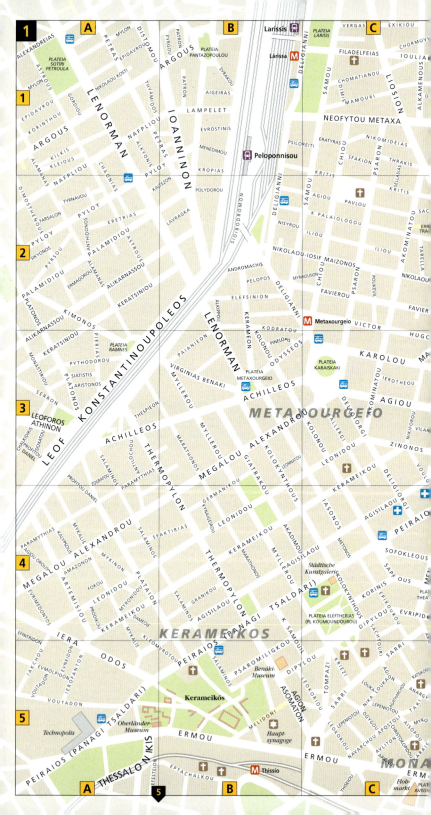

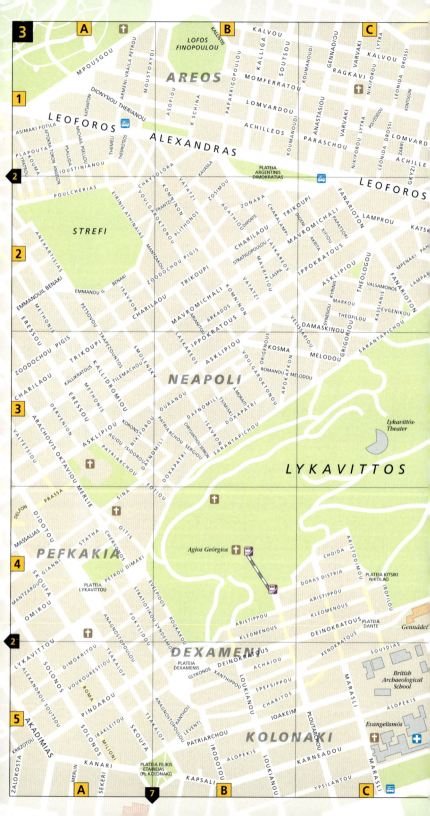

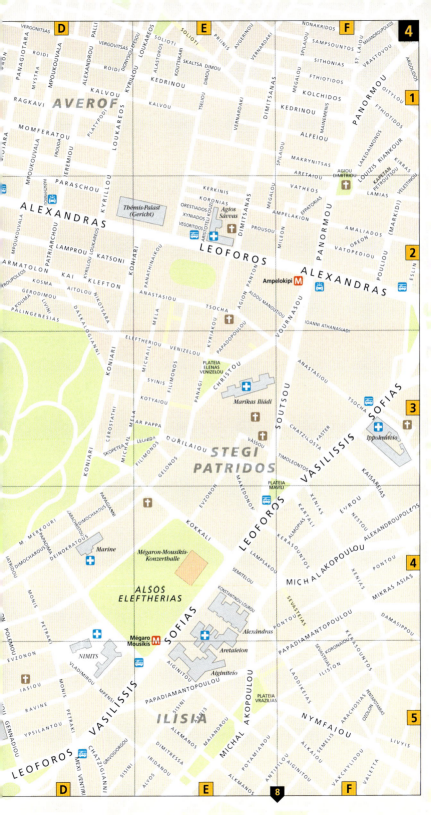

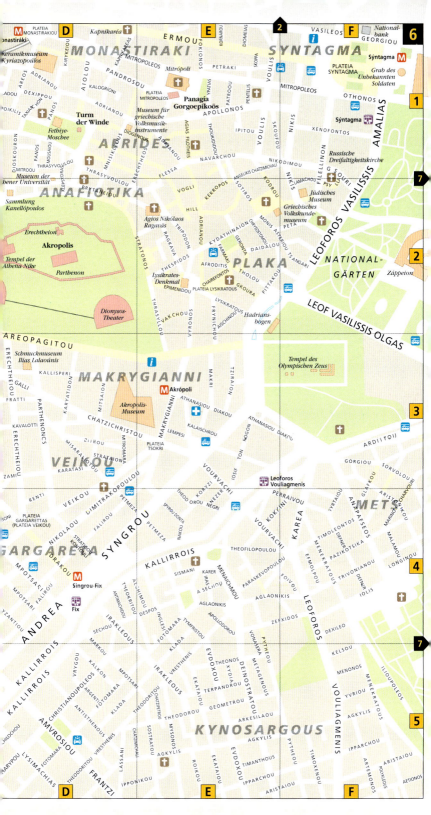

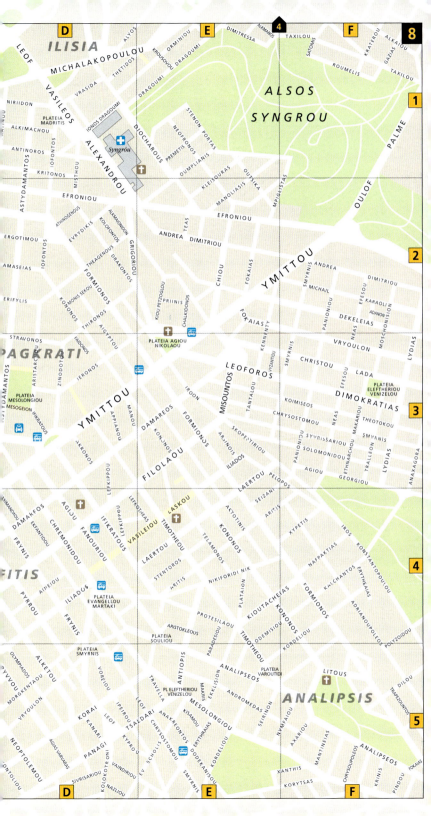

GRIECHISCHES FESTLAND

Das griechische Festland im Überblick	142–143
Attika	144–161
Peloponnes	162–205
Zentral- und Westgriechenland	206–235
Nordgriechenland	236–261

Das griechische Festland im Überblick

Die Attraktion des griechischen Festlands besteht in dem Reichtum an antiken Stätten inmitten großartiger Landschaft. Diese liegen vor allem im Süden, in der Umgebung Athens, an den Küsten Attikas und auf dem Peleponnes. Im Nordosten liegen makedonische Ruinen. Im ganzen Land gibt es byzantinische Kirchen und Klöster, allein 20 auf der Halbinsel Chalkidikí um den heiligen Berg Athos.

Die Region der Metéora-Klöster *(siehe S. 220f)* bietet atemberaubende Sandsteinfelsen. Auf deren Spitzen thronen die ältesten mittelalterlichen Klöster Griechenlands.

Im Antiken Delphi *(siehe S. 232–235)* liegen auf dem Parnass die beeindruckenden Ruinen der antiken Weissagungsstätte sowie die Relikte eines Theaters.

Im Antiken Olympia *(siehe S. 174–177)* fanden vom 8. Jahrhundert v. Chr. bis zum 4. Jahrhundert n. Chr. die Panhellenischen Spiele statt, Vorbild für die Olympischen Spiele der Neuzeit. Der abgebildete Hera-Tempel (6. Jh. v. Chr.) ist am besten erhalten.

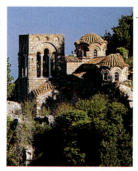

Mystrás *(siehe S. 196f)* ist, wie die abgebildete Kirche Agía Sofía zeigt, eine der am besten erhaltenen byzantinischen Stadtanlagen in Griechenland. Die mittelalterliche Stadt trotzte den Osmanen bis 1460.

Die Halbinsel Máni *(siehe S. 198–203)* dominieren Turmhäuser.

◀ Blick auf den Hafen von Lávrio, Attika *(siehe S. 152)*

DAS GRIECHISCHE FESTLAND IM ÜBERBLICK | 143

Thessaloníkis Archäologisches Museum *(siehe S. 250f)* besitzt herrliche Goldschätze aus den Gräbern der makedonischen Könige. Der abgebildete Bronzekopf (235 n. Chr.) zeigt Alexander Severus.

Das Kloster Osios Loukás *(siehe S. 226f)* liegt inmitten von Obstgärten. Die oktagonale Kuppel (11. Jh.) wurde oft kopiert. Das schlichte Äußere kontrastiert mit den Mosaiken auf goldenem Grund im Inneren.

Der Berg Athos wird seit 1060 ausschließlich von Mönchen bewohnt *(siehe S. 256–258)*.

Das Antike Korinth *(siehe S. 166–170)* war einst Hauptstadt der römischen Provinz Achaïa. Das Schmuckkapitell zeugt von dem alten Glanz.

Das Kloster Dáphni *(siehe S. 156f)* ist wegen der herrlichen byzantinischen Architektur und der Mosaiken in der Klosterkirche berühmt.

Attika
Seiten 144–161

Mykene *(siehe S. 182–184)* ist eine der ältesten griechischen Stätten (1550 v. Chr.). Das Löwentor führt in das einst von Agamemnon beherrschte Fort.

In Epídauros *(siehe S. 188f)* liegt eines der besterhaltenen Theater Griechenlands.

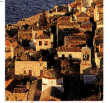

Monemvasiá *(siehe S. 190–192)*, der »einzige Zugang«, spielt auf die strategische Lage der byzantinischen Hafenfestung an. Die Vergangenheit als wichtigster Hafen im byzantinischen Griechenland spiegelt sich in der Altstadt wider.

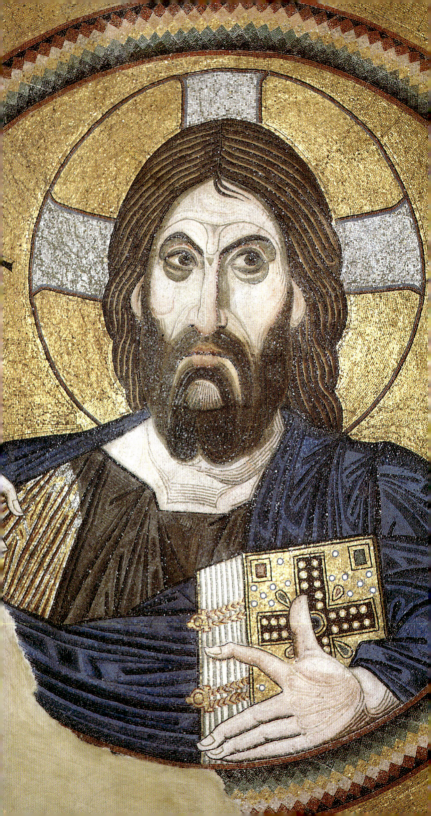

Attika

Attika, die Region um Athen, war das kulturelle Zentrum des antiken Griechenland und ist das Herz des modernen Landes. Die antiken Stätten zogen Archäologen ebenso wie Plünderer in Scharen an. Die attischen Bergregionen und die zerklüfteten Küsten boten in Notzeiten Schutz. Heute locken die Sandstrände an der Ostküste Erholungsuchende, die dem Lärm der Stadt Athen entfliehen wollen. Attika ist mit knapp vier Millionen Einwohnern die bevölkerungsreichste Region des südosteuropäischen Landes.

Der Reichtum Athens gründete sich auf die Region Attika. Für Tempel und Skulpturen wurde der am Ymittós und Pentéli gebrochene Marmor verwendet. Mit dem Erlös aus den Silberminen in Lávrio (Laúrion) wurde die Errichtung der Bauten finanziert. Die Landwirtschaft ernährte die Bevölkerung.

Attika war Schauplatz bedeutender historischer Ereignisse: Auf der Marathón-Ebene fand 490 v. Chr. eine der wichtigsten Schlachten in der griechischen Geschichte statt. Piräus, der größte Hafen des Landes, war auch Hafen des antiken Athen. Die wenig bekannten (und deshalb auch nicht überlaufenen) archäologischen Stätten Eleusis, Ramnous und Brauron setzen dem Trubel der Hauptstadt ländliche Ruhe entgegen. Der sehr gut erhaltene Poseidon-Tempel am malerischen Kap Soúnio dient Seefahrern seit Jahrhunderten zur Orientierung.

Attika besitzt auch viele architektonische Schätze aus byzantinischer Zeit, darunter die beeindruckenden Klöster Dáphni und Kaisarianí mit dekorativen Mosaiken und elegantem Mauerwerk.

Südöstlich von Athen herrschen ideale Wachstumsbedingungen für Getreide. In Mesógeia, dem Mittelland, ist der Weinbau vorherrschend. In der Region wachsen die Trauben für einige der besten Retsínas. Nördlich von Athen lädt der bewaldete Párnis zu Spaziergängen. Der Gipfel bietet eine herrliche Aussicht auf Athen.

Ruinen der Stoa der Arktoi in Brauron

◄ Christus Pantokrátor in der Kuppel des *katholikón* im Kloster Dáphni *(siehe S. 156f)*

Überblick: Attika

Attika erstreckt sich rund um das ausgedehnte Stadtgebiet Athens. Die Region kennzeichnen wilde Berglandschaften, byzantinische Klöster und Kirchen, archäologische Stätten und attraktive Sandstrände. Die Nähe zum Meer und zum Landesinneren ist Ursache für die Übervölkerung des Großraums Athen, mit der auch die Luftverschmutzung in Piräus und dem antiken Eleusis verbunden ist. Die Berge Párnis und Ymittós bieten eine reiche Fauna, einsame Wanderwege, Höhlen und eiskaltes Quellwasser. Im Sommer betreiben die Athener an den gepflegten Stränden an der Küste Wassersport und besuchen die dortigen Bars und Clubs. An der Straße nach Kap Soúnio liegen zahllose Fischtavernen. Die Felsbuchten sind ideal zum Schnorcheln.

Boote in dem Hafen Mikrolímano, Piräus

Legende
- Autobahn
- Hauptstraße
- Nebenstraße
- Panoramastraße
- Eisenbahn (Hauptstrecke)
- Eisenbahn (Nebenstrecke)
- Regionalgrenze

Weitere Zeichenerklärungen *siehe hintere Umschlagklappe*

In Attika unterwegs

Athens internationaler Flughafen Elefthérios Venizélos ist Drehscheibe für die Region. Von Athen führen zwei Straßen nach Südosten: die beliebte Küstenstraße von Piräus nach Soúnio sowie die Straße über Koropí und Markópoulo nach Pórto Ráfti und Lávrio an der Ostküste. Dies ist auch der Weg zur Abzweigung nach Rafína, wo die Fähren nach Euböa und zu den Kykladen ablegen. Es bestehen regelmäßige Busverbindungen zwischen Athen und allen Orten der Region. Zum Párnis und nach Nordattika führt die Nationalstraße A1 (E75).

ATTIKA | **147**

Poseidon-Tempel am Kap Soúnio

Zur Orientierung

Sehenswürdigkeiten auf einen Blick
1. Amphiáreion von Oropós
2. Ramnous
3. Marathón
4. Rafína
5. *Antikes Brauron S. 150f*
6. Pórto Ráfti
7. Lávrio
8. Soúnio
9. Attische Küste
10. Paianía
11. Attika Zoo
12. Moní Kaisarianí
13. Kifisiá
14. Párnis
15. *Kloster Dáphni S. 156f*
16. *Piräus S. 158f*
17. *Antikes Eleusis S. 160f*

0 Kilometer 10

Katholikón des Klosters Kaisarianí

Enkoimitírion beim Amphiáreion von Oropós

❶ Amphiáreion von Oropós
Αμφιαρείο του Ωρωπού

Kálamos, Attika. **Straßenkarte** D4.
22950 62144. Kálamos.
tägl. Feiertage.

Das Heiligtum von Oropós liegt am linken Ufer des von Kiefern und wildem Thymian bestandenen Cheímarros. Es war dem Amphiaraos geweiht, einem Helden, dem Heilkraft zugesprochen wurde und der auch in der Argonautensage erwähnt wird. In der Schlacht um Theben soll der verwundete Amphiaraos von Zeus gerettet worden sein. Der Sage nach spaltete sich die Erde und verschlang Amphiaraos mit seinem Streitwagen. Der Held trat an der heiligen Quelle der Stätte wieder hervor. Im Altertum wurden – in der Hoffnung auf gute Gesundheit – Münzen in die Quelle geworfen.

Nach der Errichtung des dorischen Tempels und des Opferaltars (4. Jh. v. Chr.) entwickelte sich das Amphiáreion zu einer bekannten Heilstätte. Am rechten Ufer des Flusses sind Ruinen von Häusern aus der Römerzeit zu sehen. Sie entstanden, als die Gegend ein beliebtes und viel besuchtes römisches Kurzentrum war. Das Enkoimitírion, die lange Stoa, ist das eindrucksvollste der Gebäude. Relikte sind erhalten. In der Stoa wurden Kranke durch Vollzug des schauerlichen Rituals *enkoimisis* behandelt, bei dem eine Ziege geopfert wurde. Der Patient verbrachte die Nacht in dem blutigen Fell des Tiers. Am nächsten Morgen verordneten Priester auf Basis ihrer Interpretation der Träume des Kranken die Medizin.

Oberhalb der Stoa befinden sich die Ruinen eines Theaters. Die Anlage besitzt ein *proskenion* (Bühne) sowie fünf mit Skulpturen geschmückte Marmorsessel, die als Ehrenplätze für Priester und andere hochrangige Gäste dienten. Die Sitze sind gut erhalten. Gegenüber dem Altar befindet sich eine Wasseruhr (4. Jh. n. Chr.).

Marmorsessel im Theater von Oropós

❷ Ramnous
Ραμνούς

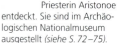

Attika. **Straßenkarte** D4. 22940 63477. Di–So 8–15 Uhr (nur Nemesis-Heiligtum). Feiertage.

Die Ruinen von Ramnous, dem einzigen der Rachegöttin Nemesis geweihten Heiligtum in Griechenland, liegen abgeschieden auf einer Anhöhe über dem Golf von Euböa. Das Heiligtum wurde unter dem byzantinischen Kaiser Arcadius verwüstet, der im Jahr 399 n. Chr. anordnete, alle erhaltenen Tempel zu zerstören.

Auf der Anlage sind die Ruinen zweier Tempel zu sehen. Der kleinere und ältere Thémis-Tempel aus dem 6. Jahrhundert v. Chr. wurde in der Antike als Schatzkammer und Lagerstätte genutzt. Nur die polygonalen Mauern sind erhalten geblieben. In der Cella wurden einige bedeutende Statuen der Göttin und ihrer Priesterin Aristonoe entdeckt. Sie sind im Archäologischen Nationalmuseum ausgestellt *(siehe S. 72–75)*.

Der größere Nemesis-Tempel aus der Mitte des 5. Jahrhunderts v. Chr. ähnelt in der Ausführung dem Hephaisteion auf der Antiken Agora in Athen *(siehe S. 94f)* und dem Poseidon-Tempel in Soúnio *(siehe S. 152f)*. Der dorische Tempel enthielt eine Nemesis-Statue,

Die Ruinen des Nemesis-Tempels in Ramnous

Hotels und Restaurants in Attika *siehe Seiten 270 und 286*

die Agorakritos, ein Schüler des Phidias *(siehe S. 102)*, schuf. Die Statue wurde in jüngster Zeit aus den Fragmenten teilweise rekonstruiert. Der Kopf der Statue befindet sich im British Museum in London.

Schiff im Hafen von Rafína

❸ Marathón
Μαραθώνας

Attika. Straßenkarte D4. 22940 55155. Stätte und Museum Di – So. Feiertage.

Die Marathón-Ebene war Schauplatz der siegreichen Schlacht der Athener gegen die Perser. Der vier Kilometer außerhalb der modernen Stadt Marathón (Marathónas) liegende Grabhügel für die Gefallenen hat einen Umfang von 180 Metern und eine Höhe von zehn Metern. Er birgt die Gebeine der 192 Athener, die bei der Schlacht ums Leben kamen. Eine schlichte, von dem Bildhauer Aristokles geschaffene Stele für den gefallenen Soldaten Aristion kennzeichnete die Stätte. Das Original ist im Archäologischen Nationalmuseum *(siehe S. 72 – 75)* in Athen ausgestellt. Die vor Ort befindliche Kopie trägt ein Epigramm des antiken Dichters Simonides: »Die Athener fochten bei Marathón an erster Stelle im griechischen Heer. Sie besiegten die an Schätzen reichen Perser und brachen ihre Vormacht.«

1970 wurden in dem nahe gelegenen Dorf Vraná die Grabhügel der Plataëer sowie Königsgräber aus mykenischer Zeit entdeckt. Die Plataëer hatten als einzige Verbündete Truppen zur Verstärkung der Athener in die Schlacht entsendet. Im **Marathón-Museum** sind Funde aus diesen Stätten zu sehen. Die Statuen im ägyptischen Stil (2. Jh. n. Chr.) wurden an den Ländereien des Herodes Atticus entdeckt, der in Marathón geboren wurde und aufwuchs. Der reiche Mäzen stiftete viele Bauwerke in Athen, u. a. das nach ihm benannte Theater *(siehe S. 101)*.

Umgebung: Den **Marathón-Stausee**, acht Kilometer westlich von Marathón gelegen, durchzieht ein schmaler Damm. Die Staumauer des Reservoirs besteht aus pentelischem Marmor. Sie wurde 1926 errichtet. Der Stausee wird von den Flüssen Charádras und Varnávas gespeist, die vom Párnis *(siehe S. 155)* herabfließen. Der Stausee war bis 1959 der einzige Wasserspeicher der Stadt Athen. Er bietet eine malerische Umgebung für ein Picknick.

Teller aus einem Plataëer-Grab

Schlacht von Marathón

Als der Perserkönig Dareios 490 v. Chr. in der Bucht von Marathón landete, schien ein Sieg der Griechen unmöglich: Die 10 000 griechischen Hopliten standen einer persischen Übermacht von etwa 25 000 Mann gegenüber. Der Triumph ging auf den Strategen Miltiades zurück, der entgegen der üblichen Schlachtordnung die Flügel des Heers verstärkte. Die von allen Seiten umzingelten Perser flüchteten schließlich zurück auf das Meer. Die Perser verzeichneten 6000 Gefallene, die Athener nur 192. Die Schlacht lieferte auch den Ursprung des Marathonlaufs: Ein griechischer Soldat lief in voller Rüstung die rund 41 Kilometer nach Athen, um den Sieg zu verkünden. Danach brach er vor Erschöpfung tot zusammen.

❹ Rafína
Ραφήνα

Attika. Straßenkarte D4. 9000.

Die unzähligen Ruderboote und Fähren im Hafen tragen zum Charme des Fischerdorfs bei. Rafína ist nach Piräus und Lávrio der drittwichtigste attische Hafen. Von hier starten Luftkissenboote und Fähren zu den Kykladen und anderen ägäischen Inseln.

Als Verwaltungsregion *(demes)* des antiken Athen hat die Siedlung eine lange Geschichte. Allerdings sind nur wenige historische Stätten erhalten. Die zahlreichen Fischlokale und Tavernen in Rafína sind exzellent. In den Restaurants am Ufer kann man das bunte Treiben im Hafen beobachten.

Umgebung: Nördlich von Rafína windet sich eine Straße zu dem landschaftlich schön gelegenen **Máti** hinauf. Der einst ruhige Weiler beherbergt heute zahlreiche schicke Cafés, Bars, Apartmenthäuser sowie die Sommerresidenzen wohlhabender Athener.

Vasenbild: Ein Grieche kämpft gegen einen berittenen Perser

❺ Antikes Brauron
Βραυρώνα

Das nahe Vravróna gelegene Brauron ist eine der faszinierendsten Stätten bei Athen. Vom einstigen Glanz ist nur wenig erhalten, die im Museum ausgestellten Funde bezeugen jedoch die große Bedeutung des Heiligtums der Artemis, der Beschützerin der Gebärenden und der Tiere *(siehe S. 57)*. Der Sage nach brachten Orestes und Iphigenie den Artemis-Kult nach Griechenland. Oberhalb des Heiligtums fand man Spuren einer neolithischen und einer mykenischen Siedlung. Berühmt wurde Brauron durch den Tyrannen Peisistratos, der die Athener im 6. Jahrhundert v. Chr. zum Artemis-Kult zwang.

Legende
① Artemis-Tempel
② Agios Geórgios
③ Heiliges Haus
④ Grab der Iphigenie
⑤ Stoa der Arktoi (»Bärinnenhalle«)
⑥ Schlafsäle
⑦ Säulengang
⑧ Steinbrücke

Stoa der Arktoi in Brauron

Überblick: Antikes Brauron
Das Zentrum der antiken Stätte liegt nördlich der prähistorischen Akropolis: Der dorische **Artemis-Tempel**, von dem die Fundamente erhalten sind, stand im Mittelpunkt des Heiligtums. Daneben befindet sich die **Agios Geórgios**, eine spätbyzantinische Kapelle, von der ein Pfad in südöstlicher Richtung zu dem **Grab der Iphigenie**, der Hohepriesterin der Artemis, führt. Im Südosten des wie eine Grotte gestalteten Grabs liegen die Fundamente des **Heiligen Hauses**, des Wohnhauses der Priesterinnen. Der größte Bau des Heiligtums, die **Stoa der Arktoi (Bärenmädchen)**, befindet sich im Nordosten. In dem Gebäude fand vermutlich der rituelle Bärentanz statt. Der Säulengang des Bauwerks datiert aus dem 5. Jahrhundert v. Chr. In dem hinteren Teil der Anlage lagen die Speise- und **Schlafsäle** der Mädchen, von denen nur Fundamente erhalten sind. Die steinernen Liegen und die Sockel der Statuen sind aber noch erkennbar. Im Westen der antiken Stätte befindet sich eine **Steinbrücke** aus dem 5. Jahrhundert v. Chr.

Brauronische Zeremonien
Das Fest wurde alle vier Jahre im Frühling als Sühnefeier für die Tötung eines der Lieblingsbären der Göttin Artemis veranstaltet. Über den Ritus ist wenig bekannt. Der Dichter Aristophanes erwähnt in seinem Werk *Lysistrata* Jungfrauen, die einen »Bärentanz« vorführen: Zwischen fünf und zehn Jahre alte Mädchen tanzen als Bären verkleidet in safranfarbenen Gewändern zu Ehren des heiligen Tiers.

Relief mit Pilgern vor dem Artemis-Altar während der brauronischen Zeremonien

Die kleine byzantinische Kapelle Agios Geórgios

Hotels und Restaurants in Attika siehe Seiten 270 und 286

ANTIKES BRAURON | **151**

Infobox

Information
10 km nordöstlich von Markópoulo, Attika.
Straßenkarte D4.
 22990 27020.
Stätte Di–So 8–14.45 Uhr.
Museum Di–So 8–14.45 Uhr.
1., 6. Jan, 25. März, Karfreitagvormittag, Ostersonntag u. -montag, 1. Mai, 25., 26. Dez.
Stätte teilweise.

Anfahrt

Retsína

Viele Griechen trinken heute zwar lieber Whisky als Wein, doch bei Urlaubern erfreut sich der Retsína nach wie vor sehr großer Beliebtheit. Die beiden griechischen Kellereien Kourtákis und Malamatina produzieren rund 50 Millionen Flaschen pro Jahr, die Hälfte davon gelangt in den Export. Der spezielle Geschmack des Weins wird durch kleine Mengen von Aleppo-Kiefernharz erzeugt, die während der Gärung zugesetzt werden. Bereits im Altertum wurde griechischer Wein auf diese Weise konserviert – dadurch bekam er seine Blume. Seit 1981, dem Jahr des griechischen EU-Beitritts, wurden Bezeichnungen für die einzelnen Anbaugebiete eingeführt. Kenner stimmen darin überein, dass einige der besten Retsínas aus der Mesógeia kommen, wo die Savatiano-Traube angebaut wird.

Auffangvorrichtung für Kiefernharz

Mykenische Vase (1200–1100 v. Chr.) im Brauron-Museum

Brauron-Museum

Das sehenswerte Museum besitzt einige wertvolle Funde aus dem Heiligtum. Die Vitrinen in Saal 1 bergen Weihgeschenke, darunter Miniaturvasen und Schmuck. In Saal 2 stehen die berühmten Skulpturen von Arktoi (Bärenmädchen). Saal 3 bietet ein Votivrelief mit Zeus, Leto (Zeus' Geliebter), Apollon und Artemis sowie Fragmente eines klassischen Altars. In den Sälen 4 und 5 sind prähistorische und mykenische Funde, darunter Vasen im geometrischen Stil, zu sehen.

◯ Pórto Ráfti

Πόρτο Ράφτη

Attika. **Straßenkarte** D4.
3500.

Die der Bucht vorgelagerte Insel Ráfti gab dem Ort den Namen. Auf der Insel befindet sich eine riesige Marmorstatue einer sitzenden Frau. Das römische Standbild heißt im Volksmund »Schneider« *(ráftis)*. Es wurde wahrscheinlich als Leuchtturm genutzt, der den Hafen für die Seefahrer ausleuchtete.

Obwohl Pórto Ráfti einen der besten Naturhäfen Griechenlands besitzt, entwickelte sich der Ort niemals zu einem wichtigen Seehafen. Im April 1941 wurden von dem Strand 6000 neuseeländische Soldaten evakuiert. Heute ist Pórto Ráfti ein hübscher Ferienort mit Tavernen und Bars, der gerne von Seglern angesteuert wird. Im Umland liegt eine interessante archäologische Stätte: Südlich der Bucht wurden in **Peratí**, einem im 7. und 6. Jahrhundert v. Chr. bedeutenden Hafenort, mykenische Gräber entdeckt.

Umgebung: In **Koróni** sind auf einer Landzunge im Süden die Ruinen einer im Chremonideischen Krieg (265–261 v. Chr.) zwischen Ägypten und Makedonien erbauten Festung zu besichtigen. An den nördlichen Küstenstreifen von **Peratí** liegen viele Höhlen. Das klare Wasser lädt zum Schwimmen und zum Fischen an schroffen Felsen ein.

Markópoulo, ein acht Kilometer landeinwärts gelegenes Weinbauzentrum, besitzt viele Tavernen. Beim Schlachter gibt es würzige Würstchen. Aus den Bäckereien duftet es nach frischem Brot.

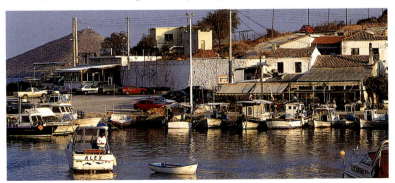

Der Hafen von Pórto Ráfti vor der Insel Ráfti

Eines der vielen klassizistischen Gebäude in Lávrio

❼ Lávrio
Λαύριο

Attika. **Straßenkarte** D4. 🚆 9000. 🚌 🚢 🏛 Do.

In der Antike waren die Silberminen von Lávrio (Laúrion) berühmt. Athen gewann daraus Staatseinnahmen, die z. B. im 5. Jahrhundert v. Chr. das große Bauprogramm von Perikles ermöglichten *(siehe S. 34)*. Themistokles ließ mit dem Erlös eine Flotte bauen. Im Jahr 480 v. Chr. besiegte er in der Schlacht bei Salamis die Perser und begründete damit die Seemacht Athens. Vor der Schließung der Minen im 20. Jahrhundert gewannen französische und griechische Gesellschaften aus den Halden auch Mangan und Kadmium.

In den umliegenden Hügeln wurden mehr als 2000 einst von Sklaven abgebaute Stollen entdeckt. Einige im Südwesten von Lávrio sind für Besucher zugänglich. Beim Gang durch die Stollen sind an den Felsen Spuren von Eisenerz und Mineralien zu erkennen. Seit der Schließung der Minen leidet die Region unter hoher Arbeitslosigkeit. Nur die klassizistischen Gebäude zeugen noch von dem einstigen Wohlstand. Das Gelände des **Lavrion Technological and Cultural Park** ist Spielstätte beim Festival Athínon *(siehe S. 50)*. Die Insel Makrónisos gegenüber dem Hafen diente im Bürgerkrieg *(siehe S. 46)* als Gefängnis für politische Häftlinge.

🏛 Lavrion Technological and Cultural Park
Nordwestlich von Lávrio. 📞 22920 25316. 🕐 tägl. (Bistro: mittags bis spätabends). 🅿 ♿

❽ Soúnio
Σούνιο

9 km südlich von Lávrio, Attika. **Straßenkarte** D4. 📞 22920 39363. 🚌 bis Lávrio. 🕐 tägl. 8 Uhr bis Sonnenuntergang (Winter: ab 9.30 Uhr). 🅿 🛒

Die Lage des Poseidon-Tempels auf einem jäh zum Ägäischen Meer abfallenden Felsplateau am Kap Soúnio (Sounion) war wie geschaffen für ein Heiligtum des Meeresgottes. Die weißen Marmorsäulen des Tempels strahlen seit der Antike zu den Schiffen auf dem Meer hinaus.

Der Poseidon-Tempel wurde im Jahr 440 v. Chr. auf einer älteren Anlage errichtet. Östlich des Hauptzugangs befinden sich 13 Platten eines Frieses aus Paros-Marmor. Die stark verwitterten Reliefs stellen Szenen aus dem mythologischen Kampf der Lapithen gegen die Kentauren dar. Andere Darstellungen illustrieren die Abenteuer von Theseus, der als der Sohn Poseidons gilt.

Die dorischen Säulen des Poseidon-Tempels

Für die 34 schlanken dorischen Säulen, von denen 15 erhalten sind, wurde Marmor aus dem nahe gelegenen Agriléza verwendet. Der Tem-

Traumkulisse bei Sonnenuntergang – die Ruinen des Poseidon-Tempels am Kap Soúnio

Hotels und Restaurants in Attika *siehe Seiten 270 und 286*

pel besitzt eine architektonische Besonderheit, die ihn vor Salzwassererosion schützt: Statt der sonst üblichen 20 Kannelüren weisen die Säulen nur 16 auf, wodurch sich die den Elementen ausgesetzte Oberfläche verkleinert.

Lord Byron ritzte im Jahr 1810 seinen Namen in eine der Säulen. Seither haben unzählige Nachahmer den Tempel verbotenerweise mit Inschriften verunziert.

Lord Byron in Griechenland

Der romantische Dichter Lord Byron (1788–1824) kam 1809 im Alter von 21 Jahren erstmals nach Griechenland. Er bereiste mit seinem Freund John Cam Hobhouse Epirus und Attika. In Athen schrieb er – inspiriert von der Liebe zu der Tochter seiner Wirtin – *Die Jungfrau von Athen* und Teile von *Childe Harolds Pilgerfahrt*. Diese Werke machten ihn über Nacht berühmt. 1812, zurück in England, verkündete er: »Wenn ich ein Dichter sein sollte, dann hat mich Griechenland dazu gemacht.« 1823 kehrte er nach Griechenland zurück, um sich dem Freiheitskampf gegen die Türken (siehe S. 44f) anzuschließen. Er wurde wie ein Held empfangen. Bevor er jedoch einrücken konnte, erlag er am Ostersonntag 1824 in Mesolóngi dem Fieber. Byron wird auch heute noch in Griechenland verehrt: Straßen und Kinder werden nach ihm benannt.

Byron in griechischer Tracht, Gemälde von T. Phillips (1813)

Restaurant in Várkiza an der attischen Küste

❾ Attische Küste
Παραλία Αττικής

Attika. **Straßenkarte D4.**

Der Küstenstreifen zwischen Piräus und Soúnio wird – nach dem kleinen Apollon-Tempel in Vouliagméni – oft »Apollon-Küste« genannt. Strände und Ferienorte reihen sich aneinander. An den Wochenenden und in der Urlaubszeit im Sommer sind sie überlaufen.

Einer der ersten Orte hinter Piräus ist das kleine **Palaió Fáliro**. Es beherbergt den Phaleron-Soldatenfriedhof mit dem 1961 zu Ehren der 2800 im Zweiten Weltkrieg gefallenen Briten errichteten Athens Memorial.

Die Ferienorte **Glyfáda** und **Alimos**, der Geburtsort des antiken Historikers Thukydides (siehe S. 60), nahe dem früheren Athener Flughafen, sind mit Yachthäfen und Hotels stark kommerziell geprägt.

In dem exklusiven Ort **Vouliagméni**, der einen großen Yachthafen besitzt, reihen sich auf den Klippen Luxushotels. Nördlich der Küstenstraße führt ein kurzer Fußweg zum Vouliagméni-See, einem Süßwassersee inmitten steil abfallender Kalkfelsen. Das 24 °C warme, schwefelhaltige Wasser wird zur Rheumatherapie genutzt. In der Nähe gibt es Umkleidekabinen und ein Café.

Die weite Bucht von **Várkiza** ist bei Windsurfern beliebt. Das luxuriöse Clubrestaurant *Island* an der Hauptstraße serviert während der Sommersaison Cocktails und asiatische Fusionsküche.

Die gewundene Straße führt weiter nach **Vári**. Die dortigen Restaurants sind für die guten Fleischgerichte bekannt. Zwei Kilometer nördlich des Orts liegt die Vári-Höhle, die eine Süßwasserquelle und interessante Stalaktiten aufweist. In den Kammern befinden sich einige Relikte aus klassischer Zeit, die meisten wurden jedoch in Museen verbracht. Die Höhle kann kostenlos besichtigt werden.

Zwischen Várkiza und Soúnio liegen kleine Badebuchten, Fischtavernen und Luxusvillen. **Anávysos** ist ein quirliger Marktflecken inmitten von Feldern und Weinbergen. Im Hafen wird von Schiffen täglich frisch gefangener Fisch verkauft. Jeden Samstag findet ein kleiner Straßenmarkt statt. An den Ständen werden Obst und Gemüse der jeweiligen Saison feilgeboten.

Stand mit Gemüse und Obst auf dem Markt in Anávysos

Skulptur im Garten des Vorrés-Museums

❿ Paianía
Παιανία

Attika. **Straßenkarte** D4. 🚌 10 000. 🚍 🚆 Di.

Der ruhige Ort liegt rund 20 Kilometer östlich von Athen. An dem zentralen Platz von Paianía steht die Kirche **Zoödóchou Pigís**, die moderne Fresken (20. Jh.) des Ikonenmalers Fótis Kóntoglou (1895–1965) besitzt. Der Geburtsort des antiken Redners Demosthenes (384–322 v. Chr.) ist heute vor allem für das in einem herrlichen Garten gelegene **Vorrés-Museum** bekannt. In zwei Abteilungen ist eine vielseitige Sammlung antiker und moderner Kunst zu sehen. Die Exponate umspannen 3000 Jahre griechischer Geschichte und künstlerischer Tradition. Die erste Abteilung ist in zwei traditionellen Dorfhäusern – einst das private Anwesen des Sammlers Ion Vorrés – untergebracht. Sie birgt antike Skulpturen, Volkskunst, Keramiken, byzantinische Ikonen, Landschaftsgemälde und Möbel. Die zweite Abteilung zeigt in einem Neubau moderne griechische Kunst ab 1940 mit Werken von rund 300 Malern und Bildhauern, die alle Richtungen vom Fotorealismus bis zur Pop-Art abdecken.

🏛 Vorrés-Museum
Diadóchou Konstantinou 1. 📞 210 664 4771. 🕐 Sa, So 10–14 Uhr.
⚫ Aug; Feiertage.
w vorresmuseum.gr

Umgebung: Am Ymittós, oberhalb von Paianía, liegt die 12 200 Quadratmeter große **Koutoúki-Höhle**. Sie wurde 1926 von einem Hirten auf der Suche nach einer verlorenen Ziege entdeckt. Jede halbe Stunde werden Führungen durch die 17 °C warme Höhle veranstaltet. Eine Lightshow verleiht den Stalagmiten und Stalaktiten besondere Effekte.

🕳 Koutoúki-Höhle
4 km westlich von Paianía.
📞 210 664 2108. ⚫ wegen Renovierungsarbeiten bis 2017.

⓫ Attika Zoo
Αττικό Ζωολογικό Πάρκο

Gialoú, Spáta. **Straßenkarte** D4.
📞 210 663 4725. 🚌 319. 🕐 tägl. 9 Uhr bis Sonnenuntergang.
w atticapark.com

Der Zoologische Garten ist eine zunehmend beliebte Attraktion in der Region Attika. Er liegt eine kurze Autofahrt von Athen entfernt. In dem Park leben mehr als 300 Tierarten – von Tigern und weißen Löwen bis zu Gelben Anakondas und Zwergflusspferden. Auf dem Gelände der Geparden können Besucher in einem speziellen Tunnel das Gehege durchqueren.

⓬ Moní Kaisarianí
Μονή Καισαριανής

5 km östlich von Athen, Attika. **Straßenkarte** D4. 📞 210 723 6619.
🚌 nach Kaisarianí. 🕐 Di–So 8.30–15 Uhr. ⚫ Feiertage.

Das Kloster wurde im 11. Jahrhundert gegründet. Nach der Eroberung Athens durch Sultan Mehmed II. erhielt es 1458 Steuerfreiheit, da der Abt dem Eroberer die Stadtschlüssel übergeben hatte. Die Blütezeit währte bis zum Verlust des Steuerprivilegs 1792. Nach dem Freiheitskampf gegen die Türken diente die Anlage noch einmal bis 1855 als Kloster. 1956 wurden die Gebäude renoviert.

Das kleine *katholikón* ist Mariä Opferung geweiht. Die schönen Fresken stammen aus

Geparden zählen zu den größten Attraktionen im Attika Zoo

Hotels und Restaurants in Attika *siehe Seiten 270 und 286*

dem 16. und 17. Jahrhundert. Seit der Antike pilgern Frauen zu der Quelle des Ilissós oberhalb des Klosters, da dem Wasser heilende Kraft bei Unfruchtbarkeit nachgesagt wird. Bis zur Anlage des Marathón-Stausees *(siehe S. 149)* war die Quelle das Hauptwasserreservoir Athens. Heute ist das Wasser nicht mehr trinkbar.

⓭ Kifisiá
Κηφισιά

12 km nordöstlich von Athen, Attika. **Straßenkarte** D4. 40 000. Kifisiá.

Kifisiá ist seit der Römerzeit bei den Athenern ein bevorzugter Aufenthaltsort in den heißen Sommern. Von der einstigen Exklusivität ist heute wegen der Apartmenthäuser und Ladenpassagen wenig zu spüren. Auf Kutschfahrten erhält man jedoch einen Eindruck von der ehemals friedvollen Idylle. Von der Metro-Station geht die Fahrt durch schattige Alleen, die Landhäuser und Villen in den unterschiedlichsten Stilrichtungen säumen.

In einer der Villen ist das **Goulándris-Naturkundemuseum** ansässig. Die Sammlungen sind der Tierwelt und den Mineralienvorkommen Griechenlands gewidmet. Das Herbarium beherbergt rund 200 000 Pflanzenarten. Über 1300 ausgestopfte Tiere werden in den für sie typischen natürlichen Lebensräumen präsentiert.

Venusmuschel vor dem Goulándris-Naturkundemuseum, Kifisiá

Die kleine Kapelle Agía Triáda am Párnis

🏛 Goulándris-Naturkundemuseum
Levídou 13. 📞 210 801 5870. Di–Fr 9–14.30, Sa 9.30–16, So 10–16 Uhr. ⬤ Feiertage. 🌐 gnhm.gr

Umgebung: In Maroúsi, einem Vorort von Kifisiá, befindet sich das **Spatháreio-Museum für Schattentheater**. Es widmet sich der Geschichte des Karagkiózis-Puppentheaters, eines Schattenspiels, dessen Ursprünge im Fernen Osten liegen. In Griechenland wurde es von fahrenden Spielern eingeführt, die ihre Kunst im 18. Jahrhundert den osmanischen Sultanen vorführten. Das Schattentheater entwickelte sich bald zum Volkstheater. Der Name »Karagkiózis« geht auf die verarmte griechische Figur zurück, die von dem reichen Pascha und dem Raubein Stávrakas gequält wird. Das Museum erläutert die Geschichte der Familie Spathári, die diese aussterbende Kunst beherrschte. Die von der Familie gefertigten farbenfrohen Puppen und Kulissen begeistern vor allem Kinder.

Puppe, Spatháreio-Museum für Schattentheater

🏛 Spatháreio-Museum für Schattenthater
Mesogeíon u. Voreíou Ipírou 27, Maroúsi. 📞 210 612 7245. Mo–Fr 9–14 Uhr (Mi auch 18–20 Uhr), So 10–13 Uhr. ⬤ Feiertage.

⓮ Párnis
Όρος Πάρνηθα

Attika. **Straßenkarte** D4. 🚌 nach Acharnés, Thrakomakedónes und Agía Triáda.

In der Antike lebten am Párnis wilde Raubtiere. Heute ist der sich 25 Kilometer von West nach Ost erstreckende Gebirgszug Heimat einer weitaus harmloseren Fauna. Im Unterholz gibt es Schildkröten. Über dem 1413 Meter hohen Karampóla kreisen Greifvögel. Im Frühling und Herbst blühen verschiedene Wildblumen – Blütenteppiche aus Krokussen und Alpenveilchen überziehen die Hänge. Der Gebirgszug liegt etwa eine Autostunde von Athen entfernt. Von **Acharnés** aus gelangt man mit der Standseilbahn zu einem 900 Meter hoch gelegenen Casino.

Die Bergregion wird selten von Wanderern besucht, bietet aber viele anspruchsvolle Pfade. Die bekannteste Tour führt von Thrakomakedónes im Tal zur Bafí-Hütte. Sie dauert zwei Stunden. Die Aussicht von der Strecke ist fantastisch. Der breite Weg windet sich zunächst durch duftende mediterrane Macchie und endet schließlich zwischen hohen Bergkiefern in luftiger Höhe. Von der Bafí-Hütte aus empfiehlt sich die Wanderung zur Flampoúri-Hütte, die einen atemberaubenden Ausblick bietet.

⓯ Kloster Dáphni
Μονή Δαφνίου

Das erste Kloster (5. Jh.) entstand auf den Ruinen eines 395 zerstörten Apollon-Heiligtums. Der Name rührt von dem Lorbeer *(dáfne)*, der an der Stätte wuchs. Das spätere Kloster (11. Jh.) schenkte Otto de la Roche Anfang des 13. Jahrhunderts den Zisterziensern Burgunds. Im 16. Jahrhundert ging es in den Besitz eines griechisch-orthodoxen Ordens, der die Bauten südlich der Kirche errichtete. Seit 1990 ist Dáphni Welterbe der UNESCO. 1999 wurde die Hauptkirche durch ein Erdbeben beschädigt. Die byzantinischen Mosaiken *(siehe S. 24f)* werden seither restauriert.

Luftaufnahme der Klosteranlage

★ **Esonarthex-Mosaiken**
Zu den Mosaiken zählen das *Abendmahl* und die *Fußwaschung*. Das schönste ist der *Verrat des Judas*: Christus steht wie versteinert, als Judas ihn küsst.

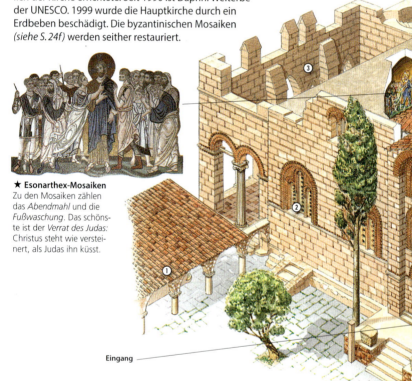

Mosaiken der Klosterkirche

Wände

1 Auferstehung
2 Anbetung der Könige
4 Erzengel Gabriel
5 Erzengel Michael
6 Mariä Geburt
8 Johannes der Täufer
9 Einzug in Jerusalem
12 Mariä Entschlafen
13 Abendmahl
14 Fußwaschung
15 Verrat des Judas
16 Gebet der Heiligen Anna und Joachim
17 Segnung der Priester
18 Mariä Tempelgang
20 Heiliger Thomas

Decke und Kuppel

3 Geburt Christi
7 Mariä Verkündigung
10 Christós Pantokrátor
11 Verklärung des Herrn
19 Taufe Christi

KLOSTER DÁPHNI | 157

★ Pantokrátor
Der von den 16 Propheten umgebene Christus als Pantokrátor (Allherrscher) blickt von der *Katholikón*-Kuppel herab.

Infobox

Information
Straßenkarte D4.
📞 210 581 1558.
10 km nordwestlich von Athen, Attika. ⚪ Di, Fr 8–15 Uhr.

Anfahrt
🚌

Verklärung des Herrn
Das Mosaik in der nordwestlichen Ecke unter der Kuppel zeigt Elias und Moses zu Seiten Jesu. Die Apostel Petrus, Jakobus und Johannes sind unten zu sehen.

Außerdem

① **Die Arkaden** des Kreuzgangs wurden im 13. Jahrhundert von Zisterziensern errichtet. Über dem Kreuzgang auf der anderen Seite lagen die Mönchszellen.

② **Die Symmetrie** der Gestaltung macht das Kloster zu einem der schönsten byzantinischen Bauwerke Attikas.

③ **Der gotische Exonarthex** entstand fast 30 Jahre nach der Hauptkirche.

④ **Die Kuppel** hat einen Durchmesser von acht Metern. Sie ist im Zentrum 16 Meter hoch.

⑤ **Kirchenschiff**

⑥ **Museumseingang**

Fenster
Drei verzierte Backsteinreihen verlaufen um die Fenster.

Piräus
Πειραιάς

Piräus ist einer der größten Mittelmeerhäfen und eine der größten Städte Griechenlands. Schon in der Antike war Piräus der Hafen von Athen. Themistokles ließ 480 v. Chr. die Langen Mauern zwischen Piräus und Athen bauen. Sulla ließ sie 86 v. Chr. schleifen. Im Mittelalter war Piräus ein Fischerdorf. Erst als Athen 1834 Hauptstadt wurde, gewann Piräus wieder an Bedeutung. Es wurden klassizistische Gebäude und moderne Fabriken gebaut. 1923 nahm die Stadt 100 000 Flüchtlinge aus Kleinasien auf, deren Kultur einen Beitrag zu der kosmopolitischen Atmosphäre der Hafenstadt lieferte.

Boote in dem idyllischen Hafen Mikrolímano

Fähren im Kentrikó Limáni

Überblick: Piräus

Nach der Zerstörung vieler öffentlicher Gebäude durch die Junta (siehe S. 46f) Anfang der 1970er Jahre gelangte die Stadt rasch zu neuem Glanz. In Piräus beeindrucken elegante Straßenrestaurants, Brunnen vor klassizistischen Fassaden und das schöne Stadttheater. In den Straßen hinter dem **Kentrikó Limáni** (dem Hauptfährhafen) mit den Kartenschaltern der Fährlinien liegen vornehme Restaurants und Läden sowie hübsche klassizistische Gebäude, etwa das **Rathaus**. Informationen zu von Kentrikó Limáni startenden Fähren finden Sie auf Seite 319.

Südlich des Bahnhofs erstreckt sich um die Navarínou das Marktviertel mit Fischhändlern, Obst- und Gemüseständen, Schiffsausrüstern und Metallwarenläden. Sonntagmorgens findet in dem Antiquitätenviertel um die Plateía Ippodameías und in den Straßen Alipédou und Skylítsi ein Flohmarkt statt.

Östlich des Kentrikó Limáni liegen zwei weitere Häfen. In dem einstigen Hafen der osmanischen Flotte **Zéa** (Pasalimáni, Pascha-Hafen oder Limín Zéas) ankern heute vornehmlich Yachten. Der antike Zéa-Hafen war einer der wichtigsten Flottenhäfen des Themistokles mit Trockendocks für 196 Trieren. Der zweite Hafen **Mikrolímano** (Kleiner Hafen) war früher unter dem Namen Tourkolímano (Türkischer Hafen) bekannt. Hier liegen viele Fischerboote vor Anker. Die am Wasser gelegenen Fischrestaurants sind in der Regel gut besucht. Die Atmosphäre in dem kleinen Hafen ist sehr entspannt.

An der Küstenstraße zwischen Zéa und Mikrolímano sind in den renovierten klassizistischen Villen des eleganten Viertels **Kastélla** exklusive Bars und Clubs ansässig. Auch traditionelle Arbeiterviertel wie Drapetsóna, das wichtigste industrielle Ballungsgebiet des Landes, sind mittlerweile wegen der Restaurants beliebt, die bis spät in die Nacht hinein geöffnet haben.

Stadttheater
Iroön Polytechneiou 32. 210 414 3300. **Museum** Mo-Mi 16–20, Do, Fr 9–14 Uhr.

Die klassizistische Fassade des Theaters ist einer der architektonischen Höhepunkte der Stadt. Das Theater wurde von Ioánnis Lazarímos (1849–1913) nach dem Vorbild der Pariser Opéra Comique entworfen. Es bietet 800 Zuschauern Platz und zählt damit zu den größten modernen Theatern Grie-

Fassade des Stadttheaters

Hotels und Restaurants in Attika siehe Seiten 270 und 286

chenlands. Das Haus wurde am 9. April 1895 eingeweiht. Heute beherbergt es außerdem die **Städtische Kunstgalerie** und das **Bühnenbildmuseum Pános Aravantinos**. Letzteres zeigt Kulissen, die Pános Aravantinoú fertigte (er arbeitete in den 1920er Jahren an der Berliner Oper), sowie Exponate aus der griechischen Operngeschichte.

▥ Archäologisches Museum

Chariláou Trikoúpi 31.
📞 210 452 1598. 🕘 Di–So 8–15 Uhr. ⬤ Feiertage. 🔷 ♿

Das Museum besitzt einige schöne Bronzestatuen, die 1959 beim Straßenbau entdeckt wurden. Die Figuren der Köcher tragenden Artemis, der Athene mit eulenverziertem Helm und des Apollon belegen die Ausdrucksstärke griechischer Skulpturen. Der *koúros* von Piräus (520 v. Chr.) ist die älteste geborgene Ganzkörperstatue. Darüber hinaus sind eine sitzende Kultstatue

Athene-Statue, Archäologisches Museum

der Göttin Kybele und verschiedene griechische und römische Standbilder und Grabstelen zu sehen. In der Nähe des Museums befinden sich die Ruinen des **Zéa-Theaters** (2. Jh. v. Chr.). Die Bühne ist noch gut erhalten.

▥ Hellenisches Marinemuseum

Aktí Themistokléous, Freatýda. 📞 210 451 6264. 🕘 Di–Sa 9–14 Uhr. ⬤ Feiertage; Aug. 🔷

Hiner einem Park markiert ein altes U-Boot den Eingang zu dem faszinierenden Museum. In den ersten Saal wurde ein Originalabschnitt der Langen Mauern einbezogen. Über 2000 Exponate, u. a. Modelle von Trieren, Inventar von Kriegsschiffen und Bilder griechischer *trechantíri* (Fischerboote), veranschaulichen die Welt der griechischen Seefahrer. Von frühen Trieren-Expeditionen auf dem Schwarzen Meer bis zu Dokumentationen von Transatlan-

Infobox

Information
10 km südwestlich von Athen, Attika. **Straßenkarte** D4.
🏠 165.000.
ℹ️ EOT Athen (210 331 0392).
🛒 So (Flohmarkt).
🎭 Theater- und Musikfestival Mai–Juli.

Anfahrt
🚢 Kentrikó Limáni. 🚆 Kékropos (für Peloponnes), Kanári (für Nordgriechenland). Ⓜ Piräus.
🚌 Plateía Koraï (für Athen), Plateía Karaïskáki (andere Ziele).

tik-Überquerungen während der Auswanderungswelle im 20. Jahrhundert finden viele Aspekte der griechischen Seefahrtsgeschichte Berücksichtigung. Zu den Ausstellungsstücken gehören Schiffe, Karten, Flaggen, Uniformen und Bilder. Auch der Freiheitskampf gegen die Türken wird anschaulich geschildert. Die nahebei ankernde *Avérof*, bis 1951 Flaggschiff der griechischen Marine, wurde vollständig restauriert. Sie steht zur Besichtigung offen.

Zentrum von Piräus
① Rathaus
② Stadttheater
③ Zéa-Theater
④ Archäologisches Museum
⑤ Zéa
⑥ Hellenisches Marinemuseum
⑦ Mikrolímano
⑧ Kastélla

0 Meter   500

Zeichenerklärung
siehe hintere Umschlagklappe

⓱ Antikes Eleusis
Αρχαία Ελευσίνα

In dem antiken religiösen Zentrum Eleusis fanden jährlich die Eleusinischen Mysterien statt. Das Ereignis zog Tausende Menschen aus der gesamten Griechisch sprechenden Welt an. Eingeweihter *(mystes)* des Kults konnte jeder werden, der nicht Barbar oder Mörder war. Der Initiationsritus stand Männern und Frauen offen. Das seit mykenischer Zeit bestehende Heiligtum wurde 392 n. Chr. von dem römischen Kaiser Theodosius geschlossen. Nach dem Einzug des Gotenkönigs Alarich im Jahr 396 und dem anschließenden Vordringen des Christentums wurde die Stätte aufgegeben.

Anaktoron
Der kleine, rechteckige Steinbau mit einem einzigen Eingang galt als heiligster Ort der Stätte. Das Anaktoron (Palast) ist älter als das Telesterion, das um dieses herumgebaut wurde.

Telesterion
In dem von Iktinos im 5. Jahrhundert v. Chr. gestalteten Tempel fanden mehrere Tausend Menschen Platz.

Eleusinische Mysterien

Die Riten kreisen um die trauernde Demeter, die ihre Tochter Persephone (Kore) jedes Jahr für sechs Monate dem Gott der Unterwelt Hades überlassen musste *(siehe S. 56)*. Sie wurden wohl ab 1500 v. Chr. fast 2000 Jahre lang vollzogen. Die Teilnehmer mussten einen Geheimhaltungseid leisten, einige Einzelheiten sind aber überliefert. Vor der Prozession von Kerameikós *(siehe S. 92f)* nach Eleusis fanden Opfer statt. Im Heiligtum gaben die Priesterinnen die Vision der heiligen Nacht bekannt. Ein Feuer symbolisierte wohl für die Initiierten das Leben nach dem Tod.

Priesterin mit *kiste mystika* **(Korb)**

Außerdem

① **Römerhäuser**

② **Felsentempel der Kore**

③ **Läden und Bouleuterion (Ratsversammlung)** aus dem 4. Jahrhundert v. Chr.

④ **Einer der beiden Triumphbogen**

⑤ **Tempel der Artemis Propyläa**

Hotels und Restaurants in Attika siehe Seiten 270 und 286

ANTIKES ELEUSIS | 161

Ploutonion
Aus dieser Höhle soll Persephone hervorgetreten sein, wenn sie aus der Unterwelt auf die Erde zurückkehrte. Die Höhle war ein Heiligtum des Hades.

Infobox

Information
Gioka 2, Eleusis, 22 km nordwestlich von Athen, Attika.
Straßenkarte D2.
Stätte und Museum 📞 210 554 6019. ⏰ Di–So 8–15 Uhr. ⬤ Feiertage. 📷 💻

Anfahrt
🚌

Große Propyläen
Der römische Kaiser Antoninus Pius nahm für den Bau aus pentelischem Marmor (2. Jh. n. Chr.) die Propyläen der Athener Akropolis zum Vorbild.

Telesterion-Relief, Eleusis-Museum

Kallichoron-Brunnen
Hier soll Demeter um Persephone getrauert haben.

🏛 Eleusis-Museum
In dem südlich des Telesterions gelegenen Museum werden in fünf Sälen Exponate von der Stätte ausgestellt. In der Eingangshalle befinden sich das Telesterion-Relief, auf dem Triptolemos eine Ähre von Demeter erhält, eine große Amphore (7. Jh. v. Chr.) und eine Kopie des Ninnion-Weihebildnisses, eine seltene Darstellung der Eleusinischen Mysterien. Zu den herausragenden Objekten im ersten Saal links zählen ein *koúros* (6. Jh. v. Chr.) und eine römische Dionysos-Statue (2. Jh. v. Chr.). Saal 2 präsentiert zwei Rekonstruktionen des Heiligtums. Im dritten Saal befinden sich ein Terrakotta-Sarkophag und eine Karyatide von den Kleinen Propyläen, die eine *kiste mystika* (Korb) auf dem Kopf trägt. Zu den Keramikfragmenten im letzten Saal gehören Behältnisse aus Terrakotta, mit denen bei der *Kernoforia*-Prozession Lebensmittel transportiert wurden.

Fliehende Jungfrau

Kleine Propyläen
Das obige Fragment zeigt Korngarben und Mohn. Daraus entstand das Getränk *(kykeon)* für die Novizen.

Überblick
Die Illustration zeigt Eleusis zur Zeit der römischen Epoche (um 150 n. Chr.) mit Blick von Osten. Auch wenn von den ursprünglichen Bauten nur wenig erhalten ist, bekommt man einen guten Eindruck von Ausmaßen und Bedeutung der Anlage.

Peloponnes

Der Peloponnes war in der Revolution von 1821 bis 1831 Schlachtfeld und einer der bedeutendsten Stützpunkte. Die Region wurde zur Keimzelle des modernen Griechenland. Die riesige Halbinsel, die nur durch den sechs Kilometer breiten Isthmus von Korinth mit dem Festland verbunden ist, besitzt die spektakulärsten Landschaften und Kulturdenkmäler des Festlands, die allerdings immer wieder durch Waldbrände bedroht sind. In der Region leben heute rund 1,1 Millionen Menschen, die größte Stadt ist Pátra.

»Peloponnes« bedeutet »Insel des Pelops«. Der Sage nach wurde Pelops von seinem Vater Tantalos den Göttern geopfert. Der auferstandene Jüngling zeugte das Königsgeschlecht der Atriden. Die Entdeckung von Mykene untermauerte die Sagen um den glücklosen Stamm. Die Region Argolis im Süden Korinths prägt heute neben antiken und mittelalterlichen Sehenswürdigkeiten die elegante klassizistische Stadt Náfplio.

Das im Westen der Halbinsel gelegene Olympia war athletisches und religiöses Zentrum der Antike sowie Ursprung der olympischen Idee. In der Küstenebene von Ileía, im frühen Mittelalter Herzstück eines von Kreuzrittern beherrschten Gebiets, entstanden frankobyzantinische Bauten, die bekanntesten in Chlemoútsi. Die Kirchen von Mystrás, Geráki und vielen anderen Orten auf der Halbinsel Máni ziert schönste byzantinische Baukunst. Im Mittelalter wiesen sich die Bewohner der Máni als Nachfahren der Krieger des antiken Sparta aus. Die Festungen auf den Kaps von Methóni, Koróni und Monemvasiá erlaubten den Venezianern, nach dem Verlust der meisten ihrer ägäischen Besitzungen an die Osmanen in der Region zu verbleiben.

In Arkadien erheben sich über reichem Ackerland mit Koniferen bestandene Berge, die Schluchten wie die von Loúsios durchziehen. Bergklöster und -städte wie Stemnítsa bilden einen starken Kontrast zu dem mediterranen Bild von Griechenland.

Terrasse eines Restaurants mit Blick auf das Meer, Monemvasía

◀ Blumengeschmückte Gasse in Náfplio *(siehe S. 186f)*

Überblick: Peloponnes

Hauptattraktionen für Besucher des Peloponnes sind die antiken und mittelalterlichen Ruinenstätten. Obwohl abseits von Argolis und Ileía wenige Gebiete gut erschlossen sind, zieht es Tausende Wanderer und Naturfreunde in die Loúsios-Schlucht und nach Kalógria. Das Landesinnere ist von der Landwirtschaft geprägt, die einzige größere Stadt ist Pátra. Bewaldete Berge charakterisieren die Landschaft. Zwischen Pátra und Methóni im Westen liegen einige der schönsten Strände des Mittelmeers.

Karýtaina, Loúsios-Schlucht

Legende
- Autobahn
- Autobahn (im Bau)
- Hauptstraße
- Nebenstraße
- Panoramastraße
- Eisenbahn (Hauptstrecke)
- Regionalgrenze

Auf dem Peloponnes unterwegs

Hauptstraßen führen von Athen über Korinth nach Pátra und von Korinth nach Kalamáta. Die schmalen Nebenstraßen sind interessanter. Busse verbinden die großen Städte mit Ortschaften im Umland und bieten Direktverbindungen zwischen den Städten. Von Athen gibt es lediglich eine Zugverbindung zum Peloponnes, Zielbahnhof ist Kiáto, nördlich von Korinth. Von dort aus kommt man nur per Bus weiter. Die Río-Andirrío-Brücke über den Golf von Korinth im Norden verbindet den Peloponnes mit Westgriechenland. Auch Fähren ermöglichen das Überqueren des Golfs.

Weitere Zeichenerklärungen *siehe hintere Umschlagklappe*

Hafen von Gýtheio

❶ Antikes Korinth
Αρχαία Κόρινθος

Zur Orientierung

Das antike Korinth gelangte durch die Lage auf der Landenge zwischen Saronischem und Korinthischem Golf zu Reichtum. Der Weg über den Isthmus stellte lange vor dem Bau des Kanals *(siehe S. 171)* die schnellste Verbindung zwischen Ägäis und Adria bzw. Italien dar. Die Römer schleiften die in der Jungsteinzeit gegründete Siedlung 146 v. Chr. und bauten sie ein Jahrhundert später wieder auf. Unter den römischen Imperatoren wuchs die Stadt auf 750 000 Einwohner an. Deren lasterhafte Lebensweise kritisierte der Apostel Paulus bei einem Besuch 51/52 n. Chr. Die Ausgrabungen zeigen die gewaltige Ausdehnung der Stadt, die durch ein Erdbeben zerstört wurde. Die Ruinen sind Zeugnisse der größten römischen Stadtanlage in Griechenland.

★ **Straße nach Lechaion**
Die mit Marmor gepflasterte Straße verband den Hafen Lechaions mit der Stadt. Die Treppe vor dem beeindruckenden Eingangstor am Ende der Straße ist erhalten.

Außerdem

① **Basilika**

② **Die Peirene-Quelle** versorgt den Ort noch heute mit Wasser.

③ **Die Agora** war Mittelpunkt des öffentlichen Lebens der Römer.

④ **Das bema** (Plattform) ist der Ort, an dem Paulus von den Juden des Sakrilegs beschuldigt wurde.

⑤ **Südliche Stoa**

⑥ **Bouleuterion**

⑦ **Die nördliche Stoa** besaß zwei Säulenreihen. Die äußeren Säulen waren dorisch, die inneren ionisch.

⑧ **Der Glauke-Brunnen** mit vier Zisternen ist ein würfelförmiger Monolith. Das Wasser kam über einen Aquädukt aus den Bergen.

⑨ **Das Museum** zeigt hier gefundene Artefakte *(siehe S. 170)*.

⑩ **Das Theater** wurde im 3. Jahrhundert umgebaut, sodass man Seeschlachten inszenieren konnte.

★ **Apollon-Tempel**
Der beeindruckende Tempel in der Unterstadt gehört zu den wenigen Gebäuden, die die Römer bei dem Aufbau Korinths 46 v. Chr. wiederherstellten. An der südöstlichen Ecke führt eine abgetreppte Rampe zu der Tempelterrasse.

ANTIKES KORINTH | **167**

Tempel der Octavia
Die drei reich verzierten korinthischen Säulen und der restaurierte Architrav sind die Überreste eines Tempels, der der Schwester des Kaisers Augustus geweiht war.

Infobox

Information
7 km südwestlich des modernen Korinth. **Straßenkarte** C4. 27410 31207. **Stätte, Museum** tägl. 8–20 Uhr (Okt: 8–18 Uhr; Nov–März: 8–15 Uhr). 1. Jan, 25. März, Karfreitag vorm., Ostersonntag, 1. Mai, 25., 26. Dez. teilweise. **Akrokorinth**: 4 km südlich des antiken Korinth. 27410 31266. tägl. 8–20 Uhr (Nov–März: bis 15 Uhr).

Anfahrt

Akrokorinth
(siehe S. 170)

Odeion
Das Odeion ist eines von mehreren Bauwerken, die der reiche Athener Herodes Atticus, ein Freund des Kaisers Hadrian, stiftete.

Rekonstruktion des antiken Korinth (ca. 100 n. Chr.)

- Bouleuterion
- Südliche Stoa
- Bema
- Agora
- Peirene-Quelle
- Basilika
- Straße nach Lechaion
- Apollon-Tempel
- Nordwestliche Stoa
- Glauke-Brunnen
- Amphitheater
- Odeion
- Tempel der Octavia

▶ Die verbliebenen dorischen Säulen vom Tempel des Apollon im antiken Korinth

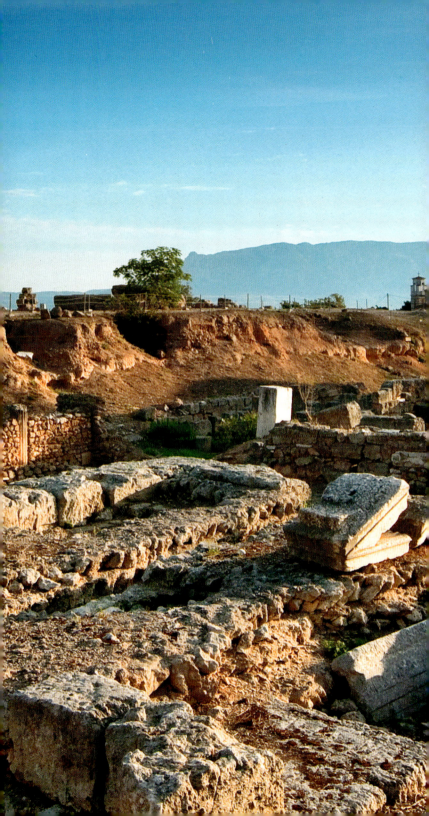

Überblick: Akrokorinth und Museum

Die Ausgrabungen machten die gewaltigen Dimensionen der antiken Stadt deutlich. Die freigelegten Artefakte sind im Museum ausgestellt. Die Siedlung schloss den Hügel mit Akrokorinth ein. Da nach der Zerstörung durch die Römer 146 v. Chr. nur wenige vorrömische Bauwerke wieder aufgebaut worden waren, repräsentieren die Ruinen die größte römische Stadtanlage Griechenlands. Akrokorinth war im Mittelalter eine wichtige Festung. Es ist von der Unterstadt aus gut zu erreichen.

Akrokorinth

Das vier Kilometer oberhalb der Unterstadt gelegene Akrokorinth wurde seit der Römerzeit von jeder Besatzungsmacht in Griechenland gehalten und neu befestigt. Im Westen, wo der Berg den geringsten natürlichen Schutz bietet, stehen drei Tore aus verschiedenen Epochen. Das untere ist weitgehend osmanisch, das mittlere fränkisch. Das obere und höchste byzantinische Tor integriert wie die beiden angebauten Türme zahlreiche Teile antiken Mauerwerks. Auf den 24 Hektar wilder terrassierter Landschaft hinter den Toren liegen Reste von Minaretten, moslemische Gräber und Moscheen – Relikte einer Stadt, die nach der Niederlage der letzten Verteidiger, der Türken, vor etwa 200 Jahren verlassen wurde.

An der Südwestecke des fünf Kilometer langen Mauerrings steht ein venezianischer Turm. Auf dem Gipfel des Hügels liegen die Fundamente eines

Museumsexponat: Bacchus-Mosaik (2. Jh. n. Chr.)

Aphrodite-Tempels, der in der Antike 1000 Tempelprostituierten diente. Gegen diesen Brauch richteten sich u. a. die beiden »Korintherbriefe« des Apostels Paulus. Der überwältigende Ausblick von der Hügelspitze reicht bis zu 60 Kilometer weit vom Geráneia-Gebirge im Nordosten bis zu den Gipfeln des Ziría im Südwesten. Der in Richtung Zíria gelegene Berg Pentesköúfi wurde im 13. Jahrhundert von den Franken befestigt. Akrokorinth konnte dank der oberen Peirene-Quelle an der Südostseite der Wälle langen Belagerungen standhalten. Eine Treppe führt zu dem Becken in einem unterirdischen Gewölbe. In Trockenzeiten wird eine Säule mit hellenistischem Giebeldreieck im Wasser sichtbar.

Museum

Das südöstlich des Odeion gelegene Museum zählt zu den besten in der Region. Die wechselvolle Geschichte der antiken Stadt wird anschaulich mit zahlreichen schönen Exponaten dargestellt. Die römische Abteilung im Westflügel zeigt Glanzstücke wie die Mosaikfußböden (2. Jh. n. Chr.) aus den umliegenden Villen: z. B. ein Bacchus-Haupt in kreisrundem Ornament, einen nackten Hirten, der vor Kühen Flöte spielt, und eine Ziege, die unter einem Baum schläft. Die Säulen am Nordeingang haben die Gestalt phrygischer Gefangener. Die verschränkten Arme, die Umhänge und das lange Haar scheinen die Kunst des Mittelalters vorwegzunehmen. Im Westflügel befinden sich auch die 274 Objekte, die im Jahr 1990 aus dem Museum gestohlen und neun Jahre später in Miami gefunden wurden.

Der Ostflügel zeigt ältere Artefakte. Attische Vasen aus dem 5. Jahrhundert v. Chr. *(siehe S. 64f)* wie die »Eulenvase« sind dabei seltener vertreten als Keramiken des 7. und 6. Jahrhunderts v. Chr. Letztere sind teilweise mit fantastischen Tieren bemalt, für die Korinth bekannt war.

Beim Asklepiéion an der Nordmauer wurden Votivgaben in Form kranker Körperteile gefunden – Vorläufer der *támmata*, die noch heute in orthodoxen Kirchen dargebracht werden. Die Marmor-Sphinx (6. Jh.) und die hellenistischen Giebeldreiecke mit Löwenköpfen als Wasserspeier sind sehenswert.

Reliefs im mittleren Hof zeigen u. a. die Taten des Herakles *(siehe S. 57)*, von denen eine im Heiligtum von Nemea vollbracht wurde.

Der Eingang von Akrokorinth mit den drei Toren

Schiffe auf dem Kanal von Korinth, darüber die Straßenbrücke

❷ Kanal von Korinth
Διώρυγα της Κορίνθου

Peloponnes. **Straßenkarte** C4.
🚌 Loutráki.

Das stürmische Kap Matapan oder Taínaro *(siehe S. 203)*, der südlichste Punkt des Peloponnes, war in der Antike gefürchtet. Deshalb wurden Schiffe entladen, auf dem sechs Kilometer langen *diolkos* (gepflasterte Trasse) über die Landzunge gezogen und dann wieder zu Wasser gelassen.

Der Schiffsverkehr brachte Korinth Wohlstand. Bald gab es Pläne für einen Kanalbau. Dieser wurde unter Kaiser Nero begonnen, aber erst 1882–93 vollendet. Der 23 Meter breite Kanal wirkt im Zeitalter der Containerschiffe eher museal. Von der Brücke aus sieht man oft kleine Frachter, Bungeejumping ist an dieser Stelle eine beliebte Aktivität.

Umgebung: Nahe dem Südende des Kanals liegt das **Antike Isthmia**. In dem Poseidon geweihten Heiligtum finden alle zwei Jahre die Isthmischen Spiele statt. Lediglich die Fundamente des Poseidon-Tempels (7. Jh. v. Chr.) und die Reste eines Starttors für die Läufer sind erhalten.

Das **Museum** präsentiert vor allem Funde aus Kechriés, dem Osthafen von Korinth. Es besitzt einzigartige Exponate wie bemalte Glasscheiben und in Harz gefasste Steine. Sie waren zur Ausschmückung eines Isis-Tempels vorgesehen, wurden aufgrund eines Erdbebens 375 n. Chr. aber nicht eingesetzt.

🏛 **Antikes Isthmia**
Südende des Kanals von Korinth.
Stätte u. Museum 📞 27410 37244.
⭕ Di–So 8.30–15 Uhr. ⬤ Feiertage. 🚻 ♿

❸ Heraion von Perachóra
Ηραίον της Περαχωρας

13 km westlich von Loutráki, Peloponnes. **Straßenkarte** C4.

Das Heraion von Perachóra wurde wahrscheinlich im 8. Jahrhundert v. Chr. gegründet. Es war primär religiöses Zentrum. Von dem Tempel der Hera Limeneia sind Fundamente und Säulenstümpfe erhalten, zudem ein Altar und eine Stoa aus klassischer Zeit. Das Areal liegt oberhalb einer kleinen Bucht am Südufer des Kaps Melangávi in der Nähe eines Leuchtturm (19. Jh).

Der von Pinien gesäumte Vouliagméni-See drei Kilometer östlich lädt zum Schwimmen ein. Am Westufer liegen einige Tavernen.

Ansicht des Heiligtums der Hera in Perachóra, Kap Melangávi

❹ Antikes Nemea
Αρχαία Νεμέα

5 km nordöstlich von Nemea, Peloponnes. **Straßenkarte** C4.
📞 27460 22739. 🚌
Stätte ⭕ Mo–Fr 8.30–15 Uhr.
Museum ⭕ Di–So 8.30–15 Uhr.
⬤ Feiertage. 🚻 ♿

Das in einem Tal gelegene Antike Nemea mit den neun wiedererrichteten, schon von Weitem sichtbaren dorischen Säulen des Zeus-Tempels (4. Jh. v. Chr.) ist ein Wahrzeichen der Region. Neben den Säulen liegen Bruchstücke von zwischen dem 4. und 13. Jahrhundert zerstörten Säulen. An der Westseite des vollständig erhaltenen Tempelbodens wurde ein tiefes *adyton* (Gruft) freigelegt.

Südwestlich des Tempels wird ein hellenistisches Badehaus ausgegraben. Bislang wurden Tauchbecken und Zuflüsse offen gelegt. Jüngste Grabungen legten ein im 4. Jahrhundert gegründetes byzantinisches Dorf mit einer Basilika, Gräbern, Trockenöfen, einer Pilgerherberge und einer Taufkapelle frei.

Das **Museum** zeigt sehenswerte Rekonstruktionen und alte Gravuren. Das hellenistische Stadion, 400 Meter südöstlich, besitzt den ältesten bekannten überkuppelten Eingangstunnel.

Drei dorische Säulen des Zeus-Tempels in Nemea

In der farbenfroh illuminierten Höhle der Seen

❺ Chelmós
Όρος Χελμός

Peloponnes. **Straßenkarte** C4. 🚌 nach Kalávryta.

Der Chelmós (2355 Meter) ist die dritthöchste Erhebung des Peloponnes. Die Ausläufer sind bewaldet und von Schluchten durchzogen. Der von der Nordflanke des Gipfels in die Mavronéri-Schlucht herabstürzende Wasserfall gilt als Quelle des mythischen Styx.

Am Südosthang liegt über dem bewaldeten Feneoú-Tal das Kloster **Agíou Georgíou Feneoú**. Es wurde 1693 gegründet, der Bau stammt aber größtenteils aus der Mitte des 18. Jahrhunderts. Das *katholikón* besitzt eine hohe Kuppel und außergewöhnliche Fresken. Eine Treppe führt zu einer in osmanischer Zeit genutzten »geheimen« Schule.

Das **Moní Agías Lávras** sechs Kilometer von Kalávryta spielte im griechischen Freiheitskampf eine zentrale Rolle. Der Erzbischof von Pátra hisste hier am 25. März 1821 die Fahne der Revolution *(siehe S. 45).* Das Banner ist heute Kernstück einer Gedenkstätte in der Schatzkammer im Obergeschoss. Das 961 gegründete Kloster wurde nach der Zerstörung durch die Deutschen 1943 wiederaufgebaut. Am Tag vor ihrer Ankunft im Kloster hatten die Deutschen die Stadt Kalávryta in Brand gesteckt, in der sie eines der abscheulichsten Verbrechen der Besatzungszeit begangen hatten: Als Vergeltung für den Widerstand wurden rund 700 Zivilisten umgebracht. Die Uhr der Kathedrale zeigt die Zeit, zu der das Massaker begann.

Die **Höhle der Seen** bei Kastriá war in der Antike bekannt, doch bis zu ihrer Wiederentdeckung 1964 vergessen. Sie besitzt drei Ebenen. Gruppen können die ersten 350 Höhlenmeter bis zu dem zweiten von 15 Seen besichtigen. Die Kammern mit den vielen Stalaktiten schuf ein unterirdischer Fluss.

🏛 Höhle der Seen
16 km südlich von Kalávryta. 📞 26920 31633. 🕐 tägl. 9.30–16.30 Uhr (Sa, So bis 17.30 Uhr).

Alte Dampflokomotive in Diakoftó

❻ Schmalspurbahn Kalávryta – Diakoftó
Οδοντωτός Σιδηρόδρομος Καλαβρύτων–Διακοφτού

Peloponnes. **Straßenkarte** C4. 📞 26920 22245. 🚆 mehrmals tägl. (9–16 Uhr) Kalávryta–Diakoftó–Kalávryta. 🌐 **odontotos.com**

Die Schmalspurbahn wurde 1889–95 von einer italienisch-französischen Gesellschaft für den Erztransport gebaut. Über 22 Kilometer Schienen wurden verlegt. Sechs Kilometer der Strecke wurden mit einer dritten Schiene für das Zahnradgetriebe versehen, das bei großem Gefälle – bis zu 14 Prozent – zum Einsatz kommt. In Diakoftó sind zwei der alten Dampflokomotiven ausgestellt.

Die Strecke verläuft durch 14 Tunnel und über viele Brücken über die Vouraikós-Schlucht. Der einzige Bahnhof liegt in Káto Zachloroú auf halber Strecke. Vom Bahnhof führt ein 45-minütiger Aufstieg zum **Moní Méga Spílaio**, das als das älteste Kloster in ganz Griechenland gilt.

Hotels und Restaurants auf dem Peloponnes siehe Seiten 270f und 287f

❼ Pátra
Πάτρα

Peloponnes. **Straßenkarte** C4.
213000.
Filopimenos 26 (2610 620353).
tägl. 8–15 Uhr.

Sandstrand von Kalógria

Die drittgrößte Stadt Griechenlands mit dem zweitgrößten Hafen besitzt wenig Charme. Hochhäuser überragen die wenigen eleganten Straßen der auf dem Reißbrett entworfenen Stadt. Pátra ist Hochburg des griechischen Karnevals, den die große Schwulengemeinde und die Studenten der Stadt gern besuchen.

Die ursprünglich byzantinische Festung auf der alten Akropolis trägt Merkmale aller späteren Epochen. Der große Burghof mit einem Park und und Obstgärten und das nahe römische Odeion werden oft für Veranstaltungen genutzt.

Die pseudobyzantinische Basilika **Agios Andréas** steht im Südwesten der Stadt an der Stelle, an der der heilige Andreas gekreuzigt worden sein soll. Sie birgt den Schädel des Heiligen und ein Stück seines Kreuzes.

Umgebung: Die 1861 gegründete, älteste Weinkellerei Griechenlands **Achaïa Klauss** ist heute Marktführer. Sie produziert 30 Millionen Liter pro Jahr aus Trauben aus dem ganzen Land. Bei Führungen kann man im Kaiserkeller den Dessertwein Mavrodaphne kosten.

Weinkellerei Achaïa Klauss
Petrotó, 6 km südöstlich von Pátra.
2610 580100. tägl. 10–18 Uhr (Winter: 9–17 Uhr).
Feiertage. clauss.gr

❽ Kalógria
Καλόγρια

Peloponnes. **Straßenkarte** B4. nach Lápas. Rathaus Lápas (26930 31868).

Die von der Araxos-Mündung bis zur Kotýchi-Lagune von vielen Lagunen durchbrochene Küste ist eines der größten Feuchtgebiete Europas. Die Strofyiá-Sümpfe und rund 2000 Hektar Schirmkiefernwald in den Dünen sind heute teilweise Schutzgebiet. Die Erschließung ist auf das Areal zwischen der Prokópos-Lagune und dem sieben Kilometer langen Strand von Kalógria begrenzt. Auf den Dünen wachsen auch Aleppo-Kiefern und Eichen. In den Sumpfgräben leben Barsche, Aale und Wasserschlangen. In der Lagune rasten Zugvögel wie Enten und Wasserhühner. Sumpfweihen, Eulen und Falken sieht man das ganze Jahr über. Das **Besucherzentrum** in Lápas veranstaltet Dünenwanderungen.

Besucherzentrum
Kotýchion Strofiliás. 26233 60814. Mo–Fr 9–15 Uhr.
Feiertage.
strofylianationalpark.gr

❾ Festung Chlemoútsi
Χλεμούτσι

Kástro, Peloponnes. **Straßenkarte** B4. tägl.

Die bekannteste fränkische Festung in Griechenland – nach der berühmten Tournois-Goldmünze, die hier im Mittelalter geprägt wurde, auch »Castel Tornesi« genannt – entstand 1219–23 zur Verteidigung des Hafens Glaréntza (Kyllíni) und der fränkischen Hauptstadt Andreville. Wegen des geringen natürlichen Schutzes wurden extrem dicke Mauern und ein robustes Tor errichtet. Große Teile des Wehrgangs sind begehbar. In dem sechseckigen Bergfried liegen hallende Gewölbe. Eine Tafel am Eingang erinnert an Konstantínos Palaiológos, den letzten Kaiser von Byzanz, der 1428–32 als Gouverneur von Ileía die Festung bewohnte.

Eine Treppe führt zum Dach, das Blick auf die Ionischen Inseln bietet. In dem Innenhof finden Konzerte statt.

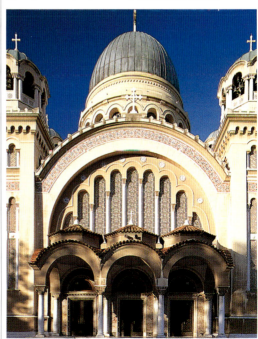
Die moderne, pseudobyzantinische Basilika Agios Andréas, Pátra

⓾ Antikes Olympia
Ολυμπία

Olympia liegt am Zusammenfluss von Kládeos und Alfeiós. Es diente 1000 Jahre lang als wichtige religiöse und sportliche Kultstätte. Trotz früher Blüte in mykenischer Zeit *(siehe S. 30f)* gewann der Ort erst nach der Ankunft der Dorer, die den Zeus-Kult einführten, an Bedeutung. Das Heiligtum ist nach dem Sitz des höchsten Gottes, dem Olymp *(siehe S. 245)*, benannt. Die Errichtung von kunstvollen Tempeln und Profanbauten bis etwa 300 v. Chr. verlieh der Anlage ein klassisches Gepräge. Gegen Ende der Regierungszeit des römischen Kaisers Hadrian (117–138 n. Chr.) verlor Olympia an religiöser und politischer Relevanz.

Luftaufnahme des heutigen Olympia

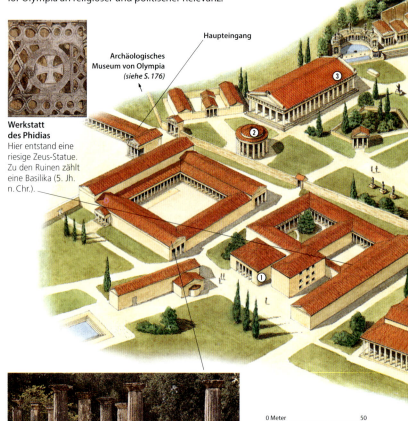

Haupteingang

Archäologisches Museum von Olympia *(siehe S. 176)*

Werkstatt des Phidias
Hier entstand eine riesige Zeus-Statue. Zu den Ruinen zählt eine Basilika (5. Jh. n. Chr.).

0 Meter — 50

Palaestra
Die Anlage war Trainingszentrum für Ringer, Boxer und Weitspringer. Die Kolonnade um den zentralen Hof ist weitgehend rekonstruiert.

ANTIKES OLYMPIA | 175

Eingang zum Stadion
Die Kuppel, mit der der Stadioneingang im späten 3. Jahrhundert v. Chr. versehen wurde, ist teilweise erhalten. Das heute vorhandene Stadion war das dritte in Olympia.

Infobox

Information
Peloponnes.
Straßenkarte B4.
📞 26240 22517.
🕐 Apr–Okt: tägl. 8–20 Uhr;
Nov–März: tägl. 8–15 Uhr.
⬤ Feiertage. 🛇 📷 ♿
Archäologisches Museum von Olympia 📞 26240 22742.
🕐 wie oben.
♿ teilweise.
🌐 odysseus.culture.gr

Anfahrt
🚌 🚉

Rekonstruktion von Olympia (100 n. Chr.)
Die Zeichnung zeigt Olympia zur Römerzeit, in der der Zeus-Kult dominierte. Die Spiele waren dem höchsten der Götter gewidmet. Der Zeus-Tempel, der eine riesige Statue des Gottes enthielt, bildete den Mittelpunkt der Anlage.

Zeus-Tempel
Obwohl von dem dorischen Tempel (5. Jh. v. Chr.) nur Säulenbasen und -bruchstücke erhalten sind, wird seine Erhabenheit deutlich.

Außerdem

① **Im Heroon** befand sich ein Altar für einen unbekannten Helden.

② **Das Philippeion** gab Philipp II. zu Ehren der makedonischen Dynastie in Auftrag.

③ **Der Hera-Tempel** (7. Jh. v. Chr.) zählt zu den ältesten Griechenlands.

④ **Die Schatzhäuser**, in denen die Votivgaben der Stadtstaaten aufbewahrt wurden, glichen Tempeln.

⑤ **Das Metroon** war ein Heiligtum der Rhea, der Mutter des Zeus.

⑥ **Südliche Halle**

⑦ **Altar der Schwüre**

⑧ **Das Bouleuterion**, der Versammlungsraum, war Sitz des olympischen Senats.

⑨ **Eingang** zum Heiligtum

⑩ **Im Leonidaion** mit dem kleeblattförmigen Wassergarten wohnten angesehene Gäste.

Überblick: Archäologisches Museum von Olympia

Das gegenüber dem Ausgrabungsgelände des antiken Olympia errichtete Archäologische Museum wurde im Jahr 1982 eröffnet. Es zeigt viele der auf der Anlage gefundenen Artefakte. Abgesehen von Mittelsaal, der Skulpturen vom Giebel und den Metopen des Zeus-Tempels enthält, und Eckraum, der die Spiele illustriert, sind die zwölf Ausstellungsräume chronologisch angeordnet: Von der der Vorgeschichte gewidmeten Eingangshalle gelangt man im Uhrzeigersinn über die klassische zur römischen Zeit.

Prähistorische, geometrische und archaische Sammlungen

Raum 1 links der Eingangshalle zeigt Funde aus prähistorischer Zeit wie Keramiken und Bronzereliefs (7. Jh. v. Chr.). Auch ein bronzezeitlicher Tumulus ist zu sehen. Raum 2 birgt einen dreifüßigen Bronzekessel, längliche Männerfiguren, die Kesselgriffe halten, sowie Greifenköpfe, die Kessel zieren. Diese Verzierung war im 7. Jahrhundert v. Chr. beliebt. Die nahe dem Altar des Zeus gefundenen Votivgaben aus Bronze mit Tierdarstellungen stammen aus der geometrischen Zeit. Raum 3 zeigt bemalte Terrakottafragmente aus verschiedenen Heiligtümern.

Klassische Sammlung

Helme wurden im antiken Olympia oft von Pilgern und Athleten als Opfergaben an Zeus dargebracht. Zu den bekanntesten gehören ein assyrischer Helm und der Helm des Miltiades, des Siegers der Schlacht von Marathón *(siehe S. 149)*. Beide wurden in den Perserkriegen *(siehe S. 33)* verwendet. Sie sind in Raum 4 ausgestellt. Die korinthische Terrakottafigur *Zeus und Ganymed* (5. Jh. v. Chr.) in Raum 4 zeigt eine außergewöhnlich menschliche Darstellung des Zeus.

Im Mittelsaal befinden sich Reliefs des Zeus-Tempels. Beide Giebelfelder sind erhalten. Ihre Komposition ist ausgeglichen, aber nicht ganz symmetrisch. Der eher statische Ostgiebel zeigt das Wagenrennen zwischen den Bewerbern um die Hand der Königstochter Hippodameia, König Oinomaos und Pelops. Zeus steht zwischen den Wettkämpfern. Ein Seher zu seiner Linken sagt Oinomaos' Niederlage voraus. Links und rechts sind personifizierte Darstellungen der beiden Flüsse von Olympia zu sehen. Der Westgiebel illustriert den *Kampf der Lapithen und Zentauren*, eine Metapher für die Spannungen zwischen Barbarei und Kultur. Die betrunkenen Zentauren, Gäste auf der Hochzeit des Lapithen-Königs Peirithous, versuchen die Frauen der Lapithen zu entführen. In der Mitte legt Apollon beruhigend die Hand auf Peirithous' Schulter, während dieser seine Braut aus dem Griff des Anführers der Zentauren befreit. Links von Apollon streckt Theseus einen Zentauren nieder. Die weniger gut erhaltenen inneren Metopen tragen Darstellungen der *Zwölf Taten des Herakles*, dessen Mythos eng mit dem Heiligtum verknüpft ist.

Das Fragment der *Nike* des Bildhauers Paionios (5. Jh. v. Chr.) steht in einer Nische in Raum 6. Die Figur war Dankopfer der Städte Messene und Náfpaktos für den Sieg über Sparta im Peloponnesischen Krieg *(siehe S. 34)*. Die Rekonstruktion aus Gips vermittelt eine Vorstellung von der geflügelten Göttin, die auf einem Adler herabfliegt, um den Sieg zu verkünden. Raum 8 ist Praxiteles' Skulptur *Hermes*, die den Gott bei der Errettung des Säuglings Dionysos vor der eifersüchtigen Hera zeigt, vorbehalten. Der Arm, mit dem er den Knaben trägt, ist auf einen Stamm gestützt, an dem sein Mantel hängt. Dionysos greift nach Trauben in Hermes' nicht erhaltener rechter Hand. Raum 7 schließlich zeigt verschiedene Utensilien aus der Werkstatt des Phidias.

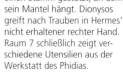

Hermes-Skulptur des Praxiteles

Hellenistische und römische Sammlungen

Raum 9 enthält die Funde aus klassischer Zeit, darunter das Terrakotta-Sima (Dachblende) des Leonidaion. In den Räumen 10 und 11 stehen Standbilder römischer Imperatoren und Feldherren sowie der von Regilla, der Gattin des Herodes Atticus, gestiftete Marmorstier. Raum 12 zeigt Glasarbeiten vom Römerfriedhof in Pissa (heute: Miráka), auf dem Athleten und Tempelbedienstete beerdigt wurden.

***Zeus und Ganymed**, Terrakotta*

Geschichte der Olympischen Spiele

Die Spiele des Jahres 776 v. Chr. gelten als erstes belegtes historisches Ereignis Griechenlands. Einzige Disziplin war ein Wettlauf der Männer. Die Teilnehmer kamen aus dem Umland Olympias und aus Koroivos. Ein Koch aus Elis war der erste überlieferte Sieger. Im Lauf des 8. und 7. Jahrhunderts v. Chr. kamen Ring-, Box- und Reitdisziplinen hinzu. Viele Städte entsandten Sportler und stifteten Siegestrophäen. Bis 146 v. Chr. die Römer die Kontrolle übernahmen, war die Teilnahme Griechen vorbehalten. Die Stadtstaaten fochten die römische Leitung an, ein Heiliger Friede garantierte Zuschauern und Teilnehmern jedoch sicheres Geleit. Die Christen verachteten das »heidnische Fest«. 393 n. Chr., zur Zeit des römischen Kaisers Thedosius I., wurden die Spiele abgeschafft.

Zum antiken Fünfkampf gehörten Laufen, Ringen, Speer- und Diskuswerfen sowie Weitsprung (mithilfe von Schwunggewichten). Ab 720 v. Chr. kämpften die Sportler nackt. Frauen waren als Zuschauer nicht zugelassen.

Ringkampf und Boxkampf sind auf dieser Amphore (6. Jh. v. Chr.) dargestellt. Die Boxer tragen *himantes*, Vorläufer der Boxhandschuhe. Sie bestanden aus um Hand und Handgelenk gewickelten Lederstreifen.

Die olympische Idee wurde 1896 mit den ersten Spielen der Neuzeit in Athen wiederbelebt *(siehe S. 117)*. Der Franzose Baron Pierre de Coubertin hatte sie ins Leben gerufen.

Diskuswerfer

3000 v. Chr.	2000 v. Chr.	1000 v. Chr.	0		1000
3. Jahrtausend v. Chr. Erste Besiedelung des Gebiets von Olympia	**776 v. Chr.** Erste überlieferte Spiele	**470–456 v. Chr.** Bau des Zeus-Tempels; Blütezeit von Olympia	**393** Verbot der Spiele durch Kaiser Theodosius I.	**1896** Erste Olympische Spiele der Neuzeit	**600** Sandablagerungen des Alfeiós begraben das Gelände unter sich
	67 Nero nimmt teil; Dank unfairer Machenschaften »gewinnt« er fast alle Preise			**1875** Beginn wissenschaftlicher Grabungen durch Deutsche	**551** Große Teile durch Erdbeben zerstört

Loúsios-Schlucht
Φαράγγι του Λούσιου

Der Oberlauf des Loúsios, eines Nebenflusses des Alfeiós, verläuft durch eine der beeindruckendsten Schluchten Griechenlands. Die Loúsios-Schlucht ist kaum fünf Kilometer lang, an der engsten Stelle jedoch fast 300 Meter tief. Aufgrund der abgeschiedenen Lage in der Bergregion im Zentrum des Peloponnes war die Gegend um den Loúsios während des griechischen Freiheitskampfs *(siehe S. 44f)* ein Stützpunkt der Aufständischen. An die steilen Felswände klammern sich mittelalterliche Klöster und Kirchen. Markierte Wanderwege führen zu den interessantesten Zielen. Die Dörfer *(siehe S. 180)* östlich der Schlucht eignen sich gut als Ausgangspunkt für Touren in die Region.

Néa Moní Filosófou
Das Kloster (17. Jh.) liegt am Westhang an einer engen Stelle der Schlucht. Dank der Initiative eines Mönchs ist es renoviert und wieder bewohnt. Auf den Fresken aus dem Jahr 1693 sind wenig bekannte Geschichten aus der Bibel dargestellt, etwa die von den Schweinen von Gadarene.

★ Antikes Gortys
Kranke besuchten das Asklepiéion, die Heilstätte im antiken Gortys. Die Fundamente vom Tempel des Asklepios (4. Jh. v. Chr.), des Gottes der Heilkunde, liegen in einer tiefen Abgrabung am Westrand.

Außerdem

① **Agios Andréas**, eine Kapelle aus dem 11. Jahrhundert, steht dicht unterhalb der engsten Stelle der Schlucht.

② **Paleá Moní Filosófou**, heute eine Ruine, ist das älteste Kloster (um 960) der Gegend.

③ **Dimitsána** ist der beste Ausgangspunkt.

④ **Stemnítsa** *(siehe S. 180)* ist ein hübsches Dorf. Es bildet einen schönen Abschluss der Wanderung durch die Schlucht.

Brücke von Kókkoras
Über die restaurierte mittelalterliche Brücke führte einst die uralte Straße von Arkadien nach Ileía. In dem eisigen Flusswasser leben Forellen.

LOÚSIOS-SCHLUCHT | 179

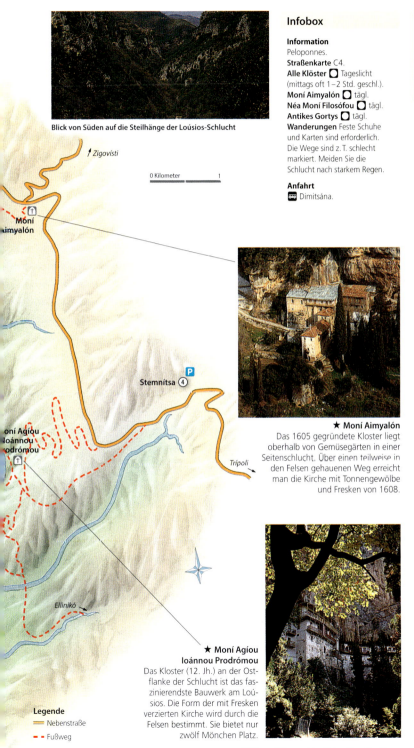

Blick von Süden auf die Steilhänge der Loúsios-Schlucht

Infobox

Information
Peloponnes.
Straßenkarte C4.
Alle Klöster ⬜ Tageslicht (mittags oft 1–2 Std. geschl.).
Moní Aimyalón ⬜ tägl.
Néa Moní Filosófou ⬜ tägl.
Antikes Gortys ⬜ tägl.
Wanderungen Feste Schuhe und Karten sind erforderlich. Die Wege sind z. T. schlecht markiert. Meiden Sie die Schlucht nach starkem Regen.

Anfahrt
🚌 Dimitsána.

★ Moní Aimyalón
Das 1605 gegründete Kloster liegt oberhalb von Gemüsegärten in einer Seitenschlucht. Über einen teilweise in den Felsen gehauenen Weg erreicht man die Kirche mit Tonnengewölbe und Fresken von 1608.

★ Moní Agíou Ioánnou Prodrómou
Das Kloster (12. Jh.) an der Ostflanke der Schlucht ist das faszinierendste Bauwerk am Loúsios. Die Form der mit Fresken verzierten Kirche wird durch die Felsen bestimmt. Sie bietet nur zwölf Mönchen Platz.

Legende
— Nebenstraße
- - Fußweg

Zeichenerklärung siehe hintere Umschlagklappe

Überblick: Loúsios-Schlucht

Die Bergdörfer oberhalb der Schlucht zählen zu den schönsten Arkadiens. Der am besten markierte Wanderweg verbindet Néa Moní Filosófou und Moní Prodrómou. Nehmen Sie Verpflegung mit. Von Dimitsána fahren zweimal täglich Busse nach Trípoli, eine der Linien führt über Stemnítsa. Wochentags kann man bei Karýtaina Bussen zwischen Andrítsaina und Trípoli zusteigen. Autos und Taxis bieten die größte Flexibilität. Im Winter sind oft Schneeketten erforderlich.

Unterhalb von Karýtaina: Brücke über den Alfeiós mit Kapelle

Die engen Gassen von Dimitsána

Dimitsána

Der Ort liegt auf einem Bergrücken und ist auf drei Seiten vom Loúsios umgeben. Das Dorf besitzt vier Glockentürme. Der der **Agía Kyriakí** ist nachts beleuchtet. Den Turm des **Pyrsogiannítiko** errichteten Baumeister aus Epirus 1888.

Zwei am Aufstand gegen die Türken *(siehe S. 44f)* beteiligte Geistliche kamen aus Dimitsána. Den Geburtsort des Erzbischofs Germanós von Pátra markiert eine Tafel nahe dem Gipfel des westlichen Kástro-Hügels. Auf dem Marktplatz erinnert eine Tafel an den Patriarchen Gregor V., der in Istanbul gehängt wurde, als der Sultan von der Revolte erfuhr.

Die drei- und vierstöckigen Häuser stammen aus der Blütezeit des Dorfs als Handelszentrum (18. Jh.). Während des Freiheitskampfs gab es hier 14 Pulverfabriken. Das **Wassermühlen-Museum** informiert darüber.

Wassermühlen-Museum
Dimitsána. 27950 31630.
Mi–Mo 10–18 Uhr (Winter: 10–17 Uhr). Feiertage.

Stemnítsa

Das in einer weiten Senke gelegene Stemnítsa ist eine natürliche, versteckte Festung. Im Mittelalter war Stemnítsa ein Zentrum des Metallhandwerks. Heute befindet sich in dem Ort eine renommierte Schule für Gold- und Silberschmiede. In dem **Heimatmuseum** wurden Werkstätten und Wohnungseinrichtungen rekonstruiert. Außerdem sind Waffen, Textilien und Keramiken der Familie Savopoúlous ausgestellt.

Von den herrlichen mittelalterlichen Kirchen besitzen **Treís Ierárches** nahe dem Museum und **Profítis Ilías** (10. Jh.) auf dem Festungshügel gut erhaltene Fresken. Die **Panagía Mpaféro** (12. Jh.) auf dem Festungshügel hat ein außergewöhnliches Portal. Das an dem nördlichen Hügel gelegene **Moní Zoödóchou Pigís** war Ort der ersten Zusammenkünfte der Anführer im Freiheitskampf. Deshalb wird Stemnítsa als erste Hauptstadt Griechenlands bezeichnet.

Heimatmuseum
Stemnítsa. 27950 81252.
Juli–Sep: Mo, So 10–13 Uhr, Mi, Do, Sa 10–13, 17–20 Uhr, Fr 17–20 Uhr; Okt–Juni: Mo, Mi–Fr 10–13 Uhr, Sa, So 10–14 Uhr. Feiertage.

Karýtaina

Die Ortschaft liegt in einer Schleife des Alfeiós. Mit weniger als 200 Einwohnern ist sie heute fast ausgestorben. Das **Kástro**, die Festung, datiert aus dem 13. Jahrhundert, als ein fränkischer Baron in der Stadt residierte. 1826 hielt sich Theódoros Kolokotrónis in der Burg versteckt und überstand dort die Belagerung durch die Türken. Die restaurierten Säulenkapitelle (11. Jh.) der **Panagía tou Kástrou** schmücken Reliefs.

Umgebung: Die Brücke über den Alfeiós östlich von Karýtaina wurde 1439 errichtet. Vier der sechs ursprünglichen Bogen sind erhalten. In einem der Pfeiler befindet sich eine Kapelle.

Blick von Osten auf Dimitsána

Hotels und Restaurants auf dem Peloponnes *siehe Seiten 270f und 287f*

⓬ Andrítsaina
Ανδρίτσαινα

Peloponnes. **Straßenkarte** C4.
🗺 900. 🚌

Andrítsaina bietet Zugang zum Tempel von Bassae. Dennoch kommen nur wenige Besucher hierher. In die Tavernen und Läden an dem Dorfplatz, auf dem vormittags Bauern ihre Erzeugnisse feilbieten, hat die Moderne kaum Einzug gehalten. Andritsaina war im 18. Jahrhundert ein wichtiges Handelszentrum. Im **Heimatmuseum** am Hang unterhalb des Traní-Brunnens (18. Jh.) sind Flickenteppiche, Trachten und Metallarbeiten zu sehen.

🏛 Heimatmuseum
Andrítsaina. 📞 26260 22430.
🕐 tägl. ● Feiertage.

Ruhige Straße im traditionsverbundenen Andritsaina

Umgebung: Der **Tempel von Apollo Epikourios Bassae** (5. Jh. v. Chr.) auf einer imposanten Anhöhe liegt so abgeschieden wie kein anderes bedeutendes antikes Heiligtum. Bis zur Beschaffung der für die Rekonstruktion der Architrave erforderlichen 50 Millionen Euro bleibt er von einem Zelt bedeckt. Die Gerüste schützen die Kolonnaden des Tempels im Winter vor Frostschäden.

Der Ort Figaleía unterhalb von Bassae ist nach der westlich gelegenen antiken Stadt benannt, deren Einwohner den Tempel für Apollon Epikourios errichteten. Ein Pfad führt in die Néda-Schlucht.

🏛 Tempel von Apollo Epikourios Bassae
14 km südlich von Andrítsaina.
📞 26260 22275. 🕐 Apr–Okt: tägl. 8.30 bis Sonnenuntergang (Nov–März: bis 15 Uhr).

⓭ Antikes Tegea
Τεγέα

Peloponnes. **Straßenkarte** C4. 📞 27150 56540. 🚌 **Stätte** 🕐 tägl. **Museum** 🕐 Di–So 8.30–15 Uhr. ● Feiertage. 🌐 tegeamuseum.gr

Die Ruinen der antiken Stadt Tegea liegen südlich des heutigen Trípoli nahe dem Dorf Aléa. Die Relikte des dorischen Tempels der Athena Alea (4. Jh. v. Chr.) sind beeindruckend. Die massiven Säulensegmente werden auf dem Peloponnes an Größe nur durch die des Zeus-Tempels in Olympia (siehe S. 175) übertroffen. Das örtliche **Museum** zeigt Skulpturen der antiken Stätte, darunter Fragmente vom Tempelgiebel.

⓮ Árgos
Άργος

Peloponnes. **Straßenkarte** C4.
🗺 20000. 🚌

Eine der ältesten Siedlungen Griechenlands ist heute eine Handelsstadt mit einem Messegelände neben dem klassizistischen Marktplatz. Das **Archäologische Museum** zeigt regionale Funde aus allen Epochen. Attraktionen sind ein mykenischer Bronzehelm und ein Brustpanzer, ein archaisches Tonfragment, das die Blendung des Polyphemos durch Odysseus zeigt, sowie ein *Krater* (7. Jh. v. Chr.).

Die Ruinen des antiken Árgos an dem Weg nach Trípoli beinhalten römische Bäder sowie eines der größten Theater Griechenlands mit außergewöhnlich steilen Rängen. Von dem Theater führt ein Weg zum Lárisa-Hügel, einer der beiden Akropolen von Árgos.

🏛 Archäologisches Museum
Östlich von Plateía Agíou Pétrou.
📞 27510 68819. ● wegen Renovierung bis 2018.

Umgebung: An dem Theater vorbei führt eine Straße von dem antiken Árgos Richtung Süden nach **Ellinikó**. Am Ortsrand steht ein intaktes, pyramidenähnliches Gebäude, das vermutlich zur Verteidigung der Straße nach Arkadien diente. Die Entstehung des Baus wird auf das 4. Jahrhundert v. Chr. geschätzt.

Der weiter südlich gelegene Palast **Lérna** (ca. 2200 v. Chr.) wird wegen des ursprünglichen Terrakottadachs auch »Dachziegelhaus« genannt. Er ist durch einen Baldachin geschützt. Die nahen jungsteinzeitlichen Fundamente und zwei mykenische Gräber deuten auf eine 2000-jährige Besiedelung, die wohl aufgrund der Quellen erfolgte. Mühlräder füllen noch heute einen Teich an der Küste, in dem die mythische Hydra gelebt haben soll, die von Herakles getötet wurde (siehe S. 57).

Blick von der Bühne auf die Sitzreihen des Theaters von Árgos

⓯ Mykene
Μυκήναι

Das Palastareal von Mykene, eine der ältesten griechischen Festungsanlagen, wurde 1874 von dem Archäologen Heinrich Schliemann *(siehe S. 184)* entdeckt. Der Ausdruck »mykenisch« bezeichnet eine Kultur der jüngeren Bronzezeit (etwa 1700 bis 1100 v. Chr.). Der Palast auf dem Hügel war der Oberschicht vorbehalten, Handwerker und Kaufleute wohnten jenseits der Mauern. Die Anlage wurde um 1100 v. Chr. nach schweren Unruhen in der Region aufgegeben.

Geheimtreppe
99 Stufen führen unter der Festung hinab zu einer mit Rohren aus einer Quelle gespeisten Zisterne. Diese sicherte die Wasserversorgung bei Belagerungen.

Außerdem

① **Bastion**

② **Nordosttor**

③ **Werkstätten**

④ **Im Megaron** fand das gesellige Leben statt.

⑤ **Die Zyklopenmauern** waren bis zu 14 Meter stark und unüberwindlich. In späterer Zeit glaubte man, sie seien von Riesen errichtet worden.

⑥ **Das Tsoúntas-Haus**, nach seinem Entdecker benannt, war ein kleiner Palast.

⑦ **In den Häusern von Mykene** wurden Tafeln mit archaischen Schriftzeichen entdeckt. Die als Linear B bezeichnete Schrift wurde 1952 von Michaíl Ventris entziffert.

⑧ **Große Rampe**

Mykene heute

Geheimtreppe – Königspalast – Plattenring A – Grab der Klytämnestra – Löwentor – Weg zum Schatzhaus des Atreus – Plattenring B

Rekonstruktion von Mykene
Die Zeichnung stellt das Mykene des Atreus und des Trojanischen Krieges 1250 v. Chr. (siehe S. 58f) dar. Die meisten Gräber liegen außerhalb der Mauern (siehe S. 184).

MYKENE | 183

Königspalast
Von dem bedeutendsten Bau auf dem Gipfel der Akropolis sind lediglich die Fußböden erhalten. Die Steine zeigen Brandmale von der Zerstörung im Jahr 1200 v. Chr.

Infobox

Information
2 km nördlich von Mykínes, Peloponnes. **Straßenkarte** C4.
27510 76585. Apr: tägl. 8–19 Uhr; Mai–Okt: tägl. 8–20 Uhr; Nov–März: tägl. 8–15 Uhr. **Museum** wie oben. 1. Jan, 25. März, Karfreitag vorm., Ostersonntag, 1. Mai, 25., 26. Dez. nur Schatzhaus u. Museum.

Anfahrt
bis Mykínes.

Plattenring A
In den sechs königlichen Schachtgräbern fand man 19 Skelette. Die 14 Kilogramm goldener Grabbeigaben sind in Athen zu sehen *(siehe S. 74)*.

Klytämnestra nach dem Mord an ihrem Gatten Agamemnon

Der Fluch der Atriden

König Atreus schlachtete die Kinder seines Bruders Thyestes und servierte sie ihm als Speise. Dafür belegten die Götter ihn und seine Nachkommen mit einem Fluch. Thyestes zeugte mit der überlebenden Tochter Pelopia Aigisthos, der Atreus tötete und Thyestes wieder als König von Mykene einsetzte. Atreus' Sohn Agamemnon stellte eine Flotte auf, um den Trojaner Paris zu bestrafen, der Helena, die Gattin seines Bruders, geraubt hatte. Für günstige Winde opferte Agamemnon seine Tochter. Nach seiner Rückkehr wurde er von seiner Gattin Klytämnestra und deren Liebhaber Aigisthos ermordet. Die beiden wiederum wurden später von Orestes und Elektra, den Kindern Agamemnons, getötet.

Löwentor
Das Löwentor ist nach den Reliefs über dem Sturz benannt. Es entstand im 13. Jahrhundert v. Chr., als die Mauern verlegt wurden, um den Plattenring A einzubeziehen.

Überblick: Gräber von Mykene

Die Könige von Mykene wurden in Schachtgräbern wie im Plattenring A *(siehe S. 183)* oder in *thóloi* (Kuppelgräbern) beigesetzt. Die Kuppelgräber außerhalb der Mauern wurden aus ringförmigen Blöcken gebildet, deren Durchmesser nach oben hin abnahm, sodass die Kuppel mit einem Stein geschlossen werden konnte. Über den Gräbern wurde Erde aufgeschüttet. Ein Zugang blieb frei.

Eingang zum Grab des Atreus, mit einem Loch über dem Türsturz

Schatzhaus des Atreus

Das Schatzhaus des Atreus am Südrand des Geländes ist das interessanteste der *thóloi*. Es stammt aus dem 14. Jahrhundert v. Chr. und ist eines von zwei Doppelkammergräbern in Griechenland. Der *drómos* (Zugang) besitzt eine Länge von 36 Metern. Das kleine Beinhaus, die zweite Kammer, barg Knochen von früher Beigesetzten. Wie der neun Meter lange, fast 120 Tonnen schwere Sturz über dem Eingang in Position gebracht wurde, ist bis heute rätselhaft.

Das Schatzhaus wird auch als Grab des Agamemnon bezeichnet. Der legendäre König und Anführer des Feldzugs gegen Troja *(siehe S. 58f)* kann allerdings dort nicht begraben liegen, da der Trojanische Krieg vermutlich mehr als 100 Jahre nach der Errichtung des Grabs stattfand. Atreus gilt als Vater des Agamemnon.

Grab der Klytämnestra

Lediglich ein weiteres Kuppelgrab ist genauso gut erhalten wie das des Atreus: Das sogenannte Grab der Klytämnestra befindet sich westlich des Löwentors. Die kleine Grabstätte besteht aus einer Grabkammer, deren Wände sich relativ steil nach oben verjüngen. Der *drómos* mit wunderbaren Steinmetzarbeiten und die dreieckige Luftöffnung über dem Eingang, die auch den Druck vom Türsturz nimmt, stammen aus der gleichen Periode.

Heinrich Schliemann

Der aus Mecklenburg stammende Heinrich Schliemann (1822–1890) war Autodidakt. Mit 47 Jahren war er Millionär geworden und finanzierte so seine archäologischen Grabungen. Nachdem er Troja entdeckt und damit den Wahrheitsgehalt der Dichtung Homers belegt hatte, kam er 1874 nach Mykene und begann den Plattenring A freizulegen. Als er eine goldene Totenmaske fand, die die Haut eines königlichen Hauptes konserviert hatte, rief er: »Ich habe das Antlitz Agamemnons erblickt!« Inzwischen klassifizieren Archäologen die Maske als rund 300 Jahre älter, doch ihre Entdeckung erhärtet Homers Beschreibung des »schönen Mykene, das reich an Gold ist«.

Schatzhaus des Atreus

Im Gegensatz zu ihren griechischen Zeitgenossen, die ihre Toten verbrannten, setzten die Mykener diese in Gräbern bei. Im Schatzhaus des Atreus wurde ein mykenischer König mit seinen Waffen sowie Speise und Trank für die Reise durch die Unterwelt begraben.

- Beinhaus
- Tor
- Ruhestätte des Königs
- Thólos aus 33 Steinlagen
- Drómos, zur Abdichtung mit Lehm ausgekleidet
- Erdaufwurf über der gesamten Grabkammer

Hotels und Restaurants auf dem Peloponnes *siehe Seiten 270f und 287f*

PELOPONNES | 185

⓰ Antikes Tiryns
Τίρυνθα

4 km nordwestlich von Náfplio, Peloponnes. **Straßenkarte** C4.
☎ 27520 22657. 🅿 ⓘ Apr: tägl. 8–19 Uhr; Mai–Okt: Mo–Fr 8–20, Sa, So 8–15 Uhr; Nov–März: tägl. 8–15 Uhr.

Die Festung von Tiryns stammt aus dem 13. Jahrhundert v. Chr. Die mächtigen Wälle bestätigen die Beschreibung Homers in der *Ilias*. Die 700 Meter lange und bis zu acht Meter dicke Zyklopenmauer, die nach den Riesen benannt wurde, denen allein man die Errichtung zutraute, besaß einst die doppelte Höhe. Die Anlage war stabiler als die von Mykene, da das umliegende Gelände selbst kaum Schutz bot. Der Felsen, auf dem die Anlage stand, war nur 18 Meter höher als die umliegende Ebene.

Eine schräge, mit scharfen Kehren ausgestattete Rampe im Osten ermöglichte den Angriff auf die ungeschützte Flanke des Feindes. Sie führt bis an das massive Mitteltor, dessen Sturz nicht überdauert hat. An der Südseite, unterhalb des ebenfalls nicht erhaltenen inneren Tors, ist ein Kragstein in einer Galerie von den Fellen der Schafe glatt poliert, die jahrhundertelang hier Schutz suchten. Eine steinerne, gänzlich erhaltene Treppe führt zwischen der inneren und der äußeren Mauer zur Westpforte. Die nördliche Unterburg, die einerseits dem Schutz des gemeinen Volkes und des Viehbestands, andererseits der Wasserversorgung diente, entstand vermutlich als letztes Bauwerk der Anlage.

Umgebung: Auf dem Friedhof von **Agía Triáda**, einem Dorf fünf Kilometer nördlich von Tiryns, steht die byzantinische Kirche Panagías (frühes 13. Jh.). Bis zu Schulterhöhe bestehen die Wände aus antikem Mauerwerk. Darüber wurde an der Südostecke eine vollständige antike Grabstele integriert.

Das weiter nördlich gelegene **Argive Heraion** war in archaischer und klassischer Zeit das religiöse Zentrum des Territoriums von Argolis mit Árgos als Kapitale. Die beeindruckendsten Relikte stammen von einem Tempel aus dem 5. Jahrhundert v. Chr., dessen Priesterinnen der Hera dienten. Der Tempel beherbergte eine wunderschöne Statue der Göttin aus Elfenbein und Gold. Wie die Säulenstümpfe belegen, war er von Stoen flankiert. Auf dem Felsvorsprung über dem Tempel schworen die Achaier-Fürsten Agamemnon die Treue, bevor sie nach Troja segelten. Westlich davon liegt das »Peristyl«, in dem Symposien stattfanden, mit erhaltener Ablaufrinne.

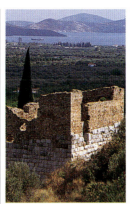

Turm des Theseus, Antikes Troezen

🅰 Argive Heraion
10 km nördlich von Tiryns.
ⓘ tägl. 8–15 Uhr.

⓱ Náfplio
Siehe S. 186f.

⓲ Epídauros
Siehe S. 188f.

⓳ Antikes Troezen
Τροιζήνα

60 km östlich von Náfplio, Peloponnes. **Straßenkarte** D4.
ⓘ uneingeschränkter Zugang.

Die spärlichen Ruinen des Antiken Troezen, der legendären Geburtsstätte des Helden Theseus und des Schauplatzes von Euripides' Inzesttragödie *Hippolytos*, liegen nahe dem heutigen Dorf Troizína. Die weit verstreuten Relikte datieren aus verschiedenen Epochen. Die drei byzantinischen Kapellen *(episkopí)* stammen aus der Zeit, als Troezen Sitz des Bischofs von Damála war. Die von Schluchten umgebene Stadt wurde auf Felsen erbaut. Den die westliche Schlucht überspannenden Felsbogen, den »Teufelsbogen«, erreicht man nach einer kurzen Wanderung in 15 Minuten. Der »Theseus-Turm« am Ende der Schlucht ist im unteren Teil hellenistisch, oben mittelalterlich. Die antike Stätte ist bis heute nur teilweise freigelegt. Immer wieder sind weitere Grabungen geplant, die aber bisher aus Geldmangel nicht ausgeführt wurden.

Die Grundmauern des Argive Heraion bei Tagesanbruch

⑰ Náfplio
Ναύπλιο

Mit Marmor gepflasterte Gehsteige, Burgen und eine homogene Architektur machen Náfplio zur elegantesten Stadt des griechischen Festlands. Die Anfänge Náfplios liegen im 13. Jahrhundert. In den Kämpfen zwischen Türken und Venezianern um die Häfen des Peloponnes wurde es oft belagert. Das Viertel im Westen stammt größtenteils aus der zweiten venezianischen Besatzungszeit (1686–1715). Náfplio war 1829–34 die erste Hauptstadt des befreiten Griechenland.

Blick auf Náfplio von der Treppe zum Palamídi

Überblick: Náfplio

Das an der Nordküste einer Halbinsel am Argolischen Golf gelegene Náfplio war durch die Festungen Akronafplía und Palamídi im Norden und die Burg Boúrtzi im Süden geschützt. Die **Plateía Syntágmatos** ist seit venezianischer Zeit Mittelpunkt des öffentlichen Lebens. Sie scheint seit 300 Jahren, als die Osmanen auf dem Platz mehrere Moscheen errichteten, fast unverändert. An der Ostseite liegt heute eine Konzerthalle. In der Vouleftikó-Moschee im Süden trat das griechische Parlament (vouli) erstmals zusammen. Die Kathedrale **Agios Geórgios** entstand während der ersten Besatzung durch die Osmanen (1540–1686) als Moschee. Die katholische Kirche in der Nähe des Gipfels des Potamianoú, ebenfalls eine umgewandelte Moschee, beherbergt ein Denkmal für gefallene Philhellenen, zu denen ein Neffe George Washingtons gehörte. Aus der Zeit der zweiten türkischen Besatzung (1715–1825) sind vier Brunnen erhalten. Bekannt ist vor allem derjenige gegenüber **Agios Spyrídon** auf dem Kapodistríou. Nahebei wurde Präsident Kapodístrias am 9. Oktober 1831 ermordet. Weniger kunstvolle osmanische Brunnen stehen an der Treppe bei Tertsétou Nr. 9 und an der Kreuzung von Potamíanou und Kapodistríou.

Präsident Kapodístrias

🏛 Archäologisches Museum

Plateía Syntágmatos. ☎ 27520 27502. ⏰ Di–So 8–15 Uhr.

Die Exponate in dem Museum in einem venezianischen Lagerhaus sind überwiegend mykenischen Ursprungs. Sie stammen von verschiedenen Grabungsstätten, z. B. aus Tiryns (siehe S. 185). Glanzstücke sind ein jungsteinzeitlicher *thylastro* (Säuglingsflasche), eine späthelladische Oktopus-Vase, eine mykenische Bronzerüstung und ein mykenischer Helm. Zudem gibt es eine Sammlung von prähistorischen, archaischen und klassischen Keramiken.

🏛 Volkskunstmuseum

Vas. Alexandrou 1. ☎ 27520 28947. ⏰ Mo–Sa 9–14.30, So 9.30–15 Uhr. 🌐 pli.gr

Das preisgekrönte, von der Stiftung für Peloponnesische Folklore gegründete Museum zeigt überwiegend Textilien. Die regionalen Trachten nehmen zwei Stockwerke ein. Im Erdgeschoss sind neben dem blau-weißen Hochzeitskleid von Königin Olga Gemälde der griechischen Künstler Giánnis Tsaroúchis und Theófilos Chatzimichaïl (siehe S. 222) ausgestellt. Das Obergeschoss birgt Waffen und eine alte Uhr mit Szenen aus der Revolution.

🏰 Boúrtzi

Nordwestlich des Hafens.

Das Erscheinungsbild der Inselfestung geht auf die zweite venezianische Besatzungszeit zurück. Bis 1930 war Boúrtzi Sitz

Die Inselfestung Boúrtzi nördlich des Hafens von Náfplio

Hotels und Restaurants auf dem Peloponnes *siehe Seiten 270f und 287f*

der Scharfrichter. Die Festung verteidigte die einzige Fahrrinne in die Bucht. Der Kanal konnte durch eine Kette zwischen Festung und Stadt geschlossen werden.

Akronafplía
Westlich von Palamídi. uneingeschränkter Zugang.

Akronafplía oder Its Kale (türkisch für »Innere Burg«) ist das Gelände der byzantinischen und frühmittelalterlichen Stadt. Es beherbergt vier venezianische Burgen. Das Relief des St.-Markus-Löwen an dem Tor (15. Jh.) oberhalb der katholischen Kirche ist das interessanteste Relikt. Die westlich gelegene »Burg der Griechen« war die antike Akropolis von Náfplio. Der heutige Uhrturm an der Stelle ist ein Wahrzeichen der Stadt.

Palamídi
Polyzoïdou. 27520 28036. Apr–Okt: tägl. 8–19.30 Uhr; Nov–März: tägl. 8–16.30 Uhr. Feiertage.

Palamídi ist nach dem Erfinder Palamedes benannt, der hier im 13. Jahrhundert v. Chr. ge-

Festung Palamídi, von Boúrtzi aus gesehen

boren wurde. Die venezianische Zitadelle entstand in den Jahren 1711–14. Sie wurde so konstruiert, dass sie Artilleriebeschuss standhalten konnte, fiel aber 1715 nach einwöchiger Belagerung an die Osmanen und am 30. November 1822 nach 18 Monaten Kampf an die griechischen Rebellen unter Staïkos Staïkópoulos.

Palamídi besteht aus sieben von einer Ringmauer umgebenen Forts, die heute nach griechischen Helden benannt sind. Es war einst die größte Festung des Landes. Beim Eindringen von Feinden konnten die eigenen Schießscharten unter Beschuss genommen werden. Das Fort Andréas mit

Infobox

Information
Peloponnes. **Straßenkarte** C4.
12 000. Ikostípémptis Martíou 24 (27520 24444).
tägl. 9–13, 16–20 Uhr.
Náfplio-Kulturfestival (Juli).

Anfahrt
an der Ecke Polyzoïdou.
Syngroú.

dem San-Marco-Löwen über dem Tor war das Hauptquartier während der zweiten venezianischen Herrschaftsperiode. Der Blick von der Piazza d'Armi auf den Argolischen Golf ist grandios. Auf dem Gipfel steht ein achtes, von den Osmanen zum Schutz des Strands von Karathóna erbautes Fort.

Umgebung: Das Kloster **Agía Moní** (12. Jh.) liegt vier Kilometer vor Náfplio. Der achteckige Kuppelbau ruht auf vier korinthischen Säulenkapitellen. An der Gartenmauer fließt Wasser der Kánathos-Quelle aus einer mit Tierreliefs verzierten Nische. Hier lag das antike Amymone, wo die Göttin Hera jährlich beim Bad ihre Jungfräulichkeit erneuerte. Auch in der Herkules-Sage kommt der antike Ort vor.

Zentrum von Náfplio
① Archäologisches Museum
② Plateía Syntagmatos
③ Volkskunstmuseum
④ Agios Geórgios
⑤ Agios Spyrídon
⑥ Katholische Kirche
⑦ Akronafplía

Zeichenerklärung siehe hintere Umschlagklappe

⑱ Epídauros
Επίδαυρος

Epídauros ist vor allem für sein Theater bekannt. Das dem Gott der Heilkunst Asklepios geweihte Heiligtum war ein bedeutendes religiöses Zentrum und Heilstätte. Asklepios wurde von Zeus nach seinem Tod zum Gott erhoben, da er einen Kranken aus der Unterwelt zurückgeholt hatte. In seinem Tempel wurde er mit einem Stab sowie mit Hund und Schlange an seiner Seite dargestellt. Die Kultstätte bestand vom 6. Jahrhundert v. Chr. bis mindestens – nach Notizen von Pausanias – in das 2. Jahrhundert n. Chr.

Aufführung im Theater von Epídauros in der Abenddämmerung

Theater

Das von Polykleitos d. J. entworfene Theater aus dem späten 4. Jahrhundert v. Chr. ist für die nahezu perfekte Akustik berühmt. Führer geben Besuchern Kostproben. Aufgrund der abgeschiedenen Lage des Heiligtums wurde es nicht geplündert. Die Restaurierung erfolgte jedoch erst in jüngster Zeit. Die *orchestra* ist die einzige erhaltene antike Rundbühne. Der Altar in der Mitte hat nicht überdauert. Die Schauspieler betraten die Bühne durch zwei Seitengänge (*paradoi*). Die beiden Gänge endeten an monumentalen Toren, deren Säulen wieder aufgerichtet wurden. Hinter der *orchestra*, gegenüber dem Zuschauerraum, liegen Reste der *skene*, der großen Eingangshalle, und des *proskenion*, das als erweiterte Bühne diente. In dem Theater werden heute im Sommer Festspiele mit klassischen Werken veranstaltet.

Fundamente der *thólos* im Asklepiéion

Asklepiéion

Da ein großer Teil des Asklepiéions zurzeit weiter freigelegt wird, sind viele Bereiche gesperrt. Die *propyläen*, der monumentale Torbau und ursprüngliche Eingang am Nordrand des Heiligtums, können jedoch besichtigt werden. Erhalten sind außerdem eine Rampe und Teile des Pflasters der Heiligen Straße, die von dem Tor in die alte Küstenstadt Epídauros führte. Am Nordwestrand steht die ebenfalls

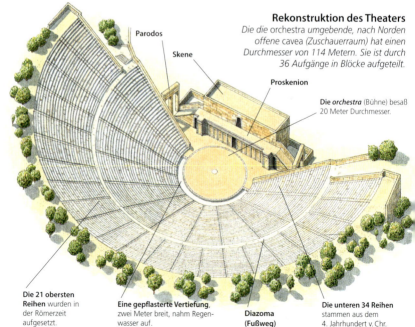

Rekonstruktion des Theaters

Die die orchestra *umgebende, nach Norden offene* cavea *(Zuschauerraum) hat einen Durchmesser von 114 Metern. Sie ist durch 36 Aufgänge in Blöcke aufgeteilt.*

- Parodos
- Skene
- Proskenion
- Die *orchestra* (Bühne) besaß 20 Meter Durchmesser.
- Die 21 obersten Reihen wurden in der Römerzeit aufgesetzt.
- Eine gepflasterte Vertiefung, zwei Meter breit, nahm Regenwasser auf.
- Diazoma (Fußweg)
- Die unteren 34 Reihen stammen aus dem 4. Jahrhundert v. Chr.

Blick auf die heutige Anlage, unten das Stadion (Westen)

Infobox

Information
30 km östlich von Náfplio, Peloponnes. **Straßenkarte** C4.
☎ 27530 22009. **Stätte u. Museum** ⊙ tägl. ab 8 Uhr (Apr: bis 19 Uhr; Mai–Okt: bis 20 Uhr; Nov–März: bis 15 Uhr).
● 1. Jan, 25. März, Karfreitag vorm., Ostersonntag, 1. Mai, 25., 26. Dez. teilweise. Theaterfestival (Juni–Aug).

Anfahrt

---

von Polykleitos gestaltete *thólos*. Der Zweck des Rundbaus ist unbekannt. Die konzentrischen Gänge dienten wohl als heilige Schlangengrube oder als Schauplatz der von den Priestern zelebrierten Riten. Die Kranken schliefen in der *enkoimitíria*, einem Saal nördlich der *thólos*, wo sie auf einen bedeutenden Traum oder einen Besuch von den harmlosen Schlangen warteten. Auch die heilsamen Mineralquellen, die neben dem Museum immer noch fließen, spielten bei der Behandlung eine Rolle. Von dem Asklepios-Tempel sind nur die Fundamente östlich der *thólos* verblieben.

Das spätklassische Stadion südlich der *thólos* mit den steinernen Zuschauerbänken und der noch immer erkennbaren Startlinie ist gut erhalten. Es war Schauplatz des alle vier Jahre stattfindenden Fests zu Ehren des Asklepios. Die Römer errichteten in der hellenistischen Sportstätte ein Odeion, in dem musikalische Wettbewerbe veranstaltet wurden.

Umgebung: Das benachbarte Dorf Lygourió macht die Bedeutung der Region in byzantinischer Zeit deutlich. Hier gibt es drei byzantinische Kirchen; herausragend ist **Koímisis tis Theotókou** aus dem 14. Jahrhundert mit vorzüglich erhaltenen frühmittelalterlichen Fresken.

Ursprung des griechischen Schauspiels

Das griechische Schauspiel entwickelte sich aus bei den Dionysien aufgeführen Rollenspielen. Zunächst wurden Gruppentänze aufgeführt. Athenische Vasen (6. Jh. v. Chr.) zeigen teils als Tiere kostümierte Gruppen. Im späten 6. Jahrhundert v. Chr. entstanden die ersten Theater in Form von Gevierten (später Rundbauten) mit Sitzreihen an drei Seiten. Zum singenden und tanzenden Chor gesellten sich drei männliche Schauspieler, die alle Rollen spielten, wobei jede Figur weithin sichtbar durch eine Maske verdeutlicht wurde. Die Darstellung von Tierchören auf Vasen lässt vermuten, dass komische Stücke gespielt wurden. Die ersten Schauspiele in Athen waren Tragödien, Trilogien eines einzelnen Autors *(siehe S. 61)*, die Episoden aus epischen Gedichten und aus der Mythologie beinhalteten. Die Komödie wurde erst 480–470 v. Chr. Bestandteil der Feste in Athen. Die Aufführungen waren Massenveranstaltungen. In der Römerzeit fasste das Theater von Epídauros 13 000 Besucher. Unklar ist, ob Frauen die Vorstellungen sehen durften.

Masken trugen die Schauspieler zur Charakterisierung der Figur, die sie spielten.

Souvenir-Statuetten wie diese Terrakottafigur, ein Bösewicht aus einer der späten Komödien, konnten nach der Vorstellung als Andenken erworben werden.

Der Chor war meist neutraler Beobachter, wandte sich aber oft direkt an die handelnden Figuren und fragte sie nach dem Sinn ihres Tuns.

⑳ Monemvasiá
Μονεμβασιά

Die befestigte Stadt wurde auf einem Felsen 350 Meter über dem Meer auf zwei Ebenen angelegt. Sie trägt den Beinamen »Gibraltar Griechenlands« zu Recht. Monemvasiá war jahrhundertelang ein halbautonomer Stadtstaat. Die Einwohner – in der Blütezeit im 15. Jahrhundert waren es gut 15 000 – lebten vom Seehandel (und gelegentlicher Piraterie) sowie von der strategisch günstigen Lage am Seeweg von Italien zum Schwarzen Meer. Die Festung wurde nie gestürmt. Sie fiel erst nach einer langen Belagerung *(siehe S. 192)*. Die Oberstadt ist zerstört, die Unterstadt wurde weitgehend restauriert.

Weg zur Oberstadt
Eine abgetreppte Straße führt in Serpentinen von der Unterstadt zum Torturm der Oberstadt *(siehe S. 192)*.

★ Agía Sofía
Die Kirche aus dem 13. Jahrhundert *(siehe S. 192)* ist das einzige Bauwerk, das von der Oberstadt von Monemvasiá verblieben ist.

Panagía Myrtidiótissa
Die Fassade der Kirche (18. Jh.) zieren eine byzantinische Inschrift und der Doppeladler einer älteren Kirche.

MONEMVASIÁ | 191

Das »Gibraltar Griechenlands«
Monemvasiá wurde 375 n. Chr. durch ein Erdbeben vom Festland getrennt. Im 6. Jahrhundert wurde ein Damm zur Insel gebaut.

Infobox

Information
Peloponnes.
Straßenkarte C5.
🏔 800. ℹ 27320 61210 (Nummer der Touristenpolizei, nur im Sommer).
Museum 📞 27320 61403.
🕐 Di–So 8–15 Uhr.
⚫ Feiertage.

Anfahrt
🚌 Géfira.

Christós Elkómenos
Einziger Schmuck der im 13. Jahrhundert erbauten und 1697 restaurierten Kirche mit venezianischem Glockenturm ist eine Platte mit zwei Pfauen über dem Portal.

★ **Stadtmauer**
Die Stadtmauer (16. Jh.) ist 900 Meter lang und bis zu 16 Meter hoch. Große Teile des Wehrgangs sind begehbar.

Außerdem

① **Die Moschee** wurde in ein Museum umgewandelt, das die Funde, teils exquisite Marmorarbeiten, zeigt.

② **Westtor**

③ **Das Geburtshaus** des Dichters und Kommunisten Giánnis Rítsos (1909–1990) ist durch eine Tafel und eine Büste an der Fassade gekennzeichnet.

④ **Agios Nikólaos**, 1703 begonnen, ähnelt der Myrtidiótissa in Mauerwerk, Kreuzgrundriss und zementgedeckter Kuppel.

⑤ **Am Osttor** liegt ein alter Friedhof, die Leípsana.

⑥ **Die Panagía Chrysafítissa** besitzt eine an einer Zypresse aufgehängte Glocke.

⑦ **Das Tor zum Meer** erlaubte den Zugang zum Wasser, wenn das Haupttor belagert wurde.

Die Kirche Agía Sofía auf den Felsen der Oberstadt von Monemvasiá

Die Belagerung von Monemvasiá

Die Belagerung von Monemvasiá durch die Griechen zu Beginn des Freiheitskampfs *(siehe S. 44f)* begann am 28. März 1821. Durch eine List der Griechen wurden die Lebensmittel in der türkischen Garnison knapp, der Nachschub blieb aus. Ende Juni waren Christen wie Muslime gezwungen, Katzen und Mäuse zu essen, auch Kannibalismus trat auf. Türkische Zivilisten in der Unterstadt forderten die Kapitulation, die Soldaten der Oberstadt weigerten sich. Auch die Belagerer schienen aufgeben zu wollen. Eines Nachts überredete der griechische Kommandant jedoch drei Kuriere, zu den Revolutionstruppen auf dem Festland zu schwimmen, um ihnen mitzuteilen, dass er ausharren werde. Dies geschah, und am 23. Juli übergaben die Türken die Stadt dem griechischen Abgesandten Kantakouzenos.

Eroberung Monemvasiás durch den Griechen Kantakouzenos

Überblick: Oberstadt

Die Oberstadt, die im 6. Jahrhundert als Fluchtburg gegen Awaren-Überfälle entstand, ist der älteste Teil des Orts. Die Ruinen stehen unter Denkmalschutz. Im Mittelalter war die heute verlassene Oberstadt der am dichtesten besiedelte Teil der Halbinsel. Der letzte Bewohner ging 1911. An der Nordwestecke der Oberstadt führt ein Weg über die Felsen hinauf zu einem Tor, dessen Eisenbeschläge noch vorhanden sind. Geradeaus verläuft ein Pfad zu der gut erhaltenen Kirche **Agía Sofía**. Sie wurde von Kaiser Andronikos II. (1282–1328) in Anlehnung an das Kloster Dáphni *(siehe S. 156f)* bei Athen erbaut. Die am Rand der nördlichen Klippe gelegene Kirche mit der 16-seitigen Kuppel ist weithin sichtbar. Das Westportal ist im venezianischen Stil gestaltet. Die Nische an der Südwand stammt aus der Zeit, als die Kirche Moschee war. Die wenigen erhaltenen Fresken aus dem frühen 14. Jahrhundert sind stark verblasst. Gut erkennbar sind noch *Der Alte* im Gewölbe der Hauptapsis und *Geburt Johannes' des Täufers* im nördlichen Gewölbe. Steinmetzarbeiten wie die Marmorkapitelle an den Südfenstern, auf denen mythische Ungeheuer und eine reich gekleidete Frau dargestellt sind, sind besser erhalten.

Im Westen befinden sich die Überreste einer **Festung** (13. Jh.) mit den Ruinen einer Kaserne einschließlich der Wachräume und des Pulvermagazins aus der venezianischen Zeit. Eine große **Zisterne** erinnert an die Belagerungen, für die große Wasservorräte nötig waren. Lebensmittel mussten angeliefert werden. Bei der Belagerung von 1821 erwies sich dies als großes Problem.

Ruinen der Festung von Monemvasiá (13. Jh.)

Hotels und Restaurants auf dem Peloponnes *siehe Seiten 270f und 287f*

Blick von Geráki auf Agía Paraskeví

㉑ Geráki
Γεράκι

Peloponnes. **Straßenkarte** C5.
2000.

Die **Festung** (kástro) oberhalb der byzantinischen Kirchen lässt das auf einem Vorsprung des Párnonas gelegene Geráki wie eine Miniaturausgabe von Mystrás *(siehe S. 196f)* erscheinen. Die polygonale Burg wurde von dem Franken Jean de Nivelet 1254/55 erbaut und 1262 zusammen mit Monemvasiá und Mystrás an Byzanz übergeben. Das dritte Kirchenschiff und der Narthex wurden der Kirche **Agios Geórgios** nach 1262 hinzugefügt. Das frankobyzantinische Gotteshaus besitzt eine Marmor-Ikonostase und Fresken.

In der Kirche **Zoödóchou Pigís** (13. Jh.) unterhalb des Westtors sind das gotische Portal, das Südfenster und die jüngeren Fresken, u. a. *Christus auf dem Weg nach Golgatha*, sehenswert.

Die Kirche **Agía Paraskeví** (14. Jh.) am Fuß des Hügels birgt die *Geburt Jesu* im Kreuzgewölbe und das Bild der Stifterfamilie an der Westwand.

Umgebung: Das wenige Autominuten westlich gelegene Dorf **Geráki** hat vier Kirchen. Agios Athanásios (12. Jh.) und Agios Sózon (13. Jh.) besitzen hohe Kuppeln auf jeweils vier Pfeilern über einem Kreuzgrundriss. In Stein gehauene Marktedikte des Kaisers Diokletian rahmen das Portal von Agios Ioánnis Chrysóstomos (14. Jh.) mit Tonnengewölbe und Szenen aus dem Leben Jesu. In der Kuppel von Evangelístria prangt ein Pantokrátor-Fresko.

Frauenkopf in Ton von der Akropolis in Spárti (7. Jh. v. Chr.)

㉒ Spárti
Σπάρτη

Peloponnes. **Straßenkarte** C5.
20 000.

Von dem einst mächtigsten, aber unbefestigten Stadtstaat des antiken Griechenland sind wenige Ruinen verblieben. Die Akropolis befindet sich 700 Meter westlich des Zentrums der modernen Stadt. Am Westrand der Akropolis liegt der Zuschauerraum des römischen Theaters, dessen Mauern zum Bau von Mystrás verwendet wurden. Östlich steht eine Säulenhalle mit Arkaden, die einst Läden beherbergten. Von dem Heiligtum der Artemis Orthia im Osten der Stadt, in dem junge Spartaner ihre Männlichkeit unter Beweis stellten, sind einige Sitze verblieben.

Das sehenswerte **Archäologische Museum** zeigt interessante Funde, z. B. römische Mosaiken (4./5. Jh.) mit Arion auf dem Delfin, Achill in der Tracht der Frauen von Skyros und einem Porträt des Alkibiades. Der Marmorkopf eines Kriegers, vielleicht Leonidas I. *(siehe S. 228)*, stammt von der Akropolis, die Flachreliefs von Schlangengöttern aus der Unterwelt aus einem Apollon-Heiligtum in Amyklés, acht Kilometer südlich von Spárti. Die Keramikmasken sind kleinere Kopien der Masken, die bei Tänzen in dem Heiligtum der Artemis Orthia benutzt wurden.

🏛 **Archäologisches Museum**
Agíou Níkonos u. Likourgou.
📞 27310 28575. 🕐 Di–So
8–15 Uhr. ● Feiertage.

Das Leben im antiken Sparta

Sparta wurde um das Jahr 700 v. Chr. zu einem der mächtigsten Stadtstaaten. Die Stärke Spartas basierte auf strenger sozialer und militärischer Disziplin sowie auf unbedingter Desintegration von Fremden, was schließlich zum Untergang Spartas führte, da es kaum Verbündete besaß. Die »Stadt« bestand aus fünf Dörfern, in denen die Männer in ständiger Kriegsbereitschaft zusammenlebten. Die Krieger wurden mit sieben Jahren ausgewählt und ausgebildet. Im Heiligtum der Artemis Orthia fanden Prügelwettkämpfe statt, jüngere Knaben waren die Opfer. Da Sparta das benachbarte Messenia erobert, versklavt und zur Lebensmittelversorgung verpflichtet hatte, konnte es ein stehendes Heer unterhalten. Sparta führte die griechischen Streitkräfte gegen die Perser an, verlor jedoch nach der Niederlage bei Theben 371 v. Chr. seine Macht.

Spartanischer Krieger, Bronze (5. Jh. v. Chr.)

❷ Mystrás
Μυστράς

Das majestätische Mystrás ist auf einem Bergvorsprung des Taÿgetos-Zuges malerisch gelegen. Die 1249 von den Franken an der Stelle des mittelalterlichen Spárti gegründete Stadt fiel bald an Byzanz. Sie zählte etwa 20 000 Einwohner. Nach 1348 war sie Sitz der Despoten von Morea, deren semi-autonome Herrschaft Mystrás im 15. Jahrhundert zu einem der letzten bedeutenden Zentren der byzantinischen Kultur werden ließ. Die Stadt zog Gelehrte und Künstler aus Italien, Serbien und Konstantinopel an. Die Kirchen mit pastellfarbenen, detailfreudigen Fresken belegen den Einfluss der italienischen Renaissance.

Infobox

Information
5 km westlich von Spárti, Peloponnes. **Straßenkarte** C5. 27310 83377. tägl. ab 8 Uhr (Apr–Aug: bis 20 Uhr; Sep: bis 19 Uhr; Okt: bis 17.30 Uhr; Nov–März: bis 15 Uhr). 1. Jan, 25. März, Karfreitag, Ostersonntag, 1. Mai, 25., 26. Dez.

Anfahrt
bis Néos Mystrás.

Grundriss von Mystrás

Legende
① Eingang zur Unterstadt
② Mitrópolis
③ Moní Perivléptou
④ Moní Pantánassas
⑤ Vrontóchion
⑥ Monemvasiá-Tor
⑦ Despotenpalast
⑧ Agía Sofía
⑨ Eingang zur Oberstadt
⑩ Kástro

Überblick: Mystrás
Die Ruinen von Mystrás bestehen aus Ober- und Unterstadt, getrennt durch das Monemvasiá-Tor. Man betritt das Gelände bei der Burg an der höchsten Stelle der Oberstadt oder an der untersten Stelle der Unterstadt. Die Besichtigung der Klöster, Kirchen und Paläste erfordert einen halben Tag. Die Ausrichtung der Kirchen von Nordwesten nach Südosten ist durch das steile Gelände bedingt.

🏛 Mitrópolis
Die Mitrópolis am unteren Eingang der Stadt ist die älteste Kirche von Mystrás. Der Zutritt führt durch zwei Höfe. Wie viele Kirchen auf dem Balkan besaß sie 1291 zunächst ein Mittelschiff mit Tonnengewölbe und zwei Seitenschiffe. Die Kuppeln wurden in einem Versuch, die Architektur von Pantánassas und Afendikó nachzuahmen, im 15. Jahrhundert hinzugefügt. Die Fresken (meist frühes 14. Jh.) im Nordostgewölbe illustrieren das Martyrium des Schutzheiligen der Kirche, Agios Dimítrios, und die Wunder Jesu von der *Heilung der Leprakranken* bis zur *Hochzeit von Kanaan* im südwestlichen Seitenschiff. Das Thema der von Engeln umrahmten *Thronbereitung für die Wiederkunft Jesu* im Narthex wiederholt sich in der Sakristei. Ein Doppeladler markiert die Stelle, an der der letzte Kaiser von Byzanz, Konstantínos Palaiológos, 1449 gekrönt wurde.

🏛 Moní Perivléptou
Das direkt an die Felswand gebaute Kloster (14. Jh.) besitzt eine dreischiffige Kirche. Das Fresko in der kleinen Kuppel zeigt den Pantokrátor von der Jungfrau und den nach ihrer Bedeutung angeordneten Propheten flankiert. Die Fresken des 14. Jahrhunderts, die schönsten in Mystrás, behandeln die zwölf größten Kirchenfeste. Die *Geburt* und *Taufe Jesu* sind im südlichen Gewölbe, die *Verklärung Jesu* und der *Einzug in Jerusalem* mit spielenden Kindern im Westschiff, der *Ungläubige Thomas* und *Pfingsten* im Nordgewölbe über dem Eingang zu sehen.

Die Geburt Jesu (14. Jh.), Fresko im Südgewölbe des Moní Perivléptou

◀ Hauptraum der byzantinischen Kirche Pantánassas, Mystrás *(siehe S. 197)*

Blick von Süden auf die Ruinen des byzantinischen Mystrás

Moní Pantánassas

Pantánassas wurde um das Jahr 1428 errichtet und ist damit die jüngste Kirche in Mystrás. Das Stilgemisch der geschmückten Apsiden, der Ziegelmauern und der Arkaden des Glockenturms lässt sie als Nachahmung der Afendikó von Vrontóchion erscheinen. Die höchsten Fresken stammen aus dem Jahr 1430 und sind – insbesondere die *Erweckung des Lazarus* im Nordostgewölbe – künstlerisch wie in der technischen Ausführung herausragend. Bei der *Geburt Jesu* und der *Verkündigung* sind auch Tiere dargestellt. Die *Höllenfahrt* im Südostschiff zeigt Christus, der Adam und Eva aus ihren Särgen erhebt. An der Wand gegenüber ist der *Einzug in Jerusalem* dargestellt.

Vrontóchion

Das im 13. Jahrhundert unter Abt Pachómios erbaute Kloster war kulturelles Zentrum des mittelalterlichen Mystrás. Im 15. Jahrhundert lehrte hier der auch Plethon genannte Neuplatoniker Geórgios Gemistós (1355–1452). Die ältere der beiden Kirchen, Agioi Theódoroi aus dem Jahr 1295, krönt die größte Kuppel von Mystrás. Diese stützen acht Bogen. Wenige Fresken sind erhalten. Die Afendikó (oder Panagia Odigítria, 14. Jh.) besitzt sechs Kuppeln. Die Emporen und die Kapellen an der Nordseite sind abgesperrt. Fresken zeigen in der Kuppel der Westempore eine *Betende Jungfrau* und *Propheten*, im Südgewölbe die *Taufe Jesu* mit Meerungeheuern. Über dem Altar prangt die *Auferstehung*. Die am besten erhaltenen Fresken befinden sich in der nördlichen Apsis des Narthex.

Despotenpalast

Der Palast besteht aus zwei Flügeln, von denen leider nur noch Ruinen übrig sind. Er wird seit einigen Jahren aufwendig rekonstruiert. Die Franken begannen mit dem Bau des Nordostflügels. Die nach dem Jahr 1348 erbaute nordwestliche Halle, einer der seltenen byzantinischen Profanbauten, birgt den Thronsaal der Herrscher der Dynastien Kantakouzenos und Palaiológos. Der Platz diente während des Despotats öffentlichen Veranstaltungen, unter den Osmanen war er Marktplatz.

Ruinen des Despotenpalasts

Kástro

Ein Pfad vom oberen Eingang über der Agía Sofía führt zu der in Süden und Westen von Schluchten begrenzten Festung *(kástro)* auf dem höchsten Punkt der Oberstadt. Das fränkische Gepräge, das der Erbauer Guillaume de Villehardouin der Burg 1249 gab, ist trotz Umbauten in byzantinischer und osmanischer Zeit erhalten geblieben. Die beiden Höfe sind von einem doppelten Mauerring umgeben, der fast vollständig begehbar ist und fantastische Sicht auf die Unterstadt bietet.

Goethe wählte im zweiten Teil des *Faust* die Festung zum Schauplatz des Zusammentreffens von Faust und der nach 3000 Jahren wiederbelebten Helena von Troja.

Afendikó, eine der Kirchen des Klosters Vrontóchion

㉔ Äußere Máni
Έξω Μάνη

Die karge, entlegene Region wurde als letzte vom Christentum erobert. Im 9. Jahrhundert wurde die Religion mit großer Begeisterung übernommen, wie die zahlreichen erhaltenen byzantinischen Kapellen belegen. Das Gebiet war nach außen hin gut geschützt, innere Fehden erforderten jedoch die Errichtung vieler Turmhäuser. Eine Schlucht bei Oítylo trennt die Innere Máni im Süden *(siehe S. 202f)* von der fruchtbareren Äußeren oder Messenianischen Máni, die zu den reizvollsten Landschaften im Mittelmeerraum zählt.

Infobox

Information
Peloponnes. **Straßenkarte** C5.

Anfahrt
🚌 Kalamáta.

Oítylo
Das Dorf Oítylo (»Aitilo« ausgesprochen) gehört, obwohl in dem Verwaltungsbezirk Lakonía gelegen, zur Äußeren Máni. Es eröffnet eine fantastische Aussicht über die Bucht von Limeníou, die Schlucht, die seit jeher als Grenze zwischen Innerer und Äußerer Máni gilt, und zu der Burg Kelefá *(siehe S. 202)*. Der relativ gute Wasserhaushalt sorgt für üppige Flora mit Zypressen und Obstbäumen, die das Dorf umgeben. Anders als die meisten Dörfer der Máni hat Oítylo keine wirtschaftlichen Probleme. Zu den vielen hübschen Häusern zählen Herrenhäuser aus dem 19. Jahrhundert. Der Ort war vom 16. bis zum 18. Jahrhundert Hauptstadt der Máni. In dieser Zeit wurde in Oítylo ruchloser Sklavenhandel betrieben: Venezianer und Türken wurden aneinander verkauft. Auf dem Dorfplatz erinnert eine Tafel an die Flucht von 730 Bewohnern vom Stamm der Stefanópoulos 1675 nach Korsika. Auf der Flucht vor den Türken wurde ihnen von den Genuesern die Durchfahrt gewährt. Sie gründeten auf Korsika die Dörfer Paomia und Cargèse. Wegen dieser Begebenheit werden Napoléon maniotische Wurzeln nachgesagt.

Umgebung: Im Südwesten Oítylos führt ein Weg zu dem Kloster **Moní Dekoúlou** hinab. Die Kirche (18. Jh.) besitzt ein reich verziertes *témblon* (hölzerne Ikonostase) und Fresken in Originalfarben, die wegen der Dunkelheit erhalten blieben. Man benötigt eine Taschenlampe, um sie zu bewundern. Das Kloster ist nur abends oder nach Vereinbarung mit den dort lebenden Verwaltern zu besichtigen. Das Dorf **Néo Oítylo** liegt vier Kilometer südlich des Klosters. Es verfügt über einen Kiesstrand mit herrlicher Aussicht.

Die Fehden der Manioten
Bis zum 15. Jahrhundert hatten sich mehrere byzantinische Familien in die Máni geflüchtet. Aus ihnen ging die Adelsschicht der Nyklianer hervor. Um das wenige Land entstanden bald ständige, mit allen Mitteln ausgetragene Fehden zwischen einzelnen Klans. Allein die Nyklianer besaßen das Recht, Steintürme zu errichten, die bald jedes Dorf der Máni überragten.

Pétros Mavromichális

Die Blutsfehden dauerten oft mehrere Jahre an. Nicht selten lieferten sich die Mitglieder der Klans von den Steintürmen aus Schusswechsel. Immer höhere Türme entstanden, um Felsbrocken auf gegnerische Dächer schleudern zu können. Die Feindseligkeiten endeten in der Regel erst nach Ausrottung oder Unterwerfung der Unterlegenen.

Die einflussreichsten Klans waren die Mavromichális in Areópoli, die Grigorákis in Gýtheio und die Troupákis in Kardamýli. Ihre Mitglieder rühmten sich, nie einer fremden Macht unterlegen gewesen zu sein. Die Osmanen sahen klugerweise davon ab, die Máni unmittelbar zu regieren. Sie schürten im Stillen die Fehden zwischen den Klans und ernannten einen Führer der Nyklianer zum Bey (Landesherrn), der den Sultan in der Máni vertrat. Unter Pétros Mavromichális, dem letzten Bey, schlossen sich die Klans zusammen und trugen so zum Beginn des griechischen Freiheitskampfs am 17. März 1821 bei *(siehe S. 44f)*.

Blick von Nordwesten auf Oítylo mit der Burg Kelefá

Das von Marmorreliefs umrahmte Südfenster der Agios Spyrídon

Kardamýli

Kardamýli war Sitz der mit den Mavromichális rivalisierenden Familie Troupákis. Die Mitglieder wurden wegen ihrer Zähigkeit auch Moúrtzinos (Bulldoggen) genannt. Sie behaupteten, von der byzantinischen Kaiserdynastie der Palaiológos abzustammen. Haupteinnahmequelle von Kardamýli war einst Olivenöl, heute besteht sie im Fremdenverkehr.

Die antike und mittelalterliche Akropolis birgt mykenische Doppelkammergräber. In Alt-Kardamýli stehen neben der Kirche **Agios Spyrídon** (18. Jh.) die Turmhäuser der Troupákis. Die Kirche wurde aus hellenistischen Steinen erbaut. Sie hat einen vierstöckigen Glockenturm. Das Südfenster und das Portal umrahmen zierliche Marmorreliefs.

Umgebung: Von Kardamýli führt ein Weg flussaufwärts durch die **Vyrós-Schlucht**, in der zwei Klöster von den Felsen überragt werden. Ein zweiter Weg führt nach Gourniés und Exochóri. Wenige Autominuten südlich liegen die beliebten Sandbuchten von **Stoúpa**. Der Autor Nikos Kazantzákis (1883–1957) lebte kurze Zeit in dem Ort. Ein örtlicher Werkmeister war Inspiration für die Hauptfigur von *Alexis Zorbas*. Weiter südlich liegt das Dorf **Agios Nikólaos** an dem malerischsten Hafen der Äußeren Máni. Es bietet vier Tavernen. **Agios Dimítrios**, drei Kilometer weiter im Süden, besitzt einen Strand.

Taÿgetos

Der Berg (2404 m) mit dem pyramidenförmigen Gipfel und dem messerscharfen Grat trennt die Regionen Messinía und Lakonía. Der dicht von Pinien und Nadelhölzern bestandene Kalkfels ist die Wasserscheide der Region. Gut ausgerüstete, erfahrene Berg-

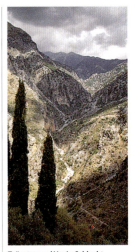

Taÿgetos und Vyrós-Schlucht

steiger können mehrtägige Touren durch diese Gebirgslandschaft unternehmen.

Die Dörfer Anavrytí und Palaiopanagiá an der Ost- sowie Pigádia und Kardamýli an der Westseite eignen sich als Ausgangspunkte. Es gibt mehrere Wege durch die Schluchten des Vyrós und des Rίntomo, die vom Hauptgrat nach Westen fließen. Eine nicht bewirtschaftete Hütte in Varvára-Deréki, oberhalb von Anavrytí, ist das beste Basislager für den Aufstieg zum Gipfel.

Olivenhain vor dem Bergkamm des Taÿgetos

㉕ Innere Máni
Μέσα Μάνη

Die Innere oder Lakonische Máni besteht aus dem »beschatteten« Teil an der Westflanke und dem »der Sonne zugewandten« östlichen Küstenstreifen. Ersterer ist für die Höhlen und Kirchen, Letzterer für die auf hohen Felsen über dem Meer gelegenen Dörfer bekannt. Die Innere Máni erlebte eine kriegerische Blütezeit *(siehe S. 198)*. Heute ist sie stark entvölkert. Athener Pensionäre maniotischer Herkunft haben die berühmten Türme für die herbstliche Wachtel- und Turteltaubenjagd restauriert.

Infobox

Information
Peloponnes. Straßenkarte C5.
🛈 Gýtheio (27330 29032).
Máni-Museum Insel Marathonísi. 📞 27330 22676. ⏰ tägl. 9–15 Uhr. 🚫
Pýrgos-Diroú-Höhlen 12 km südlich von Areópoli, 📞 27330 52222. ⏰ Di–So 8.30–15 Uhr (Juni–Sep: bis 17.30 Uhr). 🚫

Anfahrt
🚌 Gýtheio. 🚌 Areópoli.

Gýtheio

Gýtheio, eine der schönsten Küstenstädte auf dem südlichen Peloponnes, ist das Tor zur Halbinsel Máni. Hier lag einst die spartanische Flotte *(siehe S. 193)*. Das römische Theater im Norden ist das bedeutendste antike Bauwerk. In der Römerzeit erlangte die Stadt durch den Export von Mollusken, die den purpurnen Farbstoff zum Färben kaiserlicher Togen lieferten, Wohlstand. Bis zum Zweiten Weltkrieg handelte sie mit zum Gerben von Leder verwendeten Eicheln aus den umliegenden Tälern.

Herz der Stadt ist die Plateía Mavromicháli. Am Kai liegen gekachelte Häuser (19. Jh.). Der Sonnenaufgang über dem Golf von Lakonía ist spektakulär. Der schneebedeckte Taÿgetos ragt im Norden auf.

In der Bucht, die mit dem Hafen durch einen Damm verbunden ist, liegt die Insel Marathonísi, vermutlich das Kranaäs Homers, wo Paris und Helena die erste gemeinsame Nacht verbracht haben sollen *(siehe S. 56)*. Die Insel dominiert der Tzanetbey-Grigorákis-Turm (18. Jh.). Er beherbergt das **Máni-Museum**. Die Exponate im Erdgeschoss stammen aus der mittelalterlichen Máni. Im Obergeschoss werden die Turmhäuser und ihr sozialer Kontext beleuchtet.

Umgebung: Die Burg **Passavá** zwölf Kilometer südwestlich erbaute der fränkische Neuilly-Klan 1254 zur Sicherung der Route von Kelefá nach Oítylo. Der Name entstand aus dem Motto des Klans, *passe-avant*. Heute steht an der Stelle ein türkischer Bau (18. Jh.). Die Türken verließen die Burg 1780, nachdem Tzanetbey Grigorákis dort 1000 muslimische Dorfbewohner getötet hatte, um den Mord an seinem Onkel zu rächen. Die Ruinen betritt man am besten aus südwestlicher Richtung.

Areópoli

Der Stützpunkt der Mavromichális *(siehe S. 198)*, Tsímova, wird wegen seiner Rolle im Freiheitskampf *(siehe S. 44f)* nach dem Kriegsgott Areópoli, »Stadt des Ares«, genannt. In dem Ort proklamierte Pétros Mavromichális den Aufstand der Manioten gegen die Türken. In der Altstadt zwei Kirchen des 18. Jahrhunderts zu sehen: **Taxiarchón** mit dem höchsten Glockenturm der Máni und Reliefs von Tierkreiszeichen in der Apsis sowie **Agios Ioánnis**, die mit Fresken geschmückte Kapelle der Mavromichális.

Umgebung: Die westlich von Passavá und zehn Kilometer nördlich von Areópoli gelegene osmanische Feste **Kelefá** wurde 1670 errichtet, um die Buchten von Oítylo und Liméni zu schützen und die bevorstehende Invasion der Venezianer abzuwehren *(siehe S. 42f)*. Die Bastionen des Mauerrings sind

Häuser aus dem 19. Jahrhundert am Hafen von Gýtheio

◀ Turmhäuser von Vátheia in der Inneren Máni *(siehe S. 203)*

erhalten. Zur Burg führt ein Fußweg von Oítylo und die Straße von Areópoli nach Gýtheio (ausgeschildert).

Pýrgos-Diroú-Höhlen

Die Höhlen zählen zu den größten Griechenlands. Im Sommer werden 30-minütige Bootsfahrten auf dem unterirdischen Fluss angeboten, in dem sich die Stalaktiten der Glyfáda-Höhle spiegeln. Ein 15-minütiger Fußweg führt zum Ausgang. In der Alepótrypa-Höhle gibt es Wasserfälle und einen See. Sie ist jedoch zurzeit nicht zugänglich. In der Steinzeit war die Höhle bewohnt, bis ein Erdbeben den Eingang verschloss. Ein kleines **Museum** dokumentiert das Leben der frühen Siedler.

»Beschattete Küste«

Die zwischen Pýrgos Diroú und Geroliménas gelegene, 17 Kilometer lange »Beschattete Küste« war einst besonders dicht besiedelt. Sie ist für die zahlreichen, zwischen dem 10. und 14. Jahrhundert erbauten byzantinischen Kirchen bekannt. Außerdem birgt sie Ruinen von maniotischen Turmhäusern.

Zu den schönsten Kirchen gehört die **Taxiarchón** (11. Jh.) in Charoúda mit Fresken aus dem 18. Jahrhundert. Die Kuppel der Kirche **Agios Theódoros** in dem weiter südlich gelegenen Vámvaka wird von verzierten Balken getragen. Auf dem

Eckturm der osmanischen Burg Kelefá bei Areópoli

Marmorsturz sind Vögel mit Trauben in den Schnäbeln dargestellt. Die **Metamórfosi tou Sotíros** (12. Jh.) in Káto Gardenítsa besitzt eine Ikonostase mit Fresken und einen überkuppelten Narthex. Die **Episkopí** (12. Jh.) bei Stavrí birgt einen Freskenzyklus aus dem 18. Jahrhundert.

In der **Agios Panteleímon** bei Ano Mpouláriои sind die ältesten Fresken der Máni (10. Jh.) zu sehen. In dem Dorf selbst steht die Kirche **Agios Stratigós**. Von den Fresken aus dem 12. und 13. Jahrhundert sind die *Wunder Jesu* besonders sehenswert.

Vátheia besitzt eine fantastische Lage zehn Kilometer östlich von Geroliménas hoch über dem Meer am Kap Taínaro. Die vielen Turmhäuser sind repräsentativ für die Architektur der Máni.

Vátheia – Ort mit festungsartigem Charakter

㉖ Koróni
Κορώνη

Peloponnes. **Straßenkarte** C5.
1500.

Koróni war wie Methóni ein »Auge Venedigs«. Die Stadt überblickt die Schifffahrtsrinnen von der Adria nach Kreta. Koróni liegt unterhalb einer venezianischen Burg (1206), deren Mauern das Kloster **Timíou Prodrómou** mit sehenswerten Zellen und Kapellen schützen. Am Tor des Klosters steht eine byzantinische Kapelle, daneben liegen die Fundamente eines Artemis-Tempels.

Die Stadt mit abgetreppten Straßen, schmiedeeisernen Balkonen und Ziegel-»Schnäbeln« auf gewellten Dächern wurde 1830 gegründet. Sie scheint seither kaum verändert. Die lebendige Uferstraße ist auf Urlauber ausgerichtet.

㉗ Methóni
Μεθώνη

Peloponnes. **Straßenkarte** B5.
1300.

Die venezianische Hafenstadt kontrollierte ab 1209 den lukrativen Handel mit Pilgern auf dem Weg nach Palästina. Die an drei Seiten vom Meer umgebene **Burg** ist auf der Landseite durch einen Graben geschützt. 1828 errichteten die Franzosen eine Brücke über den Graben. Der Bau vereint venezianische, osmanische und französische Militärarchitektur. Innerhalb der Mauern befinden sich Relikte zweier *hamams* (Bäder), eine venezianische Kirche, Minarettsockel und die Hauptstraße. Die befestigte Insel Boúrtzi liegt vor dem venezianischen Seetor.

Burg
tägl. 8.30–15 Uhr.
27230 28759.

㉘ Pýlos
Πύλος

Peloponnes. **Straßenkarte** C5.
2500.

Die Architektur des nach den im 6. Jahrhundert einfallenden Awarenstämmen einst Avaríno, später Navaríno genannten Orts ist wie die Methónis französisch geprägt. Das öffentliche Leben beschränkt sich auf die Plateía Trión Navárchon und auf den Hafen.

Die osmanisch-venezianische Festung **Niókastro** wurde von den Franzosen nach 1828 wiederhergestellt. Die Kaserne ist heute ein Museum, in dem Stiche von René Puaux (1878–1938) ausgestellt sind. In den Verliesen des sechseckigen Bergfrieds ist ein Institut für Unterwasserarchäologie untergebracht. Das Dach bietet Ausblick über den äußeren Hof auf die Bucht und die Insel

Die Schlacht bei Navaríno

Die Seeschlacht, die den Freiheitskampf (*siehe S. 44f*) entschied, fand am 20. Oktober 1827 statt. Der Sieg der französischen, russischen und englischen Alliierten über die osmanische Flotte machte die Ablehnung eines Waffenstillstands durch den Sultan gegenstandslos. 27 Schiffe der Alliierten liefen unter dem Kommando der Admiräle Codrington, de Rigny und Heyden in die Bucht von Navaríno ein. Dort lagen die 89 Galeeren von Ibrahim Pascha vor Anker. Die schwächeren Alliierten wollten Ibrahim nur zum Verlassen der Bucht bewegen. Als sie aber beschossen wurden, entbrannte eine Schlacht. Am Abend waren drei Viertel der osmanischen Flotte versenkt. Damit war der Weg Griechenlands in die Unabhängigkeit frei. Zu Ehren der Admiräle wurde in Pýlos auf dem Platz Trión Navárchon ein Obelisk errichtet.

Szene aus der *Schlacht bei Navaríno* von Louis Ambroise Garneray (1783–1857)

Die Festungsinsel Boúrtzi vor Methóni mit dem achteckigen Turm aus dem 16. Jahrhundert

Hotels und Restaurants auf dem Peloponnes *siehe Seiten 270f und 287f*

Die Kirche Metamórfosi tou Sotíros, eine ehemalige Moschee, Pýlos

Sfaktiría, den Schauplatz des Sieges der Athener über die Spartaner im Jahr 425 v. Chr.

Die ansonsten verfallenen Ringmauern sind zwischen der Westbastion über der Bucht und dem Osttor begehbar. Die Kirche **Metamórfosi tou Sotíros**, eine ehemalige Moschee mit Kuppel und Arkaden im äußeren Hof, zeugt noch vom Mittelalter.

Niókastro

Stadtzentrum. 27230 22010. Di–So 8–15 Uhr. Feiertage. teilweise.

Umgebung: Bootstouren führen zu Denkmälern, die auf und um **Sfaktiría** zu Ehren der Opfer der Schlacht bei Navaríno *(siehe S. 204)* errichtet wurden.

Im Norden der Bucht von Navaríno liegen elf Kilometer nördlich von Pýlos wunderbare Strände, vor allem in der Lagune von **Voïdokoiliá**, wo Odysseus' Sohn Telemach sein Schiff verlassen haben soll, um König Nestor nach seinem Vater zu befragen. Ein Weg führt die Dünen hinauf zu der großen Höhle **Spiliá tou Néstora**, die vermutlich Homers Vorbild für die Höhle war, in der Nestor und Neleos Kühe hielten. Der Weg nach Palaiókastro, einer antiken Akropolis und frankovenezianischen Burg auf mykenischen Fundamenten, ist anspruchsvoll.

㉙ Palast des Nestor
Ανάκτορο του Νέστορα

16 km nordöstlich von Pýlos, Peloponnes. **Straßenkarte** B5. **Stätte** 27630 31437. wegen Renovierung bis Juni 2018. **Museum** 27630 31358. Di–So 8.30–15 Uhr. Feiertage. teilweise.

Der Palast des mykenischen Königs Nestor (13. Jh. v. Chr.) wurde 1939 entdeckt. 1952 begann der US-amerikanische Archäologe Carl Blegen (1887–1971) mit den Ausgrabungen, die Hunderte Tafeln mit Linear-B-Schrift, eine Badewanne und Ölkrüge zutage brachten. Das Öl schürte 1200 v. Chr. den vernichtenden Brand. Von dem zweistöckigen Bau mit Mittelsaal verblieben Mauerreste und Säulenbasen. Zwei Kilometer entfernt zeigt das **Museum** in Chora Grabmaler aus dem Ort Peristéria.

㉚ Antikes Messene
Αρχαία Μεσσήνη

34 km nordwestlich von Kalamáta, Peloponnes. **Straßenkarte** C5. 27240 51201. **Stätte** Apr–Okt: tägl. 8–20 Uhr; Nov–März: tägl. 9–16 Uhr. **Museum** tägl. 9–16 Uhr. Feiertage.

Das Antike Messene wird heute nach dem Berg, der die Stätte überragt, Ithómi genannt. Auf der faszinierenden Anlage finden immer noch Ausgrabungen statt. Die neun Kilometer lange Stadtmauer (4. Jh. v. Chr.) umschließt ein weites Gelände mit einem Zeus-Tempel und einer Akropolis im Nordosten. Das massive, doppelte Arkadische Tor an der Nordseite wird von vierkantigen Türmen flankiert.

Die Grabungszone schließt das malerische Mavrommáti ein, das noch immer durch den antiken Klepsydra-Brunnen im Zentrum Wasser bezieht. Unterhalb des Dorfs liegen im Umfeld der Grundmauern eines Asklepios-Tempels ein Amphitheater, ein Bouleuterion (Versammlungssaal), Stoen und eine monumentale Treppe. Ein Stück bergab befindet sich ein gut erhaltenes Stadion. Das Museum zwischen dem Dorf und dem Arkadischen Tor stellt Funde aus.

Ruine des Arkadischen Tors mit herabgefallenem Sturz, Messene

Zentral- und Westgriechenland

Epirus · Thessalien · Stereá Elláda

Zentral- und Westgriechenland umfassen zahlreiche wenig bekannte Regionen des griechischen Festlands, die kaum vom Fremdenverkehr berührt sind. Epirus mit der Hauptstadt Ioánnina hat eine eigene und weitgehend autonome Kultur entwickelt. Der Thermopylen-Pass und das Tempe-Tal, die Einfallsrouten in das Herz Griechenlands, verliehen Stereá Elláda von jeher strategische Bedeutung. In der gesamten Region Zentral- und Westgriechenland leben heute rund 4,6 Millionen Menschen.

Das Gebiet prägt die mittelthessalische Ebene. Die Sehenswürdigkeiten sind vorwiegend an der Peripherie angesiedelt. Die durch das Píndos-Gebirge isolierte Region Epirus im Westen besitzt die am stärksten ausgeprägte regionale Identität. In der Antike war sie unbedeutend, unter den Türken blieb sie weitgehend autonom. Die Hauptstadt Ioánnina kennzeichnet eine faszinierende Mischung aus türkischer Architektur und traditionellem Kunstgewerbe der Silberschmieden und Schnitzereien.

Im Osten der Stadt Métsovo erreicht man über eine alte Straße, die ein steiles Tal hinunterführt, die byzantinischen Metéora-Klöster, deren Lage auf eindrucksvollen Felsnadeln auch aus der Ferne geradezu dramatisch wirkt.

In Stereá Elláda liegen die Ruinen des Orakels von Delphi, einer der bedeutendsten antiken Stätten. Eine kurze Autofahrt entfernt befindet sich das Kloster Osios Loukás, ein spätbyzantinisches Bauwerk, das prächtige Mosaiken aus dieser Epoche aufweist.

Den Golf von Korinth säumen stimmungsvolle wie geschichtsträchtige Hafenorte, darunter Galaxídi, Náfpaktos und Mesolóngi. Auch im Landesinneren gibt es viel zu entdecken: Orte wie Lamia, Árta und Tríkala sind beliebte Ausflugsziele, die sich jedoch ihren einzigartigen Charme bewahren konnten.

Megálo Pápigko, eines der vielen abgelegenen Dörfer von Zagóri in Epirus

◀ Brücke des 18. Jahrhunderts über den Fluss Voïdomátis in der Víkos-Schlucht, Epirus *(siehe S. 212)*

Überblick: Zentral- und Westgriechenland

Das gesamte Gebiet Zentral- und Westgriechenlands reicht von Attika im Süden bis nach Makedonien im Norden. Es bietet herrliche Strände, aber auch altehrwürdige Städte wie Ioánnina und Métsovo mit Handwerkerzünften und osmanischem Erbe. Die Region Pílio besitzt reizvolle Landschaften und Küstenorte. Die beiden Hauptattraktionen des Gebiets sollte man auf keinen Fall versäumen: Das Antike Delphi, Sitz des Orakels des Apollon, und die Metéora-Klöster, die in byzantinischer Pracht erstrahlen. Wanderer locken im Norden die Víkos-Schlucht und das Píndos-Gebirge mit einigen der höchsten Berge Griechenlands. Im Frühling sind Flora und Fauna der Bergregion besonders beeindruckend. Für Naturliebhaber sind auch das Sumpfgebiet um Mesolóngi und der Ambrakische Golf bei Árta interessant.

Legende
- Autobahn
- Autobahn (im Bau)
- Hauptstraße
- Nebenstraße
- Panoramastraße
- Eisenbahn (Hauptstrecke)
- Staatsgrenze
- Regionalgrenze

Agios Nikoláos, eines der Metéora-Klöster

Sehenswürdigkeiten auf einen Blick

1. Pindos-Gebirge
2. Zagóri
3. Métsovo
4. Ioánnina
5. Dodóna
6. Párga
7. Kassópe
8. Préveza
9. Árta
10. Metéora S. 220f
11. Tríkala
12. Tempe-Tal
13. Pílio S. 222–224
14. Theben
15. Kloster Osios Loukás S. 226f
16. Parnass
17. Lamía und Thermopylen
18. Antikes Delphi S. 232–235
19. Golf von Korinth
20. Mesolóngi

Tour

3. Víkos-Schlucht

Weitere Zeichenerklärungen siehe hintere Umschlagklappe

ZENTRAL- UND WESTGRIECHENLAND | 209

Dorische Säulen des Apollon-Tempels, Delphi

Zur Orientierung

In Zentral- und Westgriechenland unterwegs

Es gibt Inlandsflughäfen in Préveza und Ioánnina. In Préveza landen im Sommer auch Charterflüge. Inlandsflüge sind jedoch recht teuer. Innerhalb einer Region reist man am besten mit dem Auto. In Zentralgriechenland sind die Straßen im Allgemeinen gut. Die Fahrzeit kann wegen der Serpentinen oft länger dauern. Autobahnen verbinden die Westküste und Métsovo sowie Theben und das Tempe-Tal. Zwischen Metéora und Athen gibt es eine Zugverbindung, zwischen den größeren Orten verkehren Busse. Von den Orten existieren Verbindungen zu den umliegenden Dörfern.

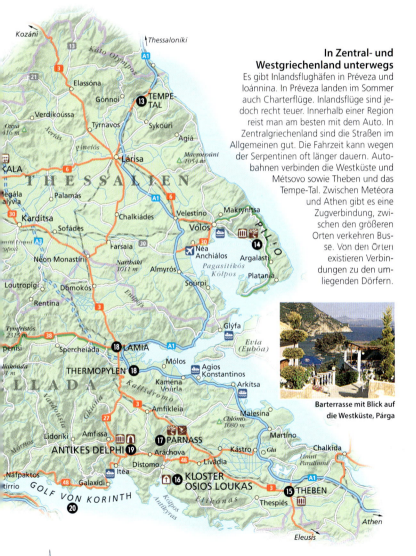

Barterrasse mit Blick auf die Westküste, Párga

Der Aóos durchfließt das Píndos-Gebirge

❶ Píndos-Gebirge
Οροσειρά Πίνδου

Epirus. **Straßenkarte** B2.
Ioánnina. Dodónis 39, Ioánnina (26510 41868).
Mo–Fr 8–15 Uhr.

Das Píndos-Gebirge erstreckt sich von der albanischen Grenze nach Süden zum Golf von Korinth und von Makedonien im Osten bis zum Ionischen Meer im Westen. In dem Gebiet liegen zwei Nationalparks, Griechenlands zweitlängste Schlucht und der zweithöchste Berg des Landes, der Oros Smólikas (2637 m).

Der Píndos-Nationalpark befindet sich zwischen Métsovo und Vovoúsa im Westen Makedoniens. Die Víkos-Schlucht *(siehe S. 212)* und der Fluss Aóos sind Teil des Víkos-Aóos-Nationalparks.

Von November bis Mai sind die Gipfel der Berge meist schneebedeckt. Wenn die Schneeschmelze den Boden mit Wasser tränkt, entsteht eine einzigartige Blumenpracht mit violetten Krokussen, Enzianen und vielen Orchideenarten *(siehe S. 27)*. Besucher können zuweilen Rehe, Wildschweine oder Europäische Wildkatzen beobachten, von denen jeweils kleine Populationen in dem Nationalpark unter Schutz stehen.

Wanderer, die gut ausgerüstet und auf eine Übernachtung im Zelt oder in der Berghütte eingestellt sind, können im Sommer den Oros Smólikas besteigen. Für den Aufstieg zum Gamíla (2497 m) und zum Astráka (2436 m) bieten sich die Dörfern in der Víkos-Schlucht als Basislager an. Touren zu den beiden Drakolímni-Seen unterhalb des Gamíla an einem steilen Abhang zum Aóos bzw. unterhalb des Smólikas sind lohnenswert.

Es gibt gute Wanderführer und Wanderkarten für die Region, die Schutzhütten und Übernachtungsmöglichkeiten in größeren Ortschaften verzeichnen. Erfahrung und gute Ausrüstung sind unbedingt erforderlich, da das Wetter rasch umschlagen kann und die nächste Ortschaft oft weit entfernt liegt. Die Einsamkeit macht jedoch den Reiz des Píndos-Gebirges aus. In dem Gebiet zeigt sich Griechenland von seiner rauen Seite – mit Tälern und Wegen, die wenige Besucher zählen.

Tierwelt im Píndos-Gebirge

Wer die flachen Küstengebiete besucht, mag kaum glauben, dass es in Griechenland noch Wölfe und Bären gibt. Die Größe der Populationen ist schwer festzustellen, doch hin und wieder werden der Europäische Wolf oder der Europäische Braunbär gesichtet. Die meisten dieser bedrohten Tiere leben im nördlichen Teil des einsamen Píndos-Gebirges in der wenig erschlossenen Grenzregion zu Albanien. Sie wurden jahrhundertelang von Bauern und Ziegenhirten vertrieben bzw. gejagt und sind deshalb sehr menschenscheu. Zudem hat in den vergangenen 20 Jahren ihr Rückzugsgebiet stark gelitten. Wer also einen Bären sieht, kann sich glücklich schätzen. Auch Wölfe sind selten zu beobachten, morgens und abends kann man sie jedoch heulen hören. Sie antworten bisweilen, wenn man ihr Heulen imitiert. Sie stellen für Wanderer keine ernsthafte Gefahr dar.

Silberwolf, seltener Ureinwohner des Gebiets

Einer der 120 Braunbären im nördlichen Píndos-Gebirge

Hotels und Restaurants in Zentral- und Westgriechenland *siehe Seiten 271f und 288–290*

EPIRUS | 211

❷ Zagóri
Ζαγόρι

Epirus. **Straßenkarte B2.**

In der Region Zagóri, nur etwa 25 Kilometer nördlich von Ioánnina *(siehe S. 214f)*, liegen einige der schönsten Landstriche Europas. Obwohl sich das Land größtenteils nicht bewirtschaften lässt, existieren in den Hügeln noch etwa 45 Dörfer. Viele besitzen prächtige Herrenhäuser *(archontiká)*, die aus dem 18. und 19. Jahrhundert stammen, als Zagóri unter den Osmanen Autonomie erhielt.

Den größten Teil der Bevölkerung bilden Sarakatsanen- und walachische Hirten *(siehe S. 213)*. Im Winter arbeiten sie als Steinmetze oder Holzschnitzer. Sie bilden Zünfte und durchwandern zum Verkauf ihrer Waren den Balkan. Das harte, traditionelle Leben ist jedoch vom Aussterben bedroht, da die jüngere Generation ihren Lebensunterhalt bevorzugt mit dem Fremdenverkehr verdient.

Eine Reihe von Bogenbrücken vermittelt einen Eindruck von dem handwerklichen Geschick der Einwohner. Zwei besonders schöne Brücken stehen an den beiden Ortsausgängen von **Kípoi**.

Vítsa, nahe der Víkos-Schlucht

Eine Busverbindung von Ioánnina nach Monodéndri und Vítsa bringt Wanderer und Kletterer in den geschäftigen Südwesten Zagóris. Einige Dörfer im östlichen Teil, etwa **Vrysochóri**, dienten Guerilla-Truppen im Zweiten Weltkrieg als Zufluchtsorte, weshalb sie von den Deutschen rücksichtslos niedergebrannt wurden.

Bei dem verlassenen Dorf **Vradéto** windet sich ein im 15. Jahrhundert entstandener Maultierpfad die steilen Felsen hinauf zu einem Aussichtspunkt, der einen atemberaubenden Ausblick auf die Víkos-Schlucht *(siehe S. 212)* bietet. Ausgangspunkte für eine Durchquerung der beeindruckenden Schlucht sind **Monodéndri**, gegenüber von Vradéto, und **Vítsa**.

In der Nähe befinden sich **Megálo Pápigko** und **Mikró Pápigko**, die vier Kilometer auseinanderliegen. Die Namen spiegeln ihr Größenverhältnis wider, doch selbst in »Groß«-Pápigko liegen an den Kopfsteinpflasterstraßen nur einige wenige Wohnhäuser, Lokale und Pensionen.

Weiter im Süden liegt **Tsepélovo**, das eine Buslinie nach Ioánnina bietet. Der Ort besitzt ein renoviertes Herrenhaus mit Übernachtungsmöglichkeit, einige Cafés und Tavernen. Das Kopfsteinpflaster und die schiefergedeckten Häuser geben Tsepélovo das typische Aussehen eines zagorianischen Dorfs.

Bogenbrücke bei Kípoi

Zagorianische Dörfer

Die Dörfer von Zagóri liegen verstreut in der Kalksteinwildnis des nördlichen Píndos-Gebirges, südwestlich des Aóos zwischen Ioánnina und Kónitsa.

Legende
- Hauptstraße
- Nebenstraße
- Unbefestigte Straße
- Panoramaweg
- △ Gipfel

❸ Tour durch die Víkos-Schlucht

Der Wanderweg durch die volle Länge der Víkos-Schlucht gilt als einer der schönsten in ganz Griechenland. Vom Voïdomátis ausgewaschene steile Kalksteinfelsen ragen bis zu 915 Meter in die Höhe. Die Schlucht durchschneidet den Víkos-Aóos-Nationalpark. Der gekennzeichnete Weg schlängelt sich durch das an Geröll reiche Flussbett. Er führt durch kleine Buchen-, Kastanien- und Ahornwälder auf die Hochebene. Häufig kann man Greifvögel wie den Mönchsgeier am Himmel kreisen sehen. Es gibt auch zahlreiche Eidechsen und Schildkröten zu entdecken. Der Hauptweg durch die Schlucht beginnt bei Monodéndri. Eine kürzere Strecke (4 km) führt von Mikró Pápigko im Norden nach Víkos.

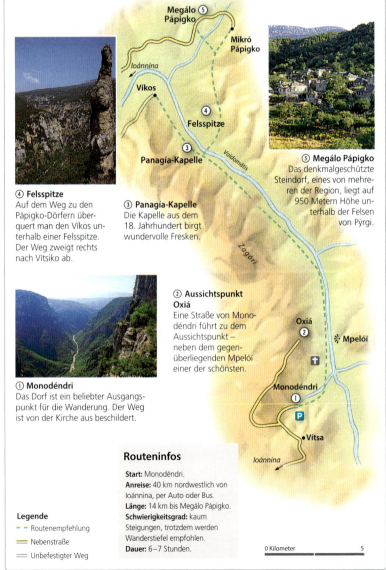

⑤ Megálo Pápigko
Das denkmalgeschützte Steindorf, eines von mehreren der Region, liegt auf 950 Metern Höhe unterhalb der Felsen von Pýrgi.

④ Felsspitze
Auf dem Weg zu den Pápigko-Dörfern überquert man den Víkos unterhalb einer Felsspitze. Der Weg zweigt rechts nach Vítsiko ab.

③ Panagía-Kapelle
Die Kapelle aus dem 18. Jahrhundert birgt wundervolle Fresken.

② Aussichtspunkt Oxiá
Eine Straße von Monodéndri führt zu dem Aussichtspunkt – neben dem gegenüberliegenden Mpelóï einer der schönsten.

① Monodéndri
Das Dorf ist ein beliebter Ausgangspunkt für die Wanderung. Der Weg ist von der Kirche aus beschildert.

Routeninfos

Start: Monodéndri.
Anreise: 40 km nordwestlich von Ioánnina, per Auto oder Bus.
Länge: 14 km bis Megálo Pápigko.
Schwierigkeitsgrad: kaum Steigungen, trotzdem werden Wanderstiefel empfohlen.
Dauer: 6–7 Stunden.

Legende
- - - Routenempfehlung
── Nebenstraße
═══ Unbefestigter Weg

0 Kilometer — 5

Zeichenerklärung siehe hintere Umschlagklappe

❹ Métsovo
Μέτσοβο

Epirus. **Straßenkarte** B2. 🗺 3500.
🚌 ℹ 26560 41233.

Das unterhalb des nicht mehr befahrbaren Katára-Passes, der früheren Straße über das Píndos-Gebirge, gelegene Métsovo ist ein ungewöhnlich lebendiges Bergdorf. Ursprünglich lebten walachische Hirten in dem kleinen Ort. Nachdem Métsovo zur Zeit der Osmanen *(siehe S. 42f)* Steuerprivilegien für die Bewachung des Passes erhalten hatte, wurde es zu einem der wichtigsten Handelszentren in der Region. Wohlhabende örtliche Kaufmannsfamilien investieren bis heute in die Ortschaft und geben den hiesigen Handwerkern finanzielle Anreize.

Zu den wohlhabenden Familien gehörten einst die Tosítsas. Ein Besuch ihres aus dem 18. Jahrhundert stammenden restaurierten Wohnhauses **Métsovo Museum** vermittelt eine Vorstellung von ihrem Besitz. Im Erdgeschoss des dreistöckigen Herrenhauses gibt es eine Wattenkammer und ein Badezimmer. Die großen, holzgetäfelten Empfangsräume und Schlafzimmer im ersten Stock sind mit wunderschönen gewebten Kelims ausgelegt.

Hirtenstäbe, Teppiche und Silber in einem Souvenirladen in Métsovo

Außerdem sind kunstvolle Gold- und Silberarbeiten, Trachten aus Epirus und Stickereien zu sehen. Führungen finden jede halbe Stunde statt.

Ein weiterer großer Wohltäter Métsovos war der Schriftsteller und Politiker Evángelos Avéroff (1910–1990), der das **Avéroff-Museum** gründete. Herzstück der Ausstellung ist Avéroffs Sammlung von etwa 200 Gemälden und Skulpturen. Avéroff trug sie über Jahre

Raum im Métsovo Museum

hinweg mit der Absicht zusammen, in seinem Heimatort ein Museum für moderne griechische Kunst zu eröffnen. Die Sammlung wurde erweitert und umfasst nun auch einige griechische Künstler aus dem 19. und 20. Jahrhundert.

In Métsovo haben uralte Traditionen überlebt – vom Schnitzen der Hirtenstäbe seit dem Beginn der Schafzucht in dem Ort über das Sticken bis hin zur Wein- und Käseherstellung. Die alten Männer und Frauen tragen zum Teil noch die traditionelle schwarze Tracht. Man sieht sie oft in den Hütten und Cafés am Dorfplatz sitzen. Die Hütten werden im Winter genutzt, wenn sich der 1156 Meter hoch gelegene Ort in ein beliebtes Skigebiet verwandelt. Die Teppiche in den Souvenirläden spiegeln den alpinen Charakter Métsovos wider.

🏛 **Métsovo Museum**
Nahe der Durchfahrtsstraße.
📞 26560 41084. 🕐 Fr–Mi 9–13.30, 16–18 Uhr. 🌐
🔗 metsovomuseum.gr

🏛 **Avéroff-Museum**
Nahe dem Hauptplatz. 📞 26560 41210. 🕐 Mi–Mo 10–16 Uhr (Mitte Juli–Mitte Sep: bis 18.30 Uhr). 🎫 🔗 averoffmuseum.gr

Umgebung: Von der Ortsmitte führt ein beschilderter 15-minütiger Fußweg nach Süden zu dem hübschen kleinen Kloster **Moní Agíou Nikoláou** (14. Jh.). Dieses wird heute von Verwaltern bewohnt, die Besuchern gern die byzantinischen Fresken, die Quartiere der Mönche sowie die Blumen-, Obst- und Gemüsebeete zeigen.

Hirten aus der Walachei

Die genaue Herkunft der in Griechenland lebenden walachischen Hirten ist unbekannt. Die meisten sind heute im Píndos-Gebirge, vor allem in und um Métsovo ansässig. Sie sprechen einen romanischen Dialekt, der keine schriftliche Form besitzt. Er lässt vermuten, dass es sich um Nachfahren römischer Siedler handelt, die über Illyrien in den nördlichen Balkan gewandert sind. Die Hirten leben traditionell als Wanderschäfer: Sie verbringen die Sommer in den Bergen, im Winter ziehen sie mit ihren Schafen für sechs Monate in die Ebene von Thessalien. Das raue Tagwerk stirbt allmählich aus. Die verbliebenen Hirten leben im Sommer in Dörfern wie Métsovo und Vovoúsa in Epirus sowie in Avdélla, Samarína und Smíxi in Westmakedonien. Die Winterdomizile liegen hauptsächlich um Kastoriá *(siehe S. 244)*.

Walachischer Hirte aus Zagóri

❺ Ioánnina
Ιωάννινα

Die Hauptstadt von Epirus erblühte in osmanischer Zeit *(siehe S. 42f)*, als sich die berühmten Handwerkszünfte, etwa die der Silberschmiede, bildeten. Der türkische Einfluss zeigt sich am deutlichsten an der Burganlage auf der Landzunge, die in den Pamvótis-See ragt. An der Nordseite lag einst ein Burggraben. Der Bau stammt aus dem 13. Jahrhundert. 1815 wurde er von dem türkischen Tyrannen Ali Pascha umgestaltet. Innerhalb der Burgmauern herrscht idyllische Ruhe, auch wenn das Treiben auf dem Basar und der moderne Teil des Areals daran erinnern, dass Ioánnina die geschäftigste Stadt der Region ist.

Aslan-Pascha-Moschee mit dem Ethnografischen Museum

Blick von Norden auf Ioánnina mit der Insel Nisí

🏛 Städtisches Ethnografisches Museum
Aslan-Pascha-Moschee. ☎ 26510 26356. 🕐 Sommer: tägl. 8–20 Uhr; Winter: Mo–Fr 8–15, Sa, So 9–17 Uhr. ⬤ Feiertage. 📷

Ein Besuch des kleinen Museums in der im Jahr 1618 von Aslan Pascha gebauten und nach ihm benannten Moschee im Nordteil der Burg lohnt allein wegen der original erhaltenen Kuppelverzierung. Die ausgestellten Waffen und Trachten zeugen von Ioánninas jüngerer Geschichte. Zudem sind türkische Möbel mit Perlmuttarsien sowie Teppiche und Wandteppiche aus Ioánninas Synagogen zu sehen.

🏛 Byzantinisches Museum
Innere Festung. ☎ 26510 25989. 🕐 Juni–Sep: Mo 13.30–20, Di–So 8–20 Uhr; Okt–Mai: Di–So 8–17 Uhr. ⬤ Feiertage. 📷

Das in einem Neubau untergebrachte Museum präsentiert Ikonen (16.–19. Jh.) sowie zahlreiche Ausgrabungsfunde aus der Umgebung. In der einstigen Schatzkammer sind Silberarbeiten, für die die Stadt berühmt ist, und eine rekonstruierte Silberschmiedewerkstatt zu sehen.

🏛 Archäologisches Museum
Plateía 25 Martíou 6. ☎ 26510 01051. 🕐 Di–So 9–16 Uhr. 📷 ♿

Das Archäologische Museum in einem kleinen Park zeigt Artefakte, die zum Teil aus der Ausgrabungsstätte bei Dodóna stammen, beispielsweise einen Bronzeadler (5. Jh. v. Chr.), außerdem Kinderstatuen sowie Bleitafeln mit Fragen an das Orakel.

🏛 Volkskunstmuseum
Michaïl Angélou 42. ☎ 26510 20515. 🕐 Di–Sa 9–14 Uhr (Mi, Sa auch 17.30–20 Uhr). ⬤ Feiertage. 📷

Das Gebäude liegt dem Archäologischen Museum fast gegenüber. Es birgt Sammlungen örtlichen Kunsthandwerks – neben Silberarbeiten und Trachten auch Webarbeiten der nomadischen Sarakatsanen, eines Hirtenvolks, das kleiner ist als die walachische Gruppe *(siehe S. 213)*.

Ali Pascha
Ali Pascha wurde 1741 in Albanien geboren und 1788 von den Türken als Pascha von Epirus eingesetzt. Unter ihm entwickelte sich die Stadt zu einer der reichsten Griechenlands. Ali Pascha wollte unabhängig sein und herrschte 1820 über ein Reich, das sich von Albanien bis zum Peloponnes erstreckte. Als seine Absicht – die Errichtung eines griechisch-albanischen Staates – dem türkischen Sultan Mahmud II. bekannt wurde, entsandte dieser Truppen, um Ali Pascha auszuschalten. Nach langer Belagerung der Festung bei Ioánnina willigte Ali Pascha ein, den türkischen Befehlshaber auf der Insel Nisí zu treffen. Dort wurde er am 24. Januar 1822 ermordet.

Wandteppich mit Ali Pascha (Mitte), Moní Agíou Panteleímonos, Nisí

IOÁNNINA UND DODÓNA | 215

Infobox

Information
Epirus. **Straßenkarte** B2. 130 000. Dodónis 39 (26510 41868). Mo–Fr 8–15 Uhr.

Anfahrt
8 km nordwestlich von Ioánnina. Ecke Sína u. Zossimadón (Nord- und West-Epirus), Biziníou 28 (Süd- und Ost-Epirus).

Nisí

15 Min. per Boot vom Mólos-Kai.
Die ersten Bewohner der Insel waren im 13. Jahrhundert Mönche. Das einzige Dorf auf Nisí gründeten Flüchtlinge, die den maniotischen Fehden entkamen, im 17. Jahrhundert *(siehe S. 198)*. In dem bedeutendsten Gebäude des Orts, dem Moní Agíou Panteleímonos, wurde der Raum, in dem Ali Pascha ermordet wurde, samt Einschusslöchern im Boden rekonstruiert. Andere Räume zeigen Gegenstände aus Ali Paschas Besitz.

Stalaktiten in den Pérama-Höhlen

Umgebung: Die größten Tropfsteinhöhlen Griechenlands, die **Pérama-Höhlen**, liegen bei dem Dorf Pérama, vier Kilometer nördlich von Ioánnina. Sie wurden 1940 von einem Hirten entdeckt, der sich vor den Deutschen versteckte. Erforscht wurden sie Jahre später. Heute kann man etwa 1700 Meter Weg mit angeleuchteten Stalaktiten und Stalagmiten besichtigen (regelmäßige Führungen).

Pérama-Höhlen

Pérama. 26510 81521.
tägl. 9–19 Uhr.

Das Theater von Dodóna, eines der größten in Griechenland

❻ Dodóna
Δωδώνη

Epirus. **Straßenkarte** B2. 26510 82287. Di–So 8–15 Uhr. Feiertage. (So frei).

Das Zeus-Orakel von Dodóna geht auf das Jahr 1000 v. Chr. zurück. Es ist das älteste Orakel Griechenlands und nach dem Delphis *(siehe S. 232)* das bedeutendste. Die Stätte liegt 22 Kilometer südwestlich von Ioánnina in einem grünen Tal an den nordöstlichen Ausläufern des Tómaros.

Im Zentrum der Stätte stand eine heilige Eiche, die ein Ring von Bronzekesseln auf dreifüßigen Ständern umgab. Für Prophezeiungen wurden die Kessel angeschlagen. Die Töne und das Rauschen der Eichenblätter beeinflussten die Weissagung. Ratsuchende schrieben ihre Fragen auf Bleitafeln. Die Priesterin trug sie anschließend Zeus vor. Einige Tafeln sind heute im Archäologischen Museum in Ioánnina zu sehen.

Der Eiche wurde große Macht zugeschrieben. Jason soll auf der Suche nach dem Goldenen Vlies *(siehe S. 224)* über das Pílio-Gebirge gereist sein, um einen Zweig des Baumes zu holen und ihn an seinem Schiff Argo zu befestigen. Im 3. Jahrhundert v. Chr. wurde zum Schutz des Baumes ein Bogengang angelegt. Er beinhaltete einen kleinen Tempel, von dem die Grundmauern erhalten sind. 393 n. Chr. wurde die Eiche auf Geheiß des römischen Kaisers Theodosius (reg. 379–395) gefällt und entwurzelt, um damit die heidnischen Bräuche auszurotten.

Das heutige Wahrzeichen von Dodóna ist das Theater, das 17 000 Zuschauer fasst. Es zählt zu den größten Griechenlands. Die 21 Meter hohen Wände werden von massiven Türmen gestützt, auf denen heute Turmfalken nisten. In der Antike wurde die Anlage für Theateraufführungen, in der Römerzeit für Tierkämpfe genutzt. In den dreieckigen Käfigen auf beiden Seiten der Bühne wurden Stiere und Raubkatzen gehalten. Anfang der 1960er Jahre wurde die gesamte Anlage renoviert, ist aber nicht für Besucher zugänglich. Im Sommer finden auf einer temporär aufgebauten Bühne in der Nähe Aufführungen statt.

In Dodóna befinden sich zudem Ruinen eines Stadions, einer Akropolis und einer byzantinischen Basilika.

Justinian, der letzte römische Kaiser, der Dodóna besuchte

Dodóna begann im 6. Jahrhundert n. Chr. zu verfallen, als der römische Kaiser Justinian die Gründung der leichter zu verteidigenden Stadt Ioánnina beschloss.

Blick über die Bucht auf Párga, das die Form eines Amphitheaters hat

❼ Párga
Πάργα

Epirus. **Straßenkarte** B3. 2000. Di.

Das reizende Párga ist der größte Badeort in Epirus. Der Charme des Orts wird im Sommer oft von dem Trubel des Besucheransturms überlagert. Die venezianische Festung an der Westseite des Hafens wurde im späten 16. Jahrhundert auf dem Gelände eines 1537 während kurzer türkischer Herrschaft zerstörten Bauwerks errichtet. Die Osmanen kehrten später unter Ali Pascha *(siehe S. 214)* zurück, der die Stadt im Jahr 1819 den Briten abkaufte. Die christlichen Bewohner flohen nach Korfu und Paxoí. 1913 fiel die Stadt an Griechenland zurück.

Zwei kleine Strände sind von der Stadt aus zu Fuß erreichbar. Zwei größere liegen zwei Kilometer entfernt: Váltos, der größte, nördlich, Lynchos südwestlich. Entlang der Küste von Párga reihen sich Fischtavernen mit herrlichem Blick über den Hafen.

Umgebung: 37 Kilometer südlich von Párga befindet sich das **Nekromanteion von Acheron** (Orakel der Toten) – das Tor zum mythischen Hades. Stufen führen in das Gewölbe hinab. Im 4. Jahrhundert v. Chr. wurden Besuchern vermutlich Drogen verabreicht, um den Eindruck des Betretens der Unterwelt zu verstärken.

Nekromanteion von Acheron
Sommer: tägl. 8–20 Uhr; Winter: tägl. 8.30–15 Uhr.

❽ Kassópe
Κασσώπη

Zálongo, Epirus. **Straßenkarte** B3. wegen Renovierung bis 2018.

Der Stamm der Kassopianer lebte im 4. Jahrhundert v. Chr. in der Region. Die Ruinen der Hauptstadt des Volkes liegen oberhalb des Sees von Ioannina auf einem Hügel, der Blick auf die Insel Lefkáda bietet. Nach Kassópe führt von Kamarína aus ein Fußweg durch Pinienwälder. Auf dem Gelände gibt es zahlreiche Eidechsen. Die oberhalb gelegene Ruinenstätte **Moní Zalóngou** besitzt ein Denkmal für die Frauen von Soúli, die sich 1803 von den Klippen stürzten, um der Gefangennahme durch türkisch-albanische Truppen zu entgehen.

Die Ruinen von Kassópe

❾ Préveza
Πρέβεζα

Epirus. **Straßenkarte** B3. 13 000. Eleftheriou Venizélou (26820 21078). tägl. (Fischmarkt).

Préveza wird oft als Durchgangsstation angesehen. Ein längerer Aufenthalt lohnt sich jedoch allein wegen der einladenden Atmosphäre der Cafés und Tavernen auf dem Marktplatz. Der malerische Ort liegt an der Nordseite des »Kanals der Kleopatra« an der Mündung des Ambrakischen Golfs. Hier fand 31 v. Chr. die Seeschlacht von Aktium statt

Griechisch-orthodoxe Geistliche in Párga

Hotels und Restaurants in Zentral- und Westgriechenland siehe Seiten 271f und 288–290

EPIRUS UND THESSALIEN | 217

(siehe S. 38). Die Festungen zu beiden Seiten der Mündung erinnern an die venezianische Besatzung von 1499. 1789 fielen sie zuerst an die Franzosen, dann an Ali Pascha *(siehe S. 214)*.

Umgebung: Sieben Kilometer nördlich von Préveza liegen die Ruinen von **Nikopolis** (»Siegesstadt«), das Kaiser Octavian zur Erinnerung an den Sieg bei Aktium an der Stelle eines römischen Feldlagers errichten ließ. Die Stadt wurde später von den Goten geplündert, 1034 wurde sie von den Bulgaren zerstört. Im **Museum** sind Artefakte ausgestellt.

Nikopolis
26820 89892. Sommer: tägl. 8–20 Uhr; Winter: tägl. 8.30–15 Uhr. **Museum** Sommer: tägl. 8–20 Uhr; Winter: So–Fr 8.30–15 Uhr.

❿ Árta
Άρτα

Epirus. **Straßenkarte** B3. 33 000. Plataía Krystálli (26810 /8551). Mo–Fr 7–15 Uhr. Mo–Sa (Gemüsemarkt).

Nach Ioánnina ist Árta die zweitgrößte Stadt von Epirus. Sie ist dennoch kaum vom Fremdenverkehr berührt. Besucher erleben eine typisch griechische Marktstadt. Der basarähnliche Markt wurde von den Türken angelegt, die Árta von 1449 bis 1881 besetzt hielten. Die **Festung** stammt aus dem 13. Jahrhundert, als Árta die Hauptstadt des Despotats von Epirus war. Das Despotat, das von Thessaloníki bis Korfu reichte, war ein unabhängiger byzantinischer Staat, der 1204 nach dem Fall von Konstantinopel *(siehe S. 41)* gegründet worden war. Er bestand bis zum Beginn der türkischen Besatzung. An den Straßen in der Nähe der Festung liegen viele byzantinische Kirchen (13./14. Jh.). Am schönsten ist die 1283 bis 1296 erbaute **Panagía Parigorítissa**. Sie besitzt prächtige Türme und Kuppeln. In der **Agía Theódora** steht der Marmorsarkophag der Gattin von Michael II., der im 13. Jahrhundert über Epirus herrschte.

Von Westen aus führt die Hauptstraße über die **Steinbrücke** (17. Jh.), die den Aráchthos überspannt, in die Stadt. Der Sage nach war der Erbauer angesichts der Tatsache, dass der Fluss jede Nacht sein Tagwerk zerstörte, so entmutigt, dass er auf den Rat eines Vogels hörte und seine Frau in das Fundament einmauerte. Daraufhin konnte er die Brücke fertigstellen.

⓫ Metéora
Siehe S. 220f.

Fachwerkhäuser in der Altstadt von Tríkala

⓬ Tríkala
Τρίκαλα

Thessalien. **Straßenkarte** C2. 68 000. Mo–Sa.

Tríkala war Heimat von Asklepios, dem Gott der Heilkunde. Heute ist es das Handelszentrum der fruchtbaren thessalischen Ebene. Zu den Zeugnissen der türkischen Vergangenheit gehören der **Markt** gegenüber dem Hauptplatz und die Moschee **Koursoúm Tzamí**, die 1550 am Südufer des Lithaios errichtet wurde. Die **Festung** liegt im alten Viertel Varósi, in dem auch einige byzantinische Kirchen stehen *(siehe S. 24f)*. Die Festung auf dem Platz der ehemaligen Akropolis aus dem 4. Jahrhundert v. Chr. ist ebenfalls byzantinisch.

⓭ Tempe-Tal
Κοιλάδα των Τεμπών

Thessalien. **Straßenkarte** C2.

Die E75 in Richtung Makedonien verläuft entlang dem Fluss Pineiós durch das Tempe-Tal. In der fruchtbaren Ebene soll Apollon die Reinigungszeremonie vollzogen haben, als er den Drachen Python getötet hatte. Nahe den **Wolfsklauen** (Lykostómio), der engsten Stelle der Schlucht, liegt die **Daphne-Quelle**. Eine Brücke führt zu der aus dem Felsen gehauenen Kapelle **Agía Paraskeví**. Das **Kástro Platamónas** im Norden des Tals wurde 1204 von fränkischen Eroberern auf den Resten einer älteren Festungsanlage erbaut, um Handelsrouten zu kontrollieren.

Kastro Platamónas
23530 44470. tägl. 8.30–15 Uhr.

Die steinerne Bogenbrücke, die von Westen nach Árta hineinführt

Metéora
Μετέωρα

Die natürlichen Sandsteinplateaus von Metéora dienten 985 n. Chr. erstmals als religiöser Zufluchtsort, als ein Einsiedler namens Barnabas eine Höhle bezog. 1336 gründete der Mönch Athanásios vom Berg Athos das Kloster Megálo Metéoro auf einer der vielen Felsnadeln. Im Lauf der Zeit entstanden 23 Klöster. Im 19. Jahrhundert waren die meisten Gebäude verlassen und verfallen. In den 1920er Jahren wurden Stufen in die Felsen geschlagen, um einen besseren Zugang zu den erhaltenen sechs Anlagen zu ermöglichen. Heute sind die Klöster wieder von Mönchen und Nonnen bewohnt.

Lage der Metéora-Klöster

Rousánou
Das gewagt auf der Spitze einer Felsnadel thronende Kloster Rousánou besitzt die eindrucksvollste Lage. Die Kirche Metamórfosis (1545) ist berühmt für die furchterregenden Fresken (1560), die Ikonenmaler der Schule von Kreta fertigten.

Außerdem

① Äußerer Mauerring

② Mönchszellen

③ **Im Refektorium** befindet sich ein Ikonenmuseum.

④ **Am Aufstiegsturm** wurden Waren und Menschen mit einer Winde (1536) hochgezogen.

⑤ **Vom Turm hängendes Netz**

Megálo Metéoro
Das »Große Meteoron« ist das älteste und höchstgelegene (623 m) der Metéora-Klöster. Am Eingang befindet sich die Höhle, in der Athanásios zunächst lebte. Der Mönch liegt in der Hauptkirche begraben.

◀ Im Vordergrund links erhebt sich das Kloster Megálo Metéoro, dahinter das Kloster Varlaám *(siehe S. 220f)*

METÉORA | 221

Varlaám

Das 1518 gegründete Kloster Varlaám ist nach dem ersten Einsiedler benannt, der 1350 auf dem Felsen lebte. Im katholikón von 1542 sind einige Fresken des Ikonenmalers Frágkos Katelános aus Theben zu sehen.

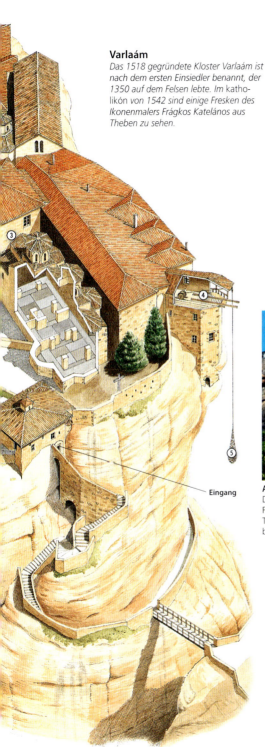

Eingang

Infobox

Information
Thessalien. **Straßenkarte** B2.
Efthymiou Vlaháva 1 (24323 50274). **Megálo Metéoro**
Apr–Okt: Mi–Mo 9–17 Uhr; Nov–März: Do–Mo 9–16 Uhr.
Varlaám Apr–Okt: Sa–Do 9–16 Uhr; Nov–März: Sa–Mi 9–16 Uhr. **Agios Nikólaos**
Sa–Do 9–15.30 Uhr (Nov–März: 9–14 Uhr).
Rousánou Apr–Okt: Do–Di 9–17.45 Uhr; Nov–März: Do–Di 9–14 Uhr. **Agía Triáda**
Apr–Okt: Fr–Mi 9–17 Uhr; Nov–März: Fr–Di 10–16 Uhr.
Agios Stefános Apr–Okt: Di–So 9–13.30, 15.30–17 Uhr; Nov–März: Di–So 9–13, 15–17 Uhr.
alle Klöster.

Anfahrt

Agios Nikólaos
Das Kloster birgt außergewöhnliche Fresken, die der Mönch und Maler Theofánis der Kreter 1527 schuf. Sie bestechen durch lebhafte Darstellung.

Der Bau der Klöster

Es ist bis heute nicht bekannt, wie die ersten Einsiedler die Spitzen der Felsen erreichten. Möglicherweise schlugen sie Löcher (als Stufen) in schmale Spalten und kletterten hinauf. Auch das Baumaterial zogen sie nach oben. Nach einer anderen Theorie ließen die Einsiedler Drachen aufsteigen, an denen dicke Seile befestigt waren, aus denen die ersten Strickleitern entstanden.

⓮ Pílio
Πήλιο

Der Mythologie nach war Pílio die Heimat der waldliebenden Zentauren. Mit den Walnuss-, Eichen- und Buchenwäldern gehört die Halbinsel zu den reizvollsten Gegenden des Festlands. Hier ist es im Sommer immer ein paar Grad kühler als in anderen Teilen Thessaliens. Die Bergluft ist von Kräuterduft erfüllt. Die Heilkraft der Kräuter war in der Antike berühmt. Im 13. Jahrhundert wurde das Gebiet von Franken besiedelt, eine Blütezeit erlebte es zur Zeit der osmanischen Herrschaft im 18. Jahrhundert während einer Phase begrenzter Autonomie. Die dicken Steinmauern und kleinen Fenster der typischen Pílio-Häuser lassen erahnen, wie unsicher die neu gewonnene Freiheit war. Die Kultur der Halbinsel wurde jahrhundertelang bewahrt.

Makrynítsa
Die steilen Kopfsteinpflasterstraßen sind für Autos gesperrt *(siehe S. 224)*.

Theófilos Chatzimichaïl

Der 1873 auf Lésbos geborene Maler kam 1894 in die Pílio-Region, nachdem er angeblich einen Türken in Smyrna umgebracht hatte. Er schuf Wandbilder, bemalte aber auch Tongefäße, *Kafeneío*-Theken und Pferdewagen. Das bekannteste Werk in Pílio sind die Wandgemälde im Kontós-Haus in Anakasiá. Chatzimichaïl lebte zurückgezogen und wurde wegen seiner Angewohnheiten verspottet: Er kleidete sich wie Helden vergangener Zeit, z. B. wie Alexander der Große. Der Maler liebte die griechische Kultur. Nach dem Anschluss Lésbos' 1912 an Griechenland kehrte er mittellos in seine Heimat zurück. Sein Schicksal wendete sich, als er seinen Gönner Stratís Eleftheriádis kennenlernte, der ihn bis zu seinem Tod 1934 unterstützte.

Konstantínos Palaiológos (1899) von Theófilos

Legende
— Hauptstraße
— Nebenstraße
= Unbefestigte Straße
--- Fährroute

Außerdem

① **Vólos** ist die Hauptstadt der Region. Der Ort besitzt ein Archäologisches Museum *(siehe S. 224)*.

② **Anakasiá** erscheint heute als Vorort von Vólos. Es bietet ein Museum mit Bildern des griechischen Malers Theófilos Chatzimichaïl.

③ **Agios Ioánnis** verfügt über weiße Sandstrände.

④ **Tsagkaráda** ist ein Bergdorf an bewaldeten Hängen. Auf dem Hauptplatz befindet sich die größte und älteste (1000 Jahre) Platane Griechenlands.

Agía Kyriakí
Der kleine Fischerhafen mit einer Bootswerft liegt unterhalb des Bergdorfs Tríkeri. Er besitzt zwar keine Strände und Hotels, die wenigen Besucher des Orts schätzen jedoch die guten, einfachen Fischtavernen.

Hotels und Restaurants in Zentral- und Westgriechenland siehe Seiten 271f und 288–290

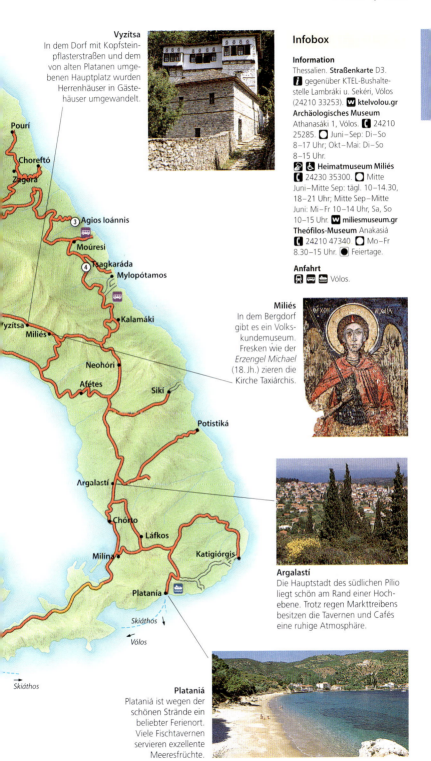

Vyzítsa
In dem Dorf mit Kopfsteinpflasterstraßen und dem von alten Platanen umgebenen Hauptplatz wurden Herrenhäuser in Gästehäuser umgewandelt.

Infobox

Information
Thessalien. Straßenkarte D3.
🛈 gegenüber KTEL-Bushaltestelle Lambráki u. Sekéri, Vólos (24210 33253). 🌐 ktelvolou.gr
Archäologisches Museum
Athanasáki 1, Vólos. ☎ 24210 25285. 🕒 Juni–Sep: Di–So 8–17 Uhr; Okt–Mai: Di–So 8–15 Uhr.
Heimatmuseum Miliés
☎ 24230 35300. 🕒 Mitte Juni–Mitte Sep: tägl. 10–14.30, 18–21 Uhr; Mitte Sep–Mitte Juni: Mi–Fr 10–14 Uhr, Sa, So 10–15 Uhr. 🌐 miliesmuseum.gr
Theófilos-Museum Anakasiá
☎ 24210 47340. 🕒 Mo–Fr 8.30–15 Uhr. ● Feiertage.

Anfahrt
🚗 🚌 ⛴ Vólos.

Miliés
In dem Bergdorf gibt es ein Volkskundemuseum. Fresken wie der *Erzengel Michael* (18. Jh.) zieren die Kirche Taxiárchis.

Argalastí
Die Hauptstadt des südlichen Pílio liegt schön am Rand einer Hochebene. Trotz regen Markttreibens besitzen die Tavernen und Cafés eine ruhige Atmosphäre.

Plataniá
Plataniá ist wegen der schönen Strände ein beliebter Ferienort. Viele Fischtavernen servieren exzellente Meeresfrüchte.

Zeichenerklärung *siehe hintere Umschlagklappe*

Überblick: Pílio

Mit dem Auto ist eine Rundfahrt durch die Dörfer im Norden auf einer Tagestour möglich. Die Route beginnt südöstlich von Vólos und führt über Afétes Richtung Norden nach Tsagkaráda. Mit 1650 Metern ist der Berg Pílio der höchste Gipfel. Die Gegend besitzt viele Waldgebiete sowie Apfel-, Birnen-, Pfirsich- und Olivenhaine. Der Süden von Pílio ist immerhin noch so gebirgig, dass in viele Dörfer nur Sackgassen führen. Ein Besuch mehrerer Dörfer nimmt deshalb Zeit in Anspruch.

Renovierte alte Herrenhäuser am Hang von Makrynítsa

Vólos

Vólos gehört zu den schnell wachsenden Industriezentren Griechenlands. In den 1950er Jahren verursachte ein Erdbeben große Schäden. Vólos' mythologische Vergangenheit ist deshalb kaum noch vorstellbar: Das antike Iolkos gilt als Heimat Jasons, der die Suche nach dem Goldenen Vlies unternahm. Das **Archäologische Museum** informiert über die Geschichte des Orts. Es zeigt bemalte Stelen (3. Jh. v. Chr.), die bei Dimitriás auf der gegenüberliegenden Seite des Golfs von Vólos entdeckt wurden. Außerdem sind steinzeitliche Keramiken aus Sesklo und Dimini ausgestellt. Ein Raum ist den antiken Spielen – größtenteils Reiterspiele – von Vólos gewidmet.

Nördliche Dörfer

Auf der Straße, die von Vólos Richtung Südosten und über Ano Lechónia entlang der »Vólos-Riviera« führt, lässt sich der gebirgige Norden von Pílio auf einer Rundfahrt erkunden. Im Sommer fährt der historische Pílio-Zug an Wochenenden von Káto Lechónia nach Miliés. Von den beliebten Ferienorten im Inland **Miliés** und **Vyzítsa**, das unter Denkmalschutz steht, verläuft die Straße nach Norden über Tsagkaráda nach **Agios Ioánnis**, dem Urlaubszentrum der Ostküste. Die wunderschönen Strände Papá Neró und Pláka sind zu Fuß erreichbar. In **Moúresi** liegen einige der besten Restaurants von Pílio.

Auf der Rückfahrt nach Vólos lohnt ein Abstecher nach **Makrynítsa**. Das traditionelle Bergdorf gilt als größte Sehenswürdigkeit in der Region. Es wurde im 13. Jahrhundert von Flüchtlingen gegründet, die nach der ersten Plünderung Konstantinopel *(siehe S. 41)* verließen. Das Dorf besitzt schöne Kirchen. Agios Ioánnis und Panagía Makrynítissa sind besonders beeindruckend. Einige traditionelle Herrenhäuser wurden in Gästehäuser umgewandelt. Neben der Agios Ioánnis befindet sich ein Café mit Fresken des Künstlers Theófilos Chatzimichaïl *(siehe S. 222)*.

Anakasiá ist der letzte Ort vor Vólos. Er wird wenig besucht. Das Theófilos-Museum ist jedoch sehenswert.

Jason und die Argonauten

Der Sage nach stammte das Goldene Vlies von einem geflügelten Widder, den der Götterbote Hermes zum Schutz der Kinder Helle und Phrixos vor ihrer bösen Stiefmutter entsandte. Helle starb auf der Flucht, Phrixos wurde in Kolchis, dem heutigen Georgien, aufgezogen, wo der Widder geopfert wurde. Sein Vlies (Fell) wurde König Aietes geschenkt. Jahre später segelte Jason von Iolkos nach Kolchis, um nach dem Flies zu suchen, das seinen Träger unbesiegbar machte. In Kolchis stellte König Aietes Jason mehrere Aufgaben, bevor er ihm das Vlies überließ. Jason, in die Königstocher Medea verliebt, löste mit ihrer Hilfe alle Aufgaben. Die Argonauten brachten das Vlies nach Iolkos zurück.

Fischer beim Flicken seiner Netze, Küste bei Vólos

Ausschnitt: *Das Goldene Vlies* (um 1905), Gemälde von Herbert Draper (1864–1920)

THESSALIEN UND STEREÁ ELLÁDA | 225

Teil eines Sarkophags, Archäologisches Museum, Theben

⓯ Theben
Θήβα

Stereá Elláda. **Straßenkarte** D4. 36 000.

Im 4. Jahrhundert v. Chr. war Theben (Thíva) für kurze Zeit die mächtigste griechische Stadt. Heute ist es ein ruhiger provinzieller Ort. Bis zur Eroberung durch Philipp II. von Makedonien spielte Theben eine wesentliche Rolle in den Machtkämpfen des antiken Griechenland. Die ehemalige Akropolis wurde durch Neubauten bedeckt. Ausgrabungen legten jedoch Mauern aus mykenischer Zeit sowie Schmuck, Tongefäße und Tafeln mit Linear-B-Schrift frei, die im **Archäologischen Museum** ausgestellt sind.
Zu den herausragenden Schätzen des Museums gehört die Sammlung von mykenischen Sarkophagen, die denen von Kreta sehr ähnlich sind. Hof und Garten des Museums grenzen an einen fränkischen Turm, ein Relikt einer Burg aus dem 13. Jahrhundert.
Eine Brücke über das Flussbett markiert den Standort des Brunnens des Ödipus. König Ödipus soll hier das Blut von seinen Händen gewaschen haben, nachdem er seinen Vater unwissentlich umgebracht hatte.

Die Ödipus-Sage
Ödipus war der von tragischem Unglück verfolgte Sohn von König Laios und Königin Jokaste von Theben. Vor seiner Geburt sagte das Orakel von Delphi *(siehe S. 232)* voraus, dass er seinen Vater töten und seine Mutter ehelichen werde. Um der Prophezeiung zu entgehen, setzte König Laios den Knaben Ödipus aus. Er wurde jedoch gerettet und von dem Königspaar von Korinth, das er für seine Eltern hielt, aufgezogen. Jahre später, als Ödipus von der Prophezeiung erfuhr, floh er nach Theben und tötete auf dem Weg einen Mann, ohne zu wissen, dass es sich um König Laios handelte. Die Thebaner machten Ödipus zu ihrem König, und er heiratete die verwitwete Jokaste. Als Ödipus die tragische Wahrheit erfuhr, blendete er sich und verbrachte den Rest seines Lebens als Ausgestoßener.

Becher mit Ödipus und Sphinx (5. Jh. v. Chr.)

🏛 Archäologisches Museum
Plateía Threpsiádou 1. 22620 27913. ● wegen Renovierung.

Umgebung: Etwa 40 Kilometer nördlich von Theben befindet sich die antike Stätte **Orchomenos**, eine der wohlhabendsten mykenischen Städte. Zu sehen sind ein Theater, eine byzantinische Kirche, ein Grabmal und das Kuppelgrab »Schatzhaus von Minyas«.

⓰ Kloster Osios Loukás
Siehe S. 226 f.

⓱ Parnass
Όρος Παρνασσός

Stereá Elláda. **Straßenkarte** C3. Delfoí. **ℹ** Rathaus, Delfoí (22650 82900). ○ tägl. 7.30– 14.30 Uhr.

Mit 2457 Metern Höhe dominiert das Kalksteinmassiv des Parnass den östlichen Teil der Region Stereá Elláda. An den unteren Hängen stehen Fichten, unter denen im Sommer prächtig blühende Wildblumen wachsen. In der Bergregion leben Geier und Steinadler. Gelegentlich sind Wölfe zu sehen, die im Winter vom Pindos-Gebirge herabkommen *(siehe S. 210)*.
Das Dorf **Aráchova** ist der beste Ausgangspunkt für Ausflüge in die für Wein, Käse, Nudeln und Schaffellteppiche bekannte Region. Im Sommer locken zahlreiche Wanderwege in der nahen Umgebung. Das Mitführen einer detaillierten Karte ist empfehlenswert. Ein langer Aufstieg, der eine Übernachtung im Zelt erforderlich macht, führt auf den höchsten Gipfel Liákoura.
Die Skigebiete von **Fterólakka** und **Keláría** liegen 23 bzw. 29 Kilometer von Aráchova entfernt. Die bis in Höhen von etwa 2200 Metern reichenden Gebiete sind von Mitte Dezember bis April geöffnet. Fterólakka bietet die längeren und anspruchsvolleren Abfahrten.

Mit Fichten bewachsene Hänge unterhalb des Parnass-Grats

Kloster Osios Loukás
Μονή Οσίου Λουκά

Das um 1011 von Kaiser Romanós II. errichtete Kloster ist eines der bedeutendsten mittelalterlichen Bauwerke Griechenlands. Es ist dem heiligen Lukas, einem griechischen Eremiten, geweiht. Die achteckige Hauptkirche wurde ein Charakteristikum spätbyzantinischen Kirchenbaus *(siehe S. 24f)*. Die Mosaiken sind Beispiele des letzten Höhepunkts der byzantinischen Kunst. Die Kanonen im Hof zeugen von den zahllosen Schlachten, die zur Zeit der Osmanen *(siehe S. 42f)* in der Region stattfanden. 1821 sagte Bischof Isaias von dem Kloster aus den griechischen Freiheitskämpfern seine Unterstützung zu.

Blick auf das Kloster vor den Hängen des Elikónas

Außerdem

① **Der Narthex** im westlichen Bereich enthält Mosaiken der Leiden Christi.

② **Westportal**

③ **Die Außenmauern** bestehen aus Tuffstein und roten Ziegeln.

④ **Die kleinen Mönchszellen** besitzen Gewölbedecken.

⑤ **Das nördliche Querschiff** zieren Mosaiken mit Heiligen.

⑥ **Die Theotókos-Kapelle** entstand im frühen 11. Jahrhundert. Sie ist der Muttergottes geweiht.

⑦ **In der Apsis** ist eine Madonna mit Kind zu sehen. Das Mosaik überstand das verheerende Erdbeben von 1659.

⑧ **Die achteckige Hauptkirche** *(katholikón)* geht auf das Jahr 1011 zurück.

⑨ **Die südwestliche Kapelle** beherbergt Fresken aus dem 11. Jahrhundert.

⑩ **Das Refektorium** diente auch als Werkstatt. Heute ist es ein Museum für byzantinische Skulpturen.

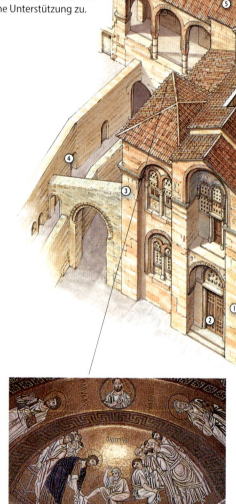

★ Fußwaschung der Apostel (Niptir)
Das Mosaik mit goldenem Hintergrund (spätes 11. Jh.), das stilistisch auf das 6. Jahrhundert zurückgeht, ist das schönste im Narthex: Christus lehrt die Apostel Demut.

KLOSTER OSIOS LOUKÁS | 227

Infobox

Information
8 km östlich von Dístomo.
Straßenkarte C4. 22670 21305. **Stätte und Museum**
Mai–Sep: tägl. 9–18 Uhr;
Okt–Apr: tägl. 9–17 Uhr.

Anfahrt

Kuppel
Die Hauptkuppel schmückt ein beeindruckendes Wandbild von Christus im Kreis der Heiligen und Engel, das gegen Ende des 17. Jahrhundert entstand. Es ersetzte zerstörte Fresken.

★ Krypta
Der Schrein aus dem 10. Jahrhundert enthält den Sarkophag des heiligen Lukas und Fresken wie die abgebildete *Kreuzabnahme*.

Der heilige Lukas

Der 896 in Kastrí geborene Osios Loukás (heiliger Lukas) verließ als Jugendlicher sein Elternhaus, um in Zentralgriechenland die Einsamkeit zu suchen. Er machte sich einen Namen als Wunderheiler. Um 940 kam er nach Stíri an den westlichen Hängen des Elikónas, wo später das Kloster entstand. Er ließ sich zusammen mit einigen Schülern an dem Ort nieder und bildete, neben seinen Heilkräften, auch die Gabe der Vorsehung weiter aus. Der heilige Lukas starb 953 hochverehrt. Zu diesem Zeitpunkt waren bereits einige Mönchszellen und die erste kleine Kirche fertiggestellt.

Uferpromenade in Galaxídi am Golf von Korinth

⓲ Lamía und Thermopylen
Λαμία καί Θερμοπύλαι

Stereá Elláda. **Straßenkarte** C3. 68 000. Leof. Kalyvion 14 (22310 32289). Sa.

Das in einem Tal gelegene Lamía ist eine typische griechische Kleinstadt. Samstags findet ein lebhafter Markt statt. Die katalanische **Festung** *(kástro)* aus dem 14. Jahrhundert an der Stelle der antiken Akropolis bietet einen herrlichen Blick über die Dächer der Stadt auf die umliegende Landschaft. Historisch steht Lamía mit dem Lamischen Krieg (323/322 v. Chr.) in Verbindung, in dem sich Athen nach dem Tod Alexanders des Großen *(siehe S. 36f)* von der makedonischen Herrschaft zu befreien suchte. Das **Lamía-Museum** widmet sich dieser Epoche. Die Sammlungen beinhalten außerdem architektonische Fundstücke aus der Umgebung der Stadt.

Wenige Kilometer östlich von Lamía führt die Straße nach Athen über den **Thermopylen-Pass**. 480 v. Chr. traf dort ein Heeresverband von 7000 Mann unter dem Kommando des Spartaners Leonidas I. auf persische Truppen, deren Stärke Herodot *(siehe S. 60)* mit 2 642 610 Soldaten angibt. Leonidas hielt einige Tage die Stellung, schließlich gelang den Persern jedoch der Durchbruch: Sie griffen die Griechen von hinten an. Die Schlacht überlebten nur zwei griechische Soldaten. In der Folge fielen Athen und das gesamte Zentralgriechenland an die Perser. Bei der Schlacht von Plataiaí 479 v. Chr. *(siehe S. 33)* konnte Athen mit seinen Alliierten die persischen Streitkräfte besiegen.

Standbild von König Leonidas am Thermopylen-Pass

Am Straßenrand gegenüber dem Grabhügel für die Gefallenen steht eine Bronzestatue (1955) von König Leonidas. Linkerhand liegen die Schwefelquellen, die dem Thermalbad Thermopylae (»warme Tore«) den Namen gaben. Ablagerungen des vom Fluss Spercheiós mitgeführten Schlamms ließen mittlerweile das Meer im Norden um fünf Kilometer zurücktreten.

Lamía-Museum
Kástro. 22310 29992.
Di–So 8.30–14.40 Uhr.
Feiertage.

⓳ Antikes Delphi
Siehe S. 232–235.

⓴ Golf von Korinth
Κορινθιακός Κόλπος

Stereá Elláda. bis Náfpaktos.

An der Nordküste des Golfs von Korinth liegen sowohl bekannte Ferienorte als auch winzige Küstendörfer abseits der üblichen Reiserouten. Sie sind durch die gut ausgebaute Hauptstraße miteinander verbunden, die teilweise wunderbare Ausblicke auf den Golf bis hinüber zu den Bergen des Peloponnes eröffnen.

Von Delphi führt die Hauptstraße nach Süden durch die größte Olivenplantage Griechenlands und an **Itéa**, einem Industriehafen, vorbei. 17 Kilometer südwestlich des Orts steht die Kirche Agios Nikólaos an exponierter Stelle auf einer Anhöhe. Sie ist von den alten Steinhäusern von **Galaxídi** umgeben. Das **Schifffahrtsmuseum** erläutert die Geschichte der Stadt. Die strandnahen Herrenhäuser des 19. Jahrhunderts erinnern an den Wohlstand, den die Werften Galaxídi einst einbrachten. Zu Beginn des 20. Jahrhunderts wurde das für die Industrie abgeholzte Gebiet wieder aufgeforstet.

Die nächste größere Ortschaft ist **Náfpaktos**. Sie ist weniger attraktiv als Galaxídi, besitzt aber dennoch viel Charme und Charakter. Oberhalb der Stadt befindet sich eine venezianische Festung. Die Schutzmauern erstrecken sich bis an den Strand hinunter. Sie umschließen den Hafen nahezu vollständig. In venezianischer Zeit wurde die Stadt Lepanto genannt. Sie war 1571 Schauplatz der berühmten Seeschlacht von Lepanto *(siehe S. 42)*, in der Venezianer, Spanier und Genueser gemeinsam die osmanische Flotte besiegten.

Bei **Antírrio** reicht die Küste nahe an den Peloponnes heran. Eine Hängebrücke und Autofähren sorgen für den Transport über den als »kleine Dardanellen« bekannten schmalen Wasserstreifen nach Río. Die franko-venezianisch-türkische Festung Kástro Roúmelis nahe dem Hafen lohnt die Besichtigung. Am gegenüberliegenden Ufer steht eine weitere Burg.

Schifffahrtsmuseum
Mouseíou 4, Galaxídi. 22650 41558. Juni–Sep: tägl. 10–13.30, 15.30–20.30 Uhr; Okt–Mai: tägl. 10–16.15 Uhr. Feiertage.

㉑ Mesolóngi
Μεσολόγγι

Stereá Elláda. **Straßenkarte** B3.
34 000. Di, Sa.

Mesolóngi (»in den Lagunen«) liegt für den Fischfang geradezu ideal. Der traditionsreiche und früher überaus ertragreiche Erwerbszweig ist seit einiger Zeit jedoch im Niedergang begriffen (lediglich Aal und Dorschrogen spielen noch eine Rolle).

Die Stadt war im Freiheitskampf ein bedeutendes Zentrum des Widerstands *(siehe S. 44f)*. Aléxandros Mavrokordátos, ein Anführer der Aufständischen, wählte sie 1821 als Hauptquartier und Sammelpunkt der griechischen Partisanen. Im Januar 1824 schloss sich Lord Byron *(siehe S. 153)* den Kämpfern an, starb im folgenden April aber am Fieber. Er wird im Garten der Helden mit einer Statue geehrt. Das nahe Tor gedenkt der Belagerung durch die Türken im Jahr 1826. Nach zwölf Monaten durchbrachen 9000 Griechen die Blockade, die meisten von ihnen starben dabei.

Statue von Lord Byron, Mesolóngi

Vögel der Salzpfannen
Die Salzgewinnung war für die Konservierung von Lebensmitteln im Mittelmeerraum schon immer wichtig. In Griechenland konzentriert sich die Produktion auf die Region um Mesolóngi und den Golf von Árta. Dabei wird Meerwasser in große Verdunstungsbecken geleitet, die zahllose Vögel anziehen. Garnelen fühlen sich in dem salzigen Wasser besonders wohl. Sie bieten vielen Vogelarten reichlich Nahrung. Zwei der auffälligsten Wasservögel, die hier zu finden sind, sind Silberreiher und Säbelschnäbler. Häufig sieht man auch die rotbeinigen Stelzenläufer.

Säbelschnäbler

Silberreiher

Der befestigte Hafen von Náfpaktos am Golf von Korinth

⓳ Antikes Delphi
Δελφοί

Nach der griechischen Mythologie ließ Zeus an den beiden entgegengesetzten Enden der Erde zwei Adler frei. Ihre Flugbahnen kreuzten sich am Himmel über Delphi, dem »Mittelpunkt der Welt«. In dem als Heimstatt des Apollon bekannten Orakel suchten ab dem 8. Jahrhundert v. Chr. Menschen aus allen Teilen der antiken Welt Rat in politischen und alltäglichen Fragen. Mit dem politischen Aufstieg Delphis im 6. Jahrhundert und der Einführung der Pythischen Spiele *(siehe S. 234)* begann das Goldene Zeitalter der Stätte, das bis zur Ankunft der Römer 191 v. Chr. andauerte. Im Zuge der Christianisierung im Byzantinischen Reich wurde das Heiligtum 391 n. Chr. geschlossen.

Zur Orientierung

Orakel von Delphi
Das Orakel sagte einmal pro Monat (ursprünglich nur einmal pro Jahr) die Zukunft voraus: Apollon sprach durch seine Priesterin Pythia. Fragesteller mussten eine Gebühr *(pelanos)* entrichten und auf dem Altar ein Tier opfern. Ein Priester gab die Fragen an Pythia weiter. Sie antwortete in Trance. Dieser Zustand wurde eventuell durch Dämpfe herbeigeführt, die aus dem Erdspalt aufstiegen, über dem Pythia auf einem Dreifuß saß. Deren oft mehrdeutige Sprüche wurden von den Priestern interpretiert. Der lydische König Krösus (reg. 560–46 v. Chr.) fragte einst, ob er gegen den Perserkönig Kyros Krieg führen sollte. Er erhielt als Antwort, dass er beim Überqueren eines Flusses ein großes Reich zerstören würde. Beim Aufmarsch gegen Kyros setzten seine Truppen über den Halys. Krösus verlor: Das zerstörte Reich war sein eigenes.

Der Haupteingang war einst eine Agora (Marktplatz), auf der religiöse Artikel feilgeboten wurden.

Apollon-Heiligtum
Der »Heilige Bezirk« ist Zentrum der Anlage von Delphi, die auch ein Stadion und die Heilige Quelle beinhaltet (siehe S. 234f). Der Zugang erfolgt über eine Agora, von der aus sich die Heilige Straße durch die Ruinen der Denkmäler und Schatzhäuser windet.

◀ Ruinen der antiken Stadt Delphi

★ **Heilige Straße**
Die Straße zum Apollon-Tempel war von 3000 Statuen sowie den Schatzhäusern mit den Weihegeschenken der Stadtstaaten gesäumt.

ANTIKES DELPHI | 233

★ Apollon-Tempel
An dieser Stelle stand ab dem 7. Jahrhundert v. Chr. ein Tempel. Die heutigen Ruinen stammen jedoch aus dem 4. Jahrhundert v. Chr. Nach der Freilegung der Fundamente 1892 durch französische Archäologen wurden Teile der Anlage rekonstruiert.

Infobox

Information
Parnass, Stereá Elláda. **Straßenkarte C3.** 22650 82312.
Stätte und Museum tägl. 8–20 Uhr (Nov–März: bis 15 Uhr). Feiertage.
odysseus.culture.gr

Anfahrt

Stadion *(siehe S. 234)*

Außerdem

① **Schatzhaus von Sífnos**

② **Am Fels der Sibylle** verkündete der Sage nach die erste Prophetin von Delphi ihre Weissagung.

③ **Das Schatzhaus der Athener** entstand nach der Schlacht von Marathón *(siehe S. 149)*.

④ **Bouleuterion (Versammlungssaal)**

⑤ **Das Theater** wurde vor 2500 Jahren erbaut. Es bietet 5000 Zuschauern Platz und wetteifert mit Epídauros *(siehe S. 188f)* um den Rang des schönsten Theaters Griechenlands.

⑥ **Die Säule** trug einst eine Statue des Pruslas, König von Bithynien.

HEILIGE STRASSE

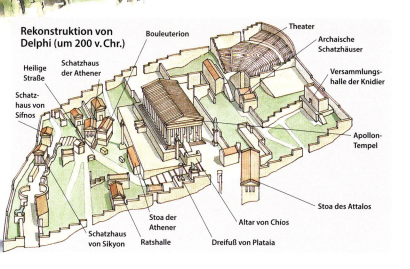

Rekonstruktion von Delphi (um 200 v. Chr.) — Heilige Straße, Schatzhaus der Athener, Bouleuterion, Theater, Archaische Schatzhäuser, Versammlungshalle der Knidier, Apollon-Tempel, Stoa des Attalos, Altar von Chíos, Dreifuß von Plataia, Ratshalle, Stoa der Athener, Schatzhaus von Sikyon, Schatzhaus von Sífnos

Überblick: Antikes Delphi

Die Ausgrabungen in Delphi begannen im Jahr 1892 unter Leitung französischer Archäologen. Die Stätte ist vor allem wegen des Apollon-Heiligtums berühmt. Sie beinhaltet jedoch außerdem einen Athene-Tempel und den als *thólos* bezeichneten Rundbau. Beide befinden sich in einem zweiten Bereich etwas weiter südlich. Im Stadion, das nördlich des Theaters liegt, fanden die Pythischen Spiele statt – nach den Spielen von Olympia *(siehe S. 177)* die bedeutendsten sportlichen Wettkämpfe des antiken Griechenland. Sie boten die Möglichkeit, das Zusammengehörigkeitsgefühl der ansonsten häufig zerstrittenen griechischen Stadtstaaten zu stärken.

Blick vom Torbogen des Eingangs auf das Stadion

Marmariá-Bezirk

Im Südosten des Apollon-Tempels führt ein Weg zum Marmariá-Bezirk mit dem Heiligtum der Athena Pronaia. Am Eingang liegen die Ruinen eines der Göttin Athene geweihten Tempels aus dem 6. Jahrhundert v. Chr.), auf der gegenüberliegenden Seite die Reste eines jüngeren dorischen Tempels (4. Jh. v. Chr.). Zwischen beiden Tempeln befindet sich die bemerkenswerte, häufig fotografierte *thólos*. Der Verwendungszweck des Gebäudes ist bis heute unbekannt. Das kreisrunde Bauwerk aus dem 4. Jahrhundert v. Chr. war ursprünglich von 20 Säulen umgeben, von denen im Jahr 1938 drei wieder aufgebaut wurden, um einen Eindruck von der ursprünglichen Pracht und Schönheit des Rundbaus zu vermitteln.

Stadion

Das Stadion ist eines der besterhaltenen aus dem antiken Griechenland. Die 180 Meter lange, zum Teil aus dem darüberliegenden Fels geschlagene Anlage bot 7000 Zuschauern Platz, die alle vier Jahre hierherkamen, um die Pythischen Spiele zu sehen. Die Wettbewerbe waren aus einem Musenfest zur Erinnerung an die Vernichtung des Python, eines mythischen Drachen, durch Apollon hervorgegangen. Das Fest war in dem Theater alle acht Jahre abgehalten worden. Musik und Poesie standen auch später noch im Mittelpunkt. Ab 582 v. Chr. wurden sie durch sportliche Wettkämpfe ergänzt, die Feierlichkeiten wurden als die Pythischen Spiele bekannt. Die Trophäen waren nicht materieller Art – Wettkampfsieger erhielten den traditionellen Lorbeerkranz und das Recht, sich durch ein Standbild im Heiligtum zu verewigen.

Das aus Steinen vom Parnass erbaute Stadion ist gut erhalten. Die nördlichen hinteren Reihen der Anlage, die für die Leiter der Spiele und für Ehrengäste reserviert waren, haben nahezu vollständig überdauert.

Kastalische Quelle

Vermutlich musste sich jeder, der den Heiligen Bezirk betreten wollte, einschließlich der Athleten, vorher im klaren, eisigen Wasser der heiligen Kastalischen Quelle einer rituellen

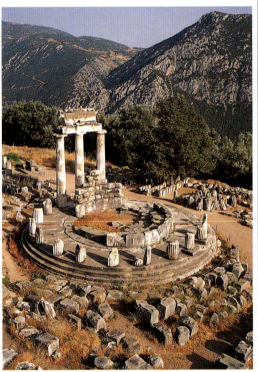

Die *thólos* neben dem Heiligtum der Athena Pronaia, Marmariá-Bezirk

Reinigung unterziehen. Dabei mussten auch die Haare gewaschen werden. Auch Pythia *(siehe S. 232)* reinigte sich in der Quelle, bevor sie ihre Weissagungen verkündete. Die Reste des Brunnens stammen aus späthellenistischer oder römischer Zeit. In den Nischen des Felsens, der die Quelle umgibt, standen einst Votivgaben für die Quellnymphe Kastalia.

Es heißt, der englische Dichter der Romantik Lord Byron *(siehe S. 153)* sei einmal in die Quelle eingetaucht, weil er glaubte, ihr Wasser würde ihn zu neuen Werken inspirieren.

Nischen bei der Kastalischen Quelle

Gymnasion

Das Wasser der Kastallschen Quelle floss zum Gymnasion hinab. Es speiste das Schwimmbad, in dem die Athleten für die Pythischen Spiele trainierten. Im 2. Jh. n. Chr. richteten die Römer im Gymnasion heiße Bäder ein. Die ursprüngliche Kaltwasseranlage ist im Hof zu sehen. Sie hatte einen Durchmesser von neun Metern. Östlich liegt die Palaestra, der Trainingsbereich mit Umkleiden und Quartieren. Neben einer Außenbahn gab es eine 180 Meter lange überdachte Bahn für Laufübungen bei schlechtem Wetter. Das Gymnasion diente auch geistigen Übungen: Die Dichter und Philosophen Delphis lehrten hier. Die Knaben wurden hier in der Regel ab einem Alter von sieben Jahren unterrichtet, anfangs von Schreib- und Turnlehrern, später auch von Philosophen.

Archäologisches Museum

Das Museum von Delphi beherbergt eine große Sammlung von Skulpturen und architektonischen Fragmenten, die an Bedeutung nur jenen der Athener Akropolis *(siehe S. 98–105)* nachstehen.

In einem der 13 Säle des Museums befindet sich ein Modell des Apollon-Heiligtums, das die Anlage originalgetreu mit weißem Kalkstein, blauem Marmor, Gold und Terrakotta darstellt.

Die Votivbauten oder Schatzhäuser, die die Heilige Straße *(siehe S. 232)* säumten, enthielten Dankesgaben in Form von Geld oder Kunstwerken von Städten, die eine vorteilhafte Weissagung von dem Orakel erhalten hatten. Das Schatzhaus von Theben wurde z. B. nach dem thebanischen Sieg in der Schlacht von Leuktra im Jahr 371 v. Chr. errichtet. In zwei Sälen des Museums sind Gaben aus den Schatzhäusern von Sífnos und Athen ausgestellt. Den großen Reichtum der Sifnier verdeutlicht der herrliche Fries, den eindrucksvolle Szenen aus dem Kampf griechischer Götter gegen die Riesen schmücken. Die 2,3 Meter hohe Sphinx von Naxos wurde 560 v. Chr.

Der bronzene Wagenlenker

von den wohlhabenden Bürgern der Stadt gespendet. Sie krönte ursprünglich eine zehn Meter hohe Säule.

Das berühmteste Exponat des Museums ist der *Wagenlenker*. Die lebensgroße Bronzestatue gab der Tyrann Gelon von Syrakus zur Erinnerung an seinen Sieg bei dem Wagenrennen der Pythischen Spiele von 478 v. Chr. in Auftrag. Ein weiteres bemerkenswertes Ausstellungsstück ist das *Standbild der drei tanzenden Koren*. Die Figuren sind um eine Säule gruppiert, die möglicherweise einst einen Dreifuß trug, der dem Sitz der Pythia glich. Nach gängigen Theorien zeigt das Standbild Mädchen, die das Fest des Gottes Dionysos *(siehe S. 56)* feiern, der ebenfalls in dem Heiligtum präsent war. Dionysos wurde in den Wintermonaten gehuldigt, wenn Apollon ausruhte oder an anderen Orten war. Eine Besichtigung des Omphalos sollte man nicht versäumen: Der »Nabelstein« soll die Stelle markieren, über der sich die beiden Adler des Zeus in der Luft trafen und Delphi zum Mittelpunkt der Erde machten *(siehe S. 232)*.

Fries vom Schatzhaus von Sífnos im Archäologischen Museum

Nordgriechenland

Makedonien · Thrakien

Makedonien ist Griechenlands größte Provinz, Thessaloníki die zweitwichtigste Stadt des Landes. Die Region war Heimat Alexanders des Großen und Zentrum des hellenistischen Reichs. Thrakien wurde stark von der türkischen Kultur beeinflusst. Es ist mit Gebirgen und Flüssen wie Makedonien ein Gebiet von weitgehend unentdeckter Schönheit.

Die Bezeichnung »Makedonien« geht auf den Stamm der Makednoi zurück, der die Region Ende des 4. Jahrhunderts v. Chr. besiedelte. Viele historische Stätten zeigen das Erbe des Makedonischen Reichs, etwa Vergína, wo sich das Grab Philipps II. befindet, Pella, der Geburtsort Alexanders des Großen, oder Díon am Fuß des Olymp. Unter dem römischen Kaiser Galerius (3. Jh. v. Chr.) entstanden beeindruckende Bauwerke wie der Triumphbogen in Thessaloníki. Aus byzantinischer Zeit stammen viele Kirchen.

Mit dem Nachbarn Mazedonien besteht seit 1991, dem Jahr der Unabhängigkeit des kleinen Nachbarstaates, ein Streit um die Nutzung des Namens »Mazedonien«, den beiden Staaten für sich beanspruchen.

Der Einfluss des Islam ist vor allem in Thrakien auf den orientalisch anmutenden Basaren lebendig. Das Klima in Nordgriechenland ist feuchter als in anderen Landesteilen, die Vegetation vielfältiger. An der Grenze zu Zentralgriechenland liegt der Olymp, der höchste Berg des Landes. Die Préspa-Seen im Nordwesten sind Teil eines Naturschutzgebiets. Zu den Erzeugnissen der Region zählen Tabak aus Thrakien und Wein aus Náousa und Dráma.

Im Westen der Halbinsel Chalkidikí erstrecken sich belebte Strände, im Osten befindet sich der heilige Berg Athos. Da die Jungfrau Maria der Überlieferung nach Athos besuchte, verbot der byzantinische Kaiser Monomáchos Frauen und Kindern, das Gelände jemals zu betreten.

Dorfbewohnerinnen in einer Taverne im Néstos-Tal

◀ Eines der Klöster direkt am Ufer, Berg Athos *(siehe S. 256 – 258)*

Überblick: Nordgriechenland

Nordgriechenland bietet viel Abwechslung. Ein Besuch der lebendigen Stadt Thessaloníki lässt sich gut mit einem Badeurlaub in Chalkidikí oder der Erkundung antiker Sehenswürdigkeiten in Makedonien verbinden. Naturliebhaber bevorzugen den Nationalpark um die Préspa-Seen an der Grenze zu Albanien, den Dadiá-Wald und das Evros-Delta im Osten, nahe der Türkei. Wanderer zieht es auf den Olymp. Es lohnt sich auch, die beiden relativ unbekannten Städte Kastoriá, Edessa und Kavála zu besuchen. Sie sind ideale Ausgangspunkte für Erkundungsreisen in das Landesinnere. Von Kavála aus bietet sich eine Fahrt in die faszinierende, wenig besuchte Region Thrakien an. Die interessantesten thrakischen Städte sind Xánthi, Komotiní und Alexandroúpoli, deren Architektur eine Kombination griechischer und türkischer Baustile kennzeichnet.

Typischer Stand auf dem Obst- und Gemüsemarkt in Xánthi

Einer der sehenswerten Préspa-Seen

Sehenswürdigkeiten auf einen Blick

1. Préspa-Seen
2. Kastoriá
3. Siátista
4. Olymp
5. Vergína
6. Véroia
7. Lefkádia
8. Edessa
9. Antikes Pella
10. *Thessaloníki S. 248–252*
11. Nördliches Chalkidikí
12. Kassándra
13. Sithonia
14. *Berg Athos S. 256–258*
15. Kavála
16. Néstos-Tal
17. Xánthi
18. Abdera
19. Komotiní
20. Antikes Maroneia
21. Alexandroúpoli
22. Dadiá-Wald

Weitere Zeichenerklärungen *siehe hintere Umschlagklappe*

In Nordgriechenland unterwegs

Der Flughafen von Thessaloníki bietet nationale und internationale Verbindungen. Kastoriá, Kozáni und Alexandroúpoli wickeln nur Inlandsflüge ab. Fähren verbinden Kavála mit der nördlichen Ägäis. Schnellzüge verkehren von Thessaloníki in Richtung Süden nach Athen, langsamere Züge in Richtung Osten nach Thrakien. Die A1 führt von Thessaloníki nach Athen, die A2 nach Thrakien. Busse verbinden alle Städte zwischen Kastoriá und Alexandroúpoli.

Zur Orientierung

Legende
- Autobahn
- Hauptstraße
- Nebenstraße
- Panoramastraße
- Eisenbahn (Hauptstrecke)
- Staatsgrenze
- Regionalgrenze

Der Hafen von Kavála im östlichen Makedonien

Paradiesische Landschaft an den Préspa-Seen

❶ Préspa-Seen
Εθνικός Δρυμός Πρεσπών

Makedonien. **Straßenkarte** B1.
🚌 bis Flórina. ℹ️ Agios Germanós (23850 51211).

Der Nationalpark um die Préspa-Seen ist der einzige Griechenlands, der überwiegend aus Wasserflächen besteht. Er zählt zu den schönsten und unberührtesten Landschaften des Festlands. Die Grenze zu Albanien verläuft durch den südwestlichen Teil des Megáli-Sees. Dieser schließt sich die Grenze zu Mazedonien an, das wegen des Namensstreits mit Griechenland auch Ehemalige Jugoslawische Republik Mazedonien genannt wird.

Der griechische Teil des Megáli-Sees bildet mit dem Mikrí-See und der umliegenden Landschaft den 255 Quadratkilometer großen, 1974 gegründeten Nationalpark. Das 49 Quadratkilometer umfassende Areal um den Mikrí-See ist aufgrund der reichen Fauna zu einem eigenständigen Schutzgebiet erklärt worden, dessen Grenze deutlich gekennzeichnet ist.

In dem Nationalpark gedeihen über 1300 Pflanzenarten, zu denen die endemische Flockenblume (Cantaurea prespana) mit gänseblümchenartigen Blüten zählt. Außerdem beherbergt das Gebiet mehr als 40 verschiedene Arten von Säugetieren, darunter Bären, Wölfe und Wildkatzen. Es ist einer der letzten europäischen Brutplätze der seltenen Krauskopfpelikane. Weltweit existieren nur noch rund 1000 Paare, 150 davon leben an den Préspa-

Feuchtbiotope

Im Gegensatz zu der trockenen, steinigen Landschaft, die einen Großteil Griechenlands charakterisiert, liegen im Norden einige Feuchtgebiete mit reicher Tier- und Pflanzenwelt. An den schilfbewachsenen Seeufern finden Vögel und Amphibien ideale Brutbedingungen. Im Wasser tummeln sich unzählige Fische und Wasserinsekten. In den Sumpfgebieten gibt es viele Singvögel. Künstlich angelegte Areale wie Salzbecken und Lagunen bieten Watvögeln Nistplätze.

Nahe dem Koroneiá-See liegen Dörfer mit Storchkolonien. Im Frühling tummeln sich Frösche und Wasserschildkröten in dem seichten Wasser am Rand des Sees.

Seeregenpfeifer nisten in den Randgebieten der Préspa-Seen.

An den Préspa-Seen leben die seltenen Krauskopfpelikane, die zum Brüten die Weite und Ruhe dieser Landschaft benötigen.

Das Axiós-Delta ist Heimat vieler Libellen. Am Rand blühen Frühlingsblumen und Bienen-Ragwurz.

Nattern sind in Nordgriechenland verbreitet, vor allem um den Koroneiá-See.

Hotels und Restaurants in Nordgriechenland *siehe Seiten 272f und 290f*

Seen. Auch Kormorane, Störche, Adler und Reiher sind in dem Gebiet beheimatet.

Das am Ufer des Megáli-Sees gelegene **Psarádes** ist eines der kleinen Dörfer, die um die Seen verstreut sind. In dem hübschen, traditionellen Fischerdorf bieten Einheimische Bootsfahrten auf den Seen an. Vom Wasser aus sind Einsiedeleien, an die Uferfelsen gemalte Ikonen und zwei Kirchen zu sehen: **Panagía i Eleoúsa** stammt aus dem 13., **Metamórfosi** aus dem 14. Jahrhundert. Im Norden des Dorfs **Mikrolímni** liegen ausgedehnte Feuchtwiesen, die viele Vogelarten bevölkern. Südwestlich von Mikrolímni führt ein Pfad zu der Forschungsstation Ellinikí Etaireía. Sie dient Wissenschaftlern als Basisstation für die Erkundung des Gebiets.

Im Sommer laden die feinen hellen Sandstrände, die sich am Megáli-See erstrecken, zum Sonnenbaden ein. In dem klaren, aber relativ kalten Wasser kann man auch baden.

Umgebung: Nordöstlich des Nationalparks liegt der Ort **Agios Germanós**. Er beherbergt neben einer byzantinischen Kirche (11. Jh.) und einer Vielzahl im traditionellen Stil der Region errichteter Häuser das **Préspa-Informationszentrum**. Die ganzjährige Ausstellung informiert über die ökologische Bedeutung des Préspa-Nationalparks. Führungen durch den Park müssen in dem Zentrum gebucht werden.

Etwas außerhalb von **Agios Germanós** führt eine Straße auf die Gipfel des Kaló Neró (2160 m) und des Mázi (2060 m). Dort eröffnet sich ein Ausblick auf die Seen.

Das Dorf Psarádes am Ufer des Megáli-Sees

Fresko in der Kirche Metamórfosi

Braune Sichler haben in Nordgriechenland eines ihrer letzten europäischen Rückzugsgebiete. Bei entsprechendem Licht sehen ihre Federn metallisch aus.

Im Evros-Delta, nahe der Türkei, sind viele interessante Regionen nur schwer zugänglich. Allerdings nisten zahlreiche Wasservögel, etwa Seidenreiher, in leicht einsehbaren Gebieten.

Purpurreiher brüten im Schilf des Evros Deltas.

Pórto Lágos' Lagunen, Teiche und Sümpfe sind ein Paradies für Rotgänse.

Xánthi
Kavála
Thrakien
Alexandroúpoli

Legende
- Préspa-Seen
- Axiós-Delta
- Koroneiá-See
- Néstos-Delta
- Pórto Lágos
- Evros-Delta
- Staatsgrenze

Das Néstos-Delta ist eines der artenreichsten Feuchtbiotope Griechenlands. Viele Vogelarten, vor allem Reiher, leben in riesigen Kolonien in den ausgedehnten Schilfbänken und Baumgruppen.

0 Kilometer 50

Kloster Símonos Pétras am Berg Athos *(siehe S. 257)* ▶

❷ Kastoriá
Καστοριά

Makedonien. **Straßenkarte** B2. 17 000. 10 km südlich von Kastoriá. Plateía Olympiakí Flóga (24670 29630).

Der Name der Stadt bedeutet »Ort der Biber«. Die Tiere lebten einst am Kastoriá-See (auch Orestiáda-See genannt), an dem die Stadt liegt. 1940 wurden die Überreste einer prähistorischen Siedlung entdeckt. Der damals Keletron genannte Ort wurde 200 v. Chr. von den Römern erobert. Die zahlreichen Biber zogen im 17. Jahrhundert Kürschner an. Bis zum 19. Jahrhundert waren die Biber ausgerottet, der Fellhandel dauerte jedoch an. Die Kürschner importierten Felle aus Restbeständen, etwa Nerze, und fertigten daraus begehrte Kleidungsstücke. Bis heute werden in Kastoriá Pelzmäntel hergestellt, die in den Läden vor Ort, in Thessaloníki und in Athen verkauft werden.

Einige Herrenhäuser aus dem 17. und 18. Jahrhundert im Südosten der Stadt bezeugen den Wohlstand, den Kastoriá durch den Fellhandel erwarb. Die eleganten Gebäude Skoutári und Nanzí sind drei Stockwerke hoch und besitzen Innenhöfe. Die Wände im Erdgeschoss sind aus Stein gebaut. Die Räume wurden als Lagerstätten genutzt. Die beiden oberen Etagen, die als Wohnräume dienten, sind aus Holz. Sie ragen auf die Straße hervor.

Das **Volkskundemuseum** der Stadt befindet sich in der Villa Aïvazí und lohnt einen Besuch. Das Herrenhaus aus dem 17. Jahrhundert wurde bis zum Jahr 1972 bewohnt. Die charakteristischen, kunstvollen Holzschnitzereien in dem Salon im Obergeschoss sowie die darunterliegenden Küchen und der Weinkeller wurden sorgfältig restauriert. Sie ver-

Das Skoutári-Haus (18. Jh.) in Kastoriá

mitteln einen lebendigen Eindruck von der Lebensweise der wohlhabenden Fellhändler der damaligen Zeit.

Kastoriá ist reich an byzantinischen Kirchen. Von den 54 verbliebenen Gotteshäusern stehen die meisten unter Denkmalschutz. Eine dieser Kirchen, die im Süden Richtung Mitropóleos gelegene **Panagía Koumbelídiki**, wurde nach dem außergewöhnlich hohen Turm benannt. Viele der Kirchen sind sehr klein, da sie als Privatkapellen errichtet wurden. Sie liegen versteckt im Straßenlabyrinth von Kastoriá. Manche sind für Besucher nicht zugänglich, viele der Ikonen sind jedoch in einer kleinen Ausstellung im **Byzantinischen Museum**, das mitunter auch Archäologisches Museum genannt wird, zu sehen. Unter den Exponaten befinden sich einige herausragende Werke.

Apsis und Kuppel der Panagía Koumbelídiki

🏛 **Volkskundemuseum**
Kapetán Lázou 12. 24670 28603. Di–Sa 10–17 Uhr, So 11–17 Uhr. Feiertage.

🏛 **Byzantinisches Museum**
Plateía Dexamenís. 24670 26781. wegen Renovierung; Details telefonisch erfragen. Feiertage.

❸ Siátista
Σιάτιστα

Makedonien. **Straßenkarte** B2. 5000. Plateía Tsistopoúlou (24650 21280).

Das Städtchen Siátista wurde um das Jahr 1430 nach der türkischen Eroberung Thessaloníkis gegründet. Wie Kastoriá erlebte die Stadt trotz des Fehlens einheimischen Materials eine Blütezeit durch den Pelzhandel. Weitere Einnahmequellen waren Wein- und Lederhandel. Von Bedeutung war Siátista auch als Etappenziel an der Route nach Wien.

Der zunehmende Reichtum im 18. Jahrhundert ließ auch in Siátista zahlreiche Herrenhäuser entstehen, die jenen in Kastoriá sehr ähnlich sind. Die Gestaltung der Häuser zeigt unverkennbar starke osmanische Einflüsse.

Nerantzopoúlou ist eines der Herrenhäuser, die der Öffentlichkeit zugänglich sind. In dem Haus sind die Schlüssel und Wegbeschreibungen zu den anderen Villen, etwa **Manoúsi**, **Kanatsoúli** und **Poulkídou**, erhältlich.

🏛 **Nerantzopoúlou**
Plateía Chorí. 24650 22254. Di–So. Feiertage.

Blick auf Siátista im Askion-Gebirge, Westmakedonien

Hotels und Restaurants in Nordgriechenland siehe Seiten 272f und 290f

Die beeindruckende Landschaft des Olympos-Nationalparks über dem Dorf Litóchoro

❹ Olymp
Όλυμπος

17 km westlich von Litóchoro, Makedonien. **Straßenkarte** C2. 🚌 Litóchoro. 🛈 Rathaus, Agiou Nikoláou 17, Litóchoro (23523 50100). 🌐 olympusfd.gr

Die Bezeichnung »Olymp« bezieht sich auf die gesamte, 20 Kilometer lange Gebirgskette, die den Olympos-Nationalpark bildet. Der Mýtikas ist mit 2917 Metern die höchste Erhebung in der Region.

In dem Nationalpark wachsen rund 1700 Pflanzenarten. Zu den zahlreichen Tierarten gehören Gämsen und Wildschweine.

Ausgangspunkt für Wanderungen ist das lebendige Dorf **Litóchoro**, das mehrere Hotels und Tavernen bietet. In der Ortschaft sind Wanderkarten erhältlich. Ein beschilderter Pfad führt von Litóchoro zum Nationalpark hinauf. Nach einer anspruchsvollen Tour von mindestens sechs Stunden erreicht man den Gipfel des Mýtikas. Es ist ratsam, die Nacht in einer der beiden Berghütten zu verbringen, statt den Auf- und Abstieg innerhalb eines Tages zu unternehmen.

Umgebung: Zehn Kilometer nördlich von Litóchoro liegt der Ort Díon, dessen Name sich von *Dios*, also Zeus, ableitet. In dem Museum sind einige Ausgrabungsfunde aus dem **Antiken Díon** zu sehen, das östlich des heutigen Orts zwischen der Küste und den Gipfeln des Olymp liegt. Den Makedoniern galt Díon als heilige Stadt. 400 v. Chr. lebten dort ungefähr 15 000 Menschen. Die umliegenden Ebenen wurden von Philipp II. von Makedonien als Sammelpunkte seiner Truppen genutzt *(siehe S. 35)*. Díon war Militärlager. Dennoch barg der Ort einen Zeus-Tempel, ein Theater und ein Stadion. Um 200 v. Chr. erweiterten die Römer die Siedlung. Die Ruinen enthalten wertvolle Mosaiken und römische Bäder. Zudem sind Reste

Römisches Mosaik aus dem antiken Díon

eines antiken Theaters, eines Tempels der von den Römern verehrten ägyptischen Göttin Isis und eines weiteren Zeus-Tempels erhalten.

Es empfiehlt sich, vor der Besichtigung der Anlage im **Díon-Museum** den überaus informativen Film über die Ausgrabungsarbeiten anzusehen. Das Museum stellt u. a. Spielzeug, Küchenutensilien und Schmuck aus dem Tempel der Isis aus. Die Exponate vermitteln ein lebendiges Bild der antiken Stadt.

🏛 Antikes Díon
Östlich von Díon. 📞 23510 53484. 🕐 Apr–Okt: tägl. 8–20 Uhr; Nov–März: tägl. 8–15 Uhr. ⬤ Feiertage. 🌐 ancientdion.org

🏛 Díon-Museum
Díon. 📞 23510 53206. 🕐 Apr–Okt: tägl. 8–20 Uhr; Nov–März: tägl. 8–15 Uhr. ⬤ Feiertage. 🌐 macedonian-heritage.gr

Das Reich des Zeus

Zeus, der mächtigste aller griechischen Götter, lebte mit den anderen Unsterblichen auf dem Olymp. Er war verantwortlich für das Schicksal der Menschen. Zudem war er der Gott des Wetters und des Donners. Viele Mythen berichten von Zeus' Liebschaften, aus denen zahlreiche Kinder hervorgingen. Einige Nachkommen waren Götter, andere Helden *(siehe S. 56f)*. Zeus wurde in Olympia und in Dodóna, der ältesten Orakelstätte Griechenlands, verehrt.

❺ Vergína
Βεργίνα

12 km südöstlich von Véroia, Makedonien. **Straßenkarte** C2. **Museum** ☎ 23310 92347. ◐ Mai–Okt: tägl. 8–20 Uhr (Mo ab 12 Uhr); Nov–Apr: Di–So 9–17. (inkl. Königsgräber).

Unweit von Vergína entdeckte der Archäologe Manólis Andrónikos 1977 den Eingang zu einer Grabstätte. Wegen der verletzten Augenhöhle wurde das Skelett in dem Grab als das Philipps II. von Makedonien identifiziert: Der König hatte sich eine entsprechende Verletzung in der Schlacht bei Methóni zugezogen. Die Gebeine lagen in einem prunkvollen, mit dem Symbol der makedonischen Sonne verzierten Goldschrein. Das Fundstück wies die Stätte als das antike Aigai, die erste Hauptstadt Makedoniens, aus. Die Anlage wurde in ein Museum verwandelt. Es zeigt Beigaben, die in dem Grab Philipps II. und in weiteren **Grabkammern** entdeckt wurden. Die Funde zählen zu den bedeutendsten seit der Entdeckung Mykenes *(siehe S. 182–184)*. Entlang der Straße zu den Königsgräbern befinden sich weitere, als **Makedonische Grabstätten** bekannte Fundorte.

Männerkopf aus Terrakotta, Archäologisches Museum, Véroia

Der **Palast von Palatítsa** liegt jenseits der Stätte auf einem Hügel, der vermutlich ab 1000 v. Chr. besiedelt war. Das Bauwerk selbst geht auf das 3. Jahrhundert v. Chr. zurück. Von dem 100 Meter unterhalb des Palasts gelegenen Theater haben einige niedrige Fundamente überdauert. Das Theater wird als Schauplatz der Ermordung von Philipp II. angesehen.

🏛 **Königsgräber, Makedonische Gräber, Palast von Palatítsa**
☎ 23310 92394. ◐ Apr–Okt: Mo 13.30–19.30 Uhr, Di–So 8–19.30 Uhr; Nov–März: Di–So 8.30–15 Uhr. ● Feiertage.
🌐 odysseus.culture.gr

Makedoniens Königsfamilie

In den goldenen Schrein Philipps II. ist das Symbol der Königsfamilie, die makedonische Sonne, die fälschlicherweise auch als makedonischer Stern bezeichnet wird, eingraviert. In der Region ist die Sonne heute auf Flaggen zu sehen. Die lange Linie der makedonischen Könige lässt sich bis zu Perdikkas I. (640 v. Chr.) zurückverfolgen. Philipp II. vereinte die griechische Staatenwelt im Korinthischen Bund. Alexander der Große, der 20 Jahre alt war, als sein Vater 336 v. Chr. in Aigai ermordet wurde, wählte die Sonne als Symbol seines Imperiums *(siehe S. 36f)*. Er hatte von Philipp II. nicht nur das große Reich geerbt, sondern auch den Ehrgeiz, Persien zu erobern. Im Jahr 334 v. Chr. überquerte Alexander der Große mit 40 000 Mann die Dardanellen und besiegte die Perser in drei Schlachten. Alexander starb im Alter von 33 Jahren. Kurz nach seinem Tod zerfiel das Makedonische Reich.

Schrein mit makedonischer Sonne

Hotels und Restaurants in Nordgriechenland siehe Seiten 272f und 290f

❻ Véroia
Βέροια

Makedonien. **Straßenkarte** C2.
👥 66 000. 🚌 🚐 Di.

Die größte Stadt in der Region ist vor allem für den Anbau von Pfirsichen und die rund 50 »scheunenartigen« Kirchen bekannt. Viele sind mit Fresken verziert, die älteste stammt aus dem 14. Jahrhundert.

Das **Byzantinische Museum** von Véroia ist in einer umgestalteten Mühle untergebracht. Auf den Basaren der Stadt herrscht an Markttagen reges Treiben. Machen Sie auch einen Bummel durch das jüdische Viertel.

🏛 **Byzantinisches Museum**
Thomaidoú 1. ☎ 23310 25847. ◐ Di–So 8–16 Uhr. ● Feiertage.

Der Park Agios Nikólaos in Náousa, nahe Lefkádia

❼ Lefkádia
Λευκάδια

Makedonien. **Straßenkarte** C2. ☎ 23320 41121. 🚌 ◐ Di–Fr 8.30–15, Sa, So 10–18 Uhr. ● Feiertage.

Die vier makedonischen Gräber von Lefkádia befinden sich außerhalb des Orts. Das **Grab der Richter** ist mit einer Fläche von neun Quadratmetern das größte in Makedonien. Die bemalte Fassade zeigt Aiakos und Rhadamanthys, die Richter des Hades. Die Grabstätte wurde restauriert. Dahinter liegt das **Anthemíon-Grab**, das wegen des Blumenmusters an der Decke auch Blumengrab genannt wird. Der Schlüssel

Mosaik von der Löwenjagd im »Haus der Löwenjagd« im Antiken Pella

zum **Grab von Lyson und Kallikles** ist gelegentlich von dem Verwalter der Anlage zu bekommen. In das Grab gelangt man durch ein Gitter in der Decke. Das vierte Grab, das **Grab des Kinch**, ist nach seinem Entdecker benannt. Es ist für Besucher nicht zugänglich.

Umgebung: Die kleine Stadt **Náousa** ist für den Park Agios Nikólaos und seine Karnevalsfeiern bekannt. Sie ist Heimat der Winzerfamilie Boutári. Náousa liegt am Fuß von Hügeln oberhalb einer Ebene, die sich im Osten bis nach Thessaloníki erstreckt. In den Tavernen an den Flussufern kann man den guten Wein der Region und frische Forellen genießen. Etwa drei Kilometer außerhalb der Stadt befinden sich die Höhlen der Schule des Aristoteles (4. Jh. v. Chr.).

❽ Edessa
Έδεσσα

Makedonien. **Straßenkarte** C1. 28 000. Parko Katarrákton (23810 20300). Mo–Fr 10–16, Sa, So 10–18 Uhr. Do.

Edessa, die Hauptstadt der Region Pella, ist wegen der Wasserfälle ein beliebtes Reiseziel. Der **Káranos-Wasserfall** ist mit 24 Metern der höchste. In den umliegenden Gärten und Parks laden gemütliche Cafés und Restaurants zum Entspannen ein. In der Altstadt befindet sich ein **Volkskundemuseum** (tägl. 10–22 Uhr).

❾ Antikes Pella
Πέλλα

38 km nordwestl. von Thessaloníki, Makedonien. **Straßenkarte** C1. 23820 32963. **Stätte** Apr–Okt: tägl. 8–20 Uhr (Mo ab 12 Uhr); Nov–März: Di–So 8–15 Uhr. **Museum** 23820 31160. wie Stätte. Feiertage.

Die Anlage war einst die florierende Hauptstadt von Makedonien. König Archelaos verlegte 410 v. Chr. den Königshof von Aigai nach Pella. Alexander der Große wurde 356 v. Chr. in Pella geboren. Er soll später von dem Philosophen Aristoteles unterrichtet worden sein. Ein Schaubild, auf dem die Hauptstraße und die Läden eingezeichnet sind, vermittelt eine Vorstellung von dem einstigen Erscheinungsbild der Stadt. Archäologen nehmen an, dass sich der Palast im Norden der Stadt befand. An der Stelle finden noch Ausgrabungen statt.

An der Stätte und in dem Museum befinden sich einige der schönsten Mosaiken des Landes. Die ungeschliffenen Steine wurden sehr sorgfältig ausgewählt – hinsichtlich der Größe und der zarten, warmen Farben. Die um 300 v. Chr. entstandenen Arbeiten stellen wunderbar lebendige Jagdszenen dar. Eines der bekanntesten Mosaiken zeigt Dionysos auf einem Panther. Es ist heute im »Haus der Löwenjagd« untergebracht. Das Gebäude aus dem späten 4. Jahrhundert v. Chr. besaß zwölf Räume, die sich um drei Innenhöfe gruppierten. Das Bauwerk war 90 Meter lang und 50 Meter breit.

Káranos-Wasserfall bei Edessa

Thessaloníki
Θεσσαλονίκη

Thessaloníki wurde 315 v. Chr. von König Kassandros gegründet. Es ist die zweitgrößte Stadt Griechenlands. Die Römer ernannten sie 146 v. Chr. zur Hauptstadt der Provinz Macedonia Prima. 313 n. Chr. wurde sie Teil des Oströmischen Reiches. 1430 eroberten die Türken die Stadt und hielten sie bis 1912 besetzt. Die heutige Großstadt bietet ein ansehnliches Kulturangebot und prächtige Kirchen *(siehe S. 252)* wie die Agía Sofía und die größte Kirche Griechenlands, Agios Dimítrios. Die byzantinischen Kirchen sind UNESCO-Welterbe.

Cafés und Brunnen im Park nahe der Plateía Chánth

Überblick: Thessaloníki

Thessaloníki besitzt einen wichtigen Hafen, der entscheidend zu dem regen Treiben und dem Wohlstand der Stadt beiträgt. Das Hafenviertel verfügt über eine schöne Uferpromenade, die *paralía*, und einen

Möbelladen in einer Seitenstraße

hübschen Park. In den vergangenen Jahren entstanden viele Ausstellungshallen, die Thessaloníki zu einem bedeutenden Messezentrum machten. Neben den byzantinischen Kirchen *(siehe S. 252)* erwarten Besucher interessante Museen, darunter das Archäologische Museum *(siehe S. 250f)*.

Im August 1917 zerstörte ein Brand fast die Hälfte aller Gebäude innerhalb der mittelalterlichen Stadtmauern, einschließlich des jüdischen Viertels. Teile des türkischen Basars blieben erhalten und wurden restauriert. Zu den instand gesetzten Gebäuden zählt die **Bezesténi**, eine Halle mit vielen Läden. In der nach dem ehemaligen jüdischen Besitzer benannten **Modiáno-Halle** sind Lebensmittel erhältlich. Westlich der Halle befinden sich einige der besten *ouzerí* der Stadt, an der **Plateía Aristotélous** edle Cafés.

Galeriusbogen
Egnatia.

Das herausragendste Bauwerk aus römischer Zeit ist der Galeriusbogen am östlichen Ende der ebenfalls römischen Hauptstraße Via Egnatia (Egnatía Odós), die Byzanz mit Rom verband. Der Triumphbogen wurde 299 n. Chr. von Kaiser Galerius (ca. 250–311) in Erinnerung an den Sieg über die Perser im Jahr 298 n. Chr. erbaut. Die Reliefs zeigen Szenen der Schlacht gegen die Perser. Der Galeriusbogen war einst ein Doppelbogen, in dessen Nähe ein Palast stand. Relikte können an der Plateía Navarínou besichtigt werden.

Relief am Galeriusbogen

Weißer Turm und Paralía
An der Promenade. 2310 267832. Di–So 8.30–15 Uhr.

Der Weiße Turm an der Hafenpromenade ist eine der bekanntesten Sehenswürdigkeiten Thessalonikis. Er war einst Teil der acht Kilometer langen, von den Türken im Jahr 1430 erbauten Stadtmauer *(siehe S. 41)*. Heute dient der Turm als Außenstelle des Museums Byzantinischer Kultur *(siehe unten)*. Eine steinerne Wendeltreppe windet sich zum Dach in 29 Metern Höhe (bei einem Durchmesser von zwölf Metern) hinauf, das einen schönen Blick auf die *paralía* eröffnet.

Rotónda
Filippou. tägl. 8–19 Uhr (Winter: bis 15 Uhr).

Das nördlich des Galeriusbogens gelegene, beeindruckende Gebäude war entweder ein Zeus-Tempel oder das Mausoleum von Kaiser Galerius, der 305–311 n. Chr. über den östlichen Teil des Römischen Reiches herrschte. Im 5. Jahrhundert n. Chr. wurde die Rotónda zu einer Kirche umgestaltet und den Erzengeln geweiht. Bemerkenswert sind die kunstvollen Fresken.

Museum Byzantinischer Kultur
Leofórou Stratoú 2. 2310 306400. tägl. 8–20 Uhr (Nov–März: 9–16 Uhr). Feiertage. mbp.gr

Das kleine, moderne Museum liegt hinter dem Archäologischen Museum *(siehe S. 250f)*. Es zeigt Mosaikböden aus dem 5. Jahrhundert sowie Ikonen und Gewänder.

THESSALONÍKI | 249

Der Weiße Turm am Hafen

Eindrucksvolle, lebendige Bilder stellen die Kriege und deren Auswirkungen auf die Menschen dar. Eines zeigt einen bewaffneten Türken, der ein Klassenzimmer stürmt, in dem der griechische Freiheitskämpfer Pávlos Melás Unterschlupf sucht. In dem Museum sind auch das Gewehr und der Dolch von Melás ausgestellt.

Infobox

Information
Makedonien. **Straßenkarte** C2.
326 000. Tsimiski 136 (23102 54834); Flughafen (23104 71170).
Kulturfestival (Okt).
thessaloniki.travel

Anfahrt
25 km südöstlich von Thessaloniki. bei Koundouriótou.
Monastiríou. 78 (städt. Bus zum Flughafen), Monastiríou (Regionalbus).

Museum des makedonischen Kampfes

Proxénou Koromilá 23. 2310 229778. Mo–Fr 9–14, Sa 10–14 Uhr. Feiertage. imma.edu.gr

Das Museum in einem Herrenhaus aus dem späten 19. Jahrhundert erläutert anhand von Fotografien, Zeitungsausschnitten, Waffen und persönlichen Gegenständen die Geschichte Makedoniens.

Volkskunde- und Ethnologisches Museum

Vasilíssis Olgas 68. 2310 830591. Fr–Di 9–15 Uhr, Mi 10–22 Uhr. lemmth.gr

Das in einem Herrenhaus aus dem 19. Jahrhundert untergebrachte Museum ist vom Archäologischen Museum aus in 20 Minuten zu Fuß zu erreichen. Neben den ausgestellten Trachten sind detailreiche Nachbildungen ländlicher Szenen zu sehen, die Menschen beim Brotbacken, Pflügen oder Getreidedreschen zeigen. Das raue Leben der Sarakatsanen wird detailreich dokumentiert. Ein Bereich widmet sich der alljährlichen Zeremonie der Feuergeher in dem 20 Kilometer entfernten Lagkadá, nordöstlich von Thessaloníki. Das Museum zeigt mehrere Wechselausstellungen pro Jahr. Die Fotoausstellung ist eine besondere Attraktion: Sie zeigt historische Bilder aus dem Alltagsleben des frühen 20. Jahrhunderts.

Zentrum von Thessaloníki

1. Archäologisches Museum
2. Plateia Aristotélous
3. Galeriusbogen
4. Weißer Turm und Paralia
5. Rotónda
6. Museum Byzantinischer Kultur
7. Museum des makedonischen Kampfes
8. Volkskunde- und Ethnologisches Museum

Zeichenerklärung siehe hintere Umschlagklappe

Thessaloníki: Archäologisches Museum
Αρχαιολογικό Μουσείο Θεσσαλονίκης

Das moderne Museum wurde 1963 eröffnet. Es beherbergt Schätze, die von Ausgrabungen in der Stadt und an zahlreichen historischen Orten Makedoniens stammen. Die chronologisch angeordneten Fundstücke dokumentieren die Geschichte der Region. Die inneren Räume, die um einen Hof liegen, beherbergen Goldarbeiten aus dem antiken Makedonien, darunter Funde von makedonischen Friedhöfen. Ein Anbau im Untergeschoss zeigt eine kleine Ausstellung über das prähistorische Thessaloníki.

Fayence-Vase
Die verzierte Vase aus einer Grabstätte (2. Jh. v. Chr.) bei Thessaloníki stammt aus dem ptolemäischen Ägypten. Sie ist in Griechenland einzigartig. Ein Teil des Flachreliefs zeigt die Göttin Artemis im Wald.

Garten

★ **Bodenmosaiken aus Thessaloníki**
Die detailreichen römischen Mosaiken zeigen mythologische Meeresthemen. Abgebildet sind eine Nereide (Nymphe) und ein Delfin.

Haupteingang

Kurzführer
Ein äußerer Ring von Sälen umgibt die inneren, die das »Gold von Makedonien« zeigen. In den äußeren Sälen sind Funde aus den ersten Jahrhunderten von Thessaloníki sowie dem Königreich Makedonien, im Anbau des Untergeschosses prähistorische Exponate sowie Wechselausstellungen zu sehen.

Innenhof mit römischem Bodenmosaik

Marmorsarkophag
Der römische Sarkophag aus dem 2. oder 3. Jahrhundert zeigt eine Szene aus einer Amazonenschlacht. Die legendären Kriegerinnen *(siehe S. 59)* waren ein bevorzugtes Objekt von Künstlern.

THESSALONÍKI: ARCHÄOLOGISCHES MUSEUM | 251

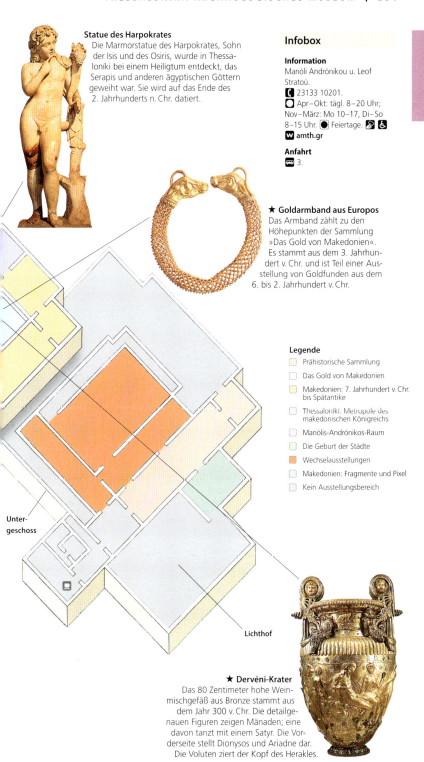

Statue des Harpokrates
Die Marmorstatue des Harpokrates, Sohn der Isis und des Osiris, wurde in Thessaloníki bei einem Heiligtum entdeckt, das Serapis und anderen ägyptischen Göttern geweiht war. Sie wird auf das Ende des 2. Jahrhunderts n. Chr. datiert.

Infobox

Information
Manóli Andrónikou u. Leof Stratoú.
📞 23133 10201.
🕐 Apr–Okt: tägl. 8–20 Uhr; Nov–März: Mo 10–17, Di–So 8–15 Uhr. ● Feiertage. 🎫 ♿
🌐 amth.gr

Anfahrt
🚌 3.

★ Goldarmband aus Europos
Das Armband zählt zu den Höhepunkten der Sammlung »Das Gold von Makedonien«. Es stammt aus dem 3. Jahrhundert v. Chr. und ist Teil einer Ausstellung von Goldfunden aus dem 6. bis 2. Jahrhundert v. Chr.

Legende
- ▢ Prähistorische Sammlung
- ▢ Das Gold von Makedonien
- ▢ Makedonien: 7. Jahrhundert v. Chr. bis Spätantike
- ▢ Thessaloníki. Metropole des makedonischen Königreichs
- ▢ Manólis-Andrónikos-Raum
- ▢ Die Geburt der Städte
- ▢ Wechselausstellungen
- ▢ Makedonien: Fragmente und Pixel
- ▢ Kein Ausstellungsbereich

Untergeschoss

Lichthof

★ Dervéni-Krater
Das 80 Zentimeter hohe Weinmischgefäß aus Bronze stammt aus dem Jahr 300 v. Chr. Die detailgenauen Figuren zeigen Mänaden; eine davon tanzt mit einem Satyr. Die Vorderseite stellt Dionysos und Ariadne dar. Die Voluten ziert der Kopf des Herakles.

Überblick: Thessaloníkis Kirchen

Thessaloníki besitzt eine einmalige Vielfalt byzantinischer Kirchen. Von den einst Hunderten von Basiliken aus dem 5. Jahrhundert sind nur die Agios Dimítrios und die Acheiropoiïtos, erhalten. Die Kirche Agía Sofía (8. Jh.) ist wegen der Mosaiken und des Einflusses auf die spätere Stilentwicklung ein bedeutendes byzantinisches Bauwerk. Drei weitere Kirchen aus dem 14. Jahrhundert – Agios Nikólaos Orfanós, Agioi Apóstoloi und Agía Aikateríni – vermitteln einen Einblick in eine Zeit architektonischer Innovationen.

Die Kirche Agía Sofía

Mosaik der Vision des Hesekiel in Osios Davíd

🏛 Agios Dimítrios
Agíou Dimitríou 97. ⏰ tägl. 8–22 Uhr. ♿ Krypta ⏰ Di–Do 8–15, Fr 8–13.30, 19–22, Sa, So 7.30–14.30 Uhr.

Agios Dimítrios, die größte Kirche Griechenlands, wurde nach dem Brand von 1917, der Gebäudeteile aus dem 7. und 13. Jahrhundert zerstörte, wiederaufgebaut. Ältester Teil, ursprünglich ein römisches Bad, ist die Krypta (3. Jh. n. Chr.). Der Legende nach wurde Dimítrios, der Schutzheilige Thessaloníkis, 305 n. Chr. in der Krypta eingesperrt, zu Tode gefoltert und begraben. Dimítrios war ein römischer Soldat, der sich zum Christentum bekannte. Die Ermordung durch Kaiser Galerius machte ihn zum Märtyrer. Die sechs Mosaiken (5.–7. Jh.) beim Altar und oben an der Westseite der Kirche zählen zu den herausragendsten des Landes. Sie zeigen Dimítrios mit Kindern und in Gesellschaft der Erbauer der Kirche.

🏛 Osios Davíd
Mýronos 1–3, Kástro. ⏰ Di–So.
In der Kapelle aus dem späten 5. Jahrhundert befindet sich hinter dem Altar ein Mosaik, das die *Vision des Hesekiel* darstellt. Es ist einzigartig, da es Christus ohne Bart zeigt. Da es lange Zeit hinter einer Gipsschicht verborgen war, ist das Mosaik in gutem Zustand. Es wurde erst 1921 entdeckt. Osios Davíd besitzt Fresken aus dem 12. Jahrhundert, darunter *Taufe Jesu* und *Geburt Jesu*. Die Kirche steht nur selten offen, doch ein Kirchendiener öffnet sie auf Anfrage.

🏛 Agía Sofía
Plateía Agías Sofías. ⏰ tägl. 8.30–14, 17.30–20 Uhr.

Die Kirche Agía Sofía aus dem 8. Jahrhundert ähnelt der gleichnamigen Moschee in Istanbul. 1585 wurde sie in eine Moschee umgewandelt, 1912 wieder zur Kirche geweiht. Sie beherbergt Mosaiken und Fresken aus dem 9. Jahrhundert. Die Darstellung *Christi Himmelfahrt* in der Kuppel besitzt einen Durchmesser von zehn Metern. Der Portikus am Eingang wurde 1941 bei einem Luftangriff der Italiener zerstört. Die imposante Erscheinung der Kirche wird durch den tiefer gelegten Garten verstärkt.

🏛 Agios Nikólaos Orfanós
Kástro. ⏰ Di–So 8–14.45 Uhr (Schlüssel gegenüber der Kirche beim Kirchendiener, Irodhotou 17, erhältlich). ♿

Die Kirche liegt in einem teilweise verwilderten Garten in den Gassen der Oberstadt (Áno Póli) von Thessaloníki. Das dreiteilige Bauwerk (14. Jh.) war eine Dependance des weiter den Berg hinauf gelegenen Klosters Moní Vlatádon. Unter den Kirchen der Stadt besitzt Agios Nikólaos Orfanós die meisten und besterhaltenen byzantinischen Fresken. Diese erstrecken sich über die Cella und beide Seitenschiffe. Die eindrucksvollen Fresken stellen seltene Szenen aus der Passion Christi dar, darunter die *Kreuzigung Christi* und *Pilatus als Richter*.

Agios Dimítrios, die größte Kirche Griechenlands

MAKEDONIEN | 253

Sandstrand bei Kallithéa auf Kassándra

⓫ Nördliches Chalkidikí
Bόρεια Χαλκιδική

Makedonien. **Straßenkarte** D2.
🚌 bis Polýgyros.

Im Norden Chalkidikís erstreckt sich eine friedvolle Hügellandschaft. Da Urlauber meist die Strände im Süden der Halbinsel aufsuchen, verzeichnet sie wenig Fremdenverkehr. Am Fuß des Katsíka, 55 Kilometer südöstlich von Thessaloníki, befinden sich die **Petrálona-Höhlen**. In den Höhlen aus rotem Stein fanden Dorfbewohner 1961, ein Jahr nach deren Entdeckung, einen Schädel, von dem angenommen wurde, er stamme von einer etwa 25 Jahre alten Frau. Später wurde das komplette Skelett entdeckt. Untersuchungen ergaben, dass es sich um die ältesten Knochenfunde (ca. 160 000 – 350 000 Jahre alt) Griechenlands handelte. Inmitten der Stalaktiten und Stalagmiten sind Figuren der einstigen Höhlenbewohner sowie weitere Funde aus der Höhle ausgestellt.

Im Nordosten der Region befindet sich das kleine Dorf **Stágeira**, der Geburtsort des Aristoteles (384 – 322 v. Chr.). Auf einem Hügel außerhalb des Orts, der fantastische Aussicht bietet, wurde zum Gedenken an den Philosophen eine große weiße Marmorstatue aufgestellt.

Statue des Aristoteles, Stágeira

🏛 Petrálona-Höhlen
Katsíka, 55 km südöstlich von Thessaloníki. ☎ 23730 73365. ⏰ Apr–Okt: Di–So 8–20 Uhr; Nov–März: Di–So 9–15 Uhr. ⬛ Feiertage.

⓬ Kassándra
Κασσάνδρα

Südliches Chalkidiki, Makedonien. **Straßenkarte** D2.
🚌 bis Kassándreia.

Nach dem Freiheitskampf von 1821 verblieben auf der Halbinsel Kassándra nur einige wenige Fischerdörfer. Ein Großteil der Bevölkerung war umgekommen oder geflohen. In den letzten 35 Jahren wurden in der Gegend zahlreiche Ferienorte errichtet.

Bei **Néa Poteídaia**, das einen schönen Sandstrand und einen Yachthafen besitzt, beginnt das eigentliche Kassándra. **Olynthos** in der Nähe lohnt ebenso einen Besuch wie das an der Westküste gelegene **Sáni** mit seinen hervorragenden Stränden. Bei **Possídi** an der Westküste gibt es ruhige Strände. Das Fischerdorf **Néa Fókaia** an der Ostküste hat traditionelles Flair bewahrt. **Kallithéa** ist der größte Ferienort auf der Halbinsel.

⓭ Sithonía
Σιθωνία

Südliches Chalkidiki, Makedonien. **Straßenkarte** D2. 🚌 bis Agios Nikólaos.

Die Halbinsel Sithonía, die bei **Metamórfosi** beginnt, ist etwas größer als Kassándra. Das Gebiet verfügt über weniger Ferienorte. Das Innere der Halbinsel ist bewaldet. **Vourvourоú** ist eines der ersten Dörfer an der Nordseite. Neben einigen entlang des Strands errichteten Villen verfügt der Ort über wenige, jedoch gute Hotels und Restaurants.

Im Süden der Halbinsel erstreckt sich bis zur Feriensiedlung **Sárti** ein langes, unerschlossenes Küstenstück, an dem viele einsame Strände liegen. An der Spitze Sithonías liegt **Kalamítsi**, das einen Sandstrand und einige Bars besitzt. Das reizende Fischerdorf **Pórto Koufó** befindet sich an einer Bucht inmitten bewaldeter Hügel. Der Ferienort **Pórto Karrás** an der Westküste mit drei Hotels, Yachthafen und Einkaufszentrum wurde von der Winzerfamilie Karrás erbaut. Dort werden neben Wassersportarten auch Reiten, Golf und Tennis angeboten.

Boote in Pórto Koufó auf Sithonía

⑭ Berg Athos
`Άγιον Όρος`

Die von den Griechen »Heiliger Berg« genannte Erhebung bildet mit 2030 Metern den höchsten Punkt der gleichnamigen östlichen Halbinsel Chalkidikís. Athos ist eine autonome Republik, die von ca. 1700 Mönchen in 20 Klöstern verwaltet wird. Nur erwachsenen, männlichen Besuchern ist es erlaubt, die Mönchsrepublik zu betreten, doch kann man die Klöster bei einer Bootsfahrt entlang der Küste sehen. Die byzantinischen Bauten gehören zum UNESCO-Welterbe.

Klöster von Athos
--- Fährroute

Die Westseite von Athos
Die Illustration zeigt den Blick auf die Westseite des Bergs Athos vom Wasser aus. Das nördlichste Kloster an dieser Küste ist Zográfou, das südlichste Agíou Pávlou. Die Klöster im Osten sind auf Seite 258 beschrieben.

Agíou Panteleímonos
Die imposanten Mauern des Klosters, das auch Rosikón genannt wird, umgeben mehrere farbenfrohe Kirchen mit Zwiebeltürmen, die den russisch-orthodoxen Einfluss in Athos belegen.

0 Kilometer 15

Ouranoúpoli

Besuch auf Athos
Pro Tag dürfen nur zehn nicht orthodoxe Männer Berg Athos besuchen. Vier Übernachtungen sind gestattet. Für die Besuchserlaubnis sind frühzeitig der Wunschtermin und eine Kopie des Passes an das Pilgerbüro in Thessaloníki zu zu mailen (23102 22424, alex@c-lab.gr). Nach Erhalt der Bestätigung darf man die gewünschten Klöster buchen. Am Besuchstag muss man sich um 8.30 Uhr im Pilgerbüro in Ouranoúpoli einfinden. Dort erhält man gegen Vorlage des Passes und der Bestätigung die *diamenterion* (offizielle Erlaubnis). Täglich um 9.45 Uhr fahren Boote zu den Klöstern. Weitere Informationen erteilt das Pilgerbüro, Egnatía 109, 54622 Thessaloníki (Tel. 23102 52578).

Refektorium von Vatopedíou

Docheiaríou
Das Kloster (10. Jh.) birgt einen Splitter vom Kreuz Christi und eine wundertätige Ikone der Jungfrau Maria.

◀ Küste bei Kavála *(siehe S. 259)*

BERG ATHOS | 257

Ouranoúpoli
Von der größten Stadt auf Athos starten Bootsfahrten um die Halbinsel.

Infobox

Information
Halbinsel Athos, Makedonien.
Straßenkarte D2.
Spende.

Anfahrt
Dáfni (Bootsfahrten ab Ouranoúpoli zur Westküste, ab Ierissós zur Ostküste).
bis Karyés.

Agíou Pávlou
In dem Kloster leben 90 Mönche aus Zákynthos und Kefalloniá. Die Klosterbibliothek besitzt rund 13 000 Bücher und Manuskripte.

Grigoríou
Das Kloster (14. Jh.) wurde nach der fast vollständigen Zerstörung durch einen Brand 1761 wiederaufgebaut. In dem Kloster leben 40 Mönche.

Außerdem

① **Zográfou** wurde 971 v. Chr. gegründet. Die heutigen Bauten stammen aus dem 18. und 19. Jahrhundert.

② **Kastamonítou** wurde im 11. Jahrhundert von einem Einsiedler aus Kleinasien gegründet.

③ **Xenofóntos** wurde Ende des 10. Jahrhunderts gegründet. Die zweite Kapelle (1837) birgt einige Mosaiken (14. Jh.).

④ **Xiropotámou** wurde im 10. Jahrhundert gegründet, die Gebäude stammen jedoch aus dem 18. Jahrhundert.

⑤ **Dáfni** ist der Hafen von Athos. Von dem Ort fährt ein Bus zur 15 Minuten entfernten Hauptstadt Karyés.

⑥ **Símonos Pétras** wurde nach dem heiligen Simon benannt, der das Kloster im 14. Jahrhundert erbauen ließ, nachdem er an Heiligabend ein seltsames Licht auf dem abgelegenen Bergrücken sah.

⑦ **Agíou Dionysíou** liegt 80 Meter über dem Meeresspiegel. Hinter den Mauern verbirgt sich die Kirche Agios Ioánnis Pródromos (16. Jh.).

⑧ **Néa Skíti** gehört zu Agíou Pávlou.

⑨ **Berg Athos**

Überblick: Berg Athos

Auf der beliebten Bootsfahrt von Ouranoúpoli aus sind nicht alle der 20 Klöster zu sehen, obwohl einige Boote die gesamte Westküste der Halbinsel entlangfahren. Manche Klöster liegen versteckt in den Bergen, andere an der Ostküste der Halbinsel. Außer den griechisch-orthodoxen Klöstern gibt es auf Athos auch ein russisches (Agíou Panteleímonos), ein bulgarisches (Zográfou) und ein serbisches (Chilandaríou) Kloster. Einige Mönche ziehen das Leben in kleinen Klosterdörfern oder Einsiedeleien dem relativ geschäftigen Betrieb der großen Klöster vor.

Klöster der Ostküste

Das im Südosten der Halbinsel auf einem Felsvorsprung gelegene **Megístis Lávras** *(siehe S. 40f)* entstand als erstes Kloster auf Athos. Es wurde im Jahr 963 n. Chr. von Athanásios gegründet. Als einziges Kloster blieb es von Bränden verschont. Außerhalb der Anlage liegt im Schatten einer Zypresse, die vor mehr als 1000 Jahren von Athanásios selbst gepflanzt worden sein soll, der größte Taufstein aller Klöster.

Auf halbem Weg entlang der Ostküste liegen die beiden Klöster Ivíron und Stavronikíta. **Ivíron** wurde im 10. Jahrhundert von Mönchen aus Iberien, dem heutigen Georgien, gegründet – daher der Name. Die Kirche wurde im 11. Jahrhundert errichtet und 1513 restauriert. In dem größten Innenhof des Klosters befinden sich weitere 16 Kapellen. Eine beherbergt eine wundertätige Ikone der Jungfrau Maria. **Stavronikíta** thront auf einer felsigen Landzunge. Es wurde erstmals in einem Dokument aus dem Jahr 1012 erwähnt.

Gemälde in Megístis Lávras

Moní Vatopedíou, eines der größten Klöster auf Athos, befindet sich am nördlichen Ende der Ostküste. Es wurde in der zweiten Hälfte des 10. Jahrhunderts gegründet. Das Kloster besitzt ein bemerkenswertes *katholikón* (Hauptkirche) mit Ikonen, die zwar aus dem 14. Jahrhundert stammen, aber im Lauf der Zeit mehrfach nachgebessert wurden. Das wohlhabende Kloster zählt zu den am besten erhaltenen auf dem Berg Athos.

Orthodoxes Leben auf Athos

Mönche beim Anbau von Obst und Gemüse

Die Mönche auf Athos leben nach byzantinischer Zeit: Mitternacht ist bei Sonnenaufgang, die Morgenandacht beginnt eine Stunde vorher – nach griechischer Zeit also etwa um drei oder vier Uhr früh. Ein Mönch macht dann die Runde durch das Kloster und schlägt mit einem Holzhammer auf das *símandro*, ein mit Schnitzereien verziertes Brett, um die anderen zu wecken. Das Leben ist spartanisch. Die Mönche essen kein Fleisch. Die zwei Speisen pro Tag bestehen meist aus Nahrungsmitteln aus eigener Produktion. An den 159 Fastentagen im Jahr gibt es nur eine Mahlzeit. Diese darf weder Fisch noch Eier, Käse, Milch oder Öl enthalten.

Das Lávras-Kloster mit dem roten *katholikón*

⓯ Kavála
Καβάλα

Makedonien. **Straßenkarte** D1.
🏙 70 000. ✈ 35 km südöstlich
von Kavála. 🚢 🚌 ⛴ tägl.

Die Stadt Kavála wurde um
600 v. Chr. von Einwohnern
aus Thásos und Erétria gegründet.
Im Jahr 168 v. Chr. wurde
sie Teil des Römischen Reiches.
50 n. Chr. betrat der Apostel
Paulus auf seinem Weg nach
Philippi in dem Ort zum ersten
Mal europäischen Boden. Die
Türken, die die Stadt von 1371
bis 1912 besetzt hielten, errichteten
im 16. Jahrhundert einen
Aquädukt. Mehmed Ali (1769–
1849), der Pascha von Ägypten,
wurde in Kavála geboren.
Vor seinem **Geburtshaus** mit
schönem Anwesen befindet
sich eine Bronzestatue. Das
Haus selbst kann nicht besichtigt werden.

Kavála ist eine geschäftige Stadt mit
einem Industriehafen, von dem
auch Fähren zu
den nordöstlichen
Inseln der Ägäis
ablegen. Der
Hafen, der
abends angestrahlt wird, ist
lebendiges Zentrum der Stadt. Östlich des Hafens liegt ein Fisch-, Obst- und
Gemüsemarkt. Im Westen befindet sich das **Archäologische
Museum**. Zu den Exponaten
zählen ein Mosaik mit Delfinen
sowie ein bemalter Sarkophag
aus Abdera *(siehe S. 260)*. Das
Volkskundemuseum zeigt in
einem Gebäude des 19. Jahrhunderts eine Sammlung alter
Haushaltsgegenstände und
Werke regionaler Künstler.
Das ebenfalls sehenswerte
Tabakmuseum illustriert mit
zahlreichen Exponaten und
Dokumenten den Anbau der
Tabakpflanze und die Produktion der verschiedenen Aufbereitungsarten.
Auch die Geschichte des Konsums wird
detailliert erzählt.

Skulptur von
Polýgnotos Vágis

🏛 **Mehmed Alis Geburtshaus**
Theodórou Poulídou 63.
⬤ nur Garten.

Boote im Hafen von Kavála

🏛 **Archäologisches Museum**
Erythroú Stavroú 17. ☎ 2510
222335. ⬤ Di–So 8–15 Uhr.
⬤ Feiertage. 🅿 ♿

🏛 **Tabakmuseum**
K. Palaiológou 4. ☎ 2510 223344.
⬤ Mo–Fr 8–15, Sa 9–13 Uhr.
🌐 tobaccomuseum.gr

⓰ Néstos-Tal
Κοιλάδα του Νέστου

Makedonien, an der Grenze zu
Thrakien. **Straßenkarte** D1. 🚆 🚌
Xánthi (kann Nov–Apr ausfallen).

Der Néstos entspringt im Rodópi-Gebirge in Bulgarien
und mündet nach einer Strecke von rund 240 Kilometern
nahe der Insel Thásos in die
Ägäis. Er bildet die natürliche
Grenze zwischen Makedonien
und Thrakien.
Der Néstos schlängelt sich
durch unzugängliche Schluchten,
bevor er die malerische
Bergstraße passiert,
die Xánthi in Thrakien mit Dráma in
Makedonien verbindet.
Die Straße, die
im Winter oft wegen
heftigen Schneetreibens
gesperrt ist,
bietet eine landschaftlich
spektakuläre Fahrt durch
dichten Buchenwald
und vorbei an den
kleinen entlegenen
Dörfern des Néstos-Tals.
An dem
Hauptplatz des
größten Dorfs, **Stavroúpoli**,
lädt ein
nettes Café zum
Entspannen ein.

⓱ Xánthi
Ξάνθη

Thrakien. **Straßenkarte** E1. 🏙
25 000. 🚆 🚌 ⛴ Sa.

Die im 11. Jahrhundert gegründete
Stadt erlebte Anfang
des 19. Jahrhunderts mit der
Entwicklung der Tabakindustrie
eine Blütezeit. Diese Epoche
wird im **Volkskundemuseum**
dokumentiert, in dem auch
Schmuck, Stickereien und
Trachten zu sehen sind. Östlich
des Hauptplatzes mit den
Cafés und Brunnen befindet
sich der Basar. Samstags
herrscht hier ein reges Treiben,
wenn Besucher aller Nationen
und Religionen den lebhaftesten
Markt der Umgebung
besuchen.

🏛 **Volkskundemuseum**
Antiká 7. ☎ 25410 25421.
⬤ Di–So 8.30–14.30 Uhr. 🅿

Die üppig grüne Landschaft im Néstos-Tal

Kloster Agios Nikólaos am Ufer des Vistonída-Sees

⓲ Abdera
`Αβδηρα

6 km südlich des modernen Avdira, Thrakien. **Straßenkarte** E1. 🚌 📞 25410 51003. ⭕ **Museum** tägl. 8.30–15 Uhr. ⬤ Feiertage.

Die antike Stadt Abdera wurde Mitte des 7. Jahrhunderts v. Chr. von Flüchtlingen aus Klazomenae in Kleinasien gegründet. Die weit verstreut liegenden Ruinen sind teilweise überwuchert. Die meisten Ausgrabungsfunde stammen aus römischer Zeit, es gibt aber auch archaische und klassische Relikte wie die Akropolis. Das Museum in Abdera zeigt Funde bis zur byzantinischen Zeit.

Umgebung: Entlang der Straße von Abdera nach Komotiní erstreckt sich der **Vistonída-See**, an dem sich der Hafen **Pórto Lágos** *(siehe S. 241)* mit dem leuchtend weißen Kloster Agios Nikólaos befindet.

⓳ Komotiní
Κομοτηνή

Thrakien. **Straßenkarte** E1. 🗺 38 000. 🚌 🚆 🛈 Di.

Das im 4. Jahrhundert n. Chr. gegründete Komotiní liegt 25 Kilometer von der bulgarischen Grenze im Norden und 100 Kilometer von der türkischen Grenze im Osten entfernt. Im Jahr 1363 wurde die Stadt von den Türken besetzt. Bis zur endgültigen Grenzfestlegung im Jahr 1920 gehörte sie zum Osmanischen Reich. Die Spuren der 500 Jahre andauernden türkischen Herrschaft sind deutlicher als in anderen griechischen Städten erkennbar. Komotiní besitzt 14 Moscheen und eine Vielzahl lebhafter Märkte, auf denen Fisch, Rindfleisch, Tabak sowie frisches Obst und Gemüse aus dem fruchtbaren Umland verkauft werden. Kleine Läden bieten von Kitsch und Nippes bis zu wertvollen Antiquitäten alles an.

Das **Volkskundemuseum** vermittelt Besuchern einen guten Einblick in die Vergangenheit der Stadt. In den Ausstellungsräumen des Herrenhauses aus dem 18. Jahrhundert sind viele Trachten, Kupferwaren und Haushaltsgegenstände zu sehen. Das Museum beherbergt zudem eine exzellente Sammlung alter Stickereien.

Das **Archäologische Museum** präsentiert viele der interessantesten Funde aus Abdera und Maroneia, beispielsweise Goldschmuck aus dem 4. Jahrhundert, der aus bei Abdera entdeckten Gräbern stammt, oder eine Tonmaske des Dionysios aus einem Heiligtum in Maroneia. Das Museum birgt darüber hinaus eine umfassende Münzsammlung, bemalte Sarkophage und Landkarten.

Kreuzblume, Archäologisches Museum, Komotiní

🏛 **Volkskundemuseum**
Agíou Georgíou 13. 📞 25310 25975. ⭕ tägl. 10–13 Uhr.
⬤ Feiertage. 🎫 ♿ teilweise.

🏛 **Archäologisches Museum**
Symeonidi 4. 📞 25310 22411.
⭕ tägl. 8–15 Uhr. ⬤ Feiertage.

Kuppeldach und Minarett einer türkischen Moschee, Komotiní

⓴ Antikes Maroneia
Μαρώνεια

5 km südöstlich des heutigen Maroneia, Thrakien. **Straßenkarte** E1. 🚌 zum heutigen Maroneia. ⭕ tägl. ⬤ Feiertage. 🎫 ♿

Die Straße nach Maroneia führt durch Tabak- und Baumwollplantagen an ländlichen Siedlungen vorbei. Ein Straßenschild zum Hafen von

Agios Charálampos weist den Weg zu den malerisch am Meer gelegenen Ruinen. Die Blütezeit der Stadt dauerte vom 8. Jahrhundert v. Chr. bis 1400 n. Chr. an. Heute bedecken Olivenhaine die Landschaft zwischen dem Berg Ismaros und dem Meer. Das kleine Theater wurde renoviert. Etwas abseits liegen die Relikte eines vermutlich Dionysos, dem Gott des Weins und der Fruchtbarkeit, geweihten Heiligtums. Dionysos' Sohn Maron soll die Stadt Maroneia gegründet haben.

Hinter dem Antiken Maroneia befindet sich der kleine, von roten Klippen umgebene Hafen **Agios Charálampos**. Auf den Klippen liegen ein Hotel, eine Taverne sowie einige Wohnhäuser.

Umgebung: Das mittelalterliche **Maroneia** ist ein kleiner Ort. Die vereinzelten großen Herrenhäuser lassen auf eine wohlhabendere Vergangenheit des Orts schließen.

㉑ Alexandroúpoli
Αλεξανδρούπολη

Thrakien. **Straßenkarte** E1. 36 000. Di.

Alexandroúpoli fehlen die kulturelle Mischung und die Geschichte, die in anderen Städten Thrakiens spürbar ist. Trotzdem lohnt sich ein Besuch der Stadt. Sie wurde erst 1878, damals unter dem türkischen Namen »Dedeagaç« (»Baum

Der Leuchtturm, Wahrzeichen von Alexandroúpoli

des Heiligen Mannes«), ausgebaut. Der Name ging auf Einsiedler zurück, die sich im 15. Jahrhundert in dem Ort angesiedelt hatten. Bis zu der Erweiterung war Alexandroúpoli ein kleines unscheinbares Fischerdorf. 1919 wurde die Stadt nach dem damaligen griechischen König Aléxandros umbenannt.

Heute ist Alexandroúpoli ein lebendiger Ferienort mit einem Hafen und einem Inlandsflughafen. Von der Stadt bestehen Zugverbindungen nach Istanbul im Osten, Bulgarien im Norden und Thessaloníki im Westen.

Abends versammeln sich Einheimische und Urlauber auf der langen Strandpromenade.

Der Leuchtturm, das Wahrzeichen der Stadt, wurde 1800 erbaut. Er ist nachts beleuchtet. Die Innenstadt kennzeichnet ein Labyrinth enger Gassen mit Ramschläden, Schustern, Goldschmieden und Fischrestaurants. Die besten Lokale sind um die kleine Plateía Polytechneíou angesiedelt. Nördlich des Platzes steht die moderne Kathedrale Agios Nikólaos mit einem bemerkenswerten **Museum für sakrale Kunst** mit mehr als 400 Ikonen im Kellergewölbe.

Museum für sakrale Kunst
Palaiológou. 25510 82282.
Di–Sa. Feiertage.

㉒ Dadiá-Wald
Δάσος Δαδιάς

27 km nordwestlich von Féres, Thrakien. **Straßenkarte** F1. Féres. 1 km nördlich vom Dorf Dadiá (25540 32209).

Der Pinienwald Dadiá liegt nördlich der kleinen Stadt Féres im Evros-Tal. Er bedeckt die sogenannten Evros-Hügel. Der Wald gilt als einer der besten Orte in Europa für die Beobachtung von seltenen Vogelarten. Besonderes Interesse gebührt den Greifvögeln: Von den insgesamt 39 in Europa vorkommenden Arten leben 26 in der Region.

Der seltene Lämmergeier

Die Vögel können von den Stationen in der Nähe der Futterstellen aus beobachtet werden, die das Überleben der seltenen Arten sicherstellen sollen. Viele der hier lebenden Vögel sind geschützt oder vom Aussterben bedroht, etwa Gänsegeier, Kaiser- und Steinadler, Sperber und Wanderfalken. Der Dadiá-Wald ist einer der letzten Zufluchtsorte des Mönchsgeiers im Osten Europas.

Der frühe Morgen ist die beste Zeit, die verschiedenen Vogelarten dabei zu beobachten, wie sie mit den ersten Aufwinden des Tages in die Lüfte steigen.

Altes Herrenhaus im heutigen Maroneia

ZU GAST IN GRIECHENLAND

Hotels	**264–273**
Restaurants	**274–291**
Shopping	**292–293**
Themenferien und Aktivurlaub	**294–297**

Hotels

Das Angebot an Übernachtungsmöglichkeiten hat sich etwa seit dem Jahr 2000 ganz erheblich verbessert, auch dank der Olympischen Spiele in Athen 2004. Viele einfache Häuser wurden seither in Boutique-Hotels umgewandelt. Im Vergleich mit anderen europäischen Reiseländern ist das Preis-Leistungs-Verhältnis ausgesprochen gut. Wenngleich in den viel besuchten Urlaubsorten schon längst der Kommerz Einzug gehalten hat, herrscht abseits der Besucherströme noch immer herzliche Gastfreundschaft.

Die folgenden Seiten stellen verschiedene Arten von Unterkünften vor. Darüber hinaus finden Sie allerlei nützliche Informationen über Campingplätze, Jugendherbergen und Berghütten. Die sorgfältige Hotelauswahl *(siehe S. 268 – 273)* umfasst rund 100 Übernachtungsmöglichkeiten – von einfachen *enoikiazómena domátia* (Gästezimmern) bis zu Luxushotels und restaurierten Prachtbauten. In den Küstengebieten Griechenlands gibt es viele Ferienresorts mit All-inclusive-Angeboten bzw. Halbpension.

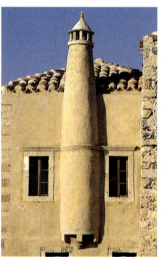

Hotel New Malvásia *(siehe S. 271)* in Monemvasiá, vom EOT restauriert

Hotels

Die meisten griechischen Hotels sind, wie im Mittelmeerraum üblich, Betongebäude. Baubestimmungen verbieten Hochhäuser in Badeorten. Die meisten der älteren Hotels wurden in den vergangenen Jahren renoviert.

Die wenigen bestehenden klassizistischen oder älteren Hotelgebäude stehen unter dem Schutz der Regierung. Die seit den 1990er Jahren erbauten Hotels sind meist einfallsreicher gestaltet und fügen sich schön in die umgebende Landschaft ein. Gehobene Hotels verfügen über ausgebildetes Personal und besseren Service.

◀ Straßentische eines Cafés in Pláka, Athen

Hotelketten

Da Familienbetriebe in Griechenland Tradition haben, konnten sich Hotelketten lange Zeit kaum durchsetzen. In den letzten Jahrzehnten jedoch etablierten sich auch hier international agierende Hotelketten wie etwa Hyatt und Best Western. Ihre Häuser wurden überwiegend in hervorragender Lage erbaut.

Grecotel, die größte griechische Hotelkette, verfügt über rund 30 attraktive, zum Teil luxuriös ausgestattete Häuser. Die meisten befinden sich auf den Inseln des Landes, weitere Standorte sind Athen, Attika und die Westküste des Peloponnes. Kleinere Hotelketten wie **Chandrís** und **Diváni** sind in und um Athen sowie Thessaloníki vertreten. Eine weitere bekannte Hotelkette ist **Aldemar** mit zwei Resorts nahe dem antiken Olympia. Zu den neueren Ketten gehören **Yes!**, **Tourhotel**, **Domotel** und **Yades**.

Restaurierte Gebäude und Boutique-Hotels

In den 1970er Jahren unterstützte das Griechische Fremdenverkehrsamt EOT die originalgetreue Restaurierung verfallener Gebäude. Die fertiggestellten Häuser liegen meist in reizvollen Gegenden und bieten ein recht gutes Preis-Leistungs-Verhältnis. Zudem werden sie mittlerweile ausnahmslos privat betrieben. Übernachtungsmöglichkeiten dieser Art gibt es bei Areópoli und Vátheia auf der Máni, in Makrynítsa und Vyzítsa in der Region Pílio, Megálo Pápigko in Epirus und bei Monemvasiá.

In jüngster Zeit haben Privatunternehmen jahrhundertealte Gebäude in Hotels mittlerer Größe verwandelt. In Stemnítsa, Kavála, Edessa, Thessaloníki, Ioánnina, Galaxídi, Náfplio, Aráchova sowie in einigen Dörfern der Regionen Pílio und Zagóri existieren schöne Beispiele.

Luxushotels

Die besten Hotels Griechenlands bieten hervorragende Ausstattung. Dazu gehören etwa Außen- und Innenpool, Sauna und Dampfbad, in einigen Luxushotels auch Spa. Zudem gibt es mehrere Restaurants und Bars sowie Tennisplätze und weitere Optionen für Aktivurlauber (u. a. Yoga).

Fassade des Hotels King Othon 1&2 in Náfplio *(siehe S. 271)*

Luxuriöse Suite im Grand Resort Lagonissi *(siehe S. 270)*

Enoikiazómena domátia und Apartments

Gästezimmer *(enoikiazómena domátia)* und Apartments *(diamerísmata)* machen einen Großteil der Übernachtungsmöglichkeiten in Griechenland aus. Sie sind in aller Regel sehr modern eingerichtet. Auch die Gästezimmer verfügen über ein Bad und eine kleine Kochecke bzw. Zugang zu einer Gemeinschaftsküche. Heißes Wasser kommt oft entweder aus einem Elektroboiler oder einer Solaranlage.

Hotelklassen

Die Einstufung der Hotels, Gästezimmer und Apartments wird vom EOT vorgenommen. Die Hotelkategorien reichen entsprechend internationalen Gepflogenheiten von einem bis zu fünf Sternen. Bei Zimmern und Apartments reicht die Spanne von eins bis vier Schlüssel. Die Einteilung richtet sich u. a. nach der Lage und den Komfortmerkmalen des jeweiligen Hauses. Man sollte anhand der Kategorie auf das Leistungsangebot schließen können, doch in der Praxis gibt es zahlreiche regionale Abweichungen.

Die nur mit dem Allernötigsten ausgestatteten Hotels mit lediglich einem Stern gibt es praktisch nirgends mehr. Zwei-Sterne-Häuser müssen Zimmer mit Bad haben. Ein Drei-Sterne-Hotel muss einen Aufenthaltsraum oder eine Kombination aus Bar und Frühstücksraum besitzen. Vier-Sterne-Hotels bieten ihren Gästen außerdem ein Restaurant, ein umfangreiches Frühstück und mindestens eine Sportmöglichkeit wie Pool oder Tennisplatz. Fünf-Sterne-Hotels befinden sich meist in Strandnähe oder in bester Stadtlage und bieten ihren Gästen ein umfassendes Unterhaltungsangebot sowie Konferenzräume und Business-Einrichtungen.

Ein-Schlüssel-*domátia* sind kaum noch in Betrieb. Gästezimmer mit zwei Schlüsseln verfügen über ein Bad oder sind als Studio mit Küchenecke bzw. Zugang zu einer Gemeinschaftsküche gestaltet. Bei einem Drei-Schlüssel-*domátia* handelt es sich um ein komplett möbliertes Apartment. Die Ausweisung einer Vier-Schlüssel-Kategorie ist geplant, sie soll Apartments mit gehobener technischer Ausstattung umfassen.

Preiskategorien

Die Zimmerpreise sollten der Kategorie entsprechen, wenngleich je nach Saison und Lage Abweichungen möglich sind. In Athen sollte man für 60 Euro ein Zwei-Sterne-Hotel bekommen. Für ein Zwei-Schlüssel-*domátia* muss man 75 Euro ansetzen, für *domátia* und Hotels mit drei Schlüsseln bzw. Sternen 90 bis 100 Euro. Ein Doppelzimmer in einem Vier-Sterne-Hotel kostet etwa 180 Euro, im Fünf-Sterne-Hotel 250 bis 350 Euro.

Die genannten Preise (inklusive Mehrwertsteuer, weiterer Steuern bzw. Service sowie Frühstück) sind Richtwerte für die Hauptsaison. Anfang Frühling oder Ende Herbst sind Preissenkungen um etwa die Hälfte möglich. Weniger als drei Übernachtungen ziehen in der Hauptsaison oft Zuschläge nach sich. In Skiorten weichen die Wochenendpreise mitunter beträchtlich von den unter der Woche üblichen Preisen ab.

Saison

Hotels auf dem Festland sind ganzjährig geöffnet. In Badeorten sind sie meist nur zwischen Mai und Oktober in Betrieb. In Skigebieten kann es sich umgekehrt verhalten.

Reservierung

Meist sind Hotelzimmer im Rahmen eines Pauschalangebots am günstigsten. Die meisten Hotels und *domátia* haben eine eigene Website. Bei der Buchung wird in der Regel eine Kreditkartennummer verlangt.

Im Hotel Grande Bretagne in Athen *(siehe S. 269)*

Kloster Agíou Pávlou auf dem Berg Athos *(siehe S. 257)*

Jugendherbergen

Auf dem griechischen Festland gibt es drei von der IYHF (International Youth Hostel Federation) anerkannte Jugendherbergen *(xenón neótitos)*. Sie liegen allesamt in Athen. Weitere Informationen liefert die **YHA** (Youth Hostel Association) in Griechenland. Darüber hinaus existieren einige »inoffizielle« Herbergen, die mindestens genauso gut sind.

Griechische Jugendherbergen werden nicht so streng geführt wie die Pendants in Nordeuropa. Sofern sie nicht gänzlich belegt sind, nehmen sie auch Gäste ohne Internationalen Jugendherbergsausweis auf. Wer zu zweit reist, ist jedoch in aller Regel mit einem günstigen *domátio (siehe S. 265)* preislich besser dran.

Berghütten

In den Bergregionen des griechischen Festlands liegen mehr als 40 Berghütten *(katafýgia)*. Die wenigsten sind ganzjährig bewirtschaftet – Ausnahmen bilden zwei Hütten auf dem Olymp *(siehe S. 245)* und eine auf dem Gamíla im Píndos-Gebirge. Es ist deshalb unbedingt erforderlich, vorab bei der zuständigen Zweigstelle des **EOS** (Griechischer Alpinverband) nach dem Schlüssel zu fragen und eine Unterkunft in der Hütte zu mieten. Die kostspieligen Unterkünfte sind nur für große Gruppen rentabel. Weitere Informationen liefern auch **EOOA** und **SEO**. Einige Berghütten sind ideale Basislager für Wanderungen. Sie verfügen über Küchen, Bettwäsche und Aufenthaltsräume. Andere hingegen sind schlichte Häuser, die einst für Hirten oder Feuerwarte gebaut wurden. Viele Hütten liegen abseits der Hauptwege, da sie zu einer Zeit errichtet wurden, als auch noch andere Routen in die Berge führten.

Ferien auf dem Bauernhof

Der Agrotourismus entwickelte sich in den 1980er Jahren. Er entstand mit dem Ziel, in der Provinz lebenden Frauen eine gewisse finanzielle Unabhängigkeit zu verschaffen. Besuchern bieten die Dorfhäuser Übernachtung und Frühstück. Es besteht die Möglichkeit, am bäuerlichen Alltag teilzunehmen. Detaillierte Informationen zum Agrotourismus bietet die **Hellenic Agrotourism Federation** *(siehe S. 303)*.

Berghütte in den Bergen von Kóziakas, Tríkala

Klöster

Klöster mit wenig Besucherandrang betreiben Herbergen *(xenónes)*, die vor allem Pilger nutzen. Diese haben stets Vorrang, aber auch anderen Reisenden wird meist eine Übernachtungsmöglichkeit gewährt.

Die Unterkünfte sind spartanisch. Abends wird ein bescheidenes Mahl angeboten, morgens gibt es nur Kaffee. Es ist üblich, im *katholikón* (Hauptkirche) eine Spende zu hinterlassen.

Die Klöster auf dem Berg Athos sind am besten auf nicht orthodoxe Besucher eingestellt, allerdings nur Männern zugänglich. Planen Sie vor allem in der Hauptsaison Ihren Besuch gut, da man eine wahrhaft byzantinische Prozedur durchlaufen muss, um Zugang zu der halbautonomen Mönchsrepublik sowie eine Platzreservierung in einem der Klöster zu bekommen *(siehe S. 256)*.

Camping

Auf dem Festland gibt es mehr als 100 offizielle Campingplätze. Sie sind meist malerisch am Meer gelegen und für Wohnwagen geeignet, der Raum für Zelte ist meist überschaubar. Die Plätze, die im Besitz des EOT oder der jeweiligen Gemeinde waren, wurden verkauft. Mit Ausnahme weniger rudimentär ausgestatteter Anlagen verfügen fast alle Campingplätze über heiße, solarbetriebene Duschen, schattige Areale sowie eine Snackbar oder ein Café. Gegen Aufpreis bekommt man auch Stromanschluss.

Bei den luxuriösesten Campingplätzen handelt es sich um kleine Feriendörfer mit Tennisplätzen, Pool, Waschmaschinen, Bank- und Postschalter sowie Bungalows für alle, die kein Zelt haben. Etablierte Plätze haben meist einen alten, großen Baumbestand. Angesichts des oft ausgedörrten Bodens sind kurze Zeltheringe am besten geeignet. Eine aktuelle Liste mit allen

HOTELS | 267

Zeltplätzen in Griechenland findet man im Internet (www.campinggreece.gr).

Behinderte Reisende
Die Zugänglichkeit für Behinderte zu allen Räumen und Zimmern in griechischen Hotels ist nicht durchweg gewährleistet. Der Katalog *BSK-Urlaubsziele* des **Bundesverbands Selbsthilfe Körperbehinderter e.V.** informiert über für Behinderte geeignete Reisen nach Griechenland.

Informationen für behinderte Reisende sind in Griechenland rar. Das EOT bietet lediglich einen Fragebogen, der bestimmten Unterkünften zur Einschätzung ihrer Behindertentauglichkeit übersandt werden kann.

Weitere Informationen
Der *Guide to Hotels* der **Hellenic Chamber of Hotels** (Griechischen Hotelkammer) ist sehr hilfreich. Der Führer listet alle Hotels und Campingplätze in Griechenland, Preise, Serviceleistungen und Öffnungszeiten auf. Das EOT veröffentlicht eine informative Broschüre über »Agrotourismus« *(Rural Tourism)*. Die beiden Hotelverzeichnisse **Greek Travel Pages** (GTP) und **Tourist Guide of Greece** werden von privaten Organisationen herausgegeben. Sie sind weniger umfassend als der *Guide to Hotels*, erscheinen aber häufiger. Die Greek Travel Pages liefern lediglich Basisinformationen, es sei denn, ein Hotel inseriert selbst. Dasselbe gilt für die vierteljährlich erscheinende Broschüre Tourist Guide of Greece.

Pool, Hotel Karavostasi Beach *(siehe S. 272)*

Hotelkategorien
Die Hotelauswahl auf den Seiten 268–273 umfasst empfehlenswerte Häuser aller Kategorien und unterschiedlichster Art, von einfachen Pensionen bis hin zu Luxushotels. Die Einträge sind nach Gebieten gegliedert, die den Kapiteln dieses Buchs entsprechen, innerhalb dieser nach Städten und Preiskategorien gelistet und in die Kategorien Preiswert, Boutique, Historisch, Resort sowie Luxus eingeteilt, wobei sich freilich einige der vorgestellten Hotels einer eindeutigen Zuteilung entziehen. In Griechenland finden sich zahlreiche Luxushotels, insbesondere solche in historischem Ambiente, von denen die besten hier gelistet sind. Neben einem großen Angebot an preisgünstigen Häusern sind auch Boutique-Hotels oft eine gute Wahl. Sie zeichnen sich durch ein behutsam-modernes Ambiente und eine angenehme Atmosphäre aus. Hotels mit spezieller Ausstattung oder besonderem Design werden als **Vis-à-Vis-Tipp** hervorgehoben.

Auf einen Blick

Hotelketten

Aldemar Hotels
Kifisiás 262,
14562 Kifisiá.
C 210 628 8400.
W aldemar-resorts.gr

Chandrís Hotels
Syngroú 377, 17564
Paleó Fáliron, Athen.
C 210 948 4730.
W chandris.gr

Diváni Hotels
Vas. Alexándrou 2,
16121 Athen.
C 210 720 7000.
W divanis.com

Domotel
C 210 689 9276 bzw.
231 064 7500.
W domotel.gr

Grecotel
Kifisiás 64b, Maroúsi,
15125 Athen.
C 210 728 0300.
W grecotel.com

Tourhotel
C 210 3232 5605.
W tourhotel.gr

Yades Hotels
C 210 364 0441.
W yadeshotels.gr

Yes!
C 210 327 3200.
W yeshotels.gr

Jugendherbergen

Deutsches Jugendherbergswerk
Leonardo-da-Vinci-Weg 1,
32760 Detmold.
C (05231) 740 10.
W jugendherberge.de

YHA (Griechenland)
Student & Traveller's Inn,
Kydathinaíon 16, Pláka,
10558 Athen.
C 210 324 4808.
W studenttravellers inn.com

Berghütten

EOOA (Ellinikí-Omospondía Oreivasías kai Anarrixísis)
(Griechischer Verband der Bergsteigervereine)
Milióni 5, 10673 Athen.
C 210 364 5904.
W eooa.gr

EOS (Ellinikós Oreivatikós Sýndesmos)
(Griechischer Alpinverband)
Ipsilantou 53,
11521 Athen.
C 210 321 2355.
W eosathinon.gr

SEO (Sýllogos Ellínon Oreivatón)
(Verband Griechischer Bergsteiger)
Plateía Aristotélous 5,
Thessaloníki.
C 2310 224710.
W seoreivaton.gr

Behinderte Reisende

Bundesverband Selbsthilfe Körperbehinderter e.V.
Altkrautheimer Straße 20,
74238 Krautheim.
C (06294) 428 10.
W bsk-ev.org

Information

Greek Travel Pages
C 210 324 7511.
W gtp.gr

Hellenic Chamber of Hotels (Griechische Hotelkammer)
C 213 216 9900.
W grhotels.gr

Tourist Guide of Greece
Patissíon 137,
11251 Athen.
C 210 864 1688.
W tggr.gr

Hotelauswahl

Athen

Exárcheia

Exarchion €
Preiswert   SP 2 F3 K F3
Themistokléous 55, 106 83
☎ 210 380 0731
🌐 exarchion.com
Gut ausgestattete Zimmer und Restaurant im Haus. Schöner Blick vom Dach auf die Akropolis.

Ilísia

Hilton €€€
Luxus   SP 4 D5 K K3
Vasilíssis Sofías 46, 115 28
☎ 210 728 1000
🌐 hiltonathens.gr
Das Luxushotel bietet schicke Zimmer und Annehmlichkeiten wie Thermalbad und Gourmetrestaurants.

Kolonáki

Lion Hotel Apartments €€
Boutique   SP 4 C5 K K5
Evzónon 7, 115 21
☎ 210 724 8722
🌐 lionhotel.gr
Das Hotel mit gehobenen, schönen Apartments nahe der Plateía Sýntagma ist ideal gelegen, um die Innenstadt zu erkunden.

Periscope €€
Boutique   SP 3 B5 K J5
Charítos 22, 106 75
☎ 210 729 7200
🌐 periscope.gr
Minimalistisch-elegantes Hotel mit Parkett, Fitnessraum, Restaurant und Cocktailbar.

St George Lycabettus €€
Luxus   SP 3 B4 K J5
Kleoménous 2, 106 75
☎ 210 741 6000
🌐 sglycabettus.gr
Moderne komfortable Zimmer mit großen Fenstern. Vom Pool und Lokal auf dem Dach Blick auf die Akropolis. Sehr gut ausgestattetes Spa.

Koukáki

Art Gallery €
Preiswert   SP 6 D4 K D9
Erechtheíou 5, 117 42
☎ 210 923 8376
🌐 artgalleryhotel.gr
Das freundliche Hotel in einer ehemaligen Kunstgalerie hat gemütliche Zimmer.

Vis-à-Vis-Tipp

Marble House €
Boutique   SP 5 C4 K C10
Gasse bei der Anastasíou Zínni 35, 117 41
☎ 210 922 8294
🌐 marblehouse.gr
Das Hotel nahe dem Akropolis-Museum bietet großartige Zimmer mit teurer Ausstattung. Die Farbgebung, schmiedeeisernen Möbel und Pflanzen verleihen dem Marble House eine lässig-elegante Atmosphäre. Die Zimmer sind mit Balkon oder Terrasse.

Makrygiánni

Hera €€
Boutique   SP 6 E3 K E9
Falírou 9, 117 42
☎ 210 923 6682
🌐 herahotel.gr
Elegant mit Luxussuiten, Frühstücksatrium, Dachbar/Restaurant mit Akropolis-Blick.

Herodion €€
Boutique   SP 5 C3 K D8
Rovértou Gálli 4, 117 42
☎ 210 923 6832
🌐 herodion.gr
Café-Restaurant mit schattigen Plätzen, Dachterrasse mit zwei Jacuzzis und Akropolis-Blick.

Preiskategorien
Preise in der Hochsaison für ein Standard-Doppelzimmer pro Nacht inklusive Service-Gebühren und Steuern.
€ unter 100 Euro
€€ 100–250 Euro
€€€ über 250 Euro

Monastiráki

Carolina €
Preiswert   SP 2 E5 K E6
Kolokotróni 55, 105 60
☎ 210 324 3551
🌐 hotelcarolina.gr
Das Hotel residiert in einem klassizistischen Haus nahe den wichtigsten Attraktionen und vielen Lokalen. Gutes Frühstück.

Omónia

Art Athens Hotel €
Boutique   SP 2 D3 K E2
Márnis 27, 104 32
☎ 210 524 0501
🌐 arthotelathens.gr
Das Hotel in einem klassizistischen Herrenhaus gefällt mit Hightech-Beleuchtung, Parkett, Kunst, Zimmern mit Whirlpool.

The Alassia €€
Boutique   SP 2 D3 K D4
Sokrátous 50, 104 31
☎ 210 527 4000
🌐 thealassia.com.gr
Freundlich, minimalistisches Dekor, viel Marmor, gedämpftes Licht, futuristische Möbel.

Delphi Art Hotel €€
Historisch   SP 2 D3 K D3
Agíou Konstantínou 27, 104 37
☎ 210 524 4004
🌐 delphiarthotel.com
Das Haus aus den 1930er Jahren bietet Original-Architektur, opulente Zimmer, ein rotes Foyer.

Pedíon Áreos

Radisson Blu Park €€
Boutique   SP 3 A1 K F1
Leofóros Alexándras 10, 106 82
☎ 210 889 4500
🌐 rbathenspark.com
Opulente, modern ausgestattete Zimmer, elegante Dachbar und Pool im Freien.

Pláka

Phaedra €
Preiswert   SP 6 E2 K F8
Chairefóntos 16, Ecke Adrianoú, 105 58
☎ 210 323 8461
🌐 hotelphaedra.com
Komfortable Zimmer, die größeren mit Balkon, Frühstücksraum

Die Zimmer im Marble House sind einfach, aber komfortabel, Koukáki

Hotelkategorien *siehe Seite 267*

Zimmer mit Aussicht im chic designten New Hotel, Pláka

auf dem Dach mit herrlichem Blick auf die Stadt. In der Nähe des Zeus-Tempels.

Student and Travellers Inn €
Preiswert   SP 6 E2 K F7
Kydathinaíon 16, 105 58
210 324 4808
studenttravellersinn.com
Schlafsäle und kleinere Zimmer, teils mit Bad, Hof mit Garten, zentrale Lage.

Acropolis House €€
Historisch   SP 6 E1 K F7
Kódrou 6–8, 105 58
210 322 2344
acropolishouse.gr
Gut erhaltenes Herrenhaus aus dem 19. Jahrhundert mit Originalelementen und Antiquitäten, kostenloses WLAN.

Central €€
Boutique   SP 6 E1 K F7
Apóllonos 21, 105 57
210 323 4350
centralhotel.gr
Gute Lage, elegante Designmöbel, Marmorbäder und eine Dachbar mit Panoramablick.

Hermes €€
Boutique   SP 6 E1 K F7
Apóllonos 19, 105 57
210 323 5514
hermeshotel.gr
Das Hotel in einer ruhigen Straße bietet elegante Zimmer, Lounge-Bar und Dachgarten.

Vis-à-Vis-Tipp

New Hotel €€
Boutique   SP 6 F1 K F7
Filellínon 16, 105 57
210 327 3000
yeshotels.gr
Die mit Designpreisen ausgezeichneten Brüder Campana gestalteten das New Hotel v. a. mit Naturholz, Leder, Erdfarben. Exquisites Restaurant.

Plaka €€
Preiswert   SP 6 D1 K E6
Kapnikaréas 7 & Mitropóleos 105 56
210 322 2706
plakahotel.gr
Freundliche Zimmer in sanften Farben. Der Blick von der Dachterrasse auf die Akropolis zählt zu den schönsten der Stadt.

Ava €€€
Boutique   SP 6 E1 K F7
Lysikrátous 9–11, 105 58
210 325 9000
avahotel.gr
Von den Balkonen der oberen Zimmer blickt man in den Innenhof. Die Suiten sind ideal für Familien.

Electra Palace €€€
Luxus   SP 6 E1 K F7
Navárchou Nikodímou 18–20, 105 57
210 337 0000
electrahotels.gr
In einem prächtigen klassizistischen Herrenhaus bietet dieses gehobene Hotel elegante, geschmackvolle Zimmer mit Stilmöbeln. Zum Haus gehören ein Spa, ein Pool und mehrere Restaurants.

Psyrrí

Arion €€
Preiswert   SP 2 D5 K D5
Agíou Dimitríou 18, 105 54
210 324 0415
arionhotel.gr
Geschmackvolle Zimmer mit Marmorbädern, exzellente Dachbar und freundliche Lobby.

Fresh €€
Boutique   SP 2 D4 K E5
Sofokléous 26 & Kleisthénous, 105 52
210 524 8511
freshhotel.gr
Zimmer mit schlichtem Dekor in Weiß und leuchtenden Farben, Spa, exquisites Restaurant.

O&B Athens Boutique Hotel €€€
Boutique   SP 1 C5 K C5
Leokoríou 7, 105 54
210 331 2940
oandbhotel.com
Elegantes Dekor mit Marmor in den Bädern, Frühstück im Dachrestaurant.

Sýntagma

Athens Cypria €€
Preiswert   SP 6 E1 K F6
Diomeías 5, 105 63
210 323 8034
athenscypria.com
Ruhig und freundlich, elegante Zimmer in Erdfarben, teilweise Balkone mit Blick auf die Stadt.

NJV Athens Plaza €€
Luxus   SP 6 F1 K F6
Plateía Sýntagma, 105 64
210 335 2400
njvathensplaza.gr
Elegante Zimmer, exzellentes Restaurant, Spa, Lobby mit Marmorwänden und Kronleuchtern.

Vis-à-Vis-Tipp

Grande Bretagne €€€
Luxus   SP 6 F1 K F6
Vassiléos Georgíou 1, Plateía Sýntagma, 105 64
210 333 0000
grandebretagne.gr
Das 1842 erbaute Hotel verströmt von der Lobby bis zu den Zimmern Luxus pur. Ein Highlight ist der Alexander-Teppich aus dem 18. Jahrhundert in der Alexander's Bar.

Thissío

Phidias €
Preiswert   SP 5 B1 K C6
Apostólou Pávlou 39, 118 51
21034 59511
phidias.gr
Komfortable Zimmer mit Balkon und Aussicht auf die Akropolis, schöner Garten.

Chic ausgestattetes Zimmer im O&B Athens Boutique Hotel, Psyrrí

SP = Stadtplan Athen siehe Seiten 126–139 K = Karte Extrakarte zum Herausnehmen

Luxuriös möblierte Suite im noblen Grand Resort Lagonissi

Attika

KIFISIÁ: Semiramis €€
Boutique SK D4
Chariláou Trikoúpi 48, 145 62
📞 210 628 4400
🌐 yeshotels.gr
Kunstvolles Dekor mit leuchtend weißen und bonbonbunten Farben, futuristische Möbel, Hightech-Ausstattung.

LAGONÍSSI: Grand Resort Lagonissi €€€
Resort SK D4
KM 40, Athen-Soúnio-Straße, 190 10
📞 22910 76000
🌐 lagonissiresort.gr
Weitläufige Anlage mit Villen und Bungalows, erstklassige Restaurants, Spa und Kindergarten.

PIRÄUS: Hotel Mistral €€
Preiswert SK D4
Alexándrou Papanastasíou 105, 185 33
📞 210 411 7150
🌐 mistral.gr
Hübsches Hotel mit malerischem Blick auf den Mikrolímano-Hafen und die Küste von den Zimmern und Restaurants.

RAFÍNA: Avra Hotel €€
Preiswert SK D4
Arafinidón Alón 3, 190 09
📞 22940 22780
🌐 hotelavra.gr
Freundliches Hotel mit sehr gut ausgestatteten Zimmern beim Hafen, exzellentes griechisches Restaurant.

VOULIAGMÉNI: The Margi €€
Boutique SK D4
Litoús 11, 166 71
📞 210 892 9000
🌐 themargi.gr
Hier fühlt man sich auf Anhieb wohl. Im Margi gibt es acht unterschiedliche Zimmertypen, darunter auch einige Suiten. Von den oberen Stockwerken genießt man einen grandiosen Meerblick. In den Restaurants werden Zutaten aus den hoteleigenen Landgütern verwendet.

Peloponnes

Vis-à-Vis-Tipp

KORINTH: Prime Isthmus Hotel €€
Luxus SK C4
Kanal von Korinth, 201 00
📞 27410 23454
🌐 isthmus.gr
Das Hotel liegt in der Nähe des antiken Korinth, nur wenige Meter vom Kanal von Korinth entfernt. Es lockt mit üppigem Park, einem Lagunenpool und einem Tennisplatz. Die Zimmer mit Terrasse oder Balkon sind in freundlichen Sommerfarben gehalten. Das Restaurant punktet mit Panoramablick.

FOINIKOÚNTA: Porto Finissia €€
Preiswert SK C5
Uferfront, 240 06
📞 27230 71457
🌐 portofinissia.gr
Strandnah gelegenes Hotel mit komfortablen Zimmern meist mit Strandblick, großen Balkonen, schmiedeeisernen Geländern.

GEROLIMÉNAS: Tsitsiris Castle €€
Boutique SK C5
Tsitsiris-Burg, 23 071
📞 27330 56298
🌐 tsitsiriscastle.gr
Komplex aus Steinhäusern und Türmen mit gemütlichen Zimmern in Herbstfarben, Frühstücksraum mit eindrucksvoller Gewölbedecke. Von einigen Zimmern hat man einen schönen Blick über die gepflegte Gartenanlage.

GÝTHEIO: Gythion €€
Historisch SK C5
Vassiléos Pávlou 33, 232 00
📞 27330 23452
🌐 gythionhotel.gr
Das elegante Herrenhaus von 1864 überzeugt durch den Mix von modernen Designelementen und Originalausstattung. Hafenblick.

KALÁMATA: Akti Taygetos €€
Resort SK C5
Mikri Mantineía, 241 00
📞 27210 42000
🌐 aktitaygetos.gr
Der Komplex mit sommerlichen Zimmern (auch einigen Familienzimmern) befindet sich in einer hübschen Gartenanlage mit Palmen und Meerblick.

KALÁVRYTA: Filoxenia €
Luxus SK C4
Ethnikís Andistáseos 10, 250 01
📞 26920 22422
🌐 hotelfiloxenia.gr
Hotel mit gemütlichem Spa aus Stein und Holz und gut ausgestatteten Zimmern.

KALÓGRIA: Kalogria Beach Hotel €€
Resort SK B4
Kalógria Metochiou 252 00
📞 26930 31380
🌐 kalogriahotel.gr
Strandnah in einer Gartenanlage, gut ausgestattete Zimmer und Häuser. Wassersportmöglichkeiten, Tennisplatz und Spielplatz stehen zur Verfügung.

KASTANIÁ: Xenonas I Kastania €
Preiswert SK C4
Kastania, Korinth, 206 16
📞 27470 61289
🌐 kastania-rooms.gr
Eine Übernachtungsoption mit hervorragendem Preis-Leistungs-Verhältnis. Alle Zimmer mit Dusche, Flachbild-TV und Blick auf Berge oder Dorf. Hauseigene Taverne.

Vis-à-Vis-Tipp

MESSINÍA: The Romanos Resort €€€
Luxus SK B5
Navaríno-Dünen, Costa Navaríno, 240 01
📞 27230 96000
🌐 romanoscostanavarino.com
Das Strandresort bietet jede Annehmlichkeit, seien es Zimmer mit privatem Infinitypool, ein Spa mit Olivenölanwendungen oder ein Golfplatz. Zum Angebot gehören auch Aktivitäten für Kinder und Restaurants.

METHÓNI: Castello €
Preiswert SK B5
Odós Miaoúli, 240 06
📞 27230 31300
🌐 castello.gr
Nahe der Festung gelegenes Hotel. Geschmackvoll eingerichtete Zimmer mit Balkon, Dachbar und Garten.

Hotelkategorien *siehe Seite 267* Preiskategorien *siehe Seite 268*

ATTIKA, PELOPONNES, ZENTRAL- UND WESTGRIECHENLAND | 271

MONEMVASIÁ:
New Malvásia €€
Historisch SK C5
Kástro, 230 70
📞 27320 63007
🌐 malvasia-hotel.gr
Zimmer in warmen Farben mit Steinbogen, Gewölbedecken und Stilmöbeln. Von einigen Zimmern großartiger Meerblick.

NÁFPLIO: Byron €
Historisch SK C4
Plátonos 2, 211 00
📞 27520 22351
🌐 byronhotel.gr
Elegantes Hotel in einem restaurierten alten Herrenhaus, Antiquitäten, Frühstücksterrasse.

NÁFPLIO: King Othon 1&2 €€
Historisch SK C4
Farmakopoúlou 4, 211 00
📞 27520 27585
🌐 kingothon.gr
Romantisches Hotel in einem alten Herrenhaus, passendes Dekor, schmiedeeiserne Betten.

NÉOS MYSTRÁS: Byzantion €
Preiswert SK C5
Dorfmitte, 231 00
📞 27310 83309
🌐 byzantionhotel.gr
Große, sommerliche Zimmer mit schöner Aussicht, hübscher Garten, Pool und Lounge-Bar.

Vis-à-Vis-Tipp

OLYMPIA: Pelops €
Preiswert SK B4
Varelá 2, 270 65
📞 26240 22543
🌐 hotelpelops.gr
Der hübsche Familienbetrieb bietet komfortable Zimmer mit Balkon, einen stimmungsvollen Hof, eine behagliche Lounge und exzellente griechische Küche im Restaurant. Ideale Lage nahe den Museen und archäologischen Stätten des antiken Olympia.

PÁTRA: Art Primarolia €€
Boutique SK C4
Óthonos und Amalías 30, 262 21
📞 2610 624900
🌐 primaroliahotel.com
In einer umgebauten Destillerie, mit raffiniertem Dekor, Kunst an den Wänden, schöner Lobby.

Stemnítsa: Xenonas Stemnítsa €
Preiswert SK C4
Nahe dem Hauptplatz, 220 24
📞 27950 81349
🌐 xenonas-stemnitsa.gr
Vier Zimmer und ein Studio mit Holzbalkendecken und plüschigen Möbeln.

ZACHLOROÚ: Romantzo €
Preiswert SK C4
Dorfmitte, 250 01
📞 26920 22758
Rustikales Hotel an einem Fluss, Terrasse mit schönem Blick auf die Kalávryta-Diakoftó-Bahnstrecke.

Zentral- und Westgriechenland

ARÁCHOVA: Likoria €€
Luxus SK C3
Filellinon, westlich des Zentrums, 320 04
📞 22670 31180
🌐 likoria.gr
Zimmer mit offenem Kamin. Sauna, Dampfbad, Parkplätze.

Vis-à-Vis-Tipp

ARGALASTÍ: Agamemnon €€
Historisch SK D3
Dorfmitte, 370 06
📞 69364 97760
🌐 agamemnon.gr
Das elegante Hotel in einem umgebauten Herrenhaus bietet antik möblierte Zimmer in sanften Farben mit Stein- und Holzböden. Zur Anlage gehören drei Gebäude, eines mit Pool, Bar und Restaurant.

DELFOÍ: Orfeas €
Preiswert SK C3
Ifigenias & Syngroú 35, 330 54
📞 22650 82077
🌐 hotelorfeas.com
Von den Zimmern reicht der Blick über Garten und Umland.

DELFOÍ: Sun View €
Preiswert SK C3
Apóllonos 84, 330 54
📞 22650 82349
Hübsche Pension mit Dekor in Herbstfarben, Blick auf den Golf von Korinth.

DÍLOFO: Archontiko Dilofo €€
Historisch SK B2
Dorfmitte, 440 07
📞 26530 22455
🌐 dilofo.gr
Gasthof in einem wunderschönen Dorf, zehn farbenprächtige Zimmer (fünf davon mit offenem Kamin). In der Lounge wird üppiges Frühstück serviert.

GALAXÍDI: Ganimede €€
Boutique SK C3
Nikólaou Gourgoúri 20, 330 52
📞 22650 41328
🌐 ganimede.gr
Familienbetrieb in einem markanten Herrenhaus aus dem 19. Jahrhundert. Zimmer mit Antiquitäten. Frühstück mit Köstlichkeiten aus hauseigener Bäckerei.

IOÁNNINA: Politeia €€
Boutique SK B2
Anexartisias 109, 454 44
📞 26510 22235
🌐 etip.gr
Opulente Zimmer und Suiten mit Steinwänden. Das Hotel liegt mitten in einem Markt. Die Zimmer zum schönen Innenhof sind jedoch überraschend ruhig.

KALAMPÁKA: Alsos House €
Preiswert SK B2
Kanári 5, 422 00
📞 24320 24097
🌐 alsoshouse.gr
Ein Steinhaus mit Zimmern und Wohnungen, vom Gasthof hat man einen großartigen Blick auf den Felsen von Metéora.

KALAMPÁKA:
Doupiani House €€
Boutique SK B2
Kastráki, 422 00
📞 24320 75326
🌐 doupianihouse.gr
Komfortable Lounge und grandioses Frühstück sind Markenzeichen des Hotels. Auch einige Familienzimmer. Fürs Wochenende sollte man reservieren.

Außenansicht des eleganten Hotel Pelops, Olympia

SK = Straßenkarte Griechenland *siehe hintere Umschlaginnenseiten*

KARPENÍSI: Amadryades €€
Boutique SK C3
Dorfmitte, 361 00
📞 22370 80921
🌐 amadryades.gr
Schönes Steinhaus, Zimmer mit Holzdecken, Kaminen, Balkonen und Kunst an den Wänden, gemütliche Bar und hübsches Frühstückscafé.

KÓNITSA: Grand Hotel Dentro €
Luxus SK B2
Kalpáki-Kónitsa-Straße, 441 00
📞 26550 29365
🌐 grandhoteldentro.gr
Fassade und Innenräume sind mit Stein und Holz gestaltet. Zimmer teils mit Balkon, schöner Blick. Suiten mit Jacuzzi und offenem Kamin.

MAKRYNÍTSA: Pandora €€
Historisch SK C3
Dorfrand, 370 11
📞 24280 99404
🌐 pandoramansion.gr
Charmantes gehobenes Hotel mit großen Zimmern. Einige davon haben offenen Kamin und bieten eine tolle Aussicht.

MEGÁLO PÁPIGKO:
Xenonas Papaevangelou €€
Historisch SK B2
Dorfrand, 440 41
📞 26530 41135
🌐 hotelpapaevangelou.gr
Zimmer und Apartments in einem Steinhaus in ruhiger, ländlicher Lage, schicke Atmosphäre.

MÉTSOVO: Kassaros €
Preiswert SK B2
Tr Tsoumagka 3, 442 00
📞 26560 41800
🌐 kassaros.gr
Gemütlicher Gasthof mit traditionellem Dekor, komfortable Zimmer mit Blick auf die Schlucht. Zu den Annehmlichkeiten gehört eine Sauna.

MOÚRESI:
The Old Silk Store €€
Historisch SK D3
Dorfmitte, 370 12 Tsagkaráda
📞 24260 49086
🌐 pelionet.gr
Hübsch renoviertes klassizistisches Haus, Zimmer mit schönem Blick, Frühstücksterrasse im Freien.

NÁFPAKTOS: Akti €
Preiswert SK C3
Korydaleos 3, Gribovo, 303 00
📞 26340 28464
🌐 akti.gr
Hübsches Hotel mit kräftigen Farben, Kunst und Antiquitäten, freundlichen Speiseraum. Von vielen Zimmern genießt man Meerblick. Schöner Frühstückssaal.

Blick vom Hotel Xenonas Papaevangelou auf die Berge in Megálo Pápigko

Vis-à-Vis-Tipp
PÁRGA: Karavostasi Beach €€€
Luxus SK B3
Pérdika, 461 00
📞 26650 91104
🌐 hotel-karavostasi.gr
Schönes familienfreundliches Resort mit üppiger Gartenanlage in abgeschiedener Lage. Gut ausgestattete Zimmer mit Blick auf das Meer oder Olivenbäume. Zur Anlage gehören ein Pool und ein Restaurant mit internationaler Küche.

PÁRGA: Lichnos Beach €€
Resort SK B3
Lichnos Bay, 480 60
📞 26840 31257
🌐 lichnosbeach.gr
Modernes Resort am Hang mit Blick über den besten Sandstrand. Suiten mit Jacuzzi im Freien, Shuttle-Bus in den Ort.

PORTARIÁ: Kritsa €
Boutique SK C3
Plateia Pórtarias, 370 11 Pórtaria
📞 24280 99121
🌐 hotel-kritsa.gr
Von einigen Zimmern des Belle-Époque-Hotels blickt man auf den Platz. Zum Angebot gehören Kochkurse.

Vis-à-Vis-Tipp
TRÍKALA: Panellinion €
Historisch SK C2
Plateia Riga Feraiou, 421 00
📞 24310 73545
🌐 hotelpanellinion.com
In diesem 1914 errichtetem Hotel residierten schon viele griechische Berühmtheiten. Die Zimmer sind im traditionellen Stil gehalten, das Restaurant ist beeindruckend.

TSEPÉLOVO: Gouris Inn €
Preiswert SK B2
Dorfmitte, 440 10
📞 26530 81314
Der traditionelle griechische Gasthof ist bei Wanderern beliebt und serviert ein üppiges Frühstück.

VYZÍTSA: Archontiko Karagiannopoulou €€
Historisch SK C3
Dorfmitte, 370 10
📞 24230 86717
🌐 karagiannopoulou.com
Elegant restauriertes Haus aus dem 18. Jahrhundert mit schicken Zimmern und Buntglasfenstern, Frühstück im Freien.

ZAGÓRI: Porfyron €
Historisch SK B2
Ano Pediná, 440 77
📞 26530 71579
🌐 porfyron.gr
In dieser Villa sind die Zimmer mit Antiquitäten und offenen Kaminen ausgestattet. Viele Gäste des Hauses wählen Halbpension.

Nordgriechenland

AMMOULIANÍ:
Sunrise Hotel €
Preiswert SK D2
Ammouliani, 630 75
📞 23770 51273
🌐 sunrise-ammouliani.gr
Fantastische Lage über weißem Sandstrand, traditionell dekorierte Zimmer, ein Café im Tavernenstil.

ARNAIA: Oikia Alexandrou €
Historisch SK D2
Plateia Patriárchou Vartholomaiou tou Prótou, 630 74
📞 23720 23210
🌐 oikia-alexandrou.gr
Restauriertes Herrenhaus von 1812, mit elegantem Dekor, Fitnessraum, Spa und Restaurant.

Hotelkategorien siehe Seite 267 Preiskategorien siehe Seite 268

Vis-à-Vis-Tipp

DADIÁ: Dadiaselo €
Luxus SK F1
Dadiá-Dorf, 684 00
📞 25540 32333
🌐 dadiaselo.gr
Die moderne Anlage mit Lagunenpool und Terrassen nahe dem Naturschutzgebiet Dadiá-Wald ist beliebt bei Besuchern, die die Natur des Umlands erkunden möchten. Es bietet sechs hübsche Wohnungen für Selbstversorger und eine Café-Bar in einem umgebauten Stall.

EDESSA: Varosi €
Historisch SK C1
Archierós Meletiou 45–47, 582 00
📞 23810 21865
🌐 varosi.gr
Eine alte Villa wurde mit Liebe zum Detail in eines der populärsten Hotels in Edessa umgestaltet. Kleiner, aber hübscher Garten.

FANÁRI: Fanari Hotel €
Preiswert SK E1
Am Hafen, 691 00
📞 25350 31300
🌐 fanari-hotel.gr
Hotel am Meer mit Zimmern, die eines Boutique-Hotels würdig sind, empfehlenswertem Restaurant und Spielplatz. Guter Standort für Trips nach Xánthi und Komotiní.

KASTORIÁ: Chloe €€
Luxus SK B2
Antheon Ecke Giasemión, 521 00
📞 24670 21300
🌐 hotelchloe.gr
Modernes, geschmackvoll eingerichtetes Hotel mit Zimmern und Suiten, Restaurant, Bar und Frühstücksbereich.

KAVÁLA: Imaret €€€
Boutique SK D1
Th. Poulidou 30–32, 651 10
📞 25106 20151
🌐 imaret.gr
Das restaurierte Imaret (Koranschule) aus der osmanischen Zeit bietet 26 exquisite Zimmer und Suiten, ein gemütliches Restaurant und ein original erhaltenes türkisches Bad.

KERKÍNI: Oikoperiigitis €
Preiswert SK C1
Kerkíni-See, 620 55
📞 23270 41450
🌐 oikoperiigitis.gr
Zwei Unterkünfte in einer 1918 erbauten Anlage: ein einfacher, rustikaler, in Holz und Stein gehaltener Gasthof und ein Hotel im Boutique-Stil.

LITÓCHORO: Villa Drosos €
Preiswert SK C2
Archéllou 20, 602 00
📞 23520 84561
🌐 villa-drosos.com
Familienbetrieb gegenüber von einem Park, üppiger Garten, Zimmer mit Balkonen, Pool.

MARONEIA: Roxani Country House €€
Preiswert SK E1
Dorfrand, 694 00
📞 25330 21501
🌐 roxani.com
Farbenfrohe Zimmer mit Berg- oder Meerblick, Pool, gute Bar, Restaurant, ideal zum Wandern und Vögelbeobachten.

NÉOS MARMARÁS: Akrotiri €
Preiswert SK D2
Dorfmitte, 630 80
📞 23750 72191
🌐 akrotirimarmaras.gr
Schöne Studios mit Küchenzeile und Balkon, atemberaubende Aussicht aufs Meer.

NÉOS MARMARÁS: Kelyfos €€
Luxus SK D2
Dorfrand, 630 81
📞 23750 72833
🌐 kelyfos.gr
Hübsche Studios und Bungalows unter Palmen, das Restaurant serviert Bioküche.

NYMFÉO: La Moara €€
Boutique SK B2
Dorfrand, 530 78
📞 23860 31377
🌐 lamoara.gr
Im Landhausstil mit Holzböden und schicken Badezimmern, exzellentes Restaurant.

PRÉSPA-SEEN: To Petrino €
Preiswert SK B1
Zentrum von Agios Germanós, 530 77
📞 23850 51344
🌐 prespespetrino.com
Freundliches Hotel mit rustikalen Möbeln in malerischem Dorf.

PRÉSPA-SEEN: Prespa Wellness Resort €€
Luxus SK B1
Platys, 531 00
📞 23850 51400
🌐 prespes-hotelprespaspa.clickhere.gr
Anlage mit Selbstversorgerstudios und Balkonen. Fitnesszentrum, Spa und Kinderspielplatz.

SYMVOLÍ: Faraggi Hotel €
Boutique SK D1
Zwischen Kaválo u. Dráma, 620 47
📞 23240 81667
🌐 faraggihotel.gr
Hübsches Hotel am Flussufer mit feinem Restaurant und Spa.

THESSALONÍKI: Nepheli €
Preiswert SK C2
Komninon 1, Panórama, 552 36
📞 23103 42002
🌐 nepheli.gr
Überraschend preiswertes Vier-Sterne-Haus mit Dachbar, gutem Restaurant und schönem Blick.

THESSALONÍKI: Orestias Kastorias €
Preiswert SK C2
Agnóstou Stratiótou 14, 546 31
📞 23102 76517
🌐 okhotel.gr
Restauriertes klassizistisches Haus mit großen modernen Zimmern nahe der Kirche Agios Dimítrios.

Vis-à-Vis-Tipp

THESSALONÍKI: Electra Palace €€
Luxus SK C2
Plateía Aristotélous 9, 546 24
📞 23102 94000
🌐 electrahotels.gr
Das noble Hotel gefällt mit einer Lobby im Walnuss-Marmor-Dekor und tiefen Ledersofas, topmodernen Zimmern und Suiten sowie einem Dachpool. Das Restaurant serviert Gourmetküche.

THESSALONÍKI: Le Palace Art €€
Boutique SK C2
Tsimiskí 12, 546 24
📞 23102 57400
🌐 lepalace.gr
Hotel in einem Haus der 1920er Jahre. Grandioses Frühstück.

THESSALONÍKI: Makedonia Palace €€
Luxus SK C2
Megálou Alexándrou 2, 546 40
📞 23108 97197
🌐 makedoniapalace.com
Komfortable Zimmer, Außenpool, zwei feine Restaurants.

Zimmer im Fanari Hotel in Nordgriechenland

SK=Straßenkarte Griechenland *siehe hintere Umschlaginnenseiten*

Restaurants

Für die Griechen gilt: Man isst dort am besten, wo das Essen möglichst frisch, reichlich, gut und zu einem passablen Preis zu haben ist. Ausgefallenes Ambiente des bevorzugten Restaurants oder der Taverne ist nicht nötig. Trotz der Wirtschaftskrise gehen die meisten Griechen weiterhin gelegentlich zum Essen.

Auch Besucher schätzen die einfache, gesunde griechische Küche – Olivenöl, Joghurt, Käse, Gemüse, ein wenig Fleisch oder Fisch und regionaler Wein in fröhlicher Runde – und zur Abrundung noch ein Gläschen Oúzo. Die Kombination traditioneller Kochkunst mit einigen Einflüssen von außen ließ eine kulinarische Vielfalt entstehen, die jedem etwas bietet. Für griechische Stadtbewohner, die sich meist einen westeuropäischen Tagesablauf angeeignet haben, ist das dreistündige Mittagessen mit Siesta – wie auf dem Land noch Tradition – inzwischen unüblich.

Das Restaurant Néon im Herzen Athens

Restaurants

Einige Lokale sind auf eine bestimmte Küche spezialisiert. In Thessaloníki und in den Vororten Athens, wo sich nach der Niederlage im griechisch-türkischen Krieg 1922 Flüchtlinge aus Kleinasien angesiedelt haben, sind Speisen stärker gewürzt. Roter Pfeffer wird gern verwendet.

Die Speisekarten traditioneller Restaurants enthalten in der Regel nicht mehr als ein Dutzend *mezédes* (Vorspeisen oder Häppchen), etwa acht Hauptgerichte, vier oder fünf Gemüsegerichte bzw. Salate, frisches oder gekochtes Obst als Dessert sowie regionale und nationale Weine.

Viele griechische Restaurants befinden sich meist seit Jahrzehnten im Besitz ein und derselben Familie. In den *estiatória* werden für die jeweilige Region typische Gerichte und Weine auf unprätentiöse Weise serviert. Fremde werden gern in die Küche gebeten, um sich etwas auszusuchen – in anderen Ländern eigentlich undenkbar.

Eine *oinomageireio* ähnelt einer Taverne *(siehe unten)*. Das Wein- und Speiseangebot – die Gerichte sind *mageireftá* (vorgekocht) – ist zwar begrenzt, die hausgemachte Kost jedoch schmackhaft. Viele dieser Restaurants haben mittags und nachmittags geöffnet, schließen meist jedoch schon früh am Abend. Die offenen Weine stammen oft aus dem Heimatort des Besitzers. Sie sind in der Regel gut, wenn auch nicht herausragend.

Viele Hotelrestaurants stehen jedermann offen. In kleinen Hotels auf dem Land sind Küche und Wein oft exzellent.

Tavernenschild in Párga

In den vergangenen Jahren entwickelten junge griechische Küchenchefs mit viel Raffinesse und Kreativität die kulinarischen Traditionen des Landes weiter. In ihren neuen *koultouriárika*-Restaurants kreieren sie auf Grundlage der frischen heimischen Zutaten und Aromen innovative Gerichte, bei denen Olivenöl zunehmend durch Kräuter und Gewürze ersetzt wird. Darüber hinaus experimentieren sie mit Kombinationen gegensätzlich erscheinender Aromen.

Ethnische Küchen erweitern das gastronomische Angebot in Griechenland. So findet man vor allem in Athen, Thessaloníki und vielen Ferienorten an der Küste Restaurants mit südostasiatischer, mexikanischer, spanischer, argentinischer und orientalischer Küche. Innerhalb dieser Vielfalt bildet italienische Küche einen Schwer-

Das elegante Restaurant Beau Brummel in Kifisiá

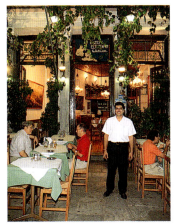

Ober und Gäste in der Athener Pláka

punkt. Griechen lieben italienisches Essen. So ist die große Zahl an (meist sehr gut besuchten) Pizzerias und Trattorias nicht verwunderlich. Auf dieser Basis hat sich in den letzten Jahren eine griechisch-italienische Fusionsküche entwickelt.

Tavernen

In einer Taverne zu essen und zu trinken, ist ein Hochgenuss, auch wenn man nur *mezédes* bestellt. Traditionelle Tavernen sind vom frühen Abend bis in die Nacht geöffnet, gelegentlich auch mittags. Die Speisekarte ist kurz und saisonabhängig: sechs oder acht *mezédes*, vier Hauptgerichte wie Aufläufe und frisch zubereitete Speisen *(tis óras)* sowie die üblichen Beilagen wie Gemüse, Salate, Obst und Wein.

Wie traditionelle Restaurants konzentrieren sich auch manche Tavernen teils auf die Gerichte und Weine aus der Heimat des Besitzers, teils auf eine bestimmte Zubereitungsart oder bestimmte Speisen.

In einer *psarotavérna* bekommt man guten Fisch. Da Fisch und Seafood teuer sind, gleichen diese Tavernen Restaurants. In Fischerdörfern stehen die Tische einer *psarotavérna* oft buchstäblich am Strand. Der Besitzer serviert selbst gefangenen Fisch. Die Gerichte werden in der Regel nicht sehr üppig garniert, meist auf einer Metallplatte mit einer Marinade aus Olivenöl und Zitronensaft, etwas Petersilie und einer Zitronenscheibe.

In Restaurants der Ferienanlagen wird oft tiefgekühlter Fisch serviert, was auf der Speisekarte häufig mit dem Kürzel *kat (katapsygméno* bedeutet gefroren) vermerkt ist.

Die *psistariá* ist eine Taverne, die sich auf Gerichte vom Grillspieß und vom Holzkohlegrill *(sta kárvouna)* spezialisiert hat. In ländlichen *psistariés* grillt man vor allem Lamm, Zicklein, Schwein, Huhn und Wild, auf vielen Speisekarten finden sich auch Innereien.

Egal, für welche Art von Taverne Sie sich entscheiden: Folgen Sie dem Beispiel der Einheimischen und genießen Sie nach dem Essen als Nachtisch Süßigkeiten und Gebäck in einem *zacharoplasteío (siehe unten)*.

Mezedopoleío, Ouzerí und Tsipourádiko

Zur breiten Palette an Restaurants in Griechenland gehören auch *mezedopoleío, ouzerí* und *tsipourádiko*. Die Begriffe sind oft nicht klar definiert, all diese Lokalitäten stehen jedoch für griechische Gastlichkeit. Sehr beliebt sind sie insbesondere bei Gruppen, die sich die hier servierten Fleisch-, Fisch- oder Gemüseplatten teilen. Abgerundet wird das reichliche Essen auch hier durch den Genuss von Spirituosen, die aus den Rückständen der Weinproduktion destilliert werden – ob Oúzo, Tsípouro oder Raki. Man trinkt sie als Aperitif oder Digestif mit viel Wasser und Eis.

Vor allem in Athen, Thessaloníki, Pátra, Ioánnina und Vólos steht in vielen griechischen Restaurants und Lokalen gelegentlich abends Live-Musik auf dem Programm.

Cafés und Konditoreien

Drehscheibe des öffentlichen Lebens sind die Cafés *(kafeneía)*. Hier wird griechischer Kaffee serviert, daneben gibt es *frappé* (kalten Instantkaffee im hohen Glas), alkoholfreie Getränke, Bier, Wein sowie Oúzo und andere Spirituosen. Auf Bestellung kann man meist auch einen kleinen Imbiss bekommen.

Naschkatzen werden garantiert in einem *zacharoplasteío* fündig. Diese Konditoreien bieten ein verführerisches Sortiment an Süßgebäck, Pralinen und mehr. In einem *galaktopoleío* oder »Milchladen« kann man Joghurt mit Honig genießen. Außerdem findet sich immer eine (oft italienische) Eisdiele in der Nähe.

Oúzoflasche

Tische im Hof des Hotelrestaurants Kritsá in Portariá *(siehe S. 290)*

Gäste genießen ihr Essen im Freien in Pláka

Fast Food und Snacks

Auch in Griechenland haben sich in den Stadtzentren sowie an Bahnhöfen und Flughäfen schon seit langer Zeit Filialen bekannter amerikanischer Fast-Food-Ketten angesiedelt. Dennoch findet man noch viele Niederlassungen von populären griechischen Ketten wie Everest, Gregory's und Goody's.

Darüber hinaus gibt es überall traditionelle griechische Imbissstände. In einem preiswerten *souvlatzídiko* werden Fleisch, Fisch oder Gemüse auf Spießen gegrillt oder als Stücke mit Tzatzíki, Zwiebeln und Tomaten in Pittabrot als Wrap angeboten. Im *gyradíko* erhält man Gyros (Fleisch vom Drehspieß in Pittabrot) zum Mitnehmen bzw. auf die Hand *(sto chéri)*. Die genannten Lokalitäten bieten auch eine Auswahl an Bieren und Softdrinks. Wer sein Essen an Ort und Stelle verzehren möchte, kann dies an einfachen Tischen.

Bäckereien bieten pikante Pasteten, belegte Brötchen und gefüllte Croissants an. Straßenhändler verkaufen *kouloúria* (mit Sesam bestreute Kringel oder Brötchen), Pasteten, Maiskolben, Esskastanien und Nussgebäck. Snacks sind oft regionale Köstlichkeiten: kleine, pizzaähnliche Pasteten in Thessaloníki, Spinat- oder Käsepasteten in Métsovo sowie würzige Würstchen in Ioánnina.

Frühstück

Für die Griechen ist das Frühstück die unwichtigste Mahlzeit des Tages. Zu Hause und in Cafés gibt es oft nur eine Tasse griechischen Kaffees mit *paximádia* (zwiebackähnliches Brot), *kouloúria* oder *keik* (Trockenkuchen). Jedes Hotel ab zwei Sternen aufwärts ist verpflichtet, seinen Gästen Frühstück anzubieten. Eine (gelegentlich bessere) Alternative sind die *kafeneía* (siehe S. 275).

Reservierung

Je gehobener das Restaurant, desto ratsamer ist eine Reservierung, vor allem an Wochenenden. Auf dem Land und in den Vororten der Städte ist es üblich, sich früh am selben Tag oder am Vortag persönlich in dem Restaurant oder der Taverne nach den Speisen zu erkundigen. Der Inhaber des Lokals nimmt die Bestellung auf und reserviert das gewünschte Gericht. In manchen Tavernen werden nur so viele Gerichte zubereitet, wie vorbestellt wurden.

Wein und Bier

Mit der Rückbesinnung auf regionale griechische Küchentraditionen ging auch eine Aufwertung heimischer Weine einher. Die steigende Qualität edler Tropfen spiegelt sich im Preis wider. In einer gehobenen Taverne zahlt man für eine Flasche durchaus 30 Euro. Doch auf den meisten Weinkarten findet man auch günstigere Optionen wie Lazaridi, Tsantali und Nemea. Sie können zunächst eine Kostprobe bestellen. Viele Gäste machen dies insbesondere bei griechischen Roséweinen, deren Farbton relativ dunkel ist.

Zu den gefragtesten Bieren aus griechischer Produktion gehören Fix, Alfa, Vergina und das relativ starke Komotiní. Darüber hinaus gibt es Dutzende von Mikrobrauereien wie Craft in Athen und ZEOS in Árgos. Ihre Biere sind relativ teuer, überzeugen aber durch hohe Qualität. Auch auf einigen Inseln wie Kreta, Thera, Chíos und Korfu sind renommierte Mikrobrauereien in Betrieb.

Bezahlung

In Griechenland wird nach wie vor überwiegend bar bezahlt. Wenn Sie mit Kreditkarte bezahlen möchten, erkundigen Sie sich am besten vorab, ob man generell Kreditkarten und vor allem Ihre Karte akzeptiert (oft werden nur bestimmte Karten angenommen). Gleiches gilt für die Bezahlung mit einer Debitkarte. In *kafeneía*, Cafés und Bars kann man nur bar bezahlen.

Service und Trinkgeld

Die Griechen nehmen sich Zeit, wenn sie essen gehen, und erwarten aufmerksamen Service. Die Bedienung wird deshalb stark beansprucht, bekommt dafür aber großzügiges Trinkgeld – meistens etwa zehn Prozent, 15 bei sehr gutem Service. In traditionellen Restaurants ist der Service in der

Vor einem Gyros-Restaurant in Athen

Regel im Preis enthalten, Kellner erwarten dennoch ein paar Münzen Trinkgeld.

In der sommerlichen Hochsaison muss man als Gast häufig Abstriche bei der Qualität des Service machen. Auch in gehobenen Restaurants kommt das Personal mit dem in dieser Zeit herrschenden großen Andrang nur schwer zurecht.

Etikette

Die Griechen machen sich fein, wenn sie essen gehen. Besucher dürfen bequeme Kleidung tragen. Knappe Tops und Shorts oder Sportkleidung sind aber – außer in Strandbars – verpönt, auch wenn Urlauberlokale solche Kunden kaum abweisen. In vielen Restaurants von Hotels ab drei Sternen wird Besuchern in kurzen Hosen, ärmellosen T-Shirts und Sandalen der Zutritt verwehrt.

Wer im Freien essen möchte, sollte sich stets eine Jacke oder einen Pullover mitnehmen – die Abende können auch im Sommer kühl sein.

Mit Kindern essen

In Griechenland werden bereits Kinder zu Stammgästen. Dies ist Teil der griechischen Lebensart. Deshalb sind Kinder in Restaurants und Tavernen – nur nicht in Bars – gern gesehen. In vornehmen Restaurants erwartet man von ihnen angemessenes Verhalten, doch im Sommer, wenn man draußen isst, können sich Kinder frei entfalten und spielen. Außer in Hotels mit Spitzenservice sind Hochstühle unbekannt, trotzdem kann man in zwanglosen Lokalen und Tavernen problemlos mit Kindern jeden Alters essen.

Rauchen

Griechenland deklarierte 2009 gemäß den EU-Richtlinien Restaurants, Cafés und Bars mit einer Fläche von weniger als 70 Quadratmetern zu Nichtraucherbereichen. In der Praxis wird dies allerdings bis heute recht leger gehandhabt – obwohl die griechischen Ordnungsämter verstärkt empfindlich hohe Bußgelder verhängen.

Innenhof in einem Restaurant in Thessaloníki

Behinderte Reisende

Auf dem Land, wo kein Platzmangel herrscht, gibt es kaum Probleme für Rollstuhlfahrer. Restaurants in den Städten sind dagegen oft nur eingeschränkt zugänglich. Die Gehsteige sind in der Regel uneben. In vielen Restaurants behindern an den teilweise engen Eingängen Stufen. Die auf Seite 303 aufgeführten Organisationen und Verbände bieten nützliche Informationen für behinderte Reisende.

Brotverkäufer in Athen

Vegetarische Gerichte

Die griechische Küche bietet Vegetariern eine reiche Auswahl, angefangen bei leckeren *ntolmádes*. Aufgrund der Vielfalt der Speisen kann man in traditionellen Restaurants, Tavernen oder *kafeneía* problemlos sowohl vegetarische Vor- als auch Hauptspeisen bestellen. Gemüsegerichte sind gehaltvoll, preiswert, fantasievoll und sättigend.

Veganer sollten beachten, dass viele vegetarische Gerichte Milchprodukte enthalten.

Picknick

Die beste Zeit für ein Picknick ist der Frühling, wenn die Landschaft am schönsten ist und die Temperaturen noch nicht allzu hoch sind. Die für diese Jahreszeit typischen Speisen wie Fastenbrot mit Olivenöl, süßes Osterbrot, Pasteten mit Blattgemüsefüllung, Käse und frischer Retsína eignen sich dafür ideal. Im Sommer kann man auch wunderbar am Strand essen. Die besten Sommer-Snacks sind Pfirsiche, Feigen, Joghurt, Käse, Tomaten und Oliven.

Restaurantkategorien

Die Restaurants in der Restaurantauswahl *(siehe S. 282 – 291)* wurden aufgrund der überzeugenden Qualität ihrer Speisen, ihres guten Preis-Leistungs-Verhältnisses, ihrer Ausstattung, ihrer schönen Lage und ihres besonderen Ambientes ausgewählt. In Griechenland gibt es viele traditionelle Restaurants, die authentischsten finden sich in der Auswahl. Aber auch Lokale mit internationaler Küche sind gelistet, darunter einige Fischrestaurants sowie solche mit vegetarischer Küche.

Restaurants mit besonderem Charakter oder Charme werden als **Vis-à-Vis-Tipp** hervorgehoben.

Terrasse eines Cafés am Leuchtturm von Pátra

Griechische Küche

Die alten Griechen betrachteten Kochen sowohl als Wissenschaft als auch als Kunst. In abgelegenen Regionen des Festlands und auf entfernten Inseln stößt man immer noch auf Gerichte, die von der modernen Küche überhaupt nicht beeinflusst wurden. Auf der anderen Seite gibt es einige hellenische Speisen, die ihre ottomanische Herkunft nicht leugnen können. In der Vergangenheit wurde die griechische Kost ein wenig despektierlich als ländlich und einfach abgetan. Heute schätzt man sie gerade wegen ihrer Einfachheit, Qualität und der frischen regionalen Zutaten.

Oregano und Thymian

Ein Fischer kehrt mit dem Tagesfang in den Hafen zurück

Athen und Peloponnes

Die griechische Hauptstadt zieht seit je viele Zuwanderer an. Hier leben Menschen, die vom Land, den Inseln und den Küsten des östlichen Mittelmeers stammen. Diese Vielfalt spiegelt sich auch maßgeblich in den Märkten, in der Küche und in den omnipräsenten Imbissbuden wider. Auf dem Peloponnes sind die Speisen so divers wie das Land: Es gibt Fisch aus Meer und Seen, Ziegen, Schafe und Wild aus den Bergen – nicht zu vergessen die vielen Käsesorten, die Oliven und der Honig.

Zentral- und Nordgriechenland

Auf dem griechischen Festland mit seiner turbulenten Geschichte lassen sich keine klaren kulinarischen Grenzen ziehen: Die verschiedenen Kochtraditionen existieren hier nebeninanander. Fleisch- und Obstgerichte aus Thessaloníki besitzen jüdischen Einfluss, die Ofenzubereitung in Ioánnina verweist auf osmanische Traditionen, während die Roma-Hirten Ziegenkäse, Pasteten und Innereien in Métsovo und Epirus populär machten. Die scharfe Küche des Nordens ist kulinarisches Erbe der vielen im Jahr 1922 zugewanderten Emigranten aus Kleinasien, den Balkan-Einfluss spiegeln die sauren Gemüse, Walnüsse und Joghurt wider.

Auf der Speisekarte

In einer *oinomageireo* werden in der Regel Salate und einige vorgekochte Gerichte angeboten. Die Speisekarte einer Taverne listet rund ein Dutzend *mezédes* sowie frisch zubereitete Hauptgerichte. Auch Vorspeisen und Snacks gehören zur Auswahl.

Manche Speisen sind überall und das ganze Jahr über

Regionale Gerichte und Spezialitäten

Süßigkeiten wie Nougat, *pastéli* (Honig-Sesam-Kekse), *loukoúmia* (Hefekrapfen in Sirup) und *chalvás* (Halva) gehören seit Aristoteles' Zeiten zum hellenischen Alltag. Sie werden in kleinen Läden und Buden verkauft. *Pittes* oder Pasteten sind eine Spezialität der Epirus-Region. Sie sind mit Wild, Innereien, Käse und Gemüse gefüllt, oft in Kombination mit Reis und Nudeln. Aus dem Mittleren Osten stammt *Soutzoukákia*, eine Köstlichkeit aus Nord-Thrakien und Makedonien. Die Fleischpasteten werden vor allem mit Koriander, Pfeffer und Kreuzkümmel gewürzt. *Choirinó kritikó* aus Kreta sind gebackene Schweinekoteletts, *Sýka me tyrí* ist ein Sommer-*mezés*, ein Dessert oder Snack, bestehend aus Feigen mit *Mizthýra*-Käse, der aus Molke gemacht wird.

Oliven

Fakés ist eine saure Suppe. Die Zutaten sind grüne Linsen, Zitronensaft oder Weinessig, Tomaten, Kräuter und Olivenöl.

Angebot auf einem typisch griechischen Markt

erhältlich. Dazu gehören klassische Dips wie *tyrokafterí* (würzige Käsepaste), *melitzanosaláta* (Auberginenbrei), *fáva* (Kichererbsenpüree mit Zwiebeln und Zitrone) und *taramosaláta* (Fischrogencreme). *Chórta* (gekochtes Gemüse) ist ebenfalls verbreitet, eine weitere Spezialität sind *plevrótous* (Austernpilze). Jede Region hat ihre eigene *loukánika* (Wurstspezialität), die meist gegrillt wird.

Griechenland bietet weltweit die größte Vielfalt an Oliven, viele Sorten werden für die Produktion von Olivenöl kultiviert. Auch die Auswahl an Käsesorten – vor allem an Ziegen- und Schafskäse – ist reichhaltig. *Kápari* (Kapern) würzen viele Salate.

Fisch und Seafood
Sehr gefragt sind Meerbarben und Zackenbarsche. Zu den Spezialitäten gegen Ende des Frühjahrs zählt *kalamaráki*

Moussaká – typisches Tellergericht in griechischen Restaurants

(Tintenfisch), im Sommer bieten viele Restaurants *sardélla* (Sardinen), *gávros* (Anchovis), Thunfisch und Schwertfisch an. Muscheln entstammen einer Zucht, Garnelen werden importiert.

Fische werden üblicherweise im Ganzen mit Kopf serviert – die Griechen finden, dass dies der leckerste Teil ist.

Desserts
Ein *epidórpia* (Dessert) rundet das Menü ab. Besonders beliebt sind *simigdalisio chalvás* (Halva), *ekmek kataïfi* (Brotpudding) und *glykó koutalioú* (kandierte Früchte).

Getränke
Wein gehört seit der Antike zum kulturellen Leben Griechenlands. Die wichtigsten Anbaugebiete verteilen sich auf das Festland und die Inseln. Viele edle Tropfen stammen aus Makedonien, der Epirus-Region und dem Peloponnes. Retsína, ein mit Kiefernharz aromatisierter Wein zählt zu den bekanntesten. Verbreitete Spirituosen sind *tsipouro*, ein dem Grappa ähnlicher Traubenbranntwein, und der Anisschnaps Oúzo. Kaffee wird in Griechenland traditionell aus sehr fein gemahlenen Bohnen mit Wasser in einer *mpriki* (Kaffeekanne) mit langem Griff aufgebrüht und aus kleinen Tassen getrunken.

Spetzofáï, gedünstete, pikante Wurststückchen, verfeinert mit Kräutern und Gemüse, isst man in Pílio.

Barboúnia oder Meerbarbe gilt seit der Antike als Spezialität. Auch die kleinere Variante *koutsomoúres* ist köstlich.

Loukoumádes, ein beliebter Snack, sind in Honig getauchte, frittierte und mit Zimt bestäubte Teigbällchen.

Speisekarte

Der traditionelle erste Gang besteht aus verschiedenen *mezédes* (Vorspeisen) – zunächst die kalten, anschließend die warmen. Einige wie *loukánika* (Wurst) oder *apáki* (Pökelfleisch) können zu einem Hauptgang kombiniert werden. Fleisch (mit Reis oder Kartoffeln und Salat) oder Fisch (mit Salat) bilden den nächsten Gang. Kaffee und Kuchen genießt man nach dem Essen überwiegend in einer nahen Konditorei. Brot wird zu jeder Mahlzeit gereicht. Neben Weißbrot gibt es seit einiger Zeit auch verstärkt Vollkornbrot.

Sesamkringel, ein typisches Gebäck

Tiganiá sind saftige Schweinefleischspießchen vom Grill, mit Zitrone, Kräutern und Olivenöl gewürzt.

Choriátiki saláta, griechischer Salat, besteht aus Tomaten, Gurken, Zwiebeln, Oliven, Kräutern und Feta-Käse.

Psária plakí – ein ganzer Fisch wird in einer Sauce aus Tomaten, Zwiebeln und Olivenöl gegart.

ΜΕΖΕΔΕΣ
MEZÉDES

Ελιές — Oliven
Eliés

Ταραμοσαλάτα — Gesalzene Creme aus Fischrogen
Taramosaláta

Τζατζίκι — Dip aus Joghurt und Gurke
Tzatzíki

Τιγανιά
Tiganiá

Κεφτέδεσ — Kichererbsenpüree
Keftédes

Χούμους — Auberginenpüree
Choúmous

Μμελιτζανοσαλάτα
Melitzanosaláta

Ντολμάδες — Weinblätter, gefüllt mit Reis
Ntolmádes

μελιτζάνες ιμάμ μπαϊλντί — Auberginen, gefüllt und gebacken
Melitzánes imám baïldí

ΛΑΧΑΝΙΚΑ ΚΑΙ ΣΑΛΑΤΙΚΑ — Gemüse und Salat sind oft einheimische Produkte.
Lachaniká kai salatiká

Χωριάτικη σαλάτα
Choriátiki saláta

Μελιτζάνες και κολοκυθάκια τηγανιτ — Gebratene Auberginen und Zucchini
Melitzánes kai kolokythákia tiganitá

Αγκινάρες α λα πολίτα — Artischocken mit Kartoffeln, Karotten und Oliven
Agkináres a la políta

Tis scháras heißt »vom Grill« und kann aus Fleisch, Fisch oder Gemüse zubereitet werden. Hier wurde Schwertfisch in Zitronensaft, Olivenöl und Kräutern mariniert und über Holzkohle gegrillt.

Mezédes

Mezédes werden als Vorspeise oder Snack serviert. *Taramosaláta* ist ein Püree aus gesalzenem Fischrogen und Semmelbröseln oder Kartoffeln. Das Gericht gehört in die Fastenzeit, steht heute aber auf jeder Speisekarte. *Melitzanosaláta* wird aus gegrillten Auberginen und Kräutern zubereitet. *Choúmous* beinhaltet Kichererbsen, Koriander und Knoblauch. *Melitzánes imám baïldí* sind Auberginen, gefüllt mit Zwiebeln, Tomaten und Kräutern. Für *ntolmádes* werden Weinblätter mit Korinthen, Pinienkernen und Reis gefüllt.

Typische Auswahl an *mezédes*

ΨΑΡΙΆ
PSÁRIA

Πλακί
Plakí

Της σχαρας
Scháras

Καλαμαράκια Τηγανιτά
Kalamarákia Tiganitá

ΜΑΓΕΙΡΕΦΤΑ
Mageireftá

Μουσακάς
Mousakás

Σουβλάκια
Souvlákia

Χοιρινό σουβλάκι
Choirinó souvláki

Κλέφτικο
Kléftiko

ΕΠΙΔΌΡΠΙΑ
EPIDÓRPIA

Τιραμισού
Tiramisù

Παγοτά
Pagotá

Χαλβάς
Chalvás

Γλυκά του κουταλιού
Glyká tou koutalioú

Fisch schmeckt an der Küste und auf den Inseln am besten.

Gegrillter Tintenfisch

Moussaká (geschichteter Auflauf aus Lammfleisch und Auberginen)

Desserts sind oft einfach nur Obst, Gebäck oder Joghurt.

Eiscreme

Keftédes, Fleischbällchen aus Schweine- oder Rindfleisch, Ei und Brot werden mit Petersilie und Minze verfeinert.

Kléftiko ist meist aus Lammfleisch, das in Pergamentpapier gewickelt und gekocht wird. So bleibt es saftig und aromatisch.

Süßes Gebäck, mit Nüssen und Honig gefüllt, sirupgetränkte Kuchen, Pasteten, Krapfen und *glyká* (kandierte Früchte) werden vorwiegend in Cafés gegessen. Am bekanntesten sind *baklavás* (aus Blätterteig und Nüssen) und *kataïfi* (süße Röllchen mit Sirup).

Giaoúrti kai méli (Joghurt mit Honig) ist Teil des Hotelfrühstücks und wird in Restaurants als Dessert angeboten.

Restaurants

Athen

Exárcheia

I Kriti (O Takis) €
Kretisch   SP 2 E3 K E3
Veranzérou 5, Platéia Kániggos, 106 77
☎ 210 382 6998   ● So
Populäres, gemütliches Lokal mit Klassikern wie *apáki* (Pökelfleisch), mehreren Wurstspezialitäten (sehr gut: *sfakian*), *stamnagáthi*, Fenchelkuchen und Salaten. Dazu gibt es *rakí* aus Sitía. Kretische Musik bildet den stimmungsvollen Rahmen.

Rakoumel
Kretisch   SP 2 F3 K F4
Emmanouil Mpenáki 71, 106 81
☎ 210 380 0506   ● So; Aug
Ein Favorit unter den kretischen Restaurants in Athen mit Köstlichkeiten wie *sfakian*, jahreszeitlich wechselnden Gemüsegerichten und Fenchelkuchen. Anstelle von Brot wird hier *paximádia* (Zwieback) gereicht. Auch Tische im Freien.

Vis-à-Vis-Tipp

Rozalia €
Griechisch   SP 2 F2 K G3
Valtetsiou 54, 106 81
☎ 210 330 2136
Das Restaurant in einem schönen klassizistischen Haus samt Garten mit Weinranken, Olivenbäumen und Blumen lockt seit rund vier Jahrzehnten mit seiner Spezialität *tigániá* (Schwein in Pfeffersauce) und Klassikern wie *spanakórizo* (Spinatreis), in Oúzo mariniertem Fisch und Meeresfrüchten sowie exzellenten Weinen und diversen Oúzo-Sorten.

Verlockender gegrillter Tintenfisch mit Spinat im Restaurant Yiantes

Restaurantkategorien *siehe Seite 277*

Peinaleon €€
Griechisch   SP 3 B2 K J2
Mavromicháli 152, 114 72
☎ 210 644 0945
● Juni–Mitte Sep
Reservieren Sie unbedingt in dem für seine *mezédes* und hauseigenen Rotweine beliebten Restaurant mit Retro-Lampen, alten Fotografien und *Repétiki*-Musik.

Rifíi €€
Mediterran   SP 2 F3 K F3
Emmanouil Mpenáki 69 u. Valtetsiou, 106 81
☎ 210 330 0237   ● Aug
Rifíi serviert Traditionelles mit ungewöhnlichen mediterranen Zutaten, darunter köstliches, 24 Stunden gegartes Lamm mit Sauce aus getrockneten Tomaten und Hühnchenbrustspieß mit süßer Chilisauce und Joghurt.

Salero €€
Mediterran   SP 2 F3 K G3
Valtetsiou 51, 106 81
☎ 210 381 3358
Spezialität des lebhaften Restaurants ist die Küche von der Iberischen Halbinsel. Zur Auswahl stehen Tapas, Hauptgerichte und hausgemachte Desserts. Exzellente Weinauswahl (auch Tropfen aus Argentinien) und Cocktails.

Yiantes €€
Mediterran   SP 2 F3 K G3
Valtetsiou 44, 106 81
☎ 210 330 1369
Hier schmecken griechische und mediterrane Gerichte wie etwa Zucchini-Kroketten, Couscous mit Pancetta oder gegrillte Leber mit karamellisierten Zwiebeln. Die saisonalen Gerichte werden aus Biozutaten zubereitet. Gute Wein- und Oúzo-Auswahl.

Ilísia

Vis-à-Vis-Tipp

Galaxy Restaurant €€€
International   SP 4 D5 K K6
Hilton, Vassilisis Sofias 46, 115 28
☎ 210 728 1402
Im Galaxy ist alles geschmackvoll, von den Cocktails an der Bar bis zum japanischen Teppanyaki, den mediterranen Gourmetgerichten und den feinen Weinen an den dunklen Holztischen. Das Highlight des Dachrestaurants ist der weite Blick durch die deckenhohen Fenster auf die Akropolis.

Preiskategorien
Preise für zwei Gäste mit Drei-Gänge-Menü inklusive einer Flasche Hauswein, Steuer und Service.
€   unter 45 Euro
€€   45–65 Euro
€€€   über 65 Euro

Kerameikós

Funky Gourmet €€€
Gourmet   SP 1 B4 K B5
Paramythiás 13 u. Salaminós, 104 35
☎ 210 524 2727
● mittags; So, Mo
Das minimalistisch gestaltete Sternerestaurant bietet nur drei Menüs. Die Weine stammen aus Griechenland und diversen anderen Ländern.

Kolonáki

To Kioupi €
Griechisch   SP 3 A5 K H6
Plateía Kolonakíou 4, 106 73
☎ 210 361 403
● abends (Sommer); So; Aug
Seit den 1950er Jahren ist das *mageireio* ideal für eine Stärkung nach einem Besuch der umliegenden Museen. Zu den Spezialitäten des Hauses gehören *gída vrastí* (gedünstetes Ziegenfleisch) und *ntolmádes*. Gute Weinauswahl.

Il Postino €
Italienisch   SP 3 A4 K G5
Grivaion 3 u. Skoufá 64, 106 73
☎ 210 364 1414   ● So
Im Herzen Athens bietet das Restaurant im Stil einer Osteria köstliche Antipasti, Kalbfleisch in Weinsauce und andere Fleischgerichte sowie hausgemachte Pasta und Desserts.

Prytaneion €€
International   SP 3 A5 K H6
Milioni 7–9, 106 73
☎ 210 364 3353
Das elegant in Erdfarben gehaltene, mit Kunst dekorierte dreistöckige Restaurant lockt mit mediterranen Fleisch- und Pastagerichten, Fisch aus der Ägäis und italienischen Desserts.

Kiku €€€
Japanisch   SP 3 A5 K G5
Dimokritou 12, 106 73
☎ 210 364 7033   ● So; Aug
Das preisgekrönte Restaurant serviert exquisite japanische Küche in minimalistischem Ambiente. Zum Lokal gehört eine hervorragende Sushibar, die Sashimi und Tempura werden wie kleine Kunstwerke präsentiert. Gute Weinauswahl.

Blick auf die Akropolis vom Nobelrestaurant Orizontes Lykavittou

Orizontes Lykavittou €€€
Gourmet SP 3 B4 K J5
Spitze des Lykavittós, 106 75
📞 210 722 7065
Kaum ein Ort bietet einen schöneren Blick auf Athen als das elegante, hoch gelegene Trendlokal. Man erreicht es mit einer Seilbahn oder über einen Weg durch einen Kiefernwald. Als Belohnung warten kunstvoll servierte exklusive Vorspeisen, fantasievolle Salate, Fisch- und Pastagerichte sowie leckere Steaks aus Zentralgriechenland – sowie köstliche Desserts und Weine.

Koukáki

Mikri Venetia €€
Mediterran SP 5 C5 K K10
G. Olimpíou 15, 117 41
📞 213 025 9158
● Mo–Fr mittags
Das »Klein-Venedig« ist ein gemütliches, freundliches Lokal an einer schönen Fußgängerzone. Auf der Speisekarte finden sich neben griechischen Gerichten auch andere mediterrane Köstlichkeiten. Hier schmecken z. B. Shrimps mit grünem Curry. Die Auswahl an *rakí*, *tsípouro* und Oúzo kann sich durchaus sehen lassen.

Makrygiánni

Strofi €
Griechisch SP 6 D3 K D8
Rovértou Gálli 25, 117 42
📞 210 921 4130 ● Mo
Seit 1975 serviert das Strofi traditionelle mediterrane und griechische Küche, z. B. leckeren gebratenen Feta mit Honig und Sesam als Vorspeise und als Hauptgericht mit Käse gefülltes, in Weinblätter gewickeltes Lamm. Dachterrasse mit Akropolis-Blick. Vorab reservieren.

Vis-à-Vis-Tipp

Mani Mani €€€
Griechisch SP 6 D3 K J8
Falírou 10, 117 42
📞 210 921 8180
● So abends
Die Küche des eleganten Restaurants im obersten Stockwerk eines Stadthauses nahe dem Akropolis-Museum kreiert griechische Gerichte mit kulinarischen Anklängen vom Peloponnes. Neben köstlichen Hauptspeisen wie etwa dem Schweinefleischgericht *sýglino* genießt man hier auch *mezédes*, Salate und kreativ zubereitete Desserts.

Metaxourgeio

Aleria €€
Griechisch SP 1 B3 K B4
Megálou Alexándrou 57, 104 35
📞 210 522 2633 ● mittags; So
Zu dem Restaurant in einem schön restaurierten Haus gehören eine hübsche Bar und ein Lokal mit Tischen im Freien. Ob Menü oder Tellergericht: Hier schmecken exquisite, modern interpretierte Klassiker der griechischen Küche, wie Reisnudelrisotto mit Meeresfrüchten, gegrillten Paprikas, Salami und Basilikum. Sehr zu empfehlen sind auch Kürbismousse und Couscous sowie als Dessert Käsekuchen.

Alexander The Great €€
Griechisch SP 1 C3 K B4
Megálou Alexándrou 3–7, 104 37
📞 210 522 7990
Hier genießt man unter der Balkendecke oder an Tischen im Garten authentische griechische Küche mit Gerichten wie *afélia* (Schweinefleisch in Wein) und *spetsofáï* (Würste mit Tomaten und grünen Paprikaschoten).

Monastiráki

Thanasis €
Grill SP 6 E1 K E6
Mitropóleos 69, 105 55
📞 210 324 4705
Drei überaus beliebte Grillstände reihen sich am Ende der Straße nahe der Plateía Monastirakioú. Das Thanasis ist bekannt für sein leckeres orientalisches Kebab. Alle Gerichte gibt es auch zum Mitnehmen.

Athinaïkon €€
Griechisch SP 6 E1 K E6
Mitropóleos 34, 105 55
📞 210 325 2688
Das schicke Restaurant in der Innenstadt ist das Schwesterlokal des Athinaïkon in Omónia. Geboten wird hier griechische Küche in modernen Variationen, beispielsweise exzellentes Schwertfisch-Souvláki oder Räucheraal.

Café Avissinia €
Café SP 5 C1 K D6
Kinétou 7, Plateía Avissynías, 105 55
📞 210 321 7047 ● Mo
Das trendige Café begeistert die Athener mit hochwertigen Burgern, Pastagerichten, Salaten und Platten sowie seiner warmen, freundlichen Atmosphäre. Am Wochenende gibt es Live-Musik.

Omónia

Black Duck Multiplarte €€
Mediterran SP 2 E5 K F5
Christoú Ladá 9a, 105 61
📞 210 323 4760
Das Bistro serviert mit viel Fantasie und Liebe zum Detail zubereitete Gerichte wie *kavourmás* mit Linsen oder gegrillte Shrimps mit schwarzem Wildreis. Die Bar im Erdgeschoss ist am Wochenende ein beliebter Treffpunkt. Hier läuft Sound der 1960er Jahre.

Klimataria €€
Griechisch SP 2 D4 K D5
Plateía Theátrou 2, 105 52
📞 210 321 6629 ● Mo
Herzhafte Fleischgerichte sind das Markenzeichen des Restaurants. Es gibt aber auch Optionen für Liebhaber von Seafood und für Vegetarier. Live-Musik (Do–So).

Olive Garden €€€
Mediterran SP 2 E3 K F4
Titania Hotel, Panepistimíou 52, 106 78
📞 210 383 8511
Das preisgekrönte Dachrestaurant bietet elegantes Dekor und Gourmetküche. Den Genuss ergänzt ein Blick auf die Akropolis.

SP = Stadtplan Athen *siehe Seiten 126–139* K = Karte *Extrakarte zum Herausnehmen*

Stimmungsvoll illuminierte Terrasse des Spondi

Pagkráti

Colibri €
Amerikanisch SP 7 B4 K J9
Empedokleoús 9–13, hinter der Plateía Varnáva, 116 36
☎ 210 701 1011
Der gewaltige Andrang an den Straßentischen dieses Lokals in einer Fußgängerzone dokumentiert die Beliebtheit seiner Küche. Hier gibt es Pizza mit dünnem Boden, Burger und einige Pastagerichte. Für kältere Tage gibt es auch ein paar Tische innen, doch Heizstrahler sorgen auch draußen für Behaglichkeit. Spülen Sie das Essen mit einem Gläschen *chýma* hinunter.

Karavitis €
Griechisch SP 7 B2 K J8
Arktinou 33 u. Pafsaníou 4, 116 35
☎ 210 721 5155
● Mo-Fr mittags
Ein Stück Geschichte: Das Karavitis ist Athens letzte noch betriebene Taverne aus den 1920er Jahren. Neben vorgekochten Speisen stehen auch einige *mezédes* und Grillgerichte zur Auswahl. Dazu schmeckt Wein aus Mesógeia. Die für den einfachen Stil des Lokals relativ hohen Preise sind angesichts der riesigen Portionen durchaus gerechtfertigt. Zu den bevorzugten Desserts gehören überbackene Quitten und *halva*. Man sitzt entweder im Garten oder im Speiseraum zwischen dekorativen Weinfässern.

Vyrinis €
Griechisch SP 7 B3 K H9
Archimídous 11 u. Arátou, 116 36
☎ 210 701 2153 ● So mittags
Die reizende Taverne wird nun von den Enkeln des Gründers betrieben. Bei der Modernisierung wurden einige traditionelle Elemente bewahrt. Hier schmecken köstliche griechische Salate und leckere *mezédes*.

Vis-à-Vis-Tipp

Spondi €€€
Gourmet SP 7 B4 K H9
Pýrronos 5, 116 38
☎ 210 756 4021
In einem prächtigen klassizistischen Haus mit schöner Natursteinausstattung serviert der französische Chef des Sternerestaurants exquisite Küche. Beliebte Klassiker sind hier die *Foie-gras*-Terrine, Wildgerichte mit Pilzen, Polenta und Spinat sowie Ente in Vanille- und Zartbitterschokoladensauce. Zur Auswahl stehen auch Verkostungs- und Dessertmenüs sowie rund 1300 Weine.

Pedíon Áreos

St'Astra €€€
Mediterran SP 2 F1 K F1
Leofóros Alexándras 10, 106 82
☎ 210 889 4500 ● So, Mo
Das chic designte Dachrestaurant des Radisson Blu Park Hotel ist ein Spitzenreiter in der Innenstadt. Genießen Sie hervorragende Cocktails und Gourmetküche, darunter so köstliche wie innovative Gerichte wie Schweinefleisch mit Mangochutney oder Lachs-Quinoa.

Petrálona

Askimopapo €
Griechisch SP 5 A3 K A8
Iónon 61, 118 51
☎ 210 346 3282 ● Mo, Di-Fr mittags; Mitte Juni-Sep
Zur Dekoration des Askimopapo gehören Fotos mit Theaterszenen und originale Kunstwerke. Zur Auswahl stehen neben Fleischgerichten auch vegetarische Optionen (u. a. *mezédes*). Dazu passen *Chýma*-Weine (rot und weiß) von Límnos und Nemea.

Santorínios €
Griechisch SP 5 A3 K A9
Doriéon 8, 118 52
☎ 210 345 1629
● einige Mo im Sommer
Nehmen Sie Platz in einem der kleinen Speiseräume oder im netten Hof der kultigen Taverne. Die Speisekarte listet nur wenige, dafür ausgewählte Spezialitäten aus Santoríni sowie Weine in Karaffen (wählen Sie Rotweine). Die Qualität der Speisen ist gut, Atmosphäre, Service und Preisniveau sind noch besser.

Oikonomou €€
Griechisch SP 5 A3 K A8
Tróon 41 u. Kydantidón, 118 51
☎ 210 346 7555 ● mittags;
Das Restaurant ohne Schild an der Fassade erkennt man an den Tischen im Freien. Diese klassische *oinomageireío* war lange Zeit beliebter Treffpunkt von Künstlern. Fleisch- und Gemüsegerichte (auch Eintöpfe) werden hier in üppigen Portionen serviert. Zu diesen Speisen passen Rotwein und der mit Kiefernharz versetzte Retsína.

Pláka

Bakalarákia O Damigos €€
Griechisch SP 6 E2 K F7
Kydathinaíon 41, 105 58
☎ 210 322 5084 ● Mo
Spezialität des rustikalen Restaurants ist *bakalarákia* – gebackener Kabeljau in scharfer Knoblauchsauce –, der der Legende zufolge schon seit 1864 hier serviert wird. Zum Dekor des Speiseraums gehören auch Retsínafässer und ein Foto der Künstlerin Josephine Baker, die anlässlich eines Auftritts in Athen hier zu Gast war.

Platanos €€
Griechisch SP 6 D1 K E7
Diogénous 4, 105 56
☎ 210 322 0666
Das bei den Athenern beliebte Platanos heißt nach der Platane, die vor dem Lokal steht. Schon seit Jahrzehnten beglückt man hier die Gäste mit hausgemachten griechischen Klassikern wie etwa *pastítsio* (Nudelauflauf mit Hackfleisch und Béchamelsauce) und *kléftiko*. Dazu schmeckt Retsína vom Fass besonders gut. Eine Attraktion ist auch die hübsche rosa Terrasse mit den schönen Bougainvilleen.

Psyrrí

Nikitas €
Griechisch SP 1 C5 K D5
Agíon Anargýron 19, 105 54
☎ 210 325 2591 ● abends; So

Restaurantkategorien *siehe Seite 277* Preiskategorien *siehe Seite 282*

Die mit Gründungsjahr 1967 älteste noch betriebene Taverne in Psyrrí bietet eine überschaubare, dafür aber täglich wechselnde Speisekarte mit Klassikern der griechischen Küche. Zum Essen trinkt man Bier oder Wein. Die meisten Gäste nehmen im Freien an der Fußgängern vorbehaltenen Straße Platz – mit Blick auf die Kirche Agioi Anárgyroi. Kalkulieren Sie längere Wartezeiten ein.

Taverna Tou Psyrri €
Griechisch SP 1 C5 K D5
Aischylou 12, 105 54
📞 210 321 4923
In der traditionellen Taverne in einem alten Steinhaus serviert man große Portionen von Fisch und Seafood. Im Speiseraum hängen alte Fotos von Athen, sehr stimmungsvoll ist das Ambiente im hübschen Garten.

Hytra €€€
Gourmet SP 1 C5 K D5
Syggroú 107–109, 117 45
📞 210 331 6767 ● Mi, Do
Das elegante Sternerestaurant im sechsten Stock des Onassis Kulturzentrums serviert eine sehr kleine, aber ausgefallene Auswahl an Gerichten. Probieren Sie die Mungobohnensuppe mit geräuchertem Aal und Joghurt oder einen der knackigen Salate mit Ziegenkäse. Außerdem gibt es vielfältige *mezedes*.

Sýntagma

Noodle Bar €
International SP 6 E1 K F7
Apóllonos 11
📞 210 331 8585
Das Angebot des fröhlichen, schlichten Lokals reicht von Salaten mit Mango, Wasabi und Wan Tan über authentische chinesische und asiatische Hauptgerichte bis zu kreativen Desserts. Zudem gibt es eine Kinderkarte sowie eine gut Bier- und Weinauswahl.

Avocado €€
Café SP 6 F1 K F6
Nikis 30, 105 57
📞 210 323 7878
Das Lokal mit Saftbar ist bekannt für seine kreativen Salate, Pizzen und Desserts sowie das hausgemachte Brot. Zu den köstlichen vegetarischen, veganen und glutenfreien Speisen schmecken Smoothies und Bio-Weine.

Furin Kazan €€
Japanisch SP 6 E1 K F7
Apóllonos 2
📞 210 322 9170
Das Furin Kazan zählt zu den besten ostasiatischen Restaurants in Athen, was sich natürlich auch bis zu den hier oft zu sehenden japanischen Touristengruppen herumgesprochen hat. Reservieren Sie daher frühzeitig. Neben Sushi überzeugen auch Teriyaki und Misosuppe.

Mama Roux €€
International SP 6 D1 K E5
Aiólou 48, 105 64
📞 213 004 8382 ● So
Das freundliche Restaurant serviert Gerichte aus aller Welt und aus einmalig kombinierten Zutaten. Zum breiten Angebot zählen Burger und Burritos ebenso wie Tandoori-Hühnchen, Tacos, Kebabs, Falafel und Suppen. Ein wahres Gedicht sind der Hummus und der köstliche Käsekuchen.

GB Roof Garden €€€
Gourmet SP 6 F1 K F6
Hotel Grande Bretagne, Vasiléos Georgíou tou Prótou 1, Plateía Sýntagma, 105 64
📞 210 333 0000
Das Dachrestaurant des Hotels Grande Bretagne bietet mediterran inspirierte Gourmetküche von höchstem Niveau. Hier genießt man exquisite kulinarische Speisen, hervorragende Weine und einen herrlichen freien Blick auf die Akropolis.

Vis-à-Vis-Tipp

The Tudor Hall €€€
Gourmet SP 6 F1 K F6
King George Palace, Vasiléos Georgíou tou Prótou, Plateía Sýntagma, 105 64
📞 210 333 0265
Im siebten Stock des Luxushotels lockt das elegante Restaurant mit köstlichen griechischen Gerichten wie *kakavia* (Fischsuppe) und Kaninchen-*stifado* (Eintopf). Zu den Spezialitäten gehören außerdem langsam gekochter Tintenfisch mit Pfefferschoten und Bohnenpüree sowie Entenbrust mit Kumquats, Süßkartoffeln und Steckrüben.

Thissío

Thissío View €€
Mediterran SP 5 B1 K C6
Apostólou Pávlou 25, 118 51
📞 210 347 6754
Das lebhafte Lokal mit traumhaft schönem Blick auf die Akropolis bietet Kaffee, Drinks und leckere Gerichte wie etwa gedämpfte Muscheln mit Oúzo und Pfeffersteak. Weitere Pluspunkte sind die großartigen Cocktails und die nette Atmosphäre.

To Steki Tou Ilia €€
Griechisch SP 1 A5 K B6
Eptachálkou 5 u. Thessaloníkis 7, 118 51
📞 210 345 8052
● Di–Sa mittags, So abends, Mo
Die beiden ähnlich gestalteten Niederlassungen ziehen Liebhaber von Grillgerichten an. Einheimische und Touristen schätzen die schmackhaften Gerichte wie *fáva* und *chórta*. Auch die angebotenen Weine sind köstlich. In der Filiale Eptachálkou 5 sitzt man auf der Terrasse über den Metro-Gleisen, in der Filiale Thessaloníkis 7 auf dem Gehsteig.

Das schlicht möblierte Avocado in Sýntagma serviert vegetarische Speisen und Säfte

SP = Stadtplan Athen *siehe Seiten 126–139* K = Karte *Extrakarte zum Herausnehmen*

Attika

KAISARIANÍ: Trata O Stelios €€
Seafood SK D4
Plateía Anageníseos 7–9, 161 21
☎ 210 729 1533 ● So abends
Das beliebte Lokal serviert in prominenter Lage am Hauptplatz köstliche Seafood-Gerichte. Seine Spezialitäten sind Tintenfisch, Garnelen und Fischsuppe und sonntags die exzellenten Mittagsangebote.

KIFISIÁ: Rakkan €€
Japanisch SK D4
Leoforos Kifisiás 238–240, 145 62
☎ 210 808 7941
Die elegante Bar punktet mit einem abwechslungsreichen japanischen Angebot mit Sushi, Sashimi und Teriyaki.

KIFISIÁ: Berdema by Lakis €€€
Gourmet SK D4
Skiáthou 3, 145 61
☎ 210 620 1108
Das Berdema zaubert modern variierte griechische Regionalküche und Fusionsgerichte wie Hähnchenfilet im Parmesanmantel mit Pesto, Schmelzkäse und gebratenem Gemüse.

Vis-à-Vis-Tipp

KIFISIÁ: Eleas Gi €€€
Gourmet SK D4
Dexamenís u. Olimpionikón 4 Politía, 145 63
☎ 210 620 0005 ● So abends
In dem reizenden Restaurant in einem Steinhaus wird man in einem Korridor voller Weinflaschen willkommen geheißen. Angeboten werden zwei Verkostungsmenüs und exzellente Weine. Eleganter hoher Speiseraum mit Leinendecken und Terrasse.

PIRÄUS: Achinos €€
Seafood SK D4
Akti Themistokléous 51, 185 34
☎ 210 452 6944 ● Mo; Winter
Das beliebte Lokal begeistert mit erstklassigem Fisch und seinen berühmten Meeresfrüchteplatten. An einer Klippe gelegen, bietet es tollen Meerblick und Zugang zum Strand von Freatýda.

PIRÄUS: Ta Katsarolakia €€
Griechisch SK D4
Akti Moutsopoulou 21, 185 34
☎ 210 410 0609
Das am Wasser gelegene, jederzeit bestens besuchte Lokal überzeugt mit Klassikern wie etwa hausgemachtem Moussaká und Fischplatten.

Von der Terrasse des Eleas Gi in Kifisiá hat man einen herrlichen Blick

PIRÄUS: Jimmy's Fish and the Sushi Tavern €€€
Seafood SK D4
Akti Koumoundoúrou 46, Mikrolímano, 185 33
☎ 210 412 4417
Am Mikrolímano-Hafen begeistern hier in nautischem Ambiente exzellente kreative Gerichte aus frischen Meeresfrüchten, z. B. Garnelen in Oúzo. Sushi und Sashimi gibt es hier in großer Auswahl.

Vis-à-Vis-Tipp

PIRÄUS: Kollias €€€
Seafood SK D4
Sygaroú 303 u. Dimosthenous, 175 64
☎ 210 462 9620 ● So
Das legendäre Kollias lockt mit ungewöhnlichem Seafood: Seeigel, *spinialo* (in Meerwasser fermentierte Meeresfrüchte) aus Kálymnos und Muschel-Souvláki zur Vorspeise, als Hauptgericht Dorade in Salzkruste, Rotbrasse, Rotbarbe oder Barsch. Zur Auswahl stehen auch zahlreiche Desserts und Getränke.

Vis-à-Vis-Tipp

PIRÄUS: Vassilenas €€€
Gourmet SK D4
Aitolikoú 72, 185 45
☎ 210 461 2457 ● So
Das 1920 eingerichtete Lokal nimmt für sich in Anspruch, die älteste nicht betriebene Taverne in Attika zu sein. Das Verkostungsmenü mit neun Platten gilt als eines der besten des Landes. Empfehlenswerte Alternativen sind Rind mit *Myzíthra*-Käse, Kürbissuppe oder *mylokópi* (Meerforelle).

PÓRTO RÁFTI: Psaropoula Mpimpikos €€
Seafood SK D4
Leofóros Avlakiou 118, 190 09
☎ 22990 71292
Nur wenige Meter vom Strand entfernt schmecken hier Seafood im *Mezédes*-Stil und köstliche Desserts. Das Restaurant bietet auch eine Kinderkarte.

RAFÍNA: Kavouria Tou Asimaki €€
Seafood SK D4
Limáni Rafina (Hafen), 190 09
☎ 22940 24551
Das 1952 eröffnete Restaurant ist eines der ältesten und besten Seafood-Lokale in Rafína. Die Stammgäste lieben den superfrischen gegrillten Fisch oder die Fischer-Spaghetti mit Muscheln und Tintenfisch in kräftiger Tomatensauce.

Vis-à-Vis-Tipp

RAFÍNA: Ioakeim €€€
Seafood SK D4
Limáni Rafina (Hafen), 190 09
☎ 22940 23421
Das bei den Athenern besonders am Wochenende beliebte Lokal ist seit Jahrzehnten eine Institution an Rafinas malerischem Hafen. Hier schmecken frischer Fisch mit *krítamo* (Meerfenchel) und Austern oder Schwertfisch mit Kräutern. Auf der Terrasse kann man die Fähren beobachten.

SOÚNIO: Syrtaki €€
Seafood SK D4
2 km nördlich des Poseidon-Tempels, 195 50
☎ 22920 39125
Das mehr von Einheimischen als Urlaubern besuchte Lokal bietet schnelle Gerichte wie *mezédes*, Fleisch vom Spieß und Souvláki.

Restaurantkategorien *siehe Seite 277* Preiskategorien *siehe Seite 282*

ATTIKA UND PELOPONNES | 287

Peloponnes

ANTIKES KORINTH:
Archontiko €€
Griechisch SK C4
Paralía Kantaré, 201 00
☎ 27410 27968
Nahe den archäologischen Stätten bietet das Lokal eine breite Auswahl an Gerichten, z. B. sehr leckeren Rind-Rotwein-Eintopf *kokkinistó Archontiko* mit Fleisch aus hauseigener Metzgerei.

Vis-à-Vis-Tipp
GIÁLOVA: Chelonaki €€
Seafood SK B5
Limáni Giálova, 240 01
☎ 27230 23080
Mit Blick auf die Bucht von Navaríno speist man in diesem Restaurant direkt am Hafen fangfrischen Fisch – kunstvoll serviert, mit Zitrone und Kräutern oder mit hausgemachter cremiger Sauce. Hinzu kommen der fantastische Blick auf den Sonnenuntergang auf der Terrasse und Live-Musik an den meisten Wochenenden.

GÝTHEIO: I Trata €
Griechisch SK C5
Paralía Gýtheio, 232 00
☎ 27330 24429
Ein exzellentes Lokal am Meer für traditionelle Gerichte und köstliche *mezédes* aus frischesten Zutaten. Freundliches Personal, wunderbare Atmosphäre.

GÝTHEIO: Saga €€
Seafood SK C5
Odós Tzanni Tzannetáki, 232 00
☎ 27330 21358
Der Familienbetrieb serviert Fischsuppe, gefüllten Tintenfisch und Fleisch vom Holzkohlegrill in großzügigen Portionen. Besonders schön sitzt man an den Tischen im Freien direkt am Meer.

KALAMÁTA: Krini €€
Seafood SK C5
Evangelistrías 40, 241 00
☎ 27210 24474
Das Krini serviert u. a. *saganáki* mit Meeresfrüchten und Käse, Garnelen in *Oúzo* und Seebarsch vom Holzkohlegrill sowie Grillfleisch und gute lokale Weine.

KORÓNI: Peroulia €
Griechisch SK C5
Peroulia-Strand, Kompoi, 240 04
☎ 27250 41777
Hier schmecken hausgemachte Gerichte aus fangfrischem Fisch und ebensolchen Zutaten und nativem Olivenöl aus Messenien.

Vis-à-Vis-Tipp
KOSMÁS: Navarchos €
Griechisch SK C5
Zentrale plateía, 210 52
☎ 27570 31489
Im malerischen Bergdorf Kosmás im Parnon-Gebirge serviert diese typische griechische Taverne klassische Gerichte wie Wurstspezialitäten, *tzatzíki* und *chórta*. Auch die Weinauswahl überzeugt. Auf der schönen Terrasse sitzt man unter Schatten spendenden Bäumen.

LOÚSIOS-SCHLUCHT:
Drymonas €
Griechisch SK C4
Südlicher Ortsrand von Dimitsána, 220 07
☎ 27950 31116
Typisch ländliche Küche erwartet den Gast im Drymonas, das zu den besten Tavernen des historischen Ortes gehört. Spezialitäten sind: *kounéli ladorigani* (Kaninchen) sowie Auberginen und andere Gemüsegerichte.

LOÚSIOS-SCHLUCHT:
Georganta €
Griechisch SK C4
Hauptstraße von Ellinikó, 220 22
☎ 27931 31009
Die köstlichen Fleischplatten lohnen die Anreise. Außerdem gibt es eine Auswahl an Käsegerichten und *trahanás* (Brotsuppe). Das Holz-Stein-Ambiente überzeugt.

LOUTRÁ ELLÉNIS: To Pefko €
Griechisch SK C4
Straße zwischen Isthmía u. Palaiá Epídavros, 201 00
☎ 27410 33801
Ideal für eine Rast bei der Fahrt zwischen Korinth und Epídauros. An Tischen am Kiesstrand genießt man Fischgerichte und mehr.

Vis-à-Vis-Tipp
Methóni: Klimataria €
Griechisch SK B5
Odós Miaoúli, 240 06
☎ 27230 31544
Das Klimataria punktet mit hervorragenden *mezédes*, *mageireftá* und vegetarischen Gerichten. Die Speisen werden kunstvoll an schön gedeckten Tischen serviert. Im Freien speist man unter einer grün bewachsenen, angenehm schattigen Pergola mit Blumenschmuck und Bar. Die Weinauswahl bietet den passenden Wein für jedes Gericht.

MONEMVASIÁ: Matoula €€
Griechisch SK C5
Kástro, 230 70
☎ 27320 61660
Das mit alten Fotografien geschmückte Restaurant in der Burg serviert seit 1950 klassische griechische Küche, seine Spezialität sind Fisch-*mezédes*.

MONEMVASIÁ: Skorpios €€
Griechisch SK C5
Géfyra-Küstenstraße, 230 70
☎ 27320 62090
Von der Terrasse des direkt am Wasser gelegenen Lokals hat man freien Blick auf den berühmten Felsen. Hier locken marinierte *gávros* (Anchovis) und *atherína* sowie täglich *mageireftá*.

Vis-à-Vis-Tipp
MONEMVASIÁ:
Chrisovoulo €€€
Gourmet SK C5
Kástro, 230 70
☎ 27320 62022
Das elegante Restaurant in der Burg verwöhnt mit *saïti* (traditionelle Pastete mit Gemüse-Kräuter-Füllung) zur Vorspeise, Kalbfleisch in Malvasia-Weinsauce im Hauptgang und Feta-Eiscreme zum Dessert sowie mit einer hervorragenden Weinauswahl. Das Dekor passt zu den Steinwänden, auf der Terrasse reicht der Blick über die Dächer bis zum Meer.

MYSTRÁS: Chromata €€
Gourmet SK C4
Pikouliánika, 3 km hinter den Ruinen, 231 00
☎ 27310 23995
Von der Terrasse des renovierten Steinhauses genießt man zu toller Aussicht (jedoch nicht auf die Ruinen) feinste Küche. Wenn Sie innen sitzen möchten, sollten Sie reservieren.

Joghurt mit Honig und Walnüssen im Chrisovoulo, Monemvasiá

SK = Straßenkarte Griechenland *siehe hintere Umschlaginnenseiten*

NÁFPLIO: Ta Fanaria €
Griechisch SK C4
Vassilisis Ólgas 30, 211 00
📞 27520 26828
Zu den hier servierten *mezédes*, Fleischgerichten und Seafood-Platten werden *Chýma*-Wein und *tsípouro* gereicht. Für einen Besuch am Wochenende sollten Sie reservieren.

NÁFPLIO: Omorfo Tavernaki €€
Griechisch SK C4
Vassilisis Ólgas 1, 211 00
📞 27520 25944
Spezialitäten des Lokals in einem klassizistischen Haus an einer schönen Straße sind hausgemachte *tyrokafteri* (pikante Käsepaste) und *kolokotroneiko* (Schweinefleisch in Weinsauce).

PALAIÁ EPÍDAVROS: Akrogiali €€
Griechisch SK D4
Limáni, Palaiá Epidavros 210 59
📞 27530 41060
Auberginen in Weinsauce und *soupióryzo* (Tintenfisch mit Reis) sind typische Gerichte des Lokals, das von Besuchern wie Schauspielern des nahe gelegenen Theaters besucht wird. Wegen der Beliebtheit sollten Sie reservieren.

PÁTRA: Istoploïkos Omilos €€€
Seafood SK C4
Iroon Polytechniou 8 u. Terpsithéas, 262 22
📞 26103 29984
Das Restaurant des lokalen Segelclubs gilt als bestes der Stadt für köstliches Seafood in allen Variationen. Sehr stimmungsvoll ist das Flair auf der Terrasse direkt am Wasser.

PÝLOS: Gregory's €€
Griechisch SK B5
Pýlos
📞 27230 22621
Das Gregory's überzeugt mit herzhaften *mageireftá* wie *kokkinistó* (Rindereintopf) und *spetzofáï* sowie einem hübschen Garten mit Tischen im Freien.

Vis-à-Vis-Tipp
RÍO: Naut-oíko €€
Seafood SK C4
Poseidonos 12, 265 04
📞 26109 95992
Das elegante Restaurant lockt Einheimische und Touristen mit fantasievollen frischen Fisch- und Meeresfrüchtegerichten und feinen Weinen vom Peloponnes. Die idyllische Lage am Strand genießt man am besten unter den dezent beleuchteten Pergolen.

SPÁRTI: Remo €
Pizza & Pasta SK C5
Dinekous 8, Lakonia, 231 00
📞 27310 89089
Mit seinem auffälligen roten Dekor ist das Remo kaum zu übersehen. Hier verwöhnt man mit Pizza, Pasta und Grillgerichten.

Zentral- und Westgriechenland

Vis-à-Vis-Tipp
AGIOS IOÁNNIS (PÍLIO): Poseidonas €€
Seafood SK D3
Küstenstraße, 370 12
📞 24260 31222
Die Inhaber der reizenden Taverne fangen selbst den Fisch für ihre köstlichen Kreationen. Die Spezialitäten des Hauses sind *kakaviá* (Fischsuppe) und sanft gedämpfte *baroúnia* (Rote Meerbarbe) mit Zitrone. Die Gäste können im Haus oder an Tischen im Freien schlemmen.

ARÁCHOVA: Panagióta €€
Gourmet SK C3
Gegenüber Agios Geórgios, 320 04
📞 22670 32735
Das elegante kleine Restaurant erreicht man am besten mit dem Auto. Belohnt wird man mit europäischen Spezialitäten bester Qualität. Von den Tischen am Fenster blickt man auf die Kirche.

DELFOÍ: Vakhos €€
Griechisch SK C3
Apóllonos 31, Fokida, 330 54
📞 22650 83186
Der hübsche Familienbetrieb verwendet für seine Gerichte exzellente Produkte vom Parnássos. Zudem locken hervorragende Weine und eine schöne Veranda mit großartiger Aussicht.

DIÁVA: Neromylos €€
Griechisch SK B2
Pigi Goúra, oberer Rand des Dorfes Diáva, 421 00
📞 24320 25224 ⬤ So abends
Die rustikale Taverne in einer alten Wassermühle hat zahlreiche einheimische Stammgäste. Die Küche bietet Fleischgerichte, Gemüse-*mezédes* und Forelle aus der Zucht vor Ort.

Vis-à-Vis-Tipp
ELÁTI: Sta Riza €
Griechisch SK B3
Dorfzentrum, 440 07
📞 26530 71550 ⬤ Mi & Do
Spektakuläre Aussicht und großartige Küche – das Sta Riza ist ein wohlgehüteter Geheimtipp in Eláti. Die Spezialitäten des Hauses sind *mageireftá* und *lachanópita* (Gemüsekuchen mit Feta), dazu gibt es hausgemachtes Brot und Salat. Von der sonnigen Terrasse reicht der Blick auf den Berg Gamíla.

GALAXÍDI: Albatross €
Griechisch SK C3
Konstantinou Sathá 36, 330 52
📞 22650 42233
Das *mageireio* offeriert ein begrenztes Angebot köstlicher Gerichte wie Tintenfisch, Kanincheneintopf, *taramosaláta* und die Hausspezialität *samári* (schmackhafter Speck).

Vis-à-Vis-Tipp
IOÁNNINA: Stoa Louli €
Griechisch SK B2
Anexartisias 78, 454 44
📞 26510 71322
Das Restaurant im Basar von Ioánnina zählt zu den besten Adressen in der Hauptstadt von Epirus. Die Gerichte werden kreativ zubereitet. Viele Gäste kommen auch wegen der exzellenten Live-Musik, die an manchen Abenden ab 22 Uhr geboten wird.

IOÁNNINA: Fysa Roufa €€
Griechisch SK B2
Avéroff 55, 452 21
📞 26510 26262
Spanferkel, gebackener Fisch und Suppen gehören zu den populärsten Speisen im rund um die Uhr geöffneten Fysa Roufa. Alte Fotos prägen das Interieur.

Ein typisch griechisches Gericht mit Seafood, Oliven und Brot

KALAMPÁKA: Skaros €
Grill SK B2
Westlicher Ortsrand an der Straße nach Trikala, 422 00
📞 24320 24152
Der kleine Abstecher zu dem etwas abgelegenen Lokal lohnt sich. Die Fleischplatten sind ein Gedicht, auch *splinántero* (ein Spieß mit Fleischresten) ist zu empfehlen. Dazu werden Gemüse und Salate aus eigenem Anbau gereicht.

KARPENÍSI: To Spíti Tou Psará €€
Griechisch SK B3
Hauptstraße in Gávros, 360 75
📞 22370 41202
Schmackhafte griechische Küche und der Bergblick von der Terrasse locken viele Besucher in die Taverne. *Tyrokafteri* (pikanter Käse-Dip), das Erbsengericht *chortópita* und gegrillte Forelle sind Highlights auf der Karte.

KASTRÁKI: Gardenia €
Griechisch SK B2
Dorfzentrum, 422 00
📞 24320 22504
Die einheimischen Gäste des Lokals lieben die hier kreierten Grillgerichte und Spezialitäten wie *moussaká* und gebratene Zucchini sowie den prachtvollen Blick auf Meteóra.

Vis-à-Vis-Tipp
KATIGIÓRGIS: Floisvos €€
Seafood SK D3
Am Strand, 370 06
📞 24230 71071
Die Strandlokal im Familienbesitz ist immer sehr gut besucht. Besonders lecker ist hier *scháras* – frisch gegrillter Fisch, mit Zitrone beträufelt. Wenn es die Windverhältnisse erlauben, sollten Sie einen Tisch im Sand wählen.

KÍPOI: Stou Mihali €€
Griechisch SK B2
Dorfhauptstraße, 440 10
📞 26530 71630
Das Stou Mihali punktet mit atemberaubendem Blick auf seiner Terrasse und hervorragender zeitgenössischer Küche mit Produkten aus Zagóri: Wildschwein aus dem Tontopf oder Wild-*stifádo* mit Rotwein aus der Region.

KISSÓS: Synantisi €
Griechisch SK C3
Palteia Kissoú, 370 12
📞 24260 31620
Das Lokal in dem attraktiven Ort am nordöstlichen Hang eines Berges wird für seine köstliche regionale Küche geschätzt.

Grandiose Aussicht von der Terrasse des Vakhos in Delfoí

KÓNITSA: To Dendro €
Griechisch SK B2
Zubringerstraße, 441 00
📞 26550 22055
Auf der täglich wechselnden Tageskarte des To Dendro finden sich u. a. Gerichte wie *gástra* (Ziegenbraten) und in Wein geschmortes Wildschwein sowie eine große Auswahl lokal produzierter Weine.

Vis-à-Vis-Tipp
KORONISIÁ: Myrtaria Patentas €€
Seafood SK B3
Küstenstraße, 471 00
📞 26810 24021
Mit dem schönen Blick auf den Ambrakischen Golf schlemmt man in der legeren Taverne exquisit zubereitete und präsentierte frische Fisch- und Meeresfrüchtegerichte. Die Hausspezialität sind Garnelen in Oúzo, fangfrisch aus dem Golf. Zur Küche passt die hervorragende Weinauswahl, auf der Terrasse kann man im Freien speisen.

LAMÍA: Periklis €
Grill SK C3
Ypsilántou 132, 351 00
📞 22310 39001
Jede Menge Gegrilltes findet sich auf der Speisekarte des Periklis. Man sitzt im Speiseraum oder im schönen Innenhof. Oft ist das Lokal ausgebucht, reservieren Sie daher frühzeitig.

LAMÍA: Araxovoli €€
Seafood SK C3
Megálou Alexándrou 21, 351 00
📞 22310 33091
In dieser eher für Fleischgerichte bekannten Gegend ist die *ouzeri* eine Insel für Liebhaber von Seafood. Freitagabends gelegentlich Live-Musik.

MESOLÓNGI: Dimitroukas €€
Griechisch SK B3
Razikótsikas 11, 302 00
📞 26310 23237
Dies ist einer der besten Orte, um eines der vorzüglichen Aalgerichte, für die das Gebiet bekannt ist, zu kosten.

MIKRÓ PÁPIGKO: Dias €
Griechisch SK B2
Dorfzentrum, 440 04
📞 26530 41257
Die traditionsreiche Taverne offeriert Spezialitäten wie *pittes* (gefüllte Teigtaschen), Eintöpfe und Grillgerichte.

Vis-à-Vis-Tipp
MILIÉS: To Salkimi €€
Griechisch SK D3
Zentrale plateía, 37 010
📞 24230 86010
Das Lokal in einem schicken Holzhaus serviert regionale Gerichte. Hausspezialität ist *salkimi* – Kalbfleisch, Auberginen und Zucchini in Weinbrand-Béchamelsauce. Zum Genuss tragen die gute Weinauswahl und die schöne Terrasse mit weitem Blick über den Pagasitischen Golf bei.

MILÍNA (PÍLIO): Sakis €
Seafood SK D3
Am Ufer, 370 06
📞 24230 66078
Die alteingesessene Taverne mit Tischen direkt am Ufer serviert exzellente *mezédes* und Spezialitäten wie *soupiés* (Tintenfisch).

NÁFPAKTOS: Papoulis €
Griechisch SK C3
Sismáni u. Formionos, 303 00
📞 69965 55111
Die typische *ouzeri* mit schöner Terrasse überzeugt mit köstlichem Seafood wie etwa Garnelen mit Reis.

SK = Straßenkarte Griechenland *siehe hintere Umschlaginnenseiten*

NÉO MIKRÓ HORIÓ:
To Horiatiko €
Griechisch SK C3
Zentrale plateia, 360 75, bei Karpenísi
📞 22370 41257
Die freundliche Taverne serviert große Portionen hausgemachter Speisen, u. a. besonders leckeres *kokoretsi* (aus Lamm- oder Ziegendärmen) und Lamm-Souvláki.

PÁRGA: Golfo Beach €€
Mediterran SK B3
Piso Kryonéri, 480 60
📞 26840 32336
Ganz hervorragend schmecken hier *moussaká*, *stifádo* und gefülltes Gemüse. Lasssen Sie Platz für eines der leckeren Desserts. An drei Abenden in der Woche gibt es griechische Live-Musik.

PÁRGA: Sakis €
Griechisch SK B3
Tourkopázaro, am Brunnen, 480 60
📞 26840 32262
Die 1954 eröffnete Taverne zählt zu den ältesten in Párga. Hier bekommt man günstige Grillgerichte und *mageireftá*, aber kein Seafood. Guter Rotwein.

Vis-à-Vis-Tipp

PÁRGA: Filomila €€
Fusion SK B3
Patatoúka, Tourkopázaro, 480 60
📞 26840 31265
Romantisches Restaurant mit Meerblick und toller Küche. Zu empfehlen sind Pastagerichte, Muscheln in Oúzo-Sauce und als Dessert Tiramisù. Exzellente Weine.

Vis-à-Vis-Tipp

PORTARIÁ: Kritsá €€
Gourmet SK C3
Hotel Kritsá, Zentrale plateia, 370 11
📞 24280 90006
Das stimmungsvolle Lokal in einem ehemaligen Lebensmittelladen ist dank seines eleganten Ambientes und seiner guten Weine beliebt für Familien- und andere Feste. *Talagáni* und *spetzofáï* sind köstlich.

PRÉVEZA: Skaloma €€
Seafood SK B3
Limáni Lygiás, 481 00
📞 26820 56240
Garnelen-*saganáki*, Tintenfisch und Meeresfrüchte-*mezédes* sind die Favoriten in diesem Fischlokal am Hafen. Toller Blick auf Paxós.

SARAKÍNIKO-BUCHT: Taverna
Tou Christou €€
Griechisch SK B3
15 km nordwestlich von Párga
📞 26840 35207
Das beliebte Strandlokal serviert erstklassige Fleisch-, Fisch- und vegetarische Gerichte. Das Gemüse stammt aus eigenem Anbau, die Biere aus heimischen Mikrobrauereien.

TRÍKALA: Diachroniko €
Griechisch SK C2
Hatzipétrou u. Ypsilántou, 421 00
📞 24310 77522
Schon allein das Ambiente lohnt einen Besuch dieser *tsipourádika* – aber auch die Küche mit vielen Fleischgerichten und vegetarischen Optionen ist durchaus empfehlenswert.

TRÍKALA: Palaia Istoria €€
Griechisch SK C2
Ypsilántou 3, 421 00
📞 24310 77627
In einer engen Gasse bietet diese beliebte *ouzerí* authentische Aromen in leicht modernisierter Form. Die großartige Hausspezialität ist Schweine- und Lammfleisch mit cremigen Saucen und Beilagen wie *ftéri* (gebratener Farn).

TSAGKARÁDA: Agnanti €
Griechisch SK D3
Plateia Agíon Taxiarchón, 370 12
📞 24260 49210
Die Taverne überzeugt mit bewährten Gerichten. Im Sommer sitzt man im Freien unter Platanen, im Winter im Speiseraum mit offenem Kamin. Gute *Chýma*-Weine.

TSAGKARÁDA:
Dipnosofistis €€€
Gourmet SK D3
Alte Straße zum Mylopótamos-Strand, 370 12
📞 24260 49825
Köstlichkeiten wie Lachsrisotto und Blaubeerkuchen stehen hier zur Auswahl. Das illustre Angebot an Weinen und die schattige Terrasse machen einen Besuch dieses gehobenen Bar-Restaurants attraktiv. Im Hochsommer hat das Dipnosofistis nicht jeden Tag geöffnet.

VÓLOS: I Marina €
Griechisch SK C3
Magnisias 13, Néa Ionía, 384 46
📞 24210 66245
In Vólos gibt es rund 400 Lokale, die meisten sind sehr touristisch. I Marina ist eine Ausnahme. Tintenfisch, Fleischbällchen und Jakobsmuscheln schmecken auch den Einheimischen.

Die schöne Terrasse des Restaurants Kritsa in Portariá

Nordgriechenland

ALEXANDROÚPOLI:
Nea Klimataria €
Griechisch SK E1
Plateia Kyprou 8, 681 00
📞 25510 26288
Bei einer Rast in diesem Lokal an einem lebhaften Platz kann man wunderbar Leute beobachten und hervorragende griechische Küche genießen – z. B. *kótsi* (Schweinebraten) und *sarmadákia* (lokale Variante von *ntolamádes*).

ALEXANDROÚPOLI:
To Nisiotiko €€€
Seafood SK E1
Zarifi 3, 681 00
📞 25510 20990
Das einen Häuserblock vom Hafen entfernte edle Fischrestaurant mit nautischem Dekor serviert Seafood in allen Variationen. Genießen Sie als Starter *taramosaláta* und anschließend *kritharotó*. Wegen der großen Beliebtheit des To Nisiotiko sollten Sie einen Tisch reservieren.

FANÁRI: O Faros €€
Seafood SK E1
Hafenpromenade, 691 00
📞 25350 31311
Salate und *mezédes* (einige auch ohne Fisch) sind von bester Qualität. Dazu genießt man den wunderbaren Meerblick.

Vis-à-Vis-Tipp

KASTORIÁ: Doltso €€
Mazedonisch SK B2
Plateia Ntoltsoú, 521 00
📞 24670 23777
Das Restaurant in einer renovierten Villa (18. Jh.) in der Altstadt verwöhnt seine Gäste u. a. mit Eintöpfen und (im Winter) Wildschweingerichten. Auf der Weinkarte finden sich vor allem Rotweine.

Restaurantkategorien *siehe Seite 277* Preiskategorien *siehe Seite 282*

KAVÁLA: To Araliki €
Griechisch SK D1
Poulídou 33, 653 02
📞 69847 18521
Die Taverne am Rand des alten Viertels Panagía ist bei Einheimischen und Besuchern gleichermaßen beliebt. Schweinefleisch und sautiertes Geflügel in Senfsauce sind Spezialitäten. Kein Seafood.

KAVÁLA: Savvas €€
Seafood SK D1
Thásou 29, östlich des Zentrums, 65201
📞 2510 225505
Eine der besten Adressen in Kavála für hochwertige Fischgerichte. Nehmen Sie zum Hauptgang einen Salat. Vor dem Restaurant liegen kleine Boote vor Anker.

KOMOTINÍ: Sultan Tepe €
Türkisch SK E1
Vasíleos Pávlou 10, 691 00
📞 25310 30003
Im östlichen Thrakien lebt eine zahlenmäßig starke türkische Gemeinde. Im Sultan Tepe trifft man viele ihrer Mitglieder. Zur Auswahl stehen vor allem Vorspeisen und Kebabs.

Vis-à-Vis-Tipp

LITÓCHORO: Gastrodromio »En Olympo« €€€
Gourmet SK C2
Agíou Nikoláou 36, 602 00
📞 23520 21300
Hier schlemmt man an Tischen im Freien exzellente Gourmetküche, darunter so überraschende Gerichte wie Oktopus mit Safran und *Tsoukaliasto*-(geschmortes) Kaninchen. Gute Weinauswahl, Salate und mehr als 30 griechische Käsesorten.

PSARÁDES: I Syntrofia €
Griechisch SK B1
Dorfmitte, 530 77
📞 23850 46107
Die überaus einladend wirkende Hoteltaverne mit Terrasse und Blick auf den Megáli-See serviert vor allem Fisch (insbesondere *griváki* und *tsiróni* aus dem See) sowie Bohnengerichte.

THESSALONÍKI: Ta Koumparakia €
Griechisch SK C2
Egnatía 140, 546 22
📞 23102 71905
Das Lokal hinter einer byzantinischen Kirche hat eine beständig gute Auswahl an vegetarischen Optionen (Pilz-, Zucchini-, Auberginengerichte) sowie Seafood wie Makrele oder Schwertfisch.

THESSALONÍKI: Vrotos €
Griechisch SK C2
Skra 3, 546 22
📞 23102 22392 ⬤ So, Mo
Die kleine Taverne mit nur zehn Tischen bietet eine überschaubare Speisekarte mit klassischen Gerichten wie *pastourmadopitákia* und *lachanontolmádes*. Reservierung empfohlen.

Vis-à-Vis-Tipp

THESSALONÍKI: Aristotélous €€
Griechisch SK C2
Aristotélous 8, 546 23
📞 23102 30762
Etwas abseits vom hektischen Treiben an der gleichnamigen *plateía* befindet sich in einer kleinen Passage das Aristotélous. Hier bekommt man Seafood wie etwa *galéos skordaliá* (Hai mit Knoblauchsauce) und *mydopílafo*. An den Wänden hängen Poster.

THESSALONÍKI: Dia Choiros €€
Griechisch SK C2
Valaorítou 25, 546 25
📞 23102 35960
Dem Namen des Restaurants (»vom Schwein«) entsprechend liegt der Fokus auf Schweinefleisch. Zudem sind auf der Speisekarte auch einige Gemüse- und Käsegerichte gelistet. Nehmen Sie Platz – entweder im etwas schräg eingerichteten Speiseraum oder im ruhigen Innenhof.

THESSALONÍKI: Ergon Agora €€€
Gourmet SK C2
Pávlou Melá 42, 546 22
📞 23210 88088
Das von einem prominenten Koch geführte Ergon Agora ist zentrales Restaurant einer Kette von Deli-Bistros. Besonders köstlich ist der Brunch mit Eierspeisen sowie jeder Menge Gebäck.

THESSALONÍKI: Kamares €€
Griechisch SK C2
Plateía Agíou Georgíou 11
📞 23102 19686
An Tischen im Freien nahe der Rotónda ist für jeden Gast etwas dabei. Hier schmecken Fleisch und Fisch vom Grill, kreativ zubereitete Gemüsegerichte und nicht zuletzt die knackigen Salate.

THESSALONÍKI: Kitchen Bar €€
International SK C2
Limáni Thessaloníki, 546 27
📞 23105 02241
In dem Trendlokal in einem restaurierten Lagerhaus am Kai bereiten die Köche in der offenen Küche für alle sichtbar mediterrane und europäische Küche zu.

THESSALONÍKI: Ouzou Melathron €€
Griechisch SK C2
Stoá Karýpi 21, 546 24
📞 23102 75016
Hinter dem klangvollen Namen »Oúzo-Palast« verbirgt sich eine Taverne, die ihren Gästen riesige Portionen serviert – von gegrilltem Tintenfisch bis zu Gemüsegerichten. An vielen Abenden Live-Musik. Bei warmem Wetter nimmt man im Innenhof Platz.

THESSALONÍKI: To Yenti €€
Griechisch SK C2
Paparéska 13, 54634
📞 23102 40495
Eines der ältesten und besten Lokale des Stadtviertels. Spezialitäten sind u. a. Büffel-Kebab, *mydopílafo* (Muscheln mit Reis), gegrillte Pilze und *coq au vin*. Häufig Live-Musik.

XÁNTHI: Ta Fanarakia €
Griechisch SK E1
Georgíou Stávrou 18, 671 00
📞 25410 73606
Die kompette Umgestaltung tat dem Lokal gut. Die Portionen sind üppig, die Qualität kann aber schwanken. Das Ambiente passt.

Laden mit regionalen und Bioprodukten im Ergon Agora, Thessaloníki

SK = **Straßenkarte Griechenland** *siehe hintere Umschlaginnenseiten*

Shopping

Shopping kann in Griechenland sehr viel Spaß machen, vor allem wenn man direkt beim Hersteller einkauft. Es gibt zahllose Läden, Boutiquen und Kaufhäuser. Auf den Märkten ist das Einkaufen ein besonderes Erlebnis, ob man nun nach Oliven, Süßigkeiten oder traditionellem Handwerk sucht. In kleineren Orten kann man oft beim Sticken, Klöppeln oder Töpfern zusehen. Lederwaren, Teppiche, Schmuck und Ikonen werden ebenfalls angeboten. Die meisten anderen Waren sind importiert und entsprechend teuer. Hinweise zum Shopping in Athen finden Sie auf den Seiten 118–121.

Öffnungszeiten

Die Öffnungszeiten der Läden in Griechenland sind alles andere als einheitlich und deshalb für Besucher durchaus verwirrend. Von zahlreichen Ausnahmen abgesehen, haben Läden und Boutiquen in der Regel montags, mittwochs und samstags von 9 bis 14.30 Uhr, dienstags, donnerstags und freitags von 9 bis 14 Uhr sowie von 17.30 bis 20.30 Uhr (Sommer: 18–21 Uhr) geöffnet. Supermärkte, die man außer in den kleinsten Dörfern überall findet, sind oft Familienbetriebe. Sie sind in der Regel von Montag bis Samstag von 8 oder 9 bis 20 oder 21 Uhr offen. In den meisten Ferienorten sowie in einigen Einkaufszentren in den Athener Vororten kann man auch sonntags einkaufen. Kioske *(periptera)*, die es in nahezu jeder Stadt gibt, haben von ungefähr 7 bis 23 Uhr oder bis Mitternacht geöffnet. An den Ständen ist von Aspirin über Zeitungen bis zu Eiscreme alles erhältlich. Auch die bekanntesten ausländischen Tageszeitungen werden an den Kiosken häufig angeboten.

Märkte

In den meisten Städten gibt es Wochenmärkte *(laïki agorá)*. An den Ständen werden frisches Obst und Gemüse, Kräuter, Fisch, Fleisch und Geflügel angeboten. Oft sind auch Schuhe, Stoffe, Haushaltswaren und Elektrogeräte erhältlich. In größeren Städten finden die Märkte jeden Tag in einem anderen Stadtteil statt. Sie beginnen meist früh am Morgen und enden rechtzeitig zur Siesta gegen 14 Uhr. Die Preise sind niedriger als in Supermärkten. Oft kann man auch handeln. In diesem Reiseführer sind die Markttage bei dem Eintrag zu jedem Ort vermerkt.

Am Sonntag findet vormittags in Athen auf der Plateía Monastiráki und in den umliegenden Straßen der bei Einheimischen wie Urlaubern überaus beliebte Flohmarkt statt *(siehe S. 91)*.

Mehrwertsteuer

Auf die meisten Produkte – außer Lebensmittel, die mit 13 Prozent besteuert werden – und Dienstleistungen wird eine Mehrwertsteuer *(Fóros Prostitheménis Axías – FPA)* in Höhe von 23 Prozent erhoben. 6,5 Prozent Mehrwertsteuer gilt für Hotelübernachtungen, Bücher und Zeitungen.

Brennerei und Spirituosenladen in Athen

Delikatessen

Zu den Köstlichkeiten, die man in Griechenland auf keinen Fall verpassen darf, zählen insbesondere Honig – die besten Sorten stammen aus den Bergdörfern –, Oliven, hochwertiges Olivenöl, Gewürze (vor allem Safran) sowie frische und getrocknete Kräuter. Außerdem gibt es eine große Auswahl an Nüssen und Samen, u. a. Sonnenblumenkerne, Pistazien und Haselnüsse.

Der berühmte griechische Feta ist überall im Land erhältlich. Er schmeckt ausgezeichnet im Salat oder auf Bauernbrot. Unbedingt probieren sollten Sie die mit Honig und Sirup gesüßten Leckereien aus dem *foúrnos* (Bäckerei) und dem *zacharoplasteío* (Konditorei).

Griechenland ist darüber hinaus bekannt für alkoholische Getränke wie etwa Oúzo (Anisbranntwein), Retsína (geharzter Weißwein) und das »Feuerwasser« Tsípouro, ein Weinbrand.

Schaufenster mit Souvenirs in Párga, Zentralgriechenland

Souvenirs

Traditionelles Kunsthandwerk ist nicht preiswert, jedoch ein typisches Souvenir aus Griechenland. Die Auswahl ist groß – angefangen von Goldreproduktionen antiker Stücke bis hin zu rustikalen Töpfen, Holzlöffeln und Sandalen. In den Läden und auf den Märkten des Athener Vororts Maroúsi sind wunderbar gearbeitete Keramiken erhältlich. In vielen griechischen Dörfern fertigt man farbenprächtige Stickereien und Wandbehänge. Vor allem im Píndos-Gebirge und in Aráchova in der Nähe von Delphi *(siehe S. 225)* entstehen die aus Schaf- oder Ziegenwolle handgewobenen Flokatis. In ländlichen Gebieten verdienen viele Familien mit in Heimarbeit gefertigtem Kunsthandwerk den Großteil ihres Jahreseinkommens. Hier kann man gelegentlich über Preise verhandeln. Der Abschnitt *Shopping (siehe S. 118–121)* in dem Kapitel über Athen informiert über Shopping-Möglichkeiten für Kunsthandwerk in der Hauptstadt.

Goldschmuck ist in größeren Städten erhältlich. Juweliere wie Lalaounis glänzen mit modernem Design, während man in Museumsläden Reproduktionen findet.

Ikonen, Miniaturen oder riesige Gemälde, werden in Läden und Klöstern verkauft. Die besten und teuersten entstehen unter Verwendung uralter Techniken und traditioneller Materialien.

Kunstvolle Gebrauchsgegenstände wie dieses Salatbesteck werden in traditionellen Kunsthandwerksläden angeboten. Wie bei diesem Beispiel entstehen in Handarbeit Formen und Figuren aus dem stark gemaserten Olivenholz.

Kombologïá, die weitverbreiteten »Betperlen«, werden zur Entspannung gezählt. Es gibt sie in Souvenir- und Schmuckläden.

Küchenutensilien bekommt man auf Märkten und in Fachgeschäften. In dieser Kupferkanne *(impríki)* wird griechischer Kaffee zubereitet.

Lederwaren sind überall erhältlich. Taschen, Rucksäcke und Sandalen sind hochwertige Souvenirs.

Zierkeramik gibt es in vielen Formen und Ausführungen. Traditionelles, meist schlichtes Tongeschirr ist in den Randgebieten Athens und größerer Inselstädte erhältlich.

Themenferien und Aktivurlaub

Reisenden mit speziellen Interessen bieten viele Veranstalter Führungen und Kurse in Griechenland an. Zu den Programmen zählen etwa Reisen auf den Spuren des Apostels Paulus oder Zugfahrten durch historisch wichtige Gebiete. Es gibt Ausflüge zu archäologischen Stätten mit fachkundigen Erläuterungen und Touren zu Weingütern mit Verkostungen. Man kann sich aber auch beim Malen und Zeichnen von der griechischen Landschaft inspirieren lassen. Segeln und Windsurfen gehören ebenso zum Angebot wie Expeditionen in die Tier- und Pflanzenwelt Griechenlands. Das Wassersportangebot ist in dem Land am Mittelmeer entsprechend vielfältig. Auch Familien kommen in Griechenland auf ihre Kosten, sind doch die Einheimischen ausgesprochen kinderfreundlich.

Eisenbahnfahrt durch reizvolle griechische Landschaften

Studienreisen

Für Freunde der ruhmreichen griechischen Antike ist die Fahrt zu berühmten Ausgrabungsstätten unter qualifizierter Führung ein faszinierendes und denkwürdiges Erlebnis. Viele Touren berücksichtigen bei der Fahrt zu antiken Ruinen auch venezianische Festungen, byzantinische Kirchen, Höhlen, archäologische Museen und Klöster. Zu den Veranstaltern, die Exkursionen und Studienreisen im Programm haben, zählen **Dr. Tigges**, **Intercontact**, **Rotala Reisen** und **Studiosus Reisen**.

Archäologische Führung

Kreativurlaub

Für künstlerisch ambitionierte Urlauber machen die schönen Landschaften und das berühmte Licht Griechenland zu einem inspirierenden Ziel. Anbieter wie **Greeka.com** organisieren Workshops. Im Sommer findet auf der Halbinsel Pilio die PiSA (Pilion Summer Academy) mit Anfänger- und Fortgeschrittenenkursen für Malen und Zeichnen sowie für Tanz- und Körperharmonie statt.

Kochkurse und Weinproben

Der gute Ruf traditioneller griechischer Küche löste eine entsprechende Nachfrage nach Kochkursen und Weinproben aus. **Athens Walking Tours** veranstaltet dreistündige Kochkurse in der Hauptstadt, die Teilnehmer verkosten danach ihre zubereiteten Gerichte.

Die Qualität griechischer Weine ist erheblich gestiegen. Das liegt auch an einer neuen Winzergeneration. **Papyrus Reisen** bietet u. a. eine Reise entlang der Makedonischen Weinstraße an, mit dem Besuch von Weingütern und Verkostungen.

Mit dem Zug unterwegs

Das griechische Schienennetz ist nicht besonders weitverzweigt und keine Konkurrenz zum sehr guten Bussystem des Landes. Deshalb kommen auch nur wenige Urlauber auf die Idee, mit dem Zug durch Griechenland zu fahren. Dabei ist die wechselnde Landschaft – Gebirge und Meer, flache Ebenen und üppige Weinberge – wie gemacht für eine reizvolle Rundreise mit der Bahn. Darüber hinaus wartet auf Eisenbahnfans (und Nostalgiker) eine ganz besondere Attraktion: Auf dem Peloponnes verkehrt zwischen Kalávryta und Diakoftó eine Zahnrad-Schmal-

Wild wachsende Frühlingsblumen

spurbahn mit einer Spurweite von gerade einmal 750 Millimetern *(siehe S. 172)*.

Eine weitere mit Dampf betriebene Schmalspurbahn fährt als Touristenattraktion zwischen Ano Lechónia und Miliés über viele Brücken und durch zahlreiche Tunnel (Ostern–Okt: Sa, So, Feiertage; Juli, Aug: tägl.).

Noch ein Tipp: Die Bahnstrecke zwischen Athen und Metéora verläuft auch über das spektakuläre Gorgopótamos-Viadukt.

Reitferien an der blauen Küste

Naturreisen

Griechenland ist bekannt für seine reiche Vogelwelt und die Pracht an Frühlingsblumen, insbesondere auf den Bergwiesen in den Gebirgsregionen des Festlands. Die Küstenareale und einige Seengebiete eignen sich zur Beobachtung wild lebender Tiere.

Spezialisierte Reiseveranstalter wie **AK Pegasus Reisen** oder **ReNatour** bieten Pauschalreisen zur Erkundung der griechischen Tier- und Pflanzenwelt an. Die traditionsreiche **Hellenic Ornithological Society** informiert über Vogelbeobachtung in Griechenland und veranstaltet auch Touren.

Wandern und Radfahren

Die schönsten Wandergebiete sind der Berg Taÿgetos auf dem Peloponnes *(siehe S. 199)* und das Píndos-Gebirge in Zentralgriechenland *(siehe S. 210)*. **Trekking Hellas** veranstaltet Wanderurlaube in den genannten Regionen sowie eine Tour in das entlegene Bergland von Agrafa und Stereá am Südrand des Píndos-Gebirges.

Culterramar und **Lupe Reisen** haben eine Wanderreise zu den Metéora-Klöstern und auf die Halbinsel Pílio im Programm. Der Online-Reiseveranstalter **e-kolumbus** bietet eine zweiwöchige Tour an. Dazu gehören Wanderungen nach Mykene, über die Halbinsel Máni und in den Bergen Arkadiens.

Eine Wanderreise des Anbieters **Wikinger Reisen** führt durch die Olivenhaine, Kiefernwälder, kleinen Buchten und Weinberge Chalkidikís *(siehe S. 253)*. Außerdem besteht die Möglichkeit einer Bootsfahrt mit Blick auf den Berg Athos *(siehe S. 256 – 258)*. **Bikegreece** organisiert Radtouren quer durchs Land. Einige sind insbesondere auf Familien ausgerichtet.

Skifahren am Parnass

Reiten

Im Herzen des Peloponnes, in rund zweieinhalb Stunden mit dem Auto von Athen aus zu erreichen, befindet sich seit 1997 die Reitschule **Peripetia**, die von einer Deutschen geleitet wird. Hier können Pferdeliebhaber an mehrstündigen Ausritten teilnehmen. Eine Reitwoche durch Messenien ist ein ganz besonderes Erlebnis. Für Kinder gibt es spezielle Programme mit Führzirkeln und Reitunterricht.

Skifahren

Auf dem Festland gibt es etliche Skigebiete, die auch teilweise von Athen aus gut zu erreichen sind. Die der Hauptstadt nächstgelegenen sind Parnass und Tymfristós in Zentralgriechenland und Chelmós in der Nähe von Kalávryta. Mit günstigeren Bedingungen locken die Skigebiete in Nordgriechenland, vor allem an den Bergen Vorrá (nahe Edessa) und Vérmion (nahe Véroia). Je nach Schneelage dauert die Saison von Weihnachten bis Mitte April. Die Gebühren für Ausrüstung und Skipass entsprechen etwa denen in den Skigebieten der Alpen und Pyrenäen. Manche Griechen nutzen aus Kostengründen die Skigebiete des Nachbarlandes Bulgarien.

Weitere Informationen zum Skifahren in Griechenland bietet die in Fremdenverkehrsämtern ausliegende kostenlose Broschüre *Mountain Refuges and Ski Centres*. Über die aktuellen Wetterbedingungen in Skigebieten informiert die auch auf Englisch verfügbare Website www.weather.gr.

Windsurfen an der Küste des Peloponnes

Wassersport

Die Gewässer vor den Küsten Griechenlands sind für Wassersport ideal geeignet. In den Ferienzentren gibt es Angebote von Surfen und Wasserski bis zu Jetskiing und Parasailing. Ausrüstung und Unterricht sind leicht zu bekommen – meist bieten Verleiher auch Kurse an. Das Programm des Veranstalters **Trekking Hellas** beinhaltet Ausflüge mit dem Kajak oder Kanu. Auch rasante Raftingtouren durch die engen Schluchten von Flüssen wie Karpenisiótis, Loúsios und Voïdomátis werden organisiert.

Die besten Spots für Windsurfer sind Sývota und Páliros an der Westküste, Giálova in Messinía, Epanomí nahe Thessaloníki und Psakoúdia auf der Halbinsel Chalkidikí.

Tauchen und Schnorcheln

In dem klaren Wasser des Mittelmeers gibt es herrliche Unterwasserwelten und antike Relikte zu entdecken. An der Küste kann man fast überall gut schnorcheln, allerdings weniger gut mit Geräten tauchen. Achtung: Griechenland will seine antiken Schätze bewahren. Es ist strengstens verboten, antike Funde zu entfernen, oft sogar schon, sie zu fotografieren. Die entsprechenden Gesetze sind ridige.

Ein Taucher erkundet das Leben im Meer

Die Greek National Tourism Organization (GNTO) *(siehe S. 303)* hält Informationen bereit. Der Anbieter **Atlantis** organisiert Tauchgänge auf der Halbinsel Sithonía.

Segeln

Segelreisen von einem Tag oder mehreren Wochen können bei Reiseveranstaltern innerhalb und außerhalb Griechenlands gebucht werden. Die Segelsaison dauert von April bis Ende Oktober. Es gibt vier Kategorien von Bootscharter: Der einfache Bootscharter ohne Skipper oder Crew eignet sich für alle mit Segelerfahrung (die meisten Charterfirmen verlangen dafür von mindestens zwei Crewmitgliedern einen Segelschein). Der Charter eines Boots mit Crew reicht von einem bezahlten Skipper, einem Assistenten oder Koch bis hin zum Charter von Luxusyachten mit kompletter Crew. Wer innerhalb einer Flotille – meist sind das sechs bis zwölf Boote – eine Yacht chartert, kann einerseits unabhängig segeln, andererseits über Funk den Rat des Führungsboots einholen. **Maestros Yachting Germany**, **Corfelios** und **Sun Yachting Germany** bieten Segeltörns und Yachtcharter an. Auch die **Hellenic Sailing Federation** erteilt Segelfans Auskünfte.

Kreuz- und Bootsfahrten

Die herrliche Natur und die faszinierende Geschichte Griechenlands machen ein- bis mehrtägige Kreuz- oder Bootsfahrten in griechischen Gewässern zu einem entspannenden und zugleich interessanten Erlebnis. Während der Saison zwischen April und Oktober gibt es eine ganze Palette von Angeboten – sie reicht vom exklusiven Luxusliner mit Expertenvorträgen und großem Unterhaltungsprogramm bis zu kleineren Kreuzfahrt- und Segelschiffen. Buchen können Sie direkt vor Ort bei griechischen Veranstaltern wie **Alpha Yachting**, **Dolphin Hellas Travel & Tourism**, **All Greece Travel** oder **Viking Yacht Cruises**.

Luxus-Kreuzfahrtschiff

Spas und heiße Quellen

Das griechische Festland besitzt weniger Spas als beispielsweise die Inseln Kreta oder Santoríni. Einige Resorthotels auf Chalkidikí *(siehe S. 253)* verfügen jedoch über hervorragende Wellness-Einrichtungen. Viele Reiseveranstalter haben sie im Programm, auch der deutsche Anbieter **Attika Reisen**.

Das griechische Festland verfügt über zahlreiche heiße Quellen und Thermalbäder. Zu

Segelschiff im Kanal von Korinth auf dem Peloponnes *(siehe S. 171)*

den Hochburgen gehören Kámena Voúrla, Loutrá Kotséki und Ypáti (nahe Lamía) in Zentralgriechenland sowie Kaïáfa und Kyllíni im westlichen Peloponnes. Das beste Thermalbad, Loutrá Pózar, liegt im Skigebiet Vorrá (nahe Edessa).

Outdoor-Aktivitäten
Wer den Nervenkitzel eines Bungee-Sprungs in den Kanal von Korinth erleben möchte, sollte sich an den Veranstalter **Zulubungy** wenden. **Riverland Outdoor Activities** bietet u. a. kombinierte Tagestouren mit Kanufahren, Radfahren, Bogenschießen und Wandern an. Ausrüstung und Verpflegung sind hierbei inklusive. Wer eine Segway-Tour unternehmen will, kann dies bei **Athens Segway Tours** und **Thessaloniki Segway Tours** tun.

Auf einen Blick

Studienreisen

Dr. Tigges
Holzkoppelweg 19,
24118 Kiel.
(0431) 54 460.
drtigges.de

Intercontact
Gesellschaft für Studien- und Begegnungsreisen.
In der Wässerscheid 49,
53424 Remagen.
(02642) 20 090.
ic-gruppenreisen.de

Rotala Reisen
Ahrstraße 12,
53474 Bad Neuenahr.
(02641) 94 770.
rotala.de

Studiosus Reisen München
Riesstraße 25,
80992 München.
(089) 50 06 00.
studiosus.com

Kreativurlaub

Greeka.com
Makrigianni 26A,
18537 Piräus.
21185 03006.
greeka.com

Kochkurse und Weinproben

Athens Walking Tours
210 884 7267.
athenswalkingtours.gr/Cooking-Lessons

Papyrus Reisen und Weinhaus
Marktplatz 8,
73614 Schorndorf.
(07181) 99 16 91
papyrus-griechische-weine.de

Naturreisen

AK Pegasus Reisen
Uhlandstraße 33,
73734 Esslingen.
(0711) 365 52 46.
griechenlandreisen.net

Hellenic Ornithological Society
Themistokleous 80,
10681 Athen.
210 822 7937.
ornithologiki.gr

ReNatour
Brunner Hauptstraße 26,
90475 Nürnberg.
(0911) 89 07 04.
renatour.de

Wandern und Radfahren

Bikegreece
Karaiskáski 13,
10554 Athen.
210 453 5567.
bikegreece.com

Culterramar
Gaisbergstraße 99,
69115 Heidelberg.
(06221) 433 97 40.
culterramar.de

e-kolumbus
Online-Reiseveranstalter.
(069) 74 30 53 00.
e-kolumbus.de

Lupe Reisen
Grabenstraße 2,
53844 Troisdorf.
(02241) 84 46 50.
lupereisen.com

Trekking Hellas
Dim. Gounari 96,
15125 Marousi.
210 331 0323.
trekking.gr

Wikinger Reisen
Online-Reiseveranstalter.
(02331) 90 46.
wikinger-reisen.de

Reiten

Peripetia
24010 Chrani (Peloponnes).
02722 031852.
peripetia.de

Wassersport

Trekking Hellas
Siehe Wandern und Radfahren.

Tauchen und Schnorcheln

Atlantis Diving
Nikíti, 63088 Sithonía.
69781 65361.
atlantis-scubadiving.com

Segeln

Corfelios
Mittlerer Kirchweg 1,
79410 Badenweiler.
(07632) 82 45 55.
corfelios.de

Hellenic Sailing Federation
Naftathlitiki Marina,
78550 Kallithéa.
210 940 4825.
eio.gr

Maestros Yachting Germany
Meierfeldstraße 12,
92237 Sulzbach-Rosenberg.
(09661) 94 11.
maestros-yachting.de

Sun Yachting Germany
Waldenserstraße 7,
10551 Berlin.
(030) 395 70 96.
syg.de

Kreuz- und Bootsfahrten

All Greece Travel
Palaión Latomeíon 6,
Melíssia, Athen.
210 6139380.
allgreecetravel.com

Alpha Yachting
Posidonos 67,
Glyfáda,
16675 Athen.
210 968 0486.
alphayachting.com

Dolphin Hellas Travel & Tourism
Syngrou 16,
11742 Athen.
210 922 7772.
dolphin-hellas.gr

Viking Yacht Cruises
Athen.
210 898 0729.
vikings.gr

Spas und heiße Quellen

Attika Reisen
Sonnenstraße 3,
80331 München.
(089) 54 55 51 00.
attika.de

Outdoor-Aktivitäten

Athens Segway Tours
210 322 2500.
athenssegwaytours.com

Riverland Outdoor Activities
Toxotes Xánthi,
67100 Xánthi.
25410 62488.
riverland.gr

Thessaloniki Segway Tours
23112 42975.
thessalonikisegwaytours.com

Zulubungy
27410 49465.
zulubungy.com

GRUND-INFORMATIONEN

| Praktische Hinweise | 300–309 |
| Reiseinformationen | 310–323 |

Praktische Hinweise

Griechenland steht für kulturellen und sinnlichen Genuss. Die Schönheit des Landes, das heiße Klima, das warme Wasser sowie das Savoir-vivre der Einheimischen bürgen für einen entspannten Urlaub. Es zahlt sich jedoch aus, die Eigenheiten des griechischen Lebens zu kennen, um unnötigen Frust zu vermeiden: Wann soll man reisen, was mitnehmen? Wie bereist man das Land? Und was tut man, wenn etwas schiefgeht? Griechenland ist längst nicht mehr das besonders preiswerte Urlaubsland, wenngleich öffentliche Transportmittel, Mietwagen, Restaurants und Hotels im europäischen Vergleich immer noch relativ günstig sind. Die Tourismusbüros beraten Sie über die praktischen Aspekte Ihres Aufenthalts, auch die Website bietet viele nützliche Informationen.

Ankernde Boote vor Pórto Katsíki, Lefkáda

Reisezeit
Zur Hauptsaison von Ende Juni bis Anfang September ist es in Griechenland sehr heiß *(siehe S. 53)*, teuer und zudem überlaufen. Die kältesten und feuchtesten Monate sind Dezember bis März. Im Winter verkehren Transportmittel nur eingeschränkt, viele Hotels und Restaurants haben geschlossen.

Skifahrer können von Weihnachten bis April unter rund einem Dutzend Skigebieten auf dem Festland wählen *(siehe S. 295)*.

Der Frühling, vor allem die Zeit von Ende April bis Mai, ist mit die schönste Reisezeit: Es ist sonnig, aber nicht glühend heiß, man begegnet nur wenigen Urlaubern, die Landschaft erstrahlt in frischem, kräftigem Grün, und die Wildblumen blühen *(siehe S. 26f.)*.

Einreise
Der EU-Staat Griechenland gehört zum Schengen-Raum. Bürger aus der EU müssen bei der Einreise keinen Ausweis mehr vorlegen. Ein Reisepass oder Personalausweis muss freilich zwingend mitgeführt werden. Beachten Sie, dass Kindereinträge im Reisepass eines Elternteils nicht gültig sind, jedes Kind benötigt zur Einreise nach Griechenland ein eigenes Ausweisdokument mit Lichtbild.

Bei einem Aufenthalt von mehr als drei Monaten ist eine Aufenthaltserlaubnis in der Praxis noch immer vorgeschrieben. Nicht-EU-Bürger müssen bei der Einreise einen Personalausweis vorlegen. Wer in Griechenland arbeiten oder studieren möchte, sollte sich schon rechtzeitig im Voraus bei einem griechischen Konsulat erkundigen.

Zoll
Für Besucher aus der EU gibt es keine Zollkontrollen oder Einreiseformalitäten. Dies betrifft auch die Einfuhr von Waren wie Alkohol, Parfum und Tabak. EU-Bürger können größere Mengen dieser Waren einführen, solange sie für den persönlichen Gebrauch bestimmt sind.

Ausgenommen von der freien Ein- und Ausfuhr sind verbotene Waren wie Drogen oder Waffen (auch Verteidigungssprays). Auch die nicht genehmigte Ausfuhr von Antiquitäten und archäologischen Kunstwerken gilt als schwerer Verstoß, der mit hohen Geldbußen oder Gefängnisstrafen geahndet wird. Wer rezeptpflichtige Medikamente einführt, sollte eine Rezeptkopie mitführen *(siehe S. 304f)*.

Für die Mitnahme von Hunden und Katzen benötigen man den EU-Heimtierausweis, der von Tierärzten ausgestellt wird. Er bescheinigt, dass das Tier ausreichend geimpft ist.

Reisegepäck
In Griechenland bekommen Sie alles, was Sie für das tägliche Leben brauchen. Regelmäßig benötigte Medikamente *(siehe S. 304f)*, eine gute Straßenkarte Ihrer Zielregion *(siehe S. 317)*, Mückenschutz sowie eine Sonnencreme mit ausreichend hohem Lichtschutzfaktor sollten Sie bereits zu Hause besorgen. Produkte aus der Drogerie sind in Griechenland verhältnismäßig teuer.

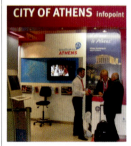

Informationsschalter am Athener Flughafen

◀ Passage durch den Kanal von Korinth *(siehe S. 171)*

Ticket des Archäologischen Nationalmuseums

Neben Badesachen benötigt man in der Regel nur leichte Kleidung. Vor allem im Mai und Oktober sind abends Jacke oder Pullover nötig. Im Winter und Frühling sollten Sie nicht auf Regenschutz und warme Kleidung verzichten.

Bei dem Besuch von religiösen Gebäuden sollte man sich an die Bekleidungsvorschriften halten (siehe unten).

Information

Auskunftsstellen findet man in vielen griechischen Städten und Dörfern, sei es in Form der **EOT**-Büros (Ellinikós Organismós Tourismoú, das staatliche griechische Fremdenverkehrsamt), städtischer Fremdenverkehrsbüros, der örtlichen Touristenpolizei (siehe S. 304) oder privater Reisebüros.

Das EOT veröffentlicht umfangreiches Material wie Karten, Broschüren und Merkblätter über Transportmittel und Unterkünfte – man muss jedoch wissen, dass nicht alle Informationen aktuell und zuverlässig sind.

In diesem Reiseführer sind die Adressen und Telefonnummern von EOT-Niederlassungen (siehe S. 303), den örtlichen Fremdenverkehrsbüros (bei den Einträgen) und der Touristenpolizei (siehe S. 305) angegeben.

Eintrittspreise

Die meisten staatlichen Museen und archäologischen Sehenswürdigkeiten verlangen zwischen drei und zwölf Euro Eintritt. Es gibt jedoch in einigen Museen Ermäßigungen von etwa 25 Prozent für EU-Bürger über 60 Jahre (nehmen Sie als Nachweis Ihren Ausweis mit) und bis zu 50 Prozent für Nicht-EU-Studenten mit Internationalem Studentenausweis (siehe S. 302). Studenten aus EU-Ländern haben oft freien Eintritt.

Museen und Sehenswürdigkeiten, die an Feiertagen geöffnet haben, verlangen dann meist keinen Eintritt.

Öffnungszeiten

Die Öffnungszeiten sind in Griechenland sehr vage und ändern sich von Tag zu Tag, von Saison zu Saison und von Ort zu Ort. Deshalb sollten Sie die Zeitangaben in diesem Führer nur als grobe Richtlinien sehen und sich bei der Auskunft vor Ort nach den genauen Öffnungszeiten erkundigen.

Staatliche Museen und die vielen archäologischen Stätten Griechenlands sind in der Regel von etwa 9 bis 15 Uhr geöffnet. Bedeutende Attraktionen sind in den Sommermonaten oft bis 20 oder 21 Uhr, mitunter sogar bis 22 Uhr zu besichtigen. Montags und an Feiertagen (siehe S. 52) sind die meisten Besucherattraktionen geschlossen. Regional- und Privatmuseen sowie Privatsammlungen sind oft auch während der griechischen Schulferien und an lokalen Festtagen geschlossen. Um Vollmond im August ist der Eintritt zu vielen archäologischen Stätten (u. a. Parthenon in Athen und Poseidon-Tempel in Soúnio), die dann bis etwa 2 Uhr morgens zugänglich sind, frei.

Klöster sind, bis auf einige Stunden am Nachmittag, von Sonnenaufgang bis Sonnenuntergang geöffnet.

Öffnungszeiten der Läden finden Sie auf Seite 292, der Apotheken auf Seite 305, der Banken auf Seite 306, der Postämter auf Seite 308.

Die Einträge zu den einzelnen Städten in diesem Reiseführer enthalten Informationen zu örtlichen Markttagen. Die meisten Läden und Ämter, bis auf einige Geschäfte in Feriendörfern und Urlaubsorten, schließen an Feiertagen und regionalen Festtagen. Wichtige regionale Feste finden Sie in diesem Reiseführer bei den Einträgen zum jeweiligen Ort.

Etikette

Wie überall wird auch in Griechenland respektvolles Verhalten honoriert. Versuchen Sie, vor Ihrem Besuch ein paar griechische Grundbegriffe zu erlernen (siehe S. 344–348).

Formelle Garderobe ist selten nötig, doch beim Besuch von Kirchen und Klöstern sollte man angemessene Kleidung tragen (für Männer lange Hosen, für Frauen die Knie bedeckende Röcke und keine ärmellosen Oberteile).

Oben-ohne-Baden wird an den griechischen Küsten toleriert, FKK ist offiziell auf wenige Strände beschränkt.

In Restaurants ist Service in der Rechnung inbegriffen, Trinkgeld (meist zehn bis 15 Prozent) wird jedoch stets gern gesehen. Toilettenfrauen sollte man auch Trinkgeld geben. Taxifahrer, Portiers und Zimmermädchen erwarten kein Trinkgeld, freuen sich aber darüber.

Griechischer Priester

Religion

Die Griechen sind zum überwiegenden Teil griechisch-orthodoxen Glaubens. Die religiösen Symbole und Rituale sind tief in der griechischen Kultur verwurzelt und praktisch allgegenwärtig. In ganz Griechenland feiert man Heiligenfeste (siehe S. 52). Einige werden landesweit, andere nur regional begangen.

Größte religiöse Minderheit sind die thrakischen Muslime. Der Anteil an der Gesamtbevölkerung beträgt aber weniger als zwei Prozent. Viele Kirchen entstanden durch den Umbau osmanischer Moscheen. Kirchen und Heiligtümer anderer Religionen findet man vorwiegend in und um Athen.

Hinweis für Behindertenparkplatz

Behinderte Reisende

In Griechenland gibt es vergleichsweise wenige behindertengerechte Einrichtungen. Sorgfältige Planung ist daher unerlässlich. In diesem Führer ist vermerkt, ob eine Sehenswürdigkeit mit dem Rollstuhl zugänglich ist.

Der **Bundesverband Selbsthilfe Körperbehinderter e.V.** oder der **Allgemeine Behindertenverband in Deutschland e.V.** beraten Sie gern und unterstützen Sie bei Ihrer Reiseplanung.

Mit Kindern reisen

Kinder sind bei den Griechen sehr beliebt und praktisch überall willkommen. Viele Hotels bieten auf Anfrage Babysitterdienste an. Erkundigen Sie sich vor der Buchung *(siehe S. 265)*. Kinder bis fünf Jahre übernachten im Zimmer der Eltern kostenlos, im Alter zwischen sechs und zehn Jahren wird in der Regel ein erheblicher Rabatt gewährt.

Kinder bis zehn Jahre (gelegentlich auch nur bis acht Jahre) bekommen in öffentlichen Verkehrsmitteln bis zu 50 Prozent Ermäßigung.

Kinder können in Griechenland meist problemlos im Meer baden, doch behalten Sie sie stets im Auge, da Rettungsschwimmer rar sind. Auch die gesundheitlichen Gefahren durch die Sonne sind weder für Kinder noch für Erwachsene zu unterschätzen *(siehe S. 305)*.

Alleinreisende Frauen

Griechenland ist ein sehr sicheres Land. Die Einheimischen sind meist sehr gastfreundlich. Alleinreisende Frauen werden respektvoll behandelt, sollten sich aber – genauso wie Männer – stets angemessen kleiden *(siehe S. 301)*. Allein per Anhalter zu fahren, ist generell nicht anzuraten.

Studenten und Jugendliche

Innerhalb Griechenlands gibt es Ermäßigungen auf Fähren, Bus- und Bahnfahrten nur für Studenten, die auch in Griechenland studieren. Sonderangebote ermöglichen jedoch preiswerte Reisen nach Griechenland, vor allem in der Nebensaison. Es gibt etliche Reisebüros für Studenten und Jugendliche wie **STA Travel** mit weltweit 120 Büros. Auch wenn man in den griechischen Jugendherbergen den Internationalen Jugendherbergsausweis nur selten benötigt, sollte man ihn sich zu Hause besorgen.

Internationaler Studentenausweis (ISIC)

Für Studenten aus EU-Ländern mit einem Internationalen Studentenausweis (ISIC) ist der Eintritt in den staatlichen Museen und Ausgrabungsstätten Griechenlands in der Regel frei. Studenten, die nicht aus der EU kommen, erhalten mit dem nützlichen ISIC-Ausweis meist 50 Prozent Rabatt. Für Jugendliche gibt es keine Ermäßigungen. Gelegentlich wird Reisenden unter 31 Jahren bei Vorlage einer International Youth Travel Card (IYTC; im STA-Büro erhältlich) Rabatt gewährt.

Veranstaltungen

Die in englischer Sprache erscheinende Zeitung *Athens News* enthält Veranstaltungshinweise sowie spezielle Tipps für Besucher mit Kindern.

Ebenfalls auf Englisch erscheint das monatliche *Now in Athens*, das ist beim Fremdenverkehrsbüro in der Straße Amalías kostenlos erhältlich. Die *Griechenland Zeitung*, die ebenfalls Veranstaltungshinweise enthält, erscheint wöchentlich auf Deutsch. Über Unterhaltung in Athen informieren die Seiten 122–125 dieses Reiseführers, griechische Feste und Kulturereignisse finden Sie auf den Seiten 48–52. Welche Veranstaltungen aktuell stattfinden, erfragt man am besten bei der nächsten Informationsstelle vor Ort.

Eine im Sommer beliebte Form der Unterhaltung ist »Kino im Freien«. Internationale Filme laufen meist in Originalsprache mit griechischen Untertiteln.

Zeit

Griechenland ist der Mitteleuropäischen Zeit (MEZ) eine Stunde voraus. Gleichzeitig mit den anderen Ländern werden die Uhren zur Sommerzeit eine Stunde vor- und zur Winterzeit wieder zurückgestellt.

Elektrizität

Wie in anderen europäischen Ländern beträgt auch in Griechenland die Stromspannung 230 Volt bei 50 Hertz Wechselstrom. Es werden zwei- oder dreipolige Stecker verwendet. Flache Stecker mit zwei Pins passen auch in Griechenland in jede Steckdose.

Strandleben im Hochsommer

Fotografieren

In den griechischen Kirchen und Klöstern darf man offiziell nicht fotografieren. In Museen ist es in der Regel gestattet, allerdings oft nur ohne Blitz und Stativ. An Orten, an denen fotografiert werden darf, ist gewöhnlich auch das Filmen mit einer Video- oder einer Digitalkamera erlaubt. An Sehenswürdigkeiten, in Museen oder an religiösen Stätten sollte man wegen der uneinheitlichen Vorschriften vorsichtshalber eine Genehmigung einholen, bevor man zu filmen beginnt. In einigen Museen muss hierfür vorab schriftlich um eine entsprechende Erlaubnis angefragt werden.

Das Fotografieren und Filmen militärischer Anlagen sowie großer Flug- und Schiffshäfen ist generell strengstens verboten.

Umweltbewusst reisen

Der Umweltschutz genießt in Griechenland einen deutlich niedrigeren Stellenwert als in anderen europäischen Ländern. Recycling wird kaum umgesetzt, illegales Entsorgen von Abfällen in ländlichen Gebieten ist gang und gäbe, die Müllabfuhr funktioniert nur unzureichend.

Das Interesse an erneuerbarer Energie wächst seit einigen Jahren stetig – nicht zuletzt vor dem Hintergrund der griechischen Finanzkrise. Viele Familien haben Solaranlagen auf ihren Häusern für die Warmwasserversorgung installiert. Solarenergie ist im sonnenverwöhnten Griechenland mittlerweile ein großes Thema. Gleiches gilt für die Möglichkeiten der Windenergie, zumal auf und vor den vielen Inseln im Mittelmeer.

Urlaub auf dem Bauernhof wird in einigen ländlichen Regionen Griechenlands angeboten. Die **Hellenic Agrotourism Federation** und **Guest Inn** halten eine Liste mit entsprechenden Anbietern bereit.

Als Besucher Griechenlands kann man regionale Erzeuger unterstützen, indem man z. B. auf dem Zentralmarkt in Athen *(siehe S. 121)* und auf dem Modiáno-Markt in Thessaloníki *(siehe S. 248)* sowie auf den Wochenmärkten in Athen einkauft. Einige Produkte werden im Direktverkauf angeboten, etwa Formaella-Käse in Aráchova (bei Delphi) und der Käse aus Métsovo. Winzer öffnen ihre Güter für Verkostungen.

Veranstalter wie **Trekking Hellas** organisieren naturnahe Aktivitäten. **Ecotourism Greece** informiert umfassend über umweltverträgliches Reisen.

Auf einen Blick

Botschaften

Deutschland
Karóli und Dimitríou 3,
10675 Athen-Kolonáki.
☏ +30 210 728 5111.
🌐 griechenland.diplo.de

Österreich
Vass. Sofías 4,
10674 Athen.
☏ +30 210 725 7270.
🌐 aussenministerium.at/athen

Schweiz
Iassíou 2,
11521 Athen.
☏ +30 210 723 0364.
🌐 eda.admin.ch/athens

Griechenland
in Deutschland:
Jägerstraße 54/55,
10117 Berlin.
☏ (030) 20 62 60.
🌐 mfa.gr/germany/de/the-embassy

in Österreich:
Argentinierstraße 14,
1040 Wien.
☏ (01) 506 15.
🌐 mfa.gr/missions abroad/de/austria

in der Schweiz:
Weltpoststrasse 4,
3015 Bern.
☏ (031) 356 14 14.
🌐 mfa.gr/switzerland/en/the-embassy

Information

EOT-Büros bzw. Greek National Tourism Organization (Griechische Zentrale für Fremdenverkehr; GNTO)
Dionysíou Areopagítou 18–20, 11742 Athen.
☏ 210 331 0529.
🌐 visitgreece.gr

Deutschland
Holzgraben 31,
60313 Frankfurt/Main.
☏ (069) 25 78 270.
🌐 visitgreece.gr/en/contact/gnto_offices_abroad

Österreich
Opernring 8,
1010 Wien.
☏ (01) 512 53 17.
🌐 visitgreece.gr/en/contact/gnto_offices_abroad

Behinderte Reisende

Allgemeiner Behindertenverband in Deutschland e.V.
Friedrichstraße 95,
10117 Berlin.
☏ (030) 275 934 30.
🌐 abid-ev.de

Bundesverband Selbsthilfe Körperbehinderter e.V.
Altkrautheimer Straße 20,
74238 Krautheim.
☏ (06294) 42 810.
🌐 bsk-ev.org

Studenten

Hostelling International
🌐 hihostels.com

Internationaler Studentenausweis (ISIC)
🌐 isic.org

STA Travel
39 Filialen in Deutschland,
9 Filialen in Österreich,
13 Filialen in der Schweiz.
☏ (069) 255 155 00 (D).
🌐 statravel.de
☏ (01) 267 536 00 (A),
🌐 statravel.at
☏ (043) 550 00 10 (CH).
🌐 statravel.ch

Umweltbewusst reisen

Ecotourism Greece
☏ 211 770 3877.
🌐 ecotourism-greece.com

Guest Inn
☏ 210 960 7100.
🌐 guestinn.com

Hellenic Agrotourism Federation (SEAGE)
☏ 693 650 0670.
🌐 agroxenia.net

Responsible Travel
🌐 responsibletravel.com

Trekking Hellas
☏ 210 331 0323.
🌐 trekking.gr

Sicherheit und Gesundheit

Griechenland galt lange Zeit als eines der sichersten europäischen Urlaubsländer. Den hohen Stellenwert der Gastfreundschaft spürt jeder Besucher des Landes. Im Zuge der griechischen Wirtschaftskrise ist aber leider auch die Kriminalitätsrate nach oben geschnellt. Urlauber kommen am ehesten mit Diebstahl in Berührung, jedoch kaum mit Gewaltkriminalität. Wie für andere Reiseländer auch, sollte man eine umfassende Reiseversicherung abschließen. Der Straßenverkehr ist eine ständige Gefahrenquelle: Die Griechen sind sehr impulsive Autofahrer. Autofahrer wie Fußgänger sollten stets auf der Hut sein.

Polizei
Griechische Streifenpolizisten tragen eine blaue Uniform und agieren eher zurückhaltend. Darüber hinaus gibt es einige Spezialeinheiten, darunter die behelmten Einheiten der Bereitschaftspolizei (MAT) mit kakifarbener Uniform. Die MAT wird vor allem bei größeren Demonstrationen eingesetzt.

In Griechenland gibt es neben der normalen Polizei noch eine Hafen- und eine Touristenpolizei. Letztere ist sowohl Polizei als auch Informationsstelle und deshalb für Urlauber sehr nützlich. Bei Diebstahl, Verlust des Reisepasses oder einer Beschwerde über Läden, Restaurants, Fremdenführer oder Taxifahrer sollte man sich zunächst an sie wenden. Da Touristenpolizisten sprachkundig sind, können sie auch als Übersetzer fungieren, wenn die örtliche Polizei hinzugezogen werden muss. In den Dienststellen stehen zudem Karten, Broschüren und Unterkunftshinweise zur Verfügung.

Persönliche Sicherheit
Hohe Kriminalitätsraten sind nur in den Großstädten zu verzeichnen, in ländlichen Regionen dagegen hat man, zumal als Urlauber, praktisch nichts zu befürchten. Besucher sollten sich von Demonstrationen, zu denen es in dem wirtschaftlich kriselnden Land derzeit häufiger kommt, fernhalten. Dies gilt besonders für Ereignisse auf dem Athener Sýntagma-Platz. Rund um den Omónia-Platz, der ein Drogenschwerpunkt der Stadt ist, kommt es besonders nachts immer wieder zu Raubüberfällen. Auch Einbrüche haben in den letzten Jahren zugenommen. Als Besucher sollte man stets ein Auge auf seine Handtasche haben. Wichtige Dokumente sollten immer in Kopie vorhanden sein, am besten liegen sie im Hotelsafe. Im Fall eines Diebstahls kontaktieren Sie unverzüglich die Polizei oder Touristenpolizei.

Notfälle
Die wichtigsten Notfallnummern entnehmen Sie dem Kasten »Auf einen Blick«. Für Unfälle und medizinische Notfälle gibt es in Athen einen 24-stündigen Notarztdienst. Außerhalb Athens, in Provinzstädten und auf den Inseln ist dies selten der Fall. Patienten können gegebenenfalls per Krankenwagen oder Hubschrauber von einem regionalen Krankenhaus des ESY (des nationalen griechischen Gesundheitsdiensts) in ein ESY-Zentralkrankenhaus in Athen gebracht werden.

Eine umfassende Liste mit ESY-Krankenhäusern und Privatkliniken ist bei der Touristenpolizei erhältlich.

Medizinische Versorgung und Versicherung
Bürger aus EU-Ländern haben in Griechenland Anspruch auf kostenlose medizinische Behandlung, sofern sie die Europäische Krankenversicherungskarte (European Health Insurance Card, EHIC) vorlegen. Die Notfallbehandlung in einem öffentlichen Krankenhaus ist für alle Ausländer kostenlos. Öffentliche Gesundheitseinrichtungen sind jedoch rar, Privatkliniken teuer. Es empfiehlt sich, eine Auslandsreisekrankenversicherung abzuschließen. Diese kann man mit einer Reiseversicherung kombinieren, die Verlust und Diebstahl von persönlichem Besitz abdeckt. Vorsicht: Manche Policen gelten nicht für »gefährliche« Aktivitäten wie Motorradfahren und Bergsteigen. Nicht alle erstatten Arzt- und Krankenhauskosten direkt, nur wenige enthalten Rücktransporte mit Krankenwagen oder Flugzeug. Kreditkarteninhaber besitzen je nach Vertrag mit dem Kreditkartenunternehmen eine Auslandsreisekrankenversicherung mit Reiserücktrittskostenerstattung

Griechische Streifenpolizei in typischer blauer Uniform

SICHERHEIT UND GESUNDHEIT | 305

Krankenwagen

Polizeiauto

und weiteren Merkmalen. Erkundigen Sie sich bei Ihrer Hausbank nach den genauen Konditionen.

Gesundheitsvorsorge

Bei Auslandsreisen lassen sich einfache Sicherheitsvorkehrungen meist ohne großen Aufwand treffen. Manche sind angesichts der Hitze unerlässlich. Mit Sonnenhut, -brille und -creme (mit hohem Lichtschutzfaktor) können Sie sich vor übermäßiger Sonneneinstrahlung schützen. Halten Sie sich zu Beginn der Reise möglichst im Schatten auf. Ein Hitzschlag ist eine echte Gefahr, die umgehend medizinischer Behandlung bedarf.

Auch (durch Alkohol begünstigte) Dehydrierung ist riskant. Trinken Sie viel Wasser, selbst wenn Sie nicht durstig sind. Die in griechischen Apotheken erhältlichen Elektrolyttabletten beugen durch Schwitzen verursachtem Mineralstoffmangel vor.

Nehmen Sie einen Vorrat an Ihren Standard- oder Dauermedikamenten mit sowie eine Kopie des Rezepts mit der Medikamentenbezeichnung. Dies hilft nicht nur, wenn Ihnen das Medikament ausgeht, sondern auch bei etwaigen Einreisekontrollen. Beachten Sie, dass das in vielen Kopfschmerztabletten enthaltene Kodein in Griechenland verboten ist.

Das Leitungswasser in Griechenland ist meist trinkbar. In entlegenen Gegenden sollte man sich vor Ort erkundigen. Mineralwasser in Flaschen bekommt man überall (noch dazu oft eisgekühlt).

Warten Sie mindestens zwei Stunden nach einer Mahlzeit, bevor Sie im Meer schwimmen, da Magenkrämpfe auf dem Wasser tödlich enden können. Im Wasser ist Vorsicht vor Weberfischen, Quallen und Seeigeln geboten. Letztere sind keine Seltenheit. Falls Sie auf einen treten, ist der Stachel mit einer sterilisierten Nadel und Olivenöl zu entfernen.

Bei Hautrötungen durch Berührung einer Qualle helfen Essig, Backpulver oder Mittel aus der Apotheke.

Der im Sand lebende Weberfisch ist zwar selten, doch ein Stich mit seinem giftigen Stachel ist ungemein schmerzhaft. Tauchen Sie die betroffene Stelle sofort in möglichst heißes Wasser, um das Gift zu verdünnen.

Apothekenschild

Für Griechenland sind keine Impfungen erforderlich; Ärzte empfehlen mitunter eine Auffrischungsimpfung gegen Tetanus und gegen Typhus.

Apotheken

Griechische Apotheker sind hoch qualifiziert. Sie beraten nicht nur bei harmloseren Beschwerden, sondern verkaufen auch Medikamente, die anderswo rezeptpflichtig sind. Die *farmakeia* (Apotheke) erkennt man an dem roten oder grünen Kreuz auf weißem Grund. Apotheken sind in der Regel von 8.30 bis 14 oder 15 Uhr geöffnet, nachmittags und am Samstag jedoch meist geschlossen. Das Bereitschaftssystem in größeren Städten gewährleistet eine Versorgung über den ganzen Tag und bis spät in die Nacht sowie am Wochenende. Einzelheiten sind in den Fenstern angeschlagen (in griechischer und englischer Sprache).

Rechtsbeistand für Urlauber

Das von europäischen Verbraucherorganisationen und der EU-Kommission gegründete Programm **EKPIZO** (entspricht der Verbraucherzentrale in Deutschland) informiert Reisende über ihre Rechte. Es gibt Urlaubern, die Probleme mit Hotels, Campingplätzen, Reisebüros etc. haben, Hilfestellung. Sie erhalten Informationen und, falls nötig, Rechtsbeistand durch einen Anwalt (in Deutsch, Englisch oder Französisch). Regionale Telefonnummern sind im Athener EKPIZO-Büro zu erfahren.

Auf einen Blick

Notruf

Notruf
📞 112.

Polizei
📞 100 oder 112.

Krankenwagen
📞 166 oder 112.

Feuerwehr
📞 199 oder 112.

Küstenwache
📞 108.

Pannenhilfe
📞 104.

Notruf in Athen

Touristenpolizei
📞 171.

Ärztlicher Notdienst
📞 1434.

Apotheken
📞 14944 (Informationen über Apotheken mit 24-Stunden-Bereitschaft).

Giftnotruf
📞 210 779 3777.

EKPIZO

Stournari 17, 10683 Athen.
📞 210 330 4444.
🌐 ekpizo.gr

Banken und Währung

Auch in Griechenland gilt der Euro. Er löste 2002 die im Jahr 1831 eingeführte Drachme als Währung ab. Mit der sich seit 2009 verschärfenden Staatsschuldenkrise wurde auch immer öfter der Verbleib Griechenlands im Euro-Raum infrage gestellt. Der Geldwechsel aus anderen Währungen ist unproblematisch. Wo es keine Bank gibt, finden Sie womöglich ein Postamt. Das Bankwesen in Städten und Ferienzentren entspricht internationalem Standard. Landesweit gibt es Geldautomaten in ausreichender Zahl, an denen Sie mit Ihrer Debit- oder Kreditkarte bequem Bargeld abheben können.

Athener Wechselbüro für ausländische Währungen

Öffnungszeiten der Banken

Banken haben montags bis donnerstags von 8 bis 14.30 Uhr und freitags von 8 bis 14 Uhr geöffnet. In größeren Städten und Ferienzentren hat in der Regel mindestens eine Bank am Abend sowie am Samstagvormittag für einige Stunden geöffnet.

Die größten Banken des Landes sind Ethnikí Trápeza tis Elládos (National Bank of Greece; ETE), Alpha Bank, Piraeus Bank und Eurobank.

Geldautomaten sind rund um die Uhr in Betrieb. Auch außerhalb von größeren Städten und Ferienorten findet sich immer ein Geldautomat. An Feiertagen *(siehe S. 52)* sind in Griechenland alle Banken geschlossen.

Im Zuge der Finanzkrise haben einige Banken das Ausgabekontingent ihrer Geldautomaten reduziert. Erkundigen Sie sich vor Ihrer Reise nach dem aktuellen Stand.

Geldautomaten

In Städten und Ferienzentren ist der Weg zum nächsten Geldautomaten nie weit. Mit Kredit- und Debitkarten *(siehe unten)* können Sie dort rund um die Uhr Geld abheben (bis zu Ihrem jeweiligen Tageslimit). Achten Sie bei der Eingabe Ihrer PIN stets darauf, dass niemand mitliest. Decken Sie das Tastenfeld mit der freien Hand ab. Die meisten Geldautomaten bieten die Anweisungen in mehreren Sprachen (Griechisch, Englisch, Deutsch). Erkundigen Sie sich vorher jedoch über die anfallenden Gebühren, die unterschiedlich hoch und durchaus beträchtlich sein können.

Kreditkarten

Die gängigsten Kreditkarten sind **Visa** und **MasterCard**, American Express wird seltener akzeptiert, Diners Club so gut wie gar nicht. Kreditkarten bieten die beste Zahlungsweise für Flug- und Fährtickets, Mietwagen und Hotels. Mietwagenfirmen verleihen Fahrzeuge in der Regel ausschließlich gegen Vorlage einer Kreditkarte.

Auch mit Debitkarten können Sie nicht nur Geld »ziehen«, sondern auch direkt bezahlen. Die bekannteste Debitkarte ist die **girocard** (früher EC- bzw. Maestro-Karte). Es gibt sie in zwei Ausführungen: mit Maestro-Logo oder VPay-Logo. Beide funktionieren gleichermaßen in Griechenland.

Auch wenn Kartenzahlung verbreitet ist: Bargeld für die Bezahlung von kleineren Beträgen – etwa in Läden, Bars und Tavernen sowie für Fahrten mit öffentlichen Verkehrsmitteln und Taxis – sollte man immer dabeihaben. Auch preiswerte Unterkünfte akzeptieren keine Bezahlung per Karte.

Wenn Ihre Kredit- oder Debitkarte gestohlen wurde, rufen Sie unbedingt sofort eine Notrufnummer *(siehe unten)* zur Sperrung an. Damit ist Ihre Haftung begrenzt.

Reiseschecks sind praktisch nicht mehr in Gebrauch.

Auf einen Blick

Allg. Notrufnummer
📞 +49 116 116.
🌐 116116.eu.

MasterCard
📞 00 800 11 887 03 03.

Visa
📞 00 800 11 638 03 04.

girocard
📞 +49 69 740 987.

Warten vor einem Geldautomaten

Währung

Die europäische Gemeinschaftswährung Euro (€) gilt in 19 EU-Staaten: Belgien, Deutschland, Estland, Finnland, Frankreich, Griechenland, Irland, Italien, Lettland, Litauen, Luxemburg, Malta, Niederlande, Österreich, Portugal, Slowakei, Slowenien, Spanien und in der Republik Zypern. Alte Drachmen sind ungültig. Alle Euroscheine sind einheitlich gestaltet, bei den Münzen prägt jedes Land unterschiedliche Rückseiten. Seit 2004 kann jeder Eurostaat einmal jährlich eine Zwei-Euro-Gedenkmünze bedeutender Ereignisse herausgeben. Alle diese Münzen gelten in jedem Staat der Eurozone. Seit 2013 wird sukzessive die zweite Serie der Euro-Banknoten eingeführt.

Euro-Banknoten

Die Euroscheine wurden vom Österreicher Robert Kalina (1. Serie ab 2002) und dem Deutschen Reinhold Gerstetter (2. Serie ab 2013, sog. Europa-Serie) entworfen und zeigen Baustile, eine Europakarte und die EU-Flagge mit den zwölf Sternen. Auf der Vorderseite sind Fenster oder Tore abgebildet, auf der Rückseite Brücken.

5-Euro-Schein (Baustil: Klassik)

10-Euro-Schein (Baustil: Romanik)

20-Euro-Schein (Baustil: Gotik)

50-Euro-Schein (Baustil: Renaissance)

100-Euro-Schein (Baustil: Barock & Rokoko)

200-Euro-Schein (Eisen- und Glasarchitektur)

500-Euro-Schein (Moderne Architektur des 20. Jhs.)

2-Euro-Münze   **1-Euro-Münze**   **50-Cent-Münze**   **20-Cent-Münze**   **10-Cent-Münze**

Euromünzen

Die einheitlichen Vorderseiten der Euromünzen entwarf der Belgier Luc Luycx; die Rückseiten der griechischen Euromünzen gestaltete der Künstler Georgios Stamatopoulos. Auf den Münzen sind Europa, der Steinkauz als Symbol aus der Mythologie, Politiker und Schiffe abgebildet.

5-Cent-Münze   **2-Cent-Münze**   **1-Cent-Münze**

Kommunikation

Die griechische Telefongesellschaft heißt OTE (Organismós Tilepikoinonión Elládos). Die Telekommunikation in Griechenland entspricht weitgehend den europäischen Standards, ist aber vergleichsweise teuer. Das Mobilfunknetz ist praktisch flächendeckend ausgebaut, mehrere Anbieter kämpfen um Marktanteile. In den Großstädten findet man zahlreiche WLAN-Hotspots, die die meisten Internet-Cafés abgelöst haben. Die griechische Post ist relativ zuverlässig, besonders in größeren Städten und Ferienorten. Neben den vielen griechischen Publikationen gibt es internationale Zeitungen und Zeitschriften (in Städten und Ferienorten oft die tagesaktuelle Ausgabe).

Nützliche Telefonnummern
- Nationale Auskunft und Vermittlung: **11888** (gebührenpflichtig)
- Internationale Auskunft und Vermittlung: **139**
- **Gespräche nach Griechenland**: Wählen Sie 00, anschließend die Vorwahl 30 für Griechenland, dann die jeweilige Ortsnetzkennzahl und schließlich die Durchwahl des griechischen Teilnehmers.
- **Auslandsgespräche aus Griechenland**: Wählen Sie 00, anschließend die Auslandsvorwahl (siehe unten), die Ortsnetzkennzahl ohne die 0 und danach die zehnstellige Teilnehmernummer.
- Landesvorwahlen: Deutschland **49**, Österreich **43**, Schweiz **41**.
- Deutschland Direkt: **00 800 4911** (R-Gespräch).

Telefonieren

Mobiltelefone sind auch in Griechenland aus dem Alltag nicht mehr wegzudenken. In diesen Zeiten eines stetig wachsenden Mobilfunkmarktes verschwinden Telefonzellen allmählich aus dem Stadtbild. In Athen findet man gleichwohl einige öffentliche Telefone, die mit Telefonkarte funktionieren. Die Karten erhält man am Kiosk und im OTE-Amt.

Ferngespräche führt man wenn möglich nicht vom Hotelzimmer aus, die Gebühren können horrend sein. Am preiswertesten sind die privaten Telefonläden, die in größeren Städten rund um die Bahnhöfe zu finden sind. Jeder Laden ruft seine eigenen Preise für Ferngespräche auf, die je nach Uhrzeit und Ziel des Anrufs variieren.

Mobiltelefone und Roaming

Alle in Europa gängigen Handys und Smartphones funktionieren in Griechenland.

Nach den Richtlinien der EU-Kommission für die Handynutzung im Ausland beträgt der Minutenpreis für ein abgehendes Telefonat seit April 2016 0,05 Euro, für ein ankommendes 0,01 Euro, für eine SMS 0,02 Euro, für Daten-Roaming pro MB 0,05 Euro – alle Angaben zzgl. zu nationalem Tarif und Mehrwertsteuer. Die Roaming-Gebühren sollen im Juli 2017 abgeschafft werden, es gelten dann die jeweils nationalen Tarife.

Internet

In vielen Hotels, Cafés, Bars und Restaurants (in Städten auch an einigen öffentlichen Plätzen) steht den Gästen WLAN zur Verfügung. Die Geschwindigkeit lässt allerdings häufig zu wünschen übrig. In manchen Hotels muss man für die Benutzung bezahlen.

Hinweis auf kostenloses WLAN in einer griechischen Bar

Post

Der wichtigste griechische Postdienstleister ist **ELTA**. Die Postämter (tachydromeía) sind in der Regel montags bis freitags von 7.30 bis 14.30 Uhr geöffnet, die größeren schließen erst um 20 Uhr und haben mitunter auch samstagvormittags für ein paar Stunden geöffnet. An Sonn- und Feiertagen (siehe S. 52) sind alle Postämter geschlossen. Unter dem Hinweisschild »Exchange« wird neben dem Angebot an herkömmlichen Dienstleistungen auch Geld gewechselt.

Wenn Sie einen Mitarbeiter am Schalter benötigen, ziehen Sie nach dem Betreten des Postamts eine Nummer und warten, bis diese aufgerufen wird bzw. auf einem Display angezeigt wird.

Die meisten Briefkästen in Griechenland sind gelb. Kästen mit zwei Schlitzen tragen die Aufschrift esollerikó (Inland) und exoterikó (Ausland). Rote Briefkästen sind für Expresssendungen in das In- und Ausland. Solche Sendungen sind zum Teil deutlich teurer, werden dafür aber um einige Tage schneller zugestellt als herkömmliche Sendungen.

Briefmarken (grammatósima) erhalten Sie im Postamt und an periptera (Kiosken), die meist Provision aufschlagen. Das Porto für einen Standardbrief oder eine Postkarte ins europäische Ausland kostet 0,85 Euro.

Viele Griechen und auch Urlauber lassen sich ihre Sendungen postlagernd schicken. Die Sendung muss in diesem Fall deutlich mit »Poste Restan-

Gelber Briefkasten

te« gekennzeichnet sein. Außerdem sollte der Nachname des Empfängers unterstrichen sein, damit die Post richtig einsortiert wird. Wenn Sie die Sendung abholen – sie wird bis zu 30 Tage aufbewahrt –, müssen Sie Ihren Personalausweis oder Ihren Reisepass vorlegen.

Verschließen Sie Päckchen nicht, wenn Sie diese in einen Nicht-EU-Staat schicken wollen, da der Inhalt auf dem Postamt grundsätzlich erst einmal nach Sicherheitskriterien untersucht wird.

Die Hauptpostämter im Zentrum Athens befinden sich an der Plateía Sýntagma und in der Aiólou 100 (siehe Stadtplan S. 126–139).

Kurierdienste wie **DHL**, **ACS** und **Speedex** unterhalten Filialen im Athener Stadtzentrum sowie in größeren Provinzstädten. Die Kurierdienste stellen wichtige Dokumente zuverlässig in kürzester Zeit zu. Die Abholung Ihrer Sendung können Sie auch über die Zentralen der Dienstleister veranlassen.

Straßenkiosk in der Athener Innenstadt mit einer Vielzahl an Zeitungen und Zeitschriften

Zeitungen und Zeitschriften

Ausländische Zeitungen und Zeitschriften bekommt man am Kiosk (periptero), in den Buchläden der Städte sowie den Läden der Ferienzentren. Sie sind häufig tagesaktuell, aber recht teuer.

Die seit 2005 wöchentlich erscheinende deutschsprachige *Griechenland Zeitung* informiert über Unterhaltungsangebote, Festivals und kulturelle Ereignisse sowie Politik, Wirtschaft und Sport. Das Blatt bietet auch ein Internet-Portal (www.griechenland.net). Mit steigender Verbreitung des Internets wurde das Angebot an in Griechenland publizierten englischsprachigen Zeitungen wie *Athens Views* oder *Odyssey* kleiner und schließlich komplett eingestellt.

Beliebte griechische Zeitungen sind *Eleftherotypia*, *Ta Néa* und *Kathimeriní*. In Athen informiert das wöchentlich erscheinende Magazin *Athinorama (siehe S. 122)* über das aktuelle Stadtgeschehen, allerdings ausschließlich in griechischer Sprache.

Fernsehen und Radio

Den griechischen Fernsehmarkt teilen sich drei öffentlich-rechtliche, etliche private und viele Kabel- und Satellitensender wie aus ganz Europa.

Seit 2015 ist der aus finanziellen Gründen im Jahr 2013 geschlossene staatliche Rundfunksender ERT wieder in Betrieb. Neben Fernsehsendern betreibt ERT auch mehrere Radiosender.

Die meisten Sender in Griechenland bieten eine bunte Mischung aus ausländischen Seifenopern, Gameshows, Sportübertragungen und Filmen. Die Filme aus ausländischer Produktion werden in der Regel in Originalversion mit Untertiteln ausgestrahlt und nicht synchronisiert.

Die drei staatlichen Radiostationen und zahllosen Regionalsender übersättigen den Äther über Griechenland. Guter Empfang ist nicht immer garantiert. Es gibt viele Sender mit griechischer Musik, aber auch mit Klassik, etwa TRITO (90,9 bzw. 95,6 MHz), einen der fünf staatlichen Sender der ERT. Täglich wird ein Nachrichtenüberblick auf Englisch, Deutsch und Französisch gesendet. Mit einem Kurzwellenempfänger ist der BBC World Service zu hören (im Großraum Athen auf 90,2 MHz). Galaxy, eine weitere englischsprachige Station, sendet auf der Frequenz 92,1 MHz alle zwei Stunden CNN-Nachrichten.

Auf einen Blick

Mobiltelefone

Cosmote
📞 13838.
🌐 cosmote.gr

Vodafone Greece
📞 13830.
🌐 vodafone.gr

WIND Hellas
📞 13800.
🌐 wind.gr

Post

ACS
📞 210 819 0000.
🌐 acscourier.net

DHL
📞 210 989 0000.
🌐 dhl.gr

Speedex
📞 210 340 7000.
🌐 speedex.gr

Zeitungen und Zeitschriften

Athinorama
🌐 athinorama.gr

Griechenland Zeitung
🌐 griechenland.net

Kathimeriní
🌐 ekathimerini.com

Fernsehen und Radio

ERT
🌐 ert.gr

Reiseinformationen

Dank des heißen und sonnigen Klimas ist Griechenland ein ungemein beliebtes Reiseland, vor allem für Mittel- und Nordeuropäer. In der Hochsaison von Mai bis Oktober gelangen Millionen Besucher mit zahlreichen Flügen nach Griechenland. Wer mehr Zeit hat, kann auch mit Auto, Bahn, Bus und Fähre nach Griechenland reisen. Auf dem griechischen Festland selbst ist das Reisen unproblematisch. Ein ausgedehntes Busnetz mit gut frequentierten Hauptstrecken versorgt auch kleine Dörfer. Die Bahnverbindungen sind im Vergleich spärlich und, abgesehen von den Intercity-Zügen, erheblich langsamer. Besucher, die über ein Auto verfügen, können das Tempo selbst bestimmen und Gegenden bereisen, die von öffentlichen Verkehrsmitteln vernachlässigt werden. Der Zustand der Straßen ist sehr unterschiedlich – in entlegenen Regionen sind die Strecken bisweilen voller Schlaglöcher. Von Athen und Thessaloníki aus gibt es Inlandsflüge zu großen Städten und beliebten Ferienzentren. In den letzten Jahren haben immer wieder Streiks bei Bahn und Fluglinien den öffentlichen Verkehr lahmgelegt.

Umweltbewusst reisen

Um den Smog und die Staus in Athens Innenstadt zu reduzieren, hat man den motorisierten Individualverkehr deutlich eingeschränkt. An Tagen mit gerader Zahl dürfen nur Fahrzeuge mit gerader Endziffer auf dem Nummernschild das Stadtzentrum befahren, an Tagen mit ungerader Zahl lediglich Fahrzeuge mit ungerader Endziffer *(siehe S. 322)*. Mietwagen sind von dieser Regelung jedoch nicht betroffen.

Stadtbusse werden mit Erdgas betrieben, die Athener Oberleitungsbusse fahren mit Strom, was beide zu vergleichsweise umweltfreundlichen Verkehrsmitteln macht.

Fahrradfahren in Athen ist nur etwas für Mutige. Die Autofahrer nehmen so gut wie keine Rücksicht auf Radfahrer. Radwege sind praktisch nicht vorhanden. Seit Radfahrer die Busspur benutzen dürfen, wagen sich aber immer mehr Athener aufs Rad.

Für weite Entfernungen nutzt man in Griechenland bevorzugt Busse und Züge. Allerdings wurde das ohnehin eingeschränkte Streckennetz der Bahn im Jahr 2011 aus wirtschaftlichen Gründen weiter reduziert *(siehe S. 314)*. Wirklich zuverlässig funktionieren nur die Strecken von Athen nach Thessaloniki und Meteóra.

In ländlichen Regionen mit ihrer unberührten Natur, allen voran auf dem Peloponnes, liegen Rad- und Wandertouren bei Urlaubern stark im Trend.

Flugreisen

Die **Lufthansa** bietet Linienflüge von Düsseldorf, Frankfurt am Main oder München nach Athen und Thessaloniki. Die griechische Fluggesellschaft **Aegean Airlines** fliegt u. a. von Berlin, Leipzig, Hamburg, Hannover, Düsseldorf, Frankfurt am Main, München, Stuttgart, Wien und Zürich direkt nach Athen. Dort landen alle Flüge auf dem Flughafen Elefthérios Venizélos.

Von Europa gibt es Direktverbindungen zu etwa 15 internationalen griechischen Flughäfen. Auf dem Festland wickeln nur Athen und Thessaloníki Linienflüge ab, die anderen internationalen Flughäfen (Préveza, Kalamáta und Kavála) sind meist nur per Charterflug direkt zu erreichen.

Flugzeiten

Ein Flug von München, Stuttgart oder Frankfurt am Main nach Athen dauert ungefähr zweieinhalb Stunden. Die Flugzeit von Berlin, Köln oder Düsseldorf aus beträgt in etwa drei Stunden. Von Salzburg, Wien, Zürich und Basel nach Athen ist die Flugzeit ähnlich kurz. Sie nimmt zwischen zwei und drei Stunden in Anspruch. Die kurze Dauer der Flüge führt dazu, dass bei den meisten Verbindungen kein Zwischenstopp eingelegt wird.

Charterflüge und Pauschalreisen

In der Ferienzeit zwischen Mai und Oktober werden zahlreiche Charterflüge von europäischen Flughäfen aus nach Griechenland angeboten. Sie können entweder separat oder im Rahmen einer Pauschalreise über Reisebüros oder über das Internet gebucht werden.

Athens internationaler Flughafen

Die Check-in-Halle des Athener Flughafens

Charterflüge sind zwar die preiswertesten Flüge überhaupt, unterliegen jedoch bestimmten Auflagen: Nach der Buchung des Fluges kann das Abflugdatum nicht mehr geändert werden. Minimale und maximale Aufenthaltsdauer sind meist festgelegt. Sie liegen zwischen mindestens drei Tagen und höchstens einem Monat.

Flugpreise

Flüge nach Griechenland sind in der Regel zwischen Juni und September am teuersten, doch wie viel Sie im Endeffekt bezahlen, hängt vorrangig von dem gebuchten Ticket ab. In der Hauptsaison sind Charterflüge normalerweise die preiswerteste Alternative. Linienflüge zu Spartarifen sind jedoch auch üblich und sollten bei längeren Aufenthalten oder in der Nebensaison, wenn Charterflüge rar sind, in Betracht gezogen werden. Am meisten spart man mit dem sogenannten Frühbuchertarif, dann nämlich, wenn man bereits weit im Voraus einen Flug bucht, der jedoch meist mit einer fixen Mindest- und Höchstaufenthaltsdauer sowie anderen Auflagen verbunden ist. Reisende mit geringem Budget können oftmals in den Wochenendausgaben der Tageszeitungen Schnäppchen entdecken. In Reisebüros werden Last-Minute-Flüge ebenso wie Frühbucher-Rabatte angeboten. Um diese Möglichkeiten wahrzunehmen, müssen Sie zeitlich allerdings flexibel sein und können sich nicht auf ein bestimmtes Ziel festlegen.

Wenn Sie bezüglich Ihrer Reisetermine flexibel sind, suchen Sie am besten im Internet nach Angeboten. Hier finden sich auch in der Hauptsaison immer wieder preiswerte Verbindungen zu verschiedenen Zielen in Griechenland.

Athens Flughafen Elefthérios Venizélos

Griechenlands größtes und ehrgeizigstes Infrastrukturprojekt wurde im Jahr 2001 in Betrieb genommen. Der Flughafen befindet sich in Spáta, etwa 25 Kilometer südöstlich des Stadtzentrums von Athen. Dort werden der Passagier- und der Frachtverkehr abgewickelt. Der Flughafen hat zwei Start- und Landebahnen für einen simultanen Betrieb rund um die Uhr sowie einen Terminal für Ankunft und Abflug. Der Ankunftsbereich befindet sich im Erdgeschoss (Level 1), der Abflugbereich im ersten Stock (Level 2). Ein kleineres Satellitengebäude ist über einen unterirdischen Gang mit Rollbändern zu erreichen.

Zu den Geschäfts- und Service-Einrichtungen des Flughafens zählen ein Shopping-Center, Restaurants und Cafés im Hauptterminal und ein Vier-Sterne-Hotel im Flughafenkomplex. Schalter von Mietwagenfirmen, Banken und Reisebüros sowie Wechselstuben befinden sich in der Ankunftshalle.

Flughafentransfer

Eine sechsspurige Autobahn verbindet den Flughafen mit der Ringstraße um Athen. Die Metro-Linie 3 (Agía Marína – Athens International Airport) verbindet den Flughafen mit der Innenstadt (Stationen Sýntagma und Monastiráki). Die Metro verkehrt zwischen 6.30 und 23.30 Uhr. Außerdem gibt es eine Zugverbindung zwischen Airport und dem Bahnhof Laríssis.

Vier Buslinien verbinden den Flughafen direkt mit Athen und Piräus. Die Buslinie X95 verkehrt alle 15 Minuten zwischen dem Flughafen und der Plateía Sýntagma im Zentrum. Die Fahrtdauer beträgt etwa 70 Minuten. Der Bus X96 fährt alle 20 Minuten nach Piräus und zurück (Dauer ca. 90 Minuten). Bustickets kosten jeweils fünf Euro. Für eine Taxifahrt in die Innenstadt muss man je nach Tageszeit mit 35 bis 50 Euro rechnen. Die Metrofahrt vom Airport in die Innenstadt kostet acht Euro.

Bus vor dem internationalen Flughafen Elefthérios Venizélos

Flugverbindungen

Rund 15 Kilometer südöstlich von Thessaloníki liegt der **Flughafen Makedonien-Thessaloníki** im Norden Griechenlands. Er wird aus einigen europäischen Städten angeflogen und ist besonders für Urlauber wichtig.

Der Bus 78 verbindet den Flughafen Thessaloníki rund um die Uhr mit dem Hauptbahnhof der Stadt. Die Fahrt dauert 45 Minuten und kostet 0,90 Euro. Das Taxi benötigt für die Strecke nur 20 Minuten, ist aber mit 15 bis 20 Euro deutlich teurer.

Die anderen internationalen Flughäfen auf Griechenlands Festland wie Vólos, Kavála und Préveza werden nur von Chartermaschinen in der Hauptsaison von Mai bis September angeflogen.

Inlandsflüge

Das griechische Inlandsflugnetz ist weitverzweigt. Die meisten Inlandsflüge werden von **Olympic Air** und der Muttergellschaft **Aegean Airlines** unterhalten. Darüber hinaus wickelt die kleine, aber in den letzten Jahren stark wachsende Fluglinie **Astra Airlines** Flüge zwischen Athen, Thessaloníki und den anderen Inlandsflughäfen ab.

Der Flughafen Elefthérios Venizélos in Athen ist Ziel der meisten internationalen Flüge und bietet zudem die besten Verbindungen in andere Landesteile.

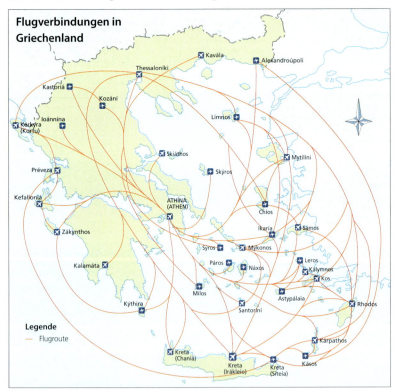

Insel	Entfernung von Athen	Flugzeit	Insel	Entfernung von Athen	Flugzeit
Korfu	381 km	40 Minuten	Kreta (Chaniá)	318 km	45 Minuten
Rhodos	426 km	45 Minuten	Santoríni	228 km	40 Minuten
Skýros	128 km	40 Minuten	Kos	324 km	45 Minuten
Skiáthos	135 km	30 Minuten	Mýkonos	153 km	30 Minuten
Límnos	252 km	45 Minuten	Páros	157 km	35 Minuten

Zeichenerklärung *siehe hintere Umschlagklappe*

FLUGZEUG | 313

Flugzeug von Aegean Airlines

Aegean Airlines und Olympic Air bieten Direktflüge von Athen zu vier Städten auf dem Festland (Thessaloníki, Ioánnina, Alexandroúpoli und Kavála). Flugzeuge von Olympic Air verbinden die Hauptstadt zudem mit mehr als zwei Dutzend Inseln. Im Sommer steigt die Zahl der Flugverbindungen zwischen den Inseln. Astra Airlines bietet Verbindungen zwischen Athen und Kastoría, Thessaloníki und Kalamáta sowie zwischen vielen Inselflughäfen.

Darüber hinaus gibt es einige weitere Inlandsfluglinien, von denen die meisten jedoch rasch wieder vom Markt verschwinden.

Flugpreise

Ein Inlandsflug in Griechenlnd ist mindestens doppelt so teuer wie dieselbe Strecke mit einem Bus oder einer Fähre (Deckklasse). Dies gilt vor allem für Flüge während der Hauptsaison zwischen Mai und September. Tickets und Flugpläne für Verbindungen von Aegean Airlines, Olympic Air und Astra Airlines erhalten Sie auf deren Website *(siehe Kasten)*, in sämtlichen Büros der Fluglinien innerhalb und außerhalb Griechenlands sowie in Reisebüros. Beachten Sie, dass Sie bei Flugbuchung über eine Reiseagentur eine mitunter recht hohe Gebühr bezahlen, die auf den Ticketpreis aufgeschlagen wird.

Wie für alle Urlaubsländer ist auch für Flüge nach Griechenland eine möglichst frühzeitige Reservierung zu empfehlen. Dies gilt insbesondere in der Hauptreisezeit sowie um wichtige Feiertage und Feste wie etwa Ostern und Pfingsten, Weihnachten und Neujahr. Außerdem erhalten Sie bei früher Buchung meist günstigere Preise.

Auf einen Blick

Internationale Fluglinien

Aegean Airlines
Viltanióti 31,
14564 Athen.
☎ 801 112 0000.
🌐 aegeanair.com

Air Berlin
☎ 01806 334 334
(Deutschland).
🌐 airberlin.com

Austrian
☎ 801 112 60 26
(Griechenland).
☎ 05 1766 1000
(Österreich).
🌐 austrian.com

Lufthansa
☎ 210 617 52 00
(Griechenland).
☎ (069) 86 799 799
(Deutschland).
🌐 lufthansa.de

Swiss
☎ 210 617 53 20
(Griechenland).
☎ 0848 700 700
(Schweiz).
🌐 swiss.com

Flugportale

Opodo
🌐 opodo.de

Momondo
🌐 momondo.de

Skyscanner
🌐 skyscanner.de

Trabber
🌐 trabber.de

Flughafen Athen

Internationaler Flughafen Eleftherios Venizélos
Spáta-Loutsa Ave,
Kilometer 5,
19019 Spáta.
☎ 210 353 0000.
🌐 aia.gr

Flughafen Thessaloníki

Makedonia – Thessaloníki Airport
55103 Kalamariá,
Thessaloníki.
☎ 231 098 5000.
🌐 thessalonikiairport.com

Regionale Fluglinien

Aegean Airlines
Siehe unter Internationale Fluglinien.

Astra Airlines
☎ 231 048 9390.
🌐 astra-airlines.gr

Olympic Air
☎ 210 355 0500.
🌐 olympicair.com

Reisebüros in Athen

American Express Travel Services
Mesoghion 318,
15341 Athen.
☎ 210 324 4975.

Blue Star Ferries
Attica Premium,
Attica Posidonos,
Piräus.
☎ 210 891 9550.
🌐 bluestarferries.com

Ginis Vacances
Ermoú 23–25,
3. Stock,
10563 Athen.
☎ 210 325 0401.
🌐 ginis.gr

Himalaya Student Travel
Filellínon 4,
10225 Athen.
☎ 210 322 5159.
🌐 himalayatravel.gr

Oxygen Travel
Eslin 4,
11523 Athen.
☎ 210 641 0881.

Superfast Ferries
Amalías 30,
10558 Athen.
☎ 210 891 9130.
🌐 superfast.com

Mit dem Zug unterwegs

Das griechische Bahnnetz beschränkt sich auf das Festland. Es ist im Vergleich zu anderen europäischen Ländern wenig ausgeprägt. Seit dem Jahr 2011 wurde der Fahrplan deutlich reduziert, einige Strecken wurden völlig eingestellt. Mit Ausnahme der Intercity-Züge auf der Strecke Athen – Thessaloníki sind die meisten Verbindungen eher langsam. Dafür sind herkömmliche Fahrkarten äußerst preiswert und deutlich günstiger als Busfahrkarten. Einige der Bahnstrecken führen durch äußerst reizvolle Landschaften. Auf den Linien Athen – Thessaloníki und Thessaloníki – Alexandroúpoli sind auch Schlafwagen im Einsatz.

Standardzug mit Wagen erster und zweiter Klasse

Anreise mit der Bahn

Eine Zugfahrt nach Griechenland ist kostspielig. Für Reisende, die gern Zwischenstopps einlegen, kann die Fahrt mit der Bahn allerdings eine reizvolle Alternative zu einem Flug sein. Die erste der beiden bisher möglichen Routen führt über die italienischen Hafenstädte Ancona, Bari oder Brindisi, von dort aus weiter mit der Fähre über die griechische Insel Korfu zur Hafenstadt Pátra und anschließend weiter nach Athen. Die andere Route führte durch die Staaten des ehemaligen Jugoslawien.

Die meisten internationalen Strecken wurden aufgrund der wirtschaftlichen Krise im Jahr 2011 bis auf Weiteres eingestellt. Dazu zählen auch die Zugverbindungen in die Nachbarstaaten Bulgarien und Türkei sowie die oben genannte Verbindung durch das ehemalige Jugoslawien. 2014 wurde der Verkehr auf der Strecke Thessaloníki – Sofia wieder aufgenommen. Zwischen Thessaloníki und Belgrad besteht Schienenersatzverkehr per Bus.

Auf dem griechischen Festland unterwegs

Drehscheibe des griechischen Zugverkehrs ist Athen. Das Schienennetz wird von **OSE** (Organismós Sidirodrómon Elládos) betrieben, während die Züge von **TrainOSE** eingesetzt werden. Die Strecke Richtung Norden führt von Athen (ab Bahnhof Laríssis) nach Thessaloníki mit Nebenstrecken nach Vólos, Karditsa, Tríkala und Kalampáka.

Von Thessaloníki führt eine Bahnstrecke über Véroia und Edessa nach Flórina im Westen, eine weitere über Xánthi und Komotiní nach Alexandroúpoli im Osten.

Die Züge in Richtung Peloponnes wurden eingestellt, einzige Ausnahme ist die Strecke nach Korinth, die die Gesellschaft **Proastyakós** vom Athener Bahnhof Laríssis unterhält. Reisende nach Pátra müssen dann die Busverbindungen von TrainOSE nutzen. Proastyakós betreibt auch die Strecke von Athens Flughafen nach Kiáto über Nerantziotissa (siehe S. 311).

Einige Strecken sind landschaftlich sehr reizvoll, z. B. die der Schmalspurbahn (teilweise Zahnradbahn) von Diakoftó nach Kalávryta auf dem Peloponnes (siehe S. 172) oder die Hochbahnabschnitte zwischen Leivadiá und Lamía in Zentralgriechenland.

Fahrkarten

Fahrkarten sind in allen OSE-Büros und Bahnhöfen sowie in einigen autorisierten Reisebüros erhältlich. Es lohnt sich vor allem im Sommer, die Fahrkarte (mit der Möglichkeit zur kostenlosen Platzreservierung) etliche Tage im Voraus zu kaufen. Im Zug gelöste Fahrkarten sind 50 Prozent teurer.

Bei der Buchung über die Website von TrainOSE wird ein zehnprozentiger Rabatt auf die regulären Ticketpreise gewährt. Der Rabatt erhöht sich auf 15 Prozent, wenn man das Ticket wenigstens zwei Tage vor Reiseantritt kauft. Beim Kauf von Hin- und Rückfahrkarte verbilligt sich der Fahrpreis um 20 Prozent. Das An-

Bahnhof Laríssis in Athen (für Züge nach Nordgriechenland)

Fahrkartenschalter im Bahnhof

gebot *Intercity 6+1* verspricht eine kostenlose Fahrt beim Kauf von sechs Intercity-Tickets.

Es gibt drei Kategorien: erste und zweite Klasse sowie Intercity-Express. Die ersten beiden kosten höchstens die Hälfte eines entsprechenden Bustickets. Intercity-Tickets sind teurer, doch angesichts der Zeitersparnis das Geld wert. Auf alle Rückfahrten gibt es 20, für Gruppen von sechs oder mehr Personen 30 Prozent Rabatt. Zudem ist ein Griechenland-Rail-Pass erhältlich, der in ganz Griechenland für drei oder fünf Tage gilt und zur unbeschränkten Fahrt in der ersten Klasse berechtigt. Die einzige Ausnahme sind Intercity-Züge. Sowohl **Interrail**- als auch **Eurail**-Pass sind in Griechenland gültig, einige Strecken sind zuschlagpflichtig. Mit den Pässen erhält man auch Vergünstigungen auf den Fähren zwischen Italien und Griechenland.

Bahnhöfe in Athen und Thessaloníki

Athens Hauptbahnhof Laríssis erreicht man zu Fuß in etwa 15 Minuten von der Plateía

Moderner Vorortzug auf der Strecke zwischen Athen und Korinth

Omónias, die südöstlich liegt. Der Bahnhof wird von der U-Bahn-Linie 2 angesteuert. Im Bahnhofsgebäude gibt es Schließfächer sowie Cafés und Zeitschriftenkioske und Läden, in denen man sich mit Reiseproviant versorgen kann.

Der Bahnhof von Thessaloníki liegt etwa 15 Gehminuten westlich des Stadtzentrums. Er verfügt über Schließfächer, Gastronomie und einen Kiosk. Derzeit wird eine U-Bahn-Linie, die den Osten Thessalonikis über den Hauptbahnhof mit dem Westen der Stadt verbinden soll, gebaut. Die Fertigstellung ist für 2018 vorgesehen.

Auf einen Blick

Zugverbindungen

OSE
Sína 6, Athen.
📞 1110.
Aristotélous 18,
Thessaloníki.
📞 2310 598 120.
📞 14511 (Information).

Proastyakós
🌐 trainose.gr/en/passenger-activity/suburban-railway/athens-suburban-railway

TrainOSE
🌐 trainose.qr

Bahntickets

Deutsche Bahn
🌐 bahn.de

Interrail
🌐 de.interrail.eu

Bahnhöfe in Athen und Thessaloníki

Bahnhof Laríssis
Deligiánni,
10439 Athen.
📞 210 527 0700.

Bahnhof Thessaloníki
Monastiríou 28,
54629 Thessaloníki.
📞 2310 599 421.

Tipps und Links

🌐 interrailers.net

Griechisches Bahnnetz

Mit dem Auto unterwegs

Wer Griechenland mit dem Auto erkundet, kann Ziel und Tempo frei bestimmen. Die wichtigsten Autobahnen sind die A1 in Nord-Süd-Richtung von Thessaloníki über Lárisa nach Athen, die A2 von Evros über Thessaloníki nach Igoumenítsa, die A8 von Athen über Korinth nach Pátra und die A7 von Korinth nach Kalamáta über Trípoli. Die A5 von Ioánnina nach Kalamáta befindet sich noch im Bau, der Abschnitt zwischen Vónitsa und Pýrgos ist bereits fertiggestellt. Auf der Straßenkarte dieses Reiseführers sind Straßen in vier Kategorien eingeteilt, von den Autobahnen und Schnellstraßen in Blau bis zu nicht asphaltierten Pisten in Gelb *(siehe hintere Umschlaginnenseiten)*.

Vorfahrt vor Gegenverkehr   **Vorfahrtsstraße**

Hupen verboten   **Wildwechsel**

Haarnadelkurve   **Kreisverkehr**

Anreise mit dem Auto

Die meisten direkten Landverbindungen nach Griechenland führen durch das Gebiet des ehemaligen Jugoslawien – im Detail: von Deutschland durch die Länder Österreich, Slowenien, Kroatien, Bosnien und Herzegowina, Serbien und Mazedonien. Die Alternativroute verläuft über Italien und von dort mit der Fähre nach Griechenland.

Der **ADAC** informiert über empfehlenswerte Strecken und erteilt Mitgliedern auf Anfrage Routenvorschläge. Es lohnt sich, dort auch Erkundigungen über die Versicherungsauflagen und Vorschriften für die zahlreichen Durchgangsländer einzuholen.

Autofahrer müssen in Griechenland den Führerschein, die Kfz-Papiere und die grüne Versicherungskarte mit sich führen. Der griechische Automobil- und Touringclub **ELPA** ist der Partnerclub des ADAC und erteilt ebenfalls Auskünfte über das Autofahren in Griechenland.

Verkehrsregeln

Die griechischen Verkehrszeichen entsprechen größtenteils dem europäischen Standard *(siehe auch links)*. Ausnahmen gibt es mitunter auf ländlichen Nebenstraßen, wo auch Orte oft nur griechisch ausgeschildert sind.

Die Höchstgeschwindigkeit beträgt auf Autobahnen 130 km/h, auf Landstraßen je nach Ausschilderung 90 bzw. 110 km/h und in den Ortschaften 50 km/h. Höchstgeschwindigkeit für Motorräder (bis zu 100 ccm) ist auf Autobahnen 70 km/h, für schwerere Motorräder 90 km/h.

Obwohl häufig ignoriert, herrscht in Griechenland Gurtpflicht. Kinder unter drei Jahren müssen im Kindersitz transportiert werden, Kinder unter zehn dürfen nicht vorne sitzen. Es besteht ein Rauchverbot, sofern Kinder unter zwölf Jahren im Pkw mitfahren. Strafzettel für Falschparken und zu schnelles Fahren müssen auf der Polizeiwache vor Ort oder bei der Autoverleihfirma beglichen werden.

Mautgebühren

Alle griechischen Autobahnen und die Attikí Odós, die Athener Ringautobahn, sind mautpflichtig. Eine Mautgebühr wird auch für die Passage über die atemberaubende Río-Andirrío-Brücke bei Pátra fällig. Der Artemission-Tunnel auf der Strecke von Korinth nach Trípoli und die unterseeische Verbindung bei Préveza sind ebenfalls mautpflichtig. An wichtigen Feiertagen ist an den Mautstellen der Autobahnen mit Stau und mit entsprechend aufgebrachten Autofahrern zu rechnen.

Mietwagen

In Ferienzentren und großen Städten gibt es zahlreiche Autoverleihfirmen, die Fahrzeuge mit und ohne Vierradantrieb anbieten. Firmen vor Ort sind meist preiswerter als internationale Firmen wie **Budget**, **Avis**, **Hertz** oder **Sixt**.

Die Mietwagenfirma sollte für Notfälle einen Vertrag mit einem Pannenhilfsdienst besitzen. Überprüfen Sie auch den Versicherungsschutz: Eine Haftpflichtversicherung ist gesetzlich vorgeschrieben, eine persönliche Unfallversicherung zu empfehlen. Vor allem in der Hauptreisezeit ist eine frühzeitige Reservierung des Wagens anzuraten.

Fahrer müssen seit mindestens einem Jahr den Führerschein besitzen. Das Mindestalter des Fahrers variiert je nach Verleihfirma zwischen 21 und 25 Jahren. Die Anmietung von Fahrzeugen erfolgt oft nur gegen Vorlage einer gängigen Kreditkarte.

Autovermietungen am Flughafen

Fahrradverleih in einem Badeort

Motorrad-, Moped- und Fahrradverleih

Motorräder und Mopeds in jeder Größe und Stärke können in allen Ferienzentren gemietet werden. Mopeds (*michanákia* bzw. *papákia*) eignen sich ideal für kurze Fahrten auf flachem Gelände. Für Touren in entlegene oder bergige Regionen sind Motorräder erforderlich. Das Gefährt sollte natürlich in gutem Zustand sein und ausreichenden Versicherungsschutz haben. Überprüfen Sie auch, ob Ihre Reiseversicherung Motorradunfälle abdeckt. Raser müssen mit empfindlich hohen Bußgeldern rechnen. Trunkenheit am Steuer wird in Griechenland streng geahndet. Es besteht Helmpflicht.

In einigen Ferienorten kann man auch Fahrräder mieten. Das Radfahren stellt angesichts der hohen Temperaturen und des über weite Strecken un ebenen Terrains oft eine Herausforderung dar. Fahrräder dürfen auf den meisten griechischen Fähren und in Bussen kostenlos transportiert werden. In Zügen wird eine geringe Gebühr berechnet.

Tankstellen

In Städten fehlt es nicht an Tankstellen, auf dem Land sind sie dünn gesät. Fahren Sie sicherheitshalber immer mit vollem Tank los. Die Benzinpreise sind mit denen der meisten anderen europäischen Länder vergleichbar. Meistens gibt es drei Benzinarten: Normal (95 Oktan), Super (98 Oktan) und Diesel, der in Griechenland *petrélaio* heißt.

Die Tankstellen bestimmen ihre Öffnungszeiten selbst. Meist haben sie die ganze Woche von etwa 7 oder 8 bis 19 oder 21 Uhr geöffnet. In größeren Städten und an Autobahnen gibt es auch Tankstellen mit 24-Stunden-Service.

Taxis

Mit dem Taxi fährt man auf kurzen Strecken preiswert. In der Regel wird der Preis nach Taxameter berechnet, bei längeren Strecken meist pro Tag oder pro Fahrt ausgehandelt. Oft kann man sich vom Fahrer irgendwo absetzen und einige Stunden später wieder abholen lassen.

In Athen gibt es zahlreiche Taxis, die Sie am Straßenrand heranwinken können. In kleineren Städten sollten Sie einen Taxistand aufsuchen. Diese liegen meist im Zentrum oder am (Bus-)Bahnhof.

In den Dörfern gibt es üblicherweise mindestens ein Taxi (Reservierungen nimmt man in der Regel im *kafeneío* vor). Oft teilen sich mehrere Fahrgäste ein Taxi, wobei jeder seine Teilstrecke bezahlt. Obwohl die Taxis mit Taxameter fahren, sollte man vor Abfahrt den groben Preisrahmen kennen. Runden Sie für das Trinkgeld den Cent-Betrag auf den nächsten Euro auf. Gepäck wird extra berechnet.

Anhalter

Wie überall birgt der Autostopp potenzielle Risiken. Frauen sollten auch in Griechenland nicht allein per Anhalter reisen. Anhalter werden eher in dünner besiedelten, ländlichen Gegenden mitgenommen als an stark befahrenen Ausfallstraßen größerer Städte. Lassen Sie sich wegen der Problematik der illegalen Einwanderung stets die Ausweise vorzeigen, wenn Sie in Ihrem Auto Anhalter mitnehmen.

Landkarten

Die Landkarten der Reisebüros oder Autoverleiher vor Ort sind nicht besonders zuverlässig. Wenn Sie viel unterwegs sind, nehmen Sie sich geeignetes Material von zu Hause mit. In den größeren Buchhandlungen in Griechenland sind gute regionale Straßenkarten erhältlich.

Sehr empfehlenswert sind die Karten von Orama Editions. Gleiches gilt für die Straßenkarten von Geo Center (Maßstab 1:300 000) und die Publikationen von Freytag & Berndt.

Auf einen Blick

ADAC-Rufnummern

ADAC
Hansastraße 19,
80686 München.
📞 (089) 767 60.
🌐 adac.de

ADAC-Pannenhilfe
(aus Griechenland)
📞 +49 89 22 22 22.

Automobilclub in Griechenland

ELPA
Mesogeíon 395,
15343 Agía Paraskeví.
📞 210 606 8800.
📞 10400 (Pannenhilfe).
🌐 elpa.gr

Mietwagen

Avis
📞 210 687 9600.
🌐 avis.gr

Budget
📞 210 898 1444.
🌐 budget-athens.gr

Europcar
📞 210 921 1444.
🌐 europcar-greece.gr

Hertz
📞 210 626 4000.
🌐 hertz.gr

Sixt
📞 210 922 0171.
🌐 sixt.com

Zweisprachiges Straßenschild

Mit dem Bus unterwegs

Das griechische Busnetz wird von dem Verband privater Unternehmen KTEL (Koinó Tameío Eispráxeon Leoforeíon) betrieben. Das Netz versorgt praktisch jede Gemeinde. In Dörfern fährt oft nur einmal pro Tag, in ganz entlegenen Regionen ein- oder zweimal pro Woche ein Bus. Die Verbindungen zwischen größeren Städten sind zahlreich und effizient. Wer Zeit hat, kann das griechische Festland hervorragend per Bus erkunden. Reisebusse verbinden Griechenland auch mit dem restlichen Europa, allerdings gibt es meist nur in der Hochsaison günstige Angebote.

Blauer Fernreisebus von KTEL

Europabusse nach Griechenland

Die Europabusse von Eurolines steuern von mehreren deutschen Städten aus Städte in Griechenland an. So werden u. a. Verbindungen von Berlin, Düsseldorf, München und Frankfurt am Main nach Thessaloníki und zurück angeboten.

Die Busse fahren derzeit meist über Italien (mit Fährpassage). Einzelheiten über Strecken, Fahrpreise und -zeiten erfragen Sie für Ihre Reiseplanung am besten bei der **Eurolines** oder über Internet-Anbieter, etwa www.buswelt.de

Mit dem Bus in Griechenland unterwegs

Das griechische Linien- und Reisebusnetz deckt die entlegensten Regionen ab und unterhält Reisebusverbindungen auf allen Hauptstrecken. Große Städte wie Athen haben meist mehrere Busbahnhöfe, jeweils für Busse in eine bestimmte Richtung.

Bei dem computergestützten Fahrkartenverkauf für die Hauptstrecken wird ein Sitzplatz in einem modernen Reisebus reserviert. Es lohnt sich, das Ticket mindestens eine halbe Stunde vor der Abfahrt zu lösen, da beliebte Strecken oft ausgebucht sind. In Dörfern fungiert das *kafeneío* oft als Busstation und Verkaufsstelle für Fahrkarten. Andernfalls lösen Sie die Karte im Bus.

Ausflugsfahrten

Reisebüros in Ferienzentren bieten Fahrten mit qualifizierten Reiseführern in klimatisierten Reisebussen an: Im Programm sind z. B. Ausflüge zu bedeutenden archäologischen Stätten und Sehenswürdigkeiten, in andere Städte und Badeorte, zu beliebten Stränden sowie zu eigens organisierten Veranstaltungen.

Die in Athen ansässigen Busunternehmen **Key Tours** und **Fantasy Travel** bieten Ausflugsfahrten auf dem griechischen Festland zu interessanten Zielen wie Mykene, Delphi, Epídauros und Metéora an.

Busverbindungen von Athen und Thessaloníki

Von Athen verkehren regelmäßig Fernbusse zu allen größeren Städten des griechischen Festlands. Die thrakischen Städte werden von Thessaloníki aus angesteuert.

Von Athens **Terminal A** vier Kilometer nordöstlich des Zentrums fahren Busse nach Epirus und Makedonien, auf den Peloponnes und zu den Ionischen Inseln (der Preis für die Fähren ist inklusive). Die Fahrzeit nach Thessaloníki beträgt etwa sechs Stunden, bis zum Hafen Párga etwa 2,5 Stunden.

Athens **Terminal B** befindet sich nördlich der Metro-Station Agios Nikólaos. Von hier aus starten die Busse nach Zentralgriechenland. Busse zu Zielen in Attika (Soúnio, Lávrio, Rafína, Marathón usw.) beginnen die Fahrt am Busbahnhof Mavrommataíon.

Auf einen Blick
Anreise mit dem Bus

Eurolines Deutschland
(06196) 207 85 01.
eurolines.de

Ausflugsfahrten

Fantasy Travel
Filellínon 19,
10557 Athen.
210 331 0530.
fantasy.gr

Key Tours
Athanasíou Diákou 26,
11743 Athen.
210 923 3166.
keytours.gr

Busverbindungen von Athen und Thessaloníki

Busbahnhof Mavrommataíon
Ecke Leofóros Alexándras und 28 Oktovríou (Patisíon).

KTEL Thessaloníki
Giannitsón 244, Thessaloníki.
2310 500 111.
ktelthes.gr

Per Schiff unterwegs

Die Griechen sind seit je ein Volk von Seefahrern. Angesichts der unzähligen Inseln und mehreren Tausend Kilometern Küstenlinie spielt das Meer eine große Rolle im Alltag und in der Geschichte des Landes. Heute ist es für Griechenland eine bedeutende Einnahmequelle, da jedes Jahr Millionen von Gästen am Mittelmeer und im Ägäischen Meer Urlaub machen. Die Inseln sind durch zahlreiche Fähren, Tragflügelboote und Katamarane mit dem Festland verbunden.

Auf einen Blick
Anreise mit dem Schiff
ANEK
📞 210 419 7470.

Minoan
📞 801 117 5000.
🌐 minoan.gr

Superfast
🌐 superfast.com

Fähren innerhalb Griechenlands
Blue Star
📞 210 891 9800.
🌐 bluestarferries.gr

Greek Travel Pages
🌐 gtp.gr

Hellenic Seaways
📞 210 419 9000.
🌐 hellenicseaways.gr

Hafenaufsicht Piräus
📞 210 406 0900 (Notruf).

Anreise mit dem Schiff
Ganzjährig bestehen Fährverbindungen zwischen Ancona, Bari, Brindisi, Venedig und Triest in Italien und den griechischen Häfen Igoumenítsa in Epirus und Pátra auf dem Peloponnes. **ANEK**, **Minoan** und **Superfast** sind die wichtigsten Fähranbieter auf diesen Strecken. Im Sommer ist wegen der großen Nachfrage eine frühzeitige Reservierung nötig, vor allem wenn man ein Auto mitnehmen oder eine Kabine haben möchte.

Fähren innerhalb Griechenlands
Athens Hafen **Piräus** ist der größte Passagierhafen Europas und auch als Containerhafen von herausragender Bedeutung. Von hier legen die Fähren einiger privater Reedereien zu den Argo-Saronischen und den Nordost-Ägäischen Inseln, den Kykladen, dem Dodekanes und nach Kreta ab. Nordöstlich von Athen fahren vom kleinen Hafen Rafína die Fähren nach Euböa und zu einigen Kykladen-Inseln ab. vom Hafen Lávrio südöstlich der griechischen Metropole legen weitere Schiffe zu den Kykladen und zu vielen Häfen der Nordost-Ägäischen Inseln ab.

Von den früher zahlreichen Anbietern haben nur einige wie **Hellenic Seaways**, **ANEK** und **Blue Star** die Wirtschaftskrise überstanden. Sie verfügen über Fährschiffe, Tragflügelboote (nur bei gutem Wetter im Einsatz) und Hochgeschwindigkeits-Katamarane.

Tickets kauft man im Internet oder in Reisebüros. Über Streckennetze und Preise informieren die **Greek Travel Pages**. Außerhalb der Hochsaison werden die Verbindungen drastisch reduziert und teilweise ganz eingestellt.

Kreuzfahrten
Viele der Mittelmeer-Kreuzfahrten machen halt in Piräus, damit ihre Passagiere Athen besuchen können. Der Hafen hat Liegeplätze für Kreuzfahrtschiffe jeder Größe.

Hafen von Piräus
Die Karte zeigt die Fähranlegestellen für Fähren zu verschiedenen Zielorten. Kostenlose Shuttle Busse bringen Passagiere von der Metro-Station zu den abgelegeneren Ankerplätzen.

Legende
- Argo-Saronische Inseln
- Nordost-Ägäische Inseln
- Dodekanes
- Kykladen
- Kreta
- Internationale Kreuzfahrtschiffe
- Tragflügelboote, Katamarane

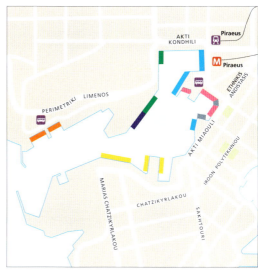

Zeichenerklärung siehe hintere Umschlagklappe

In Athen unterwegs

Die Sehenswürdigkeiten im Stadtzentrum liegen nahe beieinander und sind meist zu Fuß erreichbar. Auf diese Art ist man am besten unterwegs, besonders angesichts der unzähligen Staus während der Stoßzeiten, wenn sämtliche Verkehrsmittel nur sehr langsam vorankommen. Die Metro mit ihren derzeit drei Linien ist hier eine gute Alternative. Dennoch benutzen die meisten Athener und Urlauber immer noch Busse und Oberleitungsbusse. Trams sind realtiv langsam und damit weniger effizient, Taxis sind außerordentlich preiswert. Man kann sie deshalb selbst für längere Fahrten in Erwägung ziehen.

Bus der blau-weiß-gelben Linie

Mit dem Bus

Athen verfügt über ein enges Netz an Buslinien. Die Busse sind blau-weiß-gelb lackiert. Das Streckennetz umfasst mehr als 300 Routen, die die Stadtviertel miteinander sowie mit dem Stadtzentrum verbinden. Alle Busse fahren mit umweltfreundlichem Gasantrieb. Busse sind preiswert, können aber langsam und unangenehm überfüllt sein, besonders im Stadtzentrum und während der Stoßzeiten. Die Zeiten von 7 bis 8.30 Uhr, von 14 bis 15.30 Uhr und von 19.30 bis 21 Uhr sollte man meiden.

Mit der Metro-Linie 1 (grüne Linie) kommt man wesentlich schneller und bequemer zum Hafen von Piräus als mit dem Bus. Fahr- und Streckenpläne erhält man in den Büros der **OASA**, der Athener Verkehrsgesellschaft.

Tickets kauft man in Metro-Stationen oder an einem *periptero* (Straßenkiosk). Es werden Einzelfahrkarten und Zehnerblocks angeboten. Die Fahrkarten gelten für Busse, Oberleitungsbusse, die Metro und die Tram. Sie müssen jeweils vor Antritt der Fahrt in einem Automaten entwertet werden. Wer sein Ticket nicht entwertet, riskiert eine Geldstrafe. Kontrolleure machen auch bei Urlaubern keine Ausnahme. Fahrkarten gelten vom Zeitpunkt des Entwertens für eine Dauer von 70 Minuten.

Oberleitungsbusse

Das Busnetz wird durch Oberleitungsbusse in den Farben Violett und Gelb ergänzt. Mehr als 20 Linien durchqueren das Stadtzentrum und bieten günstige Verbindungen zu den Sehenswürdigkeiten in der Innenstadt. Die Linien 7 und 8 fahren von der Plateía Sýntagma zum Archäologischen Nationalmuseum, die Linie 1 verbindet den Larissís-Bahnhof mit Omónia und Sýntagma,

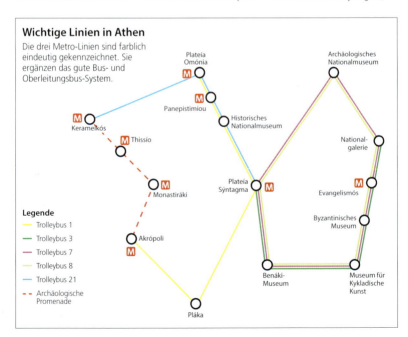

Wichtige Linien in Athen

Die drei Metro-Linien sind farblich eindeutig gekennzeichnet. Sie ergänzen das gute Bus- und Oberleitungsbus-System.

Legende
- Trolleybus 1
- Trolleybus 3
- Trolleybus 7
- Trolleybus 8
- Trolleybus 21
- Archäologische Promenade

Zeichenerklärung siehe hintere Umschlagklappe

Violett-gelber Oberleitungsbus in Athen

dem Herz des Stadtzentrums. Tickets kauft man in Metro-Stationen und an Straßenkiosken, entwertet werden sie beim Einsteigen.

Trams

Athens Straßenbahnsystem wurde anlässlich der Olympischen Spiele 2004 eingeweiht, um das Stadtzentrum mit der Küste zu verbinden. Die drei existierenden Linien tragen verwirrenderweise die Nummern 3, 4 und 5. Linie 3 fährt zwischen Néo Fáliro und Voúla entlang der Küste. Linie 4 verbindet die Plateía Sýntagma mit Néo Fáliro. Linie 5 fährt von der Plateía Sýntagma nach Voúla.

Betriebszeiten sind 5 bis 1 Uhr, freitags und samstags fahren die Trams rund um die Uhr. Tickets kauft man am Automaten an den Haltestellen, entwertet werden sie beim Einsteigen in die Tram.

Metro

Die Athener Metro ist ein schnelles und zuverlässiges Transportmittel. Die Linie 1 (grüne Linie) von Kifisiá im Norden nach Piräus im Süden bedient die Stationen Thissío, Monastiráki, Omónia und Viktória. Sie verläuft größtenteils oberirdisch, nur die Strecke im Zentrum zwischen Attikí und Monastiráki ist unterirdisch. Die Metro wird hauptsächlich von Pendlern genutzt, Besucher fahren damit nach Piräus (siehe S. 319).

Die Linien 2 (rote Linie) und 3 (blaue Linie) sind Teil eines umfangreichen Ausbaus des Metro-Netzes, der größtenteils zu den Olympischen Spielen 2004 abgeschlossen war. Die neuen Tunnel wurden in 20 Metern Tiefe durch den Untergrund getrieben, um keine archäologisch wichtigen Bodenschichten zu beschädigen. In den Stationen Panepistímio, Sýntagma und Akrópoli befinden sich Vitrinen mit archäologischen Fundstücken.

Die Linie 2 fährt von Agios Anthoúpoli im Nordwesten nach Ellinikó im Südosten. Die Linie 3 führt von Agía Marína nach Doukassís Plakentías im Nordosten. Einige Züge fahren bis zum Flughafen Eleuthérios Venizélos. Zwei weitere Ausbaustrecken wurden 2008 fertiggestellt: nach Westen bis Haidari und nach Nordosten bis Agía Paraskeví.

Eine Fahrkarte ist in allen drei Linien für 70 Minuten in einer Richtung gültig. Sie dürfen Ihre Fahrt nicht unterbrechen, d. h. aussteigen und später die Fahrt von derselben Station fortsetzen. Tickets gibt es an jeder Metro-Station. Sie müssen vor Fahrtantritt in den Automaten entwertet werden.

Die Züge fahren von 5 bis 0.30 Uhr zu den Hauptverkehrszeiten im Drei- bis Fünf-Minuten-Takt. Sonntags verkehren weniger Züge.

Metro-Station Evangelismós

Zu Fuß unterwegs

Das Zentrum Athens ist kompakt. Fast alle wichtigen Sehenswürdigkeiten liegen 20 bis 25 Gehminuten von der Plateía Sýntagma entfernt, die allgemein als Zentrum gilt.

Seit der Eröffnung der sogenannten »Archäologischen Promenade« im Jahr 2004 lässt sich das Zentrum Athens ausgezeichnet zu Fuß erkunden. Die Promenade ist ein vier Kilometer langer autofreier und großzügig angelegter Fußweg. Er führt unterhalb der Akropolis entlang und verbindet die wichtigsten Stätten des antiken Athen. Vier Metro-Stationen liegen auf dem Weg und ermöglichen eine schnelle Anbindung. Die Wegabschnitte Dionysíou Areopagítou und Apostólou Pávlou verlaufen zwischen den Metro-Stationen Akropolis und Thissío. Sie führen zur Akropolis und zum Akropolis-Museum. Der Abschnitt Adrianoú verbindet die Metro-Stationen Thissío und Monastiráki, vorbei an der Antiken Agora (siehe S. 94f). Zwischen den Metro-Stationen Thissío und Kerameikós liegt der Abschnitt Ermoú mit dem antiken Friedhof Kerameikós (siehe S. 92f).

Tagsüber zählt Athen zu den sichersten Städten Europas. Nachts sollte man in den Vierteln außerhalb des Stadtzentrums Vorsicht walten lassen.

Archäologische Ausstellungsstücke in der Metro-Station Sýntagma

Gelbes Taxi in Athen

Mit dem Taxi

Ganze Schwärme gelber Taxis kurven Tag und Nacht durch Athen. Dennoch ist es oft schwierig, eines zu bekommen, besonders beim Schichtwechsel zwischen 14 und 15 Uhr. Fahrgäste werden nur mitgenommen, wenn Sie in die gleiche Richtung wollen wie der Fahrer. Um ein Taxi anzuhalten, stellt man sich an den Rand des Bürgersteigs und ruft jedem Taxi, das langsamer wird, sein Ziel zu. Wenn das »Taxi«-Schild beleuchtet ist, ist der Wagen definitiv frei (doch auch unbeleuchtete Taxis können frei sein).

Es ist allgemein üblich, weitere Kunden zusteigen zu lassen, lassen Sie deshalb auch die besetzten Taxis nicht außer Acht. Wenn Sie nicht der erste Fahrgast im Taxi sind, achten Sie beim Einsteigen auf den Zähler. Der Fahrpreis wird nicht geteilt. Sie sollten nur Ihren Anteil der Strecke oder den Mindestpreis bezahlen müssen, falls dieser höher ist.

Die Taxis in Athen sind am europäischen Standard gemessen extrem billig. Für Fahrten innerhalb des Zentrums sollten Sie nie mehr als fünf Euro bezahlen müssen, vom Zentrum nach Piräus zwischen sechs und zehn Euro.

Doppelt so teuer wird es zwischen Mitternacht und 5 Uhr morgens und bei Fahrten, die eine gewisse Entfernung vom Zentrum überschreiten.

Für Fahrten vom und zum Athener Flughafen, der rund 25 Kilometer östlich des Stadtzentrums in Spáta liegt, wurde eine fester Fahrpreis von 35 Euro tagsüber bzw. 50 Euro nachts (0–5 Uhr) eingeführt.

Es gibt auch kleine Aufpreise für Gepäck mit einem Gewicht über zehn Kilogramm und für Fahrten vom Fährhafen und Bahnhof. Die Gebühren steigen zudem während der Weihnachtsferien und um die Osterfeiertage.

Für eine Zusatzgebühr von 3,50 bis sieben Euro (je nach Tageszeit) können Sie eines der zahlreichen Funktaxis bestellen, das Sie zu einer bestimmten Zeit an einem bestimmten Ort abholt. Die Telefonnummern von einigen Taxi-Unternehmen sind rechts aufgelistet.

Mit dem Auto

Autofahren in Athen kann eine nervenaufreibende Angelegenheit sein, besonders wenn man die örtlichen Gepflogenheiten nicht gewöhnt ist. Da es im Zentrum viele Fußgängerzonen und Einbahnstraßen gibt, sollten Sie Ihre Route sorgfältig planen.

Folgen Sie bei der Parkplatzsuche nicht dem »Vorbild« der Einheimischen: vor Halteverbotsschildern und auf den gelben Markierungen ist das Parken verboten. Es gibt Parkplätze mit Parkuhren und Parkscheinautomaten, aber auch unterirdische Parkhäuser, die allerdings relativ schnell besetzt sind.

Um die gefährlich hohe Luftverschmutzung in der Athener Innenstadt einzudämmen, versucht man seit einigen Jahren, den Verkehr im Zentrum zu reduzieren: An geraden Tagen dürfen nur Autos mit gerader Zahl am Ende ihres Kfz-Kennzeichens den Zentrumsbereich *(daktýlio)* befahren, an ungeraden nur Autos mit ungerader Zahl. Manche Athener haben aus diesem Grund zwei Autos mit den entsprechenden Nummernschildern. Die Regel gilt nicht für ausländische Autos und Mietwagen. Meiden Sie dennoch, wenn möglich, das Zentrum.

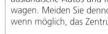

Zeichen für Fußgängerzone

Parken verboten an Tagen mit ungeradem Datum

Parken verboten an Tagen mit geradem Datum

Auf einen Blick

Öffentliche Verkehrsmittel

Metro
📞 210 519 4012.
🌐 amel.gr

OASA
Metsóvou 15.
📞 111 85.
🌐 oasa.gr

Tram
📞 210 997 8000.
🌐 tramsa.gr

Taxis

Athina 1
📞 210 921 2800
(Stadtgebiet Athen).

Ermis
📞 210 411 5200 (Piräus).

Hellas
📞 210 645 7000 (Zentrum Athen).
📞 210 801 4000 (Norden).

Nahverkehrsnetz

An der Plateía Sýntagma und der Plateía Omónia läuft das öffentliche Verkehrsnetz zusammen. Von hier fahren Oberleitungs- und andere Busse zum Flughafen, nach Piräus, zu den beiden Bahnhöfen sowie zu den internationalen und nationalen Busbahnhöfen. Zudem verbinden drei neue Tram-Linien das Zentrum mit der Küste.

Der Bus X95 verkehrt zwischen Flughafen *(siehe S. 311)* und Sýntagma, der Bus X96 zwischen Flughafen und Piräus *(siehe S. 319)*. Zum Flughafen gelangt man auch mit der Metro-Linie 3 (blaue Linie) ab Plateía Sýntagma und Monastiráki. Die Busse 040 und 049 verbinden den Hafen von Piräus mit Sýntagma und Omónia. Die Metro-Linie 1 benötigt vom Zentrum bis nach Piräus etwa eine halbe Stunde.

Die Oberleitungsbus-Linie 1 hält an der Metro-Station Laríssis und am Laríssis-Bahnhof, während Bus 024 zum Busbahnhof-Terminal B an der Liosíon und Bus 051 zu Terminal A an der Kifisoú fährt.

Die Tram-Linie 3 fährt entlang der Küste von Néo Fáliro nach Voúla. Tram-Linie 4 verbindet die Plateía Sýntagma mit Néo Fáliro. Tram-Linie 5 verkehrt wischen Voúla und Plateía Sýntagma.

Trotz des höheren Preises sind Taxis eine bequeme Alternative zu öffentlichen Verkehrsmitteln. Die Fahrzeiten schwanken beträchtlich, vor allem während der Stoßzeiten sollte man auf Staus und zäh fließenden Verkehr vorbereitet sein. Außerhalb der Stoßzeiten benötigt man für die Strecken vom Zentrum zum Flughafen sowie vom Zentrum nach Piräus ungefähr 40 Minuten. Für die Fahrt von Piräus zum Flughafen benötigt ein Taxi rund 60 Minuten.

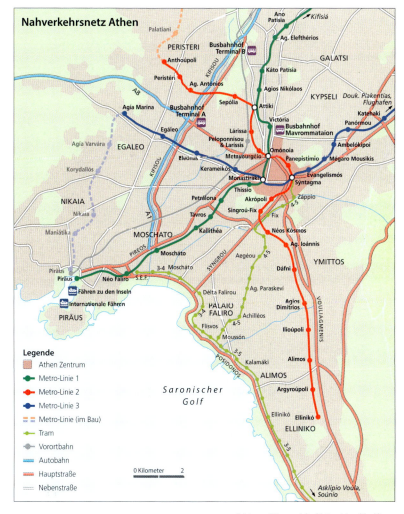

Zeichenerklärung siehe hintere Umschlagklappe

Textregister

Gefettete Seitenzahlen beziehen sich auf Haupteinträge.

A

AB Vasilópoulos (Athen) 121
Abdera 260
Achaïa Klauss, Weinkellerei (Pátra) 173
Acharnés 155
Achilles
  Archaische Kunst 75
  Trojanischer Krieg 58f
»Achilles-Maler« 75
ADAC 316
Aegean Airlines 311 – 313
Aeneas 59
Aérides (Athen) *siehe* Turm der Winde
Agamemnon, König von Mykene 185
  Fluch der Atriden 183
  Goldmaske des Agamemnon **73**, 74
  Mykene 31, 143
  Schatzhaus des Atreus (Mykene) 184
  Tod 59
  Trojanischer Krieg 58
Agía Filothéi, Grab 112
Agía Kyriakí 222
Agía Marína 50
Agía Moní 187
Agía Paraskeví 50, 217
Agía Triáda 185
Agía Triáda, Schrein
  Tour durch die Víkos-Schlucht 212
Agioi Apóstoloi Pétros kai Pávlos 50
Agion Oros *siehe* Berg Athos
Agios Andréas 51, 178
Agios Charálampos 261
Agios Dimítrios (Athen) 105
Agios Dimítrios, Fest 51
Agios Eleuthérios (Athen) *siehe* Panagía Gorgoepíkoös
Agios Geórgios 49
Agios Germanós (Préspa-Seen) 241
Agios Ioánnis (Johannistag) 50
Agios Ioánnis (Pílio) 223, **224**
Agios Konstantínos kai Agía Eléni 49
Agios Nikólaos (Äußere Máni) 203
Agios Nikólaos (heiliger Nikolaus) 52

Agios Nikólaos Ragavás (Athen) **112**
  Detailkarte 107
Agios Panteleímon 51
Agios Stratigós (Ano Mpoulárioi) 23
Agios Vasíleios 52
Agíou Dionysíou Moní (Berg Athos) 257
Agíou Georgíou Feneoú 172
Agíou Nikoláou Moní (Metéora) 208
Agíou Panteleímonos Moní (Berg Athos) 256
Agíou Pávlou Moní (Berg Athos) 257
Agíou Pnévmatos 50
Agora (Athen) *siehe* Antike Agora
Agorakritos 149
Aietes, König 224
Aigeus, König 100
Aigisthos 59, 183
Air Berlin 313
Aischylos 34, 61
  Dionysos-Theater (Athen) 104
  Eumeniden 105
Ajax 58
AK Pegasus Reisen 295
Akademie von Athen 85
Akrokorinth 170
Akronafplía (Náfplio) 187
Akrópoli (Athen) *siehe* Akropolis
Akropolis (Athen) **98 – 105**
  Agios Dimítrios 105
  Akropolis-Forschungszentrum 104
  Akropolis-Museum 101
  Areopag 105
  Bau 62
  Beulé-Tor 100
  Dionysos-Theater 101
  Elgin-Marmorskulpturen 101
  Erechtheion 100f
  Gelände 98f
  Infobox 99
  Nymphenhügel 105
  Odeion des Herodes Atticus 104
  Parthenon 102f
  Philopáppos 105
  Pnyx 105
  Propyläen 100
  Tempel der Athene Nike 100
  Zeitskala 99
Akropolis-Forschungszentrum (Athen) 104
Akrotíri (Athen) 125
Akrotírio Soúnio *siehe* Soúnio

Aktium, Schlacht von (31 v. Chr.) 38, 216f
Aktivurlaub 294 – 297
Alarich, König der Goten 160
Alexander der Große 29, 222, **246**
  Aristoteles 247
  Geburtsort 247
  Reich und Hellenismus 36f
  Tod 37
Alexander II., Zar 115
Alexander Severus, Kaiser 143
Alexandhroúpoli *siehe* Alexandroúpoli
Alexandria 36
Aléxandros, König von Griechenland 261
Alexandroúpoli **261**
Alfa (Athen) 125
Alfeiós (Fluss) 174, 177, 178, 180
Ali Pascha 43, **214**
  Párga 216
  Préveza 217
  Tod 215
Alimos 153
Alkaios 60
Alkibiades 193
Alkman 50
Alkmene 57
Alkohol, Zoll 300
All Greece Travel 296
Allgemeiner Behindertenverband in Deutschland e.V. 302
Alónissos 30
Alpha Yachting 296
Altsteinzeitliche Zivilisationen 30
Amalía, Königin
  Historisches Nationalmuseum (Athen) 84
  Mitrópolis (Athen) 112
  Museum der Stadt Athen 81
  Nationalgärten (Athen) 116
Amazonen 59
American Express 306
American School of Classical Studies 94
Ammonion, Orakel 36
Amorgós 74
Amorgós (Kunsthandwerk, Athen) 121
Amphiáraos 148
Amphiáreion von Oropós 148
Amphitrite 56
An Club (Athen) 125
Anafiótika (Athen) **112f**
  Detailkarte 107
Anakasiá 222, 224
Anáktoro tou Néstora *siehe* Palast des Nestor

Análipsi 49
Anávysos 153
Andhrítsena
 siehe Andrítsaina
Andreas, heiliger 51, 80, 173
Andrítsaina **181**
Andrítsena siehe Andrítsaina
Andrónikos II., Kaiser 192
Andrónikos Kyrrestes 90
Andrónikos, Professor
 Manólis 246
Anhalter 301, 317
Anna, heilige 83
Anogianákis, Phoebus 108
Antike Agora (Athen) 53, **94f**
Antikes Brauron 145, **150f**
Antikes Delphi 142, 205,
 232–235
 Heiligtum von Delphi 34f
 Orakel von Delphi 34, 225,
 232
Antikes Díon 245
Antikes Eleusis 160f
Antikes Gortys 178
Antikes Isthmia 171
Antikes Korinth 143, **166–169**
 Akrokorinth 170
 Korinthischer Bund 35
Antikes Messene 205
Antikes Maroneia 260f
Antikes Nemea 171
Antikes Olympia 142, **174–176**
 Archäologisches Museum 176
 Gelände 174f
 Infobox 175
Antikes Pella 36, **247**
 Mosaiken 46, 247
Antikes Sparta 34, 35, **193**, 202,
 siehe auch Spárti
Antikes Tegea 181
Antikes Tiryns 31, **185**
Antikes Troezen 185
Antikýthira-Jüngling **73**, 75
Antiochus IV., König 105
Antiqua (Athen) 121
Antiquitäten
 Athen **118f**, 121
Antírrio 229
Antoninus Pius, Kaiser 161
Apartments **265**
Apeliotes 91
Aphrodite 56f
Apókries 48
Apollon
 Antikes Delphi 232
 Kampf der Lapithen und
 Kentauren 176
 Kloster Dáphni 156
 Mythologie 57

Orakel von Delphi 34, 232
 Pythische Spiele 234
 Tempe-Tal 217
Apollonküste siehe Attische Küste
Apotheken 305
Apotomí Kefalís Ioánnou
 Prodrómou 51
Aráchova 225
Aravantinós, Pános 159
Araxos (Fluss) 173
Arcadius, Kaiser 148
Archaía Agorá (Athen) siehe
 Antike Agora
Archaía Kórinthos siehe
 Antikes Korinth
Archaía Messíni siehe Antikes
 Messene
Archaía Nemea siehe Antikes
 Nemea
Archaía Olympía siehe Antikes
 Olympia
Archaische Kunst 75
Archaische Zeit 32f
Archäologisches Museum (Árgos)
 181
Archäologisches Museum
 (Ioánnina) 214
Archäologisches Museum
 (Kavála) 259
Archäologisches Museum
 (Komotiní) 260
Archäologisches Museum
 (Náfplio) 186
Archäologisches Museum
 (Olympia) 176
Archäologisches Museum (Piräus)
 159
Archäologisches Museum (Spárti)
 193
Archäologisches Museum
 (Theben) 225
Archäologisches Museum
 (Thessaloníki) 250f
Archäologisches Museum (Vólos)
 224
Archäologisches
 Nationalmuseum (Athen)
 72–75
 Geometrische und archaische
 Kunst 75
 Grundriss 72f
 Infobox 73
 Keramiksammlungen 75
 Klassische Skulpturen 75
 Mykenische Kunst 74
 Neolithische und kykladische
 Kunst 74
 Römische und hellenistische
 Skulpturen 75
 Thera-Fresken 75

Archelaos, König 247
Archer, A. 101
Archilochus 60
Archimedes 37
Architektur
 Byzantinisch 24f
 Klassizismus 85
 Tempel 62f
Areopag (Athen) 105
Areópoli **202**
Ares 88, 105
Argalastí 223
Argive Heraion 185
Argonauten, Jason und die 224
Árgos 23, **181**
Argyrós 77
Aristeides der Gerechte 95
Aristion 149
Aristokratikón (Athen) 121
Aristonoë 148
Aristophanes 60
 Dionysos-Theater (Athen) 104
 Lysistrata 150
 Wolken 76
Aristoteles 34, 61
 Antikes Pella 247
 Geburtsort 253
 Schule der Philosophen 40
 Statue 253
 Tod 36
Arkadia siehe Arkadien
Arkadien 163
Aroánia siehe Berg Chelmós
Árta 217
Artemis 57
 Antikes Brauron 150
 Dionysos-Theater
 (Athen) 104
Ärzte 304
Asklepios
 Asklepiéion (Athen) 104
 Asklepiéion (Epídauros) 188f
 Schrein (Akrokorinth) 170
 Tríkala 217
Aslan Pascha 214
Asteroskopeíon (Athen) 105
Astra Airlines 312, 313
Athanásios der Athoniter
 258
Athanásios, Metéora 220
Athen **66–139**
 Akropolis 98–105
 Antike Agora 94f
 Archäologisches
 Nationalmuseum 72–75
 Autofahren 322
 Bahnhöfe 315
 Benáki-Museum 82f
 Busverbindungen 318

Karte 68f
Kerameikós 92f
Klassizistische Architektur 85
Klima 53
Monastiráki 88f
Museum für Kykladische Kunst 78f
Nördliche Innenstadt 70–85
Notrufnummern 305
OSE-Büro 315
Panagía Gorgoepíkoös 106, **109**
Parthenon 102f
Personennahverkehr 323
Pláka 106f
Reisebüros 313
Restaurants 282–285
Shopping 118–121
Stadtplan 126–139
Südliche Innenstadt 86–117
Taxis 322
Turm der Winde 90f
Unterhaltung 122–125
Zu Fuß unterwegs 322
Athena Lemnia (Pheidias) 35
Athena Polias 100, 101
Athen-Denkmal (Palaió Fáliro) 153
Athene 56
 Erechtheion (Athen) 100
 Heiligtum der Athena Pronaia (Delphi) 234
 Lykavittós 76
 Mythologie 57
 Parthenon (Athen) 99, 102, 103
 Statue 75, 159
 Tempel der Athena Nike (Athen) 100
 Trojanischer Krieg 59
Athener Flughafen 312f
Athener Kathedrale *siehe* Mitrópolis
Athener Zentralfriedhof 117
Athens Walking Tours 294
Athina 1 (Taxis) 322
Athinón (Athen) 125
Athos, Berg *siehe* Berg Athos
Atlantis 75
Atreus, König 59, 183
 Schatzhaus des Atreus (Mykene) 184
Atriden, Königsgeschlecht 163
Attalos, König von Pergamon 94f
Attika **144–161**
 Hotels 270
 Regionalkarte 146f
 Restaurants 286
Attika Reisen 296
Attika Zoo 154
Attikon (Athen) 121
Attische Küste 153

Attischer Seebund 34
Aufenthaltserlaubnis 300
Ausländeramt (Athen) 301
Äußere Máni 198f
Austrian 313
Auto **316f**
 Anhalter 317
 Anreise nach Griechenland 316
 Automobilclubs 317
 in Athen 322
 Landkarten 317
 Mautgebühren 316
 Mietwagen **316**, 317
 Pannenhilfe 305
 Sicherheit 304
 Tankstellen 317
 Verkehrsregeln 316
 Verkehrszeichen 316, 322
Autoreisen 316f
Avdira *siehe* Abdera
Avéroff, Evángelos 213
Avéroff, Geórgios 117
Avéroff-Museum (Métsovo) 213
Avis 317
Avramídis, Minás 90
Awaren 204
Axiós Delta 240

B
Bahar (Athen) 121
Balkankriege 45
Banken 306
Banknoten 307
Barnabas 220
Basil der »Bulgarenschlächter«, Kaiser 41
Basketball 124
Bassai *siehe* Tempel von Apollo Epikourios Bassae
Behinderte Reisende **301**
 in Hotels 267
 in Restaurants 277
Benáki-Museum (Athen) 82f
Benákis, Antónis 82
Benákis, Emmanouíl 82
Berg Athos 237, **256–258**
 Orthodoxes Leben auf Athos 258
Berg Chelmós 172
Berg Erymanthus 57
Berg Ida 56
Berg Olymp 245
Berg Parnass 225
Berg Párnis 155
Berg Pentéli 145
Berg Taÿgetos 199
Berg Ymittós 145
Berghütten **266**, 267
»Beschattete Küste« 203
Bettina (Athen) 121
Beulé, Ernest 100

Beulé-Tor (Athen) 100
Bibliotheken
 Gennádeion (Athen) 77
 Hadriansbibliothek 89
 Nationalbibliothek (Athen) 85
Bier 276
Bikegreece 295
Blegen, Carl 205
Blumen 27
Bonastro 84
Boote
 Bootsfahrten 296
 Schiffsreisen 319
 Segeln 296
Boreas 90
»Bosanquet-Maler« 75
Botschaften 303
Boulanger, François 84, 112
Boúrtzi (Náfplio) 186f
Bowling Centre of Piraeus (Athen) 125
Braque, Georges 77
Brauron *siehe* Antikes Brauron
Brauronische Zeremonien 150
British Museum (London) 101
Bronzezeit 30
 Mykene 182
 Mythologie 56
Brueghel, Pieter 77
Buchläden
 Athen **120**, 121
Budget (Mietwagen) 317
Bühnenbildmuseum Pános Aravantinos (Piräus) 159
Bulgaren 40
Bundesverband Selbsthilfe Körperbehinderter e.V. 267, 302, 303
Burgen
 Chlemoútsi 41, **173**
 Methóni 204
 Kelefá 202f
 Passavá 202
Bürgerkrieg 46
Busse 318
 Athen **320f**, 323
Byron, Lord **153**
 Childe Harolds Pilgerfahrt 113, 153
 Delphi 235
 Gennádeion (Athen) 77
 Mesolóngi 229
 Plateía Lysikrátous (Athen) 107, 113
 Poseidon-Tempel (Soúnio) 153
 Schwert 84
 Tod 44
Byzantinische Architektur 24f
Byzantinisches Museum (Ioánnina) 214

Byzantinisches Museum (Kastoriá) 244
Byzantinisches Museum (Véroia) 246
Byzantinisches und Christliches Museum (Athen) 80
Byzantinisches Reich 40f

C
Caesar, Julius 38
Cafés und Konditoreien 275
Camping 266f
Caravaggio 77
Carrefour Marinópoulos (Athen) 121
Castalia 235
Cefalù 34
Cellier (Athen) 121
Cem, Prinz 42f
Centre of Hellenic Tradition (Athen) 121
Cervantes, Miguel de 229
Cézanne, Paul 77
Chaironeia, Schlacht (338 v. Chr.) 35
Chalepás, Giannoúlis 117
  Schlafende, Die 46
Chalkidikí *siehe* Nördliches Chalkidikí
Chandrís Hotels 267
Charterflüge 310
Chateaubriand, François René, Vicomte de 113
Chatzidákis, Mános 46
Chatzimichaïl, Theófilos 77, **222**
  Konstantínos Palaiológos 222
Cheimarros (Fluss) 148
Cheiron 75
Chelmós, Berg *siehe* Berg Chelmós
Chília Déndra (Náousa) 246, **247**
Chíos, Massaker von (1822) 44
Chlemoútsi
  Festung 41, **173**
Chremonideischer Krieg 36, 151
Christi Himmelfahrt 49
Christoúgenna 52
Churchill, Winston 46
Clubs und Polýchoroi
  Athen **124**, 125
Codrington, Admiral 204
Coffeeway (Athen) 121
Cook-Shop (Athen) 121
Corfelios 296
Coubertin, Baron Pierre de 177
Cromek, Thomas Hartley 81
Culterramar 295

D
Dadiá-Wald 261
Dáfni (Berg Athos) 257
Dáfni *siehe* Kloster Dáfni
Daphne-Quelle 217
Dáphni *siehe* Kloster Dáphni
Dareios I., König von Persien 33, 149
Dareios III., König von Persien 36
Dássos Dadiás *siehe* Dadiá-Wald
Debitkarten 306
Delacroix, Eugène 77
  Massaker von Chíos, Das 44
Delfí *siehe* Antikes Delphi
Delphi *siehe* Antikes Delphi
Delphi-Museum (Antikes Delphi) 235
Demeter
  Antikes Eleusis 161
  Eleusinische Mysterien 160
  Mythologie 56
Demetria 93
Demosthenes 61
  Geburtsort 154
  Pnyx (Athen) 105
Déntra 74
Despotenpalast (Mystrás) 197
Deutscher Jugendherbergsverband 266
  siehe auch YHA (Griechenland)
Dexileos 93
Dhelfí *siehe* Antikes Delphi
Dichtung 60
Diebstahl 304
Diligiánnis, Theódoros 84
Dimítrios, heiliger 252
Dimitsána 178, **180**
Diners Club 306
Diogenes der Kyniker 36, 61
Diokletian, Kaiser 193
Díon *siehe* Antikes Díon
Díon-Museum (Antikes Díon) 245
Dionysios Areopagitis, heiliger 105
Dionysios aus Kollytos
  Grab 92
Dionysos 56, 93, 260
  Apollon-Heiligtum (Antikes Delphi) 235
  Dionysien 114
  Maroneia 261
  Pella-Mosaiken 247
  Statuen 161
  Ursprung des griechischen Schauspiels 189
Dióriga Kórinthos *siehe* Kanal von Korinth
Dipylon-Amphore **72**, 75
Diváni Hotels 264

Docheiaríou Moní (Berg Athos) 256
Dodekanes 46
Dodekánisa *siehe* Dodekanes
Dodóna 215
Dodóni *siehe* Dodóna
Dodwell, Edward 81
Dolphin Hellas Travel & Tourism 296
Domátia 265
Dóra-Strátou-Tanztheater (Athen) 125
Dorische Tempel 63
Drakolímni, See 210
Draper, Herbert
  Goldene Vlies, Das 224
»Dunkles Zeitalter« 32
Dupré, L. 29
Dürer, Albrecht 77

E
Edessa 247
Edhessa *siehe* Edessa
Einreise 300
Eintrittspreise 301
Einwohnerzahl Athen 16
Einwohnerzahl Griechenland 16
Eisenbahn *siehe* Züge
Eisódia tis Theotókou 51
e-kolumbus 295
EKPIZO 305
El Greco 77
Elefsína *siehe* Antikes Eleusis
Eleftheriádis, Stratís 222
Eleftheriós Venizélos (Flughafen) 312f
Eleftheríou, Mános 21
Eleftheroudákis (Athen) 121
Elektra 59, 183
Elektrizität 302
Eleusinische Mysterien 164
Eleusis *siehe* Antikes Eleusis
Eleusis-Museum (Antikes Eleusis) 161
Elgin, Lord 43, 104, 113
Elgin Marbles 47, 102, 104
Elias, Prophet 50
Elle Amber (Athen) 121
Ellinikó 181
ELPA (Ellinikí Léschi Periigíseon kai Aftokinítou) 317
Enoikiazómena domátia 265
Enosis 44
EOOA (Ellinikí Omospondía Oreivasías kai Anarríxisis) 266, 267
EOS (Ellinikós Oreivatikós Sýndesmos) 266, 267
EOT (Ellinikós Organismós Tourismoú) 301, 303
Ephialtes 34

Epídauros 143, **188f**
Epídauros-Festival 50
Epídavros *siehe* Epídauros
Epikur 61
Epirus 207
Epische Dichtung 60
Erechtheion (Athen) **100f**
　Bau 62
　Karyatiden-Halle 98
Erechtheus, König 100
Eridanos (Fluss) 93
Eris 56
Ermäßigungen
　Studenten 302
Ermis (Taxis) 322
Erster Weltkrieg 44, 45
Ethnikí Pinakothíki (Athen)
　siehe Nationalgalerie
Ethnikó Archaiologikó
　Mouseío (Athen) *siehe*
　Archäologisches
　Nationalmuseum
Ethnikó Istorikó Mouseío
　(Athen) *siehe* Historisches
　Nationalmuseum
Ethnikós Drymós Prespón
　siehe Préspa-Seen
Ethnikós Kípos (Athen) *siehe*
　Nationalgärten
Etikette
　in Kirchen 301
　in Restaurants 277
Euböa, Golf von 148
Euklid 61
Euripides 34, 61
　Dionysos-Theater
　(Athen) 104
　Hippolytos 185
Euro 91
Eurolines 318
Europäische Union (EU) 21, 22
Europcar 317
European Car Rental 317
Eurystheus, König von Mykene 57
Evangelismóu 48
Evans, Arthur 45
Evraïko Mouseío tis Elládos
　(Athen) *siehe* Jüdisches
　Museum
Evros-Delta 241
Exárcheia (Athen) 76
Exekias 56
Exo Máni *siehe* Äußere Máni

F
Fähren 319
Fahrradverleih 317
Familienleben 23
Farángi tou Lousíou *siehe*
　Loúsios-Schlucht

Farángi Víkou *siehe* Víkos-
　Schlucht
Fast Food 276
Fastenzeit 49
Feiertage 52
Ferien auf dem Bauernhof **266**, 267
Fernsehen 309
Festival Athínon 50
Festivals 48–52
Fethiye-Moschee (Athen)
　Detailkarte 88
Feuchtbiotope 240f
Feuerwehr 305
Figaleía 181
Filikí Etaireía 43, 44, **45**
Filme *siehe* Kino
Filothéi, Agía, Grab 112
Finlay, George
　Grab 117
FKK 301
Fläche 16
Flohmarkt (Athen) **91**
　Detailkarte 88
Flora und Fauna *siehe* Landschaft,
　Flora und Fauna
Florás-Karavías 77
Fluch der Atriden 183
Flughafen, Athen 311, 313
Flugreisen 310–313
　Flugverbindungen innerhalb
　Griechenlands 312f
　Flugziele in Griechenland 312f
Fokás (Athen) 121
Fotografieren 303
Franken 40, 196
Frauen, alleinreisende 302
Fremdenverkehrsamt 301
Fresken
　Byzantinische Kirchen 25
　Thera **75**
Friedhöfe
　Athener Zentralfriedhof 117
　Kerameikós (Athen) 92
Frissiras Museum (Athen) 107, **114**
Frühling in Griechenland 48f
Frühstück 276
Frühzeit 30f
Fterólakka 225
Führerschein 316
Fußball 124
Fußwaschung der Apostel (Mosaik) 226

G
Galaktopoleio 275
Galaxídi 228
Galerien *siehe* Museen und
　Sammlungen

Galerius, Kaiser 39, 252
　Galeriusbogen
　(Thessaloníki) 39, 248
　Rotónda (Thessaloníki) 248
Galeriusbogen
　(Thessaloníki) 248
Gärten *siehe* Parks und Gärten
Gátsos, Níkos 21
Gebirge
　Berghütten **266**, 267
Gefahren im Wasser 305
Geld **307**
　Banken 306
　Debitkarten 306
　Geldwechsel 306
　Kreditkarten **306**
Geldautomaten 306
Geldwechsel 306
Gennádeion (Athen) 77
Gennádios, Ioánnis 77
Génnisis tis Theotókou 51
Geometrische Kunst 75
Geometrische Vasenmuster 32
Georg I., König 85
Georg, heiliger 49
Geórgios, Agios (Athen) 76
Geráki 193
Germanós, Erzbischof von
　Pátra 45
Geburtsort 180
Geschichte 28–47
Gesundheit 304f
Getränke *siehe* Spezialitäten
Giannena *siehe* Ioánnina
Giftnotruf (Athen) 305
Ginis Vacances 313
girocard 306
Glyfáda 153
Glyfáda Golf Course (Athen) 125
GNTO (Griechische Zentrale für
　Fremdenverkehr) 301, 303
Goethe, Johann Wolfgang
　von 197
Goldene Vlies, Das (Draper) 224
Goldenes Vlies 224
Goldmaske des Agamemnon **73**, 74
Golf 124
Golf von Korinth 166, **228f**
Gortys *siehe* Antikes Gortys
Goten 39
Götter, Göttinnen und Helden 56f
Goulandrí, Nikólaos und Dolly 78
Goulándris-Naturkundemuseum
　(Kifisiá) 155
Gräber
　Grab der Klytämnestra
　(Mykene) 184
　Gräber von Mykene 184
　Makedonische Gräber
　(Lefkádia) 246f

Stáphylos-Grab
(Skópelos) 74
Grecotel 267
Greek Travel Pages 267
Green Farm (Athen) 121
Gregor V., Patriarch 85, 112, 180
Griechenland im 20. Jahrhundert 46f
Griechische Hotelkammer 267
Griechischer Freiheitskampf (1821) *siehe* Unabhängigkeitskrieg
Griechisches Fremdenverkehrsamt 303
Griechisches Volkskundemuseum (Athen) **114**
   Detailkarte 107
Griechisch-orthodoxe Kirche **301**
   Ikonen 80
   Ostern 48f
Grigorákis, Tzanetbey 202
Grigorákis-Klan 198
Grigoríou (Berg Athos) 257
»Großgriechenland« 44, 45
Großmächte 44
Gymnasion (Antikes Delphi) 235
Gynaikokratía 52
Gýtheio 164, **202**
Gýzis, Nikólaos 77
   Karneval in Athen 81

H

Hades
   Antikes Eleusis 161
   Eleusinische Mysterien 160
   Mythologie 56
   Nekromanteion von Acheron 216
Hadjikyriakos-Gkíkas 77
Hadjikyriakos-Ghikas, Nikos 81
Hadrian, Kaiser 38
   Antikes Olympia 174
   Panathenäen-Stadion (Athen) 117
   Statue 95
   Tempel des Olympischen Zeus (Athen) 115
Hadriansbibliothek
   Detailkarte 88
Hadriansbogen (Athen) 115
Half Note Jazz Club (Athen) 125
Halkidikí *siehe* Nördliches Chalkidikí
Halys (Fluss) 232
Handwerk
   Läden in Athen **119,** 121
   Souvenirs 293
Handys 308
Hansen, Christian 85, 92

Hansen, Theophil 85
   Akademie von Athen 85
   Asteroskopeíon (Athen) 105
   Mitrópolis (Athen) 112
   Nationalbibliothek (Athen) 85
   Záppeion (Athen) 116
Harpokrates 251
Haseki, Hadji Ali 115
Haus der Masken (Delos) 39
Haushaltswaren **120,** 121
Hegeso 75, 92
Heilige Drei Könige 52
Hektor 58
Helden 56f
Helena (Mutter von Konstantin I.) 41, 49
Helena von Troja 31, 93
   Fluch der Atriden 183
   Gýtheio 202
   Trojanischer Krieg 56, **58**
Helios 56, 57
Hellas (Taxis) 322
Helle 224
Hellenic Chamber of Hotels 267
Hellenic Ornithological Society 295
Hellenic Sailing Federation 296
Hellenisches Marinemuseum (Piräus) 159
Hellenismus 36f, 75
Helmós *siehe* Berg Chelmós
Hephaisteion (Athen) 95
Hephaistos 88
Hera 56, 57
   Amymone 187
   Argive Heraion 185
   Statue 75
Heraion von Perachóra 171
Herakles
   Antikes Olympia 176
   Mythologie 56
   Statuen 101
   Taten des Herakles, Die 57
Herbst in Griechenland 51
Herkules *siehe* Herakles
Hermes 56f
   Goldenes Vlies 224
   Trojanischer Krieg 58
Hermes (Praxiteles) 176
Herodes Atticus 149, 176
   Odeion (Antikes Korinth) 167
   Panathenäen-Stadion (Athen) 117
Herodes-Atticus-Theater (Athen) *siehe* Theater des Herodes Atticus
Herodotus 34, 60
   Thermopylen-Schlacht 228
   Tod 34
Hertz 317

Heruler 95, 99, 100
Hesiod 60
Heyden, Admiral 204
Hippodameia 176
Hipponax 60
Hirten aus der Walachei 211, **213**
Historisches Nationalmuseum (Athen) 84
Historisch-Ethnologische Gesellschaft Griechenlands 84
Hlemoútsi *siehe* Chlemoútsi
Höhlen
   Höhle der Seen 172
   Koutoúki-Höhle 154
   Pérama-Höhlen 215
   Petrálona-Höhlen 253
   Pýrgos-Diroú-Höhlen 203
   Spiliá tou Néstora 205
   Vári 153
Homer 202
   Antikes Tiryns 185
   Ilias 33, 58, 60
   Odyssee 33, 59, 60
   Spiliá tou Néstora 205
Homerische Königreiche 32
Hopliten 32f
Hotelketten **264,** 267
Hotels **264 – 273**
   Apartments **265**
   Athen 268f
   Attika 270
   Babysitterdienste 302
   Behinderte Reisende 267
   Berghütten **266,** 267
   Enoikiazómena domátia 264f
   Ferien auf dem Bauernhof **266,** 267
   Hotelkategorien 267
   Hotelketten **264,** 267
   Hotelklassen 265
   Jugendherbergen **266,** 267
   Klöster 266
   Luxushotels **264**
   Nordgriechenland 272f
   Peloponnes 270f
   Preiskategorien **265**
   Reservierung 265
   Restaurierte Gebäude 264
   Saison 265
   Trinkgeld 301
   Zentral- und Westgriechenland 271f
Hotels (nach Orten)
   Ammouliani 272
   Argalastí 271
   Arnaia 272
   Aráchova 271
   Dadiá 273
   Delfoí 271
   Dílofo 271
   Edessa 273

Fanári 273
Foinikoúnta 270
Galaxídi 271
Geroliménas 270
Gýtheio 270
Ioánnina 271
Kalamatá 270
Kalampáka 271
Kalávryta 270
Kalógria 270
Kardamýli 270
Karpenísi 271
Kastaniá 270
Kastoriá 273
Kavála 273
Kerkíni 273
Kifisiá 270
Kónitsa 272
Korinth 270
Lagoníssi 270
Litóchoro 273
Makrynítsa 272
Maroneia 273
Megálo Pápigko 272
Messinía 270
Methóni 270
Métsovo 272
Monemvasiá 270
Moúresi 272
Náfpaktos 272
Náfplio 270f
Néos Marmarás 273
Néos Mystrás 271
Nymféo 273
Olympia 271
Párga 272
Pátra 271
Piräus 270
Portariá 272
Portó Heli 271
Préspa-Seen 273
Rafína 270
Spárti 271
Symvolí 273
Thessaloníki 273
Tríkala 272
Tsepélovo 272
Vouliagméni 270
Vyzítsa 272
Zachloroú 271
Zagóri 272
Hydra 181

I
Ibrahim Pascha 204
Ikonen 80
  Ikonenmaler in der Pláka
    (Athen) 113
  Kretische Schule 42
  Muttergottes 25
  Souvenirs 293

Iktinos 102, 160
Ilias 33, 58, 60
Ilías, Profítis (Prophet Elias) 76
Ilías-Lalaoúnis-Schmuckmuseum
  (Athen) 121
Illisós (Fluss) 154f
Impfung 305
Information 301
Inlandsflüge 312f
Innere Máni 202f
Intercontact 294
Internationaler Studentenausweis
  (ISIC) 302
Internet 308
Interrail 315
Ioánnina **214f**
Iolkos 224
Ionische Inseln 43
Ionische Tempel 63
Iphigenie 58, 59
  Antikes Brauron 150
Ipsos, Schlacht (301 v. Chr.) 36
Iraíon Perachóras *siehe*
  Heraion von Perachóra
Irene, Kaiserin 40, 84
Iréon Perachóras *siehe*
  Heraion von Perachóra
Isaias, Bischof 226
Isis 245
Island (Athen) 125
Issos 36
Isthmia *siehe* Antikes Isthmia
Isthmos tis Korínthou *siehe*
  Kanal von Korinth
Itéa 228
Ithómi *siehe* Antikes Messene
Iviron
  (Berg Athos) 258

J
Jahreszeiten 48–51
Jason 215, **224**
Jazz
  Athen **124**, 125
Johannes der Täufer 50, 51
Johannistag 50
Johanniter 42f
Jokaste 225
Juan d'Austria, Don 41
Jüdisches Museum (Athen) 114
Jugendherbergen **266**, 267, 302
Jungfrau Maria
  siehe Muttergottes
Jungsteinzeit 30, 74
Junta 47
Justinian, Kaiser 215

K
Kafeneía 275, 276
Kaïkias 91
Kalamítsi 253

Kalávryta 45
Kalávryta-Diakoftó,
  Schmalspurbahn 172
Kallikrates
  Parthenon (Athen) 102
  Tempel der Athene Nike
    (Athen) 100
Kallimármaro-Stadion **117**, 124
Kallithéa 253
Kalógria 173
Kanal von Korinth 45, **171**
Kanellópoulos, Pávlos und
  Alexándra 108
Kanellópoulos, Sammlung
  (Athen) **108**
  Detailkarte 106
Kantakouzenos 192
Kap Matapan 171
Kap Sounio *siehe* Soúnio
Kapnikaréa (Athen) 84
Kapodístrias, Ioánnis 186
  Ermordung 44, 186
  erster Regent Griechenlands
    44
Karaïskáki-Stadion
  (Athen) 124
Karamanlís, Konstantínos 23, 47
Káranos-Wasserfall (Edessa) 247
Kardamýli **199**
Karneval 48
Karten
  Antikes Delphi 232
  Athen 68f
  Athen, Personennahverkehr
    323
  Athen, Stadtplan 126–139
  Athen: Metro- und Buslinien
    320
  Athen: Monastiráki 88f
  Athen: Nördliche Innenstadt 71
  Athen: Pláka 106f
  Athen: Südliche Innenstadt 87
  Attika 146f
  Äußere Máni 198
  Bahnnetz 315
  Berg Athos 256
  Byzantinisches Reich 40
  »Dunkles Zeitalter« und
    Archaische Zeit 32
  Europa und Nordafrika 17
  Feuchtbiotope 240f
  Flugverbindungen innerhalb
    Griechenlands 312
  Griechenland 16f
  Griechenland (1493) 42
  Griechisches Festland 142f
  Hellenismus 36f
  Innere Máni 202
  Kerameikós (Athen) 92f
  Klassisches Griechenland 34
  Loúsios-Schlucht 178f

Metéora 220
Modernes Griechenland 44
Mystrás 196
Náfplio 187
Nordgriechenland 238f
Peloponnes 164f
Pílio 222f
Piräus 159
Piräus, Hafen 319
Prähistorisches Griechenland 30
Römische Herrschaft 38
Straßenkarten 317
Thessaloníki 249
Tour durch die Víkos-Schlucht 212
Zagórianische Dörfer 211
Zentral- und Westgriechenland 208f
Kartsonákis, Nikólaos 92
Karyatiden 63
Karýtaina 164, **180**
Kassándra 253
Kassandros, König 248
Kassópe 216
Kassopianer 216
Kastalische Quelle (Delphi) 234f
Kastamonítou Moní (Berg Athos) 256
Kastoriá **244**
Kástro (Mystrás) 197
Kástro Platamónas 217
Katharí Deftéra (Pátra) 48
Kathedrale
  Mitrópolis (Athen) 106, **112**
Kaufhäuser
  Athen **118**, 121
Kavála (Kaválla) 239, **259**
Kazantzákis, Níkos 46, 199
Kelefá, Festung 202
Kerameikós (Athen) 64, 75, **92f**
Kerameikós-Museum (Athen) 93
Keramik
  Geometrische Vasenmuster 32
  Keramikmuseum Kyriazópoulos (Athen) 90
  Souvenirs 293
  Vasen und Vasenmalerei 64f
Keramikmuseum Kyriazópoulos (Athen) 90
  Detailkarte 89
Keramikós (Athen)
  siehe Kerameikós
Kéros 74
Kéros-Sýros-Kultur 30
Kesariani-Kloster siehe Kloster Kaisariani
Khalkidhikí siehe Nördliches Chalkidikí

Khlemoútsi
  siehe Chlemoútsi
Kifisiá **155**
Kifissiá siehe Kifisiá
Kinder **302**
  in Restaurants 277
Kino
  Athen **123**, 125
Kípoi 211
Kirchen
  Byzantinische Architektur **24f**
  Etikette 301
  Fotografieren 303
  Thessaloníki 252
Kirchen in Athen
  Agios Dimítrios 105
  Agios Nikólaos Ragavás 107, **112**
  Kapnikaréa 84
  Mitrópolis 106, **112**
  Panagía Gorgoepíkoös 106, **109**
  Panagía i Spiliótissa 104
  Russische Dreifaltigkeitskirche 115
Kládeos (Fluss) 174
Klassische Skulpturen 75
Klassisches Griechenland 34f
Klassizistische Architektur 25, 85
Kleánthis, Stamátis 80
Kleidung
  in Kirchen und Klöstern 301
  in Restaurants 277
  Läden in Athen **120**, 121
  Reisegepäck 300
Kleopatra, Königin von Ägypten 38
Klima 53
  Beste Reisezeit 300
Klöster 266
  Agías Lávras 172
  Agíou Georgíou Feneoú 172
  Agíou Ioánnou Prodrómou 179
  Agíou Nikoláou 213
  Agíou Nikoláou (Metéora) 208
  Aimyalón 179
  Berg Athos 256–258
  Dáphni 143, 145, **156f**
  Dekoúlou 198
  Etikette 301
  Fotografieren 303
  Grigoríou 237
  Ivíron (Berg Athos) 258
  Kaisarianí 147, **154f**
  Lávras 40f
  Megá Spílaio 172
  Megálo Metéoro 220
  Megístis Lávras (Berg Athos) 258
  Metéora 220f

Néa Moní Filosófou 178
Öffnungszeiten 301
Osios Loukás 143, 207, **226f**
Paleá Moní Filosófou 179
Pantánassas (Mystrás) 196, **197**
Perivléptou (Mystrás) 23, **196**
Rousánou (Metéora) 220
Stavronikíta (Berg Athos) 258
Varlaám (Metéora) 220
Vatopedíou (Berg Athos) 258
Zalóngou 216
Klymene 56
Klytämnestra 59
  Fluch der Atriden 183
  Grab 184
Knosós 31, 45
Knossós siehe Knosós
Koímisis tis Theotókou 51
Kókkoras, Brücke 178
Kolokotrónis, General Theódoros 77
  Grab 117
  Karýtaina 180
  Totenmaske 77
  Waffen 84
Kolonáki (Athen) siehe Plateía Kolonakí
Koloss von Rhodos 37
Kommunikation **308f**
Kommunisten 46
Komotiní **260**
Königsfamilie, makedonische 246
Konstantin I., Kaiser 38, 39, **41**
  Agios Konstantínos kai Agía Eléni 49
Konstantin I., König 45
Konstantin II., König 47, 116
Konstantinopel
  Eroberung 29, 40
  Gründung 38
  im 20. Jahrhundert 29
  Osmanische Herrschaft 29, 42
Konstantínos Palaiológos 173, 196
Konstantínos Palaiológos (Chatzimichaíl) 222
Kóntoglou, Fótis 84, 154
Korinth
  siehe Antikes Korinth
Korinth, Golf von
  siehe Golf von Korinth
Korinthiakós Kólpos
  siehe Golf von Korinth
Korinthische Tempel 63
Korinthischer Bund 35
Koroibos von Melite 92
Koroivos 177
Koroneiá, See 240
Koróni 151, **204**
Kotýchi-Lagune 173

Koun, Károlos 81
Koúros 32
Koutoúki-Höhle 154
Krankenhäuser 305
Krankenversicherung 304
Krankenwagen 305
Kreditkarten **306**
  in Restaurants 276
Kreta
  Prähistorisches Griechenland 30
Kretische Schule **42**, 220
Kreuzabnahme
  (Fresko) 227
Kreuzfahrten 296
Kreuzritter 40f
Kriegsmuseum (Athen) 77
Krösus, König von Lydia 232
Ksánthi *siehe* Xánthi
Kunst
  Ikonenmaler in der Pláka (Athen) 113
  Kreativurlaub 294
  Mythologie in der Kunst 59
  Shopping in Athen **118f**, 121
  Vasenmalerei 64f
  siehe auch Museen und Sammlungen
Küstenwache 305
Kybele 37
Kykladische Kunst 30, 74
  Museum für Kykladische Kunst (Athen) 78f
  Skulpturen 72
Kyriazópoulos, Professor Vasíleios 90
Kyros der Große, König von Persien 232
Kyrrestes, Andrónikos 89

L
Laius 225
Lambrópoulos (Athen) 121
Lamía 228
Lamischer Krieg 228
Lampéti (Athen) 125
Landschaft, Flora und Fauna **26f**
  Berg Párnis 155
  Dadiá-Wald 261
  Feuchtbiotope 240f
  Kalogriá 173
  Naturreisen 294f
  Olympos-Nationalpark 245
  Píndos-Gebirge 210
  Préspa-Seen 240f
  Vögel der Salzpfannen 229
Larissís
  Bahnhof 315
  OSE-Büro 315

Lausanne, Friede von (1923) 45
Lávras-Kloster 40f
Lávrio 145, **152**
Lavrion *siehe* Lávrio
Lavrion Technological and Cultural Park (Lávrio) 152
Lazarímos, Ioánnis 158
Lear, Edward 77, 81
Lechaion, Straße nach 166
Lederwaren
  Souvenirs 293
Lefkádia 246f
Leighton, Lord 59
Leo III., Papst 40
Leo IX., Papst 41
Leonidas I. von Sparta 193
  Statue 228
  Thermopylen-Schlacht 228
Lepanto, Seeschlacht von (1571) **42**, 229
Lérna 181
Lernäische Hydra 57
Leukadia *siehe* Lefkádia
Leuktra, Schlacht von (371 v. Chr.) 35
Likavitos (Athen) *siehe* Lykavittós
Límnes Préspon *siehe* Préspa-Seen
Lips 91
Literatur 60f
Litóchoro 245
Lófos tou Lykavittóu *siehe* Lykavittós
Lófos tou Stréfi (Athen) *siehe* Stréfi
Loúis, Spyrídon 45
Loumidis (Athen) 121
Loúsios-Schlucht **178–180**
Löwentor (Mykene) 182
Ludwig, König von Bayern 84
Lufthansa 313
Luftverschmutzung in Athen 322
Lukas, heiliger 226, **227**
Lupe Reisen 295
Lycabettus (Athen) *siehe* Lykavittós
Lygourió 189
Lykabettus (Athen) *siehe* Lykavittós
Lykavittós (Athen) **76**
Lykavittós-Theater (Athen) 125
Lykodímou-Familie 115
Lykourgos 33
  Dionysos-Theater (Athen) 99, 104
  Panathenäen-Stadion (Athen) 117
Lyrikí Skiní, Olympia-Theater (Athen) 125
Lysanias 93

Lysias 61
Lysikrates 113
Lysikrates-Platz (Athen)
  siehe Plateía Lysikrátous
Lýtras, Nikifóros 77

M
Macchie 26f
Maestro-/EC-Karte *siehe* Debitkarten
Maestros Yachting Germany 296
Magazine **309**
  Athen **120**, 121
  Veranstaltungshinweise 122, 302
Mahmud II., Sultan 214
Maifeiertag 49
Makedonía *siehe* Makedonien
Makedonien 237
Makedonische Gräber (Vergína) 246
Makedonische Königsfamilie 246
Makrigiánnis, General 84
Makrynítsa 222, **224**
Malerei *siehe* Kunst
Máni
  Äußere Máni 198f
  Innere Máni 202f
Manioten-Fehden 198
Marathón, Schlacht von (490 v. Chr.) 33, **149**
Marathón, See 149
Marathón-Knabe **74**, 75
Marcellinus, Flavius Septimius 100
Marcus Antonius 38
Mariä Himmelfahrt 51
Mariä Lichtmess 52
Marinópoulos (Athen) 121
Markópoulo 151
Märkte **292**
  Athen **118**, 121
  Flohmarkt (Athen) 91
Marmariá-Bezirk (Antikes Delphi) 234
Maroneia 260f
Maronia *siehe* Maroneia
Martínos (Athen) 121
Massaker von Chíos, Das (Delacroix) 44
MasterCard 306
Máti 149
Mausoleum von Halikarnassos 36
Mavrokordátos, Aléxandros 229
Mavromáti *siehe* Antikes Messene
Mavromichális, Pétros 198, 202
Mavromichális-Klan
  Areópoli 202
  Kardamýli 199
  Manioten-Fehden 198

Mavronéri 172
Max Mara (Athen) 121
Medea 224
Medikamente
  Rezeptpflichtige Medikamente 305
  Zoll 300
Medizinische Versorgung 304f
Megáli Evdomáda 49
Megálo Metéoro 220
Megálo Pápigko 207, **211**
  Tour durch die Víkos-Schlucht 212
Mégaron-Mousikís-Konzerthalle 125
Megístis Lávras Moní (Berg Athos) 258
Mehmed Ali, Geburtshaus 259
Mehmed II., Sultan 42, 154
Melás, Pávlos 249
Melissinós Art (Athen) 121
Meltémi (Wind) 50
Menelaos, König von Sparta 56, 58
Merkoúri, Melína 47, 101
  Grab 117
Mésa Máni *siehe* Innere Máni
Mesolóngi 229
Messene *siehe* Antikes Messene
Messíni *siehe* Antikes Messene
Messolongi *siehe* Mesolóngi
Metamórfosi (Préspa-Seen) 241
Metamórfosi (Sithonía) 253
Metamórfosi (Verklärung Jesu) 51
Metaxás, Anastásios 117
Metéora 142, **220f**
Methóni **204**
Metro
  Athen 321, 323
Métsovo **213**
Michael II. von Epirus 217
Michael, heiliger 80
Mietwagen **316,** 317
Mikínes *siehe* Mykínes
Mikrí Mitrópoli (Athen) *siehe* Panagía Gorgoepíkoös
Mikró Pápigko 211
Mikrolímano 146, 158
Mikrolímni **241**
Miliés 23, **223**, 224
Mílos 74
Miltiades 149, 176
Minoische Kultur 30f
Miran (Athen) 121
Miss T K (Mitarákis) 92
Missolongi *siehe* Mesolóngi
Mitarákis, Giánnis
  Miss T K 92
Mithridates 38

Mitrópoli (Athen) **112**
  Detailkarte 106
Mitrópolis (Athen) *siehe* Mitrópoli
Mitrópolis (Mystrás) 196
Mnesikles 100
Mnimeío Lysikrátous (Athen) *siehe* Plateía Lysikrátous
Mobiltelefone 308
Modernes Griechenland 44f
Modigliani, Amedeo 78
Monastiráki (Athen) 121
  Detailkarte 88
Monemvasiá 17, 143, **190–192**
  Belagerung von (1821) 192
Moní Agías Lávras 172
Moní Agíou Ioánnou Prodrómou 179
Moní Agíou Nikoláou 213
Moní Aimyalón 179
Moní Dekoúlou 198
Moní Grigoríou 237
Moní Kaisarianí 154f
Moní Megálou Spilaíou 172
Moní Néa Filosófou 178
Moní Pantánassas (Mystrás) 196, **197**
Moní Perivléptou (Mystrás) 23, **196**
Moní Zalóngou 216
Monodéndri 211
  Tour durch die Víkos-Schlucht 212
Moore, Henry 72, 78
Mopeds
  Vermietung 316f
Mórails 77
Moréas, Jean 116
Morosini, General Francesco 102, 105
Mosaiken
  Antikes Pella 46, 247
  Archäologisches Museum, Thessaloníki 250
  Kloster Osios Loukás 226, 227
  Osios David (Thessaloníki) 252
Moschophoros 101
Motorräder, Vermietung 317
Moúresi 224
Mouseío Ellinikís Laïkís Téchnis (Athen) *siehe* Griechisches Volkskundemuseum
Mouseío Ellinikón Laïkón Mousikón Orgánon (Athen) *siehe* Museum für griechische Volksmusikinstrumente
Mouseío Istorías tou Panepistímio Athinón (Athen) *siehe* Museum der Athener Universität

Mouseío Kanellopoúlou (Athen) *siehe* Kanellópoulos, Sammlung
Mouseío Kykladikís kai Archaías Ellinikís Téchnis (Athen) *siehe* Museum für Kykladische Kunst
Mouseío Mpenáki (Athen) *siehe* Benáki-Museum
Mouseío tis Póleos ton Athinón (Athen) *siehe* Museum der Stadt Athen
Mpoémissa (Athen) 125
Mpoúrtzi *siehe* Boúrtzi (Náfplio)
Mpraésas, Dímos 92
Münzen 307
Museen und Sammlungen
  Akrokorinth 170
  Akropolis-Forschungszentrum (Athen) 104
  Akropolis-Museum (Athen) 98, 100f, 104
  Antikes Nemea 171
  Antikes Tegea 181
  Archäologisches Museum (Árgos) 181
  Archäologisches Museum (Ioánnina) 214
  Archäologisches Museum (Kavála) 259
  Archäologisches Museum (Komotiní) 260
  Archäologisches Museum (Náfplio) 186
  Archäologisches Museum (Olympia) 176
  Archäologisches Museum (Piräus) 19
  Archäologisches Museum (Spárti) 193
  Archäologisches Museum (Theben) 225
  Archäologisches Museum (Thessaloníki) 250f
  Archäologisches Museum (Vólos) 224
  Archäologisches Nationalmuseum (Athen) 72–75
  Avéroff-Museum (Métsovo) 213
  Benáki-Museum (Athen) 82f
  Botanisches Museum (Athen) 116
  Brauron-Museum (Antikes Brauron) 151
  Bühnenbildmuseum Pános Aravantinos (Piräus) 159
  Byzantinisches Museum (Ioánnina) 214

Byzantinisches Museum (Kastoriá) 244
Byzantinisches Museum (Véroia) 246
Byzantinisches und Christliches Museum (Athen) 80
Delphi-Museum (Antikes Delphi) 235
Díon-Museum (Antikes Díon) 245
Eintrittspreise 301
Eleusis-Museum (Antikes Eleusis) 161
Fotografieren 303
Frissiras Museum (Athen) 107 **114**
Goulándris-Naturkundemuseum (Kifisiá) 155
Griechisches Volkskundemuseum (Athen) **114**
Hellenisches Marinemuseum (Piräus) 159
Historisches Nationalmuseum (Athen) 84
Jüdisches Museum (Athen) 114
Kanellópoulos, Sammlung (Athen) 106, **108**
Kerameikós-Museum (Athen) 93
Keramikmuseum Kyriazópoulos (Athen) 89, **90**
Kriegsmuseum (Athen) 77
Läden 119, 121
Lamía Museum 228
Máni-Museum (Gýtheio) 202
Marathón-Museum (Marathón) 149
Mehmed Alis Geburtshaus (Kavála) 259
Métsovo Museum 213
Museum Byzantinischer Kultur (Thessaloníki) 248
Museum der Athener Universität 106, **108**
Museum der griechischen Volksmusikinstrumente (Athen) 106, **108**
Museum der Stadt Athen (Athen) 81
Museum des makedonischen Kampfes (Thessaloníki) 249
Museum für kirchliche Kunst (Alexandroúpoli) 261
Museum für Kykladische Kunst (Athen) 78f
Nationalgalerie (Athen) 77
Numismatisches Museum (Athen) 85
Öffnungszeiten 302

Schifffahrtsmuseum (Galaxídi) 229
Schmuckmuseum Ilías Lalaoúnis (Athen) 87, 108
Spatháreio-Museum für Schattentheater (Maroúsi) 155
Städtische Kunstgalerie (Athen) 92
Städtische Kunstgalerie (Piräus) 159
Stadtmuseum (Ioánnina) 214
Stathátos-Haus (Museum für Kykladische Kunst, Athen) 79
Tabakmuseum (Kavála) 259
Theófilos-Museum (Anakasiá) 224
Volkskunde- und Ethnologisches Museum (Thessaloníki) 249
Volkskundemuseum (Andrítsaina) 181
Volkskundemuseum (Kastoriá) 244
Volkskundemuseum (Stemnítsa) 180
Volkskundemuseum (Xánthi) 259
Volkskunstmuseum (Ioánnina) 214
Volkskunstmuseum (Náfplio) 186
Vorrés-Museum (Paianía) 154
Museum der Athener Universität **108**
Detailkarte 106
Museum der Stadt Athen (Athen) 81
Museum für kirchliche Kunst (Alexandroúpoli) 261
Musik
  Griechische Volksmusik **123**, 125
  Klassische Musik und Oper 123, 125
  Museum der griechischen Volksmusikinstrumente (Athen) 106, **108**
  Rock, Jazz und Ethno 124, 125
Muslime 303
Mussolini, Benito 51
Muttergottes
  Festivals 51
  Ikonen 25
Mygdalinós, Dimítrios 90
Mykene 143, **182f**
  Gräber von Mykene 184
  Kunst 74
  Trojanischer Krieg 58
  Zivilisation 30f

Mykínai
  siehe Mykene
Mykínes 183
Mystra siehe Mystrás
Mystrás 26, 41, 142, **196f**
Mythologie 56f
Mythologie in der Kunst 59

N

Náfpaktos 228f
Náfpaktos, Friede von (217 v.Chr.) 37
Náfplio 21, 22, 163, **186f**
  Zentrumskarte 187
Namenstage 52
Naós tou Olympíou Diós (Athen)
  siehe Tempel des Olympischen Zeus
Náousa 247
Napoléon I., Kaiser 198
Nationalbibliothek (Athen) 85
Nationalgalerie (Athen) 77
Nationalgärten (Athen) 116
Nationalmuseum
  siehe Archäologisches Nationalmuseum (Athen)
Nationaltheater (Athen) 85, 125
NATO 46
Naturreisen 295
Nauplia siehe Náfplio
Nauplion siehe Náfplio
Navaríno, Schlacht von (1827) 44, **204**
Néa Fókaia 253
Néa Poteídaia 253
Nekromanteion von Acheron 216
Nemea siehe Antikes Nemea
Nemeischer Löwe 57
Nemesis 148, 149
Néo Oitylo 198
Nero, Kaiser 38
  Dionysos-Theater (Athen) 104
  Kanal von Korinth 171
  Olympische Spiele 177
Nestor, König 205
Néstos-Delta 241
Néstos-Tal 237, **259**
Neuilly-Klan 202
Neujahr 52
Niederschläge 53
Nike 37
Nikias 100
Nikolaus, heiliger 52, 80
Nikopolis 217
Nisí 215
Nivelet, Jean de 193

Nordgriechenland 236–261
  Hotels 272f
  Klima 53
  Regionalkarte 238f
  Restaurants 290f
Nördliche Innenstadt (Athen) **70–85**
  Stadtteilkarte 71
Nördliches Chalkidikí 253
Normannen 41
Notfälle 304f
Notos 91
Nyklianer 198
Nymphenhügel (Athen) 105

O

Oasis (Athen) 125
Oberländer, Gustav 93
Oberleitungsbusse
  Athen 320f, 323
Óchi-Tag 51
Octavia 167
Octavian, Kaiser 217
Odeion des Agrippa 94
Ödipus-Sage 225
Odyssee 33, 59, 60
Öffnungszeiten **301**
  Banken 306
  Läden 292
  Läden in Athen 118
Oinomaos 176
Oítylo 198
Olgianna Melissinos (Athen) 121
Olimbos Oros *siehe* Berg Olymp
Oliven und Olivenöl 281
Olivenhaine 26f
Olympía *siehe* Antikes Olympia
Olymp, Berg *siehe* Berg Olymp
Olympia *siehe* Antikes Olympia
Olympiakó-Stadion 124
Olympic Air 312, 313
Olympische Spiele 45, **177**
Olympos-Nationalpark 245
Onássis, Aristotélis 46, 47
Oper 123
Orakel von Delphi 34, 225, **232**
Orchideen 27
Orchomenos 225
Orestes 59
  Antikes Brauron 150
  Eumeniden 105
  Fluch der Atriden 183
Oropós *siehe* Amphiáreion von Oropós 148
Oroseirá Píndou *siehe* Píndos-Gebirge
Orpheus 80
Ortelius, Abraham 29
Orthodoxe Kirche
  siehe Griechisch-orthodoxe Kirche

OSE (Organismós Sidirodrómon Elládos) 315
Osios Loukás *siehe* Kloster Osios Loukás
Osmanische Herrschaft 41, **42f**
Ostern 48f
Otto de la Roche, Herzog von Athen 156
Otto, König 84
  Klassizistische Architektur 85
  Königlicher Palast (Athen) 44
  Mitrópoli (Athen) 112
  Museum der Stadt Athen 81
  Porträt 44
Ouranoúpoli (Berg Athos) 256
Outdoor-Aktivitäten 297
Ouzerí 275
Oxia-Aussichtspunkt
  Tour durch die Víkos-Schlucht 212

P

Pachómios, Abbot 197
Paeanía *siehe* Paianía
Paianía 154
Paionios 176
Palaió Fáliro 153
Palamedes 187
Palamídi (Náfplio) 187
Palast des Nestor 74, **205**
Paleoú Filosófou 179
Pallas (Athen) 125
Pamphile 93
Panagía Eleoúsa 241
Panagía Gorgoepíkoös (Athen) **109**
  Detailkarte 106
Panagía i Spiliótissa (Athen) 99
Panathenäen-Stadion *siehe* Kallimármaro-Stadion
Panathenäischer Weg 94
Panhellenische Sozialistische Bewegung (PASOK) 21, 47
Panhellenische Spiele 142
Pannenhilfe 305
Pantánassa-Kirche
  Detailkarte 89
Panteleímon, heiliger 51
Pántheon (Athen) 125
Papadópoulos, Oberst 47
Papandréou, Andréas 23, 47
Papandréou, Geórgios 46
Papyrus Reisen 294
Parfum
  Zoll 300
Párga 209, **216**
Paris 56
  Fluch der Atriden 183

Gýtheio 202
Trojanischer Krieg 58, 59
Parken, in Athen 322
Parks und Gärten
  Agios Nikólaos (Chília Déndra) (Náousa)
  Attika Zoo 147, 154 246, **247**
  Nationalgärten (Athen) 116
  Stréfi (Athen) 76
Parnassós *siehe* Berg Parnass
Párnis, Berg *siehe* Berg Párnis
Párnitha, Berg *siehe* Berg Párnis
Parthénis (Athen) 121
Parthénis, Konstantínos 92
Parthenon (Athen) 99, **102f**
  Explosion 43
  Fries 34
  Geschichte 34
Parthenon der Bärenmädchen (Antikes Brauron) 145
Parthenon-Fries 43, 47, 102, 104
PASOK *siehe* Panhellenische Sozialistische Bewegung
Pass 300
Passavá, Burg 202
Pátra **173**
  Bahnhof 315
  Festivals 48
Patras *siehe* Pátra
Patroklos 58
Paulus, Apostel
  Areopag (Athen) 105
  Kavála 259
  Korinth 38, 166
  »Korintherbriefe« 170
Pausanias
  Asklepiéion (Epídauros) 188
  Beschreibung Griechenlands 39, 60, 117
Pauschalreisen 310
Peania *siehe* Paianía
Peiraiás *siehe* Piräus
Peiraievs *siehe* Piräus
Peirithous, König 176
Peisistratos 33
  Antikes Brauron 150
  Tempel des Olympischen Zeus (Athen) 115
Pela *siehe* Antikes Pella
Peleus 75
Pelion *siehe* Pílio
Pella *siehe*
  Antikes Pella
Pelopia 183
Peloponnes 162–205
  Hotels 270f
  Klima 53

Regionalkarte 164f
Restaurants 287f
Peloponnesische Volkskunst-Stiftung 186
Peloponnesischer Krieg 34
Pelopónnisos *siehe* Peloponnes
Pelops 163, 176
Pentéli, Berg *siehe* Berg Pentéli
Penthesilea 59
Pentikostí 50
Pérama-Höhlen 215
Peratí 151
Perikles 34
  Akropolis (Athen) 98, 99
  Grabmal des Unbekannten Soldaten (Athen) 116
  Lávrio-Silberminen 152
  Pnyx (Athen) 105
  Statue 81
Persephone
  Antikes Eleusis 161
  Eleusinische Mysterien 160
  Mythologie 56
Persönliche Sicherheit 304
Petrálona-Höhlen 253
Pfingstmontag 50
Pfingstsonntag 50
Pflanzen 26f
Phidias 74
  Antikes Olympia 174
  Athena Lemnia 35
  Athene Parthenos 102
  Parthenon 62, 102
  Statue des Olympischen Zeus 115
Philipp II., König von Makedonien 29, 34, **246**
  Antikes Díon 245
  Grab 35, **246**
  Korinthischer Bund 35
  Pella 46
  Philippeion (Antikes Olympia) 174
  Schätze 250
  Theben 225
  Turm der Winde (Athen) 90
Philipp V., König von Makedonien 37
Philopáppos (Athen) 105
Philopappus, Gaius Julius Antiochus
  Denkmal (Athen) 105
Philosophen 61
Phrixos 224
Phrygana 26f
Picasso, Pablo 77, 78
Picknick 277
Pílio 222–224

Pílion *siehe* Pílio
Pílos *siehe* Pýlos
Pinakothíki Hadjikyriakos-Ghikas (Athen) 81
Pinakothíki tou Dímou Athinaíon (Athen) *siehe* Städtische Kunstgalerie
Pindhos *siehe* Píndos-Gebirge
Píndos-Gebirge 20, **210**, 213
  Tierwelt 210
Pindus *siehe* Píndos-Gebirge
Pineiós (Fluss) 217
Piraios 260 (Athen) 125
Piräus **158f**
  Hafenkarte 319
  Zentrumskarte 159
Pireás *siehe* Piräus
Plaisance, Herzogin von 80
Pláka (Athen)
  Detailkarte 106f
  Ikonenmaler 113
Platäer 149
Plataiaí, Schlacht von (479 v. Chr.) 33, 228
Plataniá 223
Plateía Filikís Etaireías (Athen) *siehe* Plateía Kolonakí
Plateía Kolonakí (Athen) 81
Plateía Lysikrátous (Athen) **113**
  Detailkarte 107
Plateía Sýntagma (Athen) **116**
Plato 34, 61
  Akademie 35, 40
  Krítias 76
Plethon (eigentlich Geórgios Gemistós) 197
Pnyx (Athen) 105
Polemikó Mouseío (Athen) *siehe* Kriegsmuseum
Poliorketes, Demetrios 105
Polizei **304**, 305
Polykleitos der Jüngere 188, 189
Polyzalos 235
Poros, König von Indien 37
Pórto Karrás 253
Pórto Koufó 253
Pórto Lágos 241
Pórto Ráfti 151
Poseidon 56
  Antikes Isthmia 171
  Erechtheion (Athen) 100
  Poseidon-Tempel (Soúnio) **152f**
Possidi 253
Post 308f
Poste restante 308f
Präsidentenpalast (Athen) 116

Praxiteles 74
  Hermes 176
Préspa-Seen **240f**
Prespes *siehe* Préspa-Seen
Préveza **216f**
Priamos, König von Troja 58, 59
Prime (Athen) 125
Proedrikó Mégaro (Athen) *siehe* Präsidentenpalast
Profítis Ilías 50
Prometheus 56
Propyläen (Athen) 98, 100
Próto Nekrotafeío Athinón (Athen) *siehe* Athener Zentralfriedhof
Protochroniá (Neujahr) 52
Protomagiá 49
Psarádes 21, 241
Psarotavérna 275
Psistariá 275
Puaux, René 204
Pyrros, König von Epirus 36
Pythia 235
Pythische Spiele 232, 234
Python 234
Pýlos **204f**
  Trojanischer Krieg 58
Pýrgos-Diroú-Höhlen 203

Q
Quallen 305

R
Radfahren 295
Radio 309
Rafína 149
Ráfti, Insel 151
Ralph Lauren (Athen) 121
Ramnous 148f
Raphael 61
Rauchen
  in Restaurants 277
  Zoll 300
Rechtsbeistand für Urlauber 305
Regilla 176
Reisebüros
  Athen 313
Reisebusse 318
Reiseinformationen **310–323**
  Athen, Attika 146
  Busse 318
  Fahrrad 316f
  Flug 310–313
  in Athen unterwegs 320f
  Mopeds 316f
  Motorrad 316f
  Nordgriechenland 239
  Peloponnes 164
  Personennahverkehr 323
  Schiff 319

Straßen 316f
Taxis 317, 322
Zentral- und Westgriechenland 209
Züge 314f
Reiten 295
Religion 20, **301**
  Götter, Göttinnen und Helden 56f
  Ikonen 80
Rembrandt 77
Rempétiki Istoría (Athen) 125
Restaurants **274 – 291**
  Athen 282 – 285
  Attika 286
  Behinderte Reisende 277
  Bezahlung 276
  Bier 276
  Cafés und Konditoreien 275
  Etikette 277
  Fast Food und Snacks 276
  Frühstück 276
  Griechische Küche 278f
  Kinder 277
  Nordgriechenland 290f
  Peloponnes 287f
  Rauchen 277
  Reservierung 276
  Restaurantkategorien 277
  Restaurantwahl 274f
  Service und Trinkgeld 276f
  Speisekarte 280f
  Tavernen 275
  Trinkgeld 301
  Vegetarische Gerichte 277
  Wein 276
  Zentral- und Westgriechenland 288 – 290
Restaurants (nach Orten)
  Agios Ioánnis (Pílio) 288
  Alexandroúpoli 290
  Antikes Korinth 287
  Aráchova 288
  Delfoí 288
  Diáva 288
  Eláti 288
  Fanári 290
  Galaxídi 288
  Giálova 287
  Gýtheio 287
  Ioánnina 288f
  Kaisarianí 286
  Kalamáta 287
  Kalampáka 289
  Karpenísi 289
  Kastoriá 290
  Kastráki 289
  Katigiorgis 289
  Kavála 291
  Kifisiá 286
  Kípoi 289
  Kissós 289
  Komotiní 291
  Kónitsa 289
  Koróni 287
  Koronisiá 289
  Kosmás 287
  Lamía 289
  Litóchoro 291
  Loúsios-Schlucht 287
  Loutrá Ellénis 287
  Lygourió 287
  Mesolóngi 289
  Methóni 287
  Mikró Pápigko 289
  Miliés 287
  Milína (Pílio) 289
  Monemvasiá 287
  Mystrás 287
  Náfpaktos 289
  Náfplio 288
  Néo Mikró Horió 290
  Palaiá Epídavros 288
  Párga 290
  Pátra 288
  Piräus 286
  Portariá 290
  Pórto Ráfti 286
  Préveza 290
  Psarádes 291
  Pýlos 288
  Rafína 286
  Río 288
  Sarakiniko-Bucht 290
  Soúnio 286
  Spárti 288
  Thessaloníki 291
  Tríkala 290
  Tsagkaráda 290
  Tsoumérka 290
  Vólos 290
  Xánthi 291
Restaurierte Gebäude, Unterkunft 264
Retsína 151
Rhamnous *siehe* Ramnous
Rhea 175
Rhetorik 61
Rhodos 42f
  Koloss von Rhodos 37
Rigny, Admiral de 204
Rítsos, Giánnis
  Geburtshaus (Monemvasiá) 191
Riverland Outdoor Activities 297
Riviéra (Athen) 125
Roaming 308
Rockefeller, John D. Jr. 95
Rockmusik
  Athen **124**, 125
Ródon (Athen) 125
Rollstuhlzugang siehe Behinderte Reisende
Römische Herrschaft 38f
Römische Skulpturen 75
Rossikí Eklisía Agiás Triádas (Athen) *siehe* Russische Dreifaltigkeitskirche
Rotala Reisen 294
Rotónda (Thessaloníki) 248
Rousánou (Metéora) 220
Roxane 37
Russische Dreifaltigkeitskirche (Athen) 115

S

Salamis, Schlacht von (480 v. Chr.) 152
Salonica *siehe* Thessaloníki
Salonika *siehe* Thessaloníki
Sáni 253
Sáni Festival 50
Santoríni *siehe* Thera
Sappho 33, 60
Sarakatsanen 214
Saronischer Golf 166
Sárti 253
»Sauberer Montag« 48
Savopoúlous-Familie 180
Schatzhaus des Atreus (Mykene) 184
Schatzhaus von Athen (Delphi) 235
Schatzhaus von Sífnos (Antikes Delphi) 235
Schifffahrtsmuseum (Galaxídi) 229
Schiffsreisen 319
Schlafende, Die (Chalepás) 46
Schliemann, Heinrich **184**
  Goldmaske des Agamemnon 73
  Grab 117
  Mykene 44, 182
Schliemann-Haus (Athen) 85
Schmidt, Friedrich 116
Schmuck
  Läden in Athen **119**, 121
  Souvenirs 293
Schmuckmuseum Ilías Lalaúnis 87, 108
Schnorcheln 295
Schriftsteller 60f
Schwimmen
  Kinder 302
  Sicherheit 305
Seeigel, Stacheln 305
Seféris, Giórgos (George) 47
  Grab 117
Segeln 296
SEO (Sýllogos Ellínon Oreivatón) 267
Serapis 237, 251

Sèvres, Frieden von 45
Sfaktiría 205
Shopping **292f**
  Athen 118–121
  Delikatessen 292
  Flohmarkt (Athen) 88, **91**
  Märkte 292
  Mehrwertsteuer 292
  Öffnungszeiten 292, 301
  Souvenirs 293
Siátista 24, **244**
Sicherheit 304
Sieben Weltwunder 36
Siesta 301
Silenus 99
Simítis, Kóstas 47
Simon, heiliger 257
Simonides 149
Símonos Pétras (Berg Athos) 257
Sína, Baron 105
Sithonía 253
Sixt 317
Skifahren 295, **300**
Skiron 90
Sklavenitis
  (Athen) 121
Skulpturen
  Archäologisches
    Nationalmuseum (Athen) 75
  Entwicklung 74
  Römisch 75
Slawen 40
Smyrna 45
Snacks 276
Sóchos, Lázaros 84
Sokrates 34, 61
  Antike Agora (Athen) 94
  Turm der Winde
    (Athen) 90
  Verurteilung und Tod 35
Solomós, Dionýsios 116
Solon 32
Sommer in Griechenland
  50f
Sonnenbaden 305
  oben ohne 301
Sonnenschein 53
Sophokles 34, 60, 61
  Dionysos-Theater
    (Athen) 104
Sotiríou, Geórgios 80
Sótris (Athen) 121
Soúnio 147, 152f
Sparta *siehe* Spárti
Spárti **193**
  Leben im antiken Sparta 193
  Peloponnesischer Krieg 34
Spas 296f
Spathári-Familie 155
Spathário-Museum für
  Schattentheater (Maroúsi) 155

Speisekarte, griechische 280f
Spezialitäten
  Fast Food und Snacks 276
  Frühstück 276
  Griechische Spezialitäten
    278–281
  Läden 292
  Läden in Athen **120**, 121
  Retsína 151
  Vegetarische Gerichte 277
  siehe auch Restaurants
Spiliá tou Néstora 205
Sport 294–297
  Athen **124**, 125
  Olympische Idee 177
Sprache 21f
Sprachführer 344–348
STA Travel 302
Stádio (Athen) *siehe*
  Kallimármaro-Stadion
Stadion (Antikes Delphi) 234
Städtische Kunstgalerie (Athen)
  92
Städtische Kunstgalerie (Piräus)
  159
Städtisches Ethnografisches
  Museum (Ioánnina) 214
Stadttheater (Piräus) 158f
Stágeira 253
Staïkópoulos, Staïkos 187
Stathátos, Otho und Athiná 79
Stathátos-Haus (Museum für
  Kykladische Kunst, Athen) 79
Stavroníkita Moní (Berg Athos)
  258
Stavroúpoli 259
Stefanópoulos-Klan 198
Stemnítsa 179, **180**
Stereá Elláda 207
Steuern 292
Stoa des Attalos (Athen) 94f
Stoúpa 199
Straße der Gräber (Athen) 92
Stravroulákis, Nikólaos 114
Stréfi (Athen) **76**
Strofyliá-Sümpfe 173
Studenten 302
Studienreisen 294
Studiosus Reisen 294
Stymfalía, See 27
Stymphalische Vögel 57
Styx (Fluss) 172
Südliche Innenstadt (Athen)
  86–117
  Detailkarten
  Monastiráki 88f
  Pláka 106f
  Stadtteilkarte 87
Sulla 38
Sun Yachting Germany 296
Superfast Ferries 313

Supermärkte
  Athen **118**, 121
Susa 37
Swiss 313
Sýnaxis tis Theotókou 52
Sýntagma-Platz (Athen)
  siehe Plateía Sýntagma

T

Tabak
  Zoll 300
Tabakmuseum (Kávala) 259
Tanágra 79
Tankstellen 317
Tantalos 163
Tanz
  Athen **122**, 125
Tanzende Derwische 91
Tauchen 124, 296
Tavernen 275
Taxis 317
  Athen 322
  Trinkgeld 301
Taÿgetos, Berg *siehe* Berg
  Taÿgetos
Tegea *siehe* Antikes Tegea
Telefon 308, 309
Telefonkarten 308
Telemachos 205
Témbi *siehe* Tempe-Tal
Tempe *siehe* Tempe-Tal
Tempel
  Apollon-Tempel
    (Antikes Delphi) 62, 209, **233**
  Apollon-Tempel
    (Antikes Korinth) 62
  Architektur 62f
  Artemis-Tempel
    (Antikes Brauron) 62
  Hera-Tempel (Antikes Olympia)
    33, 62
  Parthenon (Athen) 102f
  Poseidon-Tempel
    (Antikes Isthmia) 62
  Poseidon-Tempel (Soúnio) 62
  Tempel der Athena Alea
    (Antikes Tegea) 62
  Tempel der Athena Nike
    (Athen) 62, 98, 100
  Tempel des Olympischen Zeus
    (Athen) 62, 87, **115**
  Tempel von Apollo Epikourios
    Bassae (Andrítsaina) 62, **181**
  Zeus-Tempel (Antikes Nemea)
    171
  Zeus-Tempel (Olympia) 62
Temperaturen 53
Tempe-Tal 217
Témpi *siehe* Tempe-Tal
Tempolimit 316
Tennis 124

Theater
  Árgos 181
  Athen **122**, 125
  Dionysos-Theater (Athen) 99, 101
  Dodóna 215
  Epídauros 188
  Griechisches Schauspiel 61, **189**
  Nationaltheater (Athen) 85
  Spatháreio-Museum für Schattentheater (Maroúsi) 155
  Theater des Herodes Atticus (Athen) 52, 98, 101, 125
Theater des Herodes Atticus (Athen) 52, 98, 101, 125
Theben 225
Themenferien 294–297
Themistokles 95
  Pnyx (Athen) 105
  Schlacht von Salamis 152
Theodosios I., Kaiser
  Antikes Delphi 232
  Antikes Eleusis 160
  Dodóna 215
  Tod 39
  Verbot der Olympischen Spiele 177
Theofánia (Heilige Drei Könige) 52
Theofánis der Kreter 221
Theófilos 29
Thera 75
Thermopylen 228
Thermopylen, Schlacht (480 v. Chr.) 33, 228
Thermopylen-Pass 228
Thermopyles *siehe* Thermopylen
Theseus 100
  Antikes Troezen 185
  Kampf der Lapithen und Mythologie 56
  Poseidon-Tempel (Soúnio) 152
Thessalía *siehe* Thessalien
Thessalien 207
Thessalonika *siehe* Thessaloníki
Thessaloníki 40, 143, **248–252**
  Bahnhof 315
  Festivals 51
  Hotels 273
  Kirchen 252
  OSE-Büro 315
  Restaurants 291
  Zentrumskarte 249
Thessaloníki Film Festival 51
Thiersch, Ludwig 115
Thíra *siehe* Thera

Thiseíon (Athen) 125
Thíva *siehe* Theben
Thoukydídou (Athen)
  Detailkarte 106
Thráki *siehe* Thrakien 237
Thrakien 237
Thrasyllos 104
Thukydides 60
  Geburtsort 153
  Thoukydídou (Athen) 106
Thyestes 183
Tickets
  Unterhaltung 122
  Züge 314f
Time Out 122
Tírintha *siehe* Antikes Tiryns
Tiryns *siehe* Antikes Tiryns
Tíryntha *siehe* Antikes Tiryns
Ton Taxiarchón Archangélou Michaïl kai Gavriïl 47
Töpferei *siehe* Keramik
Tosítsas-Familie 213
Tourist Guide of Greece 267
Touristenpolizei **304**, 305
TrainOSE 314, 315
Travlós, Giánnis 81
Trekking Hellas 295, 296, 297
Triantafyllídis, Theófrastos 92
Tríkala **217**
Trikoúpis, Chárilaos 84
Trinkgeld 301
  in Restaurants 276f
Trinkwasser 305
Tripolitsá 44
Trizína *siehe* Antikes Troezen
Troezen *siehe* Antikes Troezen
Troizina *siehe* Antikes Troezen
Troja 31
Trojanischer Krieg 56, **58f**
Trojanisches Pferd 59
Trolleybusse *siehe* Oberleitungsbusse
Troupákis-Klan 198, 199
Tsagkaráda 223
Tsaroúchis, Giánnis 46, 77, 186
Tsepélovo 211
Tsipourádiko 275
Tsípras, Aléxis 21, 47
Tsistaráki, Woiwode 90
Tsistaráki-Moschee (Athen) *siehe* Keramikmuseum Kyriazópoulos
Turm der Winde
  (Athen) **90f**
  Detailkarte 89

U

Umweltbewusst reisen 303, 310
Unabhängigkeitskrieg 29, **44f**
  Belagerung von Monemvasiá 192

  Loúsios-Schlucht 178
  Mesolóngi 229
  Schlacht von Navaríno 44, **204**
Unabhängigkeitstag 48
Universität von Athen 71, 85
Unterhaltung
  Athen 122–125
  Veranstaltungsmagazine 122, 302
Utrillo, Maurice 77

V

Vafeió 74
Vágis, Polýgnotos 259
Valaorítis, Aristotélis 116
Van Dyck, Anthonis 77
Van Pelt and Thompson 77
Vári 153
Várkiza 153
Varlaám, Kloster (Metéora) 220
Vasen und Vasenmalerei 64f
Vassés
  siehe Tempel von Apollo Epikourios Bassae
Vátheia 202, **203**
Vatopedíos Moní (Berg Athos) 258
Vegetarische Gerichte 277
Venezianische Herrschaft 40, **42f**
Venizélos, Elefthérios 23, **45**
  Friedensvertrag von Sèvres 84
Ventrís, Michaïl 183
Veranstaltungsmagazine 302
  Athen 122
Verbrechen 304
Verfassung 44
Vergína 246
Véria *siehe* Véroia
Verkehrsregeln 316
Verkehrszeichen 316, 322
Verklärung Jesu 51
Véroia 246
Versicherung
  Auto 316
  Krankheit 304f
  Reise 304
Veryína *siehe* Vergína
Viking Yacht Cruises 297
Víkos-Aóos-Nationalpark 212
Víkos-Schlucht, Tour 212
Villehardouin, Guillaume de 197
Virgil
  Äneis 58
Visa (Kreditkarte) 306
Vision des Hesekiel (Mosaik) 252
Vistonída, See 260
Visum 300
Vítsa 25, 211
Vlachopanagiá 51
Vögel der Salzpfannen 229

Vögel
  Dadiá-Wald 261
  Vögel der Salzpfannen 229
  siehe auch Flora und Fauna
Voïdokoiliá 205
Voïdomátis (Fluss) 212
Volkskunde- und Ethnologisches Museum (Thessaloníki) 249
Volkskundemuseum (Andrítsaina) 181
Volkskundemuseum (Kastoriá) 244
Volkskundemuseum (Komotiní) 260
Volkskundemuseum (Stemnítsa) 180
Volkskunst
  Griechisches Volkskundemuseum (Athen) 114
  Läden in Athen **119**, 121
  Volkskunstmuseum (Náfplio) 186
  Volkskunstmuseum (Ioánnina) 214
Vólos 21, 222, **224**
  Bahnhof 314
  OSE-Büro 315
Vorrés, Ion 154
Vorwahlnummern 309
Voulamándra Koúros 74
Vouliagméni 153
Vouliagméni-See 171
Vourákis (Athen) 121
Vourvouroú 253
Vradéto 211
Vravróna siehe Antikes Brauron
Vretánia (Athen) 125
Vrettós (Athen) 121
Vrontóchion (Mystrás) 197
Vrysochóri 18, 211
Vyrós-Schlucht 199
Vyzantinó Mouseío (Athen)
  siehe Byzantinisches und Christliches Museum
Vyzítsa 223, 224

W
Wagenlenker 235
Währung 307
Walachische Hirten 211, **213**
Wandern 295
  in Athen 322
  Tour durch die Víkos-Schlucht 212
Wasser 305
Wasserfall
  Edessa 247
Wasserski 124
Wassersport 124, 296
Watteau, Antoine 77
Weberfisch 305
Weihnachten 52
Wein
  in Restaurants 276
  Retsína 151
  Weinproben 294
  Zoll 300
»Weißer Terror« 46
Weißer Turm (Thessaloníki) 248
Westgriechenland
  siehe Zentral- und Westgriechenland
Wetter 53
  Beste Reisezeit 300
Wikinger Reisen 297
Wildpflanzen 27
Windsurfen 124
Winter in Griechenland 52
Wolfsklauen 217

X
Xánthi 238, **259**
Xenofóntos (Berg Athos) 256
Xiropotámou (Berg Athos) 256

Y
Yeráki siehe Geráki
YHA (Griechenland) 267
Ymittós, Berg siehe Berg Ymittós
Ypapantí 52
Ypatos, Ioánnis 154
Ypsosis tou Timíou Stavroú 51
Yusuf Aga 105

Z
Zacharoplasteío 275
Záchos, Aristotélis 80
Zagóri **211**
Záppas, Evángelos und Konstantínos 116
Záppeion (Athen) 116
Zara (Athen) 121
Zéa 158
Zeit 302
Zeitungen 309
  Athen **120**, 121
Zentral- und Westgriechenland **206–235**
  Hotels 271f
  Klima 53
  Regionalkarte 208f
  Restaurants 288–290
Zentralmarkt (Athen) 121
Zephyros 90
Zeus und Ganymed 176
Zeus
  Antikes Delphi 232
  Antikes Olympia 174–176
  Dodóna 215
  Mythologie 56
  Olymp 245
  Omphalos (Delphi) 235
  Pnyx (Athen) 105
  Trojanischer Krieg 58
  Zeus-Tempel (Antikes Nemea) 171
Zeus-Orakel (Dodóna) 215
Zézos, Dimítrios 112
Zigaretten (Zoll) 300
Ziller, Ernst 85
  Nationaltheater (Athen) 85
  Olympiastadion (Athen) 117
  Präsidentenpalast (Athen) 116
  Schliemann-Haus (Athen) 85
  Stathátos-Haus (Museum für Kykladische Kunst, Athen) 79
Zisterzienser 156
Zográfou (Berg Athos) 256
Zoll 300
Zolótas (Athen) 121
Zoom (Athen) 125
Zoumpouláki Gallery (Athen) 121
Züge 294, 314f
  Kalávryta-Diakoftó, Schmalspurbahn 172
Zulubungy 297
Zweiter Weltkrieg 46
Zyklopenmauern (Mykene) 183, 185
Zypern 46

Danksagung und Bildnachweis

Dorling Kindersley bedankt sich bei allen Personen und Institutionen, durch deren Arbeit dieses Buch möglich wurde.

Hauptautoren
Marc Dubin ist Amerikaner; er lebt in London und auf Sámos. Seit 1978 besucht er alle griechischen Provinzen. Er ist Autor bzw. Co-Autor zahlreicher Griechenlandführer.

Mike Gerrard ist Reiseschriftsteller, der bereits zahlreiche Griechenland-Reiseführer geschrieben hat. Er bereist das Land seit 1964 jedes Jahr.

Andy Harris ist Reise- und Kochbuchautor mit Wohnsitz in Athen.

Tanya Tsikas ist Herausgeberin von Reiseführern. Sie ist mit einem Griechen verheiratet. Ihren Wohnsitz hat sie mittlerweile von Kreta nach Oxford verlegt.

Deputy Editorial Director Douglas Amrine

Deputy Art Director Gillian Allan

Managing Editor Georgina Matthews

Managing Art Editor Annette Jacobs

Ergänzende Illustrationen
Richard Bonson, Louise Boulton, Gary Cross, Kevin Goold, Roger Hutchins, Claire Littlejohn.

Grafik- und Redaktionsassistenz
Emma Anacootee, Hilary Bird, Julie Bond, Elspeth Collier, Michelle Crane, Catherine Day, Mariana Evmolpidou, Jim Evoy, Emer FitzGerald, Jane Foster, Michael Fullalove, Emily Green, Lydia Halliday, Emily Hatchwell, Leanne Hoghin, Kim Inglis, Despoina Kanakoglou, Lorien Kite, Esther Labi, Maite Lantaron, Felicity Laughton, Delphine Lawrance, Nicola Malone, Alison McGill, Andreas Michael, Rebecca Milner, Ella Milroy, Lisa Minsky, Robert Mitchell, Adam Moore, Jennifer Mussett, Tamsin Pender, Marianne Petrou, Rada Radojicic, Jake Reimann, Ellen Root, Simon Ryder, Collette Sadler, Sands Publishing Solutions, Rita Selvaggio, Ellie Smith, Susana Smith, Claire Stewart, Claire Tennant-Scull, Amanda Tomeh, Helen Townsend, Dora Whitaker, Maria Zygourakis.

Relaunch-Team
Ashwin Adimari, Dipika Dasgupta, Rebecca Flynn, Carole French, Mohammad Hassan, Bharti Karakoti, Rupanki Kaushik, Zafar Khan, Sumita Khatwani, Rahul Kumar, Darren Longley, Anwesha Madhukalya, Deepak Mittal, Tanveer Abbas Zaidi.

Dorling Kindersley bedankt sich außerdem bei:
The Greek Wine Bureau, Odysea.

Zusätzliche Recherche
Anna Antoniou, Garifalia Boussiopoulou, Anastasia Caramanis, Michele Crawford, Magda Dimouti, Shirley Durant, Jane Foster, Panos Gotsi, Zoi Groummouti, Peter Millett, Eva Petrou, Ellen Root, Tasos Schizas, Linda Theodora, Garifalia Tsiola, Veronica Wood.

Ergänzende Fotografien
Stephen Bere, Mariana Evmolpidou, John Heseltine, Ian O'Leary, Steven Ling, Tony Souter, Clive Streeter, Jerry Young.

Ergänzende Grafik
Ideal Photo S.A., The Image Bank, Tony Stone Worldwide.

Fotografiererlaubnis
Dorling Kindersley bedankt sich bei folgenden Institutionen für die freundliche gewährte Erlaubnis zum Fotografieren:

Ali Pasha Museum, Ioánnina; Museum der Stadt Athen; Griechisches Volkskundemuseum, Athen; Keramikmuseum Kyriazópoulos; Kavála-Kunstgalerie; Nationalgalerie, Athen; Kriegsmuseum, Athen; Nikolas-P.-Goulandris-Stiftung – Museum für Kykladische Kunst, Athen; Theatermuseum, Athen; Museum der Athener Universität; Polygnotos-Vagis-Museum, Thassos. Außerdem weiteren Kirchen, Kathedralen, Museen, Hotels, Restaurants, Läden, Galerien und Sehenswürdigkeiten, deren Aufzählung den Rahmen dieses Abschnitts sprengen würde.

Bildnachweis
o = oben; u = unten; m = Mitte; l = links; r = rechts; (d) = Detail.

Kunstwerke wurden mit freundlicher Genehmigung folgender Copyright-Inhaber reproduziert: Vorrés-Museum *Wassernymphe* (1995), Apóstolos Petrídis 154ol.

Dorling Kindersley dankt zudem folgenden Personen, Institutionen und Bildbibliotheken für die freundliche Genehmigung zur Reproduktion ihrer Fotografien:

123RF.com: Elena Duvernay 27m; Dariya Maksimova 240mr; preckas 149or.

AKG, London: Antiquario Palatino 57ul; *Bilder aus dem Altherthume*, Heinrich Leutemann 232mlo; British Museum 99um; Edward Dodwell 91mr; Erich Lessing, Akademie der Bildenden Künste, Wien 58mr; Musée du Louvre 57om; Museum Narodowe, Warschau 149ur; Mykonos Museum 59or; Archäologisches Nationalmuseum, Athen 30–31(d), 31om; Staatliche Kunstsammlungen, Albertinum, Dresden 35mru; Liebighaus, Frankfurt/Main 37mru; Staatliche Antikensammlungen und Glyptotek, München 4or, 56ul.
Alamy Images: Ancient Art & Architecture Collection Ltd 56or, 215mu; Arco Images GmbH 221mr; TheArt Archive 8–9, 28; Art Directors & TRIP/Bob Turner 311ur; Fero Bednar 241ul; CW Images/Chris Warren 294ul; David Crousby 302ol; Greg Balfour Evans 308m; Everett Collection Inc 42m; FAN Travelstock/Katja Kreder 276ol; Fine Art 47ma; funkyfood London - Paul Williams 194–195; Bob Gibbons 27ul; Greece

162; Andrew Holt 279ol, 294mlo; Just Greece Photo Library/Terry Harris 51ul; Terry Harris 81ol, 276ur, 301ol, 316ur; INTERFOTO 46um, 102ur; Hercules Milas 172o, 181or; Rolf Nussbaumer Photography 27ur; Werner Otto 294mru; Peterforsberg 114ol; Photo Researchers, Inc 57mr; Picpics 295ur; Kostas Pikoulas 305ol; Prisma Archivo 36om, 61mr, 65ul; Peter Titmuss 305mlo; Aristidis Vafeiadakis 123ur; World History Archive 61u.
Ancient Art and Architecture: 33mru, 38mo, 39mu, 41ol, 60mu, 60um(d), 250ml, 258m.
Antikenmuseum Basel und Sammlung Ludwig: 64–65m(d), 189ur(d).
Aperion: John Hios 188m.
Apollo Editions: 189ol.
Argyropoulos Photo Press: 49o, 49m, 51m, 51or, 52mru.
Athen Urban Transport: 320ml; 321ol.
Athinaïkon: 284ol.
Avocado: 285u.

Beau Brummel Restaurant: 274ur.
Benáki-Museum: 29u, 40ml, 43ol, 43mru, 45mro, 69ur, 82–3 alle.
Paul Bernard: 37om.
Bibliothèque National, Paris: Caoursin folio 179 42–43(d).
Bourazani: 289or.
Bridgeman Art Library, London: Birmingham City Museums and Art Galleries *Pheidias vollendet den Parthenonfries*, Sir Lawrence Alma-Tadema 62or; Bradford Art Galleries and Museums *Das Goldene Vlies* (ca. 1904), Herbert James Draper 224ur; British Museum, London *Becher, Tondo, mit Jagdszenen* 33mu, *Amphore mit Boxern und Ringern* (ca. 550–525 v. Chr.), Nidosthenes 177mro; Fitzwilliam Museum, University of Cambridge *Figurine des Demosthenes*, Enoch Wood of Burslem (ca. 1790) 61ol, Haus der Masken, Delos *Mosaik von Dionysos auf einem Leoparden* (ca. 180) 39o; Guildhall Art Library *Klytemnästra*, John Collier 183mr; Archäologisches Nationalmuseum, Athen *Bronzestatue des Poseidon* (ca. 460–450 v. Chr.), Photo Bernard Cox 56ml; Privatsammlung *Zweiflügelige Ikone der Jungfrau mit Kind und zwei Heiligen (Kretische Schule)* (15. Jh.) 42ml, Kunsthistorisches Museum Wien 38mlu; .
The British Museum: 30mu, 31mu, 34mu, 35mlu, 57or(d), 57ur, 59ml(d), 65om, 65mo, 104ur, 177mlo(d), 189ul.

Camera Press, London: Anag 47ul(d); Wim Swaan 247o.
Centre for Asia Minor Studies: Museum für griechische Volksmusikinstrumente, Fivos-Anoyianakis-Sammlung 108or.
Chrisovoulo: 287um.
Corbis: John Heseltine 278ml; JAI/Walter Bibikow 245o.

Dreamstime.com: Costas Aggelakis 254–255; Airphoto 15ur; Alanesspe 26ul; Georgios Alexandris 14ol, Anastasios71 218–219; Michael Avory 168–169; Pietro Basilico 140–141; Olena Buyskykh 210um; Byvalet 229mr; Cmarkou 124or; Costas1962 202ul; Dimaberkut 2–3; Dudau 306ul; Elgreko74 154u; Emicristea 10ul; Enmanja 11ol; Flaviano Fabrizi 27um;

Alexandre Fagundes De Fagundes 86; Freesurf69 66–67; Kristie Gianopulos 262–263; Milan Gonda 277um; Imagin.gr Photography 96–97; Gabriela Insuratelu 210o; Kalousp 300mlo; Andreas Karelias 204u; Gilles Malo 241ml; Jeroen Mikkers 261mr; Milosk50 100ml; nehru 240ul; Ollirg 11mru, 241mr; Pajche 298–299; Yiannis Papadimitriou 54–55, 253ol; Lefteris Papaulakis 13um, 211mr; Picturefan1414 13ol; Preisler 14u; Sborisov 110–111, 152u; Nikolai Sorokin 230–231; Ferdinand Steen 279m; Stockbksts 200–201, 205o; Nikifor Todorov 25mru; Valery109 12ur; Dejan Veljkovic 236; Vasilis Ververidis 295m; Leon Viti 27mu; Ivonne Wierink 190ml; Witr 31mr; Wiktor Wojtas 313ol.
Marc Dubin: 23ol, 172um, 212mr, 257ml, 256ur.

Ecole Nationale Superieure des Beaux-Arts, Paris: *Delphes Restauration du Sanctuaire Envoi Tournaire* (1894) 34–35.
ECB: 307.
Ekdotiki Athinon: 25ur, 30mru.
Eleas Gi: 286or.
Ergon: 291ur.
ET Archive: British Museum 189mr; Archäologisches Nationalmuseum, Neapel 36ml.
Mary Evans Picture Library: 245ur.

Fanari Hotel: 273ur.
Ferens Art Gallery: Hull City Museums and Art Galleries and Archives *Electra am Grab des Agamemnon* (1869), Lord Frederick Leighton 59ur.
FLPA: Martin B Withers 27mr.
Folk Art Museum: 114ul.
Frissiras Museum: 107om.

g7ahn/Flicker: 315m
Getty Images: © Dimitris Sotiropoulos Photography 242–243; Lonely Planet 122mro; Print Collector 36mu; Lizzie Shepherd 206; George Tsafos 50ul.
Giraudon, Paris: Laruros Versailles Chateau *Le Batille de Navarin*, Louis Ambroise Garneray 204or; Louvre, Paris 64ml, *Das Massaker von Chios*, Delacroix 64mo(d); Musée Nationale Gustave Moreau *Hesiode mit den Neun Musen* Gustave Moreau 60mlo; Musee d'Art Catalan, Barcelona 99ur; National Portrait Gallery, London *Porträt von George Gordon Byron*, Thomas Phillips (1813) 153or(d).
Grande Bretagne Hotel: 265ur.
Grand Resort Lagonissi: 265ol, 270ol.
Griechische Post: 47ol.
Griechisches Fremdenverkehrsamt: 300om.
Nikólas-P.-Goulandrís-Sammlung, Museum für Kykladische Kunst: 69mr, 78–79.

Robert Harding Picture Library: David Beatty 48ur; Tony Gervis 48ml, 48ul; Mel Longhurst 309ol; Nico Tondini 49il; Adam Woolfitt 50m.
Helio Photo: 258u.
Historisches Nationalmuseum, Athen: 44–45(d), 45ol, 46ul, 177mlu, 192mr(d), 198mru.
Hotel Kritsa: 275ur, 290or.
Hotel Pelops: 271ur.
Hulton Getty Collection: 45mru(d); Central Press Photo 46mlu(d).
Hutchison Library: Hilly Janes 102or.

BILDNACHWEIS | 343

Ideal Photo: N. Adams 120mlu; T. Dassios 49ur, 179ol, 256ml, 256ul, 257ul, 266um; C. Vergas 52ul, 182ul.
Images Colour Library: 103ul.
Internationaler Flughafen Athen: 310ul, 311ol.

Karavostasi Beach Hotel: 267ml.
Kostos Kontos: 30mo, 46mro, 46mlo, 49mru, 124ur, 144, 156or, 156mlo,157ol, 157mro, 174or, 179mr, 183um, 188or, 193or, 321ur.
KTEL Bus: 318mlo.

Ilias Lalaounis: 293mlo.
Lampropoulos:118m.

Mansell Collection: 56–57.
Marble House: 268ul.
Melissinos Art - The Poet Sandalmaker: 119om.

National Gallery of Victoria, Melbourne: Felton Bequest (1956) *Griechen von dem Inschriftenmaler Challidian* 58ul.

O&B Athen Boutique Hotel: 269ur.
Octopus Sea Trips: Peter Nicolaides 296or.
Orizontes Lykavittou: 283ol.

Romylos Parisis: 18o, 108ul, 222mr; Stadtmuseum Athen 44mlu.
Pictures Colour Library: 20ul, 48mru.
Michalis Pornalis: 222ur, 223mru, 223ur.
Privatsammlungen: 221om, 221ur.

Ride World Wide: 295ol.
Rex Features: 21mr; Sipa/Argyropoulos 52o; Sipa/ C. Brown 47or.
Rex by Shutterstock: Universal History Archive 184or.

Scala, Florenz: Gallerie degli Uffizi 32mlu; Museo Archeologico, Florenz 33ol; Museo Mandralisca Cefalu 34ml; Museo Nationale Tarquinia 65um; Museo de Villa Giulia 32–33, 64ol.
Spáthari Schattentheater-Museum: 155m.
Spectrum Colour Library: 248ul.
Stadt Athen, Bau- und Verkehrsbehörde: 300ur.
Städtische Kunstgalerie Athen: *Despinis TK*, Mitarakis Yannis 92ol.
STA Travel Group: 302m.
STASY/Attiko Metro Operation Company S.A. (AMEL): 321mr.
Maria Stefossi: 122u.
Theodoros-Patroklos Stellakis: 158ur.
Carmel Stewart: 277m.
Sunvil: 296ul.
SuperStock: age fotostock/Wolfgang Kaehler 64ur; Album/Oronoz 40mlu; Album/Oronoz 225mro; Iberfoto 58or.
Swan Hellenic: 296mr.

Ta Fanaria: 288um.
Tap Service Archaeological Receipts Fund Hellenic Republic Ministry of Culture: A. Epharat of Antiquities 9u, 47mo, 62ur, 98mlu, 98ur, 99ol, 99mu, 100ur, 101m, 101ol, 102ml, 103mru; Antikes Korinth, Archäologisches Museum 170m; B. Ephrat of Antiquities 145u, 148, 150, 151mlo, 152mr; Byzantinisches Museum, Athen 80; D. Epharat of Antiquities 143m, 143ur, 166–167, 171ul, 181ur, 182or, 183ol, 183mo, 184mlo; Delphi, Archäologisches Museum 234ol, 235m, 235ur; E. Ephrat of Antiquities 178mu; Archäologisches Museum, Elefis 160mu; 11th Epharat of Byzantine Antiquities 241or; 5th Epharat of Byzantine Antiquities 25mlo, 25m, 41mo, 196um; 1st Epharat of Byzantine Antiquities 143mro, 157ul, 226–227; I Epharat of Antiquities 142mo, 209ol, 232ul, 233ol, 234or, 234ul; IB Epharat of Antiquities 215or, 216m; IO Epharat of Antiquities 260m; IST Epharat of Antiquities 245m; Archäologisches Museum, Kerameikós 93o, 93mr, 93ur, 95o, 95mor; Archäologisches Museum, Marathón 149m; Archäologisches Nationalmuseum, Athen 1, 7m, 32or, 69or, 72–73, 74–75, 103ol, 161mr; 9th Epharat of Byzantine Antiquities 252m, 252u; Archäologisches Museum, Piräus 159ol; 2nd Epharat of Byzantine Antiquities 25mro; 6th Epharat of Byzantine Antiquities 17o; 7th Epharat of Byzantine Antiquities 25ul, 223mo; Archäologisches Museum, Theben 225ol; Archäologisches Museum, Thessaloníki 35ol, 143om, 246ul(d), 250or, 250ur, 251; I Epharat of Antiquities 92mo, 92mu, 93om, 93m, 93ul, 94–95, 160or, 160mlo, 161; Z Epharat of Antiquities 142mlu, 174ml, 174ul, 175om, 175um, 176, 205u.
Yannis Tsarouhis Foundation: Privatsammlung *Friseursalon in Marousi* (1947) 46or.
Volkskunstmuseum, Athen: 114o, 114ul.

Wadsworth Atheneum, Hartford Connecticut: T Pierpont Morgan Collection 193um.
Peter Wilson: 63ul, 98mlo, 101ur, 220mlu.
Woodfin Camp & Associates: John Marmaras 258or.
Adam Woolfitt: 49mlu.

Xenonas Papaevangelou: George Papaevangelou 272or.

YES! Hotels: 269ol.
Yiantes: Kamilo Nollas 282ul.

Vordere Umschlaginnenseiten
Alamy Images: Greece L ul; **Dreamstime.com**: Freesurf69 R um; Dejan Veljkovic R mr; **Getty Images**: Lizzie Shepherd mlo.

Extrakarte
AWL: Marco Simoni.

Umschlag
Vorderseite: **AWL**: Marco Simoni.
Buchrücken: **AWL**: Marco Simoni.
Rückseite: **DK Images**.

Alle anderen Bilder und Fotos © Dorling Kindersley. Weitere Informationen finden Sie unter **www.dkimages.com**

Sprachführer Griechisch

Es gibt kein allgemein gültiges System, die (neu-)griechische Sprache in lateinischer Schrift darzustellen. Das in diesem Reiseführer verwendete System wird von der griechischen Regierung benutzt. Obwohl noch nicht überall im Land angewendet, wurden die meisten Straßen und Plätze nach diesem System umgeschrieben. Klassische Namen haben hier keine Akzente. Wo ein allgemein bekannter deutscher Name existiert (zum Beispiel Korinth, Delphi), wurde dieser auch verwendet. Abweichungen werden im Textregister genannt.

Ausspracheregeln

Der Akzent in griechischen Wörtern zeigt an, welche Silbe betont wird. In der rechten Aussprache-Spalte wird die betonte Silbe durch einen fett gedruckten Buchstaben angezeigt.

Das griechische Alphabet

A α	A a	**A**rm
B β	V v	**W**o
Γ γ	G g	**j**a (folgt danach ein e oder i), **n**ein (folgt ein í oder γ)
Δ δ	D d	**th** wie im Englischen
E ε	E e	**Ei**
Z ζ	Z z	**so**
H η	I i	**I**gel
Θ θ	Th th	**th** wie im Englischen
I ι	I i	**I**gel
K κ	K k	**K**ind
Λ λ	L l	**L**and
M μ	M m	**M**ann
N ν	N n	**N**ein
Ξ ξ	X x	Ta**x**i
O o	O o	**O**chse
Π π	P p	**P**artei
P ρ	R r	**R**aum
Σ σ	S s	sü**ß** (**S**onne, wenn danach ein μ folgt)
ς	s	(am Ende des Wortes)
T τ	T t	**T**ee
Y υ	Y y	**I**gel
Φ φ	F f	**F**isch
X χ	Ch ch	Lo**ch**, aber **h**ier, wenn danach ein a, e oder i-Laut folgt
Ψ ψ	Ps ps	Ma**pp**e
Ω ω	O o	**O**chse

Buchstabenkombinationen

Im Griechischen gibt es Kombinationen von zwei Vokalen, die wie ein Laut ausgesprochen werden:

Αι αι	Ai ai	**Ei**
Ει ει	Ei ei	**I**gel
Οι οι	Oi oi	**I**gel
Ου ου	Ou ou	**Flu**t

Es gibt ebenso Kombinationen von zwei Konsonanten, die wie ein Laut ausgesprochen werden:

Μπ μπ	Mp mp	**B**all, manchmal La**mp**e in der Wortmitte
Ντ ντ	Nt nt	**D**ach, manchmal Hu**nd** in der Wortmitte
Γκ γκ	Gk gk	**G**rill, manchmal Ha**ng** in der Wortmitte
Γξ γξ	nx	A**ngst**
Τζ τζ	Tz tz	Hi**tz**e (hart)
Τσ τσ	Ts ts	Hi**tz**e (weich)
Γγ γγ	Gg gg	Ha**ng**

Notfälle

Hilfe!	Βοήθεια!	Voítheia
Halt!	Σταματήστε!	Stamatíste
Rufen Sie einen Arzt!	Φωνάξτε ένα γιατρό!	Fonáxte éna giatró!
Einen Krankenwagen/die Polizei/die Feuerwehr	Καλέστε το ασθενοφόρο/την αστυνομία/την πυροσβεστική	Kaléste to asthenofóro/tin astynomía/tin pyrosvestikí
Wo ist das nächste Telefon/Krankenhaus/Apotheke?	Πού είναι το πλησιέστερο τηλέφωνο/νοσοκομείο/φαρμακείο;	Poú eínai to plisiéstero tiléfono/nosokomeio/farmakeio?

Grundwortschatz

Ja	Ναι	Nai
Nein	Οχι	Ochi
Bitte.	Παρακαλώ.	Parakaló.
Danke.	Ευχαριστώ.	Efcharistó.
Gern geschehen.	Παρακαλώ.	Parakaló.
In Ordnung.	Εντάξει.	Entáxei.
Entschuldigung.	Με συγχωρείτε.	Me synchoreite.
Hallo!	Γειά σας!	Geiá sas!
Auf Wiedersehen.	Αντίο.	Antío.
Guten Morgen.	Καλημέρα.	Kaliméra.
Gute Nacht.	Καληνύχτα.	Kalinýchta.
Vormittag	Πρωί	Proi
Morgen	Απόγευμα	Apógevma
Abend	Βράδυ	Vrádi
Heute Morgen	Σήμερα το πρωί	Símera to proi
Gestern	Χθές	Chthés
Heute	Σήμερα	Símera
Morgen	Αύριο	Avrio
Hier	Εδώ	Edó
Dort	Εκεί	Ekeí
Was?	Τί;	Ti?
Warum?	Γιατί;	Giatí?
Wo?	Πού;	Poú?
Wie?	Πς;	Pós?
Warten Sie!	Περίμενε!	Perimene!

Nützliche Redewendungen

Wie geht's?	Τί κάνειε?	Tí káneis?
Danke, gut.	Πολύ καλά, ευχαριστώ.	Poly kalá, efcharistó.
Hallo?	Πς είστε?	Pós eíste?
Sehr erfreut.	Χαίρω πολύ.	Chairo polý.
Wie ist Ihr Name?	Πς λέγεστε?	Pós lègeste?
Wo ist/sind …?	Πού είναι?	Poú eínai?
Wie weit ist es bis …?	Πόσο απέχει …?	Póso apéchei …?
Wie komme ich nach …?	Πς μπορώ να πάω …?	Pós mporó na páo …?
Sprechen Sie Englisch?	Μιλάτε Αγγλικά?	Miláte Angliká?
Ich verstehe.	Καταλαβαίνω.	Katalavaíno.
Ich verstehe nicht.	Δεν καταλαβαίνω.	Den katalavaíno.
Könnten Sie langsamer sprechen?	Μιλάτε λίγο πιο αργά παρακαλώ?	Miláte ligo pio argá parakaló?
Tut mir leid.	Με συγχωρείτε.	Me synchoreíte.
Hat jemand einen Schlüssel?	Έχει κανένας κλειδί?	Echei kanénas kleidí?

Nützliche Wörter

groß	Μεγάλο	Megálo
klein	Μικρό	Mikró
heiß	Ζεστό	Zestó
kalt	Κρύο	Krýo
gut	Καλό	Kaló
schlecht	Κακό	Kakó
genug	Αρκετά	Arketá
gut	Καλά	Kalá
geöffnet	Ανοιχτά	Anoichtá
geschlossen	Κλειστά	Kleistá
links	Αριστερά	Aristerá
rechts	Δεξιά	Dexiá
geradeaus	Ευθεία	Eftheía
zwischen	Ανάμεσα/Μεταξύ	Anámesa/ Metaxý
an der Ecke …	Στη γωνία του …	Sti gonía tou …
nah	Κοντά	Kontá
weit	Μακριά	Makriá
hinauf	Επάνω	Epáno
runter	Κάτω	Káto
früh	Νωρίς	Norís
spät	Αργά	Argá
Eingang	Η είσοδος	I eísodos
Ausgang	Η έξοδος	I éxodos
Toilette	Οι τουαλέτες/WC	Oi toualétes/WC
besetzt	Κατειλημμένη	Kateiliméni
nicht besetzt/frei	Ελεύθερη	Eléftheri
frei/kein Eintritt	Δωρεάν	Doreán
hinein/hinaus	Μέσα/Έξω	Mésa/Exo

Telefonieren

Wo ist die nächste Telefonzelle?	Πού βρίσκεται ο πλησιέστερος τηλεφωνικός θάλαμος?	Poú vrísketai o plisiésteros tilefonikós thálamos?
Ich möchte ein Ferngespräch führen.	Θα ήθελα να κάνω ένα υπεραστικό τηλεφώνημα.	Tha íthela na káno éna yperastikó tilefónima.
Ich möchte ein R-Gespräch führen.	Θα ήθελα να χρεώσω το τηλεφώνημα στον παραλήπτη.	Tha íthela na chreóso to tilefónima ston paralípti.
Ich werde es später nochmals versuchen.	Θα ξανατηλεφωνήσω αργότερα.	Tha xanatilefoníso argótera.
Kann ich eine Nachricht hinterlassen?	Μπορείτε να του αφήσετε ένα μήνυμα?	Mporeíte na tou afí sete éna mínyma?
Könnten Sie lauter sprechen, bitte?	Μιλάτε δυνατότερα, παρακαλώ?	Miláte dynatótera, parakaló?
Ortsgespräch	Τοπικό τηλεφώνημα	Topikó tilefónima
Warten Sie bitte.	Περιμένετε.	Periménete.
OTE-Telefonamt	Ο OTE/Το τηλεφωνείο	O OTE/To tilefoneío
Telefonzelle/Kiosk	Ο τηλεφωνικός θάλαμος	O tilefonikós thálamos
Telefonkarte	Η τηλεκάρτα	I tilekárta

Shopping

Wie viel kostet das?	Πόσο κάνει?	Póso kánei?
Ich hätte gerne …	Θα ήθελα …	Tha íthela …
Haben Sie …?	Έχετε …?	Echete …?
Ich schaue nur.	Απλώς κοιτάω.	Aplós koitáo.
Nehmen Sie Kreditkarten/Reiseschecks?	Δέχεστε πιστωτικές κάρτες/ travellers' cheques?	Décheste pistotikés kártes/ travellers' cheques?
Wann öffnen/schließen Sie?	Πότε ανοίγετε/ κλείνετε?	Póte anoígete/ kleínete?
Verschicken Sie auch ins Ausland?	Μπορείτε να το στείλετε στο εξωτερικό?	Mporeíte na to steílete sto exoterikó?
dieser	Αυτό εδώ	Aftó edó
jener	Εκείνο	Ekeino
teuer	Ακριβό	Akrivó
preiswert	Φθηνό	Fthinó
Größe	Το μέγεθος	To mégethos
weiß	Λευκό	Lefkó

schwarz	Μαύρο	Mávro	Volkskunst	λαϊκή τέχνη	laïkí téchni
rot	Κόκκινο	Kókkino	Brunnen	Το συντριβάνι	To syntriváni
gelb	Κίτρινο	Kítrino	Hügel	Ο λόφος	O lófos
grün	Πράσινο	Prásino	historisch	ιστορικός	istorikós
blau	Μπλε	Mple	Insel	Το νησί	To nisí
Antiquitätenladen	Μαγαζί με αντίκες	Magazí me antíkes	See	Η λίμνη	I límni
Bäckerei	Ο φούρνος	O foúrnos	Bibliothek	Η βιβλιοθήκη	I vivliothíki
Bank	Η τράπεζα	I trápeza	Haus	Η έπαυλις	I épavlis
Basar	Το παζάρι	To pazári	Kloster	Μονή	moní
Buchhandlung	Το βιβλιοπωλείο	To vivliopoleío	Berg	Το βουνό	To vounó
Metzger	Το κρεωπωλείο	To kreopoleío	Stadt	δημοτικός	dimotikós
Konditor	Το ζαχαροπλαστείο	To zacharoplasteío	Museum	Το μουσείο	To mouseío
			national	εθνικός	ethnikós
Delikatessen	Μαγαζί με αλλαντικά	Magazí me allantiká	Park	Το πάρκο	To párko
			Garten	Ο κήπος	O kípos
Kaufhaus	Πολυκατάστημα	Polykatástima	Schlucht	Το φαράγγι	To farángi
Fischmarkt	Το ιχθυοπωλείο/ψαράδικο	To ichthyopoleío/psarádiko	Grab von ...	Ο τάφος του ...	O táfos tou ...
			Fluss	Το ποτάμι	To potámi
Gemüsehändler	Το μανάβικο	To manáviko	Straße	Ο δρόμος	O drómos
Friseur	Το κομμωτήριο	To kommotírio	Heiliger	άγιος/άγιοι/αγία/αγίες	ágios/ágioi/agia/agies
Kiosk	Το περίπτερο	To períptero			
Lederwaren	Μαγαζί με δερμάτινα είδη	Magazí me dermátina eídi	Quelle	Η πηγή	I pigí
			Platz	Η πλατεία	I plateía
Straßenmarkt	Η λαϊκή αγορά	I laïkí agorá	Stadion	Το στάδιο	To stádio
Zeitungshändler	Ο εφημεριδοπώλης	O efimeridopólis	Statue	Το άγαλμα	To ágalma
Apotheke	Το φαρμακείο	To farmakeío	Theater	Το θέατρο	To théatro
Post	Το ταχυδρομείο	To tachydromeío	Rathaus	Το δημαρχείο	To dimarcheio
Schuhgeschäft	Κατάστημα υποδημάτων	Katástima ypodimáton	geschlossen an Feiertagen	κλειστό τις αργίες	kleistó tis argíes
Souvenirladen	Μαγαζί με »souvenir«	Magazí me »souvenir«			
Supermarkt	Σουπερμάρκετ/Υπεραγορά	»Supermarket«/Yperagorá	**Transport**		
			Wann fährt ... ab?	Πότε φεύγει το ...?	Póte févgei to ...?
Tabakladen	Είδη καπνιστο	Eídi kapnistoú	Wo ist die nächste Bushaltestelle?	Πού είναι η στάση του λεωφορείου;	Poú eínai i stási tou leoforeíou?
Reisebüro	Το ταξειδιωτικό πρακτορείο	To taxeidiotikó praktoreío			
			Fährt ein Bus nach ...?	Υπάρχει λεωφορείο για ...?	Ypárchei leoforeío gia ...?
Sehenswürdigkeiten					
Auskunft	Ο ΕΟΤ	Ο ΕΟΤ	Fahrkartenschalter	Εκδοτήριο εισιτηρίων	Ekdotíria eisitiríonfi
Touristenpolizei	Η τουριστική αστυνομία	I touristikí astynomía	Rückfahrkarte	Εισιτήριο με επιστροφή	Eisitírio me epistrofí
archäologisch	αρχαιολογικός	archaiologikós	einfache Fahrt	Απλό εισιτήριο	Apló eisitírio
Galerie	Η γκαλερί	I gkalerí	Bushaltestelle	Ο σταθμός λεωφορείων	O stathmós leoforeíon
Strand	Η παραλία	I paralía			
byzantinisch	βυζαντινός	vyzantinós	Busticket	Εισιτήριο λεωφορείου	Eisitírio leoforeíou
Burg	Το κάστρο	To kástro			
Kathedrale	Η μητρόπολη	I mitrópoli	Oberleitungsbus	Το τρόλλεϋ	To trólley
Höhle	Το σπήλαιο	To spílaio	Hafen	Το λιμάνι	To limáni
Kirche	Η εκκλησία	I ekklísa			

Zug/U-Bahn	Το τρένο	To tréno
Bahnhof	σιδηροδρομικός σταθμός	Sidirodromikós stathmós
Motorrad	Το μοτοποδήλατο/ το μηχανάκι	To motopodílato/ To michanáki
Fahrrad	Το ποδήλατο	To podílato
Taxi	Το ταξί	To taxí
Flughafen	Το αεροδρόμιο	To aerodrómio
Fähre	Το φερυμπότ	To »ferry-boat«
Luftkissenboot	Το δελφίνι/ Το υδροπτέρυγο	To delfíni/ To ydroptérygo
Katamaran	Το καταμαράν	To katamarán
zu vermieten	Ενοικιάζονται	enoikiázontai

Im Hotel

Haben Sie ein freies Zimmer?	Έχετε δωμάτια?	Échete domátia?
Doppelzimmer mit Doppelbett	Δίκλινο με διπλό κρεβάτι	Díklino me dipló kreváti
Doppelzimmer	Δίκλινο με μονά κρεβάτια	Díklino me moná krevátia
Einzelzimmer	Μονόκλινο	Monóklino
Zimmer mit Bad	Δωμάτιο με μπάνιο	Domátio me mpánio
Dusche	Το ντουζ	To douz
Portier	Ο πορτιέρης	O portiéris
Schlüssel	Το κλειδί	To kleidí
Ich habe reserviert.	Έχω κάνει κράτηση.	Écho kánei krátisi.
Zimmer mit Meerblick/ Balkon	Δωμάτιο με θέα στη θάλασσα/ μπαλκόνι	Domátio me théa sti thálassa/ mpalkóni.
Gilt der Preis inklusive Frühstück?	Το πρωινό συμπεριλαμβάνεται στην τιμή?	To proinó symperilamvánetai stin timí?

Im Restaurant

Haben Sie einen Tisch frei?	Έχετε τραπέζι?	Échete trapézi?
Ich möchte einen Tisch reservieren.	Θέλω να κρατήσω ένα τραπέζι.	Thélo na kratíso éna trapézi.
Die Rechnung bitte.	Τον λογαριασμό, παρακαλώ.	Ton logariazmó parakaló.
Restaurant	Το εστιατόριο	To estiatório
Ich bin Vegetarier.	Είμαι χορτοφάγος.	Eímai chortofágos.
Was ist heute frisch?	Τί φρέσκο έχετε σήμερα?	Tí frésko échete símera?
Kellner/Kellnerin	Κύριε/Γκαρσόν/ Κυρία (weiblich)	Kýrie/Garson/ Kyría
Speisekarte	Ο κατάλογος	O katálogos
Gedeck	Το κουβέρ	To »couvert«
Weinkarte	Ο κατάλογος με τα οινοπνευ-ματώδη	O katálogos me ta oinopnev-matódi
Glas	Το ποτήρι	To potíri
Flasche	Το μπουκάλι	To mpoukáli
Messer	Το μαχαίρι	To machaíri
Gabel	Το πηρούνι	To piroúni
Löffel	Το κουτάλι	To koutáli
Frühstück	Το πρωινό	To proïnó
Mittagessen	Το μεσημεριανό	To mesimerianó
Abendessen	Το δείπνο	To deípno
Hauptgericht	Το κυρίως γεύμα	To kyríos gévma
Vorspeise	Τα ορεκτικά	Ta orektiká
Nachtisch	Το γλυκό	To glykó
Tagesgericht	Το πιάτο της ημέρας	To piáto tis iméras
Bar	Το μπαρ	To »bar«
Taverne	Η ταβέρνα	I tavérna
Café	Το καφενείο	To kafeneío
Fischrestaurant	Η ψαροταβέρνα	I psarotavérna
Grillrestaurant	Η ψησταριά	I psistariá
Weinhändler	Το οινοπωλείο	To oinopoleío
Milchgeschäft	Το γαλακτοπωλείο	To galaktopoleío
Ouzeri	Το ουζερί	To ouzerí
Mezés-Laden	Το μεζεδοπωλείο	To mezedopoleío
Kebab zum Mitnehmen	Το σουβλατζίδικο	To souvlatzídiko
blutig (Steak)	Ελάχιστα ψημένο	eláchista psiméno
medium	Μέτρια ψημένο	métria psiméno
durchgebraten	Καλοψημένο	kalopsiméno

Speisen und Getränke

Kaffee	Ο καφές	O Kafés
mit Milch	με γάλα	me gála
schwarzer Kaffee	σκέτος	skétos
mit Zucker	χωρίς ζάχαρη	choris záchari
nicht so süß	μέτριος	métrios
sehr süß	γλυκύς	glykýs
Tee	τσάι	tsái
Kakao	ζεστή σοκολάτα	zestí sokoláta
Wein	κρασί	krasí
rot	κόκκινο	kókkino
weiß	λευκό	lefkó
rosé	ροζέ	rozé
Rakí	Το ρακί	To rakí
Oúzo	Το ούζο	To oúzo

Retsina	Η ρετσίνα	I retsína	70	εβδομήντα	evdomínta
Wasser	Το νερό	To neró	80	ογδόντα	ogdónta
Tintenfisch	Το χταπόδι	To chtapódi	90	ενενήντα	enenínta
Fisch	Το ψάρι	To psári	100	εκατό	ekató
Käse	Το τυρί	To tyrí	200	διακόσια	diakósia
Halloumi	Το χαλούμι	To chaloúmi	1000	χίλια	chília
Feta	Η φέτα	I féta	2000	δύο χιλιάδες	dýo chiliádes
Brot	Το ψωμί	To psomí	1 000 000	ένα εκατομμύριο	éna ekatommýrio
Bohnensuppe	Η φασολάδα	I fasoláda			
Bulgur	Το χούμους	To houmous	**Zeit**		
Halwa	Ο χαλβάς	O chalvás	eine Minute	ένα λεπτό	éna leptó
Gyros	Ο γύρος	O gýros	eine Stunde	μία ώρα	mía óra
Türkischer Nougat	Το λουκούμι	To loukoúmi	eine halbe Stunde	μισή ώρα	misí óra
Baklava	Ο μπακλαβάς	O mpaklavás	Viertelstunde	ένα τέταρτο	éna tétarto
Kleftiko	Το κλέφτικο	To kléftiko	halb eins	μία και μισή	mía kai misí
			Viertel nach eins	μία και τέταρτο	mía kai tétarto
Zahlen			zehn nach eins	μία και δέκα	mía kai déka
1	ένα	éna	Viertel vor zwei	δύο παρά τέταρτο	dýo pará tétarto
2	δύο	dýo	zehn vor zwei	δύο παρά δέκα	dýo pará déka
3	τρία	tría	ein Tag	μία μέρα	mía méra
4	τέσσερα	téssera	eine Woche	μία εβδομάδα	mía evdomáda
5	πέντε	pénte	ein Monat	ένας μήνας	énas mínas
6	έξι	éxi	ein Jahr	ένας χρόνος	énas chrónos
7	επτά	eptá	Montag	Δευτέρα	Deftéra
8	οχτώ	ochtó	Dienstag	Τρίτη	Tríti
9	εννέα	ennéa	Mittwoch	Τετάρτη	Tetárti
10	δέκα	déka	Donnerstag	Πέμπτη	Pémpti
11	έντεκα	énteka	Freitag	Παρασκευή	Paraskeví
12	δώδεκα	dódeka	Samstag	Σάββατο	Sávvato
13	δεκατρία	dekatría	Sonntag	Κυριακή	Kyriakí
14	δεκατέσσερα	dekatéssera	Januar	Ιανουάριος	Ianouários
15	δεκαπέντε	dekapénte	Februar	Φεβρουάριος	Fevrouários
16	δεκαέξι	dekaéxi	März	Μάρτιος	Mártios
17	δεκαεπτά	dekaeptá	April	Απρίλιος	Aprílios
18	δεκαοχτώ	dekaochtó	Mai	Μάιος	Máios
19	δεκαεννέα	dekaennéa	Juni	Ιούνιος	Ioúnios
20	είκοσι	eíkosi	Juli	Ιούλιος	Ioúlios
21	εικοσιένα	eikosiéna	August	Αύγουστος	Avgoustos
30	τριάντα	triánta	September	Σεπτέμβριος	Septémvrios
40	σαράντα	saráranta	Oktober	Οκτώβριος	Októvrios
50	πενήντα	penínta	November	Νοέμβριος	Noémvrios
60	εξήντα	exínta	Dezember	Δεκέμβριος	Dekémvrios

Vis-à-Vis

VIS-À-VIS-REISEFÜHRER

Ägypten · Alaska · Amsterdam · Apulien · Argentinien · Australien · Bali & Lombok · Baltikum · Barcelona & Katalonien · Beijing & Shanghai · Belgien & Luxemburg · Berlin · Bodensee · Bologna & Emilia-Romagna · Brasilien · Bretagne · Brüssel · Budapest · Chicago · Chile · China · Costa Rica · Dänemark · Danzig · Delhi, Agra & Jaipur · Deutschland · Dresden · Dublin · Florenz & Toskana · Florida · Frankreich · Gardasee · Gran Canaria · Griechenland · Großbritannien · Hamburg · Hawaii · Indien · Irland · Istanbul · Italien · Italienische Riviera · Japan · Jerusalem · Kalifornien · Kambodscha & Laos · Kanada · Karibik · Kenia · Korsika · Krakau · Kreta · Kroatien · Kuba · Las Vegas · Lissabon · Loire-Tal · London · Madrid · Mailand · Malaysia & Singapur · Mallorca · Marokko · Mexiko · Moskau · München & Südbayern · Myanmar · Neapel · Neuengland · Neuseeland · New Orleans · New York · Niederlande · Nordspanien · Norwegen · Österreich · Paris · Peru · Polen · Portugal · Prag · Provence & Côte d'Azur · Rom · San Francisco · St. Petersburg · Sardinien · Schottland · Schweden · Schweiz · Sevilla & Andalusien · Sizilien · Slowenien · Spanien · Sri Lanka · Stockholm · Straßburg & Elsass · Südafrika · Südtirol & Trentino · Südwestfrankreich · Teneriffa · Thailand · Thailand – Strände & Inseln · Tokyo · Tschechien & Slowakei · Türkei · Umbrien · USA · USA Nordwesten & Vancouver · USA Südwesten & Las Vegas · Venedig & Veneto · Vietnam & Angkor · Washington, DC · Wien · Zypern

www.dorlingkindersley.de

Vis-à-Vis

VIS-À-VIS

So schmeckt
GRIECHENLAND

www.dorlingkindersley.de

GRIECHENLAND KULINARISCH

Griechenlands Küche ist geprägt vom Reichtum des Meeres und vom rauen Klima der Berge. Während an den Küsten vor allem Fisch auf den Tisch kommt, genießt man im Hinterland Schaf- und Ziegenfleisch, veredelt mit duftenden Wildkräutern und Oliven.

Die Weite der Meere und die Abgeschiedenheit und Wildheit der Bergregionen – diese Antipoden, die zugleich so viel Gemeinsames haben, prägen seit der Antike Dichtung und Musik des Landes. Ähnlich verhält es sich bei den kulinarischen Einflüssen Griechenlands. Die Isolation der Inselwelten hat besondere Gerichte hervorgebracht. In der Begegnung mit den Bergvölkern entstanden Speisen, die heute für viele die Essenz der mediterranen Küche darstellen.

In Griechenland wird bevorzugt mit Honig gesüßt

Einfach und zugleich raffiniert ist eine Vorspeise wie Taramosaláta. Die Kichererbsensuppe Revithósoupa stammt von den Ionischen Inseln und bringt mit den Granatäpfeln einen Hauch Orient ins Spiel. Der Inbegriff der griechischen Vorspeise aber sind Dolmádes, gefüllte Weinblätter, die man früher vor allem zur Fastenzeit zubereitete. Die Füllung aus Reis und Mandeln veredelt bei Kalamarákia yemistá die Tintenfischtuben. In Griechenland bereitet man Fisch bevorzugt schnörkellos zu, so auch Psári foúrni ladolemono, wofür sich Doraden hervorragend eignen. Der Spinatkuchen Spanakópita ist vor allem im Sommer sehr beliebt und eignet sich auch für Vegetarier. Der Klassiker der griechischen Küche schlechthin ist der Schichtauflauf Moussaka, es gibt ihn heute in zahllosen Varianten, die mitunter mit dem Original nur noch wenig gemein haben. Beim Baklava, dieser honigsüßen Köstlichkeit in Filoteig, kommen wieder orientalische Einflüsse zum Tragen. Wesentlich leichter präsentiert sich dagegen Giaoúrti kai méli, eine Joghurt-Nachspeise mit frischen Beeren.

Inhalt	Seite
Taramosaláta	3
Pantzária saláta me skordaliá	4
Revithósoupa	5
Dolmádes	6
Avga tirópita	8
Kalamarákia yemistá	9
Spanakópita	10
Psári foúrni ladolemono	11
Moussaka	12
Giaoúrti kai méli	14
Baklava	15

Impressum

Beilage zum Reiseführer Vis-à-Vis Griechenland

© 2017 Dorling Kindersley Verlag GmbH, München

Programmleitung: Dr. Jörg Theilacker, DK Verlag
Projektleitung: Antonia Wiesmeier, DK Verlag
Gestaltung: Ute Berretz, München
Redaktion: Matthias Liesendahl, Berlin
Schlussredaktion: Philip Anton, Köln

Alle Rechte vorbehalten, Reproduktion, Speicherung in Datenverwertungsanlagen, Wiedergabe auf elektronischen, fotomechanischen oder ähnlichen Wegen, Funk und Vortrag – auch auszugsweise – nur mit schriftlicher Genehmigung des Copyright-Inhabers.

Text & Bilder © Dorling Kindersley

ISBN: 978-3-7342-0144-8

Für 4–6 Personen

Zubereitungszeit 15 Min.
+ Wartezeit

Zutaten

250 g geräucherter Dorschrogen

Saft von 1 Zitrone

60 g frische Semmelbrösel, in 3 EL kaltem Wasser eingeweicht

75 ml bestes Olivenöl

1 kleine Zwiebel, fein gerieben, auf Küchenpapier abgetropft

Taramosaláta
Dip aus geräuchertem Dorschrogen

Taramas ist die Bezeichnung für den gesalzenen Meeräschenrogen, der traditionell für dieses Rezept verwendet wird.

① Den Rogen mit einem scharfen Messer in der Mitte aufschneiden und die Haut abziehen, dann mit Zitronensaft und eingeweichten Semmelbröseln im Mixer sorgfältig vermischen.

② Bei laufendem Motor das Öl in einem dünnen Strahl ganz langsam hinzufügen, bis die Mischung die Konsistenz von Mayonnaise hat.

③ Die Taramosaláta in eine kleine Servierschüssel füllen und die Zwiebel untermischen. Abgedeckt 30 Min. kalt stellen, dann mit Oliven, griechischem Brot und/oder knackigen Gemüsestreifen servieren.

Variante

Feta-Taramosaláta
Anstelle von Semmelbröseln und Öl 150 g Feta verwenden. Den Käse zusammen mit dem Zitronensaft unter den Rogen mischen.

Griechenland ist nach Spanien und Italien der weltweit drittgrößte Olivenölproduzent; mehr als 50 verschiedene Olivensorten wachsen in Griechenland

VORSPEISEN

Für 4–6 Personen

Zubereitungszeit 20 Min.

Garzeit 45–50 Min.

Zutaten

6–8 junge Rote Beten mit Blättern

1 TL Salz

1 Zitrone, plus 1 geviertelte Zitrone zum Servieren

Für den Knoblauch-Dip

2 große Kartoffeln, geschält und gewürfelt

6–8 Knoblauchzehen

150 ml Olivenöl

2–3 EL Weißweinessig oder Zitronensaft

Salz und frisch gemahlener schwarzer Pfeffer

Pantzária saláta me skordaliá
Rote-Bete-Salat mit Knoblauch-Dip

Dieser Salat aus jungen Rote-Bete-Knollen wird mit *skordaliá*, einem Knoblauch-Dip, serviert. Dieser Dip wird auch gerne mit Klippfischbällchen und gedämpften Muscheln gegessen, auch eignet er sich als Beilage zu Pittabrot.

① Rote Beten abwaschen, Blätter 2,5 cm über der Knolle abschneiden und mit Stängel in ein Glas Wasser stellen, um sie frisch zu halten.

② Rote Beten in einem Topf Salzwasser 20–30 Min. kochen. In ein Sieb abschütten, die abgekühlten Rote Beten schälen und in Würfel schneiden.

③ Rote-Bete-Blätter und -Stängel in einem Mixer klein häckseln und in einem Topf mit kochendem Salzwasser in 5–6 Min. weich kochen. Anschließend sorgfältig abgießen und ausdrücken, bis das Wasser möglichst entfernt ist. Mit einer Gabel andrücken und mit Zitronensaft beträufeln.

④ Für den Knoblauch-Dip die Kartoffelwürfel in leicht gesalzenem Wasser kochen, bis sie weich sind. Die noch warmen Kartoffeln mit einem Kartoffelstampfer zu Püree verarbeiten.

⑤ Den Knoblauch in einem Mörser mit Salz und Öl zerreiben. Nach und nach die Knoblauchpaste zu den warmen Kartoffeln geben. Essig unterrühren, bis ein sahniger Dip entsteht, abschmecken. Mit Pittabrot und Zitronenvierteln servieren.

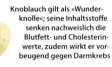

Knoblauch gilt als »Wunderknolle«; seine Inhaltsstoffe senken nachweislich die Blutfett- und Cholesterinwerte, zudem wirkt er vorbeugend gegen Darmkrebs

VORSPEISEN

Für 4–6 Personen

Zubereitungszeit 10 Min. + Wartezeit
Garzeit 1:30–2 Std.

Zutaten

350 g getrocknete Kichererbsen, über Nacht eingeweicht

½ Knoblauchknolle oder 6 große Knoblauchzehen

2–3 Zweige Rosmarin

3–4 EL Olivenöl

½ TL schwarze Pfefferkörner, angedrückt

1 mittlere mehligkochende Kartoffel, geschält und gewürfelt

Salz

Zitronensaft

1 EL Granatapfelkerne

Revithósoupa
Kichererbsensuppe mit Granatapfelkernen

Diese aromatische Suppe stammt von den Ionischen Inseln aus Korfu. Sie wird mit Rosmarin gewürzt, der wild auf den Hügeln der Insel wächst.

① Kichererbsen abgießen und in einen großen Topf mit doppelt so viel kaltem Wasser zum Kochen bringen. Aufsteigenden Schaum abschöpfen.

② Knoblauch, Rosmarin, Öl und Pfefferkörner dazugeben und zum Kochen bringen. Hitze herunterschalten, leicht bedecken und 1–1:30 Std. kochen lassen, bis die Kichererbsen weich sind. Bei Bedarf mehr Wasser hinzufügen.

③ Sobald die Kichererbsen weich sind, Kartoffeln hinzufügen, wieder zum Kochen bringen und 10 Min. köcheln lassen, bis die Kartoffeln musig sind und die Suppe andicken, abschmecken. Zitronensaft nach Bedarf hinzufügen und mit Granatapfelkernen bestreut servieren.

Tipp

Um Zeit zu sparen, können Sie Kichererbsen aus der Dose verwenden. Dafür den Knoblauch klein hacken und mit der Kartoffel zu Beginn zu den Kichererbsen geben. Die Garzeit auf 20 Min. reduzieren.

Granatäpfel werden seit Langem auch im Mittelmeerraum kultiviert; die Frucht ist reich an Kalium, Vitamin C, Kalzium und Eisen

Dolmádes
Gefüllte Weinblätter

Eine wunderbare Vorspeise aus Griechenland. Frische Weinblätter müssen zunächst gedämpft oder blanchiert werden, man bekommt aber auch vorgegarte Weinblätter.

① Den Backofen auf 190 °C vorheizen. Die Pinienkerne auf einem Blech verteilen und 5–8 Min. rösten, dabei gelegentlich durchrühren.

② In einem Topf Salzwasser zum Kochen bringen. Den Reis hinzufügen und 10–12 Min. köcheln lassen, gelegentlich umrühren. In ein Sieb abgießen, unter fließendem kaltem Wasser abspülen und abtropfen lassen.

③ In einem Topf die Hälfte des Öls erhitzen. Die Zwiebeln darin 3–5 Min. braten, bis sie weich, aber noch nicht gebräunt sind. Reis, Pinienkerne, Sultaninen, Kräuter und ein Viertel des Zitronensafts unterrühren. Die Mischung kräftig salzen und pfeffern.

④ In einem Topf Wasser zum Kochen bringen. Die Weinblätter in eine Schüssel legen, mit kochendem Wasser bedecken und mit einem Kochlöffel voneinander lösen. Etwa 15 Min. stehen lassen, um den größten Teil des Salzes zu entfernen. Blätter in ein Sieb abgießen, unter fließendem Wasser abspülen und abtropfen lassen.

⑤ Die Weinblätter zwischen Küchenpapier schichten und trocken tupfen. Etwa 8 Blätter auf dem Boden eines Topfs verteilen.

VORSPEISEN | 7

Für 8 Personen

Zubereitungszeit
40–45 Min.
+ Wartezeit

Garzeit 45–60 Min.

Zutaten

60 g Pinienkerne

200 g Langkornreis

120 ml Olivenöl

2 Zwiebeln, gewürfelt

50 g Sultaninen

1 Bund Dill, Blätter grob gehackt

1 kleines Bund Minze, Blätter grob gehackt

Saft von 3 Zitronen

Salz und Pfeffer

40 Weinblätter in Lake

750 ml Hühnerbrühe oder Wasser

2 Eier, verquirlt

⑥ Ein Weinblatt mit der Blattader nach oben und dem Stielende nach vorn flach auf die Arbeitsfläche legen. 1–2 Löffel Füllung in die Mitte setzen.

⑦ Seiten und Stielende über die Füllung schlagen. Das Blatt am Stielende beginnend zu einem Zylinder aufrollen. Mit den restlichen Blättern und der übrigen Füllung ebenso verfahren.

⑧ Die gefüllten Weinblätter in den Topf legen und mit der Brühe übergießen. Das restliche Öl und den Saft einer Zitrone hinzufügen. Die Weinblätter mit einem hitzebeständigen Teller beschweren, damit sie gleichmäßig garen, auf dem Herd zum Kochen bringen und zugedeckt bei schwacher Hitze 45–60 Min. köcheln lassen. Bei Bedarf etwas Wasser nachfüllen.

⑨ Mit einem Spieß in die Blätter stechen, sie sollten sehr weich sein. Im Topf abkühlen lassen, dann mit einem Schaumlöffel in eine Schüssel heben und mit der restlichen Garflüssigkeit beschöpfen. Zugedeckt mindestens 12 Std. kalt stellen, damit sich die Aromen entfalten können.

⑩ Eier mit dem restlichen Zitronensaft schaumig schlagen. Garflüssigkeit unter die Eier-Zitronen-Sauce rühren. Sauce bei niedriger Temperatur auf dem Herd schlagen, bis sie andickt.

⑪ Auf einem Servierteller angerichtet die Weinblätter auf Zimmertemperatur bringen und mit Sauce beträufeln.

Dill stammt ursprünglich aus Vorderasien; seine verdauungsregulierende Wirkung ist seit der Antike bekannt

VORSPEISEN

Für 4–6 Personen

Zubereitungszeit 20–30 Min.
+ Wartezeit
Garzeit 30 Min.

Zutaten

Für den Teig

250 g Weizenmehl

Salz

1 EL Olivenöl

Für die Füllung

1 EL Olivenöl,
plus mehr zum Frittieren

2 EL Zwiebel,
fein gewürfelt

2 große Eier, verquirlt

100 g Fetakäse, zerkrümelt

1 EL Minze, fein gehackt

2 EL glatte Petersilie, fein gewürfelt

Salz und frisch gemahlener
schwarzer Pfeffer

Avga tirópita
Käsetäschchen

Dieser beliebte Snack von den Ionischen Inseln wird mit weichem Rührei gefüllt und mit Petersilie und Minze gewürzt. Der robuste Olivenölteig eignet sich hervorragend zum Frittieren oder Backen.

① Für den Teig Mehl und Salz in eine Schüssel sieben. Eine Mulde in die Mitte drücken und das Öl sowie 4 EL lauwarmes Wasser hineingießen. Von außen nach innen das Mehl mit den flüssigen Zutaten vermischen und alles zu einem weichen, elastischen Teig verkneten. Mit einem feuchten Küchentuch bedecken und an einem kühlen Ort 30 Min. ruhen lassen.

② Für die Füllung das Öl in einer kleinen Pfanne erhitzen und die Zwiebelwürfel darin auf niedriger Temperatur 5–6 Min. anschwitzen, bis sie weich sind. Eier, Käse und Kräuter einrühren und abschmecken. Hitze zurückschalten und abkühlen lassen.

③ Den Teig dünn ausrollen. Eine Untertasse auf den Teig legen und daran entlang Kreise ausschneiden. 1 TL Füllung auf eine Hälfte der Kreise mit etwas Platz zum Rand setzen. Den Teigrand etwas mit Wasser anfeuchten und zu einem halbmondförmigen Täschchen verschließen.

④ Das Öl 7,5 cm hoch in eine Pfanne füllen und erhitzen. Täschchen portionsweise für je 2 Min. pro Seite frittieren, bis sie golden gebräunt sind.

Tipp

Bei 180 °C können die Täschchen auch in 15 Min. im Ofen gebacken werden. Das macht sie bekömmlicher.

Minze wird in der griechischen Küche gerne verwendet; als Heilpflanze wirkt sie antiseptisch und entzündungshemmend

HAUPTGERICHTE | 9

Für 4–6 Personen

Zubereitungszeit 20 Min.
Garzeit 1:15 Std.

Zutaten

1 kg mittelgroße Tintenfische mit Tentakeln, geputzt

Für die Füllung

4–5 EL Olivenöl, plus mehr zum Beträufeln

1 mittlere Zwiebel, fein gewürfelt

50 g Rundkornreis

50 g enthäutete Mandeln, gehackt

150 ml Weißwein

2 EL Petersilie, gehackt

1 EL Dill, plus mehr zum Garnieren

Salz und frisch gemahlener schwarzer Pfeffer

Kalamarákia yemistá
Gefüllter Tintenfisch

Mit Reis und Mandeln gefüllte Tintenfische werden sanft in Weißwein und Zitrone gegart.

① Tintenfisch abspülen, dunkle Haut abziehen und die abstehenden Flossen von den Tuben abschneiden. Tuben beiseitelegen, Flossen zusammen mit den Tentakeln klein schneiden.

② Für die Füllung das Öl in der Pfanne erhitzen und die Zwiebelwürfel mit dem Reis darin glasig anschwitzen. Gewürfelte Tintenfischteile sowie Mandeln dazugeben und die Hälfte des Weines angießen. Aufkochen lassen, bis der Alkohol verflogen ist.

③ Die Hitze reduzieren und mit einem Schluck kalten Wassers unbedeckt etwa 10 Min. köcheln lassen, bis der Reis die Flüssigkeit aufgesogen hat. Kräuter einrühren und abschmecken.

④ Etwa 1 TL Füllung in jede Tube füllen und diese mit einem Zahnstocher verschließen. Die Tuben nicht zu stark füllen, da sich der Reis beim Kochen noch ausdehnt. Die gefüllten Tintenfischtuben in eine Pfanne legen, den restlichen Wein angießen und so viel Wasser hinzufüllen, dass die Tintenfische zu 3/4 bedeckt sind.

⑤ Die Flüssigkeit zum Kochen bringen, dann bei kleiner Hitze 20–30 Min. leicht köcheln lassen, bis die Tuben butterzart sind. Mit Pfeffer und Dill bestreut und mit ein paar Tropfen Öl beträufelt bei Zimmertemperatur servieren.

Der ursprünglich aus Südwestasien stammende Mandelbaum blüht früh im Jahr; seine Steinfrüchte enthalten Vitamine, Mineralstoffe und Fette

HAUPTGERICHTE

Spanakópita
Spinatkuchen

Knuspriger Filoteig mit einer Füllung aus Spinat und Fetakäse ist das perfekte Sommergericht. Dill und Petersilie verleihen der Spanakópita eine herbe Frische.

Für 4 Personen

Zubereitungszeit 35 Min.
Backzeit 1:15 Std.

Zutaten

Für die Füllung

2 EL Olivenöl

6–8 Frühlingszwiebeln, gehackt

1–2 Knoblauchzehen, gehackt

900 g Spinat, Stängel entfernt und Blätter klein geschnitten

4 Eier

225 g Fetakäse

frisch gemahlener schwarzer Pfeffer

kleines Bund Dill, gehackt

kleines Bund glatte Petersilie, gehackt

Für den Teig

150 g Butter, zerlassen

250 g Blätter- oder Filoteig

① Öl in einer Pfanne erhitzen. Zwiebeln und Knoblauch unter ständigem Rühren 2–3 Min. anschwitzen, bis sie weich, aber noch nicht gebräunt sind. Hitze zurückschalten, Spinat dazugeben. So lange in der Pfanne wenden, bis die Blätter zusammenfallen. In einem Sieb abtropfen und abkühlen lassen, anschließend fein hacken.

② Eier in einer Schüssel aufschlagen, verquirlen, Feta dazugeben und mit Pfeffer abschmecken. Spinat und Kräuter unterrühren.

③ Backpapier (23 x 30 cm) mit Butter einpinseln. Mit einer doppelten Lage Filoteig auslegen. Erneut mit Butter bestreichen und mit einer doppelten Lage Filoteigblättern belegen. So oft wiederholen, bis zwei Drittel der Blätter verbraucht sind. Backofen auf 160 °C vorheizen.

④ Die Füllung gleichmäßig auf dem Teig verteilen. Mit einer doppelten Lage Filoteig abschließen und erneut buttern. So weiter verfahren, bis die Filoteigblätter aufgebraucht sind. Die Seiten nach oben klappen und dabei etwas verknittern.

⑤ Mit restlicher Butter und ein paar Tropfen Wasser beträufeln, dann für 1 Std. im Ofen auf mittlerer Schiene backen. Wenn der Kuchen knusprig und braun ist, aus dem Ofen nehmen, in Quadrate schneiden und warm servieren.

Der aus Südwestasien stammenden Spinatpflanze wird durch Blanchieren ein Großteil des enthaltenen Nitrats entzogen

Für 4 Personen

Zubereitungszeit 15 Min.
+ Wartezeit
Backzeit 25–30 Min.

Zutaten

etwa 1,5 kg Fisch im Ganzen, geputzt

Salz und frisch gemahlener schwarzer Pfeffer

9–10 TL bestes Olivenöl, plus 1–2 EL zum Einfetten

½ Zitrone, in Stücke geschnitten

1 Handvoll Fenchelgrün, plus 1 EL Fenchelgrün, fein gehackt

4 EL Zitronensaft

Psári foúrni ladolemono
Gebackener Fisch mit Fenchelgrün und Zitrone

In Griechenland bereitet man Fisch gerne einfach zu. Hier wird er schlicht mit Fenchelgrün und Zitrone in Aluminiumfolie gegart. Für diese Zubereitung eignet sich weißfleischiger Fisch aus dem Mittelmeer wie etwa Seebarsch, Seebrasse oder Meeräsche.

① Dunkle Vene am Rückgrat entfernen, den Fisch innen und außen trocken reiben und salzen.

② Ein Stück Aluminiumfolie leicht ölen, den Fisch daraufplegen und 1–2 TL Öl darüberträufeln. Zitronen und Fenchelgrün in die Bauchhöhle stecken und die Folie längs über dem Fisch zusammenfalten. Seitliche Enden einstecken.

③ Backofen auf 180 °C vorheizen und Bräter für 5 Min. hineinstellen. Fisch in den heißen Bräter legen und 25–30 Min. backen, bis sich das Fleisch durch die Folie fest anfühlt. Fisch aus dem Ofen nehmen und in der Folie auf Zimmertemperatur abkühlen lassen.

④ Restliches Öl und Zitronensaft mit dem restlichen Fenchelgrün verrühren und abschmecken. Mit dem Fisch servieren.

Beim Pfeffer bestimmt die Menge des enthaltenen Piperins über den Schärfegrad; schwarzer Pfeffer ist seit der Antike als Heilpflanze bekannt

Moussaka
Hackfleischauflauf mit Auberginen und Kartoffeln

Das bekannteste Gericht Griechenlands erfreut sich auch außerhalb seiner Heimat großer Beliebtheit.

① Die Auberginenscheiben auf einem Teller ausbreiten, mit reichlich Salz bestreuen und 30 Min. stehen lassen. Danach mit kaltem Wasser abspülen, abtropfen lassen und abtrocknen.

② In einer großen Pfanne 2 EL Öl erhitzen, bei milder Hitze die Zwiebel darin unter häufigem Rühren anbraten, bis sie weich ist. Dann die Temperatur erhöhen und das Hackfleisch anbraten, bis es zu bräunen beginnt; dicke Brocken mit einem Löffel zerkleinern.

③ Den Wein angießen, 1–2 Min. köcheln lassen, dann Tomaten, Zucker, Fond und Oregano hinzufügen, abschmecken. Die Fleischsauce 30 Min. offen köcheln lassen, bis die Sauce eingekocht ist.

④ Inzwischen die Auberginenscheiben mit dem restlichen Öl bestreichen und portionsweise in einer Grillpfanne braten, bis sie weich und auf beiden Seiten goldbraun sind. Die Kartoffelscheiben 10–15 Min. kochen, bis sie gerade bissfest sind, dann abgießen.

⑤ Für den Guss Joghurt, Eier und Maisstärke glatt rühren, dann Quark und Feta untermischen.

HAUPTGERICHTE | 13

Für 8–10 Stücke

Zubereitungszeit 30 Min. + Wartezeit

Garzeit 1:30 Std.

Ofenfeste Form

Zutaten

2 große Auberginen, in 5 mm dicke Scheiben geschnitten

Salz und schwarzer Pfeffer

5 EL Olivenöl

1 große Zwiebel, gehackt

500 g mageres Lammhackfleisch

100 ml Rotwein

1 Dose Tomatenstücke (400 g)

1 TL Zucker

100 ml Lammfond

1 TL getrockneter Oregano

500 g Kartoffeln, in 5 mm dicke Scheiben geschnitten

4 EL geriebener Parmesan

Für den Guss

200 g griechischer Joghurt, abgetropft

3 große Eier

1 EL Maisstärke

125 g Quark

60 g Feta, zerkrümelt

⑥ Den Backofen auf 180 °C vorheizen. Die Auberginenscheiben mit der Fleischmasse in die ofenfeste Form schichten, mit Aubergine beginnen und mit Fleisch abschließen. Die Kartoffelscheiben überlappend darauf anordnen.

⑦ Den Guss so auf den Kartoffelscheiben verteilen, dass sie komplett bedeckt sind, dann mit Parmesan bestreuen und 45 Min. backen, bis die Oberfläche goldbraun gratiniert ist.

Variante

Moussaka mit Käsesauce
Anstelle des Joghurtgusses können Sie auch 450 ml Béchamelsauce verwenden, unter die Sie 2 Handvoll geriebenen Käse rühren. Vor dem Backen mit zusätzlichem Käse bestreuen.

Auberginen zählen zu den Nachtschattengewächsen; aufgrund ihres hohen Wasseranteils (92 Prozent) sollten sie vor der Zubereitung am besten mittels Salz entwässert werden

Für 4 Personen

Zubereitungszeit 10 Min.
Garzeit 5 Min.

Zutaten

80 g Walnüsse
300 g frische Erdbeeren
300 g frische Blaubeeren
300 g frische Himbeeren
600 g griechischer Joghurt
½ Päckchen Vanillezucker
4 EL Honig

Giaoúrti kai méli
Griechischer Joghurt mit Honig und Beeren

Griechischer Joghurt wird anders als oft vermutet nicht aus Schafs-, sondern aus Kuhmilch hergestellt. Er ist besonders cremig.

① Walnüsse in einer Pfanne ohne Öl rösten, bis sie anfangen zu duften. Pfanne vom Herd nehmen und vollständig abkühlen lassen, dann mit einem großen Messer grob hacken.

② Joghurt mit Vanillezucker verrühren. Erdbeeren und Blaubeeren waschen und putzen, Himbeeren verlesen. Beeren in mundgerechte Stücke schneiden.

③ Schichtweise Joghurt und Früchte mit Nüssen in ein Becherglas geben. Mit 1 EL Honig am Ende abschließen.

Himbeeren zählen zu den Rosengewächsen; ihr einzigartiger Geschmack machte die Frucht bereits im Altertum zur erlesenen Kostbarkeit

GEBÄCK | 15

Für 36 Stücke

Zubereitungszeit 50–55 Min.
Backzeit 1:15–1:30 Std.
1 tiefes Backblech

Zutaten

200 g Pistazienkerne, grob gehackt, plus 3–4 EL zum Bestreuen

250 g Walnusskerne, grob gehackt

250 g Zucker

2 TL gemahlener Zimt

1 gute Prise gemahlene Gewürznelken

500 g Filoteig (Fertigprodukt; Kühlregal)

250 g Butter, zerlassen

250 g Honig

Saft von 1 Zitrone

3 EL Orangenblütenwasser

Baklava
Knuspriges Filoteiggebäck

Mit Nüssen und Gewürzen gefüllt und mit Honigsirup getränkt ist diese knusprig-süße Spezialität aus dem Mittleren Osten einfach lecker!

① Pistazien mit den Walnüssen, 50 g Zucker sowie Zimt und Nelken in einer Schüssel mischen.

② Den Backofen auf 180 °C vorheizen. Filoteigblätter auf ein angefeuchtetes Geschirrtuch legen und mit einem weiteren feuchten Tuch bedecken. Das Backblech fetten.

③ Ein Teigblatt hineinlegen, mit Butter bestreichen und andrücken. Mit einem Drittel der Blätter ebenso verfahren. Nun die Hälfte der Füllung auf diesen Filoblättern verteilen.

④ Ein weiteres Drittel der Teigblätter wie beschrieben schichten; darauf die restliche Füllung verteilen. Die übrigen Teigblätter wie beschrieben verarbeiten, das letzte mit der restlichen Butter bestreichen. Mit einem Messer den Teig diagonal im Abstand von 4 cm mehrmals 1 cm tief einritzen.

⑤ Die Baklava im heißen Ofen (unten) in 1:15–1:30 Std. backen. Wenn beim Herausziehen eines Stäbchens aus dem Teig nach 30 Sek. nichts haften bleibt, ist die Baklava gar.

⑥ Für den Sirup 200 g Zucker mit 250 ml Wasser in einem Topf erhitzen, bis sich der Zucker aufgelöst hat. Honig einrühren und die Mischung 25 Min. kochen lassen, bis ein Zuckerthermometer 115 °C anzeigt.

⑦ Den Topf vom Herd nehmen und den Sirup lauwarm abkühlen lassen. Zitronensaft und Orangenblütenwasser unterrühren. Das Blech aus dem Ofen nehmen und die Baklava sofort mit dem Sirup übergießen. Das Gebäck vollständig abkühlen lassen.

⑧ Die Baklava entlang der Linien aufschneiden und die Würfel aus der Form heben. Mit den restlichen Pistazien bestreuen und servieren.

Pistazien enthalten zahlreiche Mineralstoffe und Vitamine

VIS-À-VIS-REISEFÜHRER

Ägypten · Alaska · Amsterdam · Apulien · Argentinien · Australien · Bali & Lombok · Baltikum · Barcelona & Katalonien · Beijing & Shanghai · Belgien & Luxemburg · Berlin · Bodensee · Bologna & Emilia-Romagna · Brasilien · Bretagne · Brüssel · Budapest · Chicago · Chile · China · Costa Rica · Dänemark · Danzig · Delhi, Agra & Jaipur · Deutschland · Dresden · Dublin · Florenz & Toskana · Florida · Frankreich · Gardasee · Gran Canaria · Griechenland · Großbritannien · Hamburg · Hawaii · Indien · Irland · Istanbul · Italien · Italienische Riviera · Japan · Jerusalem · Kalifornien · Kambodscha & Laos · Kanada · Karibik · Kenia · Korsika · Krakau · Kreta · Kroatien · Kuba · Las Vegas · Lissabon · Loire-Tal · London · Madrid · Mailand · Malaysia & Singapur · Mallorca · Marokko · Mexiko · Moskau · München & Südbayern · Myanmar · Neapel · Neuengland · Neuseeland · New Orleans · New York · Niederlande · Nordspanien · Norwegen · Österreich · Paris · Peru · Polen · Portugal · Prag · Provence & Côte d'Azur · Rom · San Francisco · St. Petersburg · Sardinien · Schottland · Schweden · Schweiz · Sevilla & Andalusien · Sizilien · Slowenien · Spanien · Sri Lanka · Stockholm · Straßburg & Elsass · Südafrika · Südtirol & Trentino · Südwestfrankreich · Teneriffa · Thailand · Thailand – Strände & Inseln · Tokyo · Tschechien & Slowakei · Türkei · Umbrien · USA · USA Nordwesten & Vancouver · USA Südwesten & Las Vegas · Venedig & Veneto · Vietnam & Angkor · Washington, DC · Wien · Zypern

www.dorlingkindersley.de

Vis-à-Vis